Johannes Röser (Hg.)

Gott?

Johannes Röser (Hg.)

Gott?

Die religiöse Frage heute

FREIBURG · BASEL · WIEN

© Verlag Herder GmbH, Freiburg im Breisgau 2018
Alle Rechte vorbehalten
www.herder.de

Satz: SatzWeise GmbH, Trier
Herstellung: CPI books GmbH, Leck

Printed in Germany

ISBN Print 978-3-451-38297-0

ISBN E-Book 978-3-451-81445-7

Inhalt

Vorwort – Auf der Spur des Ewigen und Dynamischen 11

I. Der Unbekannte, fern und nah 13
Ulla Hahn: Mein Gott 13
Gotthard Fuchs: „Gott ist eine Anstrengung, die Götter sind ein Vergnügen" 15
Heinrich Timmerevers: Suchet, wo Christus ist 19
Renate Kern: Auf dem Ozean der globalisierten Welt 24
Albert Gerhards: Der leere Thron 28
Klaus Berger: Den ich lieb wie keinen 29
Klaus P. Fischer: Glauben auf den zweiten Blick 31
Dieter Kittlauß: Wie bei einer Wette 34
Andreas R. Batlogg: Mehr Gott wagen 37
Otto Betz: Der ferngerückte Nahegekommene 40
Johannes Röser: Im wahren Beten zum „falschen" Gottesbeweis 44
Michael Heinz: Ein Gottes-Lob der Einfachheit 47
Daniel Benga: Die Tränen des Menschen und der Gott, der sie abwischt 50
Rudolf Mitlöhner: Der Glutkern „Te Deum" 53
Carla Amina Baghajati: Durch Selbsterkenntnis zur Gotterkenntnis 54
Jürgen Kuhlmann: Und nur Kletten wachsen auf meinem Grab? 57

II. In moderner Gesellschaft 61
SAID: der kassiber 61
Barbara Zehnpfennig: Ich, Ich – nur Ich? 62
Daniel Bogner: Freiheit von, Freiheit zu … 65
Winfried Kretschmann: Den Leerraum wahren 67
Axel Bernd Kunze: Flagge und Kreuz 70
Reiner Haseloff: Natur und Vernunft zusammenhalten 73
Metropolit Augoustinos (Labardakis): Spielen mit Heraklit 75
Michael Kretschmer: Reden wir miteinander – nicht übereinander 78
Sebastian Kurz: Modern mit christlichen Wurzeln 81

Helmut Krätzl: Christsein in der Zivilgesellschaft — 83
Tanja Kinkel: Die schwierigen Zehn Gebote — 85
Clemens Klünemann: Lob der Säkularisierung — 88

III. Stadt – Land – Gott — 92
Stephan Reimund Senge: Am Strand von Ninive — 92
Andreas Bieringer: „Schau an der schönen Gärten-Zier" — 92
Volker Resing: Zwischen Borghorst und Berlin — 96
Philipp Gessler: Gott in der „Stadt ohne Gott" — 100
Michael N. Ebertz: Der innerweltliche Lebensabschnittssinn — 103
Malu Dreyer: Wie hältst Du's mit Gott? — 106
Norbert Jachertz: Deutsche Verhältnisse — 109
Stephan Langer: Gottes Häuser — 111
Peter Hahnen: Der „andere" Ort — 114
Norbert Schwab: Zwei Sphären, doch eins: beten und denken — 116

IV. Das Jenseits im Diesseits – das Sein und das Nichts — 119
Patrick Roth: Der Untergang des Hauses Eli — 119
Volker Gerhardt: Die Gegenwart Gottes oder Über die Aktualität des Glaubens — 122
Holger Zaborowski: Ideen haben Folgen — 133
Bernd Irlenborn: Im „Halbschatten" um die Rechtgläubigkeit — 137
Peter Neuner: Der Sinn aus dem Nichts — 140
Hans-Rüdiger Schwab: Über die Welt hinaus denken — 143
Ludger Schwienhorst-Schönberger: Was man früher Andacht nannte — 146
Barbara Henze: Im Anfang war das Gespräch — 150
Mariano Delgado: Geburtshilfe des Glaubens nach Johannes vom Kreuz — 153
Alois Odermatt: Das Absurde und die Zweite Geburt — 156
Wolfgang Bretschneider: Der Name, der wie eine Frage klingt — 158
Lorenz Wachinger: Das Licht des Nichts — 161
Julian R. Backes: Das biblische Koan — 163
Sebastian Painadath: In der Schwingung des Geistes — 166

V. Das Wissen der Wissenswelt — 169
Norbert Scholl: Die Lehre verblasst, die Neugier wächst — 169
Wolf-Rüdiger Schmidt: Die Religion im Licht der Evolution — 172
Arnold O. Benz: Wirklich ist, was wirkt – und was wir wahrnehmen — 180
Herbert Pietschmann: Das Machbare und das Unverfügbare — 183
Armin Grunwald: Naturwissenschaften haben keine Messgeräte für Transzendentes — 186
Klaus Müller: Die Digitale Theologie des Silicon Valley — 189
Jochen Teuffel: Wenn eine künstliche Superintelligenz alles besser weiß — 192
Amelie Tautor: Der Schöpfergeist hat einen Schöpfer — 195

VI. Seele und Leib suchen den Sinn — 198
Daniela M. Ziegler: Donum vitae — 198
Helmut Jaschke: Das Ja zum Leben, wie es ist — 201
Christina Herzog: Im Netzwerk der Menschengeschichten — 204
Martin Kämpchen: Der Klang der Symbole — 205
Elena Griepentrog: Der versteckte Schatz — 208
Hermann Schalück: Was sucht ihr? Wo wohnst du? — 211
Monika Renz: Von der Frage zur Erfahrung — 214
Matthias Alexander Schmidt: Exerzitien auf der Straße — 216
Jakob Paula: Das Wespengleichnis — 219
Melanie Wolfers: Mit sich selbst befreundet sein — 221
Johannes Warmbrunn: In der allumfassenden Wirklichkeit — 224
Paul Petzel: Dass die Welt nicht zum Teufel geht — 226
Erich Guntli: Die „böse Lust" und die Lust auf Gott — 229

VII. Im Geist der Weltverantwortung — 232
Jürgen Moltmann: „Der du trägst das Leid der Welt" — 232
Dorothea Sattler: Das Gericht — 234
Thomas Brose: In Metropolis — 236
Ingeborg Gabriel: Ein Glaube, der Hoffnung weckt — 239
Armin Laschet: Bekenntnis, Toleranz und Einmischung — 242
Josef Epping: Suchet nicht, was droben ist — 244
Pirmin Spiegel: Die Armen habt ihr immer bei euch — 247

Irene Leicht: Wer sein Ich übersteigt	249
Christian Hartl: Eine kleine Philosophie der Freundschaft	252
Klaus Werger: Menschenwürde aus Gottes Würde	255
Wolfgang Thönissen: Gerecht oder barmherzig?	257
Matthias Mühl: Das bejahte Leben, die bejahte Welt	260

VIII. Glauben heißt leben — 264

Michael Albus: Neue Lieder singen	264
Friedrich Schorlemmer: Ich glaube ihm – nicht an ihn	267
Monika Warmbrunn: Der Geschmack fürs Unendliche	270
Wunibald Müller: Das Leben, der Nachbar der Ewigkeit	272
Veit Schäfer: Der „Geist der Wahrheit", unerschöpflich	273
Ralf Meister: Die Schnipsel in der Pappschachtel	275
Eduard Nagel: Der fremde Gast im Gottesdienst	278

IX. Die Sprache der Kunst — 281

Andreas Knapp: Haben wir für Gott noch Worte?	281
Christoph Gellner: In der Sehnsucht nach der dunklen Energie	286
Jürgen Springer: Graubrotsehnsucht	290
Magda Motté: Lieber das hingestotterte Gebet	294
Joachim Hake: Gott, Güte und Licht	298
Georg Langenhorst: Ein Zuschauen, das wir alle brauchen	300
Johanna Domek: Bei den „Glaubenskämpfern" auf der Bühne	303
Peter B. Steiner: Über das Geistige in der Kunst	305
Burghard Preusler: Wenn die Kirchgänger Wohnzimmeratmosphäre wollen	309
Martin Struck: Moderner Sakralbau als Symbolverfall	313
Julia Krahn: Über die Mauern unserer Existenz schauen	315
Eva Petrič: Das allen Menschen gemeinsame Herz	317
Eckhard Jaschinski: Musik für die Ewigkeit	321
Monika Grütters: Weltschau der Kulturen, auch mit einem Kreuz	323

X. Horizonterweiterung Theologie — 327
Eckhard Nordhofen: Das große Gegenüber — 327
Paul Weß: Warum Gott zur Frage wurde – und wo eine Antwort zu suchen wäre — 329
Wolfgang Beinert: Das Spiel auf dieser Bühne – und verstehen es nicht — 333
Gerhard Kardinal Müller: Die Fehlurteile des Atheismus — 336
Ulrich H. J. Körtner: Das Missverständnis des Sünders — 339
Thomas Ruster: Gott, die Kontingenz und der Geist — 343
Manfred Rekowski: Weltlich, aber Gottes Eigentum — 346
Ulrich Willers: An meinen atheistischen Freund — 348

XI. Die große Erzählung – von Abraham bis Jesus — 352
Jan-Heiner Tück: Die Verstörung von Morija und Golgatha — 352
Christoph Dohmen: Toleranz und Monotheismus — 356
Andrea Pichlmeier: Lukas und das Weltwissen — 358
Engelbert Groß: Der verwundete Jesus der Zärtlichkeit — 361
Robert Vorholt: Auf dem Weg von Jerusalem nach Jericho — 362
Martin Schirmers: Der Salzgeschmack auf unserer Zunge — 365
Robert Weber-Locher: Weihnachtlicher Faktencheck — 368
Ralf Miggelbrink: Im Bekenntnis zu dem Mann aus Nazareth — 370
Andreas Benk: Gott steht auf der Seite der Anderen – Sechzehn Tweets von gegenüber — 373

XII. Auf dem Weg ins Erwachsenwerden — 376
Christian Heidrich: Darf's ein bisschen mehr sein? — 376
Heike Helmchen-Menke: Die kleinsten Christen in der Gegenwart — 379
Albert Biesinger: Kann man Gott lernen? — 381
Gregor Tischler: Der Katechismus hilft nicht mehr — 383
Sabine Pemsel-Maier: Nur noch ein höheres Wesen? — 386

XIII. Wie sich die Kirche erneuert hat und erneuern kann — 389
Joachim Jauer: Den Menschensohn wecken — 389
Manfred Scheuer: Wider die Müdigkeit — 391
Joachim Wanke: Der alternative Horizont — 393

Hans Waldenfels: Aus der Mitte der Eucharistie 396
Franz-Xaver Kaufmann: Per Ecclesiam ad Deum? 400
Michael Seewald: Erkennt ihr nicht, so bleibt ihr nicht 404
Thomas Söding: Mehr als Ritus und Ethos 407

Register der Autorinnen und Autoren 411

Vorwort –
Auf der Spur des Ewigen und Dynamischen

Der französische Philosoph und Politologe Olivier Roy beobachtet eine „Dekulturierung" der Religion, insbesondere des Christentums, in der modernen Gesellschaft. Parallel zur beschleunigten Distanzierung der Bevölkerung von der religiösen Praxis verschwinde der Glaube selbst mehr und mehr aus der Öffentlichkeit. Allenfalls im Privaten habe er da und dort noch Platz, aber auch das immer weniger. Die Kirchen selbst hätten sich weitestgehend aus dem „Management der Gesellschaft" zurückgezogen, zurückziehen müssen, weil ihnen das Vertrauen von unten entzogen werde.

Hinzu komme eine „Entzauberung der Welt" durch die Wissenschaften, durch fortgesetzte Aufklärung und Entmythologisierung vieler Lebensbereiche. Zwar gebe es nach wie vor genügend Rätsel und Mysterien des Daseins, die es auch wieder verzaubern, doch dies werde kaum mehr aufs Religiöse bezogen.

Für Olivier Roy heißt das nicht zwingend, dass die Menschen zu Atheisten würden. „Aber die Bedeutung der Religion in unserem Leben und Alltag nimmt ab." Vor allem verschwinde die Gottesfrage zusehends aus dem menschlichen Bewusstsein. Jedenfalls lebten wir in säkularen Gesellschaften in dem Sinn, „dass Religion allenthalben aus der Leitkultur verschwunden ist".

Trotz ihres Autoritätsverlustes treten die Kirchen als Institutionen mit moralischen Mahnungen und Forderungen noch selbstbewusst an die Öffentlichkeit. Vor allem mit Sozialmoral. Nicht nur die Kirchenleitungen präsentieren sich mit medial gern aufgenommenen und verbreiteten quasipolitischen Appellen und Warnungen als außerparlamentarische Werteagentur für den Ruck durch die Gesellschaft. Das wird zumindest beifällig zur Kenntnis genommen. Aber wird es auch zu Herzen genommen?

Ach, wie nützlich solche Religion doch ist, die sich mit dem schweren Glaubensverlust, der Gotteskrise, dem Schweigen und „Verschwinden" Gottes aus der Wahrnehmung gar nicht erst beschäftigt. Die Menschen sehnen sich weiter nach Sinn, nach Erfüllung, nach Glück – aber auch nach Gott, nach ewigem Leben, nach einem Jenseits als Vollendung des Diesseits? Kirche als Sozialdienstleister ja, Gott nein?

Was verliert eine Kultur, eine Gesellschaft, ein Staat, wenn Gott mehr oder weniger sang- und klanglos aus dem Leben der Bürgerinnen und Bürger verschwindet? Und was könnten sie gewinnen, wenn der Sinn für die

Gottesfrage wächst? Der Publizist und frühere Kulturstaatsminister Michael Naumann sagte einmal, die Hauptaufgabe der Kirche sei es, die Gottesfrage wachzuhalten, sie wieder zu wecken. Das Christentum könne für moderne Menschen wieder attraktiv werden, aber nur, wenn es die Fähigkeit habe und entwickle, „die Sehnsucht nach dem Numinosen, Rätselhaften, Unerklärbaren zu stillen". Soziale Dienstleistung sei nicht die zentrale Aufgabe des Christseins, vielmehr „die Vorbereitung auf das Eschaton", also die Vorbereitung auf das Reich Gottes, auf das ewige Leben, das im diesseitigen Leben schon beginnt.

Die Beiträge dieses Buches widmen sich der großen Frage, der Frage aller Fragen: Gott? Dabei wird deutlich, es ist in erster Linie ein Tasten und Suchen, ein Ahnen und Vermuten, ein Versuch zu erkennen jenseits eines plakativen, manchmal auch nur vermeintlichen Wissens. Glauben aber funktioniert nicht ohne Wissen. Und Wissen gibt es nicht ohne Glauben. In dieser Spannung nähern sich die Texte dem, was das Menschsein vielleicht doch unbedingt angeht. 135 Autorinnen und Autoren haben sich beteiligt: Schriftstellerinnen und Schriftsteller, Theologen, Naturwissenschaftler, Politiker, Journalisten, Kulturschaffende, Bildungsengagierte aus verschiedensten Berufsfeldern. So ist ein wahres „Gottes-Lesebuch" entstanden in einem weiten Spannungsbogen, voller Unruhe und Neugier, was auch die Wochenzeitschrift CHRIST IN DER GEGENWART kennzeichnet. Das siebzigjährige Bestehen dieser Publikation für Religion, Theologie, Kultur und Gesellschaft ist der Anlass, den entscheidenden Horizont des menschlichen Daseins auszuleuchten, auf der Spur des Ewigen und Dynamischen: Gott – nicht nur eine Frage.

Johannes Röser, Chefredakteur der Wochenzeitschrift
CHRIST IN DER GEGENWART, Freiburg im Breisgau.

I. Der Unbekannte, fern und nah

Ulla Hahn

Mein Gott

Ist was? frag ich
die Freunde wenn sie ihn
sehen über meinem Schreibtisch
(neben Schiller und John Donne)
den Mann den jeder
man kennt den
ernsten Mann am Kreuz
den noch keiner lächeln sah
Wie sie da gucken die Freunde
(ein bisschen verlegen) und
die Schultern zucken
(etwas mitleidig)
Ist was? frag ich
Dann fragt niemand weiter

Einzelkind (was den Vater angeht)
reichlich Halbgeschwister
Machte sich aber nicht viel
aus Familie (kleine Verhältnisse
Adoptivvater Zimmermann aufm Dorf)
Kehrte ihr bald den Rücken (säte nicht
mähte nicht und sein himmlischer Vater
ernährte ihn doch) schlug sich
als Wunderheiler durch
mit einem großen Herzen für
die kleinen Leute und einer forschen
Lippe gegen die da oben (Ihr sollt
Gott mehr gehorchen als den Menschen)
Aufsässig furchtlos eigensinnig
praktischer Arbeit abhold

Den hab ich geliebt

I. Der Unbekannte, fern und nah

wenn ich die Mutter
mundtot machte mit Lukas:
nicht die hauswirtschaftende
Martha vielmehr Maria
zuhörend von Jesus gefesselt
habe ‚das Bessere' erwählt

und mich mit göttlichem Segen
in meine Bücher vergrub

Hab das gottschlaue Lieben verlernt
bei den Weiden am Rhein
unter menschlichen
Lippen- und anderen Zärtlichkeiten
So viele Vaterunser der Reue und Buße
Vergebene Liebesmüh

Mein Kinderheld fuhr
in den Himmel auf
Ich blieb unten

Da bin ich noch

Manchmal aber
lese ich wieder
in seinen alten Briefen
(die von den vier Kurieren
überbrachten)
oder besuch ihn bei sich zu Haus
(Mit Brot und Wein
Musik und Kerzenschein)
Dann frag ich ihn
Wofür das alles? Dein Leben
Leiden Sterben

Für den
    der fragt
sagt er und lächelt
befreit
von seinem Kreuz
nimmt mich

in seine Arme
flüstert mir ins Ohr:
Irgendwann
stell ich dich meinem Vater vor.
Lass dir Zeit. Ich kann warten.

Und meine Freunde?

Bring sie doch mal mit.
Auch Miriam, Shixin, Fatima und Keiko.
In meines Vaters Haus
sind viele Wohnungen.

Und mit fünf Broten und zwei Fischen
krieg ich alle satt.

Bibelstellen:
Lukas 10,38ff
Johannes 14,2
Matthäus 14,17ff

Dr. Ulla Hahn, Schriftstellerin, Lyrikerin, Hamburg.

Gotthard Fuchs

„Gott ist eine Anstrengung, die Götter sind ein Vergnügen"

Zwei Momentaufnahmen vorneweg: Tragisch ist es, dass in unserem Kulturkreis schon das Wort „Gott" immer noch die Vorstellung einer abgehobenen Sonderwelt mehr oder weniger „transzendenter" Art hervorruft. Viele, wenn nicht alle Formen des Atheismus beziehen sich mit Recht kritisch auf diese tendenzielle Spaltung der Wirklichkeit und des Lebens. Wenn überhaupt sinnvoll von dem Geheimnis, das wir Gott nennen, gesprochen werden kann – sei es bejahend oder bestreitend –, muss es mit der ganzen Wirklichkeit zu tun haben und darf nicht unterschwellig eine Zweit- und Sonderwelt nahelegen. Der Gottesglaube ist kein Auskunftsbüro für das Jenseits und eignet sich nicht zur Behauptung von „Tiefsinn". Wer oder was mit „Gott" sinnvoll gemeint ist, muss in der Alltagsrealität aufweisbar sein als deren Wahrheit, als die Wirklichkeit der Wirklichkeiten. Da kommt nicht zweitrangig etwas zu der vermeintlich normalen Welt hinzu. Gott kommt allem, was ist, immer schon zuvor und bleibt ihm gegenüber. Alle großen Theo-Logen unterstreichen und entfalten das, zum Beispiel in der Rede vom *ens absolutum oder summum ens*, vom absoluten Sein oder dem höchsten Sein – und besonders vom Jenseits des Seins. Gott als die *Wirk*lichkeit, als das, über das hinaus nichts Größeres gedacht und gelebt werden kann.

Das Zweite: Gott ist, wenn überhaupt, kein exklusives Thema der Kirchen mehr. Dieser Tatbestand ist, jedenfalls in christlicher Perspektive, hoch erfreulich. Wenn sinnvoll von Gott die Rede sein soll, geht es um Lebens- und Überlebensfragen, auf die jeder Mensch ansprechbar ist und die mit der Zukunft von Erde und Welt zu tun haben: Wie können wir Verhältnisse schaffen, in denen jeder Mensch gerecht leben kann, ohne dass wir den Planeten zerstören? Was ist mit den unschuldigen Opfern der Geschichte, was mit den Täter(innen)? Was mit dem Gelingen der Liebe angesichts des Todes? Warum, trotz und in aller Vergänglichkeit, das Schöne und Gute? Warum die Gewalt und das Böse? Was ist mit dem Einzelnen im Kosmos? Die Verkirchlichung des Christlichen und seine „Verreligiosisierung" waren zwar immer wieder im Gang, mündeten jedoch in Engführungen. Manche Klage über den modernen Menschen, der mit „Gott" nichts anfangen könne, spiegelt zunächst einmal nur die Befreiung aus solch kirchlicher und religiöser Gefangenschaft. Auch der Atheismus je unterschiedlicher Prägung ist die Destruktion einer Art von Gottesrede, die ihre existentielle Erdung, ihre geschichtliche Kraft und ihre vitalisierende Energie verloren hat.

Die dadurch entstehenden Leerstellen haben eine sogartige Anziehungskraft für Formen des Religiösen und „Heiligen", die man gern in jenem „Feuerbach" der Religionskritik gereinigt sähe, dem sich auch das westliche Christentum seit der Aufklärung ausgesetzt sieht, zwecks kräftiger Reinigung seines Wahrheitsanspruchs. Zu den ideologieverdächtigen Formen postsäkularer Selbst- und Weltdeutung gehört die Konjunktur dessen, was man religionsgeschichtlich Polytheismus nannte. An Religion ist ja in der Postmoderne kein Mangel, und theologisch mindestens ebenso herausfordernd wie die verschiedenen Atheismen sind die Polytheismen neo- und interreligiöser Spielart. Martin Luthers Kurzformel einer schon augustinischen Einsicht bringt es auf den Punkt: „Woran du dein Herz hängst, das ist dein Gott oder dein Abgott". Oder mit Gilbert Keith Chesterton: „Wer nicht an Gott glaubt, glaubt nicht an nichts, sondern an alles."

Die Gottesfrage entpuppt sich als Frage nach den Mächten und Gewalten, von denen Menschen, Gruppen und Gesellschaften bestimmt und abhängig sind. Die frei flottierende Rede vom Religiösen und Spirituellen, vom Mystischen gar, verdeckt diese polytheistischen Abhängigkeitsstrukturen, die biblisch „Götzen" heißen. In welchem der vielen Erbauungsbücher aus der Abteilung „Spiritualität" oder gar „Mystik" kommt zum Beispiel zentral das Thema „Geld" vor? Dabei sollte doch seit Walter Benjamins Aussage von 1921 eines längst klar sein: „Im Kapitalismus ist eine Religion zu erblicken", denn „er dient essentiell der Befriedigung derselben Sorgen, Qualen, Unruhen, auf die die ehemals so genannten Religionen Antwort gaben". Wo aber in den gängigen Mystik-Diskursen und Mystikbüchern wird – zum Beispiel – thematisiert, dass es auch eine braune „Mystik" der Nazis und eine schwarze der Faschisten gab und gibt und dass auch die heutige Konsumkultur ihre „Mystik" hat?

Zum Wesen der Religion(en) und ihrer jeweiligen Mystik(en) gehört schattenstark auch ihr mögliches Unwesen, was schon der Freiburger Religionsphilosoph Bernhard Welte beschrieben hatte. Um die Frage nach „Gott und Götzen" lapidar zu markieren, genügt Thomas Manns Satz aus dem Roman „Joseph und seine Brüder": „Gott ist eine Anstrengung, die Götter sind ein Vergnügen." Denn vergleichbar der lebenslangen Liebesbindung an einen Menschen ist die biblische Glaubensbindung an einen Gott eine durchaus herausfordernde Geschichte, die ihr eigenes Glück und ihren eigenen Stress hat. Polytheismus geht leichter: Zwar bleibt der Reiz der Vielfalt vergnüglicher, und solche Pluralität hat durchaus ihren Gewinn. Aber die entschiedene Bindung an eine Person setzt besondere Energien frei und eröffnet durch Einwurzelung eine besondere Dichte und Weite. Die größte Not des Atheisten sei es, dass er nicht wisse, wohin mit seinem Dank, bestätigte der Schriftsteller Elias Canetti aus eigener Erfahrung. Und das gilt auch für das Bitten und Klagen. Eine erste und einzige „Adresse" zu haben, gehört zu den Kostbarkeiten biblischer Glaubenserfahrung und Gottespraxis.

Im „ersten heidnischen Jahrhundert nach Christus", wie der Philosoph Peter Sloterdijk unsere Zeit bezeichnet, gilt es also, neu zu fragen, was denn die christliche Pointe im neo- und interreligiösen Gespräch sei – nicht, um sich elitär und imperial über andere zu erheben, sondern um des aufrichtigen Dialogs und um jener Streitkultur willen, an der sich Leben und Überleben aller entscheidet. „Gott klingt wie eine Antwort. Und das ist das Verderbliche an diesem Wort, das so oft als Antwort gebraucht wird. Er hätte einen Namen haben müssen, der wie eine Frage klingt", so der Schriftsteller Cees Nooteboom. Um diesen Namen neu buchstabieren zu lernen, ist der Wink der Philosophin Simone Weil hilfreich: Die Erfahrungen von Schönheit und Unglück seien die unmittelbarsten Zugangswege zum Geheimnis göttlicher Gegenwart. Hier begegne mitten im Bedingten das Unbedingte. Wer nicht an Gott glauben kann, achte umso mehr auf dieses Doppelalphabet von Sehnsucht und Verzweiflung: Wohin fließen beglückend Leidenschaft und Hoffnungsenergie – und wo ist zahnwehhaft der Schmerz zu spüren, dass es nicht stimmt mit dem Leben und der Welt? Der irische

Schriftsteller und Literaturwissenschaftler Clive Staples Lewis bekannte: „Gott flüstert in unseren Freuden, er spricht in unserem Gewissen, in unseren Schmerzen aber ruft er laut. Sie sind Sein Megafon, eine taube Welt aufzuwecken."

Sagen wir also unverblümt und direkt, was das Besondere am biblischen Gottesglauben ist – und das, wie es sich theologisch gehört, mit einem klassischen Kernsatz, den Papst Leo I. geprägt hat: „Der Unbegreifliche wollte sich begreiflich machen." Christenmenschen können und wollen nicht Gott sagen ohne Jesus, den sie deshalb (ihren) Christus nennen, ihren Schatz. In der realen Geschichte dieses Menschen erkennen sie glaubend jenes erste und letzte Geheimnis aller Wirklichkeit, über das hinaus kein größeres gewusst und gelebt sein kann. Nicht nur Liebe ist sein Wesen, sondern Feindesliebe, schlechterdings zuvorkommende schöpferisch vergebende Präsenz. Warum denn sonst ist jeder Mensch ansprechbar auf Lob, Anerkennung und Wertschätzung, so stumpf oder verschlossen er auch geworden sein mag? Weil er aus einer größeren Liebe stammt und kein Blindgänger der Evolution ist! In der Jesus-Revolution kommt diese Schöpfungszuversicht neu und ursprünglich wieder zur Geltung. Gott ist (Feindes-)Liebe, und die gilt es zu praktizieren.

Die damit verbundene Passion – Leidenschaft und Leiden – deckt auf, wie die Verhältnisse seit Kain und Abel jenseits von Eden noch sind: gewaltförmig, von Angst und Gier schwer angefressen. Deshalb ist biblischer Gottesglaube ohne konfliktfähige Gewaltlosigkeit und heilende Leidsensibilität nicht zu haben. „Der falsche Gott macht aus dem Leiden Gewalt. Der wahre Gott macht aus der Gewalt Leiden", formulierte Simone Weil. Und das schafft Gerechtigkeit und Frieden.

Solche Unterscheidung von Gott und Götzen wird konkret im jeweiligen Lebensentwurf, in Selbst- und Weltgestaltung. „Gott kennen, heißt wissen, was zu tun ist", sagte der Philosoph Emmanuel Levinas. Im Sinne des christlichen Taufversprechens lautet die zentrale Frage nicht, ob Gott ist, denn die Welt ist voller Götter, und jeder Mensch braucht was zum Anbeten. Sondern: welcher Gott?

Darin erscheint biblisch die Frage Gottes nach uns: Adam / Eva, wo bist du? Ganz im Sinne des Gedichtes von Andreas Knapp:

von gott aus gesehen

ist unser suchen nach gott
vielleicht die weise wie er uns auf der spur bleibt
und unser hunger nach ihm das mittel
mit dem er unser leben nährt

ist unser irrendes pilgern
das zelt in dem gott zu gast ist
und unser warten auf ihn
sein geduldiges anklopfen

ist unsere sehnsucht nach gott
die flamme seiner gegenwart
und unser zweifel der raum
in dem gott an uns glaubt

Dr. Gotthard Fuchs, Priester und Publizist, Wiesbaden.

Heinrich Timmerevers

Suchet, wo Christus ist

DDR-Gründung, Prager Frühling, Mauerbau und eine friedliche Revolution, die zusammenführte, was zusammengehörte: Wie kaum eine andere Region hat Sachsen in den letzten Jahrzehnten Veränderungen erlebt. Nimmt man allein die siebzig Jahre, in denen die Wochenzeitschrift CHRIST IN DER GEGENWART aktuelle Themen des Glaubens aufgriff, so lassen sich für Mitteldeutschland zentrale politische, gesellschaftliche und kirchliche Wegmarken aufzeigen. Die Einrichtung der für die DDR zentralen Priesterausbildung (1952 in Erfurt), die Einführung der Jugendweihe (1954), die Synoden in Dresden (1969–1971 und 1971–1973) und die Manifestation der wiedererlangten Freiheit durch den Staatskirchenvertrag zwischen dem Heiligen Stuhl und dem Freistaat Sachsen (1996) sind kirchlicherseits nur einige Stationen. Die Wahl der Ereignisse zeigt, dass die vergangenen siebzig Jahre die Kirche in Sachsen herausgefordert haben.

Nicht vergessen werden darf dabei, dass jede Entscheidung nicht nur von Menschen gestaltet und getroffen wurde, sondern dass ihre Konsequenzen auch Menschen zu tragen – und nicht wenige auch zu erleiden – hatten. Dass wir heute die Frage nach Gott in der Gesellschaft öffentlich stellen und sie in ein Verhältnis zu politischen Meinungen und abweichenden Weltanschauungen bringen dürfen, ist das Verdienst Zehntausender, die sich entschieden haben, in diesem Land die Frage nach dem, was das Irdische übersteigt, wachzuhalten. Mit Respekt verneige ich mich vor den Lebensleistungen und Glaubenszeugnissen dieser Menschen.

I. Der Unbekannte, fern und nah

In den vergangenen Jahren habe ich viele persönliche Schicksale von Menschen hören dürfen, die um die Frage nach Gott gerungen und mit ihrer Lebensgeschichte den Glauben verteidigt haben. Es sind vielfach Menschen, die in einer mehrfachen Minderheit leben: (1) Katholisch, weil die Mehrheit der Christen evangelisch ist; (2) als Getaufte, weil die Mehrheit sich in den letzten Jahrzehnten von der Glaubenszugehörigkeit abgewendet hat; (3) kulturell, weil durch die Migration aus dem Sudetenland, Schlesien und aus Ländern Südosteuropas nach dem Zweiten Weltkrieg die eigenen – religiösen – Traditionen nicht zur existierenden Alltagskultur Sachsens passten. Noch heute ist in den Begegnungen spürbar, dass über Generationen hinweg Menschen aufgrund ihres Glaubens und der daraus erwachsenden Konsequenzen in Sachsen immer wieder zwischen Gehen und Bleiben herausgefordert waren. Mit großer Achtung nehme ich dies wahr. Denn es führt mir angesichts meiner eigenen Biografie vor Augen, wie wenig selbstverständlich es sein kann, die Frage nach Gott durch alltägliche Symbole und Rituale gestellt zu bekommen, sondern dass man sich immer wieder neu einen Sprach- und Praxisraum hierfür zu erkämpfen hat. Zugleich wünsche ich mir aber auch angesichts dieser Erfahrung eine Sensibilität der rückblickenden Beurteilung. Als Christen sind wir herausgefordert, einen barmherzigen Umgang mit jenen zu finden, die sich für das Gehen entschieden haben, weil ihr Glaube zur Gestaltung des Lebens in der Minderheitenposition nicht ausreichte.

Inzwischen sind es mehr als achtzig Prozent, die sich auf dem Standesamt nicht mehr zum christlichen Glauben bekennen. Dies war vor siebzig Jahren noch anders: Damals waren über neunzig Prozent christlich, das Land war orthodox protestantisch geprägt. Die Uhren lassen sich nicht zurückdrehen. Stattdessen lohnt der Blick auf die Menschen, die heute das Leben in Mitteldeutschland gestalten, ohne dass Gott bei ihnen eine Rolle spielt. Sie stellen – bereits seit mehreren Generationen – nicht mehr die Frage. Gott hat sich aus der Identität der Menschen geschlichen. Wer etwa eine Krise wie das Lebensende bewältigen will, zieht nicht mehr eine eschatologische Dimension heran, wie sie uns Christen mit der Auferstehungshoffnung gegeben ist, sondern sucht naturwissenschaftliche Erklärungsmuster. Oder duckt sich vor der Realität des Todes weg. Gerade in Pflegeheimen und Krankenhäusern erlebe ich, wie einsam Menschen in ihrem Ringen mit dem eigenen Lebensende sind. Ein Mitarbeiter erzählte mir, dass seine Angehörigen beim – eigentlich selbstverständlichen – Begleiten des Sterbeprozesses ihrer Verwandten im Pflegeheim anschließend vom Pflegepersonal für die Anwesenheit bewundert wurden. Mir scheint, als flüchteten viele, weil sie merken, dass sie gerade an dieser Nahtstelle mit den naturwissenschaftlichen Erklärungen an Grenzen kommen.

I. Der Unbekannte, fern und nah

Inwiefern in solchen Situationen Religion einen Zweifel auslöst, der zur Sinn- und Gottessuche über den Krisenmoment hinaus motiviert, ist umstritten. Die Frage nach Gott scheint – so einige Wissenschaftler – mit dem Krisenende ebenso erledigt. Der Erfurter Religionsphilosoph Eberhard Tiefensee stellte mit Blick auf die Religiosität Mitteldeutschlands fest, dass einerseits weltanschauliche Fragen für die existenzielle Auseinandersetzung und persönliche Entscheidung obsolet sind und andererseits auch außerhalb des Christlichen keine außerkirchliche Religiosität existiert (vgl. „Die Frage nach dem ‚homo areligiosus' als interdisziplinäre Herausforderung", in dem von Benedikt Kranemann u. a. herausgegebenen Band „Mission – Konzepte und Praxis der katholischen Kirche in Geschichte und Gegenwart", Würzburg 2009). In Dresden zum Beispiel wird bei öffentlichen Großveranstaltungen wie dem Adventssingen im Fußballstadion oder einem Gottesdienst auf dem Platz vor der Frauenkirche deutlich, dass eine grundsätzliche Sehnsucht nach Ritualen vorhanden ist, die auf eine grundgelegte Religiosität verweisen kann. Inwiefern sie einen umfänglichen, individuellen Reflexionsprozess zur eigenen Religiosität und deren Konsequenzen auslöst, wäre an geeigneter Stelle zu erforschen.

Das in Gesprächen wahrnehmbare religiöse Fragen lässt die „Rückkehr des religiösen Zweifels", so der Soziologe Heiner Meulemann, erahnen. Zugleich aber löst die offensichtliche Konfrontation mit Religion als Deutungsmöglichkeit Ängste aus. Hierin liegt auch eine der Erklärungen für die über die Landesgrenzen hinweg wahrnehmbare Stimmung in der sächsischen Bevölkerung. Die Fremdheit der eigenen religiösen Wurzeln verunsichert genauso wie die Fremdheit des Islams oder anderer religiöser Praktiken. Eine bislang kulturell nicht beheimatete Religion erscheint in diesem Landstrich hingegen als Fremdkörper, der – insofern er sich auch innerhalb der Gesellschaft durch Zeichen und Rituale äußert – als gesellschaftlicher Rückschritt empfunden wird. Hatten doch gesellschaftlich anerkannte Multiplikatoren über Jahrzehnte hinweg das Ende des Aberglaubens und der Religion propagiert, indem sie dem Glauben die Vernünftigkeit abgesprochen hatten. Es geht daher viel weniger um die Frage der „wahren Religion" oder einer Sehnsucht nach der künftigen kulturprägenden Existenz des Christentums. Stattdessen bietet die Wiederkehr des Religiösen im öffentlichen Raum innerhalb einer nachreligiösen Gesellschaft an sich das Konfliktpotenzial.

Wer also die Frage nach Gott in der Verwandtschaft, im Freundeskreis oder in gesellschaftlichen Gruppen außerhalb des Christlichen tatsächlich stellen will, riskiert Unverständnis und Ablehnung. Hieran wird deutlich, dass wir die Frage nach Gott nicht zuerst in den Ministerien und Plenarsälen stellen müssen, sondern in der persönlichen Begegnung in den Familien, bei der Arbeit und im Fußballverein. Wenn wir künftig in Mitteldeutschland die religiöse Frage neu stellen, gilt es, den Menschen ohne Wenn und Aber anzunehmen. Dies heißt, ihn sowohl mit seiner Geschichtlichkeit, Vernunft- und Sprachbegabung als auch seiner Fähigkeit zur Freiheit und Verantwortung anzuerkennen. „Ein ‚Areligiöser' ist nicht weniger Mensch als ein Christ – sondern anders Mensch", so Tiefensee. Diese Haltung verlangt auch von Christen einen enormen Perspektivwechsel. Viel zu oft tragen wir das Bild in unseren Köpfen, man müsse dem defizitären Menschen, dem Gott abhanden gekommen ist, etwas „on top" mitgeben. Stattdessen lohnt es sich, das Eigene vom Anderen her zu denken und den Dialog in die Mitte eigener Missionsvorstellung zu stellen.

Mich persönlich fordert mein Bischofswort *Suchet, wo Christus ist* zu diesem Perspektivwechsel auf. Viel zu oft gelingt es mir nicht, Christus im Anderen zu entdecken und ihn vom Anderen her zu denken. Wie werden wir zu Emmausjüngern, die sich selbst auf den Weg der Suche machen und die Wege der Menschen ihrer Umgebung mitgehen? Ich wünsche mir ein wanderndes Volk Gottes, das neue Wege einschlägt. Ein Volk, das selbst immer wieder um den Weg ringt, weil es miteinander spricht und miteinander sucht. Ein Volk, das so viele Zugänge zu Gott findet, wie es Menschen im Volk gibt und trotzdem zu einer Einheit zusammenfindet. Und ein Gottesvolk, das die Menschen auf dem Weg nicht überzeugt, weil es überredet oder mit Vorteilen lockt. Ich wünsche mir ein Volk, das durch sein Sprechen und Handeln den Anderen als gleichwertig akzeptiert und ihm den Glauben anbietet. Ich wünsche mir angesichts der postmodernen Gesellschaft Sachsens ein Gottesvolk, welches das Christuszeugnis nicht als lähmende Pflicht erlebt, sondern als Freude, die dem Evangelium entspringt, „wie jemand, der eine Freude teilt, einen schönen Horizont aufzeigt, ein erstrebenswertes Festmahl anbietet", wie es im Apostolischen Schreiben „Evangelii Gaudium" (14) von Papst Franziskus heißt. Dann werden wir ein Gottesvolk, das sich verändert, weil es die Positionen der Anderen nicht ignoriert, und das trotzdem auf dem Fundament des Glaubens gründet. Ich möchte dazu ermutigen, das Evangelium auf diese Weise ins „Mitteldeutsche" zu übersetzen, wie es bereits Bischof Joachim Wanke vor einigen Jahren formulierte. Gerade weil die Katholiken in Sachsen schon über Generationen als migrante Minderheit um Gehen und Bleiben gerungen haben, bringen sie einen enormen Erfahrungsschatz für das weiterwandernde Gottesvolk mit. Ihre Geschichte und ihre Stellung in diesem Land sind die Quelle für unsere Lebens- und Zeugniskraft.

Weil für die Mehrheit der Bevölkerung Sachsens in Krisen wie dem Lebensende der Glaube nicht mehr als sinnstiftender Horizont zur Verfügung steht, sehe ich gerade hier eine Möglichkeit des Dienstes der Chris-

I. Der Unbekannte, fern und nah

ten an den Menschen. In extremen Lebenslagen, etwa bei austherapierten Krebskranken, haben wir inzwischen auf dem ganzen Kontinent Strukturen der klinischen und pastoralen Betreuung entwickelt. Aber haben wir sie auch, wenn Menschen im Krankenhaus oder Pflegeheim ihren Weg des Abschieds beginnen? Ich frage mich dies in letzter Zeit häufiger, weil ich davon überzeugt bin, dass wir als Mitarbeitende des Bistums hierfür lediglich begrenzte Möglichkeiten schaffen können. Viel entscheidender ist die Haltung des Einzelnen. Bin ich in der Lage, mich als Christ mit dem irdischen Lebensende eines nahen Verwandten oder guten Freundes konfrontieren zu lassen und mit ihm meine Hoffnung zu teilen? Ob in eigenen Worten, im Gebet oder im Schweigen – es wäre ein wertvoller Beitrag, Christus im Sterbenden zu suchen und zugleich eine „Kunst des Sterbens" mitzugestalten. Nicht, weil wir als Christen eine höhere ethische Qualifikation haben, sondern weil wir von einem Gott überzeugt sind, mit dem das Leben eine Sinnrichtung erhält und im Tod die Grenzziehung aufgehoben wird. Es ist nur ein Beispiel von vielen, bei denen ich wahrnehme, dass wir als Christen uns stärker als bisher in einen Dialog mit den Menschen begeben könnten, damit wir selbst die Suche nach Christus nicht verlieren. Es wäre eine Übung, den Weg mitzugehen und die Perspektive des Anderen einzunehmen.

Die größte Gefahr ist, dass wir uns abschließen und meinen, wir hätten mit dem Empfang der Sakramente Christus bereits vollumfänglich in der Welt ein Antlitz verliehen. Wer aufmerksam am Abend in den Spiegel schaut, merkt, dass dem nicht so ist. Ich bin froh, dass uns in den aktuellen „Erkundungsprozessen" des Bistums Dresden-Meißen die Frage leitet, wie wir Menschen mit Christus in Berührung bringen können. Dass diese Frage von dem Hirtenwort „Eucharistisch Kirche sein" meines Vorgängers und jetzigen Berliner Erzbischofs Heiner Koch ausgeht, macht deutlich, wo wir die Mitte unseres Glaubens immer wieder suchen können. Ich bin überzeugt, dass der Altar als geistliche Mitte Ausgangspunkt und Ziel von uns als wanderndem Emmausvolk ist.

Als Bischof begleite ich dieses Volk Gottes. Auch meine Suche nach Christus ist nicht abgeschlossen. Ich bin dankbar, dass ich als Fremder in dieses Land geführt wurde und dass Menschen mit ihren Haltungen meine Suchrichtung neu justiert haben. Meine Erfahrungen wünsche ich gern jedem. Gerade die Berichterstattung der vergangenen Jahre hat den Landstrich in einem anderen Licht erscheinen lassen, als ich die Mehrheit der Menschen selbst in dieser Zeit erlebe. Der Perspektivwechsel, der vom Austausch verschiedener Erfahrungen lebt, kann eine Chance für den innerdeutschen Verständigungsprozess sein, der auch innerhalb unserer Kirche noch nicht abgeschlossen ist. Ich erlebe in meinen Begegnungen mit Menschen in Sachsen und ganz Mitteldeutschland wichtige Erzählungen von der Sehnsucht nach

I. Der Unbekannte, fern und nah

Freiheit, ohne dass die Betreffenden in eine „Ostalgie" oder Abgrenzung gegenüber anderen verfallen. Derartige Erinnerungen waren mir als Geschichte bisher nicht fremd. Mit Leben gefüllt sind sie, seitdem ich in Sachsen bin. Auf neue Weise verbinde ich mit den geschichtlichen Daten Biografien von Menschen – und das Wirken Gottes in dieser Region. Ich wünsche mir aus den Bistümern Suchbewegungen, die Menschen zu verstehen. Unsere Kirchen sind klein, aber unser Herz ist weit. Wir wollen zeigen, wo Christus in Mitteldeutschland lebt. Der Journalismus ist eine wichtige Brücke, um Erfahrungen über Distanzen hinweg auszutauschen und Meinungen einzuordnen. Als Volk Gottes kann man Christus letztlich nur durch die persönliche Begegnung und den Dialog suchen. Damit können Veränderungen gestaltet werden, weil es dem Einzelnen neue Horizonte eröffnet und eine Voraussetzung für den Zusammenhalt der Gesellschaft ist.

Heinrich Timmerevers, Bischof von Dresden-Meißen.

Renate Kern

Auf dem Ozean der globalisierten Welt

Variation 1
Am heimischen Schreibtisch in München:
Gott? – Eine Bestandsaufnahme

Wo anfangen, um das komplexe Thema nicht allzu sehr zu vereinfachen? Meine Assoziationen überschlagen sich. Schlagworte wie Individualisierung, Differenzierung, Komplexität, Pluralisierung, Globalisierung, Säkularisierung, Beschleunigung werden mit der heutigen modernen Gesellschaft in Verbindung gebracht. Sie beschreiben die Rahmenbedingungen gegenwärtigen Theologisierens, des Christseins und Kircheseins – zumindest bei uns. Auf die religiöse Frage haben Kirchen und Theologie im westlich-europäischen und zumal deutschen Kontext längst kein Monopol mehr. Nicht selten findet man inzwischen die wenige, noch verbliebene religiös-theologische Fachliteratur im Buchhandel unter der Rubrik „Esoterik", im besseren Fall bei „Spiritualität". Seelsorgliche Hilfe und Heil(ung) im weitesten Sinn bietet der boomende Mark psycho-spiritueller Angebote und alternativer Heilweisen: achtsamkeitsbasierte Meditation allüberall.

Der christliche Binnenraum wird beherrscht von Diagnosen des Mangels: Glaubensabbrüche und Werteverlust, zunehmende Kirchenaustritte, weniger Gottesdienstbesucher, Priestermangel und fehlender Ordensnachwuchs... Als Reaktion gibt es strukturelle Maßnahmen: Schließung von Kirchen, Zusammenlegung zu Großpfarreien oder Seelsorgeeinheiten, Inanspruchnahme von Unternehmensberatung, Dialogprozesse und Evangelisierungsprogramme, theologisch-pastorale Forschungsprojekte zu Transformationsprozessen. Es wird problematisiert, analysiert, diskutiert. Man müht sich, man plant – und tut gleichzeitig oft so, als ginge es einfach so weiter wie bisher.

Und wo ist „Gott"? Er kommt vor in altehrwürdigen Texten und Formeln, in einst dicht gefüllten Riten, die oft lebensfremd, floskelhaft-entleert wiederholt und praktiziert werden. Vielleicht hat der Lösungsvorschlag des Soziologen Hartmut Rosa zum Problem der Beschleunigung und Steigerungslogik der Moderne auch Kirche und Theologie etwas zu sagen: Wo gibt es in diesem geschäftigen Treiben Räume der Stille, des wirklichen Schweigens und Hörens, der *Resonanz* zu Gott? Sind Kirche und Theologie bereit dazu, über den Binnenraum hinaus in „Resonanz" zu gehen zur „Spiritualität" von modernen, „säkularen" Menschen?

Variation 2
Im Sameeksha-Ashram von Pater Sebastian Painadath in Kerala, Indien:
Gott! – Eine interkulturell-interreligiöse Erzählung

Mit dem Notebook auf dem Schoß sitze ich in der Karwoche am schattigen Flussufer. Vorläufig wird meine Aufmerksamkeit von drei spielenden Buben im Grundschulalter angezogen, die sich hier sichtlich zu Hause fühlen. Sie holen eine reife Papaya vom Baum, öffnen sie gekonnt und teilen sie untereinander auf. Nach dieser Stärkung kommen sie näher und nehmen Kontakt mit mir auf: „Name?", „Country?" Die dritte Frage gilt der Religion: „Are you Christian?" – „Yes, and you?" – „I'm a Muslim", lässt mich der Wortführer wissen und deutet auf die beiden anderen: „They are Christians".

In dieser schlichten Szene verdichten sich meine Erfahrungen der vergangenen Tage in Indien. „Gott" beziehungsweise Religion ist hier in den verschiedensten Färbungen allgegenwärtig. Ich begegne ihr auf Schritt und Tritt. Schon seit Tagen tönt aus der Ferne indische Musik, denn im nahe gelegenen Bhagavathi-Tempel wird das Tempelfest gefeiert. Allmorgendlich gibt es ein Ritual am Fluss, zu dem das Bild der Göttin auf einem geschmückten Tempelelefanten herbeitransportiert wird, trommelnd und klingelnd begleitet von einer kleinen Prozession. Am Tag der Hauptfeier erlebe ich zusammen mit einer weiteren Deutschen auf beeindruckende Weise, dass wir Fremde auch im Tempel willkommen sind. Der Toleranz und integrativen Kraft des Hinduismus begegnen wir ebenso bei einem Besuch im Ramakrishna-Ashram. Ein junger Mönch versichert uns dort, dass jede Religion ein Weg zur Verwirklichung sein kann. Eine davon reißt mich täglich aus dem Schlaf. Pünktlich um fünf in der Früh ertönt der Ruf des Muezzin, der noch vier weitere Male am Tag zu hören ist. In Bussen und Auto-Rikshas hängen Rosenkränze, Bilder von christlichen Heiligen und hinduistischen Göttern, mit Blumen umkränzt.

Den Palmsonntagsgottesdienst feiere ich in der Pfarrei vor Ort morgens um sechs im syro-malabarischen Ritus mit. Die Prozession scheint angesichts der Menge der vielen (auch jungen!) Menschen kein Ende zu nehmen. In der Kirche sitzen wir so eng gedrängt am Boden, dass es schwierig ist, die Beine irgendwo unterzubringen. Beim Besuch einer indischen Ordensschwester, die gerade auf Heimaturlaub ist, erfahre ich, dass zu ihrer Kongregation fast 7000 Schwestern gehören, davon etwa 800 in der Ausbildung.

Systemisch-psychologisch gesehen mögen diese bunten Impressionen aus Indien zum „Reframing" unserer kirchlich-religiösen Nöte dienen. Man könnte auch von Horizonterweiterung sprechen. Nein, wir sind nicht der Nabel der Welt. Anderswo sieht es ganz anders aus.

Variation 3
Im Hier und Jetzt oder immer und überall:
Gott – Eine existentielle Meditation

Gott –
Kein Fragezeichen, kein Ausrufezeichen.
Kein Wort genügt.
Unbegreiflich, unsagbar, unaussprechlich.
Stimme verschwebenden Schweigens (Martin Buber)
Lebendige Präsenz
Zuhause.

Mit einer Anleihe bei Karl Rahner:
Unendliches Geheimnis,
das alles ist und darum so aussieht, als wäre es nichts,
das keine Wege braucht, weil es schon da ist,
das sich ausspricht, indem es schweigt,
das uns umfängt und durchdringt.

I. Der Unbekannte, fern und nah

„Grund aller Wirklichkeit,
Meer, zu dem alle Bäche unserer Sehnsucht pilgern,
namenloses Jenseits hinter allem, was uns vertraut ist".

Schweigender Einklang.

Gott – ein kleines Wort für das große Glück meines Lebens.

Variation 4
Am See Gennesaret und darüber hinaus:
Gott ... – Eine biblisch inspirierte Provokation

„Gleich darauf forderte Jesus die Jünger auf, ins Boot zu steigen und an das andere Ufer vorauszufahren. Inzwischen wollte er die Leute nach Hause schicken. Nachdem er sie weggeschickt hatte, stieg er auf einen Berg, um in der Einsamkeit zu beten. Spät am Abend war er immer noch allein auf dem Berg. Das Boot aber war schon viele Stadien vom Land entfernt und wurde von den Wellen hin und her geworfen, denn sie hatten Gegenwind ..." (Mt 14,22–24).

Zweitausend Jahre später ist aus dem Fischerboot eine bunte, vielgestaltige Flotte geworden. Ein dazugehöriger stattlicher Dampfer mit dem Namen „Katholische Kirche in Deutschland" (KKD) kreuzt die Ozeane der globalisierten modernen Welt – wie zahlreiche Paddler, Surfer, Ruderboote, Segelschiffe, Yachten, Frachter und Dampfer anderer (Orts-)Kirchen, verschiedener Religionen und Weltanschauungen auch. Die Wellen und Wogen schlagen hoch, der Gegenwind scheint stärker denn je. Immer mehr Menschen seilen sich ab, schippern per Boot zum Luxuskreuzer „Säkular" hinüber. An Bord von KKD herrscht emsige Aktivität, wird beraten, geplant, gesteuert. Die Mannschaft müht sich nach Kräften. Fast unbemerkt kommt inmitten der Meere der Welt einer über das Wasser: Der „unbekannte Christus" (Raimon Panikkar), Ikone des „unbekannten Gottes" (Paulus). Christen übersehen ihn womöglich, weil sie den bekannten kennen, bisweilen gar zu „haben" glauben. Manche schreien, weil sie meinen, es sei ein Gespenst. Doch der Chef-Kapitän des römischen Dampfers tritt unerwartet in Aktion: „Weil Du es bist, befiehl, dass ich an die Grenzen gehe und auf dem Wasser zu Dir komme." Der unbekannt-bekannte Christus lächelt: „KOMM!" Da steigt er aus dem Schiff, geht ihm über das Wasser entgegen und ruft uns zu „KOMMT MIT!" ...

Dr. Renate Kern, wissenschaftliche Mitarbeiterin am
Lehrstuhl für Systematische Theologie der Universität Essen.

Albert Gerhards

Der leere Thron

„Gesegnet bist Du auf dem Thron der Herrlichkeit Deines Reiches, der Du thronest auf den Cherubim allezeit, würdig allen Lobes und erhöht in die Äonen." So heißt es in der Thronzeremonie der byzantinischen Liturgie nach dem „kleinen Einzug" mit dem Evangeliar, eine Anleihe aus dem Lobgesang der drei jungen Männer im Buch Daniel (3,53f). In der Rede vom Weltgericht bezieht Jesus die Inthronisation auf sich: „Wenn der Menschensohn in seiner Herrlichkeit kommt und alle Engel mit ihm, dann wird er sich auf den Thron seiner Herrlichkeit setzen" (Mt 25,31). Am Ende der Bibel steht die Vision von der neuen Stadt, dem Himmlischen Jerusalem: „Der Thron Gottes und des Lammes wird in der Stadt stehen, und seine Knechte werden ihm dienen" (Offb 22,3).

Das Mosaik in der Zenokapelle der römischen Kirche Santa Prassede (9. Jh.) stellt einen leeren Thron dar, die „Hetoimasia" (Etimasie). Nur ein Kreuz ist auf ihm zu erkennen. Er ist bereitet für den wiederkommenden Christus, und die „Apostelfürsten" Petrus und Paulus stehen ihm zu Diensten. Ein Osterbild ohne den Auferstandenen? Tatsächlich geht es nicht nur am Karfreitag, sondern auch an Ostern um Erfahrungen von Abwesenheit und Verlust: die Gott-Verlassenheit Jesu in der Stunde des Todes (vgl. Mk 15,34; Mt 27,46), die Trauer um seinen Tod und dann das leere Grab: „Man hat meinen Herrn weggenommen" (Joh 20,13). Dass der Gekreuzigte lebt, fiel den Gefährtinnen und Gefährten Jesu nicht weniger schwer zu glauben als den heutigen Menschen.

Der Thron ist leer. Es gibt archäologische Zeugnisse von unbesitzbaren Thronen, so in spätantiken syrischen Kirchen mit einer thronförmigen Buchablage: Der Thron steht für einen anderen bereit, der nicht vertreten werden kann. Auch ist auf Darstellungen der Hetoimasia ein Buch zu erkennen, und zwar jenes, das vom Fleisch gewordenen Wort handelt, das Buch der Schrift. Der Glaube an die Auferstehung, an das neue Leben, ist von Anfang an durch das Wort weitergegeben worden. Kann man aber dem Wort allein trauen? Im Zeitalter der Lüge scheint dies noch weniger ratsam zu sein als früher. Heute wie damals wollen die Menschen nicht nur hören, sondern auch sehen, fühlen, schmecken. Die Kirche hat im Lauf der Zeit für die Kar- und Ostertage sinnenfreudige Rituale entwickelt, um symbolische Erfahrungen zu vermitteln. Dreimal wird Christus in einem Symbol mit jeweils ansteigendem dreimaligem Ruf begrüßt: mit dem „Ecce lignum crucis" (Seht das Holz des Kreuzes) bei der Prozession mit dem Kreuz am Karfreitag, dem „Lumen Christi" (Licht Christi) bei der Prozession mit der

Osterkerze zu Beginn der Ostervigil und dem „Alleluja" bei der Prozession mit dem Evangeliar im anschließenden Wortgottesdienst der Eucharistiefeier. Christus kommt in seine Gemeinde, aber seine Präsenz ist keine physische, sondern eine real-symbolische, die sich am Ende noch einmal sakramental verdichtet: „Unser Osterlamm ist geopfert, Christus der Herr. Wir sind befreit von Sünde und Schuld. So lasst uns Festmahl halten in Freude. Halleluja!" (Kommuniongesang von Ostern).

Der Thron ist leer. Aber er wartet darauf, in Besitz genommen zu werden durch alle, die auf den Tod Jesu getauft sind, um mit ihm zu leben (vgl. Röm 6,3f) und die so zu Mitgliedern des Volkes von Propheten, Priestern und Königen geworden sind (vgl. Offb 1,6). Dies geschieht immer dann, wenn ein jeder oder eine jede selbst zum Realsymbol wird in der Nachfolge des Gekreuzigt-Auferstandenen: „Ich habe euch ein Beispiel gegeben, damit auch ihr so handelt, wie ich an euch gehandelt habe" sagt Jesus nach der Fußwaschung (Joh 13,15). Die Erfüllung des Mandatum, die Verkündigung der Osterbotschaft in Wort und Tat, mit Geist, Seele und Leib, ist Auftrag der Christenheit „bis er kommt" (1 Kor 11,26). Insofern ist die Zeit „nach Christus" ein dauernder Advent, eine Hetoimasia im Bewusstsein seiner Abwesenheit, aber in Erwartung seiner Wiederkunft und der begründeten Hoffnung, dass am Ende die Leere gefüllt wird.

Prof. Dr. Albert Gerhards, Liturgiewissenschaftler, Bonn.

Klaus Berger

Den ich lieb wie keinen

Das Mädchen von Piräus sagt nicht: „Ich werde ihn lieben". Sondern sie singt von der Gegenwart: „Ein Schiff wird kommen, und das bringt mir den einen, den ich so lieb wie keinen und der mich glücklich macht". Und auch: „… meinen Traum erfüllen und meine Sehnsucht stillen". Das Mädchen, das am Hafen wartet, steht für uns alle. Wir haben alle nahe am Wasser gebaut. Denn ziemlich nahe unter der klugen, vernünftigen Oberfläche stoßen wir bei allen auf das, was sie unter allen Umständen und um jeden Preis lieben. Wie in einer Vulkanlandschaft ist die Humusschicht nur dünn, so dass wir sehr bald auf heiße, glühende Lava stoßen. Man kann diese Lava Traum nennen oder Sehnsucht. Ich nenne sie die verdeckte, aber doch eben kompromisslose, reine und absolute Liebe. Und es kommt wohl nur darauf an, diese sehr nahe liegende Schicht unter dem richtigen Winkel anzubohren und so gut wie möglich freizulegen. Denn da und in dieser Hinsicht sind wir schon die radikal Verliebten. Wir sind es schon, und nicht: Wir könnten oder wollen es werden. Es gilt jetzt: „Ich bin verliebt in die Liebe", wie Chris Roberts gesungen hat (1969).

Der heilige Augustinus (354–430), der größte christliche Theologe, hilft uns, die nächsten, jetzt fälligen Sätze zu formulieren. Denn nach einer stürmisch und mit allen Sinnen durchlebten Jugend entdeckt er sein Herz und ist so ehrlich zu sagen, dass es nie zufrieden sein wird. Er hat immer geliebt, und in jeder Liebschaft war ein Stückchen davon, ein Brocken Lava. In der augustinischen Theologie des Herzens bildet sich ab, wie Augustinus allmählich gelernt hat, darüber zu sprechen.

Obwohl Theologe bin ich nicht so unvorsichtig, einfach zu sagen, selbstverständlich sei Gott das Ziel dieser Liebe, von Anfang an und auch jetzt. Wir Theologen fallen den Mitmenschen immer viel zu schnell mit der Tür ins Haus, mit perfekten Lösungen. Und wir wundern uns dann, wenn diese Lösungen als zu aufdringlich und auch als zu kurz geschossen erscheinen. Selbst der heilige Augustinus hat ein halbes Leben für eine ihn selbst zufriedenstellende Antwort gebraucht. Denn das unruhige Herz gilt immer, aber Augustinus kann trotzdem sagen: „Spät habe ich dich geliebt." Neu ist hier die eindeutige Ausrichtung auf das „Dich". Und er erzählt dann nicht irgendwelche frommen Geschichten, sondern spricht von der „ewigen Schönheit". Denn unser Glaube ist schön.

Und mit unserem Perfektionismus könnte sich der Satz bewahrheiten: Nachchristlich wird der Glaube viel schwieriger, als er vorchristlich war. Aber auch das ist in jeder Liebe ähnlich.

Denken wir uns also mit dem heiligen Augustinus und dem Mädchen aus Piräus etwas wie ein Gespräch zu dritt. Augustinus: Man sollte schon hingehen an den Strand. Ich treffe da oft interessante Leute wie neulich den kleinen Jungen, der sich vergeblich bemühte, das weite Meer in ein Sandloch zu schaufeln. Wie wollen wir da Gott begreifen? – Das Mädchen aus Piräus würde fragen: Und wenn kein Bräutigam kommt? Meine biologische Uhr tickt unaufhaltsam. – Und ich würde ergänzen: In der mittelalterlichen Variante des Motivs vom ankommenden Schiff („Es kommt ein Schiff …") heißt es: „Der Anker haft' auf Erden, da ist das Schiff an Land. Das Wort tut Fleisch uns werden, der Sohn ist uns gesandt!" Denn Sehnsucht ist der Stoff, aus dem unsere Seele gemacht ist, aber das Schiff braucht einen Anker. Sonst bleibt alles nur Traum. Maria ist der Landeplatz, an dem das Schiff vor Anker ging.

Aber dann beginnen die Fragen erst. Denn zum Beispiel zum Stichwort „biologische Uhr" erwarten viele Menschen eine Antwort auf die Frage, was denn nach dem Tod kommt. Denn das ist außer dem vulkanischen Herzen dasjenige, das allen Menschen gemeinsam ist. Ich fand am witzigsten und am schönsten die treuherzige Antwort Martin Luthers: „Wir sollen schlafen, bis er kommt und klopft an das Gräblein und spricht: Doktor Martinus, steh auf! Da werde ich in einem Augenblick auferstehen und werde ihm ewiglich glücklich sein" (Weimarer Ausgabe 37,151).

Prof. Dr. Klaus Berger, Neutestamentler, Heidelberg.

Klaus P. Fischer

Glauben auf den zweiten Blick

Menschen, die an den biblischen Gott glauben, sind im Urteil vieler so etwas wie Abenteurer, Aussteiger, Hasardeure. Sie setzen in die Lebensrechnung eine unbekannte Größe, ein unbestimmbares X ohne ausweisbaren Nutzwert ein. Sie überlassen das Produkt ihrer Lebensleistung dem Zufall. So genau man zu wissen meint, was der Mensch ist, so wenig weiß man, wer oder was, ja ob sich überhaupt etwas hinter dem Wort „Gott" verbirgt.

Daran hat schon die Bibel Schuld. Gottes Selbstoffenbarung im Buch Exodus erweist es deutlich: „Ich bin und werde da sein für euch" (3,14). Dies sei, heißt es verblüffend, Gottes „Name für immer". Doch was ist Gott? Die alte Weisheit, die „das Wesen gewöhnlich aus dem Namen lesen" will, versagt hier. Auch soll Mose dem Bundesvolk einschärfen, sich kein Bild von Gott zu machen (Ex 20,4). Kein Bild, kein Name. Und keine anderen Götter zum Vergleich!

Gottes Unbekanntheit verstärkt sich noch in jener Szene, in der der Teufel Jesus eine alternative Karriere vor Augen hält, die sicherer sei als der Ruf Gottes, und ihm einen Test vorschlägt. Doch Jesus erklärt, Gott sei nicht zu testen, keinem Experiment zu unterwerfen, ob und wie er „funktioniert". Die Frohe Botschaft von Gott, wie sie die Bibel seit Mose bereithält, lautet, Er selbst wolle für jene, die Ihm vertrauen, die gute, sichere Zukunft, Treue, Hilfe und Rettung vor todbringenden Mächten sein.

Doch die Menschen der europäischen Neuzeit, von Kolonialismus und Kapitalismus beflügelt, verwandten viel Mühe darauf, den Gott des Glaubens, der sich zusagt, aber unberechenbar bleibt, als menschliche Selbsttäuschung zu entlarven – im „Glauben", damit etwas zutiefst Unberechenbares loszuwerden. Doch zuinnerst ist der Mensch unbewusst religiös, will er sein

Herz an Größeres wenden, als er selber ist. So weiß auch Martin Luther: Das, woran ein Mensch sein Herz hängt, sei eigentlich sein Gott. Den verführerischsten der „anderen Götter" kennt schon die Bibel. Sie könnten nicht Diener Gottes sein und zugleich Diener des Mammons, erklärt Jesus den Jüngern (Mt 6,24; Lk 16,13). Später entdeckt Karl Marx: Die ökonomische Struktur einer Gesellschaft spiegelt sich in ihren Bewusstseinsformen.

Die offene und kaschierte Herrschaft des Mammons sowie die Gier nach Besitzanhäufung nehmen die Gesellschaft derart in Anspruch, dass ihr der Gott der Bibel verblasst, unwirklich erscheint wie eine Gestalt aus Kinderträumen. Realistischer scheint eine zur Weltanschauung erhobene „wissenschaftliche" Deutung zu sein, die den Menschen als eine bloß zufällige Mutation in einer langen Evolution des Lebens und des Universums sieht, inklusive seiner Hoffnungen und Untaten. Ob die Menschheit lebt oder sich abschafft, berührt das Weltall nicht, lässt es buchstäblich kalt. Wenn die Natur so „denkt" und „handelt", wie man sagt, als sei sie ein „Subjekt", müssen die Schwachen sich anpassen oder gehen. Eine solche Sicht hat Rückwirkung auf den Menschen: Er sei kein „Abbild Gottes", kein Träger übernatürlicher Würde. Der Einzelne sei wertlos, jeder sei ersetzbar. Verwirft der moderne Mensch die „Hypothese Gott", ist er auf sich allein gestellt. Die Zukunft erscheint offen, jedoch leer. Eine leere Zukunft ist aber unheimlich. So suchen viele den persönlichen Halt in der Astrologie als Lebenshilfe, in kosmischen Energien oder in angeblich verschüttetem Wissen der Vorfahren, bei Kelten, Mayas… Andere setzen auf Futurologie und Science-Fiction. Doch am Ende seiner Bemühungen sieht der Mensch nur sich selber in einem matten Spiegelglas: eine diffuse, in Parteien, Lobbygruppen und Kampfverbände zersplitterte, künftige Menschheit.

Der Heidelberger Kinder- und Jugendpsychiater Michael Kaess schlug Alarm: Die unklare Zukunft, unsichere Berufschancen und strenge Auswahl sowie Zeitdruck erzeugten zunehmend bei jungen Leuten krankmachenden Stress: Depressionen, Verweigerungshaltung, Leistungsabfall, aggressiven Trotz. Zukunftsangst breite sich aus, die eigenen Ressourcen könnten nicht reichen, man werde zum Opfer des Fortschritts.

Die Menschen wünschen sich aber, von anderen wahrgenommen zu werden. Der Soziologe Hartmut Rosa spricht von der Sehnsucht nach „Resonanz". Jeder Mensch tritt mit der Ahnung ins Dasein, auf eine letzte Realität, auf etwas Umgreifendes hin gepolt zu sein, auf etwas, das ihm die entscheidende Resonanz gibt.

Was das bedeutet, lässt eines der „Galgenlieder" von Christian Morgenstern ahnen:

I. Der Unbekannte, fern und nah

Ein Hase sitzt auf einer Wiese,
des Glaubens, niemand sähe diese.
Doch, im Besitze eines Zeißes,
betrachtet voll gehaltenen Fleißes
vom vis-à-vis gelegnen Berg
ein Mensch den kleinen Löffelzwerg.
Ihn aber blickt hinwiederum
ein Gott von fern an, mild und stumm.

Der Hase sieht bloß die Wiese. Der Mensch sieht Hase und Wiese. Ein Gott sieht alle drei. Eine dreifache Resonanz – unsichtbar, doch real.

Wirklich ist nicht nur, was man vor sich sieht. Das Leben von Hase und Mensch ist auch hintergründig, selbst ohne deren Wissen. Der letzte und wesentliche Hintergrund ist ein Gott, dessen Auge auf ihnen ruht. Paul Gerhardt hat das so gedichtet: „O dass mein Sinn ein Abgrund wär' / und meine Seel' ein weites Meer / dass ich dich möchte fassen."

Der Mensch ist abgründiger, als das Tagesbewusstsein denkt und weiß. Auch jene, die im Dienst des vielköpfigen Mammons sich aufreiben und „funktionieren", erleben die Endlichkeit dieser Welt und ihrer Wertschätzung. Und manche Nachdenklichen entdecken dann doch den Glauben auf den zweiten Blick.

Das Evangelium wird nie überflüssig, nie ausgekostet sein. Es wird weiter die Menschen geben, die von Gott hören wollen, aber die sich wegen des vorlauten Geschreis der Straße ihm nur diskret nähern, wie ehedem Nikodemus, der sich bei Nacht zu Jesus wagte, um seine Botschaft zu erfahren (Joh 3,2). Die Botschaft jenes Gottes, der schon Mose sagte: „Ich bin da! Fürchte dich nicht! Ich werde mit dir sein!"

Dr. Klaus P. Fischer, Priester und Oratorianer,
Lehrbeauftragter für Theologie an der Universität Heidelberg.

Dieter Kittlauß

Wie bei einer Wette

Mit den riesigen Teleskopen auf Hawaii wurde am 19. Oktober 2017 eine schwarzrote, um sich selbst rotierende kosmische „Zigarre" entdeckt, die aus den Weiten der Milchstraße diagonal in unser Sonnensystem eindrang. Sie war ca. 500 Meter lang und 80 Meter breit. Die Schwerkraft der Sonne reichte nicht aus, um ihre Geschwindigkeit von 160 000 Stundenkilometern abzubremsen, sodass der Blaue Planet verschont blieb. Deshalb fliegen wir, die Kinder dieser Erde, weiter in elliptischer Bahn und wahnwitziger Geschwindigkeit um unsere Sonne.

Die Philosophen und Theologen der Generationen vor uns haben erstaunlich präzise Modelle und Theorien des Sternenhimmels erstellt. Wir aber können die Laufbahnen unserer Raketen und Satelliten, die wir zu fernen Himmelskörpern schießen, bereits über Jahre, ja Jahrzehnte hinweg im Voraus programmieren. Wir können sogar weit über den Rand unserer Galaxis Milchstraße hinausschauen und entfernteste kosmische Prozesse im Computer simulieren. Wir durchschauen die wechselseitige Bedingtheit von Raum und Zeit. Aber das gehört auch zu unserer Wirklichkeit: Selbst den unserer Sonne am nächsten Stern Alpha Centauri sehen wir nur so, wie er vor 4,3 Jahren war. Ganz zu schweigen von der Herrlichkeit des Sternenhimmels: Was wir jetzt sehen, sind die Bilder aus der weit zurückliegenden Vergangenheit.

Genauso verborgen ist uns der Blick in die Tiefe der Materie. Je genauer wir deren Strukturen erkennen und analysieren, umso weiter verschiebt sich die Erkennbarkeit, und umso unschärfer wird das, was wir erkennen. Es geht uns wie der Zecke, die sich zwar am Grashalm mühsam hocharbeitet, und doch umso weniger von der Welt um sie herum versteht, je weiter sie klettert. Aber im Unterschied zur Zecke ist für uns Menschen die Deutung unserer Welt und unseres eigenen Lebens in ihr existenziell bedeutsam. Davon zeugen die Religionen und Weltanschauungen von der fernen Vergangenheit bis in die Gegenwart.

Die frühjüdischen Priester im babylonischen Exil erkannten nur, was sie mit ihren biologischen Augen gesehen haben. Aber ihre theologische Deutung vom Ursprung unserer Welt aus einer Mitte ist beeindruckend bis heute. Ihre bildhafte und abstrakt personalisierte Sprache ist genial. Um die Einmaligkeit der Weltentstehung für alle Generationen verbindlich festzulegen, begannen sie ihre Kosmologie, die Schöpfungserzählung, mit dem Wort *Bereschit* – Im (als) Anfang schuf ... –, ohne dass dieses Wort noch einmal wiederholt wurde.

I. Der Unbekannte, fern und nah

Ob diese Deutung heute noch gilt, ist eine Frage, die sich – vielleicht sogar dringlicher als früher – allen Menschen stellt. Denn weder mit unseren biologischen Augen noch mit unseren Teleskopen und Elektronenmikroskopen finden wir diese Mitte, egal, wie wir sie nennen mögen. Selbst wenn sich auf anderen Sternen oder Galaxien Leben gebildet hätte, das mit uns kommunizieren könnte, wird es nach heutigen Erkenntnissen nie unser Nachbar werden. Die Gottesfrage entscheidet, ob wir allein sind oder „unter dem Schutz seiner Flügel" stehen. Aber die Deutungen, die eine Antwort ohne Gott suchen und finden, dürfen in ihrer Ernsthaftigkeit nicht grundsätzlich hinterfragt werden, denn auch alle religiösen Sichtweisen bewegen sich in einem Raum des undurchschaubaren Geheimnisses und der existenziellen Unsicherheit. Was uns alle eint, ist die Abwesenheit Gottes in unserer Welterfahrung. Egal, wo wir hingehen oder hinschauen, nirgendwo finden wir diese Mitte, der das Frühjudentum den Namen „Der immer bei uns ist" gab. Das Psalmwort „Stiege ich zum Himmel empor, so bist du dort, und machte ich die Unterwelt zu meinem Lager, du bist da!" (139,8), gilt für uns nicht mehr. Das ist die Situation der heutigen Menschen.

Aber da gibt es ein Paradoxon. Viele Menschen – und es sind nicht nur Christen – haben dennoch die tiefe Überzeugung, dass es eine Kraft gibt, die uns alle verbindet und eint. Der deutsche Zen-Meister Willigis Jäger hat dafür das Bild vom Meer „gemalt", das die Welle ausschickt und wieder zurückholt. Wir sind die Welle, aber nicht das Meer. Die mittelalterliche Scholastik hat das Bild vom Sein gebraucht, das alles verbindet und durchdringt. Viel wichtiger aber ist die Sehnsucht, die uns in unserem oft mehr als beschwerlichen Leben ein Ziel gibt, jenes „Prinzip Hoffnung" des „Ohne-Gott"-Philosophen Ernst Bloch, das Gerechtigkeit und Vollendung selbst in einer aussichtslosen Extremsituation erahnen lässt. Gott ist nicht da in dieser mal arktisch kalten und mal siedend heißen kosmischen Welt. Er hat sich nicht versteckt in den Tiefen der Erde und auch nicht im Mikrokosmos des Materiellen; und doch gab es und gibt es Milliarden Menschen, die zutiefst davon überzeugt sind, zu einer Mitte zu gehören, aus der sie kommen und zu der sie zurückkehren werden.

In der Neurologie gibt es gewichtige Stimmen, die von einem einheitlichen Bewusstsein sprechen, an dem jeder Mensch partizipiert. Die christliche Theologie hat dafür das uns heute fremde und doch so tiefsinnige Wort „Gnade" geprägt. Die Bibel gebraucht eine metaphorisch-bildhafte Sprache für dieses Gott-mit-uns-Wissen, so als ob da neben uns einer steht, der uns begleitet, uns stützt und uns hält. Und da gibt es noch eine auf den ersten Blick seltsame Tatsache: Die religiöse Erfahrung wird stärker, wenn wir uns darauf einlassen. Wer die Wahrheit tut, kommt ans Licht. So drückt es die neutestamentliche Sprache aus.

I. Der Unbekannte, fern und nah

Gotteserfahrung gibt es nicht, ohne dass sich das Herz öffnet. Wir stehen in einer bis in die weite Vergangenheit zurückreichenden Kette von Menschen, die – jeder auf seine Art – diese religiöse Erfahrung haben, dass das Leben tiefer wird, wenn wir uns für die uns verborgene Mitte unserer Welt öffnen. Wo Euer Schatz ist, da wird auch euer Herz sein, sagt die biblische Sprache. „Wenn ihr mich sucht, werdet ihr mich finden. Ja, wenn ihr mich von ganzem Herzen sucht, will ich mich von euch finden lassen. Das verspreche ich euch." Diese Erfahrung wird uns von Jeremia überliefert (29,13–14). Vor fast 3000 Jahren lebte dieser frühjüdische Prophet. Mit Gott scheint es wie mit der Liebe zu sein, die uns nur geschenkt wird, wenn wir sie vorher geschenkt haben.

Der französische Mathematiker, Physiker und Philosoph Blaise Pascal vermutete sogar, dass der Gottesglaube die vernünftigere Lebensvariante sei. Es gebe nur die Alternativen, dass es Gott gibt oder ihn nicht gibt, und dazwischen gebe es keinen Mittelweg. Wie bei einer Wette müsse sich jeder Mensch auf eine dieser Varianten einlassen. Und dann sieht Pascal die Gottesbejahung auf der Gewinnseite. „Denn wenn Sie gewinnen, gewinnen Sie alles, wenn Sie verlieren, verlieren Sie nichts. Setzen Sie also ohne zu zögern darauf, dass es ihn gibt." Rein logisch hat Pascal recht. Wer ohne Gott leben will, weil er diesen nicht für eine Wirklichkeit, sondern für ein Phantom hält, wird nicht ohne Weiteres glücklicher und zufriedener, denn er muss mit der oft tödlichen Kälte und Grausamkeit dieser Welt ganz alleine fertig werden – und zwar immer im Angesicht unseres eigenen Endes. Viele religiöse Menschen erleben zwar auch diese Rätsel und das Grausame, aber sie fühlen sich getragen und sogar geliebt.

Zur Zeit des Propheten Jeremia gab es einen solchen religiösen Menschen. Sein Psalmgebet ist uns durch die Jahrtausende erhalten geblieben: „Denn der Herr ist deine Zuflucht, du hast den Höchsten als Schutz erwählt. Dir begegnet kein Unheil, kein Unglück naht deinem Zelt. Denn er befiehlt seinen Engeln, dich zu behüten auf allen deinen Wegen. Sie tragen dich auf ihren Händen, damit dein Fuß nicht an einen Stein stößt; du schreitest über Löwen und Nattern, trittst auf Löwen und Drachen" (91, 9–13). Pascal hat insofern recht, dass sich jeder Mensch in seinem Leben wie bei einer Wette entscheiden muss, ohne eine Garantie zu haben. Aber richtig ist auch, dass ein Leben mit Gott keinesfalls die schlechtere Variante ist. Die neutestamentliche Tradition spricht deshalb von dem Schatz, den man suchen müsse.

Dieter Kittlauß, Theologe, Autor, Sterbe- und Trauerbegleiter, Bendorf.

I. Der Unbekannte, fern und nah

Andreas R. Batlogg

Mehr Gott wagen

„Unverbrauchbare Transzendenz Gottes" – der Begriff erwärmt nicht gerade das Herz. Aber was Karl Rahner damit meinte, worauf er damit hinwies, das ist mir in den letzten Jahren zunehmend wichtig geworden. Es handelt sich bei dem zugrunde liegenden Text nach seiner eigenen Einschätzung um eine Art „Kapuzinerpredigt", gehalten als Rundfunkvortrag im Rahmen des Salzburger Humanismusgesprächs 1979 („Die unverbrauchbare Transzendenz Gottes und unsere Sorge um die Zukunft", in „Schriften zur Theologie" Bd. 14, Zürich 1980). Der 75-jährige Rahner warnte davor, Gott „zum Mittel unserer Zukunftssorge und zum Analgetikum unserer Lebensangst" zu machen. Man müsse es „vielmehr fertigbringen, die Transzendenz Gottes unverbraucht (wenn man so sagen kann) sein zu lassen."

Das überzeugt mich, je länger, umso mehr. Aber es war nicht immer so. Vor mehr als 35 Jahren, als Student der Theologie, war mir Jesus näher als Gott: Jesus der Freund, der Weggefährte, der Lehrer. Einer, auf den Verlass ist. Absolut. Jesus war sozusagen mein *Hero*, mein Held. Ein Semester in Israel tat das Seinige dazu. Und die Lektüre des kleinen Rahner-Bändchens „Was heißt Jesus lieben?", in dem sich der merkwürdige Satz findet – überraschend für einen als nüchtern verschrienen Jesuiten –, man müsse den Mut haben, Jesus „um den Hals zu fallen".

Rahner hat mich nie mehr losgelassen. Aber damals waren mir seine Gebete und Meditationen, in denen er Gott ansprach, fremd. Der „namenlose", der „ferne", der „unbegreifliche" Gott, das „absolute, unumgreifbare Geheimnis": Das war mir zu abstrakt. Und kontrastierte mit meiner Heilig-Land-Erfahrung: mit den Augen Jesu sehen und staunen (lernen). Jesus dagegen war mir die garantierte Nähe Gottes!

Erst allmählich, zunächst eher auf der intellektuellen Schiene, entdeckte ich Gott – als „Gott meines Herrn Jesus Christus". Dass ich mit Jesus dem Christus zusammen vor Gott stehe, zu Gott, dem Schöpfer, bete, dass ich mich wie Jesus verloren und von Gott verlassen fühlen kann – das brachte mich in die Nähe Gottes. Er war plötzlich fern und nah zugleich. Und weil ich später als Jesuit das *IHS* als *Iesum Habemus Socium* (Wir haben Jesus zum Gefährten) las, bedeutet mir die Stelle im Kolosserbrief sehr viel: In Jesus „das Bild des unsichtbaren Gottes" (1,15) vor mir haben. Oder die Aussage im Johannesevangelium: „Wer mich gesehen hat, hat den Vater gesehen" (14,9).

Was hat die Hinwendung zu Gott bewirkt? Vielleicht war es eine Alterserscheinung: Aber mit der Zeit wurde mir alles, was Gott „verfügbar" machen wollte, was ihn verzweckte, zuwider. Ihm zugeschriebene Prädikate, die ihn zu einem Gegenstand unserer frommen Vorstellungen hinbiegen – dagegen wehrte sich etwas in mir. Die „Gras-und-Ufer"-Romantik, so lautstark ich sie als Jugendlicher mitgesungen hatte, wurde mir unerträglich. So einen „Kuschel-Gott" wollte ich nicht (mehr). Die beiden Tagebücher von Fridolin Stier („Vielleicht ist irgendwo Tag", „An der Wurzel der Berge") lösten ein gewaltiges Aha-Erlebnis aus und ließen mich Gott neu entdecken – als den nahen, mir innerlicher als ich mir selbst *(interior intimo meo,* wie Augustinus sagt, und als den fernen, unnahbaren Gott zugleich. Deswegen kann ich heute „Großer Gott, wir loben dich" mit derselben Andacht und Ergriffenheit singen wie „Seit Menschen leben, rufen sie nach Gott ... Bist du der Gott, der Zukunft mir verheißt?" von Huub Oosterhuis.

Vom Schriftsteller Arnold Stadler, der mit einer Studie über die Psalmen in Theologie promoviert wurde – seine Übertragung „Die Menschen lügen. Alle' und andere Psalmen" ist eine wunderbare Anthologie –, ist eine etwas derbe Äußerung überliefert: Man könne auf einer Party leichter über Sex reden als über Gott. Wer Gott ins Spiel bringt, stoße auf peinliches Schweigen. Unausgesprochen bedeutet das: Glaube und Religion sind Privatsache. Seelenstriptease ja, Gott nein!

Karl Rahner hat am Ende seines Lebens in einem Interview eindrucksvoll dafür plädiert, mehr und intensiver von Gott zu reden. Das lange Zitat zu bedenken, lohnt: „Die wichtigsten Probleme sind vielleicht die, die die Menschen von heute gar nicht für besonders wichtig halten. Nehmen Sie zum Beispiel die Grundfrage der Theologie nach Gott. Die meisten Menschen von heute würden mindestens an der Oberfläche ihres Alltagsbewusstseins der Meinung sein, dass das erstens einmal gar keine wichtige Frage ist und zweitens – wenn und insofern es eine Frage ist – höchstens die Frage gestellt werden kann, ob und warum und in welcher Hinsicht Gott für den Menschen wichtig ist. Ich halte diese anthropozentrische Frage nach Gott letztlich für verkehrt und bin der Meinung, dass diese merkwürdige Art von Gottvergessenheit vielleicht die fundamentalste Problematik von heute ist. Ich sage nicht: Die Menschen reden nicht genug von Gott; ich sage nicht: Es werden nicht genug philosophische und theologische Bücher gedruckt. Aber ich meine: Es gibt zu wenig Menschen, die daran denken, dass im letzten Verstand nicht Gott für sie, sondern sie für Gott da sind. So im allgemeinen theologischen Geschwätz des Alltags gehöre ich gerade zu den ‚anthropozentrischen' Theologen. Das ist letztlich ein absoluter Unsinn. Ich möchte ein Theologe sein, der sagt, dass Gott das Wichtigste ist, dass wir dazu da sind, in einer uns vergessenden Weise ihn zu lieben, ihn anzubeten, für ihn da zu sein, aus unserem eigenen Daseinsbereich in den Abgrund der Unbegreiflichkeit Gottes zu springen. Dass eine Theologie sagen muss, dass

I. Der Unbekannte, fern und nah

der Mensch der ist, welcher, letztlich auf Gott bezogen, sich über Gott vergessen muss, das ist natürlich selbstverständlich. In diesem Sinn kann man nicht genug eine anthropozentrische Theologie treiben. Schon einfach deswegen, weil selbstverständlich Gott nicht irgendeinen Einzelgegenstand in unserer Welt, auch nicht den nächsten Abschlussstein eines Weltgebäudes darstellt. Sondern Gott ist der Absolute, der Unbedingte, auf den wir, aber nicht so im selben Sinne er auf uns, bezogen sind; der Anzubetende, in den, bedingungslos sich hinein kapitulierend, man sich mit Jesus dem Gekreuzigten weggeben muss. Das ist das eigentliche, das fundamentalste Problem der Menschen, und die Tatsache, dass man das so im Durchschnitt nicht empfindet, ist das fundamentalste Problem auch heute."

Gott, der Unbedingte, der Anzubetende, in den man sich mit Jesus dem Gekreuzigten weggeben muss! Man kann sich den Satz angesichts aller Versuche, sich Gott durch Gebete oder Opferleistungen „gnädig" stimmen zu wollen, nicht oft genug auf der Zunge zergehen lassen!

Rahners Beobachtung erinnert an die Geschichte von dem dreijährigen Mädchen, das seine Eltern bittet, mit dem neugeborenen Brüderchen für einige Minuten allein in seinem Zimmer sein zu dürfen, bei verschlossener Tür, was bei den Eltern Unbehagen auslöst. Aber weil sie ein Babyfon zur Hand haben, erlauben sie ihrer Erstgeborenen den Wunsch und hören, wie ihre Tochter den wenige Tage alten Bruder auffordert: „Erzähl mir von Gott – ich kann mich kaum mehr erinnern."

Die Gottesvergessenheit unserer Tage, trotz aller oft sehr unartikulierten spirituellen Sehnsucht, ist ein unterschätztes Problem. Bezeichnenderweise bringt Rahner in dem eingangs genannten Vortrag jedoch nicht nur die „unverbrauchbare Transzendenz Gottes" ins Spiel. Er spricht auch von der „unverbrauchbaren Transzendenz des Menschen" auf Gott hin. Deswegen seine Frage: „Müssen die Kirchen heute nicht darauf achten, dass in ihrer konkreten Verkündigung, in deren Dosierung und Stimmstärke nicht die erste und die letzte Maxime untergeht, die sie verkünden müssen: Höre Israel, der Herr, unser Gott, ist ein einziger Herr, und du sollst den Herrn, deinen Gott, aus deinem ganzen Herzen und aus deiner ganzen Seele und aus deinem ganzen Gemüt und aus deiner ganzen Kraft lieben (Mk 12,29)? ... Das Christentum gäbe sich selber auf, wenn es nicht mehr den Mut hätte, von dieser seligen Nutzlosigkeit der Liebe zu Gott zu künden".

In seinem Apostolischen Schreiben „Gaudete et exsultate" über den Ruf zur Heiligkeit in der Welt von heute liest sich das bei Papst Franziskus so: „Wenn wir wirklich glauben, dass Gott existiert, können wir es nicht unterlassen, ihn anzubeten." Gott anbeten und Gott ansprechen: Geschieht das?

Geschieht das oft genug in der Kirche? In den Predigten? Tue ich das? Das frage ich mich.

Dr. Andreas R. Batlogg, Jesuit, war von 2000 bis 2017 Mitglied der
Redaktion der Zeitschrift „Stimmen der Zeit", zuletzt Chefredakteur,
München.

Otto Betz

Der ferngerückte Nahegekommene

Als ich in den Nachkriegsjahren zum ersten Mal nach Köln kam, besuchte ich eine vom Bombenhagel zerstörte Kirche, die man notdürftig wieder hergerichtet hatte und deren Altarkreuz eine Jesusgestalt ohne Arme zeigte. Daneben war eine Tafel angebracht mit dem knappen Text: „Jetzt habe ich nur noch eure Arme."

Ich war damals spontan angerührt von dieser Szene. Die Figur des gekreuzigten Christus ohne Arme wies auf eine Aufgabe der Christen hin: Sie müssen einspringen und das anpacken, was der armlose Jesus nicht mehr tun kann. Erst sehr viel später ist mir aufgegangen, dass dieser Auftrag vielleicht grundsätzlich eine Sehweise christlicher Existenz ausspricht, um die wir uns mühen müssen. Wenn wir Jesu „Leib" sind, dann haben wir auch die Konsequenzen zu sehen, uns als die wirksamen Glieder Jesu zu verstehen und tätig zu werden.

Diese Szene fiel mir wieder ein, als ich im Tagebuch von Etty Hillesum, der in Auschwitz umgekommenen jungen holländischen Jüdin, folgenden Text fand:

„Es sind schlimme Zeiten, mein Gott. Heute Nacht geschah es zum ersten Mal, dass ich mit brennenden Augen schlaflos im Dunkeln lag und viele Bilder menschlichen Leidens an mir vorbeizogen. Ich verspreche dir etwas, Gott, nur eine Kleinigkeit: Ich will meine Sorgen um die Zukunft nicht als beschwerende Gewichte an den jeweiligen Tag hängen, aber dazu braucht man eine gewisse Übung. Jeder Tag ist für sich selbst genug. Ich will dir helfen, Gott, dass du mich nicht verlässt, aber ich kann mich von vornherein für nichts verbürgen.

Nur dies eine wird mir immer deutlicher: dass du uns nicht helfen kannst, sondern dass wir dir helfen müssen, und dadurch helfen wir uns selbst. Es ist das Einzige, auf das es ankommt: ein Stück von dir in uns selbst zu retten, Gott. Und vielleicht können wir mithelfen, dich in den gequälten Herzen der anderen Menschen auferstehen zu lassen. Ja, mein Gott, an den Umständen scheinst auch du nicht viel ändern zu können, sie gehören nun mal zu diesem Leben… Glaube mir, ich werde weiter für dich wirken und dir treu bleiben und dich nicht aus meinem Inneren verjagen" („Das denkende Herz", Reinbek 1983).

Dieser Text klingt zunächst einmal ziemlich anmaßend. Da spricht jemand Gott seine Macht ab und will selbst als „Hilfskraft" einspringen. Aber vergegenwärtigen wir uns die damalige Situation: Etty Hillesum findet nach abgeschlossenem Studium keine Anstellung, engagiert sich in der Betreuung der verängstigten Juden, erlebt aber nun, dass sie immer zahlreicher in einem Lager zusammengepfercht und schließlich mit Güterzügen in die Vernichtungslager transportiert werden. Alle Gebete und verzweifelten Hilferufe bringen keine Rettung, das Unheil nimmt seinen Lauf. Der Glaube an einen allmächtigen und immer hilfsbereiten Gott bricht bei sehr vielen zusammen. Die Vorstellung, man müsse nur vertrauen und Gott anrufen, dann käme auch Hilfe, wird immer unglaubwürdiger. Rettung konnte man höchstens von den Truppen der amerikanischen und englischen Armee erwarten, so wie das alte Israel die Perser als seine Retter empfangen hat, als es von den Babyloniern unterdrückt, verfolgt und zwangsdeportiert worden waren. Das greift Etty Hillesum auf: Gott will durch unsere Hände wirken. Er ist auf uns angewiesen. In uns kann seine Kraft wirksam sein. Wenn uns das gelingt, kann vielleicht auch „der gestorbene Gott" in den Herzen der Menschen wieder neues Leben gewinnen.

Wenn sich in unseren Tagen ein gläubiger Mensch darum bemüht, Aussagen über sein Weltverständnis zu machen, wie er sich also die Entstehung der Schöpfung vorstellt und den komplizierten Verlauf alles Seienden, dann wird er sich vermutlich nicht auf die Bibel berufen, sondern die Naturwissenschaften befragen und sich überlegen, ob man die verschiedenen Informationsstränge zusammenbringen kann. Vielleicht wird er sagen: Alles, was ist, setzt einen göttlichen Ursprung voraus, eine elementare „Grundidee" einen Schöpfungsblitz voller Möglichkeiten. Aber dieser Uranfang hat sich in einem dynamischen Prozess immer weiter entfaltet und gewandelt. Auch das Gebilde, das wir vorfinden, wandelt sich dauernd weiter.

Die Vorstellung, Gott habe alles in seinen Händen, hüte alles treulich und steuere alle Veränderungen, entspricht diesen Einsichten nicht mehr. Heute müssen wir eher davon ausgehen, dass Gott sein Schöpfungsgebilde in die Freiheit entlassen hat, dass die unendlichen „Keime" des Anfangs sich immer weiter entfalten und differenzieren, dass sie mit ihren Möglichkeiten experimentieren, sich auch korrigieren, wenn fragwürdige Gebilde hervorgebracht wurden, die nicht lebensfähig sind. Das Erstaunliche und Bewundernswerte des ganzen Seins ist die geheime Ordnungsstruktur, die allem innewohnt. Es ist ein „Spieltrieb" erkennbar, eine Lust, mit den vielen Möglichkeiten umzugehen und immer wieder Neues zu versuchen. Gott „respektiert" diese Autonomie und mischt sich nicht ein.

Dürfen wir dann aber Gott noch bitten, er möge eingreifen, er möge dies und das verhindern? Diese Vorstellung sitzt tief in uns drin, sodass wir Mühe haben, sie zu korrigieren. Wenn wir aber nicht in einer frommen Wunschwelt bleiben wollen, müssen wir die Einsicht von der „Autonomie der Welt" akzeptieren. Der Jesuit und Paläoanthropologe Pierre Teilhard de Chardin erklärte: „Die Hand Gottes ist weder hier noch dort. Sie wirkt auf die Gesamtheit der Ursachen, ohne sich irgendwo offen zu zeigen: Sodass äußerlich das Wirken des ersten Bewegers am ehesten dem einer Weltseele, die göttliche Weisheit am ehesten dem Schicksal oder dem Geschick gleicht" („Mein Glaube", Olten 1972). Man muss also das göttliche Wirken nicht als ein unmittelbar erkennbares Element festmachen. „Die erste Ursache mischt sich unter die Wirkungen: Sie wirkt auf die individuellen Naturen und auf die Bewegung des Ganzen. Im eigentlichen Sinne gesprochen macht Gott nicht: Er lässt die Dinge sich machen. Deshalb ist dort, wo er wirkt, kein Einbruch, keine Spalte. Das Netz der Determinanten bleibt unversehrt." In einem anderen Zusammenhang schrieb Teilhard in einem Brief: „Nur eines ist wichtig ...: die Erfahrung, dass Gott sich überall verwirklicht, in uns und um uns."

Hat aber in einem solchen Weltverständnis das Bittgebet noch einen Sinn? Hier kommt nun der Mensch ins Spiel des großen kosmischen Geschehens. Er ist einerseits ein Teil, eine Sequenz des großen evolutiven Prozesses, steht in dauerndem Zusammenhang mit den jahrmillionenlangen Veränderungen und Wachstumsvorgängen der Biogenetik, unterscheidet sich andererseits aber auch: Er hat einen Geist entwickelt, sodass er über sich nachdenken kann. Er kann sich im Gesamtvorgang der Weltentwicklung verorten und sich selbst gegenübertreten. Er hat – das macht seine „Gottebenbildlichkeit" aus – schöpferische Gaben. Er kann selbst kreativ werden, mit positiven wie problematischen Auswirkungen. Er ist in der Lage, Verantwortung zu übernehmen. Weil er die göttlichen Impulse entdecken kann, die in seinen menschlichen Kräften stecken, kann er auch in göttlichem Auftrag handeln und rettend und heilend wirksam werden. Er kann seine Egozentrik überwinden, für andere eintreten.

Aber diese Welt ist ebenfalls keine bloß tote Materie, kein pures „Material", sondern sie hat Gaben und Strukturen mitbekommen, die wahrgenommen, geweckt, im lebendigen Vollzug fruchtbar gemacht werden können. Der Mensch kann zum Hüter und Entfalter dieser Möglichkeiten werden, ihre Geheimnisse zu verstehen und zu nutzen suchen. Das Bittgebet bleibt insofern wichtig, weil es uns oft schwerfällt, die rechten Wege im Umgang mit der göttlichen Schöpfung zu finden. Wer heilen will, kann das nicht allein aus eigener Kraft und Vollmacht tun, sondern nur, wenn er die in der Welt vorhandenen Kräfte und Substanzen aufspürt und wenn er diese am rechten Ort und zur rechten Zeit einsetzt. Das Wunder, das wir Tag für Tag erleben, ist nicht der Eingriff in die Ordnung der Natur, sondern die staunenswerte Tatsache ihrer Möglichkeiten und Fähigkeiten. Wer betet, ist ein Fragender, ein Suchender. Er ringt darum, sich innerlich auf sein Tun vorzubereiten. Schließlich sollten wir auch nicht so tun, als wären wir die einzigen „Arme Gottes". Durch unser Beten rufen wir die Vielzahl göttlicher „Arme" herauf.

Im Johannesevangelium sagt Jesus: „Wer an mich glaubt, aus dem werden Ströme lebendigen Wassers fließen" (7,38). Jesus will durch uns wirksam werden. Die Verbindung mit ihm macht uns schöpferisch. Wenn wir Gott um seine Hilfe bitten, erhoffen wir nicht sein direktes aktives Eingreifen, sondern dass irgendwo ein Mensch seine Arme zu den Armen Jesu macht, um zu helfen, zu heilen und zu retten.

Ein Jahr nach dem Tod von Etty Hillesum saß auch Dietrich Bonhoeffer im Gefängnis und schrieb – wenige Tage vor dem Attentat auf Hitler – einige Verse in sein Tagebuch: „Menschen gehen zu Gott in Seiner Not… Christen stehen bei Gott in Seinem Leiden" („Widerstand und Ergebung"). Seinem Freund Eberhard Bethge schrieb Bonhoeffer: „Jesus ruft nicht zu einer neuen Religion, sondern zum Leben. Wie sieht nun aber dieses Leben aus? … Die Gottlosigkeit der Welt wird nicht irgendwie verdeckt, sondern vielmehr gerade aufgedeckt… Die mündige Welt ist gottloser und darum vielleicht gerade gott-näher als die unmündige Welt." Und wieder ein paar Tage später: „Ich erfahre es bis zur Stunde, dass man erst in der vollen Diesseitigkeit des Lebens glauben lernt… Dies nenne ich Diesseitigkeit, nämlich in der Fülle der Aufgaben, Fragen, Erfolge und Misserfolge, Erfahrungen und Ratlosigkeiten leben, – dann wirft man sich Gott ganz in die Arme, dann nimmt man nicht mehr die eigenen Leiden, sondern das Leiden Gottes in der Welt ernst, dann wacht man mit Christus in Gethsemane."

Die Vorstellung, dass Gott von seinem „Thron" her der Weltenlenker oder der Regisseur aller Vorgänge ist und Schicksale verändern kann, entspricht nicht mehr unserem Daseinsverständnis. Jean Paul beschrieb den Schrecken solcher Einsamkeitserfahrung in der berühmten „Rede des todten Christus vom Weltgebäude herab": „Ich ging durch die Welten. Ich stieg in die Sonnen und flog mit den Milchstraßen durch die Wüsten des Himmels; aber es ist kein Gott. Ich stieg herab, so weit das Sein seine Schatten wirft, und schauete in den Abgrund und rief: Vater, wo bist du? Aber ich hörte nur den ewigen Sturm, den niemand regiert" („Siebenkäs", Hamburg 1957).

Dieser Text war zwischen 1789 und 1796 entstanden. Zur gleichen Zeit kam aber auch die beglückende Sehweise eines neuen Denkens auf. Friedrich von Hardenberg, der sich Novalis nannte, notierte in seinen Aufzeichnungen: „Unter Menschen muss man Gott suchen. In den menschlichen Begebenheiten, in menschlichen Gedanken und Empfindungen offenbart sich der Geist des Himmels am hellsten" („Das philosophische Werk" II, Darmstadt 1968). Es geht Novalis um den sich verborgen offenbarenden Gott: „Gott als Arzt, als Geistlicher, als Frau, Freund etc. ... In jedem Menschen kann mir Gott erscheinen". Auch der Gedanke des „Mitleids mit Gott" taucht bei Novalis auf: „Religiöse Aufgabe: Mitleid mit der Gottheit haben... Sollen wir Gott lieben, so muss er hilfsbedürftig sein." Während Jean Paul in seinem Schreckenstraum nur die Abwesenheit Gottes erkennen konnte und erstarrte, verspürte Novalis eine verborgenen Präsenz.

Gott ist angewiesen auf unsere Hände. Aber Gott mag noch viele andere Hände haben, von denen wir gar nichts ahnen.

Prof Dr. Otto Betz, Religionspädagoge, Passau

Johannes Röser

Im wahren Beten zum „falschen" Gottesbeweis

Wozu ist Gott da? Er schenke uns gedeihliches Wetter, halte Blitz, Hagel und jedes Unheil von uns fern. So wird am Ende mancher Gottesdienste in der Wachstums-Jahreszeit gebetet. „Lieber Gott, mach! ..." Entsprechend „funktionieren" die Fürbitten, ob in der Eucharistiefeier oder im stillen Gebet. Menschen aller Religionen beten um Erfolg im Leben, in geschäftlichen Unternehmungen, im Beruf. Sie bitten um Glück in der Liebe, um einen guten Lebenspartner, um Nachwuchs, um Heilung in schwerer Krankheit, um einen Ausweg aus einer Lebenskrise, um Schutz auf der Autobahn oder im Flugzeug. Und manchmal flehen die Menschen zu Gott sogar um eine gute Sterbestunde.

Das existenzielle Beten ist der expressivste Aufschrei des Menschseins. Es kommt aus der Tiefe der Seele, aus der Tiefe des Leids, mitten in der Gotteskrise. Hilft uns Gott, der große Schweigende, aber wirklich in dem, worum wir ihn bitten und gemäß der Aufforderung Jesu auch bitten dürfen? „Gott, komm mir zu Hilfe. Herr, eile, mir zu helfen." Eine große Illusion oder pure Psychohygiene, ein Selbstgespräch des Menschen mit sich selbst?

Das existenzielle Beten kann auch ein Beten gegen den „Uhrzeigersinn" frommer Wünsche sein, nicht selten an der Grenze zum Verstummen: „Mein Gott, mein Gott, warum hast du mich verlassen!" Die Menschen – einschließlich der Gläubigen – haben Schwierigkeiten mit Gott. Die vorgegebenen, einst angeblich so selbstverständlichen Vorstellungen greifen nicht mehr. Und auch nicht mehr die Tricks, im Zweifelsfall Gott stets zu entschuldigen dafür, dass er nicht eingreift: Er werde schon wissen, wozu das gut ist.

Die größte Not haben naturwissenschaftlich aufgeklärte Zeitgenossen des 21. Jahrhunderts damit, dass Gott angeblich offenbarend in Welt und Geschichte eingreift. Wo aber greift er denn ein? Wo ist Gottes Handeln tatsächlich spürbar? Stärker als seine reale Anwesenheit erfahren sie doch täglich seine reale Abwesenheit.

Die englische Religionswissenschaftlerin Karen Armstrong hat die konventionelle Kirchen-Christlichkeit einmal kritisch unter die Lupe genommen und festgestellt, dass sie dem Anspruch moderner Gottes-Nachdenklichkeit überhaupt nicht mehr gewachsen ist: „Viele Gläubige und die meisten Theologen räumen zwar theoretisch ein, dass Gott ganz und gar transzendent sei, trotzdem haben sie erstaunlich konkrete Vorstellungen, wer ‚er' ist und was er von uns erwartet. Wir neigen dazu, sein Anderssein zu zähmen und ihn unseren Wünschen anzuverwandeln. Immer noch wird Gott angefleht, eine Nation zu segnen, die Königin zu schützen, unsere Krankheiten zu heilen und unserem Fußballverein zum Sieg zu verhelfen. Ganz selbstverständlich, ja demonstrativ erflehen diese jungen Fußballstars mit ihren großen Anbetungsgesten im Stadion höhere Unterstützung – obwohl ihre Gegner doch vermutlich auch Gottes Kinder und damit Gegenstand seiner Liebe sind."

Dieses im kirchlichen Raum, im Beten weit verbreitete Gottesbild ist jedoch – so Karen Armstrong – „naiv". „In Lobpreisungen erinnern Christen den Herrn daran, dass er die Welt geschaffen hat und dass sie arme Sünder sind, als ob ihm das entfallen sein könnte… Ungeachtet unseres wissenschaftlichen und technischen Scharfsinns ist unser religiöses Denken auffällig unterentwickelt, ja primitiv."

Die Religionswissenschaftlerin erinnert dagegen an die starken Traditionen mystischer Theologie, die feine Empfindsamkeit dafür entwickelte, dass Gott eben nicht ist, wie wir meinen, dass er sei. Diese „alte" Religiosität betont die radikale Transzendenz und Verborgenheit Gottes inmitten der vagen Gottesahnungen, die dem komplexen Gehirn des Homo sapiens möglich sind. Diese mystische Religiosität öffnet einen neuen Weg auch für ein heutiges Christentum. „Manche Mystiker scheuten sich vor der Behauptung, dass Gott ‚existiere', weil sie die menschliche Vorstellung von Existenz an sich viel zu beschränkt fanden. Einige weise Theologen bezeichneten Gott als ein ‚Nichts', weil er nun mal kein Wesen sei… Religion war ja ursprünglich nicht das, was Menschen dachten, sondern was sie taten. Sie erlangte ihre Wahrheit erst durch praktische Einübung. So wie man das Autofahren nicht aus einem Handbuch erlernen kann und das Kochen nicht durch Rezeptelesen, so erfordert auch der Glaube echte Arbeit. Und so wie man beim Schwimmen wunderbarerweise nicht auf den Boden des Beckens sinkt, sondern plötzlich schwebt, hebt der Glaube uns in einen neuen Zustand. Religiöse Menschen können oft nicht richtig erklären, wie ihre Rituale und Übungen wirken, genauso wie eine Eisläuferin vielleicht die physikalischen Gesetze nicht kennt, die sie auf schmalen Kufen über das Eis gleiten lassen." Die Christen müssten daher allzu sicher geglaubte „religiöse Gewissheiten verlernen und einsehen, dass es niemals leicht ist, über Gott zu reden". Ja, sie müssten „wieder lernen, dass Glauben mit Vertrauen, nicht mit Lehrsätzen zu tun hat."

Der Grazer Theologe Rainer Bucher formulierte es einmal so: „Gott ist Luxus." Er ist überflüssig, weil man ihn in modernen, gesicherten Wohlfahrtszeiten nicht braucht, um gut leben zu können. Dann aber wird Gott zu einem wirklichen „Gegenmittel gegen die Versuchungen und Verführungen der Gegenwart, die sich in die eigenen tiefen religiösen Sehnsüchte einschleichen". Gott ist wider die althergebrachten Erwartungen nutzlos. Er ist kein Erfüllungsgehilfe unserer alltäglichen Sorgen und Nöte, erst recht nicht unserer trivialen Wünsche.

Wozu aber ist Gott dann da? Er ist der Grund der Sehnsucht auf Erlösung und Befreiung, die auch von den selbstgestrickten Projektionen befreit, so oder so Heil und Wohl erringen zu können. Er ist der Grund der Hoffnung auf das Österliche: Auferstehung, ewiges Leben, Rettung aus dem mysteriösen Tod eines mysteriösen Daseins.

Ein geläutertes, entmythologisiertes, von Magie und Nützlichkeit befreites Beten regt an zum reinen Staunen: dass und wie überhaupt etwas ist und nicht vielmehr nichts – dieser rätselhafte Kosmos des Lebens, dieses unermessliche Universum der unbelebten Dinge, womöglich dieses Multiversum, ein Universum von Universen.

Es ist ein Beten voller Zweifel und voller Zweifel über die Zweifel. Angesichts des großen Schweigens, angesichts der Tatsache, dass Gott sich nicht blicken lässt und niemand Gott je gesehen hat, wie es schon das Johannesevangelium und der erste Johannesbrief nüchtern benennen, müsste man eigentlich annehmen, dass es Gott nicht gibt. Das jedenfalls wäre die logische Folgerung aus der menschlichen Erfahrung, aus der Geschichte, aus dem Zustand und der Evolution eines Universums, das anscheinend, wie die wissenschaftlichen Beobachtungen und Messungen nahelegen, ganz „aus sich selbst" wird. Gott ist höchst unwahrscheinlich. Noch unwahrscheinlicher aber sind Raum und Zeit, die angeblich aus einem puren Nichts kommen. Denn aus dem reinen Nichts kommt Nichts, nicht einmal ein „Urknall". Und wenn das „Vakuum" kein reines Nichts ist, woher kommt dann dieses „unreine" Nichts? Am wahrscheinlichsten, am logischsten wäre, dass absolut nichts geworden wäre, nichts ist und nichts wird, weder Raum noch Zeit, weder Energie noch Masse, erst recht kein Leben. Warum aber gibt es dieses Logischste alles Logischen, dieses logische Nichts nicht? Vielleicht doch, weil es Gott „gibt"? Gott ist unwahrscheinlich, unlogisch, aber noch unwahrscheinlicher, noch unlogischer ist Nicht-Gott.

Dieser „falsche", dieser „negative" Gottesbeweis mag nicht trösten. Er mag nicht in die Gottesgewissheit führen, aber er bewegt das Zweifeln über alle Zweifel. Daraus entspringt das zweckfreie, nutzlose, sprachlose, eigentliche Beten. Beten als Luxus und als schwache, darin aber plausible Hoffnung. Solches Beten erschüttert die Existenz, die derart verwirrend ist und irritierend, leidvoll und fantastisch. So können wir beten im Staunen und im Schweigen, im Lauschen und im Nachdenken über das Logische und das Unlogische an den Grenzen menschlicher Anschauung, an den Grenzen des Verstandes, der zugleich klaren wie unklaren Vernunft. Wo Gott fast nicht mehr ist, da ist Gott so nah.

Bleibt als Mysterium in allen Mysterien nur noch die Frage aller Fragen: Woher kommt Gott?

Johannes Röser, Chefredakteur der Wochenzeitschrift
CHRIST IN DER GEGENWART, Freiburg im Breisgau.

Michael Heinz

Ein Gottes-Lob der Einfachheit

Gott ist im Alltag der Menschen in Lateinamerika präsent. In den zwanzig Jahren, die ich in Ecuador, Nicaragua und vor allem in Bolivien gelebt habe, konnte ich auch keinen einheitlichen und klaren Trend der Verdunstung des Religiösen feststellen, wie dies für Europa beobachtet wird. Natürlich gibt es auch auf dem vielleicht nicht mehr katholischen, dafür aber nach wie vor religiösen Kontinent Unterschiede, zwischen den Regionen genauso wie zwischen Stadt und Land. In Uruguay, wo es den Menschen im Vergleich zu den Nachbarländern materiell überdurchschnittlich gut geht, ist die Situation vergleichbar mit Europa. Das mag auch auf Teile der großen Metropolen zutreffen wie beispielsweise Buenos Aires oder São Paulo.

Mexiko ist jedoch auch ein Beispiel dafür, wie schwer es selbst Regierenden fällt, Religion und Kirche aus dem – politischen – Alltag zu verbannen. Die „Partido Revolucionario Institucional" (PRI), die „Partei der institutionalisierten Revolution", hat von 1929 bis 1997 das Land mit absoluter, lange Zeit sogar mit Zwei-Drittel- und Neunzig-Prozent-Mehrheit regiert. Obwohl zumindest bedeutende Strömungen innerhalb der Partei mehr oder weniger antikirchlich und auch antireligiös handelten, ist Mexiko bis heute ein religiöses Land. Insbesondere die Volksreligiosität ist weit verbreitet, wie sich nicht zuletzt an der immensen Bedeutung der Wallfahrt zur Jungfrau von Guadalupe ablesen lässt. Die Mexikaner sind stolz darauf, dass das bedeutende Heiligtum der Patronin für ganz Lateinamerika in ihrem Land beheimatet ist.

Die lateinamerikanische Marienverehrung mag uns in Deutschland vielleicht befremden. Auch ich musste diese Art der Frömmigkeit erst lernen. Sie ist aber ein gutes Beispiel dafür, wie der christliche Glaube in der kulturellen Vielfalt immer wieder neu integriert und gelebt wird. Indigene Mythen oder afrikanische Kulte sind in die Erzählungen mit eingeflossen. Die Kirche hat (zu) lange versucht, die Inkulturation der christlichen Botschaft in die verschiedenen Kulturen zu verhindern. Ausschließen konnte sie diesen notwendigen Prozess jedoch ebensowenig, wie es der PRI in Mexiko gelungen ist, den Menschen die Religion auszutreiben.

Glauben wandelt sich, gerade wenn er im Alltag der Menschen gelebt und gefeiert wird. In Lateinamerika rechnen die Menschen mit Gott in ihrem Leben. Vermeintlich einfach sind deshalb auch die Ausdrucksformen: Man bekreuzigt sich, wenn man an einer Kirche vorbeigeht. Man schickt vor dem Abflug ein Stoßgebet zum Himmel oder betet vor einer längeren Autofahrt gemeinsam das Vaterunser und das Ave-Maria. Gott ist nicht ein Gedankenkonstrukt, das aus dem Alltag verbannt ist und nur vom „Mess-Priester" im Gottesdienst gefeiert wird. Gott ist der „Ich bin da".

Mag sein, dass die Menschen aufgrund ihrer Erfahrungen von Armut, verheerenden Naturkatastrophen und Gewalt leichter ansprechbar sind für Gott. Dass wir hierzulande Gewalt und Armut nicht (mehr) selbst erfahren, liegt aber doch daran, dass wir die Armen und Leidenden ebenso aus unserem Alltag verdrängt haben wie Gott. Der Kakao für unsere Schokolade, die Rohstoffe für unsere technischen Geräte oder unsere Kleidung – die Beispiele für die verheerenden Folgen unseres Konsums lassen sich beliebig lang fortsetzen. Wir wissen darum. Wir haben die sozialen und ökologischen Probleme beim Abbau der Rohstoffe, bei der Produktion für Nahrungs- und Futtermittel sowie bei sonstigen Produktionsprozessen jedoch ausgelagert. Papst Franziskus hat uns in seinem Schreiben „Evangelii Gaudium" (Freude des Evangeliums) schonungslos wieder vor Augen geführt, dass unsere globalisierte Wirtschaft tötet.

Wer aber die ganze Welt und das ganze Leben mit all seinen Höhen und Tiefen an sich heranlässt, wird damit nicht einfach selbst fertig. Es geht nicht auf. Wie kann es einen Gott geben, wenn er so etwas zulässt? Mit dieser Frage, die unter Theologen als „Theodizee" theoretisch verhandelt wird, bin ich von meist ganz einfachen Menschen immer wieder praktisch konfrontiert worden. Als ich Anfang der neunziger Jahre meine Stelle als Kaplan in dem 10 000-Einwohner Städtchen Condega im nördlichen Bergland Nicaraguas antrat, standen sich die gerade abgewählten linksgerichteten Sandinisten und die von den USA unterstützen Contras unversöhnlich gegenüber. Die Jugendarbeit, die wir dort aufgebaut haben, war vor allem Versöhnungsarbeit. Wir organisierten Treffen zwischen Sandinisten- und Contra-Dörfern. Was mit niederschwelligen Kennenlernspielen begann, führte zu grundlegender Konfliktbewältigung. Oder im Beichtstuhl: Es haben sich mir Menschen anvertraut, die nicht damit fertig wurden, dass sie einen andern umgebracht hatten. Ob auf der individuellen oder auf der gesellschaftlichen Ebene: Versöhnung ist in einem Heilungsprozess möglich, wenn Menschen Verantwortung für ihr Handeln übernehmen, weil sie darauf vertrauen können, dass sie auf andere treffen, die dem Beispiel des liebenden und verzeihenden Gottes in Jesus Christus nachfolgen.

So wie im Beichtstuhl und in den Dörfern und Städten wird die Kirche in Lateinamerika auch auf der politischen Ebene immer wieder angefragt, Versöhnung anzustoßen und zu ermöglichen. Denn die Kirche ist nicht einer Seite, einer Partei verpflichtet. Ihr gelingt es, das Leben der Menschen und die Konflikte in einen größeren Horizont zu stellen. Versöhnung ist nur möglich, wenn das innerweltliche Aufrechnen aufgebrochen wird, wenn Menschen bereit sind, Größe zu zeigen, eigene Verletzungen hintenanzustellen und zu verzeihen. Ein Beispiel dafür ist die Nationale Versöhnungskommission der kolumbianischen Bischofskonferenz, die maßgeblich dazu beigetragen hat, dass es zwischen der Regierung und der Farc-Guerilla zu einem Friedensvertrag gekommen ist, dass die Opfer gehört werden, und dass auch der Gesprächsfaden zwischen Regierung und ELN, der zweitgrößten Rebellengruppe des Landes, bis heute nicht abgerissen ist.

Damit diese göttliche Wirklichkeit der Versöhnung und des Verzeihens, die erst wahren Frieden ermöglicht und unser menschliches Denken übersteigt, in den großen politischen Zusammenhängen möglich wird, müssen wir aber auch im Alltag unserer modernen Welt mit Gott rechnen. Er will, dass wir – die gesamte Weltgemeinschaft – gut und friedlich leben. Er löst weder unsere alltäglichen Sorgen noch unsere existentiellen Fragen. Aber er hilft uns, Antworten und Lösungsansätze zu finden, wenn er die Person ist, die unser Leben ausmacht.

Michael Heinz, Steyler Missionar, Hauptgeschäftsführer des Lateinamerika-Hilfswerks Adveniat.

Daniel Benga

Die Tränen des Menschen und der Gott, der sie abwischt

Tränen und Weinen drücken die intensivsten menschlichen Gefühle aus, sowohl in Trauer als auch in Freude. Es gibt Tränen des Schmerzes, Tränen der Buße und Tränen der Freude. Auch in der Bibel sind zahlreiche Situationen geschildert, in denen der Mensch Tränen vergießt. Das Paradoxon liegt aber darin, dass es nicht nur Tränen des Menschen gibt, sondern auch Tränen des menschgewordenen Gottes selbst. Jesus weinte angesichts des Todes des Lazarus aus Bethanien. Im Johannesevangelium heißt es: Er war „im Innersten erregt und erschüttert", als er sah, wie dessen Schwester Maria wie auch die Juden, die bei ihr waren, weinten (11, 32–35). Gott selbst vergießt Liebestränen für den Menschen, der dem Determinismus der Geschichte und des Todes unterliegt.

Es gibt aber einen wesentlichen Unterschied zwischen den Tränen der Verwandten des Lazarus und denen Jesu Christi: Erstere sind die Tränen des Menschen und können angesichts des Todes nichts erwirken. Letztere sind Tränen des Herrn der Geschichte, der durch seine Menschwerdung, sein Kreuz und seine Auferstehung den Tod besiegt hat und den Menschen über den Abgrund des Todes hinwegtragen konnte. Deshalb sind die Tränen der Liebe Gottes nicht gleich mit den Tränen der Hilflosigkeit des Menschen, der sich nicht selbst erlösen kann.

Für das Entfliehen aus einem abgeschlossenen Universum wie jenem des Todes gibt es eine einzige Lösung – die mystische des Glaubens. Der geschichtliche Mensch, geprägt vom Determinismus der Welt, sehnt sich in seinem ganzen Wesen nach Ewigkeit, nach Gott. Wir leben in einer Welt, die in jedem Bereich unseres Lebens die positive Erkenntnis schätzt oder das, was wir Objektivität nennen, also die für jeden handgreifliche und offensichtliche Erkenntnis. Diese positivistische zeitgenössische Einstellung antwortet jedoch nur auf sehr wenige Fragen des Menschen, sie lässt unsere Erfahrungen aus dem Bereich der Kunst, der Liebe und das tiefe Geheimnis der Existenz unbeantwortet. Wie der griechische Philosoph und Theologe Christos Yannaras feststellte, wirft ein Unfall oder eine tödliche Krankheit den Menschen in das Chaos der unbeantwortbaren Fragen, die nicht bloß Zweifel unseres Geistes, sondern furchteinflößende Leerräume unserer Existenz sind. Diese Erfahrungen reduzieren alle unsere Fragen auf ein einziges Wort: Gott.

Was mit dem historischen Menschen, der sich Gottes entledigt, geschieht, ist aus einer anderen Tränengeschichte ersichtlich. Der Apostel Petrus, der Jesus im Licht auf dem Berg Tabor sah und drei Jahre mit Ihm verbrachte, hat in der Passionsnacht Christi versagt. Nach dem Hahnenschrei ging er hinaus und weinte bitterlich. So schildert es das Lukasevangelium (22, 62). Petrus' Weinen ist das menschliche Weinen über alle Unfähigkeiten, Ängste und Sinnlosigkeiten, die der Mensch, der sich von Gott entfernt und Ihn abweist, verspürt. Die Verzweiflung, dieses „Weinen mit Bitterkeit", kann nur durch Buße und Demut gestillt werden, die aus dem Bewusstsein und der Erfahrung, dass wir ohne Gott fern von der Quelle des ewigen Lebens bleiben, entspringen. Es ist wieder Petrus, der dies bezeugt, wenn er auf die Frage Jesu an Seine Jünger in Kapernaum, ob sie ebenfalls von Ihm abfallen möchten, antwortete: „Herr, wohin sollen wir gehen? Du hast Worte des ewigen Lebens" (Joh 6, 68).

Obwohl der historische, kulturelle, religiöse und politische Kontext der Welt im Wandel ist, hat der Mensch, ganz abgesehen von der Kultur und der Religion, denen er angehört, dieselben Bedürfnisse. Das Bedürfnis zu lieben und geliebt zu werden, die Suche nach der Wahrheit, der Wunsch nach Freiheit, das Bedürfnis, seiner Existenz Sinn zu geben oder in ihr den Sinn zu finden, die Sehnsucht nach Ewigkeit usw. sind Konstanten der Menschheit. Im Unterschied zu allen anderen Lebewesen sucht der Mensch einen höheren Zweck seines Lebens als das einfache Überleben. Für den rumänischen Philosophen Andrei Pleșu sind das die wichtigsten existenziellen Fragen: Was ist das Leben? Was ist der Sinn des Lebens? Ist die Seele unsterblich? Was ist das Woher und das Wohin unserer Existenz? Was ist die Liebe?

Der christliche Glaube an die Auferstehung Jesu Christi verleiht all diesen Fragen Sinn, insbesondere in der heutigen Welt, die in Konsumismus, Entfremdung, in Ängsten und Individualismus erstickt. Sobald er sich für Gottes Liebe öffnet und sein Leben für seine Mitmenschen lebt, ist der Mensch im höchsten Sinne Mensch. Das Christentum hat die Kraft, die bestehende Kultur des Rechts in eine Kultur der Gabe umzuwandeln beziehungsweise in eine Kultur des Dialogs, der Wiederversöhnung, der Solidarität, des Mitleids und der Großzügigkeit. Angesichts einer Kultur, die vor dem Tod machtlos ist, verkündet das Christentum eine Kultur des Lebens, der Auferstehung und der Ewigkeit des Menschen. Das beweist uns der Erlöser Jesus Christus in der Osternacht. Ein Gott, der zuerst voller Liebe die Füße der Menschheit gewaschen, Spott und Peitschen erlitten und sich seiner Macht entleert hat, um schließlich dem Bösen und dem Tod durch seine Auferstehung ein Ende zu bereiten.

Somit bringt die Auferstehung Jesu Christi die Geschichte zu ihrem wahren Sinn: Der neue Himmel und die neue Erde, das ewige Reich Gottes, ein Reich der Freiheit vom Bösen, der Sünde und vom Tod – dieses Reich ist das einzige, in dem es weder Tränen noch Weinen gibt. Es ist jenes Reich, welches der Prophet Jesaja im Geiste sah, als er die Ankunft des Messias prophezeite: „Denn Er wird den Tod verschlingen ewiglich! Und der Herr wird die Tränen von allen Angesichtern abwischen und wird aufheben die Schmach seines Volks in allen Landen; denn der Herr hat's gesagt!" (25,8). Der Evangelist Johannes hat ebenfalls den neuen Himmel und die neue Erde gesehen, die heilige Stadt, das neue Jerusalem, herabsteigend vom Herrn aus dem Himmel, geschmückt wie eine Braut. Und vom Thron herab war eine starke Stimme zu hören, die sprach: „Siehe da, eine Hütte Gottes bei den Menschen! Und er wird bei ihnen wohnen; und sie werden sein Volk sein, und er selbst, Gott mit ihnen, wird ihr Gott sein. Und Gott wird abwischen alle Tränen von ihren Augen. Und der Tod wird nicht mehr sein, noch Leid noch Geschrei noch Schmerzen wird mehr sein; denn das Erste ist vergangen" (Offb 21, 3–4).

Der heutige Mensch braucht diesen Gott der Liebe, einen Gott, der gleichzeitig Tränen vergießt und abwischt, der in seiner großen Weisheit bereits vor der Erschaffung der Welt eine Geschichte der Liebe mit der Welt begann, die aber nur im Zusammenspiel mit der absoluten Freiheit der Menschen, sogar mit jener, Ihn zu verleugnen, möglich ist, und die Er selbst an seinem Tische, in seinem Reich, trotz aller Tränen und allen Leidens auf Erden, vervollkommnen wird.

> Prof. Dr. Daniel Benga, Liturgik, Patrologie
> und Alte Kirchengeschichte an der
> Ausbildungseinrichtung für Orthodoxe Theologie
> der Ludwig-Maximilians-Universität, München.

Rudolf Mitlöhner

Der Glutkern „Te Deum"

Von Gott ist wenig die Rede, viel jedoch von Religion. Gemeint ist damit vor allem der Islam. Daran anknüpfend wird aber generell in allen möglichen Varianten die Frage debattiert, wieviel Religion eine moderne, pluralistische Gesellschaft vertrage. Insbesondere geht es dabei um die Sichtbarkeit von Religion im öffentlichen Raum, also um religiöse Symbole und Handlungen.

Ohne solche Sichtbarkeit kommt Religion freilich nicht aus. Glaube wird immer auch Kultur, muss es werden. Historisch gewachsene (Lebens-)Räume sind nie religiös neutral. Ob man durch ein beliebiges Dorf in Europa geht oder eine seiner Metropolen besucht: Die christliche Prägung ist unübersehbar – von den Kathedralen bis hin zu Bildstöcken und Muttergottesstatuen. In anderen Kulturkreisen ist es ähnlich.

„Ut in omnibus glorificetur Deus": Als Ministrant habe ich immer wieder auf diesen Satz an der Kirchendecke des Wiener Schottenstifts geblickt. „Auf dass in allem Gott verherrlicht werde." Es ist eine Art benediktinisches Leitmotiv und stammt aus der Regel des heiligen Benedikt (57,9), die wiederum den ersten Petrusbrief zitiert (4,11). Ich habe seither oft darüber nachgedacht, was es heißt, dass Gott „verherrlicht" werden solle. Es geht dabei wohl um etwas Ähnliches wie in der Vaterunser-Bitte „Geheiligt werde Dein Name": um die Erfahrung und das Erfahrbar-Machen jener größeren, alles umgreifenden Wirklichkeit, die wir „Gott" nennen. Die oben genannten Symbole und Handlungen sind Ausdruck und Zeugnis solcher Erfahrung. Aber all die steinernen Dokumente, die alten Gewölbe und Mauern, auch die überlieferten liturgischen Zeremonien werden leer, wenn sie ihren Bezug zur Gottesfrage, zum Glutkern des Glaubens verlieren. Dann bliebe nur noch Musealisierung oder Kommerzialisierung oder Trivialisierung.

Der Glutkern, das ist die Gewissheit einer letzten Geborgenheit jedes Einzelnen und der Welt als ganzer in Gottes Hand, wie sie so wunderbar am Schluss des „Te Deum" (4. Jh.) ausgedrückt wird: *In te, Domine, speravi: non confundar in aeternum* – „Auf Dich, Herr, habe ich meine Hoffnung gesetzt, in Ewigkeit werde ich nicht zuschanden". Überall dort, wo aus dieser Gewissheit heraus Leben gelingt, Versöhnung geschieht, Gewalt überwunden wird, wird Gott „verherrlicht", wird etwas von seiner „Herrlichkeit" sichtbar.

In christlicher Perspektive ist diese Herrlichkeit Gottes unüberbietbar konkret geworden: in Jesus Christus. Er ist der Inbegriff des offenen Himmels, unter dem Menschen zwar tun sollen, als ob alles von ihnen abhinge, aber doch wissen dürfen, dass alles Tun Stückwerk bleibt und bleiben muss. Die Gottesfrage ist im Christentum untrennbar mit der Person Jesu verbunden: „Ich bin der Weg und die Wahrheit und das Leben; niemand kommt zum Vater außer durch mich" (Joh 14,6). Die Schlüsselfrage, von deren Beantwortung alles abhängt, mit der das Christentum steht und fällt, lautet: „Ihr aber, für wen haltet ihr mich?" (Mt 16,15).

Die Antwort des Petrus – „Du bist der Messias, der Sohn des lebendigen Gottes!" – hat durch die Jahrhunderte unzähligen Menschen in guten wie schlechten Zeiten Trost und Halt gegeben, war ihnen Orientierung in den Wechselfällen des Lebens. Sie steht aber letztlich auch – ungeachtet aller teils schrecklichen Um- und Irrwege – an der Wiege des auf Demokratie, Rechtsstaat und Marktwirtschaft fußenden modernen Europas. Dies bedeutet freilich umgekehrt: Ein Europa, das diese seine Wurzeln vergisst, sich ihrer nicht wieder besinnt, kann keine Zukunft haben. Die Frage nach Gott auch öffentlich wachzuhalten, das christliche „Heilsmysterium" von Menschwerdung, Kreuz und Auferstehung präsent zu halten, bildet ein Substrat, von dem auch jene – gewiss die Mehrheit – zehren, die selbst nicht zum Glutkern des Glaubens vorstoßen wollen oder können.

Rudolf Mitlöhner, Chefredakteur der Wochenzeitung „Die Furche", Wien.

Carla Amina Baghajati

Durch Selbsterkenntnis zur Gotterkenntnis

„Im Namen des gnädigen und sich erbarmenden Gottes". Wenn Musliminnen und Muslime ihre Handlungen womöglich hörbar mit dieser als *Basmala* bezeichneten Wendung einleiten, ernten sie oft erstaunte Blicke (*Basmala* bedeutet: diese Wendung/Formel aussprechen oder schreiben). Sich im zunehmend säkularisierten Alltag so eindeutig auf Gott zu beziehen, ist für viele Menschen ungewöhnlich. Religiöse Menschen – ob sie nun christlich oder muslimisch sind – erleben eine Gesellschaft, die das Sprechen über Gott zu verlernen scheint. Fast muss man sich schon dafür rechtfertigen, an Gott zu glauben. Denn ist das nicht etwas für simple Gemüter, die die großen Fragen bequem an ein höheres Wesen delegieren und sich daher vor eigener aufgeklärter Auseinandersetzung drücken? Im Falle des Islams schwingt vielleicht sogar das Misstrauen mit, ob da nicht einem Absolutheitsanspruch gefrönt wird, der zur Wurzel von Gewalt werden kann oder zumindest Andersdenkende abwertet.

I. Der Unbekannte, fern und nah

Muslime haben in den vergangenen Jahren besonders schmerzlich erlebt, wie selbst ernannte Alleswisser die Religion für ihre gewalttätige Ideologie missbrauchen und sich in ihrer Hybris zu Gott aufschwingen. Ihr „Allahu akbar" vermittelt nicht mehr die Einsicht, dass Gott immer „größer" als alles menschlich überhaupt Vorstellbare ist, sondern wird pervertiert zum Schlachtruf, mit dem man sich anmaßt, darüber zu urteilen, was Gottes Wille angeblich sei. Ja, man wirft sich zum Herrn über Leben oder Tod auf.

Solche monströsen Anmaßungen erfordern Widerspruch. Sie legen den Finger aber auch in eine Wunde. Denn Gott so vor sich herzutragen, dass der damit verbundene Wahrheitsanspruch vor allem der eigenen Wahrheit dienen soll, ist kein singuläres Phänomen. In der Geschichte hat dies schon viel Unheil und Leid verursacht. Jede Gottesvorstellung muss sich auch aus dieser Erfahrung heraus in Bezug auf ihre Auswirkungen auf das Menschenbild überprüfen lassen. Somit wird der umgekehrte Weg reizvoll: Vom Menschenbild auf das Gottesverständnis zu kommen.

„Und wahrlich Wir erschufen den Menschen, und Wir wissen, was er in seinem Inneren hegt; und Wir sind ihm näher als seine Halsschlagader" (Sure 50:16). Viele Koranverse laden dazu ein, durch Nachdenken über die Schöpfung auf den Schöpfer schließen zu können. Im zitierten Vers versichert Gott, unmittelbar mit dem Lebensnerv des Menschen in Verbindung zu stehen. Seine Nähe wird als geradezu körperlich und seelisch, kurzum mit dem ganzen Sein des Menschen, erfahrbar beschrieben. Die islamische Mystik hat dies intensiv aufgegriffen. Der persische Mystiker des Sufismus Bāyazīd Bistāmī (800–875) verdichtete diese Erfahrungsebene in folgendem Ausspruch: „Gott wollte, dass die Menschen die Selbsterkenntnis erreichten, denn darin liegt die Gotteserkenntnis."

Indem der Mensch sich als Gottes Geschöpf reflektiert, somit seine ihm von Gott gegebenen Potenziale wertschätzen lernt und davon die Verantwortung ableitet, der Allgemeinheit etwas zurückgeben zu müssen, erschließt sich ein tief spirituelles Gottesbewusstsein. Dieses in den Alltag so zu übertragen, dass es sich anderen – auch den vielen nichtgläubigen Menschen – erfahrbar macht, öffnet eine Form der Glaubwürdigkeit im wahrsten Sinne des Wortes, die sich bei einem demonstrativ vor sich hergetragenen Religionsbekenntnis vielleicht eher verschließen würde.

Aufgabe religiöser Menschen ist es also vor allem, in ihrem Handeln von ihrem Gottvertrauen und ihrer Gottesbewusstheit Zeugnis abzulegen. Die Verknüpfung zwischen Gottesdienst und Menschendienst ist im Islam ohnehin immanent: „Frömmigkeit besteht nicht darin, dass ihr eure Gesichter nach Osten oder Westen wendet – sondern wahrhaft fromm ist, wer an Gott glaubt und den Letzten Tag und die Engel und die Offenbarung und die Propheten; und sein Vermögen ausgibt – wie sehr er selbst es auch wertschätzen mag – für seine nahen Verwandten und die Waisen und die Bedürftigen und den Reisenden und die Bettler und für das Befreien von Menschen aus Knechtschaft; und beständig das Gebet verrichtet und die reinigenden Abgaben entrichtet; und (wahrhaft fromm sind) diejenigen, die ihre Versprechen halten, wann immer sie etwas versprechen, und geduldig im Missgeschick sind und in Härte und in Zeiten der Gefahr: Es sind sie, die sich als wahrhaftig erwiesen haben, und es sind sie, die sich Gottes bewusst sind" (Sure, 2:177).

In der islamischen Vorstellung hat Gott dem Menschen alles mitgegeben, was ihn zu einem erfüllten Leben befähigt. Im Schöpfungsbericht wird offenbar, dass Gott dem Menschen von seinem Geist einhauchte (vgl. Sure 15:28–29) und ihn die Namen aller Dinge lehrte (vgl. Sure 2:31–33). Es sind aber nicht nur diese intellektuellen Fähigkeiten, die den Menschen begaben. Vor allem wird ihm auch eine Art prinzipieller Erkenntnisfähigkeit zuteil, als *fitrah* (Veranlagung) bezeichnet. Hier ist eine Art innerer Kompass gemeint, der die Fähigkeit einschließt, Gut und Böse unterscheiden zu können. Dies zeigt sich etwa auch, wenn in koranischen Erzählungen Menschen einen Fehler bei sich erkennen. Schon in der Geschichte von Adam und Eva springt ins Auge, wie sie nach der Missachtung von Gottes Verbot, von einem bestimmten Baum zu essen, mit folgender Aussage ihre tiefe Reue artikulieren: „Wahrlich wir haben gegen uns selbst gesündigt" (Sure 7:23). Gott in Seiner Größe ist von dem Vergehen völlig unberührt, der Mensch aber ist sich selbst untreu geworden, hat seiner ihm von Gott mitgegebenen Einsichtsfähigkeit zuwidergehandelt. Gleichzeitig tritt hier eine weitere menschliche Eigenschaft zutage: der freie Wille. Der Mensch muss sich immer wieder entscheiden und seine Entscheidungen letztlich verantworten können. Die Geschichte des Sündenfalls, die zur Herabsendung auf die Erde führte, zeigt aber auch auf, dass selbst aus gravierenden Fehlern Lehren gezogen werden können, ja dass Gott in Seiner Weisheit dem Menschen derlei Erfahrungen zu bestimmen scheint. In Seiner Barmherzigkeit ist Gott bereit zu vergeben, so der Mensch ehrliche Reue und Bereitschaft zur Umkehr zeigt.

Eng mit dem Gedanken der *fitrah* ist auch die Menschenwürde verknüpft. „Nun haben Wir fürwahr den Kindern Adams Würde verliehen und sie über Land und Meer getragen und für sie Versorgung von den guten Dingen des Lebens bereitet und sie weit über das meiste Unserer Schöpfung begünstigt" (Sure 17:70). Hervorgehoben sei hier, dass beide Werte völlig unabhängig vom ethnischen Hintergrund oder dem Religionsbekenntnis zu denken sind. Hier geht es um universelle Werte, die zugleich auf die Universalität ethischer Normen und eine Haltung des unbedingten Respekts vor jedem Leben verweisen (vgl. Sure 5:32). Dass Vielfalt gottgewollt ist, kommt im Koran wiederholt zum Ausdruck. Damit wird in Sure 49:13 der Auftrag verbunden, sich „kennenzulernen". Die „Vielfalt der Sprachen und Hautfarben" wird in einer Aufzählung, was alles bei der Erschaffung des Menschen als „Zeichen" Gottes „für die Wissenden" zu sehen ist, hervorgehoben (vgl. Sure 30:20ff). Dass wir als Menschen verschiedenen Wegen in unseren religiösen Bekenntnissen nachgehen, wird im Koran gleichfalls als gottgewollt dargelegt. Als Konsequenz soll ein „Wetteifern in guten Werken" stattfinden, welches die Wahrheitsfrage bewusst ins Jenseits verlagert (vgl. Sure 5:48).

Dieses zutiefst positive Menschenbild darf einen Aspekt freilich nicht ausblenden: Schon die Engel hatten bei der Erschaffung des Menschen angesprochen, dass mit diesem „Verderbnis und Blutvergießen" (Sure 2:30) auf der Erde Einzug halten werde. Der Mensch hat, als er bereit war, als eine Art „Statthalter" Verantwortung für die Schöpfung zu übernehmen, sich auch dazu geneigt, „höchst ruchlos, höchst töricht zu sein" (Sure 33:72). Diese Anfälligkeit des Menschen, sich verführen zu lassen und in Selbstüberschätzung zu verfallen, ist eine Mahnung. Wer diese Verführbarkeit zu erkennen bereit ist, kann aber auch daran arbeiten, ihr zu begegnen. Ein gläubiger Mensch wird sich damit auch als der Rechtleitung Gottes bedürftig erleben und sich immer wieder auf Ihn zu beziehen suchen.

Warum die intensive Beschäftigung mit dem Menschenbild der eigenen religiösen Praxis guttut, beschrieb ein Schüler im Religionsunterricht wie folgt: „Damit wir alle Menschen lieben lernen." Kann man die Sehnsucht nach der friedenstiftenden Kraft der Religion schöner ausdrücken?

Carla Amina Baghajati, Leiterin des Schulamtes der Islamischen
Glaubensgemeinschaft in Österreich und Fachinspektorin für
Allgemeinbildende Höhere Schulen, Wien.

Jürgen Kuhlmann

Und nur Kletten wachsen auf meinem Grab?

Verwirrend vieldeutig war die Frage nach Gott schon immer. Während in vormodernen Gesellschaften aber jeweils eine bestimmte Überzeugung von Göttern oder Gott das öffentliche Bewusstsein geprägt hat, ist es heute von Nichtwissen und Toleranz gekennzeichnet: „Ich weiß, dass ich nichts weiß". Des klugen Sokrates demütiger Stolz hat sich durchgesetzt.

I. Der Unbekannte, fern und nah

Mit Jesus beginnt das Christentum und damit auch eine erschreckende Widersprüchlichkeit des damit verbundenen Gottesbildes. Das deutet bereits das Matthäusevangelium an: „Der Hohepriester antwortete und sprach zu ihm: Ich beschwöre dich bei dem lebendigen Gott, dass du uns sagest, ob du bist Christus, der Sohn Gottes. Jesus sprach zu ihm: Du sagst es. Doch sage ich euch: Von nun an werdet ihr sehn des Menschen Sohn sitzen zur Rechten der Kraft, und kommen in den Wolken des Himmels. Da zerriss der Hohepriester seine Kleider, und sprach: Er hat Gott gelästert; was bedürfen wir weiter Zeugnis? Siehe, jetzt habt ihr seine Gotteslästerung gehört" (26,63–65).

Jesus weiß sich als Gottes geliebter Sohn. Seine Freunde glauben an Ihn, sein Volk jedoch verwirft Ihn als widergöttlichen Aufrührer. Von diesem Konflikt wird die Beziehung von Juden und Christen fortan bestimmt.

Dramatisch widersprüchlich wird die religiöse Frage in der Antike auch von Heiden und Christen beantwortet. So forderte um das Jahr 165 im Stadion von Smyrna der heidnische Prokonsul den fast neunzigjährigen Bischof Polykarp auf, beim „Glück des Kaisers" seinen christlichen Glauben zu verleugnen und über die Christen zu sagen: „Weg mit den Gottlosen!" Der Bischof aber schaute mit finsterer Miene über die ganze Masse der in der Rennbahn versammelten heidnischen Scharen hin, streckte die Hand gegen sie aus, seufzte, sah den Himmel und sprach „Weg mit den Gottlosen!" Polykarp starb daraufhin den Märtyrertod.

Dem Römer galten als gottlos solche, die sich nicht an die offiziell verehrten Reichsgötter hielten, mithin auch die Christen. Polykarp glaubte dank Jesus an den wahren Gott und gab den wörtlich gleichen Vorwurf der Gottlosigkeit, den er freilich anders verstand, an die tobende heidnische Menge zurück.

Der Heilige wurde bei lebendigem Leib verbrannt. Wer war gottlos? Polykarp wusste sich im Recht. Den noch verborgenen Kern der Wahrheit der anderen konnte er nicht ahnen. Wie hat sich denn, als des Bischofs Glaubensgenossen die Macht ergriffen hatten, ihr fester Glaube ausgewirkt? Haben im Blick auf die klerikal-inquisitorisch eingeschnürten Zeiten der Konfessionskriege jene Heiden in Smyrna nicht doch auch etwas Wahres geahnt? 1600 starb Giordano Bruno zu Rom in den Flammen. Im Dreißigjährigen Krieg wurden die jeweils Andersgläubigen als Gottlose niedergemetzelt, nicht als anders Gläubige anerkannt.

Der Glaube ist eine persönliche Überzeugung. Jede Glaubensgemeinde lebt irgendwo auf der Welt als Minderheit. Im Lukasevangelium heißt es: „Fürchte dich nicht, du kleine Herde; denn eurem Vater hat es gefallen, euch das Reich zu geben" (12,32). Diese existenzielle Gewissheit lässt sich von Widersprüchen ringsum nicht stören. Aber der eigene Glaube sollte nicht hochmütig herabschauen auf den Glauben der anderen, sondern die Hoffnung spüren lassen, dass vor Gott auch der jeweils andere Glaube gilt.

Jeder „gemeinsame" Glaube einer Gruppe, einer Religionsgemeinschaft gerät dann und wann an eine Grenze der „Einheit". Scharf durchfährt es mich: Nein, in diesem Punkt glaube ich anders als du oder du. Je kindlicher ein Gemüt noch ist, um so bitterer schmerzt diese Krise: Ich bin allein. Aber Jesus sagt doch: „Meinen Frieden gebe ich euch." Um diese Gabe zu verstehen, hilft mir ein Schneeflocken-Gleichnis: Jede Schneeflocke ist anders! Auf ihrem langen, je einmaligen Kristallisierungsweg gestalten die Milliarden Wassermoleküle jeder Flocke sich zu sehr unterschiedlich ausgestalteten Sechsecken. Aber alle zusammen bilden doch eine Schneedecke.

Paulus sprach vom Leib Christi und den vielen Gliedern. „Wie der Leib eine Einheit ist, doch viele Glieder hat, alle Glieder des Leibes aber, obgleich es viele sind, einen einzigen Leib bilden, so ist es auch mit Christus" (1 Kor 12,12). Nur miteinander sind gesunde Organe der eine Leib! Ließe mein Magen manches nicht durch, müsste ich verhungern. Würfe die Niere davon nicht einen Teil hinaus, würde ich vergiftet. Dächten Magen und Niere nur für sich, würde der Organismus zugrundegehen. Gilt das auch für den größeren Organismus nicht nur der jeweiligen christlichen Konfessionen, sondern ebenso den der Menschheit?

„Für jetzt bleiben Glaube, Hoffnung, Liebe, diese drei; doch am größten unter ihnen ist die Liebe", schreibt Paulus im Ersten Korintherbrief (13,13). „Gott ist Liebe", heißt es im Ersten Johannesbrief (4,8). Daraus folgert Augustinus: „Liebe, und was du willst, tu!"

Wie lebt und zeigt sich die Liebe, auf die alles ankommt? Was kennzeichnet diese Liebe bei Christen? Sie bezieht sich auf Jesus Christus selbst. Jede Erfahrung tätiger Liebe stärkt unseren Glauben.

In Fjodor Michailowitsch Dostojewskis Roman „Die Brüder Karamasoff" beklagt sich eine „kleingläubige Dame" bitter: „Und da sterbe ich nun, und plötzlich ist nichts da, und nur Kletten wachsen auf meinem Grabe. Das ist doch entsetzlich! Wodurch sich nun überzeugen? Ich stehe da und sehe, dass allen alles einerlei ist, oder fast allen. Das bringt einen um! Es ist einfach tötend!" Ein weiser Mönch weist aus dieser trostlosen Verzweiflung hinaus: „Durch die Erfahrung der werktätigen Liebe. Bemühen Sie sich, Ihre Nächsten tätig und unermüdlich zu lieben. In dem Maße, wie Sie in der Liebe fortschreiten, werden Sie sich auch vom Dasein Gottes und von der Unsterblichkeit Ihrer Seele überzeugen. Wenn Sie aber in Ihrer Liebe zum Nächsten bis zur vollen Selbstverleugnung gekommen sind, dann werden Sie auch den vollen Glauben errungen haben, und dann wird sich kein

Zweifel mehr in Ihre Seele einschleichen können. Das ist eine alterprobte Wahrheit."

Dies ist ein „Rezept" auch für unsere religiöse Frage von heute. Probieren wir es aus!

Dr. Jürgen Kuhlmann, Theologe und Übersetzer, war Berufsberater, Nürnberg.

II. In moderner Gesellschaft

SAID

der kassiber

der mann nahm die mütze ab.
sein haar war weiß, sein mund schief – er gefiel mir nicht.
er neigte den kopf zur seite und sprach; seinen akzent konnte ich nicht zuordnen.
mein erster gedanke war, er wolle von seiner not erzählen.
ein entflohener, dachte ich, aber vor wem?
er murmelte von einer vertraulichen angelegenheit.
trotz meines unbehagens ließ ich ihn herein.
ich drehte das licht nicht an, ließ ein wenig dämmerung zwischen uns –
mein gesicht blieb im dunkeln.
damit er begreift, daß ich wenig zeit habe, bot ich ihm keinen platz an.
– darf ich mich hinsetzen?
– ich bitte darum.
ich blieb stehen.
– ich wußte, daß sie für unsere sache verständnis haben.
er faltete seine mütze zusammen und steckte sie in die tasche. seine hände
legte er auf den tisch – seine sprache war umständlich.
– gestatten sie?
und er griff in die tasche.
zum ersten mal bekam ich angst.
doch er brachte nur einen zettel hervor, der zusammengefaltet war.
er legte ihn auf den tisch und brachte mich in zugzwang.
ich beugte mich, nahm den zettel, entfaltete ihn und las die botschaft –
sie war in einer altmodischen schrift verfaßt.
als ich den blick hob, waren seine augen auf mich gerichtet, dazu ein
lächeln –
dieses erschien mir zu süß.
ich zögerte mit der antwort, er lächelte und wartete.
schließlich steckte ich den zettel in die tasche, räusperte mich und sagte ihm
meine meinung.
er schaute auf seine hände.
– ich muß die antwort akzeptieren.
für mich war die unterhaltung beendet.

aber er streckte die hand aus, schaute mir in die augen und lächelte nicht mehr.
– ja, natürlich.
und ich gab ihm den kassiber zurück.
er steckte ihn ein, stand auf, verneigte sich und ging zur tür.
ich begleitete ihn, schloß die tür und lehnte mich daran.
– ob sein gott die absage gelassen aufnimmt?
ich lockerte die krawatte und ging in den hinteren teil der wohnung.
marianne kauerte nackt neben der katze und spielte mit ihr.
sie strich sich über die brüste und fragte, ob ich besuch hätte.

SAID, deutsch-iranischer Dichter, München

Barbara Zehnpfennig

Ich, Ich – nur Ich?

Die modernen westlichen Gesellschaften sind nicht glaubenslos; sie sind zumindest von dem Glauben an die Macht und Bedeutung der Individualität erfüllt. Dass dem Individuum eine solch wichtige Rolle zugesprochen wird, hängt mit der abendländischen Geschichte zusammen, die nicht zuletzt eine Geschichte des Christentums ist.

Es war eine der Besonderheiten der christlichen Botschaft, sich an jeden einzelnen Menschen zu richten, ihn in seinem Gewissen anzusprechen und ihn dazu aufzufordern, den vom Messias aufgezeigten Weg zu dem eigenen zu machen. Dazu genügte nicht der äußere Nachvollzug der religiösen Gesetze. Es ging vielmehr um deren Geist, gegen den man bereits verstoßen konnte, wenn man sie ungeachtet der Lage sklavisch befolgte. Das zeigte Jesus mit seinem Bruch des Gebots, den Sabbat zu heiligen, indem er seine Jünger verteidigte, die vorschriftswidrig Ähren ausrissen, um ihren Hunger zu stillen. Man ehrt nicht Gott, so wohl das Motiv hinter dem Tun, wenn man seine Geschöpfe unnötig leiden lässt. Durch diese Abkehr von der bloßen Gesetzesreligion, durch diese Aufforderung, sich um den Geist der Botschaft und nicht nur um den Wortlaut zu kümmern, nahm Jesus den Menschen in die Verantwortung für sich selbst. Darin lag eine ungeheure Aufwertung des Einzelnen, ein ungeheures Vertrauen in die Fähigkeit des Menschen, für sich selbst zu entscheiden und dabei auch die richtige Entscheidung zu treffen.

II. In moderner Gesellschaft

Die Säkularisierung hat ein wenig vergessen lassen, wie tiefgreifend das abendländische Denken von seinen christlichen Wurzeln geprägt ist. Demokratie und Menschenrechte sind nicht zufällig dort entstanden und auch nur dort stabil vorhanden, wo zuvor die Religion dem Menschen zutraute, über sich selbst zu bestimmen. Der christliche Individualismus ist eben etwas entscheidend anderes als beispielsweise der mit detaillierten Verhaltensvorschriften operierende islamische Kollektivismus. Und auch, dass die Aufklärung Politik und Religion wieder voneinander lösen konnte, hat mit dem spezifischen Charakter dieser Religion zu tun. Sie war auf das individuelle Seelenheil hin orientiert, nicht auf politische Herrschaft. Die Freiheit, die sie so gewährte, konnte für den Einzelnen auch bedeuten, sich von ihr zu befreien, wenn er sich denn so entschieden hatte. Insofern lassen sich selbst in dem Teil der abendländischen Geschichte, der mit dem zunehmenden Rückgang der religiösen Orientierung verbunden ist, die Folgen des Christentums erkennen.

Der Individualismus ist den westlichen Gesellschaften also geblieben; er hat sich offenbar nur verselbständigt. Denn durch das Abschneiden des transzendenten Bezugspunktes, durch die Aufgabe der Verankerung des Daseins in Gott war der Mensch auf einmal ganz auf sich selbst zurückgeworfen. Er hatte sich damit nicht nur von Gott gelöst, sondern auch von seinen Mitmenschen, weil das gemeinsame Dritte nun fehlte. Der christliche Individualismus, der die Erfüllung des Person-Seins in der Ausrichtung auf das sah, was die christliche Botschaft verhieß, hatte ganz unmittelbar Gemeinschaft geschaffen: die Gemeinschaft der Gläubigen. An seine Stelle trat nun das liberale Verständnis von Individualität: die Orientierung am Ich, ein Ich, das sehr schnell mit den eigenen Bedürfnissen identifiziert wurde. Von daher war es schlüssig, das Leben als Kampf zu deuten, wie es beispielsweise die Gesellschaftstheorien von Thomas Hobbes, John Locke und Immanuel Kant taten. Jeder ist dem anderen von Natur aus feind, weil die Wünsche des Einen mit denen des Anderen kollidieren. Erst die Politik kann Frieden zwischen den einander befehdenden Bedürfnissen schaffen und ein menschenwürdiges Dasein ermöglichen. Dadurch war der Politik geradezu heilsstiftende Bedeutung zugeschrieben, obwohl das liberale Politikverständnis die Rolle des Staates doch zu minimieren versuchte.

Der sich auf das Ich konzentrierende Individualismus scheint es also zu sein, der unsere modernen westlichen Gesellschaften wesentlich prägt, wobei das natürlich nicht die einzige Möglichkeit darstellt, Individualität auszufüllen. Aufgrund der Freiheit, die die moderne Demokratie gewährt, kann Individualität auch als Glaube, Arbeit für das Gemeinwohl, sogar als Selbstaufgabe gelebt werden. Doch derartige, von Einzelnen eingegangene Bindungen erscheinen eher lebensweltlich-zufällig, wenn die generelle Lebensorientierung doch darauf ausgelegt ist, den je eigenen Bedürfnissen freien Raum zu lassen. Im Grunde hat so nichts Notwendigkeit. Was immer gewählt wird, erscheint vor dem Hintergrund, damit einem individuellen Bedürfnis nachzukommen, zufällig.

So kann Freiheit auch in Nichtigkeit umschlagen: Das eigene Leben steht in keinerlei Notwendigkeitszusammenhang. Es könnte auch völlig anders gestaltet werden, was niemanden interessiert, solange es regelkonform gelebt wird. Anders, als man es erwarten könnte, scheint die Zufriedenheit in unseren modernen Gesellschaften, die materielle Not ziemlich ausgerottet haben und dem Menschen ein Höchstmaß an Selbstbestimmung ermöglichen, auch nicht übermäßig hoch zu sein. Das auf sich selbst bezogene Dasein isoliert. Gemeinschaft ergibt sich nicht mehr naturwüchsig, sondern muss mühsam geschaffen werden, bleibt aber auch stets gefährdet, wenn sich die Bedürfnislage der Beteiligten wieder ändert. Die Bedürfnisse wiederum vermehren sich fortwährend mit den Angeboten zu ihrer Befriedigung. Wie soll hier gewichtet, wie ein Zusammenhang hergestellt, wie ein schlüssiger Weg gefunden werden, der dem ganzen Leben eine Richtung gibt? Ganz auf sich selbst zurückgeworfen zu sein, überfordert viele. Sie flüchten sich dann in den Massenkonsum, das Massenvergnügen. Die Vermassung ist die paradoxe Kehrseite einer völlig individualisierten Gesellschaft.

Wer aber auf individueller Selbstverwirklichung beharrt, tut dies oft mit eiserner Konsequenz. Die freiwillig eingegangenen Bindungen sollen maßgeschneidert sein. Darunter leiden alle Großorganisationen: die Parteien, die Gewerkschaften, auch die Kirchen; sie erleben einen heftigen Mitgliederschwund. Dass man, wenn man Gemeinsames erreichen will, Kompromisse eingehen, Abstriche an die eigenen Vorstellungen vom Richtigen und Angemessenen machen muss, ist nur noch schwer vermittelbar. Sogar bei Zweiergemeinschaften endet die Toleranz immer schneller. Die Trennungs- und Scheidungsraten sprechen eine eindeutige Sprache.

Welche Chancen hat der Gottesglaube in einer solchen Gesellschaft noch? Die Sehnsucht nach Bindung ist dem Menschen wohl zu allen Zeiten eigen, auch in Zeiten größter Freiheit. Politische Heilslehren, Esoterik, Naturmystik etc. sind Ersatzobjekte religiöser Sinnsuche. Der Rausch – der des Konsums, der Lust, der Drogen – ist Verdrängungsstrategie nach ergebnisloser Sinnsuche. Das bezeugt die verbliebene, nicht erfüllte Sehnsucht nach etwas über den einzelnen Menschen Hinausweisendem, nach etwas, das die engen Grenzen des Ich sprengt und dem *principium individuationis* einen neuen Sinn gibt. Dass man dieses Etwas oft lieber in irgendwelchen exotischen Religionen als im Christentum sucht, hat eine tragische Komponente. Die fehlende Wertschätzung des Eigenen hängt nicht selten mit der fehlenden Kenntnis des Eigenen zusammen.

II. In moderner Gesellschaft

So wäre eine wichtige Konsequenz, diese Kenntnis wieder viel stärker zu vermitteln, die Verbreitung des Wissens um das Christentum als gesellschaftliche Aufgabe zu betrachten. Dabei bleibt diese Religion ein Angebot. Sie kann niemals aufgezwungen werden, weil sie nur innerlich angenommen, nicht bloß äußerlich aufgenommen werden kann. Wer aber davon überzeugt ist, dass das Christentum Wahrheit, Weg und Leben ist, kann schon durch sein eigenes Leben zeigen, wie stark der Glauben trägt. Die Verbreitung des Wissens und das gelebte Vorbild eröffnen wohl den einzig Erfolg versprechenden Weg, auch denen, die fern von jedem Gottesglauben sind, die Bedeutung des Ziels vor Augen zu führen. Entscheiden müssen immer noch sie selbst. Aber man kann es ihnen erleichtern, die richtige Entscheidung zu treffen. Hier hat unsere Gesellschaft wohl noch einigen Nachholbedarf.

Prof. Dr. Barbara Zehnpfennig, Inhaberin der Professur für
Politikwissenschaft (Politische Theorie und Ideengeschichte), Passau.

Daniel Bogner

Freiheit von, Freiheit zu...

Ein gut fünfzig Jahre alter Text hatte in neuerer Zeit Aufsehen erregt: Hannah Arendts bereits 1967 verfasstes Manifest zur Freiheit. Es trägt einen suggestiven Titel: „Die Freiheit, frei zu sein". Der Publizistin und Historikerin geht es dabei um das Verhältnis von Freiheit und Befreiung: Wie kann es gelingen, so ihre Frage, dass das, was mit Revolutionen aufbricht, in dauerhaft erfahrbare Freiheit umgemünzt wird?

Diese Perspektive entfaltet Arendt mit zahlreichen historischen Verweisen, besonders mit einem Vergleich zwischen nordamerikanischer und französischer Revolution. Im Mittelpunkt steht die Unterscheidung zwischen einer negativen „Freiheit von" und der positiven „Freiheit zu". Es ist der Unterschied zwischen Möglichkeit und Wirklichkeit. Frei von Unterdrückung und Zwang zu sein, ist gut. Aber dann kommt es darauf an, diese Freiheit zu nutzen und daraus einen Lebensentwurf zu machen, für sich und in der Gemeinschaft.

Hier liegt ein Problem. Wir sind freiheitsverwöhnt und wirklichkeitsblind. Niemals war der Spielraum für individuelle Freiheiten in den westlichen Gesellschaften so groß wie heute. Ehemalige Autoritäten sind gestürzt, heißen sie nun Kirche oder Staat, Herkunft, Milieu oder Tradition. Lebensformen, berufliche Optionen, weltanschauliche Orientierung – viele Menschen stehen vor der Qual einer Wahl, die früher so nicht gegeben war. Wer die Wahl hat, muss auch wissen, was er oder sie eigentlich erstrebt und erreichen möchte im Leben. Man braucht eine Vorstellung von dem, was für einen selbst und für das Leben mit anderen gut ist – einen Sinn für die Qualität des einzigen möglichen Lebens, das inmitten der vielen wählbaren Möglichkeiten erstrebenswert erscheint.

Viele Menschen spüren: Die Freiheit, die sie haben, hat ein zweites Gesicht – eine auf den ersten Blick oft verborgene Schattenseite. Diese zeigt sich dort, wo kommunikative Freiheiten in der digitalen Welt zu einer subtilen Steuerung unseres Denkens und Verhaltens durch Konzerne und Unternehmen führen; wenn wirtschaftliche Freiheit und Mobilität auf Kosten von Arbeitnehmerrechten verwirklicht wird; wenn die weltanschauliche Vielfalt nicht nur ein verbreitertes Angebot bedeutet, sondern zur Folge hat, dass man sich schwer tut, sich auf einen Weg vertieft einzulassen.

Hannah Arendt stellt die Frage: Was macht Freiheit wirklich aus? Ihre Antwort lautet: Bei aller Energie, mit der man sich von überkommenen Autoritäten und Strukturen befreit, sollte man immer im Blick haben, dass dies nur von Nutzen ist, wenn es gelingt, die gewonnene Freiheit dauerhaft zu sichern. Für sie geschieht das in einer institutionellen Ordnung, wie sie der freiheitliche Verfassungsstaat darstellt.

An dieser Stelle kommt für Christen auch der biblische Glaube ins Spiel. Denn auch die Bibel schildert den Übergang von einer Befreiung (Exodus, Jesus Christus) zu einer Ordnung der Freiheit (Dekalog, Gemeinden), in der alle Menschen Adressaten des befreienden Handelns Gottes werden können. Der biblische Glaube ist ein Weg, mit dem man versucht, eine verheißene und von den biblischen Autoren bezeugte Befreiungserfahrung in eine auch heute erlebbare Freiheit zu übersetzen. Aus einem Ereignis – dem in den beiden Testamenten der Bibel geschichtlich bezeugten Befreiungshandeln Gottes – wird ein begehbarer Freiheitsraum im Heute. So wie Hannah Arendt die Dialektik zwischen der „Freiheit von" und der „Freiheit zu" als Herausforderung unserer Tage entwirft, tut dies die Bibel: Es genügt nicht, die alten Mächte und Gewalten zu überwinden. Erst in der Bindung an den einen Gott, der Leben verheißt und sich in seiner Offenbarung den Menschen bekannt gemacht hat, besteht die „Ordnung der Freiheit", in der zu bleiben die Berufung des Menschen ist. Eine Chance auf wahre, erfahrbare Freiheit.

Der Glaube und die Rede vom biblischen Gott sind daher gerade in der heutigen Gesellschaft aktuell. Der Glaube an einen Gott, der in seine Gefolgschaft ruft und das mit konkreten, verbindlichen programmatischen Ansagen tut (Gerechtigkeit, Barmherzigkeit, Nächstenliebe), ist ein Weg zur Verwirklichung einer „positiven Freiheit": Hier geht es nicht nur darum festzulegen, was alles nicht sein darf, also wovon man frei sein sollte, sondern darum zu bestimmen, wie man den durch die „negative Freiheit" möglichen Freiheitsraum konstruktiv gestalten kann. Im Glauben wird man aufgefordert sich festzulegen. Damit schränkt man sich ein. Aber es birgt auch die Chance, Freiheit in der Dichte einer Qualität zu erleben, um die ich mich bringe, wenn ich mich niemals entscheiden und festlegen muss. „Gott" ist die bezaubernde, oft irritierende, verheißungsvolle Chiffre für einen solchen Weg.

Prof. Dr. Daniel Bogner, Lehrstuhlinhaber für Allgemeine Moraltheologie und Ethik, Fribourg.

Winfried Kretschmann

Den Leerraum wahren

Deutschland ist ein säkularer Staat. Es herrschen Glaubens-, Bekenntnis- und Religionsfreiheit, und es gibt keine Staatskirche. Trotzdem beruft sich das Grundgesetz in seiner Präambel auf die Verantwortung vor Gott. Ein Widerspruch?

Lange dachte man, dass die Säkularisierung zu einer Verdrängung des Religiösen und einer Profanisierung der Welt führen würde. Wissenschaft und Technik, Fortschritt und Liberalisierung würden – so die Prognose – Religion und Glaube überflüssig machen. Nun hat sich aber gezeigt, dass auch in einer säkularen Gesellschaft das Religiöse nicht verschwindet. Profanität und Religiosität haben sich vielmehr arrangiert, indem beide sich Denk- und Argumentationsweisen des jeweils anderen angeeignet haben.

So sind ursprünglich religiöse Überlieferungen und Überzeugungen in säkulares Recht und säkulare Ethik eingeflossen und kommen darin nun in profanem, vernunftbasiertem Gewand daher. Der Philosoph Jürgen Habermas spricht hier von einem „Abstand zu einer religiösen Überlieferung, von deren normativen Gehalten wir gleichwohl zehren" („Dankesrede zum Friedenspreis", 2001). Wir sprechen deshalb in einer säkularen Gesellschaft nicht mehr von Gottesgeschöpflichkeit und Nächstenliebe, sondern von Menschenwürde und Gleichheit, was aber letztlich doch die gleiche Grundhaltung widerspiegelt. Und darum kann man mit einem gewissen Recht auch sagen, dass unser Grundgesetz in seinen Werten und Maßstäben christlich imprägniert ist.

Umgekehrt haben sich die Kirchen und andere religiöse Gemeinschaften in unserer Gesellschaft mehrheitlich und überwiegend angewöhnt, ihre letzten Wahrheiten und absoluten Gewissheiten vernünftig, friedlich und dialogisch in die säkulare und plurale Gesellschaft hinein zu kommunizieren. Diese säkulare Argumentationsbereitschaft der religiösen Seite lässt sich gerade in den medizinethischen und humangenetischen Debatten der letzten Jahre gut erkennen.

Gleichwohl gibt es in dieser Entwicklung eine gewisse Schräglage zulasten der religiösen Position, ist sie es doch, die sich gegenüber einer pluralen und säkularen Mehrheit übersetzen, begründen und anschlussfähig machen muss. Habermas mahnt deshalb, dass dieses Gefälle „die säkulare Gesellschaft nur dann nicht von wichtigen Ressourcen der Sinnstiftung abschneiden (wird), wenn sich auch die säkulare Seite einen Sinn für die Artikulationskraft religiöser Sprachen bewahrt". Es geht also darum, dass sich beide Weisen der Welterklärung, die religiöse und die säkulare, eine Offenheit für die jeweils andere Sichtweise bewahren.

Der weltanschaulich neutrale Staat aber schlägt sich in seinen politischen Entscheidungen vorgängig keiner dieser Seiten zu. Er hält eine Äquidistanz zu allen religiösen Traditionen und weltanschaulichen Deutungen. Die Philosophin Jeanne Hersch sieht die eigentliche Rechtfertigung der Demokratie darin, dass diese sich bemüht, „für jedes menschliche Wesen einen Leerraum zu wahren, der ihm erlaubt, zu denken, zu glauben, zu hoffen und zu handeln, wie es ihm sein inneres Gewissen eingibt" („Erlebte Zeit. Menschsein im Hier und Jetzt", Zürich 2010). Daraus leitet sie die Pflicht der Bürgerinnen und Bürger ab, diesen Leerraum auch zu füllen.

Aufgabe der Politik ist es deshalb, diesen Leerraum, diese leere Freiheit zu schützen. Denn – so hat es der Staatsrechtler und ehemalige Bundesverfassungsrichter Ernst-Wolfgang Böckenförde bekanntermaßen formuliert – „der freiheitliche, säkularisierte Staat lebt von Voraussetzungen, die er selbst nicht garantieren kann" („Staat, Gesellschaft, Freiheit. Studien zur Staatstheorie und zum Verfassungsrecht", Frankfurt 1976). Er lebt aus den geistlichen, moralischen und sozialen Qualitäten und Quellen seiner Bürgerinnen und Bürger, die an etwas glauben, die Ideale haben, die sich für ihre Überzeugungen einsetzen und diese leben.

Die Menschen können ihre Überzeugungen und Vorstellungen aber nicht für sich alleine leben. Sie schließen sich vielmehr zusammen, um ihre Ideen und Werte auszutauschen, gemeinsam zu leben und weiterzugeben. Sie bilden Gemeinschaften, und diese fördern Verbindlichkeit und Identifikation mit dem Ganzen. Der Staat braucht deshalb solche Gemeinschaften, auf deren Wertefundament er aufbauen kann. Und selbstverständlich können und sollen auch die Kirchen und die Religionsgemeinschaften solche Gemeinschaften sein, wenn sie sich auf die Prämissen des demokratischen Verfassungsstaats einlassen. Sie sind damit tragende Säulen unserer Zivilgesellschaft.

Aus diesem Grund kennt unsere Verfassung eben keine absolute und laizistische Trennung von Staat und Religion. Der Staat ist zwar von der Religion getrennt, aber auf eine kooperative, förderliche und allen Religionen gleichermaßen zugewandte Weise. „Die dem Staat gebotene religiösweltanschauliche Neutralität ist ... als eine offene, die Glaubensfreiheit für alle Bekenntnisse gleichermaßen fördernde Haltung zu verstehen." (Bundesverfassungsgericht, 2003) Deshalb gibt es zum Beispiel an öffentlichen Schulen Religionsunterricht, können Religionsgemeinschaften Körperschaften des öffentlichen Rechts sein oder sind Sonntage geschützt.

Aus dieser kooperativen Trennung ziehen aber nicht nur die Kirchen und die Religionsgemeinschaften, sondern auch der Staat und die Gesellschaft Vorteile. Wir können unsere heutige Kultur nur verstehen, wenn wir um ihre Entstehung und um ihre religiösen Signaturen wissen. Gerade in einer säkularer werdenden Gesellschaft braucht es die Kirchen für den Erhalt des kulturellen Gedächtnisses. Zudem überschreitet religiöses Denken und Sprechen eine säkulare Fixierung auf das Hier und Jetzt und verhindert Selbstbezüglichkeit, Selbstgenügsamkeit und Egoismus. Nehmen wir zum Beispiel die Kirchtürme. Wir brauchen sie nicht mehr wegen der Kirchturmuhren. Aber Kirchtürme sind deswegen noch lange nicht sinnlos. Denn sie sind Fingerzeige zum Himmel. Sie erinnern uns durch ihr bloßes Dasein, dass es in unserem Leben noch Größeres gibt. Die kooperative Trennung bewahrt die Gesellschaft also davor, dass ihr durch das Abdrängen des Religiösen ins Private eine grundsätzliche Dimension von Kultur verloren geht.

Zugleich schützt die kooperative Trennung den Staat vor fatalen Allmachtsphantasien, weil er sich eben keine eigene Weltanschauung zu eigen macht und den freiheitlichen Leerraum nicht selber besetzt. Ein Staat, der eben dies täte und das menschliche Streben nach Glück (*Pursuit of happiness*, wie es in der amerikanischen Unabhängigkeitserklärung von 1776 heißt) bestimmen, ausgestalten und kontrollieren wollte, wäre hingegen totalitär.

Die religiöse Frage darf also in unserer modernen Gesellschaft nicht verstummen. Denn sie hält in einer säkularen Gesellschaft den – wie Jeanne Hersch es formulierte – „Sinn für den Sinn" wach.

Die Kirchen und die Religionsgemeinschaften sollten deshalb Anwälte und Wächter der religiösen Frage sein. Sie könnten dies sogar mit Selbstbewusstsein tun, da es – wie Habermas feststellt – durchaus sein könnte, dass die säkulare Kultur angesichts der religiösen Herkunft ihrer ethischen

Grundlagen die Artikulationskraft ihrer Ursprünge gar nicht erreicht. Solche Anwälte und Wächter des Religiösen sind die Kirchen und die Religionsgemeinschaften jedoch nicht, wenn sie den Glauben und das religiöse Leben nur ritualisieren oder wenn sie vornehmlich moralisieren. Die religiöse Frage, die Frage nach Gott wird gesellschaftlich erst dann wirksam, wenn sich die Kirchen und die Religionsgemeinschaften stattdessen offensiv und mutig den heutigen Herausforderungen und Fragen der Menschen stellen: Wie kann in einer wissenschaftlich geprägten, rationalen und digitalen Welt der Glaube begründet werden? Wie kann in einer (auch religiös) pluralen und differenzierten Gesellschaft der Zusammenhalt der Menschen erhalten werden? Was gibt meinem Leben Sinn, und was darf ich hoffen?

Wenn die religiöse Frage solchermaßen Aktualität bekommt für unsere Gesellschaft, ist es auch kein Irrtum, dass Gott einen Platz in der Präambel unseres Grundgesetzes bekommen hat. Es ist im Gegenteil – religiös gesprochen – ein Segen.

Winfried Kretschmann, Ministerpräsident von Baden-Württemberg.

Axel Bernd Kunze

Flagge und Kreuz

Deutschland geriet wieder einmal in eine Kreuzdebatte. Auslöser war ein bayerischer Kabinettsbeschluss, im Eingangsbereich von Behörden des Freistaats Kreuze aufhängen zu lassen. Die ablehnenden bis gehässigen Reaktionen fielen nahezu reflexhaft aus. Identitätsargumente kulturell-religiöser Art haben in Deutschland einen schweren Stand. Unter anderem wurde eingewendet: Kein Staat darf das Kreuz exklusiv für sich reklamieren oder vereinnahmen. Das ist richtig.

Das heißt aber umgekehrt nicht, dass der Staat religiöse Symbole aus der Öffentlichkeit verbannen muss. Staatliche Neutralität in religiösen Dingen meint, dass religiös-weltanschauliche Überzeugungen nicht diskriminiert werden dürfen. Es bedeutet jedoch nicht, sie zu neutralisieren oder zu nivellieren im Sinne einer staatlich betriebenen einheitlichen Zivilreligion. Jedes Gemeinwesen, das stabil, handlungsfähig und geistig lebendig bleiben will, ist darauf angewiesen, sich seiner kulturellen Herkunft zu versichern. Und diese ist entscheidend religiös geprägt. Daher wäre es künstlich konstruiert, die bekenntnishafte und die kulturethische Bedeutung christlicher Ausdrucksformen voneinander zu trennen. Die Bürger sind Träger religiöser Haltungen, und Gläubige sind Bürger.

Auf der einen Seite ist das Christentum nicht einfach in eine allgemein verständliche Nächstenliebe aufzulösen, der wir uns allgemein sicher sein könnten. Schwinden christlicher Erlösungsglaube und christliche Praxis aus unserem Land, werden viele Werte unserer Staats- und Gesellschaftsordnung nicht zu halten sein. Der Staat darf zeigen, auf welche religiösen Wurzeln er sich beruft, solange sich auch andere religiöse Bekenntnisse im Rahmen des gesellschaftlichen Toleranzgebots öffentlich äußern dürfen.

Auf der anderen Seite sollte Politik nicht allzu selbstgewiss daherkommen. Das Kreuz in öffentlichen Gebäuden, in Ämtern markiert jene „Leerstelle", die der freiheitliche Rechts- und Verfassungsstaat nicht selbst füllen kann, will er nicht übergriffig werden. Es geht um das geistige Fundament, auf das der moderne Staat, der selbst der Legitimation bedarf, angewiesen bleibt, das er sich aber nicht selbst legen kann. Es geht um eine notwendige Rückversicherung gegenüber totalitären Tendenzen – wider eine Selbstüberschätzung des Menschen, wider einen Staat, der sich absolut setzt, wider jene Form des Materialismus, der den Menschen in letzter Konsequenz nur mehr als Funktionär der sozialen oder politischen Verhältnisse betrachtet.

Die Regeln unseres Verfassungsstaates müssen unterfüttert werden durch ein Fundament konkret gelebter Orientierungswerte. Diese bestimmen das sozialethische Verhalten der Bürger im Alltag und sind Ausdruck gemeinsamer Identität.

Ordnung und Kultur unseres Zusammenlebens werden sich verändern, wenn wir bestimmte Erinnerungsorte aufgeben. Hierzu zählen etwa Kreuze im öffentlichen Raum, die von der Werbeindustrie schon mal aus Angst, Käufer zu verlieren, getilgt werden, Weihnachtsmärkte, Osterbrunnen oder auch christlichen Feiertage, die nicht allein für jene von Bedeutung sind, die diese liturgisch begehen. Weihnachten, Karfreitag oder Allerheiligen stehen auch innerhalb der säkularisierten Gesellschaft für bestimmte Erzählungen. Unser Gemeinwesen wird sein Gesicht und seine Wertordnung verändern, wenn wir uns auf andere Erzählungen festlegen, die unser Zusammenleben künftig prägen sollen. Wenn wir etwa den Karfreitag durch einen muslimischen oder säkularen Feiertag relativieren würden, ginge mehr verloren als ein vielleicht sonniger Frühjahrstag, den man gut für eine erste Rad- oder Motorradtour nutzen kann. Der Karfreitag hält – wie die Kreuze im öffentlichen Raum – die Erinnerung wach, dass menschliches Leben auch im Leid seine unvergleichliche Würde behält und dass das Schwache unsere Solidarität verlangt, weil Gott seine Solidarität am Kreuz gezeigt hat.

Der liberale Rechts- und Verfassungsstaat kann eine bestimmte „Leitkultur" seiner Bürger nicht hoheitlich herstellen, aber er darf einen entsprechenden, politisch belastbaren Gedächtnisraum fördern. Denn Recht und staatliche Ordnung leben von affektiven Bindungen an ihre kulturellen Prägungen. Eine stabile Rechts- und Staatsordnung lebt davon, dass die Herkunft der ihnen zugrundeliegenden Werte und Prinzipien aus der spezifischen einheimischen Tradition nicht geleugnet wird.

Dass eine „Leitkultur" nicht statisch sein kann, ist eine triviale Erkenntnis. Sie ist offen, sie verändert sich, sie sollte dem jeweiligen Freiheitsempfinden entsprechen. Doch braucht das gesellschaftliche und staatliche Zusammenleben einen Vorrat an kulturellen Selbstverständlichkeiten. Wo kulturell Geteiltes, gegenseitige Verbundenheit und wechselseitig übernommene Verpflichtungen schwinden, wo das Vertrauen in intuitiv gewusste wie gelebte Gemeinsamkeiten verloren geht, werden die Freiheitsräume kleiner. Ein Gemeinwesen, in dem man sich nicht mehr aufeinander verlassen kann, muss kontrollieren, regulieren und steuern.

Unsere europäische Kultur gründet auf drei Hügeln: Areopag, Kapitol und Golgatha. Dieses sprechende Bild geht auf den ersten Bundespräsidenten Theodor Heuss zurück, ist also keinesfalls neu. Es hat nicht an Aktualität verloren. Das griechische Erbe steht für die Selbstregierung freier Bürger und die Anerkennung einer vernunftgeleiteten, autonomen Wissenschaft, das römische für die Herrschaft des Rechts. Beides wird geformt durch die christliche Haltung der Solidarität und Barmherzigkeit und die Anerkennung einer gleichen Würde aller Menschen. Alle drei Einflüsse verbinden sich zu dem, was wir als christliches Abendland kennen.

Produktiv wurde diese Idee nicht zuletzt durch die spannungsvolle Polarität von politischer und religiöser Sphäre bei gleichzeitiger Kooperation beider Gewalten – gemäß der unnachahmlichen Formel: „Gebt dem Kaiser, was des Kaisers ist, und Gott, was Gottes ist." So heißt es in der Pariser Erklärung „Ein Europa, wo(ran) wir glauben können", die von einem Kreis europäischer Intellektueller, darunter der Philosoph Robert Spaemann, am 7. Oktober 2017 veröffentlicht wurde: „Die universale geistliche Herrschaft der Kirche ermöglichte erst die kulturelle Einheit für Europa, tat dies aber ohne politisches Reich. Dadurch konnten letztlich auch bürgerliche Werte und Treue in einem geteilten Europa blühen. Die Autonomie dessen, was wir heute die Zivilgesellschaft nennen, wurde ein charakteristisches Merkmal des europäischen Lebens."

Wenn wir zum Beispiel über die Alternative Religions- oder Ethikunterricht diskutieren, dann ist dies nur vor dem Hintergrund der geschilderten geistesgeschichtlichen Entwicklung und der spannungsvollen Polarität der drei genannten Traditionen möglich. Wenn wir darüber streiten, ob ein muslimischer Bundespräsident denkbar ist, dann ist die Trennung von Religion und Politik vorausgesetzt. Und schließlich setzt selbst die Debatte über den Stellenwert einer sogenannten Leitkultur jenes spezifische Staatsverständnis voraus, das sich im christlichen Abendland konkret geschichtlich herausgebildet hat und das dort wirkmächtig geworden ist.

Das Evangelium stemmt sich politischen Heilslehren entgegen, die sich selbst absolut setzen. Aber es liefert umgekehrt – so formuliert es die Pariser Erklärung – auch „kein umfassendes göttliches Gesetz". Niemand sollte in der Kirche vorschnell behaupten, er wüsste schon im Voraus genau, was politisch praktizierte Christlichkeit sei. Vielmehr eröffnet das Evangelium den Raum für eine Politik aus christlicher Verantwortung, die im politischen Diskurs Kontur gewinnt und eine Verschiedenartigkeit säkularer Gesetze zulässt.

Deutschland ist kein zentralistischer Nationalstaat, aber seit den Befreiungskriegen und der Einigungsbewegung des neunzehnten Jahrhunderts auch nicht einfach nur ein loser Verbund regionaler Landsmannschaften. Die Nation ist eine politische Schicksalsgemeinschaft, die auf gemeinsamer Geschichte, Kultur und Identität beruht: nicht abstrakt, sondern politisch-geschichtlich gewachsen und religiös geprägt. Wir tun gut daran, uns als Bürger und als Christen unserer kulturellen Herkunft immer wieder zu versichern, wenn unser Gemeinwesen nicht auseinanderfallen soll. Auch der weltanschaulich neutrale, liberale Verfassungsstaat sollte sich zu seinen nationalen Traditionen und seinen Werten bekennen. Er darf Flagge wie Kreuz gleichermaßen zeigen.

Dr. Axel Bernd Kunze, promovierter Sozialethiker und habilitierter Erziehungswissenschaftler, tätig als Publizist und Schulleiter, lehrt als Privatdozent an der Universität Bonn sowie als Lehrbeauftragter an Hochschulen in München, Heilbronn und Freiburg.

Reiner Haseloff

Natur und Vernunft zusammenhalten

Zunächst einmal muss aus unserem christlichen Selbstverständnis die Feststellung getroffen werden, dass die religiöse Frage keineswegs im Widerspruch zur modernen Gesellschaft steht, sondern dass sie diese Moderne maßgeblich mit herbeigeführt hat.

Es war beispielsweise der nicht zu bändigende Wille der Christen, ihrem Gott Kirchen zu errichten, der unseren Städten und Dörfern nicht nur bis heute Mitte und Gesicht gab, sondern auch Architektur und Baukunst zu immer neuen Höchstleistungen führte. Die christliche Armen- und Krankenfürsorge wurde zur bedeutenden Quelle unseres Sozialstaats und des modernen Gesundheitssystems, in denen die Kirchen auch darum bis heute eine wichtige Rolle spielen. Darüber hinaus wurden die Klosterbibliotheken, geistlichen Schulen und Universitäten, nicht zuletzt die Bibel selbst, zu Ausgangspunkten unserer Entwicklung zu einem gebildeten Volk.

Für noch wichtiger sehe ich allerdings die geistigen Fundamente an, die der christliche Glaube unserer Rechts- und Werteordnung gibt. Aus der Lehre von der Gottesebenbildlichkeit des Menschen ist der Gedanke der Gleichheit aller Menschen und ihrer unveräußerlichen Menschenwürde erwachsen, auf dem das deutsche Grundgesetz maßgeblich ruht.

Darüber hinaus spielt der Schöpfungsgedanke immer wieder eine zentrale Rolle. Die Erkennbarkeit der Welt und die Vernünftigkeit aller Naturgesetze lassen sich aus dem geistigen Ursprung der Schöpfung ableiten. Schon Thomas von Aquin wies darauf hin: „Ein Irrtum über die Schöpfung hat nämlich eine falsche Wissenschaft von Gott zur Folge." Welterkenntnis wird darum immer auch zur Gotteserkenntnis, und die Frage nach Gott führt immer zu einem tieferen Verständnis des Menschen. „Die Würde des Menschen ist unantastbar. Sie zu achten und zu schützen ist Verpflichtung aller staatlichen Gewalt. Das Deutsche Volk bekennt sich darum zu unverletzlichen und unveräußerlichen Menschenrechten als Grundlage jeder menschlichen Gemeinschaft, des Friedens und der Gerechtigkeit in der Welt." In diesem Bekenntnis des Grundgesetzes liegt die Überzeugung, dass wir aus dem Wissen um die Natur des Menschen dem Zusammenleben eine vernünftige Ordnung geben können. Der Wille des Menschen zur Freiheit, seine Suche nach Gerechtigkeit und die Verpflichtung zur Mitmenschlichkeit bestimmen das in der Schöpfung angelegte Wesen des Menschen. Wo wir dem entsprechend handeln, führen wir Natur und Vernunft zueinander und verhalten uns zutiefst menschlich.

Gerade für die heutige Gesellschaft mit ihren scheinbar schwindenden Gewissheiten, nachlassenden Bindungen und wachsenden Risiken kann die Frage nach Gott immer wieder Orientierung bewirken. Was geben wir an die Generationen weiter, die nach uns kommen werden? Wie gehen wir mit der Endlichkeit unseres Daseins um? Wie schützen wir die Würde des Menschen von seinem Anfang bis zu seinem Ende? Diese Probleme sind immer aktuell, weil sie nicht an die sich rasant verändernden Bedingungen, unter denen wir leben, geknüpft sind, sondern das Wesen unseres Lebens selbst betreffen.

In Religion und Moral werden genau auf diese Fragen Antworten gegeben, für die wir den Anspruch auf Wahrhaftigkeit und Wahrheit aufrechterhalten müssen, wenn wir nicht Opfer eines reinen Subjektivismus werden wollen, mit dem es gar keine wirklich verbindlichen Werte mehr geben kann. Die Frage nach Gott ist mithin für das rechte Verständnis unserer Welt unerlässlich. Im Ringen mit dieser Frage halten wir Natur und Vernunft zusammen, denn dauerhaft kann nach meiner festen Überzeugung jedenfalls niemand Ordnungen, Grundsätze und Werte aufrichten, die der Natur und dem Menschen nicht zuvor eingeschrieben worden sind und mittels der Vernunft erkannt werden können.

Dr. Reiner Haseloff, Ministerpräsident von Sachsen-Anhalt, Magdeburg.

Metropolit Augoustinos (Labardakis)

Spielen mit Heraklit

Heraklit von Ephesus in Kleinasien (ca. 520–460 v. Chr.) finden wir an den Anfängen eines philosophischen Denkens, das bis heute in unserer modernen Gesellschaft seine Berechtigung hat. Der antike Philosoph sah eine Welt in beständigem Wandel. Das Grundprinzip seines Denkens sind die Gegensätze beim Werden der Welt und des Lebens. Seine Dialektik findet kein Ende und keine Ruhe. Eine Versöhnung als Aufhebung der Gegensätze schafft keine Harmonie, sondern zerstört sie. Der Kosmos ist kein statisches, gleichbleibendes Sein, sondern das Werden beziehungsweise das in einer Einheit verstandene dynamische Verhältnis von Sein und Werden: Darum heißt es „Alles fließt" *(τὰ πάντα ῥεῖ)*.

In Bezug auf die Natur des Menschen und seine Stellung beziehungsweise Gestaltungsaufgabe in der Gemeinschaft hat uns dieser Philosoph gelehrt: ἦθος ἀνθρώπῳ δαίμων. Gemeinhin wird dieser Satz übersetzt mit: „Der Charakter des Menschen ist sein Schicksal". Bei den Vorsokratikern erhält das Wort „Dämon" (δαίμων) die Bedeutung des Schicksals, sodass jeder Mensch aufgrund seines Charakters der Schmied seines Schicksals ist (vgl. Appius Claudius Caesus: *fabrum esse suae quemque fortunae*). Heraklit ersetzt die äußere Macht über das Schicksal des Menschen (Götter) durch den Menschen selbst. Wollen wir bei diesem Aphorismus den Faktor „Mensch" durch die „Gemeinschaft" ersetzen, dann ist es erhellend, warum der Charakter einer Gesellschaft ihr Schicksal bestimmt.

Wer bestimmt aber diesen Charakter? Die zwei Nominative des heraklitschen Satzes erlauben uns, das Subjekt auszutauschen und den Satz umgekehrt zu lesen: Das Schicksal – eine höhere Macht, die in einer nicht zu beeinflussenden Weise das Leben bestimmt und lenkt – beeinflusst, ja formt den Charakter des Menschen. Auf die Gesellschaft übertragen: Das Schicksal beeinflusst auch ihren Charakter. (Wären seine Botschaften leicht zu entschlüsseln, hätte Heraklit nicht bereits in der Antike den Beinamen „der Dunkle" bekommen.)

Darf man nun den zwei Wörtern $\tilde{\eta}\vartheta o\varsigma$ (Ethos) und $\delta\alpha i\mu\omega\nu$ (Dämon) andere Bedeutungen geben, diejenigen, die in der antiken griechischen Welt ebenfalls zu finden sind? $H\vartheta o\varsigma$ als die sittliche Gesinnung („Moral") einer Person oder einer Gemeinschaft und $\delta\alpha i\mu\omega\nu$ als ein Geisteswesen (bis hin zu einer Art „Gott"). Dann hätten wir in heraklitscher Manier einen wunderbarten Aphorismus, der das Zwischenspiel – bis hin zur Verwechselbarkeit von Moral und Gott – wunderbar beschreibt. Die Moral des Menschen formt seinen Gott (vgl. Ludwig Feuerbach). Aber auch Gott bestimmt die Moral des Menschen. Die Gesellschaft als kollektiver Organismus wählt anhand ihrer Moral ihre „Götter", Personen, Ideen, Vorstellungen von übernatürlichen Wesen oder von unvorstellbaren Mächten. Sie „personifiziert" dadurch ihre Moral. Umgekehrt bestimmt Gott (die Religion) die Moral der Gesellschaft als Gemeinschaft von Menschen.

Nach Heraklit ist Gott Tag und Nacht, Winter und Sommer, Krieg und Frieden, Sättigung und Hunger, alle Gegensätze, und all dieses ist der $\nu o\tilde{\upsilon}\varsigma$, die Fähigkeit, etwas geistig, mit Intellekt und Verstand zu erfassen. Gott wandelt sich aber wie Feuer, das, wenn es mit Duftstoffen vermengt wird, nach dem jeweiligen Duft benannt wird. Das Göttliche durchdringt unterschiedliche Stationen und macht sich dadurch für den Menschen erfahrbar. Die Pluralität der Erfahrungen wird als Wahrnehmung des einen Gottes aufgefasst.

Die zahlenmäßige Feststellung, dass sechs Siebtel der Weltbevölkerung sich zu einer Religion bekennen, wird von Menschen und Institutionen, die gegen die Religion eingestellt sind, als statistisches, künstliches Produkt herabgewürdigt. Aber gerade diese Zahl führt irgendwie zwangsläufig zur Erkenntnis, dass die Religion für die überwältigende Mehrheit der Menschheit (der statistische Fehler mag mit einbezogen sein) als Quelle der Sinngebung eine Berechtigung hat. Ob die damit verbundene Religiosität existenziellen oder kulturellen Gründen geschuldet ist, spielt in Anbetracht der vorigen Überlegungen eine untergeordnete Rolle.

Jede Religion bezieht sich auf eine Rückbindung an eine andere (höhere) Instanz und hilft somit bei der Betrachtung des Ganzen in seiner Einheit, aber auch in seinen Gegensätzen. Sollte eine solche Betrachtung eine Sinndeutung erst ermöglichen, wäre eine Abwendung von einer Religion zwangsläufig die Hinwendung zu einer anderen. Der Kommunismus half dem Menschen bei seiner „Entreligiösierung", indem er ihm ein anderes System mit monopolisierter Deutungshoheit und heilsrelevanter Absolutheit vorstellte. Auch die in der heutigen Zeit stattfindende Hinwendung der Gesellschaft zur Marktwirtschaft nimmt religiöse Züge an. In Zeiten fortschreitender Globalisierung scheint diese Marktwirtschaft gute Chancen zu haben, eine Art globale Einheitsreligion zu werden.

Die Welt wird nach Heraklit bekanntlich von einem Logos „beseelt", der einen universalen, allgemeingültigen Charakter hat. Er bildet, hält zusammen und durchdringt das Ganze, wie auch das Leben der Menschen. Und jeder Mensch hat Anteil am Logos. Wenn der Mensch mit ihm nicht kommuniziert, keine intakte und harmonische Beziehung zu ihm aufrechthält, dann ist er – der Mensch – unsinnig oder blind oder taub. Umgekehrt wird derjenige, der mit ihm richtig kommuniziert, eins mit ihm. Jener, der an diesem gemeinsamen Logos nicht teilhat, wird nicht als Mensch angenommen.

Der Astrophysiker Stephen Hawking hingegen erklärte sich Aspekte des Universums theoretisch, in Modellen, ohne einen solchen Logos. Er war überzeugt davon, dass es irgendwann ein schlüssiges Modell geben könnte, das alles im Universum beschreibt. Zur Frage, ob „Gott" den Urknall ausgelöst haben könnte, meinte er, dass es keinen Sinn habe, darüber nachzudenken, weil es davor nichts gegeben habe, über das man nachdenken könnte.

Anmerkung: Der Verfasser ist kein Philosoph, gar ein Experte für Heraklit, dessen überlieferte Bruchstücke als schwer verständlich gelten. Er ist nur sein Freund, der mit ihm gelegentlich gern spielt.

Augoustinos (Labardakis), Metropolit der griechisch-orthodoxen
Metropolie von Deutschland und Exarch von Zentraleuropa des
Ökumenischen Patriarchats von Konstantinopel, Vorsitzender der
Orthodoxen Bischofskonferenz in Deutschland.

Michael Kretschmer

Reden wir miteinander – nicht übereinander

Kurz vor Weihnachten fragte mich eine Dresdner Tageszeitung, was mir „heilig" sei. Diese Frage zu beantworten, war gar nicht so einfach, wie es auf den ersten Blick aussieht. Was mir heilig ist, hat für mich viel zu tun mit der Frage nach Gott und der religiösen Frage in der modernen Gesellschaft. Wobei ich gleich zu Beginn klarstellen möchte, dass Religion und moderne Gesellschaft für mich keine Gegensätze sind. Sicher stellt die Moderne immer wieder neue und vor allem unbequeme Fragen – an jede Religion.

Manche nennen es eine Herausforderung, andere eine Zumutung. Für mich ist entscheidend, dass wir Antworten finden und geben und dass wir wieder mehr über Religion und Glauben sprechen. Denn wie wir als Gesellschaft damit umgehen, ist nicht egal. Sprachlosigkeit jedenfalls tut dabei niemandem gut. Im Gegenteil: Gerade weil das Verhältnis von Kirche und Staat, von Christentum und Politik, von Grundwerten und Religion wieder ganz aktuell ist und gerade weil es dazu von unterschiedlichster Seite und im Hinblick auf verschiedene Fragen Thema ist, brauchen wir eine lebendige Debatte darüber, was uns wichtig ist und was uns Religion bedeutet.

Ich will gerne dazu einen Beitrag leisten und dabei an die Frage anknüpfen, was mir heilig ist. „Heilig" ist für mich als Christ ein besonderes Wort, und deshalb benutze ich es eigentlich selten, denn es gehört spontan eher zu meinem Glauben als zu meinem Alltag. Aber es bedeutet mir viel, denn beides hat natürlich miteinander zu tun. Diese kleine Unterscheidung macht vielleicht deutlich, worum es geht: Wenn etwas heilig ist, dann ist es eben nicht alltäglich, nicht weltlich, sondern etwas Besonderes. Und gerade an Weihnachten, wenn wir von der „Heiligen Nacht" sprechen und singen, erinnert es mich daran, dass es etwas gibt, das größer ist als wir Menschen. Wenn etwas heilig ist, dann ist es im wahrsten Sinne des Wortes herausgehoben, und zwar, weil es vollkommen und gut ist.

Diese Sehnsucht nach Vollkommenheit ist zutiefst menschlich. Danach sehnen sich Gläubige und Nichtgläubige in vielem, was sie tun. Christen orientieren sich an Heiligen, denn sie können mit dem, was sie getan haben, hilfreiche Vorbilder sein. Wir sprechen ja auch von einer „heilen Welt", und Kinder möchten, dass ein kaputtes Spielzeug wieder „heile gemacht wird". Diese beiden Beispiele machen aber auch deutlich, dass wir nicht alles aus eigener Kraft und mit eigenem Tun „heile" oder perfekt machen können.

Das fängt mit perfekten Weihnachtsgeschenken an, dem perfekten Urlaub oder der perfekten Selbstdarstellung auf Facebook. Es geht über den selbstoptimierten Körper und den knitterfreien Lebenslauf bis hin zur elterlichen Selbstverwirklichung in einem perfekten Kind. Irgendwann merkt jeder, dass das Leben und auch das Zusammenleben so nicht funktionieren. Das ist keine Ausrede, sich nicht anzustrengen. Aber ich finde, dass es sich besser anpacken lässt, wenn wir die Ansprüche an uns selbst nicht zu hoch schrauben. Das ist eine Frage der Haltung. Und damit bin ich wieder am Anfang, denn ob etwas und was mir heilig ist, ist auch eine Frage der Haltung. Wie auch die Frage nach Gott in der modernen Gesellschaft.

Wenn mir etwas heilig ist, dann ist es für mich schützenswert und erstrebenswert zugleich. Heilig im Sinne von schützenswert ist mir zum Beispiel persönlich meine Familie. Das bedeutet für mich, dass wir auch nach meiner Wahl zum Ministerpräsidenten ein relativ normales Familienleben führen können, dass wir dazu die nötigen Freiräume und Zeit haben, zum Beispiel am Sonntag, und dass darauf Rücksicht genommen wird, etwa bei meiner Terminplanung oder von den Medien. Heilig im Sinne von erstrebenswert sind mir Werte, die für unser Zusammenleben wichtig sind, in Politik, Wirtschaft und Gesellschaft. Dazu gehören für mich Ehrlichkeit und Respekt im Umgang miteinander, aber auch Offenheit und Vertrauen im Hinblick auf eine gute Streitkultur, die jederzeit unsere freiheitliche demokratische Grundordnung anerkennt.

Unser Grundgesetz, das am 23. Mai 2019 seinen siebzigsten Geburtstag feiert, setzt nicht nur den Rahmen für das Verhältnis zwischen Staat und Kirchen, sondern es setzt auch gute Maßstäbe, was das Verhältnis zur Religion angeht. Es ist für mich ein Paradoxon unserer Zeit, dass die „Werte des christlich-jüdischen Abendlandes" in so vieler Munde sind, aber zugleich sich so wenige aktiv zu ihrem Glauben bekennen oder das Grundgesetz als eben diese Werte verkörpernde Instanz wahrnehmen. Es gibt nicht nur eine Sehnsucht nach Perfektion, sondern auch eine neue Sehnsucht nach Anstand, Sitte und Moral, die ironischerweise allzu oft unterwegs verloren gehen, weil „unterm Strich zähl' ich", wie es eine Bankwerbung einmal ungewollt entlarvend auf den Punkt brachte. Mit dieser Haltung ist aber im wahrsten Sinne des Wortes kein Staat zu machen. Dass Freiheit auch immer Verantwortung bedeutet, wird an der Religionsfreiheit ganz besonders deutlich.

Insofern geht es nicht nur um die Frage nach Gott, sondern auch um die Frage „Wie hältst du es mit der Religion?" In Sachsen, in ganz Ostdeutschland, stellt sich für die Mehrheit der Menschen diese Frage überhaupt nicht, weil Religion und Glaube für sie nicht zum Leben und damit auch nicht zum Alltag gehören. Das ist nicht nur für die Christen in der Diaspora eine besondere Situation. Es ist auch für unser Zusammenleben eine Herausforderung, weil das Sprechen über Religion schwierig ist, wenn es bestimmte Anknüpfungspunkte nicht gibt.

II. In moderner Gesellschaft

An dieser Stelle sei mir eine Anmerkung erlaubt: Ich finde den inzwischen „berühmten" Satz von Altbundespräsident Christian Wulff zum Islam in Deutschland nicht hilfreich. Wir machen es uns mit diesem Satz zu einfach. Ich weiß, wie wichtig vielen dieses Thema ist. Meine Antwort ist einfach: Es geht nicht um den Satz und die Frage, ob er richtig ist oder nicht, ob ich ihm zustimmen kann oder nicht. Ich denke, es ist unstrittig, dass der Islam keine „Wurzel" Deutschlands ist. Genauso unstrittig sollte es aber sein, dass Muslime heute dazugehören. Das ist Alltag in Deutschland und eine Frage der Religionsfreiheit, die als Grundrecht ein Jedermann-Recht ist.

Umso wichtiger ist es, Anknüpfungspunkte zur Begegnung zu schaffen. In Sachsen wurde deshalb nach der Neugründung des Freistaates der konfessionelle Religionsunterricht eingeführt. Er genießt Verfassungsrang, denn Wissen über Religion ist wichtig, und der Religionsunterricht wie auch das Ersatzfach Ethik vermitteln Grundlegendes für unser Zusammenleben. 2017 war das Reformationsjubiläum mit dem „Kirchentag auf dem Weg" und den Reformationsausstellungen ein aktueller Anknüpfungspunkt, wie auch der 100. Katholikentag 2016 in Leipzig. Beide haben dazu beigetragen, über Religion ins Gespräch zu kommen. Das nächste Jubiläum steht bereits 2019 an: 500 Jahre Leipziger Disputation.

Diese Beispiele zeigen gut, wie wichtig die Begegnung ist. Mein Wunsch ist deshalb, dass wir das Verbindende suchen und nicht das Trennende, als Christen untereinander, mit Andersgläubigen und mit Nichtgläubigen. Das „Dresdner Wort der Religionen" macht es vor. Ein solcher Austausch ist immer wieder Ansporn zur Selbstreflexion – und hochpolitisch. Wir haben in Deutschland ein gutes Verhältnis zwischen Staat und Kirchen. Es ist geübte Tradition, dass Staat und Kirchen eigenständige Kräfte in Politik und Gesellschaft sind und dass sie dennoch partnerschaftlich verbunden sind.

Die Kirchen und Religionsgemeinschaften sind in vielen Bereichen engagiert und unverzichtbar. Ich weiß ihren Beitrag zu schätzen. Auch die Stimme der Kirchen in Politik und Gesellschaft ist wichtig. Bei manchem Thema sind sie mir sogar zu leise, und ich wünsche mir, dass sie sich lauter einmischen nach dem Motto: Es gibt keine christliche Politik, aber Christen in der Politik, die ein Fundament haben, das unser aller Werteordnung stabilisiert.

In diesem Sinne leistet auch die Wochenzeitschrift CHRIST IN DER GEGENWART immer wieder wertvolle Beiträge. Sie liefert bereichernde Diskussionen innerhalb der Kirche, wie mit den Thesen „Wie sich der christliche Glaube erneuern kann" vom Herbst 2017. Sie wirkt aber auch in Gesellschaft und Politik. Ich gratuliere zu 70 Jahren CHRIST IN DER GEGENWART.

Michael Kretschmer, Ministerpräsident des Freistaates Sachsen, Dresden.

II. In moderner Gesellschaft

Sebastian Kurz

Modern mit christlichen Wurzeln

Welche Rolle spielt die Religion heute noch in unseren europäischen Gesellschaften? Verlieren der Glaube und die Religion zunehmend an gesellschaftlicher und politischer Relevanz, wie es die Vertreter der Säkularisierungsthese behaupten? Ihre Beweislast scheint erdrückend: eine in den Staaten Europas steigende Zahl von Menschen, die sich offiziell für konfessionslos erklären; das zunehmende Verschwinden religiös-christlicher Symbolik aus dem öffentlichen Leben; ein angeblicher Rückgang von Wissen über religiöse Bräuche und Traditionen unter den heranwachsenden Generationen. Kurzum: Religion und Glaube seien in eine schwere Rezession geraten, unsere Gesellschaft auf dem besten Weg zu einem Zustand der völligen Verweltlichung.

Andere, die die Säkularisierungsthese zurückweisen, betrachten die genannten Phänomene nicht als Ausdruck eines generellen Bedeutungsverlusts des Religiösen. Vielmehr handle es sich um Symptome des Rückzugs von Religion und Spiritualität aus dem öffentlichen Leben in die eigenen vier Wände. Die Menschen ließen sich von keinen öffentlichen Institutionen oder Autoritäten mehr vorschreiben, was, an wen und wie sie zu glauben haben. Sie seien keineswegs ungläubig, im Gleichklang mit der um sich greifenden Individualisierung von Lebensmodellen basteln sie sich jedoch ihre eigene, ganz persönliche Vorstellung von Gott, Transzendenz und Spiritualität – so wie es ihren individuellen Wahrnehmungen und Ansprüchen entspricht.

Gleich wie man diese Thesen und Entwicklungen beurteilen mag, unbestritten ist, dass sich das Bild von Religion in der Gesellschaft in den vergangenen Jahrzehnten verändert hat. Es hat sich eine große Vielfalt an höchst unterschiedlichen Zugängen und Überzeugungen herausgebildet. Das Bild ist diffuser geworden. Es ist dynamischer geworden. Und es ist die Herausforderung der Politik, mit diesen gesellschaftlichen Entwicklungen Schritt zu halten.

In einer Gesellschaft, in der es zahlreiche unterschiedliche Lebensmodelle gibt, die ihre unterschiedlichen spirituellen Inhalte verkörpern, wo das Spektrum von mehr oder weniger Religiosität sich weit geöffnet hat – in einer solchen Gesellschaft sind zunächst Respekt und gegenseitige Wertschätzung maßgeblich für ein funktionierendes Zusammenleben. Gerade Österreich kann in dieser Hinsicht mit derzeit sechzehn anerkannten Religionsgemeinschaften auf eine lange Tradition zurückblicken. Wir sind ein religionsneutraler und zugleich religionsfreundlicher Staat. Diesen Rahmen gilt es zu bewahren, damit ein offener Dialog und ein fruchtbarer Austausch zwischen den Gläubigen kultiviert und weiter forciert werden können. Er ist die Voraussetzung für ein breites religiöses Miteinander.

Gleichzeitig dürfen Respekt und Toleranz für die unterschiedlichen religiösen und spirituellen Ausprägungen keinesfalls bedeuten, dass wir unsere Tradition und unser kulturelles Erbe verstecken sollen oder alles unter dem Deckmantel der Religionsfreiheit gutheißen müssen. Das Christentum ist für uns in Österreich und Europa mehr als ein Glaube. Es ist wesentlicher Bestandteil unserer seit Jahrtausenden gewachsenen Kultur, unserer Vorstellungen von Ethik und Moral, unserer Bräuche und Traditionen. Entscheidend ist deshalb nicht, ob sich jemand zum christlichen Glauben bekennt, sondern ob man die aus der christlich geprägten Geistesgeschichte abgeleiteten Grundwerte unserer Gesellschaft mitträgt. Schließlich schöpfen sogar Bewegungen wie die Aufklärung oder die Säkularisierung selbst ihre intellektuelle Inspiration und Kraft aus dieser Geistesgeschichte.

Auf diese tief reichenden Wurzeln sind wir stolz! Für uns ist daher ganz klar, dass wir uns zu christlichen Symbolen als Symbolen unserer geistes- und kulturgeschichtlichen Herkunft bekennen. Das Kreuz im öffentlichen Raum oder christliche Feiertage, Feste und Bräuche stehen für uns außer Diskussion. Dieses Bekenntnis ist umso wichtiger in einer Zeit, in der radikale und extremistische Ideen, die völlig außerhalb des christlich-europäischen Wertekanons stehen, zunehmend versuchen, diese unsere Wurzeln herauszufordern.

In der österreichischen Bundesregierung genauso wie in der Österreichischen Volkspartei ist es unser Ziel, eine Politik zu machen, die der Vielfalt der Lebens- und Geisteswelten in der modernen Gesellschaft gerecht wird und einen Rahmen schafft, der diesen Welten Raum zur Entfaltung gibt und den Dialog untereinander fördert. Gleichzeitig ist sich gerade eine moderne christdemokratische Politik der christlichen Wurzeln dieser modernen Gesellschaft bewusst, will sie diese als Orientierung für die Menschen lebendig halten und wird sie diese gegen jene entschlossen verteidigen, die die Freiheiten dieser pluralistischen Gesellschaft missbrauchen und zerstören wollen.

In diesem Spannungsfeld liegt die große gesellschaftliche und spirituelle Herausforderung unserer Zeit.

Sebastian Kurz, Bundeskanzler der Republik Österreich, Wien.

II. In moderner Gesellschaft

Helmut Krätzl

Christsein in der Zivilgesellschaft

Das Traditionschristentum von einst war getragen und geschützt von einer geschlossenen Gesellschaft. Die Eltern ließen die Kinder taufen, der sonntägliche Messbesuch prägte den Wochenrhythmus des Lebens. Manche sahen sich aber durch Milieu und Brauchtum dazu gezwungen. Die Kirche nahm stark Einfluss auf das öffentliche Leben, die Politik. Über den vom Staat bezahlten Religionsunterricht wurde altersgerecht in den Glauben eingeführt. In einer pluralen, säkularen Gesellschaft fallen viele derartige Stützen weg.

Die Taufe ist nicht mehr selbstverständlich, wird – wenn überhaupt – häufig auf spätere Jahre hinausgeschoben. Andererseits erlebt man, dass die Tauffeier zu einem Fest der Familie, ja des großen Bekanntenkreises wird und dass somit eine Erinnerung an das Wesen der Taufe, auch an die eigene Taufe geweckt wird.

Die Erstkommunion ist nicht mehr nur ein Fest für die Kinder, sondern eine Herausforderung der Pfarrgemeinde, die Familien miteinzubeziehen, so dass im besten Fall die Erstkommunionfeier zu einer eucharistischen Katechese der Gemeinde und der Familien wird.

Längst gehen nicht mehr alle Jugendlichen zur Firmung. Aber die Vorbereitung ist viel intensiver geworden, erstreckt sich mindestens über ein Jahr. Junge Firmhelfer begleiten die Kandidaten und legen dabei selbst Zeugnis ihres Glaubens ab. Freilich bleibt das Problem, wie sehr es gelingt, Jugendliche auch über die Firmung hinaus als lebendige Glieder einer Pfarrgemeinde zu gewinnen.

So sehr die Zahl der regelmäßigen Gottesdienstbesucher abnimmt, bleiben doch die großen Feste des Kirchenjahres Berührungspunkte der früher gewohnten Volksfrömmigkeit. Die Herausforderung besteht darin, neue Möglichkeiten zu suchen, auf den eigentlichen Inhalt der Feste und auf den Mehrwert hinzuweisen, der aus solcher Feier des christlichen Glaubens erwächst. Auch in der säkularen Gesellschaft wird die Kirche, werden ihre Feste und die Sakramente nicht verschwinden und damit prägend für das Zusammenleben bleiben.

Ein weiteres Phänomen der Auflösung einer einst geschlossenen Gesellschaft ist das Aufeinanderprallen verschiedener Religionen. Verursacht wird dies vor allem durch die Flüchtlingsbewegungen, die Zuwanderung insbesondere aus dem islamischen Zivilisationskreis. Offenbar fürchtet eine säkulare Gesellschaft auf einmal die Bedrohung ihrer eigenen historischen religiösen Wurzeln. Manche sehen sogar das sogenannte christliche Abendland in Gefahr. Plötzlich bekommt das Religiöse einen ganz neuen politischen Stellenwert.

Die Angst mancher Christen vor dem Islam ist ein Zeichen ihrer eigenen Glaubensschwäche. Die Begegnung mit anderen Religionen fordert heraus zum Dialog, der aber nur sinnvoll ist, wenn man sich auf seinen eigenen Glauben besinnt. Die Begegnung mit dem Islam verlangt, sich seines eigenen Christseins – durchaus kritisch – bewusst zu werden, um von daher auch die Religion der anderen kennenzulernen.

Wo große Religionen schwächeln, blühen zahlreiche Alternativen. Auch die säkulare Gesellschaft ist letztlich nicht religionslos, glaubenslos. Wo man überkommenen Religionen nicht mehr traut, sucht man Alternativen. Das Angebot ist groß, von fernöstlichen Meditationen über Esoterik bis hin zu unabhängigen religiösen Gemeinschaften und Gruppen. Wenn der Mensch in seiner Suche nach Sinnerfüllung ein unstillbares Verlangen hat, warum bekommt er diese Antwort nicht mehr im Christentum? Ist es nicht lebensnah genug, wird in unverständlicher Sprache verkündigt? Bringt der christliche Glaube Freiheit oder Enge? Gibt er dem Leben Freude, dem Leid einen Sinn? Bieten die Kirchen noch eine Gemeinschaft, von der man sich getragen und begleitet fühlt? Es ist auch in der vermeintlich „glaubenslosen" Gesellschaft ein Zeichen der Zeit, dass Menschen nach dem suchen, woran sie glauben, woran sie ihr Leben festmachen können.

Auch der stolze neutrale Staat scheint gelegentlich dankbar zu sein für die „Gotteshilfe", zum Beispiel bei zahlreichen sozialen Themen und Problemen. In der sogenannten Zivilgesellschaft, in den Nichtregierungs-Organisationen engagieren sich oftmals gerade Christen. Soziale Projekte und Initiativen werden kirchlich getragen. In Neubaugebieten der Großstädte – zum Beispiel in Wien – sehen die politisch Verantwortlichen es auf einmal gern, wenn sich religiöse Zentren bilden, um einer aufgehetzten Auseinandersetzung mit „Ausländern" entgegenzutreten, Raum für Dialog und Hilfe zur Integration anzubieten.

Sogar Agnostiker oder Atheisten scheinen die Tätigkeit der Kirche für den Zusammenhalt einer Gesellschaft wieder zu würdigen. In Deutschland hat zum Beispiel Gregor Gysi von den „Linken" vor einer gottlosen Gesellschaft gewarnt. Zurzeit könnten einzig die Kirchen grundlegende Moral- und Wertvorstellungen allgemeinverbindlich in der Gesellschaft prägen. Die berühmte Aussage des Rechtsphilosophen und einstigen deutschen Bundesverfassungsrichters Ernst-Wolfgang Böckenförde wird neuerdings erstaunlich oft zitiert: „Der freiheitliche säkularisierte Staat lebt von Voraussetzungen, die er selbst nicht garantieren kann." Er kann seinen Bürgern nur jene Freiheit gewähren, die von der moralischen Substanz des Einzelnen und der Übereinkunft der Gesellschaft reguliert wird.

II. In moderner Gesellschaft

Der christliche Glaube hat einen auch gesellschaftlich und politisch dienenden Charakter, einen Auftrag zum irdischen Wohl der Menschen in der Sorge um ihr ewiges Heil. Papst Franziskus betont dies immer wieder. In diesem Sinne ist es durchaus eine Christenpflicht, ein sogenanntes christliches Abendland zu wahren, zu verteidigen und zu prägen, indem die Gesellschaft neu mit dem christlichem Gedankengut vertraut gemacht wird, vor allem durch das tatkräftige Beispiel und Vorbild von vielen. Und es ist der Auftrag der Seelsorge, dem je einzelnen Menschen zu helfen, vielleicht doch zu einer persönlichen Glaubensentscheidung zu finden.

Dr. Helmut Krätzl, Weihbischof in Wien.

Tanja Kinkel

Die schwierigen Zehn Gebote

Für mich stellt die Bibel – Altes wie Neues Testament – in ihrer Vielschichtigkeit, Widersprüchlichkeit und über Jahrhunderte währenden Entstehungszeit vor allem eine faszinierende Herausforderung dar: ein permanenter Denk- und Gefühlsanstoß, um mich zur mündigen Christin zu entwickeln. Dieser Prozess ist niemals abgeschlossen, da wir Menschen uns ja an jedem Tag weiterbilden. Es geht nicht darum, wörtlich einer Anleitung zu folgen. Vielmehr fühle ich mich aufgefordert, stetig mit Herz und Verstand zu prüfen, was ich für richtig halte, gemessen an den ethischen Maßstäben, die ich nicht zuletzt durch die Bibel, aber auch durch andere Einflüsse entwickelt habe.

Durch meine Passion für Geschichte sehe ich beispielsweise in den Zehn Geboten gewisse ethische Grundmaßstäbe reflektiert, wie sie die unterschiedlichen menschlichen Kulturkreise ähnlich verinnerlichten, vom Kodex des Hammurabi (18. Jh. v. Chr.) angefangen: zum Beispiel die Ächtung von Diebstahl und Mord, das Gebot der Achtung gegenüber den Eltern. Gleichzeitig unterliegen selbst die scheinbar universellen Verhaltensregeln keinem Absolutheitsanspruch, was die Bibel selbst reflektiert: „Gedenke des Sabbats, halte ihn heilig" (Ex 20,8) und „Der Sabbat ist für den Menschen da, nicht der Mensch für den Sabbat" (Mk 2,27). Das birgt in sich die Differenz zwischen Ideal und der Erfahrung.

Seine Eltern grundsätzlich zu ehren, ist gut und schön – wenn man einmal von all den Eltern absieht, die sich an ihren Kindern schuldig gemacht haben. Missbrauch ist leider keine Erfindung des 21. Jahrhunderts. „Du sollst nicht töten" ist ein Gebot, um das durch Jahrtausende herumargumentiert wurde, um die Doktrin vom „gerechten Krieg" zu entschuldigen. Doch selbst, wenn man diese Doktrin ablehnt, bleibt der tragische Fall von unmittelbarer Notwehr als eine Ausnahme, die vom Strafgesetzbuch der meisten Gesellschaften als solche anerkannt wird. Was jedoch „Notwehr" ausmacht, sehen die unbewaffneten männlichen jungen Schwarzen in den USA, die derzeit zu den gefährdetsten Teilen der Bevölkerung gehören, sehr viel anders als die Polizisten, die just dieses Argument für tödliche Schüsse gebrauchen. Selbst das Gebot „Du sollst nicht stehlen" als unverrückbare Wahrheit anzusehen, fällt schwer, wenn schlimme Vergehen von Militärs, von Mächtigen, von Banken, um nur einige Beispiele zu nennen, ohne die Entwendung von Daten auf ewig verborgen geblieben wären.

Du sollst nicht falsch gegen deinen Nächsten aussagen. So wird es immer die Aufgabe des investigativen Journalismus sein, Dingen nachzugehen, die sonst im Verborgenen bleiben, auch wenn das manchmal wie der Tanz auf der Schneide eines Messers scheint, bei dem jeder von uns glaubt, entscheiden zu können, wer sich schneidet und wer nicht. Heute will jeder Einzelne entscheiden, was Wahrheit ist und was alternative Fakten sind. Wenn Informationen nicht der eigenen Meinung entsprechen, muss es eine Lüge sein.

Aktuell gibt es unzählige Journalisten und Autoren, welche wegen ihres Einsatzes für die Freiheit des Wortes in Gefängnissen sitzen, oder, man denke nur an die maltesische Journalistin Daphne Caruana Galizia, welche diese selbst gestellte Aufgabe mit dem Leben bezahlen mussten. Andererseits herrscht immer größere Unsicherheit, was den Wahrheitsgehalt der Informationen betrifft. Je nach ideologischer Ausrichtung des Menschen werden Quellen als bösartige Propaganda oder mutige Kämpfer für die Wahrheit gesehen. Wir sind sehr weit von „Euer Ja sei ein Ja, euer Nein ein Nein. Was darüber ist, ist von Übel" entfernt (Mt 5,37).

Um von den im Matthäusevangelium folgenden Versen ganz zu schweigen, die in ihrer Radikalität bis heute schockieren und gerade deswegen für mich der Kern der gesamten christlichen Botschaft sind: „Ihr habt gehört, dass gesagt worden ist: Auge für Auge und Zahn für Zahn. Ich aber sage euch: Leistet dem, der euch etwas Böses antut, keinen Widerstand, sondern wenn dich einer auf die rechte Wange schlägt, dann halt ihm auch die andere hin! Und wenn dich einer vor Gericht bringen will, um dir das Hemd wegzunehmen, dann lass ihm auch den Mantel! Und wenn dich einer zwingen will, eine Meile mit ihm zu gehen, dann geh zwei mit ihm! Wer dich bittet, dem gib, und wer von dir borgen will, den weise nicht ab! Ihr habt gehört, dass gesagt worden ist: Du sollst deinen Nächsten lieben und deinen

Feind hassen. Ich aber sage euch: Liebet eure Feinde und betet für die, die euch verfolgen, damit ihr Kinder eures Vaters im Himmel werdet; denn er lässt seine Sonne aufgehen über Bösen und Guten, und er lässt regnen über Gerechte und Ungerechte. Wenn ihr nämlich nur die liebt, die euch lieben, welchen Lohn könnt ihr dafür erwarten? Tun das nicht auch die Zöllner? Und wenn ihr nur eure Brüder grüßt, was tut ihr damit Besonderes? Tun das nicht auch die Heiden? Seid also vollkommen, wie euer himmlischer Vater vollkommen ist!" (Mt 5,39–48.)

Ist dies die große Überforderung im Christentum? Die wenigsten Menschen sind in der Lage, einem streitsüchtigen Nachbarn, der einen nur nervt, freundlich zu begegnen. Einem echten Gegner, der einen tatsächliches Unrecht zufügt, am Ende gar körperlich verletzt, im Gegenzug Gutes tun, das würde mit ziemlicher Gewissheit von der Mehrheit der Bevölkerung als töricht, wenn nicht gar selbstmörderisch abgelehnt.

Was die düsteren Gestalten in meinen Romanen betrifft, so könnte ich sie nicht als dreidimensionale Charaktere beschreiben, wenn ich mich nur auf das Verurteilen ihrer Taten beschränken würde. Wenn sie einen größeren Erzählraum einnehmen, dann ist es sogar unerlässlich, ihre Hintergründe aufzuhellen, um ihr Handeln aus ihrer Perspektive sinnvoll erscheinen zu lassen. Dabei geht es mir nicht um einen moralischen Relativismus, der schlichtweg alles mit „Es waren eben andere Zeiten" oder „Befehl war Befehl" entschuldigt, sondern um glaubwürdige Charaktere. Menschen sind komplex, und in seinen Augen ist fast jeder der Held seiner eigenen Geschichte, was oft genug wesentlich zu Irrtümern und im schlimmeren Fall zu Verbrechen beiträgt. Die wenigsten begehen ihre Taten in dem Bewusstsein, Unrecht zu tun, sondern halten sich im Gegenteil nicht nur für gerechtfertigt, sondern auch meist all ihre Gegner für verurteilenswert. Ob etwa Richelieu, eine der drei Hauptfiguren meines Romans „Die Schatten von La Rochelle", Held oder Schurke dieses Romans ist, bewerten die beiden anderen Hauptfiguren höchst unterschiedlich, ist doch eine seine geliebte Nichte und die andere einer der Überlebenden der von Richelieu verantworteten grausamen Belagerung von La Rochelle. Die Herausforderung für mich als Erzählerin liegt darin, Verständnis für die Psychologie und das Gefühlsleben von Menschen zu entwickeln, die Unrecht taten und tun, ohne dabei je ihre Opfer aus den Augen zu verlieren.

Dergleichen auf dem Gebiet der Fiktion fertigzubringen mit dem sicheren Bewusstsein, selbst nie einem meiner „Schurken" begegnen zu müssen, ist natürlich wesentlich leichter, als sich der Herausforderung in der Realität zu stellen. Ich behaupte nicht, dass ich selbst in der Lage bin, dieser unerhörten, radikalen Aufforderung zur Feindesliebe oft nachzukommen, oder auch nur hin und wieder. Aber wenn es etwas gibt, das die Existenz des Christentums rechtfertigt trotz all der düsteren Kapitel der Menschheitsgeschichte, die mit Religionskriegen und der Verfolgung Andersdenkender verbunden sind, dann ist es diese Herausforderung, seine Feinde nicht nur zu tolerieren, sondern zu lieben. Und sie zu verstehen, kann vielleicht ein Weg dahin sein. Sehr wenige Menschen dürften in den vergangenen 2000 Jahren in der Lage gewesen sein, dieser Aufforderung zu folgen. Aber immer stand sie im Raum, unübersehbar, zentral, und keiner, der im Gegensatz zu ihr Hass predigte, sei es als Laie oder Mitglied des Klerus, konnte und kann je von sich behaupten, er habe nicht von ihr gewusst.

Dr. Tanja Kinkel, Schriftstellerin, München.

Clemens Klünemann

Lob der Säkularisierung

Wozu Gott? fragte vor einigen Jahren ein im Verlag der Weltreligionen erschienenes Buch, das im Untertitel eine Standortbestimmung von Religion „zwischen Fundamentalismus und Fortschritt" versprach. Damit war ein radikal moderner Blick auf das Phänomen der Religion garantiert, in dem es nur die Alternative zwischen einer fortschrittlichen und einer fundamentalistischen Version des Glaubens zu geben scheint. Vor allem aber wird hier die Funktionalisierung des Gottesbegriffs zum Markenzeichen eines Denkens, in dem die Frage nach Gott einer Kosten-Nutzen-Rechnung unterzogen wird.

Es war der Kontext des (vor-)revolutionären Frankreichs, der einem solchen Denken den Weg bereitete: Voltaire sann darüber nach, wie nützlich der Glaube an Gott sein könne: „Wenn es Gott nicht gäbe, müsste man ihn erfinden." Dabei ging der Philosoph wie selbstverständlich von dessen Existenz aus – freilich von der eines „Uhrmachergottes", der sein Schöpfungswerk mit eher mäßigem Interesse aus der Ferne betrachtet. Während der Revolution wurde der Allerhöchste dann zur Verfügungsmasse derer, die Religion als Stellschraube von Sozialpolitik betrachteten: In seiner berüchtigten Rede vom 7. Mai 1794, als die Fieberschübe der jakobinischen Schreckensherrschaft ihre höchsten Temperaturen erreichten, versicherte Robespierre den überwiegend zum Atheismus neigenden Konventsmitgliedern, dass derjenige eine große Dummheit *(stupidité)* begehe, der Gott abschaffen wolle. Wer es hingegen schaffe, angemessenen Ersatz für ihn innerhalb der

Gesellschaft *(dans la vie sociale)* zu finden, der sei ein Genie. Und als Napoleon die politischen und sozialen Verhältnisse Frankreichs wieder überschaubar zu machen suchte, wollte er keinesfalls auf die Religion als Ordnungsfaktor verzichten. Schließlich sei sie der Faktor, „der den Armen hindert, den Reichen umzubringen". Zu Beginn des langen 19. Jahrhunderts formierte sich also die Idee einer nützlichen Religion, die Karl Marx durch die Rede vom „Opium des Volkes" sarkastisch wendete.

Der entscheidende Umschwung zwischen dem radikalen Atheismus mancher Aufklärer wie Diderot oder d'Holbach und Voltaires Utilitarismus sowie Karl Marx' Religionskritik bestand also darin, dass im Zeichen der Politik nicht mehr die Frage nach Gott gestellt wurde, sondern jene nach der Nützlichkeit oder Notwendigkeit von Religion. Diese Reduzierung der Gottesfrage auf soziale Belange findet ihr Echo noch in den erregten Debatten unserer Tage darüber, ob der Islam zu Deutschland gehöre oder nicht. Dabei wird nahegelegt, dass dies hinsichtlich des Christentums gar keine Frage sei. Es wäre in der Tat ein interessantes Experiment: Was würden die engagierten Streiter über die Zugehörigkeit oder Nicht-Zugehörigkeit des Islams zu Deutschland wohl auf die Frage antworten, was daraus folgen würde – und müsste –, dass Religion überhaupt zu einer Gesellschaft gehört!

So paradox es klingt: Den heutigen Debatten über die religiöse Frage fehlt der Atheismus – ein Atheismus, dem Joseph Ratzinger vor einem halben Jahrhundert (in einem Aufsatz unter dem Titel „Wahrheit und Zeugnis") „die große und unabdingbare Sendung" zuwies, „gegen die Gestalt, mit der das Absolute identisch gesetzt wird" zu protestieren. Dieser Protest ist verstummt, und an die Stelle radikaler Religionskritik im Namen des „gestaltlosen Absoluten" – mithin also einer Größe, die unser Leben transzendiert – ist in den modernen Gesellschaften eine mehr oder weniger wohlwollende Gleichgültigkeit gegenüber einem Phänomen getreten, das von vielen entweder als nützlich für den sozialen Frieden wahrgenommen wird oder eben erst dann Aufmerksamkeit weckt, wenn durch echte oder vermeintliche Skandale sein Erregungspotenzial abgerufen werden kann.

An die Stelle von Religion ist ein eher diffuses System von Werten getreten, die vom religiösen Denken abgekoppelt sind. Es gebe, so der Religionsphilosoph Rémi Brague in seinem Buch „Sur la religion", ein probates Mittel, das eine vom anderen zu unterscheiden: Über Religion zu lachen, ja sie der Lächerlichkeit preiszugeben, sei in der modernen Gesellschaft durch den Wert der Toleranz geschützt. Aber – so Rémi Bragues rhetorische Frage – wer würde es wagen, sich öffentlich über Toleranz, ja über die Menschenrechte zu amüsieren?!

Dieser Bedeutungsverlust der Religion(en) wird von den einen bedauert und von den anderen begrüßt – wobei sie sich einig sind, dass er der unausweichliche Tribut an ein Phänomen sei, das spätestens seit Hans Blumenbergs Rede von der Legitimität der Neuzeit als Säkularisierung bezeichnet wird. Unter gläubigen Menschen hat die Säkularisierung einen schlechten Ruf, steht sie doch unter dem (unberechtigten!) Verdacht, die Gottesfrage stillzulegen. Gegen zuviel Welt und ihre Abgründe helfe nur Ent-Weltlichung: Rückzug auf das Wesentliche, Abkehr von den Verstrickungen in das Alltägliche und vor allem in den Kompromiss, der kompromittieren könnte. Wer diesen Schluss aus den Zumutungen der Säkularisierung zieht, der ist sicher mit sich im Reinen und kann sich in Sicherheit wähnen vor all dem, was sein Reinheitsgebot in Frage stellen könnte. Nur auf die „reine Lehre" des Christentums kann er sich nicht berufen, denn die Säkularisierung, die Ver-Weltlichung der Religion ist ein ursprüngliches Element des Christentums: In seinem an Max Weber angelehnten Buch über die Entzauberung der Welt beschreibt der französische Soziologe Marcel Gauchet das Christentum als *Religion de la sortie de la religion*, als eine Religion also, welche die ganzheitlich-religiöse Verzauberung der Welt – oder, um es mit Ratzinger zu sagen, „die Gestalt, mit der das Absolute identisch gesetzt wird" – unterläuft und somit unmissverständlich auf der Trennung zwischen zeitlichen und geistlichen Gütern und Dingen besteht. Das berühmte Jesus-Wort aus dem Matthäusevangelium: „Gebt dem Kaiser, was des Kaisers ist..." ist eben kein bedauernswerter Verfall der religiösen Frage, sondern Konsequenz dessen, was Hans Blumenberg am Anfang jüdisch-christlichen Denkens sieht: „Verruf der Schöpfung und Herruf des Messias stehen in einem reziproken Verhältnis." Das zeigt sich auch an der Mahnung des Paulus, sich der weltlichen Herrschaft unterzuordnen (Röm 13,7), oder an Augustinus' Unterscheidung zwischen dem Gottesstaat und dem irdischen Staat. Das ist weiterzuverfolgen in der mittelalterlichen Konkurrenz zwischen Papst und Kaiser bis hin zur Emanzipation des modernen Staates vom Klerus. Daraus entwickelte sich ein christliches Selbstverständnis, dessen heutiges Ergebnis in der Trennung zwischen dem weltlichen Rechtsstaat und der auf den Messias ausgerichteten Kirche besteht.

Welchen Sinn hätte die Hoffnung auf Erlösung und der Herruf des Messias, ja welchen Sinn hätte die religiöse Frage in einer Gesellschaft, die bis in ihre letzten Verästelungen des politischen wie des privaten Lebens vom religiösen Dogma durchdrungen wäre und sich als Gottes-Stadt bestimmen würde? Die religiös motivierte Distanz gegenüber der Gesellschaft und die ebenso motivierte Kritik an ihr, aber auch das bewahrende und verändernde Engagement in dieser Gesellschaft – sie sind nur möglich, wenn sich die Sphäre des Weltlichen und die des Religiösen voneinander unterscheiden. Die Chance der Religion in der modernen Gesellschaft besteht darin, sich als kritisches Gegenüber der Welt und des Saeculum zu verstehen

– und nicht als ihr womöglich beherrschender Teil. Genau darin liegt das Geschenk der Säkularisierung. Die Christen sollten es freudig annehmen, statt es verächtlich links liegen zu lassen und einer dominanten Christenheit nachzutrauern, die es nur gab, als sie ihre eigentliche Bestimmung verleugnete.

Prof. Dr. Clemens Klünemann, Romanist, Germanist, Theologe, Gymnasiallehrer, Lehrtätigkeit am Institut für Kulturmanagement an der Pädagogischen Hochschule Ludwigsburg.

III. Stadt – Land – Gott

Stephan Reimund Senge

Am Strand von Ninive

JONA MÜLLER AUS X-BRÜCK
beschwört seinen Glauben
seit Immer-schon-SO
und Vorläufig-Weiter

und kann nicht verhindern,
im Bauch des Fisches
oder noch unappetitlicher
in dessen Eingeweiden zu landen.

Der spuckt ihn aus,
und Jona,
am Strand von Ninive
ohne Glaubensbekenntnis
flötet ein Osterlied.

> Stephan Reimund Senge, Zisterzienser, Theologe und Schriftsteller, Himmerod.

Andreas Bieringer

„Schau an der schönen Gärten-Zier"

„Der Ort im Kloster, wo man Gott am nächsten ist, ist nicht nur die Kirche, sondern der Garten, dort erfahren die Mönche ihr größtes Glück." Dieses Zitat stammt nicht aus der Barockzeit, die in unseren Breiten vielfach mit prunkvollen Klostergärten verbunden wird. Der Weisheitsspruch wird vielmehr dem Mönchsvater Pachomius (gestorben 346) zugeschrieben, der am Beginn des vierten Jahrhunderts in der ägyptischen Wüste die erste Klosterregel des Christentums, die als Engelsregel bekannt ist, verfasste.

Dass Kirche und Garten als Orte der Gotteserfahrung für das spätantike Christentum so eng miteinander verbunden waren, wird für die nachfolgenden Generationen keine Selbstverständlichkeit mehr sein. Der renommierte Historiker Peter Hersche ließ sich sogar zur Aussage hinreißen, dass Christentum und Gärten gar nichts miteinander zu tun hätten („Christentum und Gärten im Europa der Frühneuzeit", „Internationale Katholische Zeitschrift Communio", Juli/August 2017). Obwohl die biblischen Bilder des Gartens in Liturgie und christlicher Kunst präsent blieben, sucht man etwa im „Lexikon für Theologie und Kirche" vergeblich nach einem entsprechenden Eintrag. Abgesehen von geschickten Marketingstrategien einiger Klöster lässt sich die Frage stellen, ob im Christentum der Garten als Urbild des Glaubens und Ort der Gottesbegegnung in Vergessenheit geraten ist. Dies ist umso mehr bemerkenswert, wenn man bedenkt, dass Gärten derzeit in all ihren Formen, vom Blumenkasten am Balkon über aufwendig gestaltete Vorgärten bis hin zu den großen Erholungsparks in städtischen Lebensräumen, unser Leben täglich begleiten.

Wie auch immer der Garten heute gedeutet wird, er ist keine Besonderheit des Christentums. Wie nur wenige andere Bilder verbindet er seit alters her die unterschiedlichsten Kulturen und Religionen miteinander: „Wir leben jenseits von Eden. Haben aber noch eine Ahnung von da und eine Sehnsucht dorthin", schrieb der Schriftsteller Arnold Stadler in der Reisebeilage der „Zeit" (März 2017). Er deutet an, dass wir mit dem Garten unsere tiefsten Träume verbinden, weil er als Paradies sowohl die Erinnerung an die glückliche Urzeit wie die Hoffnung auf die Endzeit wachruft. In seiner ganzen Zwecklosigkeit ist der Garten für den Menschen, wenn er noch in der Lage ist zu staunen, ein Symbol für das eingebüßte und erhoffte Paradies. Als Stadt, als das neue Jerusalem, wie das Reich der Endzeit in der Offenbarung des Johannes geschaut wird (21–22), wäre das Paradies heute vielleicht weniger attraktiv, als Garten weckt es jedoch Sehnsucht und Hoffnung.

Die poetische Kraft der christlichen Liturgie zeugt bis heute von der Bedeutung des Gartens, wenn sie ihn als irdischen und himmlischen Sehnsuchtsort besingt. Der evangelische Kirchenlieddichter Paul Gerhardt (1607–1676) hat in seinem wohl berühmtesten Werk, „Geh aus, mein Herz, und suche Freud", den Garten ins Zentrum seines Sommergesangs gestellt. Für das Lied braucht man zunächst einen langen Atem, besteht es doch aus insgesamt fünfzehn Strophen. Diese Zahl entspricht den Tagen der Schöpfung beziehungsweise der eschatologischen Vollendung: Die Zahlen Sieben und Acht stehen für Diesseits und Jenseits, Hier und Dort, Zeit und Ewigkeit. Während in den ersten acht Strophen das Lob der Schöpfung mit biblischen Bildern gezeichnet wird, folgen im zweiten Teil die eigentlichen Glaubensaussagen. Das Leitmotiv des Liedes ist die Freude, die beim Betrachten des göttlichen Schöpfungswerkes im Garten erfahren wird. „Nicht Lehrsätze werden hier formuliert, Sinne werden erweckt, Bilder werden gemalt, Emotionen hervorgerufen", heißt es im Buch „Geistliches Wunderhorn", der Sammlung großer deutscher Kirchenlieder (München 2001).

Die erste Strophe ist von typischen Aufforderungen geprägt: Geh aus! Schau an! Siehe! Der Singende wird direkt angesprochen. Damit ist aber mehr als ein Aufruf zu einem erbauenden Gartenspaziergang gemeint. Das Lied fordert dazu auf, die Sorgen des Alltags zurückzustellen (vgl. Mt 6,25ff) und Geist und Sinn auf die Schönheit der Natur auszurichten:

Geh aus, mein Herz, und suche Freud
In dieser lieben Sommerzeit
An deines Gottes Gaben:
Schau an der schönen Gärten-Zier
Und siehe, wie sie mir und dir
Sich ausgeschmücket haben.

In der Tradition des antiken *Locus amoenus*, der Beschreibung der lieblichen, schönen, idealen Naturorte, besingen die ersten acht Strophen das Gesamt der Natur als Garten. In der zehnten Strophe greift der Dichter das Gartenmotiv nochmals ausdrücklich auf: Dem irdischen Garten mit all seiner Vergänglichkeit wird der himmlische Garten Christi gegenübergestellt, wie er in der Liturgie bereits seine erste Vorwegnahme findet, wenn die Gläubigen in die himmlischen Sphärenklänge des „Heilig" einstimmen. Der neue Garten ist mehr als nur ein Ort, er ist eine Existenzweise, die im ein- und mehrstimmigen Singen ihren vollkommensten Ausdruck findet. Wurde zunächst Gott als Gärtner besungen, der den Garten Eden pflanzte und danach den Menschen erschuf (Gen 2,8), verweist das Lied nun auf den auferstandenen Christus, der als Gärtner Maria von Magdala begegnete (Joh 20,15). Der Schöpfungsakt Gottes wird auf diese Weise zum bildreichen Gleichnis der nahenden Erlösung.

Welch hohe Lust, welch heller Schein
Wird wohl in Christi Garten sein?
Wie muß es da wohl klingen,
Da so viel tausend Seraphim
Mit eingestimmten Mund und Stimm
Ihr Alleluja singen?

Das Lied endet mit der Bitte, dass der noch bestehende Abstand zwischen irdischem Garten und himmlischem Paradies unmittelbar aufgehoben werde. Die letzte Strophe des Liedes ist eng mit Psalm 92 („Der Gerechte wird grünen wie ein Palmbaum") verknüpft, dessen naturnahe Bilder sich durch das gesamte Lied ziehen. Der Dichter vergleicht das Leben auf Erden mit einer langen Reise, deren Erträge ganz und gar in den Dienst Gottes gestellt werden, das gilt fürs Diesseits wie fürs Jenseits.

Erwähle mich zum Paradeis
Und laß mich bis zur letzten Reis
An Leib und Seele grünen:
So will ich dir und deiner Ehr
Allein und sonsten keinem mehr,
Hier und dort ewig dienen.

Obwohl das Lied zu den bedeutendsten evangelischen Kirchenliedern gehört, hat es im Unterschied zu anderen Kirchenliedern von Paul Gerhardt wie „Ich steh an deiner Krippen hier" oder „O Haupt voll Blut und Wunden" im katholischen Bereich keine Aufnahme erfahren. Die Gründe dafür sind unterschiedlich. Viele empfinden Gerhardts Sommerlied als weltliche Naturlyrik und weniger als frommes Kirchenlied. Ein solches Urteil kann in Bezug auf das Motiv des Gartens jedoch nicht gelten. Im Zentrum des Liedes steht die „schöne Garten-Zier", die vom Dichter als spannungsvolle Einheit ins Wort gesetzt wird: Als Jetzt und Dann, Hier und Da, Außen und Innen. Mitten in der kultivierten Natur ist für den Menschen die Heilsdimension Gottes zu erkennen, im Lebendigen begegnet ihm das Anfängliche wie das Zukünftige. Das Lied will zwischen Diesseits und Jenseits, den schönen Gärten und dem Garten Christi eine Brücke schlagen, die im Singen ihren tiefen Ausdruck findet.

Papst Franziskus hat mit seiner Umweltenzyklika „Laudato si'" über die Grenzen der Kirche hinaus an den schöpfungsethischen Auftrag erinnert, der mit der biblischen Paradieserzählung verbunden ist: Sie verpflichtet die Menschheit, den Garten der Welt nicht nur zu bebauen und damit nutzbar zu machen, sondern auch zu hüten und vor endgültiger Zerstörung zu bewahren: „Jede Gemeinschaft darf von der Erde das nehmen, was sie zu ihrem Überleben braucht, hat aber auch die Pflicht, sie zu schützen und das Fortbestehen ihrer Fruchtbarkeit für die kommenden Generationen zu gewährleisten." Der Garten wird auf diese Weise zum Symbol unserer Erde, für die der Mensch in den ihm gegebenen Grenzen verantwortlich ist. Die zunehmende Zerstörung der Natur gefährdet dadurch auch die Existenz des Gartens.

Der Religionspädagoge Hermann Kirchhoff deutete den Zusammenhang zwischen der Erfahrung der Natur und der des Glaubens so: „Im

Blühen, Reifen, Welken und Vergehen des Gartens erfährt der Mensch die Mächtigkeit der Sinnfrage, wird er gewiss, dass die Schönheit stets der Traurigkeit bleichere Schwester (Rilke) ist – bis sich der Garten vollendet" („Urbilder des Glaubens. Labyrinth – Höhle – Haus – Garten", München 1988). Wird der Garten der Welt leichtfertig aufs Spiel gesetzt, raubt man den zukünftigen Generationen die Möglichkeit, die Sinnfrage in ihrer Mächtigkeit zu erfahren. Damit ist auch der Appell verbunden, dass der Mensch im Garten zu jener Demut zurückfindet, mit der er ursprünglich ausgestattet wurde. Denn der Mensch erfährt erst dann tiefgreifende Freude, „wenn er in das Bild eines endgültigen Gartens Gottes eintreten kann".

Dr. Andreas Bieringer, Liturgiewissenschaftler,
Frankfurt-Sankt Georgen.

Volker Resing

Zwischen Borghorst und Berlin

Manchmal erzähle ich in Berlin Geschichten aus Borghorst. Es sind nicht immer nur nette Geschichten, es sind Geschichten aus einer anderen Welt. Eine kleine Anekdote geht so: Ich komme aus Borghorst, das ist ein kleines Städtchen im Münsterland, knapp 20 000 Einwohner. Ganz katholisch. Da steht eine neogotische Kirche, gut hundert Jahre alt, in der haben rund 900 Leute Platz. Neulich rief mich ein Bekannter an, der berichtete mir durchaus aufgebracht: „Volker, du glaubst es nicht, an Weihnachten war die Kirche nicht mehr voll, in der letzten Bank waren Plätze frei." Ich war überrascht, eigentlich hatte ich selbst vor einigen Jahren noch die volle Sankt-Nikomedes-Kirche erlebt. Ich fragte den Freund, wo er denn gesessen habe. Er antwortete: „Natürlich war ich nicht da, mir hat das meine Tante gesagt."

Ich berichte davon in Berlin, um deutlich zu machen, was Säkularisierung und Entkirchlichung bedeuten: Die Leute erzählen sich schon noch von den leeren Kirchen. So wie man sich erzählt, dass es früher im Winter auch mehr Schnee gegeben hat. Doch es hat mit einem selbst nicht mehr viel bis gar nichts zu tun. Es berührt nur noch die wenigsten. Manche plaudern auch über den Leerstand der Geschäfte in der Borghorster Fußgängerzone oder über die geringe Zahl der Marktbeschicker. Nach dem Motto: „Ist das nicht traurig…" Doch auf die Idee, auf dem Markt oder in der Innenstadt einzukaufen, kommt kaum einer.

III. Stadt – Land – Gott

Meine persönliche Geschichte mit der Kirche und Borghorst und Gott ist eine gegenläufige. Während die Leute in Borghorst immer weniger in die Kirche gehen, während ihnen Gott abhanden zu kommen scheint, wie anderen „ein Stock oder Hut", während mein ehemaliger Freundeskreis aus Borghorst zu großen Teilen die Verbindungen zur Kirche gekappt hat, bin ich immer näher (wieder) herangerückt an die Kirche. Das hat mit meinem beruflichen Weg zu tun, aber nicht nur. Es ist auch mein Glaubensweg. Und natürlich wäre ich heute nicht da, wo ich stehe, ohne meine Kindheit in einem – kritischen – katholischen Elternhaus, mein Aufwachsen in einem noch durch und durch volkskirchlichen Milieu inklusive katholischem Kindergarten, katholischem Religionsunterricht und katholischem OT-Heim. Übrigens: Ich habe noch lange gedacht, dass alle Menschen mit einem „OT-Heim" aufwachsen, dass das sozusagen zur Grundausstattung einer guten Kindheit gehört, so wie Oma und Opa und Sommerferien. Dass ein OT-Heim (OT = Offene Tür) aber etwas durchaus nicht Selbstverständliches ist und war, mit Bastelkursen und Filmnachmittagen, mit Kinderdisco und Open-Air-Gottesdiensten, das habe ich erst später und aus der Ferne begriffen.

Es ist für meinen Weg aber auch ganz klar: Ich wäre nie da, wo ich heute stehe, wenn ich nicht dieses kuschelige katholische Milieu verlassen hätte. Ich musste mich auf die Suche machen nach dem, was ich doch scheinbar sicher hatte: einen von Familie und besonders meiner Großmutter vorgelebten christlichen Gottglauben. Ich habe durchaus Vor- und Nachteile dieser einst in sich geschlossenen oder besser: sehr selbstgenügsamen katholischen Lebenswelt erfahren. Diese katholische Welt war in den siebziger und achtziger Jahren meiner Jugend sicher weniger eng und „geschlossen" als zum Beispiel in den fünfziger und sechziger Jahren. Ich habe mich in Borghorst und in seinem Katholizismus nahezu nie bedrängt gefühlt, dazu war er noch zu alltäglich. Aber zu lange, so wäre eine erste These, hat dieser Katholizismus sich doch in den Selbstverständlichkeiten und Selbstgewissheiten, in den Gewohnheiten und Bequemlichkeiten einer Welt bewegt, die sich unweigerlich verabschiedete und verabschiedet hat. Das Gefühl, dass Kirche nichts mit mir und meinem Leben zu tun hat, das sickerte bei mir schleichend ein – ohne dass es persönlich zu einem harten Bruch gekommen wäre. Aber bei vielen war das anders. Kirche, das war das, was unnötig und ungeliebt und irrelevant wurde. Und Gott? Er war so eng mit dem Kirchlichen verwoben, dass eine unterscheidbare Erfahrung viele nicht erreicht hat.

Was ist genau passiert in den 25 Jahren, seit ich nicht mehr in Borghorst wohne? Es ist nicht weniger als eine Welt untergegangen. Es gibt in Deutschland rund fünf Millionen weniger Katholiken als damals. Die Zahl der Taufen hat sich nahezu halbiert. Die Zahl der kirchlichen Eheschließungen rauscht noch deutlicher herunter. Der durchschnittliche Gottesdienstbesuch hat sich von zwanzig auf höchstens zehn Prozent ebenfalls auf die Hälfte reduziert. In meinem Heimatbistum Münster gingen 1990 sogar noch rund 24 Prozent der Kirchenmitglieder regelmäßig in die Messe, heute sind es unter zehn Prozent. Vom Priestermangel ganz zu schweigen.

Vor allem aber verlieren die kirchliche Praxis und der alltägliche, überlieferte Glaube ihre kulturprägende Kraft. Vieles bricht weg, was als selbstverständlich und unumstößlich galt. Meine These: Vieles von dem, was am Christentum wichtig war und ist, wurde für zu selbstverständlich genommen, als dass man sich darum gekümmert hätte, dass es lebendig bleibt. So waren Eucharistie und Sakramente im katholischen Borghorst schlicht Pflicht und Gewohnheit. Wie Sonntagsspaziergang, Sonntagsbraten und Frühschoppen gab es den Sonntagsgottesdienst. Vorbei! Wobei der Frühschoppen noch stärker bedroht ist als die Messe.

Zu spät hat die Kirche erkannt, dass die Menschen in einer freiheitlichen und offenen Gesellschaft von Gewohnheitsmenschen zu Entscheidungsmenschen geworden sind. Diese Menschen, so dachte man lange, wenden sich vom Glauben ab, weil der Glaube langweilig, altbacken, streng und doktrinär ist. Dass diese Menschen sich durchaus auch für den Glauben und für das Christentum entscheiden können und wollen, auf die Idee sind lange viele nicht gekommen. Der Soziologe Hans Joas spricht heute vom „Glauben als Option". Diesen anzubieten war die Kirche lange zu bräsig und selbstgefällig. Dabei macht die freie Entscheidung das Wesen des Christentums aus im Gegensatz zu alten Stammesreligionen, zu Volkszugehörigkeit und Familienbanden. Zum Christentum kann ich mich seit 2000 Jahren nur frei entscheiden – oder es bleiben lassen. Dieses Bewusstsein wach zu halten, hat die Kirche, haben die Bischöfe vergessen – und auch taktisch unterschlagen. Freiheit als Gefahr, das ist die Sünde der Volkskirche wider den Freiheitsimpuls des Christentums.

Deswegen ist das Ende der Volkskirche unausweichlich und – meine dritte These: So schlimm ist das nicht. Es ist gut so! Weg mit dem Gewohnheitschristentum! Ich erzähle in Berlin manchmal noch eine Anekdote. Wahrscheinlich stimmt sie so heute nicht mehr oder nicht ganz, aber gefühlt stimmt sie vielleicht. Sie gibt eine Atmosphäre wieder. Wenn ich in Berlin sonntags aus der Kirche komme, treffe ich vor allem Leute, die ich aus der Gemeinde kenne. Das soziale Umfeld ist in der Großstadt so unübersichtlich, dass vor der Kirche am Sonntag meist nicht die Arbeitskollegen stehen oder die Eltern der Mitschüler der Kinder oder die Nachbarn. Man kennt sich, aber meist nur aus der Kirche, vom Pfarrfest oder der Kommunionvorbereitung der Kinder. Und selbst die Gemeinde ist unübersichtlich. Es gibt drei Gottesdienststandorte mit unterschiedlichen Zeiten. Man sieht sich

III. Stadt – Land – Gott

nicht immer. Wenn man sonntags in Berlin aus der Kirche tritt, dann begrüßen einen die anderen mit den Worten: „Schön, dich wiederzusehen!" In Borghorst, so erzähle ich dann in Berlin, begrüßen einen die Leute, wenn man sonntags aus der Kirche tritt, mit den Worten: „Wo warst du letzte Woche? Habe Dich nicht gesehen!"

Natürlich ist die katholische Sozialkontrolle auch in Borghorst nicht mehr so scharf wie früher. Natürlich sind auch hier die volkskirchlichen Strukturen längst vorbei, als man sonntags jeden sah, jeden kannte und sich Sorgen machen musste, wenn einer fehlte. Dennoch glaube ich, dass im Katholizismus des Münsterlands noch viel tiefer in den Köpfen und Herzen das alte „Du musst" verankert ist, während in Berlin, in der Dispora, viel stärker ein positives „Ich will", „Ich habe das Bedürfnis", „Ich habe mich dazu freiwillig entschieden", „Mir tut das gut" die Gottesbesucher und ihre Haltung prägt und bestimmt, weil es überhaupt keine äußeren Regularien mehr gibt. Deswegen sage ich manchmal: Ich bin – aus dem katholischen Borghorst kommend – ein konvertierter Diaspora-Katholik, weil mir die Freiheit und die Ernsthaftigkeit eines Entscheidungschristentums oft sehr sympathisch erscheinen. Im Gegensatz dazu kommt mir der Gewohnheitskatholizismus in den früheren Mehrheitsgebieten, wie auch in Freiburg, München oder Köln, langweilig und abgestanden vor. Natürlich ist das etwas ungerecht, so pauschal gesagt. Aber dennoch bin ich fest davon überzeugt. Der Katholizismus in Deutschland muss von der Diaspora lernen – und auch von den Großstädten.

Ich erinnere mich daran, dass unsere Nachbarin noch in den achtziger Jahren an Buß- und Bettag die große Wäsche machte. Da war der Tag noch ein Feiertag, aber ja der von den Protestanten. Da hatte man Zeit – und konnte denen noch eins „mitgeben". Heute höre ich sonntags in der Nachbarschaft in Borghorst schon mal den Rasenmäher und denke mir, wie konservativ ich doch geworden bin, dass mich das stört. Wen stört schon noch ein Rasenmäher am Sonntag! In Berlin ist das sowieso egal. Da freue ich mich sogar manchmal, dass der türkische Gemüsehändler sonntags geöffnet hat. Da gibt es dann auch noch Brot und eine Flasche Wein …

Am Anfang habe ich so begeistert über das Entscheidungschristentum gesprochen. Manchmal merkt man in Berlin, dass das auch Nachteile hat. Es legt die Hürden hoch. Ein Beispiel: die Sternsinger. Die gibt es in Berlin nur auf Bestellung, das musste ich lernen. Als ich noch neu in Berlin war, hatte ich in der Gemeinde Bescheid gesagt, dass die Sternsinger kommen sollten. Sie kamen auch – und boten eine beeindruckende. Vorstellung. Ganz anders als in Borghorst. Es gab ein paar Lieder mit Gitarrenbegleitung und sogar eine kurze Lesung aus den Evangelien. Nur das mit dem Geld und den Süßigkeiten war genauso wie in Borghorst. Ich habe den Sternsingern dann gesagt, sie sollten noch zu unseren Nachbarn gehen, die seien auch gerade hinzugezogen und katholisch, die wüssten das mit der Voranmeldung nicht. Da sagte der Vater, der die Kindergruppe begleitete, das würden sie nicht machen. Sie hätten schlechte Erfahrungen gemacht. Sie würden auch manchmal auf der Straße angepöbelt. Sie gingen nicht zu Fremden. Da habe ich mich wieder nach Borghorst zurückgesehnt, wo früher zumindest die Sternsinger von Haus zu Haus gingen – ohne viel Aufhebens. Das gehört einfach zur Tradition dazu. Da wird jeder einfach mal kurz an die Frohe Botschaft erinnert – ohne große Hürden. So ein Umfeld kann auch hilfreich sein. Es reicht aber nicht. Die Gottsuche muss oder darf jeder selbst beginnen.

Volker Resing, Chefredakteur der „Herder Korrespondenz", Berlin.

Philipp Gessler

Gott in der „Stadt ohne Gott"

Der See Genezareth ist irritierend, auch das heutige Galiläa: Wie klein ist das alles! Hier lief er also herum, der Menschensohn, alles nur ein paar Kilometer voneinander entfernt, viele der Stätten, von denen uns die Evangelien erzählen, Kapernaum, Magdala, Tiberias und so weiter. Das Irritierende an dieser Kleinheit: Jesus von Nazareth wirkt hier wie ein Landei, ein Homeboy, ein Provinzler am Rande eines winzigen Vasallenstaates in der hintersten Ecke des römischen Imperiums. Und kaum geht er in eine richtige Stadt, nach Jerusalem, ist seine Geschichte auch schon innerhalb weniger Tage beendet. Der christliche Glaube kommt aus der Provinz – und die Stadt tut ihm offenbar nicht gut. Aber die ersten christlichen Gemeinden wuchsen vor allem in den Städten, nicht zuletzt die Apostelgeschichte und die Briefe des Paulus künden davon. Ist die Stadt doch ein gutes Pflaster für den Glauben?

Wer in Berlin lebt, und das je länger, desto mehr, stößt immer wieder auf solche Fragen. Denn den Glauben in der Hauptstadt zu finden oder zu pflegen, das ist schwer. Das „gottlose Berlin" und die „Welthauptstadt des Atheismus" sind Schlagworte, die zu Recht nicht totzukriegen sind. Tatsächlich ist die Quote der Gläubigen an der Spree so gering wie in kaum einer anderen Großstadt der Welt. Die große Mehrheit der Berliner und Berlinerinnen hängt keinem Glauben an – und fühlt sich dennoch janz knorke, wie man hier vielleicht sagen würde.

III. Stadt – Land – Gott

Es scheint der ganz großen Mehrheit der, polemisch gesagt: „Gottlosen" nichts zu fehlen, auch kein Glaube an einen Gott, noch nicht mal eine Sehnsucht oder das Verlangen einer Suche nach ihm. Wer nicht seine kleine religiöse Gemeinschaft oder Nische in der großen Stadt sucht und findet, dessen Glaube wird jeden Tag in Berlin befragt und bezweifelt. Das geht schnell, in vielen Gesprächen. Man braucht als Christ ein dickes Fell hier, die protestantische Tradition ist dünn, von der katholischen nicht zu reden. Nein, die Stadt tut dem Glauben nicht gut, zumindest auf den ersten Blick.

Woran liegt das? Vielleicht daran, dass die Stadt mit ihren prächtigen Gebäuden (wobei hier für Berlin Abstriche zu machen wären), mit ihrem eindrucksvollen kulturellen Angeboten, mit ihrer mitreißenden Dynamik, mit ihrer faszinierenden Technik-Fülle, mit ihrem jugendlichen Flair und mit ihrer Nähe zur Macht vor allem von der Herrlichkeit des Menschen kündet. Fern sind da die Zartheit, Größe und Schönheit der Natur, die eher etwas von der Zartheit, Größe und Schönheit Gottes zu erzählen weiß – oder ist das ein Klischee? Liegt womöglich ein Grund für das Gefühl eines mühsameren Glaubens in der Stadt daran, dass die Vereinzelung in der Metropole, ihre Hektik und ihre Kälte die Suche nach Gott in ihr erschweren, wenn wir denn glauben, dass der Glaube Gemeinschaft, Ruhe und Wärme braucht, um gedeihen zu können?

Es ist nicht ganz leicht, da nicht in eine kitschige Dorf- und Landleben-Romantik zu rutschen, aber ich halte es nicht für Zufall, dass die Provinz auch heute noch in der Regel gläubiger ist als die Stadt. Und Berlin mit seinen Massen an Agnostikern, Atheisten und Kirchenfeinden ist sogar noch eine Spur härter als viele andere Städte gleicher Größe. Nicht zuletzt wegen der, grob gesagt, Glaubens- und Kirchenfeindlichkeit der immer noch prägenden SED-Erziehung, eine Tradition, die in vielen Familien aus dem ursprünglichen Osten der Stadt offenbar tiefe Wurzeln geschlagen hat.

Andererseits bietet die große Stadt natürlich viele Nischen, um die Glaubens- oder Frömmigkeitsform zu finden, die einem passt, mehr jedenfalls, als dies in Dörfern oder Kleinstädten möglich ist, wo es eben nur den einen traditionellen Glauben oder den einen Pfarrer in der Nähe gibt – und alles andere zu finden und zu leben, Mühe kostet. Wie viele Menschen sind dem Glauben für den Rest ihres Lebens abhanden gekommen, weil der eine Pfarrer, seltener: die eine Pfarrerin, zu der sie als Kinder qua Alternativlosigkeit gehen mussten, eben nicht gut, vielleicht sogar schädlich war? Wer sich die Mühe macht: In der Stadt, auch in Berlin, gibt es da zumindest kleine Alternativen, und wie!

Der Glaube in der Stadt hat, und das gerade in Berlin, bei allen Nachteilen auch einen anderen, vielleicht entscheidenden Vorteil für die, die ihn suchen oder sich auf ihn einlassen wollen: Der Glaube in unseren Metropolen bereitet uns auf eine Zukunft vor, der sich aller Voraussicht nach bald alle Christen, zumindest hier in Deutschland und mindestens in unserer Lebenszeit, werden stellen müssen. Das Christentum wird, wie in seinen frühen Jahrzehnten oder Jahrhunderten, seriösen Prognosen zufolge wieder die kleine Herde in einem nicht- oder andersgläubigen Umfeld werden. Eine Minderheit oder bestenfalls: eine Gemeinschaft, der die große Mehrheit ihrer Zeitgenossen mit Gleichgültigkeit, Herablassung oder gar Feindschaft begegnen wird. Salz der Erde, mehr nicht.

Das bedeutet: In der Großstadt, und vielleicht besonders hier in Berlin, ist man gezwungen, sich mit der Zukunft in einer säkularen Gesellschaft auseinanderzusetzen. Man kann und muss notgedrungen einüben, was es heißt, in dieser unbequemen Situation Christ zu sein. Man lebt es vor, im zweifachen Sinne des Wortes. Der Glaube, so er denn da ist, wird viel stärker herausgefordert oder angefragt, um es mal etwas kirchentagsmäßig zu sagen, als in eher ländlichen Regionen zum Beispiel Bayerns, wo die Welt (scheinbar) noch in Ordnung ist und der Glaube noch etwas viel Selbstverständlicheres hat. Etwas überspitzt gesagt: Der mühsamere Glaube in der Stadt sagt uns mehr über uns und das, was kommt, als der zunächst einmal einfachere Glaube auf dem Land.

Wie es Dietrich Bonhoeffer mal wieder treffend, wenn auch in einem anderen Zusammenhang und auch zu pathetisch, in „Widerstand und Ergebung" geschrieben hat: „Der Mensch wird aufgerufen, das Leiden Gottes an der gottlosen Welt mitzuleiden. Er muss also wirklich in der gottlosen Welt leben und darf nicht den Versuch machen, ihre Gottlosigkeit irgendwie religiös zu verdecken, zu verklären; er muss ‚weltlich' leben und nimmt eben darin an den Leiden Gottes teil." Gott lauschen wie einem Säuseln der Luft und dem Plätschern des Wassers kann man sicherlich leichter in der Stille der Provinz mit dem Blick auf den See Genezareth oder andere schöne Plätze seiner Schöpfung. Aber das Christentum wird sich bewähren müssen in der gottlosen Stadt, mit Blick auf Hochhäuser, Armut und Dreck, in der Hilfe für Arme, Prostituierte und Obdachlose. Anders kann ich mir den Glauben an Gott heute nicht mehr vorstellen. Und dazu Musik von Bach.

Philipp Gessler, Journalist und Buchautor, Redakteur des evangelischen Magazins für Religion und Gesellschaft „Zeitzeichen", Berlin.

III. Stadt – Land – Gott

Michael N. Ebertz

Der innerweltliche Lebensabschnittssinn

Sofern sie überhaupt an ein Leben nach dem Tod glauben, kann es in außerchristlichen Kulturen ruinös sein, damit einen erfreulichen Status zu erlangen. Beim Volk der Toraja in den Bergen Zantral-Sulawesis in Indonesien zum Beispiel ist der Weg ins Totenland Puya weit, wie der Journalist Christian Weber in der „Süddeutschen Zeitung" beschrieb: „So muss die Seele des Verblichenen eine wackelige Brücke über einen Fluss bezwingen, wo die gefährliche Katze Bali Karoe versucht, die Reisenden zu überfallen. Wer in den Fluss fällt, wird zwischen den Welten herumirren und womöglich die Lebenden bedrohen. Damit die wandernde Seele überhaupt eine Chance hat, ihr Ziel zu erreichen, muss ein Begräbnisritual gemäß den überlieferten Regeln abgehalten werden. Das ist recht aufwendig: Für einen sozial hochgestellten Toraja dauert so eine Feier schon mal eine Woche oder länger, wobei die besten tausend Freunde und Verwandte eingeladen, untergebracht und bewirtet werden wollen. Zu der Gelegenheit werden Dutzende von Schweinen und um die zehn Büffel als Opfer und Mahl geschlachtet. So kommt es vor, dass die Kosten einer solchen Veranstaltung die Hinterbliebenen ein Leben lang ruinieren" („Den teuren Toten", 27.9.2013).

An die Stelle der Ahnen, die als Wächter der Moral gut versorgt werden müssen, um die Kontinuität des Zusammenlebens zu sichern, ist im Christentum Gott getreten. Gott, der sich, Mensch geworden, selbst mit den Menschen – erst recht den Schwachen – identifiziert und damit den sozialen Zusammenhalt gewährleisten will, will besucht, genährt, bekleidet werden. Im Christentum muss man sich nicht ruinieren, um einen positiven Jenseits- oder Heilsstatus zu erlangen. Darüber entscheidet ein Caritasgericht. Darauf weist der Theologe und Sozialwissenschaftler Karl Gabriel in einem Beitrag über Caritas und Diakonie in dem von Christoph Markschies herausgegebenen Buch „Erinnerungsorte des Christentums" hin (München 2010). Im Matthäusevanglium ist die Vision vom Menschensohn als Weltenrichter überliefert, der „in eschatologischer Zeit ... den einen das ewige Heil und den anderen die ewige Verdammnis zuspricht. Zu ihrer Überraschung eröffnet er ihnen, dass die einen ihn selbst aufgenommen, gepflegt, betreut und im Gefängnis besucht, die anderen ihm aber die Hilfe verweigert hätten. Auf die ungläubige Nachfrage, wann dies denn geschehen sein könne, erfahren sie, dass es ihr Umgang mit den Notleidenden war, der über ihr Heil oder Unheil entschieden hat. Denn – so eröffnet ihnen der Weltenrichter: ‚Was ihr für einen meiner geringsten Brüder getan habt, das habt ihr mir getan'

(Mt 25,40b), und: ‚Was ihr für einen dieser Geringsten nicht getan habt, das habt ihr auch mir nicht getan' (Mt 25,45b)."

Alle einschlägigen Befragungen zeigen allerdings, dass die Bedeutsamkeit Gottes für die Lebensführung und Lebensausrichtung über die letzten Jahre und Jahrzehnte weiterhin massiv geschrumpft ist. Schon im Blick auf die einschlägigen Erhebungen des Instituts für Demoskopie Allensbach, das immer wieder der Frage nachging, „wofür man lebt", „was man im Leben wichtig und erstrebenswert" findet, fällt auf, dass der „Gottes-Wert" seit den siebziger Jahren seinen vorletzten Platz im Werte-Ranking nicht verlassen hat: Das „Tun, was Gott erwartet", erreichte 2002 mit 17 Prozent Zustimmung seinen tiefsten Wert, wurde deshalb aus der Allensbacher Liste der Lebenswerte herausgenommen und durch die vage Antwortmöglichkeit: „Religion, feste Glaubensüberzeugung" ersetzt. Auch diese Aussage erhielt zwischen 2007 und 2013 nur Werte zwischen 20 und schließlich bloß noch 15 Prozent. Spitzenpositionen erreichen dagegen zum einen – ziemlich stabil über die Jahre – die sozialen Werte des privaten Lebens (Freundschaften, Paarbeziehungen, Familie beziehungsweise Kinder) und zum anderen die Selbst-Werte (Unabhängigkeit, Selbst-Treue). Einen starken Anstieg verzeichnen die ästhetischen Werte des Lebensgenusses. Die Ausrichtung auf die Erwartungen Gottes scheint nur noch in Minderheiten geteilt zu werden. Selbst die Christen scheint ein großes, wirkmächtig gewordenes Bild, das die Gottesbegegnung nicht nur in den Farben der Barmherzigkeit, sondern auch der Gerechtigkeit malt, nicht mehr zu irritieren, obwohl es im christlichen Glaubensbekenntnis heißt, dass Christus wiederkommen wird „zu richten die Lebenden und die Toten". Tatsächlich, so zeigen unsere eigenen Untersuchungen, sind die Jenseitsvorstellungen einer – zumal „ewigen" – Hölle und eines göttlichen Totengerichts hierzulande nur noch von minimaler Zustimmung getragen (vgl. Ebertz, „Was glauben die Hessen?", Berlin 2014). Weil diese Vorstellungen mit einer starken Exklusions- und Gewaltmetaphorik arbeiten, haben sie in unserer zivilisierten Gesellschaft, in der die Todesstrafe abgeschafft ist und Gewalt nur noch als staatliche Gegengewalt als legitim gilt, einen massiven Plausibilitätsverlust erlitten. Und dies gilt damit auch für die christlichen Gottesvorstellungen selbst, ja auch für die Kirche, sofern Christus schon jetzt durch die Kirche „herrscht" (Katechismus der Katholischen Kirche, Nr. 680).

Einschlägige religionssoziologische Untersuchungen belegen nicht nur den Schwund der Gottesrelevanz, sondern – auch unter Kirchenmitgliedern – eine deutliche Abkehr von einem spezifisch christlichen, essentialistischen – personalen – Gottesbild, das sich in Jesus zu erkennen gegeben hat. Je dogmatischer und stärker ausschließend ein Gottesbild verbal gefasst wird (zum Beispiel: „Gott hat sich in Jesus Christus geoffenbart, und zwar ein für allemal"), desto eher stößt es auf Ablehnung. Je vager und stärker einschließend die Aussage formuliert wird („Es gibt so etwas wie ein höheres Wesen"; „Es gibt ein Geheimnis über oder hinter meinem Leben"), desto zustimmungsfähiger ist sie, insbesondere in den jüngeren Generationen (Ebertz / Lucia Segler, „Spiritualitäten als Ressource für eine dienende Kirche", Würzburg 2016). Der Politikwissenschaftler und Philosoph Charles Taylor hat solche Tendenzen einmal so interpretiert: „Viele Menschen praktizieren ihre Religion nicht mehr, erklären aber gleichwohl, sie gehörten einer Konfession an oder glaubten an Gott. Unabhängig davon wächst die Skala der Glaubensvorstellungen von etwas Jenseitigem, wobei es weniger sind, die an einen persönlichen Gott glauben, während mehr Menschen an so etwas wie eine unpersönliche Kraft glauben. Mit anderen Worten, ein größerer Kreis von Menschen äußert religiöse Überzeugungen, die sich außerhalb der christlichen Orthodoxie bewegen" („Die Formen des Religiösen in der Gegenwart", Frankfurt 2002).

Dies hatten auch die Autoren der 17. Shell-Jugendstudie behauptet, wenn sie angesichts der schwachen Zustimmung Jugendlicher zu einem personalen Gottesbild meinten, dass dieses Ergebnis im Widerspruch zur christlichen Lehre stünde. „Bei der Interpretation dieser Kategorie", so schreibt der Religionspädagoge Florian Kluger in seiner Rezension der Jugendstudie, sei „allerdings Vorsicht geboten, will man nicht vorschnell dogmatische Definitionen gegenüber offenen Gottesvorstellungen ausspielen. Weil die Begrifflichkeiten nicht geklärt werden, bleiben diese unterbestimmt und wenig aussagekräftig. Denn was ist unter einem persönlichen Gott genau zu verstehen? Wird die Vorstellung eines personalen Gottes im dogmatischen Sinn abgelehnt oder das naive Bild eines alten Mannes mit Bart?" („Wie hält es die Jugend mit der Religion?", in der Zeitschrift „Gottesdienst", Nr. 50/2016). Es stellt sich die Frage, ob die Befragten dabei sind, die sprachliche Bildwelt der christlichen Tradition zur Gestalt Gottes abzustreifen, oder ob sie mit der „Bildhälfte" auch die „Sachhälfte", also das eigentlich Gemeinte, ablehnen. „Die Sprache, mit der in Predigten, Hirtenbriefen, Katechismen und vielen theologischen Büchern von Gott gesprochen wird, ist weitgehend verschlissen", so der Theologe und Philosoph Klaus Müller in der „Herder Korrespondenz" 2015, 646).

Aber vielleicht ist die Gotteskrise ja nicht nur Ausdruck verschlissener und ranzig gewordener, sondern auch fehlplatzierter Gottesrede, wenn zum Beispiel bei der Segnung eines neuen Kabinentransporters für Brieftauben diese als „gutes Mittel, die Liebe Gottes zu erfahren und sich am Leben zu erfreuen" bezeichnet werden, was die Tierrechtsorganisation PETA im Wissen um das Leiden der Geschöpfe als „Hohn und Spott für die Tiere" beurteilt hat.

Solange die kirchlicherseits hausgemachten und auch gesellschaftlich mitbedingten Probleme in der Gotteskommunikation ungelöst bleiben, die alten religiösen Bilder an ehedem unbestreitbarer Vertrautheit und Plausibilität verlieren, keine religiöse Expressivität mehr freisetzen und die theologische Kreativität plausiblerer und vitalerer Bilder ausbleibt, reduzieren die Menschen der Gegenwart ihre Transzendenzreichweite auf Werte, die sie gleichwohl – wie Paul Tillich sagte – „unbedingt angehen". Nicht mehr „tun, was Gott erwartet", ein Leben um Gottes Willen, sondern tun, was anderen – dem Partner, der Familie, Freunden, Menschen in Not – gerecht wird, was man von sich selbst (Gewissen, Lebensmaximen) erwartet und was sich so alles im Leben erleben lässt. Das ergibt Lebenssinn, innerweltlichen Lebensabschnittssinn. Es scheinen „Transzendenzen im Diesseits" zu sein, mit denen die Leute zufrieden und glücklich sind, sozial anschlussfähig sein können, um ihr Leben weitgehend irritationslos zu führen, bis die Lust-Unlust-Bilanz negativ wird, der Tod selbst als Erlöser erscheint und keiner Erlösung mehr bedarf.

Prof Dr. Dr. Michael N. Ebertz, Religionssoziologe und Theologe, Freiburg.

Malu Dreyer

Wie hältst Du's mit Gott?

Kein Zweifel: Die Gretchenfrage „Wie hältst Du's mit der Religion?" ist derzeit ein großes Thema. Vor allem über Kreuz, Kippa und Kopftuch wird heftig debattiert. Welche Ansprüche können mit Verweis auf einen religiösen Glauben geltend gemacht werden? Welche Rolle sollen Kirchen und Religionsgemeinschaften in unserer Gesellschaft spielen? Die Diskussionen darüber erhitzen die Gemüter und beschäftigen die Politik. Die religiöse Frage ist in Deutschland nicht einfach Privatsache, sondern hat zugleich eine öffentliche und politische Dimension.

Das ist von unserem Grundgesetz ausdrücklich so gewollt. Denn im Gegensatz zu einem strikten Laizismus, wie wir ihn etwa aus unserem Nachbarland Frankreich kennen, verpflichtet unsere Verfassung den Staat, die Bürger und Bürgerinnen in der Entwicklung und Pflege ihres religiösen Bekenntnisses aktiv zu unterstützen. Im Rahmen des Subsidiaritätsprinzips überträgt der deutsche Staat bestimmte Aufgaben im Bildungs- und Sozialbereich auch an kirchliche und religiöse Träger, um ein breites Angebot zur Verfügung zu stellen. Er selbst muss neutral bleiben; das Grundgesetz verbietet eine „Staatskirche". Er darf sich nicht mit einem bestimmten, also auch nicht mit dem christlichen, Bekenntnis identifizieren.

In den letzten Jahren ist das Bewusstsein dafür gewachsen, dass wir als Bürger und Bürgerinnen nicht nur Recht und Gesetz einhalten, sondern bei aller Wertschätzung individueller Lebensentwürfe auch die gemeinsamen Grundlagen unserer freiheitlichen Rechtsordnung teilen und aktiv vertreten müssen, wenn unsere Demokratie unter veränderten Bedingungen lebendig bleiben soll. Der Staat ist darauf angewiesen, dass die Menschen aus ihrer inneren Überzeugung heraus die Würde jeder Person achten und für die Werte von Freiheit, Solidarität und Gerechtigkeit eintreten. Gerade die Flüchtlingskrise hat gezeigt, wie viele Menschen aus ihrem christlichen Glauben heraus die Kraft schöpfen, diese Werte zu leben. Je pluraler unsere Gesellschaft wird, desto mehr drängt aber die Frage in den Vordergrund: Wer sorgt denn dafür, dass die Bürger und Bürgerinnen sich auch tatsächlich mit unserer demokratischen Werteordnung identifizieren? Wieviel Individualität in der Auslegung dessen, wie unsere Grundrechte gelebt werden, müssen wir um der Freiheit der Einzelnen willen tolerieren – und wo muss ein Stoppschild gesetzt werden, um das Ganze nicht zu gefährden?

Die Debatte darüber entzündet sich an der religiösen Frage. Um die Heftigkeit zu verstehen, mit der sie geführt wird, muss man sich klarmachen, dass hier tief sitzende kulturelle Erfahrungen der blutigen Religionskriege in Europa und die Religionskritik des 19. Jahrhunderts fortwirken. Die Furcht, dass Religion eine Gegenmacht zu Emanzipation und Freiheit bilden könnte, war nie verschwunden. Nun wird diese Furcht – ausgelöst durch muslimische Kleidungsvorschriften, vor allem aber durch islamistische Fundamentalisten und Terror im Namen Gottes – mit voller Wucht gegen den Islam gerichtet. Mit Sorge beobachten wir eine zunehmende Islamfeindlichkeit, die sich gegen hier lebende Muslime und Musliminnen richtet. Hinzu kommt, dass für viele Menschen in Westeuropa Religion insgesamt fremd geworden ist. Dass jemand für sich beansprucht, sein Leben nach religiösen Geboten auszurichten, ist für immer mehr Zeitgenossen und Zeitgenossinnen abwegig, ja verdächtig geworden.

Wenn wir in unserer Gesellschaft wirklich Brücken bauen wollen zwischen Religiösen und Nichtreligiösen, zwischen Muslimen und der christlich geprägten Mehrheitsgesellschaft, dann sollten wir uns die kulturellen Hintergründe der Diskussionen bewusst machen. Dann wird sich deutlich zeigen, dass die Scheidelinie nicht verläuft zwischen Muslimen und Nichtmuslimen, und ebenso, dass das Säkulare nicht einfach identisch ist mit dem Aufgeklärt-Humanen – wie wir ja auch umgekehrt aus der Geschichte schmerzlich wissen, dass das Christentum nicht sicher vor Nationalismus und Rassismus schützt. Der Soziologe Hans Joas hat in einem Interview mit der „Berliner Zeitung" (8.4.2018) diesen Zusammenhang treffend formuliert: „In moralischen und politischen Fragen verläuft die Frontlinie nicht zwischen Säkularen und Religiösen, sondern zwischen Universalisten und Partikularisten. Und ich plädiere dafür, dass sich die Universalisten – ob säkular oder religiös – zusammentun gegen die Partikularisten jeglicher Couleur."

Im Vergleich zu den heftigen öffentlichen Diskussionen über Religion wird über die Frage „Wie hältst Du's mit Gott?" sehr viel leiser gesprochen. Sie wird deshalb oft als eine verstanden, die Politik und Staat erst einmal nichts angeht. Die Gottesfrage zeigt sich, so das Ergebnis der fünften Kirchenmitgliedschaftsuntersuchung der Evangelischen Kirche in Deutschland, vor allem als Frage nach dem Sinn des Lebens, als „intim empfundenes Thema, das in erster Linie mit dem Partner/der Partnerin besprochen wird, dann auch mit Freunden/Freundinnen. An dritter Stelle wird die erweiterte Familie genannt."

Dabei hat für die einen – insbesondere für Gläubige der drei abrahamitischen Religionen – das Wort „Gott" eine konkrete, in Bibel und Koran sowie in der Tradition ausbuchstabierte Bedeutung. Für andere steht es als Chiffre für einen höheren Sinn. Dass die Grenze zwischen diesen beiden Gruppen in unserer zunehmend säkularen, hoch individualisierten Gesellschaft durchaus fließend ist, spüren auch die Kirchen. „Persönliche Glaubensüberzeugungen werden immer öfter individuell aus Versatzstücken verschiedener religiöser Traditionen oder religiöser Neuschöpfungen zusammengesetzt", stellte der Religionssoziologe Detlef Pollack in seiner Auswertung der Kirchenmitgliedschaftsuntersuchung (2014) fest. Die Studie zeigte zum Beispiel: „Von den Personen ohne intensive kirchliche Mitgliedschaftspraxis ... stimmen nur 55 Prozent der Aussage zu, dass es einen Gott gibt, der sich in Jesus Christus zu erkennen gegeben hat, und 27 Prozent, dass es ein höheres Wesen gibt." In der katholischen Kirche dürfte es der Tendenz nach ähnlich sein.

Dass die Berufung auf Gott – selbst in der abstrakten Form ohne Bezugnahme auf einen bestimmten religiösen Glauben – durchaus provoziert, können wir immer wieder erleben in Diskussionen über den Gottesbezug in einer Verfassung. Da erhält die Frage nach Gott dann doch wieder eine politische Dimension.

Aber auch existenziell ist jeder und jede Gläubige gefordert zu entscheiden, welche Bedeutung Gott für ihn oder sie hat – oder in religiöser Sprache formuliert: ob er/sie sich von ihm ansprechen lässt. Darauf zu setzen, dass „Gott" nicht nur ein abstrakter Gedanke ist, sondern eine Wirklichkeit, ja eine, die uns konkret begleitet und zu der jeder und jede im Gebet in Beziehung treten kann – das bleibt eine Herausforderung, auch für Christen. Wie tröstlich ist es zu wissen, dass das nicht erst in der Moderne der Fall ist, heißt es doch schon bei Paulus, der Glaube an den Auferstandenen habe den Zeitgenossen als Ärgernis und als Torheit gegolten (1 Kor 1,23).

Und vielleicht geht es auch gar nicht darum, mit Gott „zu rechnen". So gibt der Theologe und Schriftsteller Christian Lehnert zu bedenken: „Die Wirklichkeit Gottes liegt auch jenseits des Wortpaares anwesend–abwesend. Das ist eine Erfahrung vieler gläubiger Menschen, dass Gott ihnen gerade dort am stärksten gegenwärtig sein kann, wo er schmerzlich vermisst ist. Die Frage nach ‚Gott' ist vielleicht bereits die deutlichste Form seiner Gegenwart, und wo er vollmundig bekannt wird, kann er ferner sein als je" („Der Gott in einer Nuß. Fliegende Blätter von Kult und Gebet", Berlin 2017, 21).

Malu Dreyer, Ministerpräsidentin von Rheinland-Pfalz, Mainz.

Norbert Jachertz

Deutsche Verhältnisse

Welch ein Wandel! Als vor siebzig Jahren „Der christliche Sonntag" – wie CHRIST IN DER GEGENWART damals hieß – bundesweit zu erscheinen begann, erlebten die Volkskirchen in Westdeutschland einen heute kaum glaublichen Aufschwung. Sie umfassten nahezu die gesamte Bevölkerung. Sie prägten nachhaltig die Politik. Die Kirchenleitungen bevormundeten die Gläubigen manchmal bis hin zur Indoktrination. Und heute?

Statistik kann aufregend sein, wenn man sich die Lebenswirklichkeit, die hinter den Zahlen steht, vor Augen führt. Was man „gefühlt" längst zu wissen glaubt, bestätigt sich von Jahr zu Jahr: dass es mit dem christlichen Glauben, gemessen an den Daten, stetig bergab geht. Das kirchliche, gottesdienstliche, sakramentale Leben hat sich auf einem sehr niedrigen Niveau eingerichtet. In der katholischen Kirche ist die Zahl der Priester von knapp 20 000 im Jahr 1990 auf rund 13 000 gesunken. Pfarreien werden deshalb zu gößeren Einheiten zusammengelegt. Das Interesse am Theologiestudium sinkt – abgesehen von der Religionslehrerausbildung – beträchtlich. Auch das Berufsbild des Pastoralreferenten lockt immer weniger.

In Deutschland leben etwa mehr als 23 Millionen Katholiken und knapp 22 Millionen Evangelische. Dazu kommen fast drei Millionen Gläubige anderer christlicher Bekenntnisse, vor allem Orthodoxe. Der Anteil der Christen an der Gesamtbevölkerung liegt bei allenfalls noch gut 58 Prozent. Das klingt, verglichen mit anderen Ländern, nicht schlecht, verglichen mit „früher" ist es jedoch ernüchternd. Noch 1990, unmittelbar nach der Wiedervereinigung Deutschlands, waren 70 Prozent der Bürger Christen.

Nimmt man die schätzungsweise fünf Millionen Muslime unterschiedlichster Richtungen und etwa 100000 Juden hinzu, so liegt der Anteil der monotheistischen Religionen bei etwa 64 Prozent. Ein gutes Drittel der deutschen Bevölkerung, etwa 30 Millionen, ist konfessionslos.

Meinungsumfragen haben ergeben, dass nur noch ungefähr 58 Prozent der Deutschen bekunden, an Gott zu glauben. Das bedeutet jedoch keineswegs, dass die Betreffenden den zentralen christlichen Glaubensaussagen zustimmen. An Jesu Christi Auferstehung oder das ewige Leben glauben selbst viele konfessionsgebundene Christen nicht mehr. Andererseits sind Konfessionslose nicht immer einfach nur „gottlos". Jeder Vierte in West- und sogar jeder Zehnte in Ostdeutschland vermutet irgendwie ein höheres Wesen. Ein verwirrendes Bild.

Neben den seit Jahren anhaltenden Kirchenaustritten, vornehmlich im Westen, spielt bei den Zahlen zur Konfessionslosigkeit vor allem der Beitritt der DDR ein Rolle. Die Quote der Konfessionslosen, die im Westen vor 1990 weniger als 20 Prozent betrug, lag und liegt in Ostdeutschland bei über 80 Prozent. Die religiösen beziehungsweise a-religiösen Verhältnisse dort scheinen stabil zu sein. Man sei in den Familien gewohnheitsmäßig konfessionslos. Es sei normal, keiner Kirche anzugehören, ermittelte die Evangelischen Zentralstelle für Weltanschauungsfragen in Berlin. Im Gegensatz zum Kirchenaustritt im Westen sind die Menschen in Ostdeutschland nicht aufgrund einer persönlichen Entscheidung konfessionslos. Das bedeutet umgekehrt aber auch: Wer sich entscheidet, einer Kirche anzugehören, tut das ganz bewusst.

Als Indikator des Glaubenslebens gilt der Gottesdienstbesuch. Dieser lässt sich ungefähr in empirisch belegten Zahlen angeben, während der „Glaube" nur aufgrund persönlicher Aussagen zu ermitteln ist. Nach Angaben der evangelischen Kirche besuchen an einem normalen „Zählsonntag" ungefähr 3,3 Prozent der Kirchenmitglieder einen Gottesdienst, an Karfreitag 4, an Heiligabend 36 Prozent. Kirche ist eben auch eine soziale, insbesondere familiäre Veranstaltung. Von den Katholiken besuchen angeblich noch rund 10 Prozent einen Sonntagsgottesdienst. Allerdings kann man bei Besuchen in Pfarreien vor Ort bezweifeln, ob diese Zahlen nicht erheblich geschönt sind.

In Ostdeutschland liegt der Anteil der Katholiken, die sonntags eine Eucharistiefeier besuchen, merklich höher als im Westen. Das mag mit der ausgeprägten Diasporasituation zusammenhängen – und damit, dass man in Zeiten der DDR zusammenhalten musste und wollte und das auch nach außen bekannte. Die neue katholische Kirche Sankt Trinitatis mitten in Leipzig wiederum scheint als eine offene Kirche auch neugierige Suchende anziehen.

Im evangelischen Magdeburger Dom zum Beispiel wird täglich um zwölf Uhr zu einem Mittagsgebet eingeladen. Dazu bleibt der innere Chor eine Viertelstunde lang den Betern vorbehalten. Vor ein paar Jahren geriet ich zufällig in den reservierten Kreis. Vor den Chorschranken flanierten die Touristen und sahen neugierig zu. Ein Pfarrer im Talar zog ein. Allein. Versammelt war eine Handvoll Beter(innen). Besinnliche Worte. Das Vaterunser. Kaum jemand traute sich mitzubeten, nur der Pfarrer sprach kräftig. Auch das Lied aus dem Kirchengesangbuch sang er tapfer allein, Strophe um Strophe. Für den einsamen Menschen empfand ich damals Mitleid. Heute bewundere ich den Mann, der da standhaft den Glauben bekannte und auf ihn neugierig machte. Und manchmal scheinen sich auch Menschen einzufinden, die in das Gotteslob einstimmen und sogar ein Kreuzzeichen machen. Ob es nur Touristen sind?

Norbert Jachertz, Diplomvolkswirt, Journalist mit Schwerpunkt Medizinethik und Zeitgeschichte, war viele Jahre Chefredakteur des „Deutschen Ärzteblatts", Köln.

Stephan Langer

Gottes Häuser

„Wie ehrfurchtgebietend ist doch dieser Ort! Er ist nichts anderes als das Haus Gottes und das Tor des Himmels." Was der Erzvater Jakob unter dem Eindruck seines Traums von der Himmelstreppe gesagt hat (Gen 28,17), steht über dem Hauptportal vieler Kirchen. Natürlich, Gott ist unendlich größer als jedes Haus, das ihm Menschen gebaut haben oder jemals bauen könnten. Aber kann man ihn vielleicht dennoch gerade in und an Kirchen finden? Zumindest eine Ahnung von ihm bekommen?

In Freiburg, wo ich seit zehn Jahren – wieder – lebe, gibt es zwei Kirchen, die unterschiedlicher nicht sein könnten: Mitten in der Altstadt, deren Keimzelle es auch war, steht das Münster. Seine ältesten Teile sind acht Jahrhunderte alt. Das ökumenische Zentrum Maria Magdalena dagegen wurde erst vor fünfzehn Jahre erbaut. Es befindet sich etwas außerhalb, im Westen, im neu erschlossenen Stadtteil Rieselfeld. So verschieden diese Kirchen auch sind: Es sind beides Gotteshäuser. Beide sind mir wichtig, sind geistige Heimat, inspirieren mich immer wieder neu, über Gott nachzudenken, seine Gegenwart zu spüren.

Das Münster prägt die Freiburger Stadtsilhouette. Gerade sein 116 Meter hoher, markanter Turm überragt alles. Er ist fast überall sichtbar, wenn man in der Stadt unterwegs ist. Am beeindruckendsten ist der Blick vielleicht vom Schlossberg her. Aus dieser leicht erhöhten Position nimmt man die gewaltigen Dimensionen des Baus erst richtig wahr. Imposant, unverrückbar liegt einem das Gotteshaus zu Füßen. Es stellt sich die Empfindung der Beständigkeit ein, des Enthobenseins aus der Zeit, aus dem alltäglichen Leben. So betrachtet ist das Münster auch ein Symbol für den Ewigen, für Gott. „Ein Haus voll Glorie schauet weit über alle Land', aus ew'gem Stein erbauet von Gottes Meisterhand."

Was mich immer wieder aufs Neue beeindruckt: Gut dreihundert Jahre hat man an der gewaltigen Kirche gebaut. Die meisten Handwerker gingen also ihrem Tagewerk in dem Bewusstsein nach, dass sie die Fertigstellung nicht erleben werden. Motivationstrainer sagen uns heute, wie wichtig es für einen selber ist, dass man schnelle Ergebnisse sieht. Das Münster zeigt: Es geht auch anders – solange eine feste Überzeugung da ist. „Tut alles zur Verherrlichung Gottes", heißt es im ersten Korintherbrief (10,31).

Die Anmutung der Ewigkeit ist freilich nur das Erste, was einem in den Sinn kommt. Wer näher herantritt, stellt fest, dass der Bau in Wahrheit eben doch nicht der Zeit enthoben ist. Wie alle Vergleiche für Gott hinken, lässt sich auch dieser nicht ganz durchtragen. Denn das Münster ist aus vergleichsweise empfindlichem Sandstein erbaut. Wind und Wetter, Taubenkot und Abgase („saurer Regen") setzen ihm zu. Viele Steine sind beschädigt und wurden in jüngerer Zeit ausgetauscht. Auch die beeindruckenden Skulpturen der Außenseite musste man durch Kopien ersetzen, die Originale befinden sich in der Münsterbauhütte oder im Augustinermuseum. Schaut man sich an, welch großen Schaden manche Figuren genommen haben – manchmal ist das ganze Gesicht abgeplatzt –, kann man ins Grübeln kommen. Gab und gibt es nicht auch im Verhältnis des Menschen zu Gott massive Abbrüche? Bröckelt nicht längst vieles weg, was Generationen für ewig hielten?

Hoffnung gibt mir ein Bau wie das moderne Maria Magdalena-Zentrum aus Sichtbeton, in dem ich schon viele berührende Gottesdienste gefeiert habe. Zwar benötigt man heute tendenziell immer weniger Kirchen, weil die Zahl der Gläubigen zurückgeht. Und so werden etliche Kirchbauten anders genutzt, manche sogar abgerissen. Aber auch in unserer Zeit braucht Gott immer wieder neue Häuser, weil es Menschen gibt, die sich in seinem

Namen versammeln wollen. Diese Sehnsucht nach Gott ist anders, als sie früher war, und das schlägt sich im Aussehen einer Kirche nieder.

Maria Magdalena erscheint zunächst ebenfalls wie „ein feste Burg", tatsächlich etwas trutzig – der Wikipedia-Eintrag ordnet die Kirche sogar dem Architekturstil „Brutalismus" zu. Das Gebäude ist kantig, unsymmetrisch. Der Raum Gottes ist eben auch Kontrastprogramm zum Alltag, er will ein Stück weit „erobert" werden. Genauso aber gilt: Die Dimensionen des Kirchenzentrums sind alles andere als riesig. Dieses Haus Gottes sticht nicht komplett heraus, sondern fügt sich in den Stadtteil ein. „Und hat unter uns gewohnt", heißt es im Johannesevangelium (1,14). Auch das Baumaterial Beton ist aus dem Alltag geläufig.

Im Innern ist ohnehin nichts mehr zu spüren von einem irgendwie gearteten Auftrumpfen. Die katholische und die evangelische Gemeinde nutzen je einen Gebäudeteil. Beide Teile lassen sich ohne großen Aufwand zu einem einzigen großen Raum verbinden, was bei vielen ökumenischen Gottesdiensten im Lauf des Jahres geschieht. Gott suchen – das macht jeder für sich, aber es ereignet sich genauso in der großen Gemeinschaft, oft über Konfessionsgrenzen hinweg.

Das Beeindruckendste ist aber, dass auch im Innern der Sichtbeton unverputzt belassen wurde. Bilder, die Gott auf eine bestimmte Vorstellung festlegen würden, gibt es an den Wänden nicht. Hier herrscht nicht die vermeintliche Gewissheit früherer Zeiten vor, die meint, im Zusammenhang mit Gott alles genau benennen zu können. Diese Offenheit ist zweifellos eine Herausforderung, aber sie entspricht der Situation des heute Glaubenden: Er weiß um die Vorläufigkeit, ja Untauglichkeit mancher überkommener Bilder. Immer wieder zweifelt er, ringt neu um eine Vorstellung von Gott, die trägt, die auch dem sonstigen Wissen der Welt standhält. Huub Osterhuis formulierte es einmal so: „Herr, unser Herr, wie bist du zugegen… Du bist nicht sichtbar für unsre Augen, und niemand hat dich je gesehn. Wir aber ahnen dich und glauben, dass du uns trägst, dass wir bestehn… Du bist nicht fern, denn die zu dir beten, wissen, dass du uns nicht verlässt. Du bist so menschlich in unsrer Mitte, dass du wohl dieses Lied verstehst."

Stephan Langer, Redakteur der Wochenzeitschrift
CHRIST IN DER GEGENWART, Freiburg im Breisgau.

Peter Hahnen

Der „andere" Ort

Gott ist ja wohl nicht totzukriegen, aber wie sieht es mit der Kirche aus? Die Problemanzeige ist wichtig. Allein: Das Jammern über die Glaubenskrise kann zu einem *Cantus firmus* werden, der alles in Moll tönt.

Der Grazer Pastoraltheologe Rainer Bucher mahnte, man solle sich nicht in romantischen Erinnerungen selbstverhaften. Es gibt Formen kirchlichen Lebens, die lange berechtigt und tragfähig waren, aber nun eben vorbei sind. Und beklagenswerte Orte, die sich fürs Jammern bestens eignen und die jeder aus eigenem Erleben kennt, gibt es zu genüge. Es gibt aber auch Orte, an denen die Frage nach Gott anders und neu verhandelt wird. Mein beruflicher Werdegang führte mich zu solch einem „anderen" Ort.

Während meine niederrheinische Heimatpfarrei sich schon über zehn Jahre lang durch Zusammenlegungen quält, weil man zu erhalten sucht, was nicht zu halten ist, gibt es wenige Kilometer entfernt einen derart „anderen" Ort. Ginge es wie üblich zu, wäre er erfüllt von Klagegesang: Kloster Kamp, traditionsreiche Stätte zisterziensischer Blüte im Mittelalter, mit starker europäischer Geschichte, musste vor sechzehn Jahren wegen ausbleibenden Ordensnachwuchses seine Pforten schließen.

Was tun mit einer Immobilie, für die nicht das Bistum, nicht der Orden und auch nicht die Stadt eine Verwendung haben? Der Konvent am Ende, die „Location" aber stark. Blinde Fenster malte man sich als Schreckgespenst aus. Der Ortsbischof erklärte freimütig, man könne sich keine Mönche „backen". Es schlug die Stunde mutiger Frauen und Männer: Zwei Lehrerinnen, ein Seelsorger, zwei Landwirte und ein Politiker klebten nicht am Gestern. Die Leitfrage wurde: „Nichts geht, was bislang ging! Was wollen und können wir zum Gehen bringen?" An allen institutionellen Klippen vorbei gründete man einen Verein, einigte sich mit der Pfarrei auf mietfreies Nutzungsrecht und fing mit bescheidenen ersten Schritten an. Wichtig dabei: Man wartet nicht auf Ermächtigungen, die keiner zu geben riskieren mag. Man fängt einfach an.

Freilich: Der Ort also solcher ist in sich anziehend. Auf einer weithin sichtbaren Anhöhe ein imposanter Kirchenbau des späten 17. Jahrhunderts nebst historischem Hauptgebäude. Ein starkes architektonisches Signal. Aber ohne innere Füllung, spürbaren „Spirit" blieben die Mauern eine Kulisse. Blendwerk blendet nur kurz. Besucher würden schon bald spüren, dass hier nichts dahinter steckt. Mit Unterstützung – zunächst nur von Stadt und Kreis – wurde zunächst ein einfaches Café eingerichtet, in dem sich Gäste den Kuchen in der Küche selber holen und beim Zurückbringen des Geschirrs freiwillig eine Spende in ein Körbchen legen. Eine riskante Gastfreundschaft. Es sollte sich in der Folge allerdings zeigen: Es lohnte sich auch geldmäßig. Gästeführungen kamen hinzu. Sie erschlossen das Areal kirchenpädagogisch und historisch. Pensionierte Lehrer, aber auch Studenten, fanden sich zusammen, informierten sich kunst- und kirchengeschichtlich. Das Gestern begann zu den Besuchern zu sprechen. Schon der schlichte zisterziensische Bau und das Wappen über dem Portal ließen die Gäste nach dem Sinn dahinter fragen.

„Durch die Sinne zum Sinn." Das wurde zum roten Faden aller Angebote. Musiker und Schauspieler traten, oft unentgeltlich, im schmucken Rokokosaal auf. Ein Gewölbekeller wurde für Ausstellungen hergerichtet. Lokale Firmen bauten, als Spende an das Projekt, Toiletten und Beleuchtungen in die Räume. Aus einem Ort mit frommer Geschichte wurde eine Anlaufstelle mit spiritueller Gegenwart.

Fünfzehn Jahre später ist das Projekt den Kinderschuhen entwachsen. Das Bistum erkennt das Ganze mittlerweile als Leuchtturmprojekt an und gibt viel Rückenwind. Die buntgestaltige Trägerschaft – Verein, Stadt, Kreis und Bistum – wird ausdrücklich begrüßt. Dass der „Leuchtturm" vom Niederrhein in keine Schublade passt, wird in Kauf genommen. Kommt das Generalvikariat zur Buchprüfung, braucht es Tage, bis die Prüfer damit leben und arbeiten können, welche Vielgestaltigkeit man mit diesem Projekt christlich-bürgerschaftlichen Engagements vor sich hat. Neues braucht Zutrauen, nicht Normierung.

Mittlerweile sind es 111 Ehrenamtliche aus der ganzen niederrheinischen Region, die sich in Klosterladen, Schatzkammer, Spenden-Café oder als Aufsicht bei Ausstellungen engagieren. Zehn Hauptamtliche sorgen für inhaltliche Ausrichtung, Einsatzplanung, Verwaltung und Hausmeisterdienste.

Das so entstandene und sich stetig weiterentwickelnde „Geistliche und Kulturelle Zentrum" wird zu einem besonderen Ort für viele Menschen. Die Frage nach Gott und was man von seiner Sache hält, wird von den Gästen zunächst zwischen den Zeilen, bei offener Reaktion des Mitarbeiters schließlich offen gestellt. Wie vor 900 Jahren beschäftigen die Menschen drei Fragen: Wer bin ich? Wo komme ich her? Wo will ich hin? (Und: mit wem?) Dem „anderen" Ort wird eine Antwort zugetraut. Vielleicht auch deshalb, weil er nicht zu kirchlich daherkommt. Zutrauen ist wichtiger als Zugehörigkeit. Es kommen jene, die nicht im „Vereinsmodus" leben. Damit wird milieuspezifischen Merkmalen der Gegenwartsgesellschaft Rechnung getragen.

Die Menschen, die mittun, stammen aus ganz verschiedenen Situationen: Manager, die beim Eintritt ins Pensionsalter „etwas zurückgeben" wollen, finden sich da ebenso wie jene, die die Staatsanwaltschaft zur Leistung von Sozialstunden vorschlug und die nach Ableisten ihrer Strafe dem Haus verbunden bleiben: „Hier bekam ich meine Chance!" Sie alle sind die wahren „Schätze" des Klosters Kamp. Ein Ort wie dieser ist „kostbar", zweck-los. Ein alter Ort erfindet sich neu.

Auf der Anhöhe, die in der flachen niederrheinischen Umgebung wie ein Berg daherkommt, steht der Ort in der Spannung zwischen Himmel und Erde. Er macht die Spannung zeitgenössischen christlichen Lebens spürbar: ein Teil der Welt zu sein, nicht ihr gleich in allem, aber neugierig auf sie. Suchend, zum Beispiel mit den Künsten, mit vielfältigen kulturellen Ausdrucksformen. Ein verletzlicher, aber geschätzter Zwischen-Raum: in der Welt und nicht daneben.

In einem Vortrag kurz vor ihrem Tod erzählte die Theologin Dorothee Sölle vom Besuch einer Enkelin in ihrem schmucken Hamburger Haus. Die Kleine entdeckte im Wandschrank das kostbare weiße Porzellan der Urgroßmutter und begann, Café zu spielen. Die berühmte Oma wurde spürbar besorgt ums materielle Erbgut und merkte recht bald an, es reiche doch jetzt allmählich, man könne das kostbare Porzellan jetzt wieder wegräumen. Es sei doch, man schaue sich nur um im leeren Zimmer, ohnehin niemand da in diesem Café. Die Enkelin entrüstete sich: „Oma, du denkst nur in echt!"

Wir brauchen Orte, die nicht nur „in echt" denken. Nicht überprüfbar, empfindlich gegen institutionellen Zugriff, gegen Maßregelung und gängiges Einordnen. Sie sind Anker, Hafen und Windmaschinen zugleich. Bauleute sind gesucht! Auch solche ohne amtlichen Auftrag und ohne Wissen, wie genau das werden wird. Gott ist immer schon da!

Dr. Peter Hahnen, Theologe, Leiter des „Geistlichen und Kulturellen Zentrums Kloster Kamp" in Kamp-Lintfort.

Norbert Schwab

Zwei Sphären, doch eins: beten und denken

Gott, der Glaube, die religiöse Frage – Selbstverständlichkeiten in der Arbeit einer Katholischen Akademie. Oder?

„Dem Geist Raum geben" – unter diesem Leitwort standen um die Jahrtausendwende die Überlegungen zu einer baulichen und inhaltlichen Neukonzeption der Kapelle der Katholischen Akademie der Erzdiözese Freiburg. Nachdem die Sanierung des 1967 eingeweihten Hauses bereits weit fortgeschritten war, fiel auf, dass die Kapelle – zunächst gar nicht für die Sanierung vorgesehen – künftig wie ein aus der Zeit gefallener Fremdkörper erscheinen würde. Die Neugestaltung – das Ergebnis einer im Dialog zwischen Verantwortlichen des Hauses, Tagungsgästen sowie Kunstschaffenden gefundenen Lösung – greift das klassische Motiv der Akademiearbeit als „Begegnung von Kirche und Welt" auf und führt es weiter, indem die vormalige Trennung von sakralem und profanem Raum aufgehoben wird – ein Durchbruch im wahrsten Sinn des Wortes. Kirche und Welt stehen nicht mehr unverbunden nebeneinander, sondern werden durchlässig, berühren, ja, verbinden sich.

Transparentes Material eröffnet bereits vor dem Eintreten den Blick auf den Tabernakel, das „Allerheiligste". Licht, Sprache und Gesang, aber auch manches „lärmige" Geräusch von „außen" durchdringen beide Sphären, die ja nur eine Sphäre sind. Als „Raum der Stille" will der in der Mitte, im Herzen des Akademiegebäudes gelegene Ort zugleich Räume des Geistes öffnen, indem er dazu einlädt, zur Ruhe, zum persönlichen Gebet und zu sich selbst zu kommen. Unabhängig von der konkreten Nutzung, ob als Gottesdienstraum oder als Raum der privaten Besinnung, erinnert die Kapelle durch ihr bloßes Dasein an die religiöse Frage, hält sie die Frage nach der Existenz Gottes offen, ja, provoziert sie vielleicht sogar – insbesondere die Frage nach der An- und Abwesenheit eines Gottes, der im stets ausgelegten Wort der Schrift und im Zeichen des Brotes präsent ist, angezeigt durch das „Ewige Licht", dem selbst moderner Brandschutz widerstehen muss.

„Dem Geist Raum geben." Während die Kapelle Gott und seinem Geist einen Raum freihält, ist es in der Akademie der menschliche Geist, dem Raum gegeben wird für seine Suche nach Erkenntnis und Sinn. So ist die Akademiearbeit ein Ort, der sich vorschneller Verzweckung entzieht, jedoch nicht nutzlos ist. Die Themen ergeben sich aus Entwicklungen und Ereignissen, in „verantworteter Zeitgenossenschaft", wie der Moraltheologe und Gründungsdirektor der Akademie von Rottenburg-Stuttgart, Alfons Auer, einst die Aufgabe umschrieb. Dabei sind es überwiegend gar nicht jene Veranstaltungen, in denen die religiöse Frage ausdrücklich behandelt wird, wenngleich diese im theologischen, ökumenischen und interreligiösen Programm selbstverständlich ihren Platz haben. Doch während es hier um „letzte" Wahrheiten geht, sind es oft gerade „vorletzte" und „diesseitige" Themen, die in den Blick genommen werden. Das kann das nachhaltige Wirtschaften sein, die Flüchtlingspolitik, Frieden oder die Zukunft der Pflege. Solche existenziellen Fragen sind oft auch entscheidende in einem religiösen Sinn. Die Suche nach Orientierung schließt das Streben nach einem gerechten, „guten Leben" – für alle – ein. Vom verheißenen „Leben in Fülle" spricht das Johannesevangelium (10,10).

Begegnungen mit Kunst, Musik, Literatur eröffnen Zugänge zum Unbedingten und Geheimnisvollen unserer Existenz, zu einem Dasein, das über sich hinausweist. Der Theologe, Religionsphilosoph und spätere Aachener Bischof Klaus Hemmerle brachte es als Gründungsdirektor der Freiburger Akademie auf den Punkt: „Lass mich dich lernen, dein Denken und Sprechen, dein Fragen und Dasein, damit ich daran die Botschaft neu lernen kann, die ich dir zu überliefern habe." Oft sind es die Begegnungen „dazwischen", die die religiöse Frage befördern.

Gott und die religiöse Frage in einer katholischen Akademie: Nicht immer ausdrücklich. Aber immer anwesend. Und mehr als denkbar.

Norbert Schwab, Theologe, Stellvertretender Direktor der Katholischen Akademie Freiburg

IV. Das Jenseits im Diesseits – das Sein und das Nichts

Patrick Roth

Der Untergang des Hauses Eli

I

Der Mensch der Moderne hat seinen Mythos, seinen Mittelpunkt, sein Bezogensein auf ein Unendliches und damit seinen höchsten Wert verloren. Und er hält es nicht einmal für sinnvoll, solchem Verlust nachzuforschen. Auch die Kunst wagt es nicht mehr, den Sinn herauszuarbeiten, geschweige denn ein Phänomen wie „Auferstehung" zu thematisieren. Dort läge ja höchster, Ich und Ratio übersteigender, verpflichtender Sinn. Unser Bewusstsein wird beherrscht von einer rational materialistischen, seelentötenden Sichtweise.

II

Unbewusst suchen die Menschen unablässig nach Sinn. Mit Psalm 63 müsste man sagen: „Uns dürstet." Zugleich wird uns von überall her gesagt: „Es gibt kein Wasser." Es ist aber umgekehrt. Die Tatsache, dass uns dürstet, beweist, dass es „Wasser" gibt. Man müsste also zeigen, wo das Wasser zu finden ist. Dazu bedarf es der Erfahrung, dass die biblischen Bilder lebendig sind – tief in uns. Im Traum zum Beispiel, aus dem, sobald seine Bilder verstanden sind, Sinn auferstehen und wie „lebendiges Wasser" auf uns wirken kann.

III

Mit „Glauben" verbindet sich für uns heute – gerade im religiösen Kontext – die Vorstellung, man müsse die Augen schließen und einen „leap of faith" vollbringen, den „Glaubenssprung", einen Sprung über den Abgrund. Blindem Glauben aber entgeht der wichtigste Aspekt in der Beziehung zum Göttlichen – das *Vertrauen*. Das griechische *pistis* (das Luther mit „Glaube" übersetzt) bezeichnet im Kern die Treue und das Vertrauen zu einer ursprünglichen Erfahrung des Numinosen. Was heißt ursprünglich? Ich denke in diesem Zusammenhang an Paulus, an seine Damaskus-Erfahrung. Aber auch viele der Menschen, zu denen er sprach, vertrauten ihm – ohne selbst erfahren zu haben. Etwas von seiner numinosen Erfahrung „sprang auf sie über". Das hört sich pfeilrasch an – und schmerzlos. In Wirklichkeit aber ist es ein Opus, ein Lebenswerk, das „jetzt" begonnen, täglich neu geprüft sein will. Der langsamste Pfeil.

IV

Das traditionelle Im-Glauben-Enthaltensein findet man noch im Glaubensbekenntnis, das die wichtigsten Glaubensdaten dokumentiert, die wir haben. Wenn diese Aussagen *wirklich*, nämlich im innersten Herzen, geglaubt werden, dann gibt es kein Problem, denn dann ist man „contained", gefasst. Dieser containing-aspect ist heute aber im Allgemeinen verloren, das Glaubensgefäß ist gebrochen. Wir leben, wie T. S. Eliot das schon 1922 in seinem großen Poem formulierte, im „Waste Land", einer – auch geistigen – Landschaft der „broken images". Vor diesem Hintergrund der zerbrochenen Bilder, dem Kennzeichen der Moderne, unserer Gegenwart, sehe ich „Sunrise", meinen Roman und seinen Protagonisten. Joseph ist keine historische Figur per se, er ist vielmehr eine archetypische Gestalt. Die sicherlich damals in dieser historischen schon enthalten, vorgezeichnet war und die jetzt auf unsere Zeit hin gedeutet wird. Ich gehe also vom Archetyp aus: Joseph, der *custos*, wie es heißt, der Beschützer, aber auch: Joseph, der „gerechte Mann", und das ist für mich vor allem: Joseph der Mann, der sich auf die Träume versteht.

V

Eine Zeitenwende bahnt sich an, wenn die Gegensätze unversöhnlich auseinanderklaffen. Die gegenwärtige Wende scheint mir jener in „Sunrise" nicht unähnlich. Kollektiv und individuell sind wir – im Bild jenes Buchs gesprochen: von den Legionen eines power-and-pleasure-besessenen Materialismus belagert, innerlich ausgehungert, der höchsten geistigen und seelischen Werte beraubt, dabei bis aufs Messer zerstritten. Das war auch die Lage Jerusalems vor dem Untergang im Jahr 70. Damals schrieb jemand: „Schrecklich ist es, in die Hände des lebendigen Gottes zu fallen." In einer Zeit wie der unseren, da – wie vor 2000 Jahren – ein neues Gottesbild heraufzieht, könnte es rettend sein, bewusst zu bleiben für das Ungeheuerliche, das Geschichte im Hintergrund bewegt. Das Individuum würde in seiner Gespaltenheit nicht blind mitgerissen von der Wende, seine Wurzeln vergessen, sondern sich josefgleich über die geerdete Hostie beugen, den höchsten seelischen Wert vor der Auflösung zu bewahren. Das ist der neue *custos*.

VI

Vertrauen, wie ich es verstehe, ist ein individuelles Prinzip und sollte nicht länger immer nur außen in der Welt gesucht werden. Man redet vom „Vertrauen in eine Partei", in die Institution Kirche, in seinen Partner etc. Das ist alles „außen", und das heißt: das eigentliche Geheimnis dieses Vertrauens bleibt projiziert – so wie es bei der Berufung des jungen Samuel der Fall war, der mehrfach meinte, Eli habe ihn gerufen. Der also die Stimme Gottes im Traum beim Erwachen auf den ehrwürdigen Alten projizierte, als habe der ihn gerufen. Irgendwann, sagt das Buch Samuel, hört solche Projektion auf – und das „Haus Eli" bricht zusammen. Es geht heute wirklich um etwas, das in uns, in unserem Inneren gehört und erkannt, endlich er-hört und nicht länger nur in äußerer Autorität gesucht werden will. Wir können von der „Pest" unbewusster Projektionen nur insoweit geheilt werden, als wir fähig werden, ihre Auslöser innen zu erkennen und sie assimilierend zurückzunehmen. Das kann wiederum nur geschehen, wenn wir eine Beziehung zum eigenen Unbewussten aufbauen, das heißt, wenn der Einzelne fähig wird, einen Dialog mit seinem Inneren zu führen, Austausch mit den Bildern, Stimmen und Stimmungen sucht, die ihn ergreifen. Es sind Inhalte, die er nicht gemacht hat. Auf unsere Gesellschaft heute bezogen hieße solches Dialog-Halten: mit dem Werk einer neuen Aufklärung, einer *inneren* Aufklärung, zu beginnen und mit ihr das Ende des kollektiven psychologischen Analphabetismus einzuleiten, an dem die Bilder unserer Seele unverstanden zerschellen.

VII

Alles kommt auf den einzelnen Menschen an, davon bin ich überzeugt. Darin eingeschlossen ist die Erfahrung, das Vertrauen auf die Kraft des Einzelnen, der sich *nicht* als quantifiziertes Opfer kollektiver Statistik geschlagen gibt, sondern den Mut hat, sich auf seine ureigene Erfahrung zu beziehen und nicht auf die kollektive Meinung. Dieser Mensch hat eine Beziehung zu seinem Inneren, zu seiner Seele, die ihm sagt: „Dem vertraue ich, denn das habe ich geprüft, das hat sich bewährt in mir." Ein Mann, eine Frau, die keine Beziehung zum Unbewussten hat, kann jede Sekunde Opfer einer fanatischen Idee werden, kann mitgerissen werden von irgendeinem pseudo-intellektuellen Virus.

VIII

Die menschliche Psychologie ist ohne Kenntnis der biblischen Bilder in ihrer Tiefe überhaupt nicht zu verstehen, so ähnlich konstatierte bereits C. G. Jung. Das heißt aber, dass dieselbe Kraft, die schon vor 2700 Jahren die Gesichte Jesajas oder Jeremias formte, noch heute wirkt, im Einzelnen. Im Gros der Fälle geschieht das sicherlich einige gewaltige Nummern kleiner – aber im Wesen gleich. Vielleicht wäre aber selbst die riesige Last, die Verantwortungslast des Gesehenen, die damals auf jenen Propheten lastete, im Kleinen für uns Heutige nachvollziehbar. Nicht nur weil wir – wie jene – in einer Wendezeit leben. Es könnte sein, dass deren Verantwortungslast am Ende unseres Lebens der Gesamtlast der vielen unverstandenen Träume, unbeachtet gelassenen Einfälle, verachteten oder wiederholt unterdrückten Gefühle entspräche, die wir nicht bewusst leben ließen und die uns doch von Gott anvertraut waren. „Anvertraut" eben als „Talent" – wie im Gleichnis von den Talenten – im Sinn einer „Aufgabe": „Mach etwas damit! Setze es ein! Wage dich!"

Patrick Roth, Schriftsteller und Regisseur, Mannheim.

Volker Gerhardt

Die Gegenwart Gottes oder Über die Aktualität des Glaubens

1. *Die kosmische Gegenwart Gottes*

Für einen Gläubigen, dem unter den unübersichtlichen, derzeit einmal wieder aussichtslos erscheinenden politischen Bedingungen seiner Zeit an der Gegenwart Gottes gelegen ist, besteht die wichtigste Bedingung seines Glaubens darin, dass Gott selbst gegenwärtig ist. Dass uns weder die Aufklärung noch die Säkularisierung, weder die Vernunft noch die modernen Wissenschaften, weder Katastrophen noch Kriege einen Grund geben, daran zu zweifeln, möchte ich in den neun Hauptpunkten meines Textes anschaulich machen.

Beginnen aber möchte ich mit dem Hinweis auf ein epochemachendes Buch, dessen Inhalt ausschließlich auf eine *Natur* bezogen ist, zu deren Erklärung, so die ausdrückliche Aussage des Autors, Gott gar nicht gebraucht werde.

Es handelt sich um Immanuel Kants erstes unabhängig von akademischen Verbindlichkeiten geschriebenes Werk, das er als junger Mann von dreißig Jahren unter dem Titel „Allgemeine Naturgeschichte und Theorie des Himmels" 1755 veröffentlichte. Da der Verlag kurz nach Erscheinen des Buches in Konkurs ging und die noch gar nicht ausgelieferten Bände, gerichtlich versiegelt, in Vergessenheit gerieten, fand das Werk keine Leser. Erst 42 Jahre später wurde der Text in einem Sammelband mit kleinen Schriften Kants erneut veröffentlicht. Wirklich bekannt wurde er jedoch erst ein weiteres halbes Jahrhundert später durch Alexander von Humboldt und Hermann von Helmholtz.

IV. Das Jenseits im Diesseits – das Sein und das Nichts

Heute zählt das Buch zu den Pionierleistungen der neuzeitlichen Kosmologie. Denn Kant hat wesentliche Entdeckungen der auf ihn folgenden Astronomie vorweggenommen. Zu erwähnen ist seine These von der Entstehung des Kosmos aus rotierenden Gasnebeln, das mögliche Pulsieren kosmischer Welten in Werden und Vergehen oder die Erklärung der aus Sternenschwaden bestehenden Milchstraße am nächtlichen Himmel. Sie war für Kant der anschauliche Beleg dafür, dass auch unser Sonnensystem Teil einer Galaxie aus „Bergen von Tausenden" von Sonnen ist.

Am Beginn seiner umfassend angelegten und mit großem literarischen Aufwand geschrieben Geschichte des Kosmos stellt der junge Kant die These auf, dass man Gott zur Erklärung des Naturgeschehens nicht mehr nötig habe! Gott brauche nur dafür zu sorgen, dass überhaupt etwas ist und dass die von ihm gegebene „Materie" sich nach den Grundgesetzen von Anziehung und Abstoßung bewegt. Alles Weitere: die Entstehung, Entwicklung und Entfaltung sowie die sich wiederholenden Untergänge der Welt vollziehen sich von selbst.

Am Anfang des Buches sieht es daher so aus, als könne Gott in dieser Welt aus zahllosen Welten vergessen werden. Doch für Kant bleibt der Gott keineswegs nur in der überall nach ihren eigenen Gesetzen wirkenden Materie gegenwärtig. Denn die lässt sich nicht als bloß äußerlich gegebene physikalische Größe begreifen, weil der menschliche Geist nur zu genau erfährt, dass er selbst einer materiellen Konstellation der Erde im Sonnensystem entstammt.

Hinzu kommt die menschliche Empfänglichkeit für Schönheit und Erhabenheit. Ihr steht die unabsehbare Größe des Weltenraums mit ihrem Zusammenspiel von Werden und Vergehen in unüberbietbarer Vollkommenheit vor Augen. Folglich tritt der für die Erklärung der kosmischen Ereignisse gar nicht benötigte Gott als der, der das Ganze möglich gemacht hat, in seiner ganzen Unbegreiflichkeit vor Augen. Selbst wenn der Mensch nur für den kurzen Augenblick seines Lebens an diesem göttlichen Ganzen teilhaben kann, ist das für ihn Grund genug, sich selbst als Teil der in allem anwesenden Gegenwart Gottes zu begreifen.

Von nichts spricht Kant so anschaulich wie von den Gegensätzen der Natur: „Welten und Weltordnungen" entstehen und vergehen, um „von dem Abgrunde der Ewigkeiten verschlungen" zu werden („Allgemeine Naturgeschichte und Theorie des Himmels", Akademieausgabe Bd 1, 317). Der „Phönix der Natur" verbrennt sich nur darum, „um aus seiner Asche wiederum verjüngt aufzuleben" (ebd. 321). Es ist unschwer zu erkennen, dass Kant hier nicht nur Motive einer Lehre von der ewigen Wiederkehr variiert, die in den verschiedenen Teilen der Welten auch ungleichzeitig erfolgen kann. Damit erspart er sich, vom unablässigen Kreislauf des menschlichen Elends zu sprechen, das auch er selbst in seinen jungen Jahren reichlich erfahren hat.

Der Gleichmut, mit dem Kant angesichts der Gegenwart Gottes von allen kosmischen Ereignissen, zu denen ja auch das Leben auf der Erde gehört, spricht, wirkt auf sein Urteil über die Wechselfälle des menschlichen Daseins zurück: Im Blick auf den „bestirnten Himmel über mir", den Kant 33 Jahre später in seiner Verbindung mit dem „moralischen Gesetz" in sich als Quietiv und Stimulanz des menschlichen Lebens auszeichnet („Kritik der praktischen Vernunft"), liegt also schon 1755 die Ermutigung, mit dem erfahrenen Unglück unerschrocken umzugehen und sich vom Vertrauen in den göttlichen Grund nicht abbringen zu lassen. Der „Mut, sich seines eigenen Verstandes zu bedienen" („Beantwortung der Frage: Was ist Aufklärung?"), den Kant später dem mündigen Menschen im Interesse der Aufklärung empfiehlt, hat also einen Grund auch im Bewusstsein des wiederkehrenden Geschehens in der großen und kleinen Natur.

Vor diesem gleichermaßen metaphysischen wie historischen Hintergrund fällt es leichter, sich mit der aktuellen Debatte über das zu befassen, was mit der Gegenwart Gottes gemeint ist.

2. *Die Säkularisierung ist ein Gewinn für den Glauben*

Die öffentliche Diskussion, ganz gleich, ob sie sich um den Kampf der Kulturen, die Forderung nach Gerechtigkeit, die Sicherung des Rechts, die Abwehr des Terrorismus, um die Reichweite der Schwangerschaftsberatung oder um das Problem der Sterbehilfe dreht, ist von den Folgen alter religiöser Gegensätze geprägt. Sie kommen dem aufgeklärten Europäer inzwischen wie ein Relikt alter, längst überwundener Zeiten vor, mit dem er nur dann behutsam umgeht, wenn er die Gefühle jener, die, wie er meint, noch im rückständigen Glauben befangen sind, nicht verletzen möchte.

Unter dem Gebot der Toleranz sind die Europäer diplomatisch geworden. Sie äußern sich mit Vorsicht, weil sie die gute Nachbarschaft zu Hause oder in der Welt nicht gefährden wollen. Tatsächlich aber ist ihnen der Glauben mehrheitlich eher gleichgültig geworden. Gott erscheint wie ein Geist aus alten Zeiten, der in der zivilisierten Gegenwart nichts mehr zu suchen hat. Statt in der Säkularisierung die Befreiung zur eigentlichen Bestimmung eines alles Wissen sowohl tragenden wie übersteigenden Glaubens zu erkennen, wird in ihr ein definitives Ende der Religion gesehen, das den Tod Gottes zu einer historischen Tatsache macht.

Das ist ein epochaler Irrtum, in dem nicht nur ein Missverständnis des Glaubens, nicht nur eine Fehleinschätzung der religiösen Überlieferung, sondern auch ein Selbstmissverständnis der Aufklärung zum Ausdruck kommt. Der Irrtum schwächt die Berufung auf die alteuropäische Vernunft und vermindert die Glaubwürdigkeit in die Ideale der Menschheit und der Menschlichkeit. Natürlich kann und soll man sowohl für das Recht im Allgemeinen als auch für die Menschenrechte im Besonderen ohne Berufung auf religiöse Motive argumentieren. Auch die Begründung der Moral kommt solange ohne Berufung auf den Glauben aus, als es noch nicht um den Anspruch geht, ihr auch in existenziell extremen Lagen tatsächlich zu folgen. Aber sobald Entscheidungen auf Tod und Leben anstehen, sobald wir im Zweifel sind, ob wir uns angesichts riskanter Folgen von der wohlbegründeten Wahrhaftigkeit abbringen lassen, wird eine Kraft benötigt, die aus bloßer Vernunft schwerlich entspringen kann.

Dann brauchen wir ein Verständnis unserer selbst, das einen Rückhalt im Ganzen des Daseins hat, mögen die Zustände im Einzelnen auch noch so unglücklich, sinnwidrig oder widerwärtig sein. Dann benötigen wir zumindest eine tief gegründete „Überzeugung", für die wir durch unser Handeln „Zeugnis" ablegen. Es ist kein Zufall, dass der englische Ausdruck für „Überzeugung", *belief,* zugleich auch für „Glauben" steht.

3. Das Vertrauen in die Welt im Vertrauen in uns selbst

Die Rede ist vom Dasein eines Menschen, der sich nicht damit abfinden kann, auf den Zufall hin zu leben. Und das kann er schon deshalb nicht, weil er nicht davon absehen kann, seinem Handeln einen Sinn zu geben. Der wiederum hat nicht nur in Verbindung mit dem zu stehen, was die Sinne bieten und was durch Erinnerung im Sinn gehalten werden kann, sondern er ist auch mit der verständigen Gegenwart seiner Mitmenschen verbunden. Der Sinn, den ein Mensch mit seinem Handeln verknüpft, reicht tief in die physiologische Organisation seiner Sinne hinein und ist über sie nicht nur mit seiner leiblichen Verfassung, sondern auch mit den wahrgenommenen äußeren Verhältnissen vermittelt. Durch seine Bindung an Bedürfnis, Erinnerung und Erwartung hat der Sinn überdies eine zeitliche Dimension, die vorrangig zwar die Lebenszeit des Individuums umfasst, aber in seinen Ängsten und Sorgen sowie in seinen politischen, privaten, oft auch höchst persönlichen Hoffnungen über den Tod hinausgeht.

In dieser Verbindung aber ist bereits ein Sinn der menschlichen Existenz unterstellt, die mit der Wirklichkeit, in der sie sich behauptet, verträglich sein muss. Die Erwartungen des seiner selbst bewussten Menschen sind somit auf eine Welt bezogen, in der er sich nicht als ein vollkommen Fremder erfährt. Also liegt im Einsatz für die Erhaltung und Entfaltung des eigenen

Lebens ein Vertrauen, das dem alten Glauben zumindest zum Verwechseln ähnlich sieht.

Doch wie dem auch sei: Sicher ist, dass sich das Vertrauen in die eigenen Kräfte mit dem Weltvertrauen verbindet. Und zu den historischen Tatsachen der alteuropäischen Überlieferung gehört, dass sich das Selbst- und Weltvertrauen nicht vom Glauben an einen göttlichen Grund des Daseins ablösen lässt. Wenn wir uns daher auf Leistungen berufen, die ihre Wurzel in der christlichen Überlieferung haben, sollten wir die Bedingungen nicht übersehen, aus denen sie hervorgegangen sind. Das gilt für den *Ernst*, mit dem wir immer noch über moralische Fragen verhandeln; und es gilt für die *Entschiedenheit*, mit der für politische Ziele gestritten wird, ganz gleich, ob es um die Rechte von Minderheiten, die Unabhängigkeit eines Landes oder um den Frieden geht.

4. *Gott als Grund*

Es gehört gewiss zu den großen Errungenschaften der europäischen Kultur, zwischen *moralischen*, *politischen* und *religiösen* Zielen unterscheiden zu können. Aber wir stellen eben diese Leistung begrifflicher Differenzierung infrage, wenn wir im halbstarken Verzicht auf religiöse Optionen das Gespür dafür verlieren, wie das Ferment des Glaubens gerade in den moralischen und politischen Überzeugungen weiterwirkt. Das allgemein verbreitete Bekenntnis zur Säkularisierung der westlichen Zivilisation hat alle Züge eines modischen Missverständnisses. Es entspringt dem frommen Wunsch der Wissenschaft, nur bei sich und ihren eigenen Methoden bleiben zu können. Doch es ist nun einmal so, dass die Wissenschaft auf Gründen und Motiven ruht, die selbst nicht wieder wissenschaftlich genannt werden können. Alle Motive sind, wie Nietzsche treffend sagt, „geglaubte Motive" („Fröhliche Wissenschaft").

Das Gleiche gilt für Moral und Politik. Sie lassen sich selbst nicht allein moralisch oder politisch fundieren. Der Glaube hingegen bewegt sich in der Grenzregion des Wissens, in der man – angesichts der Abgründigkeit des Daseins – die paradoxe Gewissheit einer Entsprechung von Selbst und Welt gewinnt. Der Begriff für diese nur individuell zu erfahrende Versicherung im Ganzen ist – *Gott*.

Die Bibel hat recht, wenn sie dem Menschen verbietet, sich ein Bild von Gott zu machen. Ein Bild, wie großartig, respektvoll und verehrungswürdig es auch sein mag, wird immer unangemessen bleiben. Entsprechendes gilt für den Begriff Gottes. Auch er kann bestenfalls die Grenze des Wissens bezeichnen, die sich nur im Glauben überschreiten lässt. Aber auch vom

IV. Das Jenseits im Diesseits – das Sein und das Nichts

Glauben, den jeder selbst erfahren und selber leben muss, kann man bloß exemplarisch sprechen. Dies aber muss man tun, wenn eine Zivilisation, die sich auf Leistungen beruft, die aus einem Jahrtausende alten Glauben stammen, plötzlich dazu übergeht, diesen Glauben abzulegen wie ein altes Kettenhemd, das man heute nicht mehr nötig hat. Die exemplarische Rede aber kann nicht anders als persönlich sein. Dafür habe ich an anderer Stelle ein Beispiel gegeben, das ich hier nicht wiederholen muss (vgl. „Warum ich ein Christ bin", in CHRIST IN DER GEGENWART, Nr. 27/2002). Die theoretische Essenz des persönlichen Bekenntnisses ist, dass die Tradition des jüdisch-christlichen Glaubens eine Lebensform hervorgebracht hat, aus der wir uns nur um den Preis der Selbstaufgabe entfernen können. Wirklich verlassen, uns vollkommen von ihr befreien, können wir die in uns wirksame Lebensform nicht.

5. *Kurzschluss aus Mangel an Beweisen*

Am Beispiel Nietzsches kann man lernen, dass selbst das wildeste Verlangen, dem Gott zu entkommen, das ersehnte Nichts verfehlt. Nietzsches literarischer Gottesmord war auf ein Wesen bezogen, das ihm mit den Gottesbeweisen der Philosophie zu abstrakt geworden war. Deshalb suchte er nach einem neuen Gott, der dem Menschen wieder so nahe sein sollte, wie er es im Zorn des Alten und in der Liebe des Neuen Testaments gewesen war. Damit blieb Nietzsche schon in seinen Motiven an die Tradition gebunden, die er zu überwinden suchte. Um sich dennoch von ihr zu lösen, nahm er das Scheitern der philosophischen Gottesbeweise zum Anlass, auf die Entbehrlichkeit eines höchsten Wesens zu schließen.

Das ist ein trivialer Kurzschluss. Zu Nietzsches Entschuldigung kann man sagen, dass der Fehler bereits in den Beweisen für das „Dasein" Gottes angelegt ist. Denn „Dasein" kann es nur nach Art eines Gegenstandes geben. Da mag man noch so wortreich erklären, Gott sei reiner „Geist" oder reines „Leben": Wenn er ein beweisbares „Dasein" haben soll, braucht er ein stoffliches Substrat nach Art einer physischen Tatsache, auf die man zeigen können muss. Also benötigt er einen Ort in Raum und Zeit. Und spätestens mit diesem Kriterium wird Gott zu einem Objekt in der Welt gemacht, dem alles das nicht zukommen kann, was man von einem Gott erwartet. Deshalb liegt es nahe, aus dem Scheitern des Beweises für das quasi physikalische Dasein Gottes zu schließen, dass es sinnlos ist, überhaupt an ihn zu glauben. Aber das könnte nur überzeugen, wenn Gott eine Sache unter lauter Sachen wäre.

6. *Gott als die Gegenwart des Ganzen*

Die großen Denker der Antike waren von der modernen Versachlichung Gottes weit entfernt. Für sie war die Realität noch nicht auf den Einzugsbereich der Physik beschränkt. Sie konnten Gott als das Wesen denken, dem schlechterdings alles seinen Impuls verdankt. Eine ursprüngliche Bewegung von allem, was irgendwie von Bedeutung ist, kann jedoch, wenn sie denn wirklich *in allem* sein soll, nur aus dem *Inneren* eines *jeden* kommen. Es muss dies freilich ein „Innen" sein, das weder räumlich noch zeitlich konzipiert ist.

Tatsächlich haben wir ein derartiges „Innen" in unserem Bewusstsein. Es ist das Bei-sich-selbst-Sein des Empfindens und des Fühlens, des Denkens und des Wollens, also die unnachahmliche, nur von jedem selbst zu erfahrende Wachsamkeit des ganzen Menschen. Dafür stehen die traditionellen (und bis heute unverzichtbaren) Begriffe der „Seele", des „Geistes" und des „Willens". Die Größe der antiken Denker besteht darin, Gott als die Gegenwart des Ganzen im Ganzen des Menschen zu denken: So wie der Mensch sich ohne „Seele", Geist" oder „Willen" nicht begreifen kann, so kann er auch das Ganze des Kosmos nicht ohne „Seele", „Geist" oder „Willen" verstehen. So wie der Begriff des Menschen sinnlos wird, wenn wir ihn nicht auf das Ganze seiner Selbstbewegung beziehen, so wird auch der Begriff der Welt oder des Seins sinnlos, wenn wir ihn nicht als ein Ganzes nehmen, das uns gegenwärtig sein kann.

Dabei darf man nicht vergessen, dass „Welt" oder „Sein" Begriffe sind, die unserem Bedürfnis entspringen, selbst noch das unendlich Große und ungeheuer Vielfältige in ein Verhältnis zu uns selbst zu setzten. Zwar versuchen sie das Ganze eines von uns unabhängigen Zusammenhangs zu erfassen, aber dies tun sie, wenn ich so sagen darf, *für uns*. In ihnen machen wir die Welt (oder das Sein) zu unserem Gegenüber, in das wir, unabhängig von der Kontraposition im Akt der Erkenntnis, selber eingelassen sind. Im Terminus der „Welt" eignen wir uns auch noch das uns denkbar Fremdeste an. Folglich kann es uns nicht als das vollkommen Andere gegenüberstehen. Die „Welt" ist „unsere Welt", die Realität ist immer auch „unsere Wirklichkeit", das „Sein" ist nur dann vollständig konzipiert, wenn es unser Dasein umfasst. Eben darin liegt ein „Sinn von Sein".

Gott ist demnach die „Seele", der „Geist" oder der „Wille" des Ganzen. Es „gibt" ihn so sicher, wie es das Ganze gibt. Und es gibt ihn umso mehr, als sich der Mensch als eine Ganzheit in der Vielfalt des Ganzen versteht. Gott ist damit das denkbar Größte, das uns gleichwohl denkbar nahe ist. Er ist wie Platon sagt, der Seele am nächsten. Nach den Göttern, so heißt es in den „Nomoi", ist „die Seele das Göttlichste". Und die atemberaubende Begründung dafür lautet, dass sie „der allereigenste Besitz ist" – *metá theoús psychē theiótaton, oikeiótaton ón* (Nom. V 726a).

7. Innerlichkeit ohne Rückzug aus der Welt

Die antike Konzeption des in der Gegenwart des Bewusstseins notwendig gegenwärtigen Gottes ging auch in das Judentum der letzten vorchristlichen Jahrhunderte ein. Es kann daher nicht verwundern, dass die Vorstellung von dem nur innerlich erfahrbaren Gott im urchristlichen Denken wiederkehrt. Sie wurde hier allerdings in maßgeblicher Weise vertieft. Denn in Christus ist der Gott als Mensch exemplarisch geworden. Er wirkt durch die erfahrene Nähe, und das heißt: durch die Liebe, in der sich der Mensch dem Gott verbunden weiß.

In der Liebe wird die Innerlichkeit der Person konzentriert; sie führt zu einer Steigerung der Individualität und eröffnet eben damit ein Feld praktischer Mitmenschlichkeit, die sich so im antiken Denken nicht findet: Der Gott wird zum Bewegungsmoment des selbstbewussten Menschen, der sich in der Hinwendung zu seinesgleichen zugleich der Welt verbunden weiß.

Die historische Leistung des Christentums liegt somit darin, dass sie den erlebten Binnenraum des Menschen erweitert und vertieft, ohne ihn der Welt zu entziehen. Hier haben wir eine Religion der ausgeprägten Individualität, die ihren Weg zu Gott, zur Gewissheit ihres Lebenssinns, in der Hinwendung zu seinesgleichen erfährt. Diese Mitmenschlichkeit aber kann sich überzeugend nur in der tätigen Bewältigung des Daseins entfalten. Der an sich selbst erfahrene innere Reichtum korrespondiert mit der praktisch-tätigen Welterschließung.

8. Das Zeugnis des Glaubens

In der von innen verstärkten Hinwendung zu der nur gemeinsam erfahrbaren Welt liegt ein wesentliches Antriebsmoment für die Entwicklung der europäischen Zivilisation. Es ist also nicht nur meine individuelle Lebenserfahrung unter katastrophalen geschichtlichen, aber überaus glücklichen persönlichen Bedingungen, die mich an das Christentum bindet. Wer bewusst in der von der Antike begründeten humanistischen Tradition zu leben versucht, wer sein Leben aus eigenen Gründen, im Bewusstsein der Verantwortung vor seinesgleichen und auch wirksam führen will, der bleibt christlich grundiert, ganz gleich, welchen modernen Anstrich er sich gibt. Folglich ist es nur eine Frage der persönlichen Konsequenz, es nicht bei der historischen Disposition zu belassen, sondern auch in der Präsenz, in der Gegenwart des eigenen Daseins im Bewusstsein des Glaubens zu stehen.

Natürlich haben die kirchlichen Lehren die individuell und sozial erschlossene Weltlichkeit des Christentums nicht immer anerkannt. Der Dogmatismus ist nicht nur eine Jugendsünde, sondern auch eine Alterskrankheit, für die eine Institution, die sich „katholisch" nennt, besonders anfällig ist. Aber der nur mit dem einzelnen Menschen lebendig werdende christliche Glaube hat sich in einer schier unglaublichen Weise immer wieder über die sklerotische Beschränkung des Klerus hinweggesetzt und der Kirche fortwährend zu neuem Leben verholfen. Dabei hat er zwar eine Vielfalt von Bekenntnissen erzeugt, aber deren gemeinsamer Ursprung ist nicht versiegt. Die an ein großes Individuum und dessen unwahrscheinliches, gleichwohl sicher bezeugtes Leben geknüpfte Botschaft hat eine über zwei Jahrtausende wirksame Kraft bewiesen. Sie belegt für jeden, der denken und fühlen kann, dass ein Leben in der Gewissheit des Glaubens nicht nur unter den höchst verschiedenen, sondern auch unter den widrigsten Lebensbedingungen möglich ist.

So bietet selbst die wechselvolle, von vielen menschlichen Schwächen geprägte Geschichte des Christentums jedem Einzelnen Anlass, seinem Leben auch im Bewusstsein der eigenen Unzulänglichkeit den Grund zu geben, den er braucht, um der vernichtenden Zufälligkeit des Daseins seine eigene Gewissheit entgegenzustellen. Für diesen unerlässlichen Grund kann es viele Begriffe geben. Der umfänglichste, der uns nicht nur mit der europäischen Tradition, sondern auch mit der Pluralität der Weltreligionen verbindet, ist der Begriff Gottes. Von ihm ist in der Philosophie der Gegenwart zu wenig die Rede. Und dass nunmehr die Wortführer des Denkens kommen, um der Religion ein soziologisches Existenzrecht einzuräumen, macht die Sache nicht besser.

Wenn auch die Theologie sich scheut, vom Glauben an Gott zu reden, hat das nichts mit dem Mose aufgetragenen Bilderverbot zu tun, wohl aber mit dem Verhalten des Petrus, der nicht als Anhänger des in Haft genommenen Herrn erkannt werden wollte. Man versteckt sich hinter den (gewiss nicht gering zu schätzenden) sozialen und politischen Leistungen der Kirche und vergisst den Glauben, der sie möglich macht. Die sozialpolitische Mimikry vor allem der protestantischen Amtsträger rechtfertigt es, eine Trivialität in Erinnerung zu bringen: Die Kirche ist nichts ohne den Glauben, und der Glaube nichts ohne Gott.

IV. Das Jenseits im Diesseits – das Sein und das Nichts

9. *Der Selbstwiderspruch des Atheismus*

Man kann und soll es niemandem verwehren, den Grund seines Daseins in einem selbstbewusst in Anspruch genommenen „Nichts" zu behaupten. Wenn das aber mehr als eine zur Position verschraubte Gedankenlosigkeit sein soll, zeigt das „Nichts" nur die Leerstelle an, die mit eigenen Wünschen gefüllt und gleichgültig, gleichmütig oder trotzig ausgehalten werden kann. Nur wird dabei die durchgängige Begründbarkeit des eigenen Handelns preisgegeben, auf die ja niemand verzichtet, sofern er überhaupt eigene Gründe nennt oder von anderen Gründe verlangt. Auf diese Gründe legen vor allem jene Wert, die sich die Mühe machen, Gott in Abrede zu stellen.

Wie weit der Anspruch der Begründung geht, tritt anschaulich bei jenen zutage, die sich „Nihilisten" oder „Atheisten" nennen. Sie bringen einen Begriff des Ganzen in Anschlag und sagen, dass dieses Ganze grund-, ziel- und zwecklos sei. Diese Sinnlosigkeit des Ganzen kann sich aber nicht auf dessen Teile beziehen, sonst könnten sie selbst nicht so tun, als könnten sie sinnvolle Sätze – etwa die über die Sinnlosigkeit des Ganzen – äußern. Sie reservieren den Sinn also für einen Teil, von dem sie – mit ihren Gründen – auf den Sinn des Ganzen schließen, dies aber nur, um ihn bestreiten.

Das ist ein offenkundiger Widerspruch sowohl im Verfahren als auch in der Konsequenz: Man kann nicht die Einheit einer Schlussfolgerung von einem Teil auf das Ganze unterstellen, um anschließend das Ganze von eben dieser Einheit auszunehmen. Und man kann nicht den Sinn einer Rede vom Ganzen der Welt, des Seins oder der Wirklichkeit in Anspruch nehmen, um darauf gegründet zu erklären, dieser Sinn sei nicht gegeben.

Wer sich von diesem Widerspruch getroffen sieht, wird einwenden, der Begriff des „Sinns" werde hier in zweierlei Weise gebraucht: Der Sinn eines Satzes sei etwas anderes als der Sinn eines Lebewesens oder der einer Tat. Auch bei der Bedeutung von „Grund" dürfe man den Grund einer Handlung nicht mit dem Grund des Daseins verwechseln. Doch in eben dieser Trennung liegt der Fehler, der schon für den Kurzschluss aus den gescheiterten Gottesbeweisen verantwortlich war: Das Ganze des Daseins ist keine Sache nach Art eines Gegenstands. Es ist nur die von uns benötigte Einheit, die wir so dringend brauchen wie die Einheit unserer selbst, die es uns ermöglicht, einheitlich, das heißt in Form einer Handlung, tätig zu sein. Deshalb ist der Sinn, den wir für uns in Anspruch nehmen, von eben der Struktur, die wir dem Sinn des Ganzen unterlegen.

IV. Das Jenseits im Diesseits – das Sein und das Nichts

10. *Wissen und Glauben.*

Es gehört zu den bleibenden Einsichten der Vernunftkritik Immanuel Kants, dass Menschen nicht nach der Art von Gegenständen begriffen werden können. Sie sind Personen, die ihre Wirklichkeit aus den Einheit stiftenden Begriffen haben, nach denen sie etwas tun. Diese Begriffe wenden sie aber nicht nur auf sich selber an; sie erfassen auch das, was sie „Situationen", „Probleme", „Aufgaben", „Ziele" oder „Wirklichkeit" nennen, auf eben diese Art. So legen sie ihre selbst erzeugte Einheit in die Welt hinein, als deren Teil sie sich verstehen. Dabei muss der Sinn, den sie mit ihrem eigenen Tun verbinden, der Bedeutung des Geschehens entsprechen, in dem sie handlungsfähig sind.

Dies wird jeder zugestehen, sofern er nur an konkrete Lebenslagen denkt. Aber der Mensch ist nun einmal so beschaffen, dass er sein Handeln in so großen Einheiten wie der „Gesellschaft", der „Geschichte", des „Lebens", der „Menschheit" oder des „Kosmos" bewerten will. Letztlich ist die Welt die Umwelt des Menschen. Und letztlich benötigt er auch hier die Korrelation von eigenem Sinn und verständiger Bedeutung, wenn er nicht handlungsunfähig werden will. Fragen wir aber, was diese Beziehung zwischen Mensch und Welt ermöglicht – denn möglich ist sie: Dann bleibt uns nur der Name Gottes, von dem wir hier nicht mehr und nicht weniger erwarten, als dass er den Sinn begründet, in dem wir mit der Welt einig sind.

Es gibt also nicht nur geschichtliche Gründe, bei der Religion zu bleiben, die einen Menschen zu dem gemacht hat, der er ist. Man kann auch rational für die Notwendigkeit eines Gottes argumentieren. Die Argumente können freilich nur unter der Bedingung überzeugen, dass man die Leistung rationaler Begründung anerkennt und zugleich von der Unzulänglichkeit des Wissens weiß. Nur dann lässt sich die offenkundige Abgründigkeit des Daseins durch einen Grund überbrücken, der so rational wie möglich ist, letztlich aber nur *geglaubt* werden kann. Der Glaube steht höher als alle Vernunft, aber er steht ihr gerade deshalb nicht entgegen.

Prof. Dr. Volker Gerhardt, Lehrstuhl für Philosophie, Humboldt-Universität, Berlin.

IV. Das Jenseits im Diesseits – das Sein und das Nichts

Holger Zaborowski

Ideen haben Folgen

I

Da stehen wir nun und schauen in den Himmel. Nervös ist unser Blick. War da nicht etwas? Sehen wir nicht etwas Geheimnisvolles am Horizont? Hören wir nicht einen fernen Klang? Doch wann überkommt uns überhaupt noch beim Blick in die himmlischen Weiten jener heilige Schauer, den frühere Generationen oft empfunden haben? Oder erinnern wir uns, in selten gewordenen Augenblicken, nur noch an längst Vergangenes? Allzu viel wissen wir. Allzu vertraut ist das, was wir sehen. Nichts Wunderbares, nirgends. Auch der Blick nach innen führt nur noch selten dazu, eine geheimnisvolle Stimme zu hören und in ihr den Anspruch Gottes zu vernehmen. Erfahren wir in uns selbst noch jenen Abgrund, von dem manche Mystiker nur stammelnd zu sprechen wagten? Schlägt in uns noch jenes Herz, von dessen Unruhe und Gottessehnsucht Augustinus so wortgewaltig sprach? Auch was innerlich war, wurde erforscht und erkundet. Dabei wurde es immer mehr nach außen gekehrt. Erhellend ist, was man heute alles über den Menschen weiß. Wunderbares? Gibt es nicht. Wozu könnten wir es auch gebrauchen?

Gott, so verkündete schon Friedrich Nietzsche, ist tot. Manchmal, an besonders festlichen Tagen, wird er noch eingeladen wie ein alter Onkel, um den sich sonst niemand kümmert. Man weiß, was sich gehört. Man ist doch höflich und respektvoll, und ein wenig gebildet ist man auch. Wir sind schließlich Abendländer. Dann darf der alte Herr zu Tische sitzen und, weltoffen gibt man sich auch, gelegentlich kurz das Wort ergreifen, bevor er wieder hinauskomplimentiert wird. Zu nah möchte man ihm auch nicht kommen. Ob die Kinder sich an diesen Gast noch erinnern werden? Sie müssen selbst entscheiden, wie sie sich zu ihm verhalten. Da will man nicht vorgreifen. Jeder muss doch selbst wissen, was gut für ihn ist.

Menschlich, allzu menschlich ist die Welt geworden. Gott erfüllt in unserer durchrationalisierten Gegenwart keinen Zweck mehr und entzieht sich der Erfahrung, weil wir nur noch unter dem Vorzeichen des Todes Gottes Erfahrungen machen können und, vielleicht, wollen.

Doch so simpel ist es nicht. Denn ohne Gott oder Götter können wir auch nicht leben. Irgendwie ist da ein Verlangen, ob man es nun metaphysisch oder religiös nennt, das sich nicht stillen lässt und das wir, auch wenn der alte Gott keine Rolle mehr spielt, zu befriedigen versuchen. Oder anders und einfacher: Wenn Gott tot ist, bleibt seine Stelle nicht lange unbesetzt. Deshalb ist die Zeit nach Nietzsches Verkündigung des Todes Gottes voller Theogonien, voller Göttergeburten. Ein Tor, wer an die Legende einer götterlosen Welt glaubte! Überall sind sie doch: wiedergeborene oder neu zur Welt gekommene Götter. Und mit ihnen kommt auch das Religiöse mit allerlei bunten Praktiken, Glaubenssystemen und frommen Geboten und Verboten zurück. Nichts, was heute nicht geglaubt oder verehrt würde – manchmal offen und stolz, ein anderes Mal verschämt und im Verborgenen und dann, nicht selten, so, dass einem der eigene Glaube gar nicht bewusst ist.

Und schon ist man mitten in der Dialektik der Aufklärung. Was schwierig klingt, ist im Grunde ganz einfach: Wo viel Licht ist, dort ist auch viel Schatten. Aufklärung und Aberglaube können einander näherstehen, als man zunächst denken mag. Denn es gibt die Gefahr allzu aufgeklärten Denkens: Wenn Menschen nur noch aufgeklärt – im Geiste des modernen Rationalismus – denken und handeln, wird es schnell an manchen Orten ganz dunkel. Der Glaube an die Vernunft wird zum Kult der Unvernunft. Die alltägliche Lebenswelt verschwindet dann, weil sie sich wissenschaftlicher Sprache und Erkenntnis entzieht – und mit ihr auch die Freiheit und das Wahre, Gute, Schöne. Das Besondere wird auf das Allgemeine reduziert und die großen Gefühle und Taten auf Funktionen im Kampf ums bloße Überleben. Wo Emanzipation ins Freie führen sollte, zeigen sich neue Abhängigkeiten. Die radikale Befreiung der Liebe führt zum Tod des Erotischen und zum Zwang des Pornographischen. Und der Terror sucht die Nähe revolutionärer Utopien. Das wusste schon Georg Wilhelm Friedrich Hegel. Theodor W. Adorno und Max Horkheimer haben ihrerseits auf die Gefahren einer grenzenlos gewordenen Rationalität aufmerksam gemacht. Heute sehen wir deutlicher als je zuvor, wie alles sich als berechenbar zeigt und dann auch einen Preis erhält. Die Welt ist immer rationaler geworden und, so nehmen wir auch wahr, wurde dabei zugleich zunehmend irrationaler. Wir können immer mehr erklären und fragen uns trotzdem immer häufiger, wer das alles noch verstehen soll.

II

Der Umschlag des Vernünftigen ins Unvernünftige erfolgt dabei manchmal schneller, als man denkt – und entzieht sich zumeist jeder willentlichen Regulierung. Daher ist zum Beispiel die Diskussion, ob Marx für die Verbrechen des Marxismus verantwortlich sei, so absurd und auch gefährlich, wo – der gute Rauschebartonkel Karl hier, der böse Marxismus dort – jede Verantwortung und damit jeder Zusammenhang geleugnet wird, als lasse sich die Ideengeschichte in der Logik des Strafrechts oder gar der Individualethik behandeln. Denn auch Ideen haben Folgen, manchmal sogar gewaltige. Sollten diese gar nichts mit den ursprünglichen Ideen, so wichtig einzelne Aspekte von ihnen sein mögen, zu tun haben?

IV. Das Jenseits im Diesseits – das Sein und das Nichts

Doch was bedeutet dies alles für die Frage nach Gott und Religion? Das Geschick von Marx' Ideen zeigt dies in allerschönster Deutlichkeit: Der Weg von der Idee zur Ideologie ist kurz. Selbst der Atheismus kann zur Religion, die Partei zur Sekte, der Funktionär zum Heilsbringer werden. Die Geschichte wird zum Weltgericht, dem man, um des zukünftigen Heils willen, die überlieferte Menschlichkeit opfern kann, ja muss. Hoffnungsvoll versucht man – durch Arbeit, Fleiß und Leistung – einem neuen Gottmenschen nahezukommen, der in sich, wie Christus und doch ganz anders, zwei Naturen, die des Erlösten und des Erlösers, vereinigt.

Wer glaubt, diese Dialektik sei selbst schon Geschichte, weil das Weltgericht Ende des 20. Jahrhunderts sein Urteil gesprochen habe, muss sich eines Besseren belehren lassen. Gewiss, der politische Marxismus ist, auch wenn man gelegentlich versucht, ihn wiederzubeleben, mausetot. Wir haben, konsequent wie wir sind, auch ihn getötet oder, wie die Funktionäre in China, so verwandelt, dass, von geschmacklosen Statuen abgesehen, wenig noch von den ursprünglichen Ideen übriggeblieben ist. Doch überlebt im Gewande spätmoderner Vielfalt die Idee der Vergottung des Menschen vor neoliberalem Hintergrund. Ja, Gott selbst überlebt als Steigerung des Menschen. „Homo Deus", der Mensch als Gott oder der Gott Mensch, ist der Titel eines internationalen Bestsellers von Yuval Noah Harari.

Die Idee der Vergottung des Menschen ist nicht ganz neu, doch gewinnt sie in Zeiten von Digitalisierung, Künstlicher Intelligenz und der stetigen Arbeit am Selbst eine verführerische Aktualität. Der Polytheismus feiert dabei fröhliche Urständ. Langsam bevölkert sich der Olymp wieder mit „Unsterblichen", die höchst gesund, glücklich und, wenn noch nicht ewig, zumindest sehr, sehr lange leben. Am Ende wird dann vermutlich alles göttlich, auch die Erde und die Natur, die Sonne und der Mond und alles Technische auch. Denn wie könnte man ihnen verweigern, was man dem Menschen zuspricht? Wie zauberhaft das doch ist. Alles voll von Göttern, göttlichen Mächten und Gestalten.

Das wird heute als Utopie verkauft. Man weiß, dass es ganz anders kommen könnte, dass die Maschinen die Götterrolle übernehmen und den Menschen auf ein kleines Glied in einem unendlichen Datenstrom reduzieren könnten. Dann würde der Mensch zu einem Nichts, einer Fußnote in der Geschichte, die über ihn hinwegeilt – in ferne Gegenden, die wir nicht mehr ermessen können. Utopie und Dystopie, Heilsverkünder und Unheilspropheten wohnen nicht weit voneinander entfernt. Doch selbst die utopische Vision hat in sich das Potenzial zur Schreckensbotschaft. Denn welche Bedeutung hat noch die Rede von Menschenwürde, wenn der Mensch selbst zu einem Produkt geworden ist, das sich um seiner Göttlichkeit willen verbessern und vermarkten muss? Schwer ist es, ein Gott zu sein. Und was ist mit jenen, die ohnehin schon nicht im Lichte stehen: den leidenden und kranken, den armen und sterbenden Menschen, all jenen, die nicht in die neuen Normen von körperlicher Gesundheit, sinnlichem Glück und menschlicher Göttlichkeit hineinpassen?

Die Idee der Selbstvergottung des Menschen wirft jetzt schon enorme Schatten. Welche Illusion lässt uns hoffen, dass es ihr nicht ähnlich wie anderen Ideen ergehen wird? Was sich allzu human gibt, kann schnell ganz unmenschlich werden – weil die Idee in ihrem Kern unmenschlich ist.

III

Unmenschlich ist es, die Endlichkeit und die Gebrechlichkeit des Menschen nicht anzuerkennen. Wo immer dies geschieht, wo der Mensch allzu hoch hinaus will, weil er selbst Götter schafft oder sich zum Gotte macht, fällt er sehr tief. Dann ist der Weg vom Göttlichen über das Götzenhafte zum Teuflischen sehr kurz. Muss man also nicht doch, wie manche Denker vorschlagen, wenn vom Tode Gottes gesprochen wird, auch den Tod des Menschen verkünden? Das könnte konsequent sein.

Doch gäbe es auch eine andere Möglichkeit. Zumindest hat sich diese in der Geschichte gezeigt: die Kunde von einem Gott, der sich nicht auf Zwecke reduzieren lässt, weil er überhaupt erst die Rede von Zwecken sinnvoll macht, der nichts Endliches an sich hat und deshalb auch vom Menschen nicht gemacht werden konnte und der allem Endlichen, das vergöttlicht werden könnte, souverän als der ganz Andere gegenüber steht, weil er es aus dem Nichts geschaffen hat. Dieser Gott gibt der Welt und allen Menschen ihre Würde, weil er sie ins Seins gerufen und gewollt hat und weiterhin anspricht und liebt.

Auch die Idee eines solchen Gottes hat Folgen – nicht nur jene, dass sein Nicht-Sein, wie Anselm von Canterbury dargelegt hat, gar nicht gedacht werden könne. Von diesen Folgen überlebten manche, teils arg fragmentiert, für eine Weile die Botschaft vom Tode Gottes. Heute verklingen auch sie langsam. Doch wäre es nicht an der Zeit, diese Kunde, die Idee und Existenz jenes ganz anderen Gottes wieder in Erinnerung zu rufen? Vielleicht ließe sich dann wieder auf den Anspruch eines Gottes hören, der sich lebendiger und menschlicher zeigen könnte als alle Botschaften seines Todes.

Prof. Dr. Holger Zaborowski, Lehrstuhlinhaber für Geschichte der Philosophie und philosophische Ethik, Vallendar.

IV. Das Jenseits im Diesseits – das Sein und das Nichts

Bernd Irlenborn

Im „Halbschatten" um die Rechtgläubigkeit

Leben wir in der besten aller möglichen Welten? Diese scheinbar abstrakte Frage ist bis heute grundlegend für die christliche Deutung von Gott als Schöpfer der Welt. Der Philosoph und Mathematiker Gottfried Wilhelm Leibniz hat die Frage Anfang des 18. Jahrhunderts gestellt und bejaht. Als allmächtiger Gott hätte er verschiedene Welten schaffen können. Als allgütiger Gott hat er aus dieser Skala die beste Option ausgewählt, unsere Welt. Das Leid und das Übel leugnet Leibniz nicht. Eine Welt ohne Leid hält er aber weder für möglich, sonst hätte Gott sie geschaffen, noch für wünschbar, weil es in ihr auch das Gute nicht gäbe. Dieser Schöpfungsoptimismus wird zuerst von Voltaire mit Spott und Hohn radikal in Frage gestellt: In seiner Satire „Candide" erfährt ein durch die Welt reisender Abenteurer, wie tief das menschliche Leben von Leid, Habgier und Bosheit bestimmt ist und wie wenig unsere Welt der besten aller möglichen Welten entspricht. Aber andererseits, so bleibt bis heute die Gegenfrage: Wäre der christliche Gott nicht ein Zyniker, wenn er eine bessere Welt hätte schaffen können, es aber nicht getan hat? Kann man Gott dann überhaupt noch vertrauen, wenn dies unklar ist?

Die Geschichte der Frage nach Gott im westlichen Kulturraum ist seit der Neuzeit in weiten Bereichen die Geschichte des Zweifels und des schwindenden Vertrauens auf die Existenz eines guten und allmächtigen höchsten Wesens. In Weiterführung der atheistischen Religionskritik von Aufklärern des 17. und 18. Jahrhunderts sieht etwa Ludwig Feuerbach in Gott nicht mehr als ein vom Menschen gestaltetes Wunschbild eigener Sehnsüchte nach Unsterblichkeit und Glück. Daran anknüpfend beschreibt Karl Marx die religiöse Gottesvorstellung nicht nur als eine Illusion, sondern auch als Betäubungsmittel, mit dem sich das Volk über sein Elend hinwegtröstet. Friedrich Nietzsches These vom „Tod Gottes" ist der Höhepunkt der Entzauberungsdynamik in der Geschichte der Frage nach Gott. Am Übergang vom 19. zum 20. Jahrhundert markiert sie, wie der Dichter Durs Grünbein einmal geschrieben hat, einen „Riss" im allgemeinen Bewusstsein der Moderne, ein „negatives Gebet", das stärker ist als jedes „dahingeplapperte Vaterunser". Nietzsches Rede vom Tod Gottes nimmt als eine Ouvertüre des 20. Jahrhunderts die gottlosen Totalitarismen und ihren millionenhaften Mord von Menschen vorweg. Gleichzeitig trägt sie eine schmerzliche Verwundbarkeit ein in jeden hoffenden religiösen Bezug auf ein tröstendes und rettendes Wesen namens „Gott", insofern dieser Glaube seither sich stets der Unterstellung der Naivität oder der Vertröstung gegenüber sieht.

IV. Das Jenseits im Diesseits – das Sein und das Nichts

Das heißt jedoch nicht, dass die Geschichte der Religionskritik und die Übermacht des Leids die Frage nach Gott hätten gänzlich unterdrücken können. Weiterhin bleiben Bruchstellen in den scheinbar geschlossenen Kausalketten des alltäglichen Lebens, die sich der Dimension des Göttlichen öffnen können oder sie zumindest nicht ausschließen. Angefangen von der vordergründigen Erfahrung, dass das Wort „Gott", etwa in Ausrufen wie „Oh, mein Gott", „Gott sei Dank" oder „Grüß Gott", als verbaler Restbestand immer noch vorkommt. Der Zeichenhaftigkeit und Bedeutung beinahe völlig beraubt und trotzdem noch die Leerstelle einer Übermacht andeutend, ist es derart für viele Menschen „zur geräumten Metapher" geworden, wie der Schweizer Pfarrer und Dichter Kurt Marti einmal formuliert hat. Bei einer Metapher ist der Transfer zwischen dem Ausdruck und dem damit Bezeichneten die Aufgabe der Interpretation. Bei einer „geräumten Metapher" droht die Verweisung des Ausdrucks „Gott" ins Leere zu laufen: Auf was bezieht sich das Wort noch?

Doch es gibt auch gegenläufige Erfahrungen. Die neuzeitliche Geschichte der Religionskritik und des Leids führte nicht nur zur Verschattung der Rede von Gott, sondern hat auch einen gegenläufigen Effekt: Gerade das Bewusstsein von Leid und Hass vor und auch nach der Katastrophe der Weltkriege hat deutlich gemacht, wie trost- und hoffnungslos ein Leben der völligen Immanenz unter Ausschluss göttlicher Transzendenz aussähe. So verwundert es nicht, dass in neueren Umfragen die Frage „Glauben Sie an Gott?" weiterhin von einer Vielzahl von Menschen – in Deutschland fast von der Hälfte der Befragten – bejaht wird. Allerdings scheint sich dabei immer stärker die Bedeutung des mit „Gott" Gemeinten von der Vorstellung eines persönlichen Gottes, der sich offenbart und zu dem man beten kann, hin zur Annahme eines höheren, überirdischen Wesens oder einer besonderen geistigen Macht zu verschieben. Selbst unter den katholischen oder evangelischen Befragten gibt es demnach prozentual mehr Menschen, die sich unter Gott ein unspezifisches höheres Wesen oder eine numinose Kraft vorstellen und mit dem Glauben an einen personalen Gott Probleme haben, als solche, die diesen Glauben bejahen.

Wie auch immer man das deuten mag, in Bezug auf die Gottesfrage dürfte in Zukunft ein Phänomen stärker werden, das Religionssoziologen als „diffusives Christentum" oder „Glauben ohne Zugehörigkeit" bezeichnen. Wie etwa der Philosoph Charles Taylor in seinem monumentalen Buch „Ein säkulares Zeitalter" gezeigt hat, wird heute der „Halbschatten" um den Kern der christlichen Rechtgläubigkeit immer größer, und gläubige Menschen gleiten in ihren spirituellen Suchbewegungen mehr und mehr „ins Heterodoxe", weil sie sich von einem Moralismus und Autoritarismus der Kirchen abgestoßen fühlen. Auch in der Theologie wird seit der Neuzeit –

IV. Das Jenseits im Diesseits – das Sein und das Nichts

angesichts eines veränderten Begriffs der Person und des Einflusses der Naturwissenschaft – die kritische Frage erhoben, ob der christliche Gott als Urgrund und Schöpfer der Welt überhaupt noch personal verstanden werden kann. In der Gegenwart finden sich verschiedene theologische Ansätze, die ein „nachtheistisches" oder „transpersonales" Gottesverständnis verfolgen und die Zeit des personal-theistischen Gottesbildes der Tradition als vergangen ansehen.

Was heißt das für die christliche Frage nach Gott? Sie bleibt lebendig und offenbart doch in Prozessen der Transformation des Glaubens vielfältige, uneinheitliche Suchbewegungen. Es gibt so viele Wege zu Gott, wie es Menschen gibt, hatte einst Joseph Ratzinger treffend formuliert. Gibt es auch so viele Gottesbilder, wie es Menschen gibt? Ist die traditionelle christliche Vorstellung eines personalen Gottes der Liebe und der Beziehung, eines Gottes, der uns in Jesus von Nazareth ein menschliches Antlitz zeigt und uns aufruft, ihm zu folgen, nur ein guter Anknüpfungspunkt oder bloß eine Vorlage für die je eigene Konturierung dessen, was zuletzt noch als Gott gelten kann? Liegt darin die Gefahr einer schleichenden Entpersonalisierung des Gottesbildes selbst unter denjenigen, die sich in Zukunft noch als Christinnen und Christen verstehen? Können wir unsere Welt nur unter Anpassung des Gottesbildes wenn nicht als die beste, dann aber noch als die erträglichste unter allen noch schlechteren Möglichkeiten denken? Und passt diese Entwicklung nicht zu einer Gesellschaft, die sich heute in erster Linie auf das Singuläre und Besondere ausrichtet und die „Logik des Allgemeinen" – standardisierte Gottesbilder – verabschiedet hat, wie der Kultursoziologe Andreas Reckwitz wirkmächtig behauptete? Oder verhält es sich genau umkehrt: Ist es nicht ein Zeichen der Lebendigkeit der Gottesfrage, wenn um das Bild Gottes weiter gerungen wird? Zeigt nicht die gesamte christliche Tradition solche Auseinandersetzungen? Wäre es nicht naiv zu glauben, alle Christinnen und Christen hätten zuletzt ein und denselben Begriff von Gott? Ergibt sich diese Differenz in Gott nicht immer schon durch seine Trinität? Und bleibt der Gott der Offenbarung nicht immer der ganz Andere im Vergleich zu unseren Vorstellungen?

Debatten über die Gottesfrage gilt es christlich auszuhalten und zu führen, wenn der Glaube auch in Zukunft lebendig und sprachfähig bleiben will.

Prof. Dr. Bernd Irlenborn, Lehrstuhlinhaber für Geschichte der
Philosophie und Theologische Propädeutik an der Theologischen
Fakultät Paderborn.

IV. Das Jenseits im Diesseits – das Sein und das Nichts

Peter Neuner

Der Sinn aus dem Nichts

Es liegt genau ein halbes Jahrhundert zurück, dass Joseph Ratzinger im Krisenjahr 1968 seine „Einführung in das Christentum" veröffentlichte. Das Eingangskapitel des Werkes handelt über „Zweifel und Glauben". Die Reihung beider Begriffe ist nicht zufällig. Ratzinger setzte an beim Zweifel, und er stellte ihn exemplarisch dar an zwei Gestalten, die zu den Klassikern der christlichen Mystik gerechnet werden: Therese von Lisieux und Paul Claudel. Therese klagte gegen Ende ihres Lebens, „die schlimmsten Versuchungen des Atheismus bedrängen mich, alles ist fragwürdig geworden, alles ist dunkel". Sie fühlte sich versucht, „nur noch das reine Nichts anzunehmen". Bei Paul Claudel erscheint der Glaubende als schwankend, „dem Ozean des Nichts, der Anfechtung und der Fragwürdigkeit" preisgegeben.

Inzwischen haben sich die Ahnungen des jungen Ratzinger weithin bestätigt. Schon das Wort „Gott" ist in unserer Sprache, außer in einigen floskelhaft erstarrten Formulierungen, weithin ausgestorben. Nicht einmal richtig geflucht wird heute noch. Gott scheint im Wort gestorben. Von ihm spricht heute öffentlich nur noch die Religionskritik. Der Atheismus scheint die vorherrschende Form zu sein, wie Gott heute zu Wort kommt.

Ein biblischer Schlüsseltext, der sich dieser Herausforderung stellt, ist die zutiefst anthropomorphe Szene, wo Moses zu Jahwe sagt: „Lass mich doch Deine Herrlichkeit sehen! Der Herr gab zur Antwort: ... Du kannst mein Angesicht nicht sehen; denn kein Mensch kann mich sehen und am Leben bleiben. Dann sprach der Herr: Hier, diese Stelle da! Stell dich an diesen Felsen! Wenn meine Herrlichkeit vorüberzieht, stelle ich dich in den Felsspalt und halte meine Hand über dich, bis ich vorüber bin. Dann ziehe ich meine Hand zurück, und du wirst meinen Rücken sehen. Mein Angesicht aber kann niemand sehen" (Ex 33,18–23).

Dieser Text aus dem Buch Exodus hatte entscheidenden Einfluss auf Martin Luthers Theologie. Wenn er sagt, dass Erfahrung den Theologen macht, meint er die Erfahrung der Anfechtung, des Kreuzes. Nicht ungebrochene Sicherheit, sondern die Kontrasterfahrung bestimmt christliche Existenz. Gott ist uns immer nur von seiner Rückseite, in seiner Umkehrung erfahrbar, in dem, was er nicht ist. Gottesferne erscheint als die vorherrschende Form von Gotteserfahrung. Vielleicht sind wir heute gar nicht so weit entfernt von den Anfechtungen schon zur Zeit des Alten Testaments und der Reformation.

Der Religionsphilosoph Bernhard Welte hat diese Herausforderung in einem Rückgriff auf die christliche Mystik interpretiert. Für die Mystiker war

IV. Das Jenseits im Diesseits – das Sein und das Nichts

die Erfahrung der Gottesferne, das Fehlen Gottes, immer die andere Seite ihrer Glaubensgewissheit. Bei aller Freude über die Begegnung mit dem lebendigen Gott haben sie darüber geklagt, vor einem Abgrund zu stehen, in das Nichts zu fallen, einer Finsternis zu begegnen, die Angst einflößen. Besonders bei Meister Eckhard wird deutlich, dass die Mystiker in ihrem Glauben keineswegs unangefochten waren. Das Nichts, die Leere, der Abgrund, das Scheitern waren immer die Kehrseite ihrer Erfahrung und mit dieser untrennbar verbunden.

Dieser negative Aspekt scheint unausweichlich zu jeder rechten Gotteserfahrung zu gehören. Wer nur Gewissheit und Zuversicht zu finden vermeint, ist wohl bloß selbst gemachten Idolen begegnet. Wie eine Münze zwei Seiten hat, wie man bei einem Magneten den positiven Pol nie haben kann, ohne auch den negativen zu akzeptieren, so scheint es auch in der Erfahrung Gottes. Offenbarung und Verborgenheit lassen sich nicht voneinander scheiden. Die Klage über das Fehlen Gottes ist untrennbares Element der Gotteserfahrung.

Es ist offensichtlich, dass diese negative Erfahrung heute vornehmlich das Denken bestimmt. Auch der Gläubige stößt überall an Fragen ohne Antwort, auf Hoffnungen ohne sichtbare Erfüllung, auf ein Nichts, von dem Jean-Paul Sartre und Albert Camus in ihrer Analyse menschlicher Existenz nicht eindrucksvoller gesprochen haben als die großen Mystiker der Christenheit. Wir kommen aus einer Nicht-Existenz, und wir gehen auf eine solche zu, wir waren einmal nicht, und wir werden einmal nicht mehr sein. An unserer endlichen Existenz erfahren wir das Nichts, nicht allein an den zeitlichen Grenzen, sondern als unser ganzes Sein durchdringend und bestimmend.

Die Erfahrung dieses Nichts ist ambivalent. Sie kann bedeuten, dass da nichts ist und unsere Existenz der Sinnlosigkeit verfallen ist. Das Nichts kann ein nichtendes Nichts sein. Es kann aber auch die Verborgenheit einer unbedingten Wirklichkeit sein, die sich uns entzieht, die aber unausweichlich ist und jeder menschlichen Existenz Sinn verleiht und sie trägt. Welte illustriert die Alternative an einem völlig dunklen Raum, bei dessen Betreten jemand sagt „Ich sehe nichts". Die Versuchsperson sieht, dass sie nichts sieht, und sie wird sich in dem Raum recht vorsichtig bewegen. Vielleicht ist etwas, was sie nicht sieht, weil es sich entzieht. Es wäre fahrlässig, sich so zu verhalten, als wäre einfachhin nichts.

In unserem Leben, in unserem Handeln setzen wir immer voraus und rechnen damit, dass tatsächlich etwas ist, dass es einen Sinn gibt, der über das hinausgeht, was wir klar und deutlich erfassen. In jeder Handlung ist die Sinnfrage implizit beantwortet. Es ist eine Forderung unserer Lebensmöglichkeiten, dass wir das Nichts nicht als nichtiges Nichts verstehen. Wir set-

IV. Das Jenseits im Diesseits – das Sein und das Nichts

zen voraus, dass Wahrheit besser ist als Lüge, Ehrlichkeit besser als Betrug, Liebe besser als Hass. Und selbst wenn jemand die Existenz von Sinn ablehnt, hält er dies für sinnvoller als die gegenteilige Haltung. In unserem Tun haben wir die Frage nach der rechten Deutung des Nichts immer schon beantwortet.

Es ist sehr wohl rational verantwortbar, die Erfahrung des Nichts zu deuten als die Begegnung mit der Fülle einer Wirklichkeit, die wir nicht greifen können und die sich dem begrifflichen Wissen entzieht, die aber unsere Existenz trägt. Das Leiden am Fehlen Gottes, an der Offenheit der vielen Fragen nach einem Warum, der Zweifel, von dem Ratzinger spricht, sie sind die heute vielleicht vorherrschende Form von Gotteserfahrung. Es gibt gute Gründe, darauf zu vertrauen, dass in diesem Nichts die absolute Wirklichkeit begegnet, die der Glaube mit dem Wort Gott bezeichnet.

Die Glaubenden haben den Nicht-Glaubenden nicht die Erfahrung voraus. Aber sie können in religiöser Begrifflichkeit etwas über die Wirklichkeit aussagen, die auch den anderen keineswegs verschlossen ist. Glaubende haben in aller Regel keine anderen Erfahrungen als alle anderen Menschen auch. Doch sie können dem, was sich ihnen erschließt, einen Namen geben. Aber vielleicht kommt es mehr auf die Erfahrung an als auf ihre Benennung.

In Parallele zu den traditionellen Gottesbeweisen möchte ich formulieren: Dieses Nichts, aus dem unser Sein kommt, das es trägt und das Sinn und Ziel verleiht, dieses absolute Geheimnis nennen Glaubende Gott. Es wird an unserem Dasein als das ständige Gegenüber etwas miterfahren, das wir mit unseren innerweltlichen Kategorien nicht erfassen können, das sich unserer Beschreibung mehr entzieht als es sich offenbart, das sich aber doch mächtig aufdrängt und offenbart. Heute können wir nicht mehr mit den klassischen „Gottesbeweisen" sagen, diese Wirklichkeit ist es, die *alle* Gott nennen. Aber Christen und Theologen dürfen diese Wirklichkeit, die sich letztlich allen Menschen zeigt und offenbart, in Zuversicht mit dem Namen Gott bezeichnen.

Prof. Dr. Peter Neuner, Theologe und Ökumeniker, München.

IV. Das Jenseits im Diesseits – das Sein und das Nichts

Hans-Rüdiger Schwab

Über die Welt hinaus denken

Ihrem Selbstverständnis nach ist die westliche Moderne eine Epoche leuchtender Diesseitigkeit: „Welt ohne Ausgang", die eines solchen auch gar nicht bedarf. Zu ihrem „Imagine" permanenter Optimierung, auf die sie alle Energien verwendet, gehört – als Kollateraleffekt teils, und teils bewusst – auch das allmähliche Verschwinden der Religion (in deren überlieferter Gestalt jedenfalls). Wissenschaftliche und technische, soziale und ökonomische Verheißungen machen Gott überflüssig. Geplant-gewollt, entwirft und schafft die Menschheit in offensichtlich zureichendem Rahmen ihr Morgen von ständig gesteigerter Qualität ganz allein. *(Anmerkungen zu den Zitaten und Anspielungen am Ende des Beitrags.)*

Fulminant stellt sich die Erfolgsbilanz der modernen Zivilisation schon jetzt dar. Ihren wirklichkeits-umgestaltenden Aktivitäten ist der alte Gottesglaube hoffnungslos unterlegen. Was diesem nie gelang, brachte jene zustande oder nimmt die Verwirklichung fest in den Blick: Allgemeine Demokratie und Gerechtigkeit auf immer mehr Feldern. Herrschaft der Wahrheit durch unbezweifelbare Fakten, begleitet von großer Toleranz. Wohlstandsicherndes Wirtschaften. Die Bekämpfung weltweiter Armut. Universale Kooperation als Voraussetzung des Friedens. Eine in Vielfalt, Gemeinsinn und Solidarität geeinte „brotherhood of man".

Noch bestehende Hemmnisse auf dem Weg dahin werden auch am Individuum angegangen. Biowissenschaftliche Fortschritte lassen auf erhebliche Verlängerung unserer Lebensspanne hoffen, auf Ausdehnungen der Speziesgrenze vielleicht gar. Für all das ließen sich zahllose Belege anführen – stets unter dem Vorbehalt indes, dass Entwicklungsverläufe bei komplexeren, partiell steuerungsresistenten Systemen wie den modernen Gesellschaften kaum prognostizierbar sind. Was tatsächlich eintritt, bleibt ungewiss. Die innere Gerichtetheit des Paradigmas freilich scheint schwer bestreitbar.

Wer möchte nicht in solcher Welt zunehmend gestillter Bedürfnisse und beseitigter Nöte leben, diesem vom Menschen allein herbeizuführenden „Reich Gottes" ohne Gott? Was könnte ein solcher der Fülle des Diesseits, auf die allein es ankommt, auch hinzufügen? Wozu sollte er noch gut sein? Weshalb noch mit ihm rechnen? Erlösung im Anderswo jedenfalls oder ewiges Leben dort verfügt nur mehr über geringe Leuchtkraft.

Unverkennbar ist in diesem Prozess „der Mensch das höchste Wesen für den Menschen" geworden, wie Mitte des 19. Jahrhunderts bereits ein deutscher Philosoph notierte, und es stimmt wohl, dass derlei die abgeschlossene „Kritik der Religion" voraussetzt, ihre Entzauberung durch Irdisches. Raum

IV. Das Jenseits im Diesseits – das Sein und das Nichts

von „Gottes" Anwesenheit ist ausschließlich der Mensch – darin besteht das Wesen des sich vollendeten Anthropozäns. Alle Maßstäbe eines „Göttlichen" erfolgen nur mehr von ihm her – und es ist staunenswert zu beobachten, wie dieses Prinzip auch in christlicher Verkündigung um sich greift. („Anthropologische Wende" heißt das dann.) „Gott" bejaht die Vorstellungen, welche der Mensch von sich selbst hat – „c'est son métier". „Gottes"beziehung geht restlos auf im „Cultus der Menschenliebe". Jedenfalls ist da nichts Fremdes mehr, nichts mehr von einem „Mysterium tremendum", von der „Unruhe unseres Herzens" – und „seine Wege" sind völlig die, welche wir uns ausmalen.

„Mein Reich ist nur von dieser Welt": So lautet die Schrift auf der Krone einer wundertätigen Figur des Jesuskinds in einem von den literarisch kundigen Theologen sonderbarerweise noch nicht entdeckten Roman der frühen Moderne. Diese Figur nimmt dort die Stelle einer ihr täuschend ähnlichen ein, welche mit der alten biblischen Prägung des Wortes ausgestattet war.

Menschen moderner Gesellschaften benötigen keinen Gott mehr, alles bereiten sie sich selbst. Überflüssigen metaphysischen Ballasts haben sie sich entledigt. Auf das Ur-Wort selbst muss, bei entsprechender Gestimmtheit, dabei nicht verzichtet werden. So kann man etwa das im Menschen beschlossene, in seiner Bandbreite längst noch nicht ausgeschöpfte Evolutionspotenzial „Gott" nennen. Auch mag er, als kosmisches Grundprinzip, „sive Natura" sein, im Datenstrom womöglich. Oder er ist identisch mit einer umfassenden, alles durchdringenden und erhebenden Moral? Derlei artikuliert sich dann in Bekundungen, unsere Zeit wäre mitnichten gott-fern, weil sie die zwar keineswegs alleinig, doch sozusagen genuin christliche Ethik in einem Maße umsetze wie geschichtlich niemals zuvor. Immerhin/Allenfalls „innerweltliche Transzendenz" ist unter solchen Vorzeichen zu erlangen. Ob damit nicht eher eine auf Modernitätstauglichkeit schielende Anpassung der alten Religion des außerweltlichen Gottes vorliegt, wäre Gegenstand eines Disputs mit „intellectualem Gewissen".

„‚Wohin ist Gott?' rief er" – der „tolle Mensch" des Autors des vorstehenden Begriffs übrigens! – „ich will es euch sagen! Wir haben ihn getötet". Wäre update also zu fassen in: Wir haben ihn transformiert. Beides mag schließlich ja auf das Gleiche hinauslaufen.

„Fehl Gottes" jedoch – tut sich da nicht eine Leerstelle auf? Manche „Armen im Geiste" treibt die darauf bezogene Sehnsucht tatsächlich noch um. Aber ist der Gottsucher ein nennenswerter Sozialcharakter des aufgeklärt-modernen „promé-theisme"? Oder jener Fromme gar, der sein Leben, als Provisorium, an einem in Aussicht gestellten Zustand rein Irdisches überschreitender Andersheit ausrichtet? Wem wären solche Mentalitäten aus seinem Umfeld noch bekannt? Doch vielleicht geht das eben gar nicht mehr.

IV. Das Jenseits im Diesseits – das Sein und das Nichts

Kurze Rückblende. „Verdiesseitigung, Selbstvergötterung und Rationalismus" präparierte Ernst Troeltsch schon 1907 als Merkmale des „modernen Geistes" heraus. In unserer Erfahrungswelt nehmen wir sie ganz selbstverständlich „durch tausend Kanäle in alle Poren unseres Daseins" auf. Was aber geschieht da mit uns? Gerät „der gegenwärtige Mensch" durch diese Dynamik am Ende „in eine Verfassung des Lebens, in der er Gottes unfähig ist"? Alfred Delp hat das geschrieben, aus der Haftanstalt Berlin-Tegel, wenige Wochen vor seiner Hinrichtung. Delp ausgerechnet, der Fährtenleger sozial-anwaltschaftlicher Diakonie, einer der ersten überhaupt, der das christliche Bewusstsein energisch auf Handeln in und an der „Welt" verwiesen hat. Worauf seine Bemerkung abzielt, ist weniger, dass die Annahme eines Gottes keine wirklichkeitserklärende und -erschließende Kraft mehr hätte, als die Bedingung der Möglichkeit religiöser Ansprechbarkeit des Menschen überhaupt. Diese setzt – ein weit zurückreichender Gedanke – gleichsam konstitutionelle Organe der geistigen Wahrnehmung und bewussten Erkenntnis voraus, deren Leistungsfähigkeit unter den obwaltenden Bedingungen mehr und mehr verkümmert. Kommunikationstheoretisch gesprochen, liegt die Störung auf Seiten des Empfängers, nicht bei einem Sender, der etwa unverständlich oder unverstehbar geworden ist. „Gottesunfähigkeit" meint demnach den Mangel, sich einer transzendenten Wirklichkeit gegenüber noch angemessen zu verhalten, und sei es auch nur als Frage, oder einen Zugang zu dieser Herausforderung zu finden. Für das vorherrschende große Vergessen macht Delp mithin weniger Vorbehalte der Vernunft oder Willensakte verantwortlich als sich strukturell verfestigende Prozesse. Nicht eigentlich anti-, sondern a-religiös ist der von ihm beschriebene Menschentyp – so geworden infolge Überwältigung durch seine selbsterzeugte Lebenswelt. Er braucht Gott nicht, er vermisst ihn nicht, uneingeschränkt genügt er sich selbst.

Ist aber „Gott" grundsätzlich nicht das Codewort, welches uns veranlassen müsste, über diese Welt hinauszudenken? Oder es neu zu lernen? Vor allem durch ihr Festhalten an einem Jenseits, durch ihr Bestehen darauf, dass die Erde über Durchgänge in die Transzendenz verfügt, stellen seine Gläubigen eine Zumutung für das lockende Prospekt end-loser Modernisierung dar. Im Einzelfall dürfte das wohl so bleiben, sei es auch als Relikt.

Erläuterungen zu den Zitaten:
„Welt ohne Ausgang" ist aus dem ersten Kapitel von Horkheimer/Adornos „Dialektik der Aufklärung" (der öffentlichen Rede über Aufklärung nach zu urteilen heute scheinbar nicht mehr gelesen) – „Imagine" und „Brotherhood of man" stammt aus John Lennons Ohrwurm – „Der Mensch ist das höchste Wesen für den Menschen": Karl Marx, „Zur Kritik der Hegelschen Rechts-

145

philosophie", Einleitung – „Anthropologische Wende": neueres theologisches Volksgut (manchmal gar Anthropozentrische Wende) – „Dieu me pardonnera, c'est son métier" (Gott wird mir verzeihen, das ist sein Beruf) soll Heinrich Heine auf dem Sterbebett gesagt haben – „Cultus der Menschenliebe": Nietzsche, „Morgenröthe" II, 132 (mit dem Zusatz, die atheistische Gegenwart wolle/werde das Christentum darin überbieten) – „Mysterium tremdendum": Rudolf Otto: „Das Heilige" (1917) – „Unruhe unseres Herzens": nach Augustinus, „Bekenntnisse" I,1 – „Seine Wege": Jesaja 55,8f. – „Mein Reich ist nur von dieser Welt": Selma Lagerlöf, „Die Wunder des Antichrist" (1897) – „sive natura" (oder auch die Natur): Spinoza, „Ethik" IV – „Innerweltliche Transzendenz" ist ein Begriff mit komplexen Wurzeln, der Sache nach vom deutschen Idealismus wie der Lebensphilosophie oder dem amerikanischen Pragmatismus ausgehend, gebraucht in der kritischen Gesellschafts- wie der Systemtheorie, schließlich auch der neueren Theologie – „Intellectuales Gewissen / Wohin ist Gott? ...": Nietzsche, „Die fröhliche Wissenschaft" I,2 (vgl. „Menschliches, Allzumenschliches" III,109) und III,125 – „Fehl Gottes": Martin Heidegger, „Wozu Dichter?" (1946) – „Armen im Geiste": Matthäusevangelium (5,3) – „promé-theisme": im Ausgang von Filippo Tommaso Marinettis „Futuristischem Manifest" (1909) – „Verdiesseitigung ..." / „durch tausend Kanäle": Ernst Troeltsch, „Das Wesen des modernen Geistes" – „Der gegenwärtige Mensch ...": Alfred Delp, „Die Erziehung des Menschen zu Gott" (Ende 1944).

Prof. Dr. Hans-Rüdiger Schwab, lehrt Ästhetik und Kommunikation an der Katholischen Hochschule Nordrhein-Westfalen, Münster.

Ludger Schwienhorst-Schönberger

Was man früher Andacht nannte

Verstummen wird die religiöse Frage in der modernen Gesellschaft nicht. Davon bin ich überzeugt. Sie kann vorübergehend stillgestellt werden, sie kann für eine gewisse Zeit verdrängt werden. Gefahr droht, wenn sie auf innerweltliche Projekte umgebogen wird. Diesseitige Heilsversprechen gehören zu den großen Verwirrungen und Verirrungen der Moderne. Millionen von Menschen sind ihnen zum Opfer gefallen. Erlösung findet der Mensch nur, wenn er sich der göttlichen Wirklichkeit gegenüber öffnet, wenn er bereit ist, sich von ihr berühren und verwandeln zu lassen.

IV. Das Jenseits im Diesseits – das Sein und das Nichts

Der christliche Glaube spricht von einem Licht, das in der Finsternis erschienen ist, einem Licht, „das jeden Menschen erleuchtet" (Joh 1,9). Allerdings kann sich der Mensch diesem Licht gegenüber verschließen. Er hat es getan, und er tut es immer wieder. „Er kam in sein Eigentum, aber die Seinen nahmen ihn nicht auf" (Joh 1,11). Die Aufgabe der Kirche besteht darin, sich von diesem Licht erleuchten zu lassen, von ihm Zeugnis abzulegen und Menschen einzuladen, in diesem Lichte zu wandeln.

Gott ist nicht dies und nicht das. Er ist nichts von alledem. Deshalb, so Meister Eckhart, muss der Mensch sich an das Nichts halten, wenn Gott in ihm und durch ihn zur Welt kommen will. Grundlegend für den christlichen Glauben ist eine spirituelle Praxis, eine geistige Übung. Im Kern besteht sie darin, sich vorbehaltlos der göttlichen Wirklichkeit gegenüber zu öffnen, sich ihr anzuvertrauen, sich ihr hinzugeben. Die Übung kann sich in einzelnen, aufeinander aufbauenden Schritten entfalten. Grundlegend ist das Verweilen in der Stille. „Soll Gott wahrhaft sprechen, so müssen alle Kräfte schweigen", sagte Johannes Tauler. Die regelmäßige Lektüre der Heiligen Schrift gehört zu dieser geistigen Übung. In der Form der *Lectio divina* wird sie in unserer Zeit neu entdeckt.

Zum Wesen des christlichen Glaubens gehören die Sakramente. Die sakramentale Praxis der Kirche ist in eine Krise geraten. Der sonntägliche Besuch des Gottesdienstes ist stark rückläufig. Vor einiger Zeit äußerte sich ein Bischof verwundert und auch ein wenig verärgert darüber, dass „die Leute in die Klöster rennen um zu meditieren, sonntags aber nicht mehr zur Messe kommen". Die Eucharistiefeier bedarf einer geistigen Erneuerung, einer Verdichtung. Die Wiederentdeckung der mystischen Dimension des Glaubens darf sich auf Dauer nicht von der sakramentalen Praxis abkoppeln. Die Feier der Eucharistie ist in allen ihren Aspekten ein zutiefst geistiges Geschehen. Hier ist viel verlorengegangen. Früher wünschte man sich vor dem Besuch des Gottesdienstes eine „gute Andacht". Heute ist *Achtsamkeit (mindfullness)* in aller Munde. Mediziner, Psychologen und Meditationslehrer bieten das von Jon Kabat-Zinn entwickelte Achtsamkeitstraining MBSR (*Mindfulness-Based Stress Reduction;* Achtsamkeitsbasierte Stress-Reduktion) an. Kernelemente der christlichen Tradition sind aus dem Raum der Kirche ausgewandert. Der dort entstandene Leerraum wird nicht selten mit der Propaganda eines humanitären Aktivismus gefüllt. Eine biblisch und theologisch oft nicht wirklich durchdachte Politisierung der biblischen Botschaft soll ihren offenkundigen Relevanzverlust kompensieren. Doch dieser Weg ist eine Sackgasse. Kein Wunder, dass die Kirchen leerer werden und Menschen nach Orten Ausschau halten, wo sie Kraft schöpfen und verweilen können. Die vom Konzil geforderte „volle und aktive Teilnahme" (*plena et actuosa participatio*) ist, wenn sie richtig verstanden wird, ein geistiges Geschehen. Die

IV. Das Jenseits im Diesseits – das Sein und das Nichts

Konstitution über die heilige Liturgie „Sacrosanctum Concilium" bittet die „heiligen Hirten", darauf zu achten, „dass die Gläubigen bewusst, tätig und mit Gewinn *(scienter, actuose et fructuose)* an den liturgischen Handlungen teilnehmen" (11). Wie genau geht das? Was ist dabei zu beachten? Die Konstitution empfiehlt darüber hinaus, „die frommen Übungen *(pia exercitia)* des christlichen Volkes" zu pflegen (13). Wie genau vollzieht sich eine solche „fromme Übung"? Wo sind die Hirten, die noch in der Lage sind, den Vollzug solcher Übungen zu erklären? Wenn diese Kompetenzen verloren gehen, werden sich spirituell Suchende anderen Orten und Meistern zuwenden. Ja, sehr viele haben es bereits getan.

Der in Australien lebende Trappistenmönch Michael Casey meint dazu: „Manchmal haben wir das Gefühl, die Kirche werde von Wörtern überschwemmt. In unserer Gesellschaft wird viel geredet und viel gedruckt. Auch die Liturgie droht in Geschwätzigkeit zu ersticken. Die Lautstärke scheint wichtiger zu sein als der Inhalt einer Mitteilung. Es gilt als elitär, das Niveau eines Kindergartens zu übersteigen. Viele sind jedoch auf der Suche nach einem erwachseneren Glauben und finden ihn im Rückzug in die Stille; sie ziehen eine ruhige, gegenstandslose Meditation der Unehrlichkeit, Banalität und der ideologischen Korrektheit vor, welche die einfachste Botschaft zu überwuchern drohen… Wir müssen das einzigartige Wort Gottes suchen, dieses liegt aber unterhalb und jenseits der vielen menschlichen Worte" („Lectio divina. Die Kunst der geistlichen Lesung", Sankt Ottilien 2009). Letztlich geht es auch im Gottesdienst um die Wiedergewinnung einer meditativen Präsenz, um das, was man früher *Andacht* nannte.

Für die Gottesfrage in der modernen Gesellschaft dürften religiöse und theologische Bildung an Bedeutung gewinnen. Allerdings kommt es hier darauf an, den Reichtum des christlichen Glaubens aus einem inneren, geistigen Kern heraus zu entfalten. Wenn es nicht gelingt, die zahlreichen Wissenselemente der christlichen Tradition in einer einigermaßen kohärenten Gestalt zu präsentieren und sie aus der biblisch bezeugten Ursprungserfahrung heraus zu erschließen, ist die Konfusion am Ende größer als zuvor. Theologie und theologische Reflexion bedürfen der Einbindung in eine ihr entsprechende Lebensform und in die Gemeinschaft der Kirche. Was gesagt wird, muss mit der Art und Weise, wie es gesagt wird, in Einklang stehen. Ohne eine gewisse „Konkordanz oder Kohärenz von Inhalt und Form", so der Theologe Christoph Theobald, kann die christliche Botschaft heute nicht mehr überzeugen („Christentum als Stil. Für ein zeitgemäßes Glaubensverständnis in Europa", Freiburg 2018). Die Fixierung auf theologische und kirchenpolitische Reizthemen mag vorübergehend Aufmerksamkeit erregen, kann jedoch langfristig den Plausibilitätsverlust des christlichen Glaubens in der Moderne nicht ausgleichen.

IV. Das Jenseits im Diesseits – das Sein und das Nichts

Der christliche Glaube ist kein individualistisches Himmelfahrtskommando. Er ist zwar nicht *von* der Welt, aber doch *in* der Welt. Er will Welt verwandeln und gestalten. Allerdings bedarf das Verhältnis des christlichen Glaubens zur modernen säkularen Gesellschaft einer Neujustierung. Verbreitet ist die Vorstellung, die säkulare Gesellschaft biete eine neutrale Bühne, auf der die einzelnen Religionen gleichberechtigt ihre Erzählungen inszenieren. Doch dieser Eindruck täuscht. Verfassungsrechtlich mag das einigermaßen zutreffen, lebensweltlich gesehen jedoch nicht. Die säkulare Gesellschaft ist alles andere als neutral. Sie repräsentiert eine Lebensform, und sie tut dies mit Macht. Diese Lebensform unterscheidet sich in vielerlei Hinsicht von der christlichen. Die säkulare Gesellschaft selbst ist eine Religion, ein Spieler auf der Bühne des Lebens. Theologie und Kirche haben diesen Mechanismus noch nicht wirklich durchschaut. So entsteht das eigenartige Phänomen, dass der christliche Glaube gerade in jenen Gesellschaften am stärksten an Plausibilität verliert, in denen er nicht verfolgt wird, in denen er sich frei entfalten kann.

Wie ist das zu erklären? Darf das Kind christlicher Eltern in der Schule Englisch lernen? Selbstverständlich! Allerdings lernt es in der Schule mit der Sprache auch eine Lebensform. In den Sprachlektionen werden Geschichten erzählt. Darin treffen wir auf Jugendliche, die am Samstagabend in die Disco gehen. Der Sonntag ist dann dazu da, den Rausch auszuschlafen. In den vermeintlich neutralen Lektionen werden nicht nur die entsprechenden Vokabeln und Redewendungen gelernt, sondern zugleich mit ihnen eine Lebensform: am Samstagabend in die Disco, am Sonntagmorgen ausschlafen – das ist „normal". Aus christlicher Sicht ist eine derartige Lebensform verfehlt. Die säkulare Gesellschaft ist nicht neutral. Sie präsentiert Sinnangebote, die eine Alternative zur christlichen Lebensform darstellen.

Einige Theologen meinen, die katholische Kirche müsse die Dissonanz dahingehend auflösen, dass sie endlich anschlussfähig werde an die Moderne. Eine derartige Forderung nach Assimilation ist letztlich nichts anderes als ein Projekt der Selbstauflösung. Vor dem Hintergrund einer säkularen Gesellschaft hätten christliche Eltern die Aufgabe, die in den staatlichen Schulen den Schülern anempfohlene Lebensform kritisch zu durchleuchten. Doch damit sind sie in den meisten Fällen überfordert. Sie benötigen Hilfe. Die säkulare Sinnvermittlung erfolgt heute gewöhnlich nicht aggressiv, sondern im Modus einer subtil abgestützten Selbstverständlichkeit. Diese Unsichtbarkeit macht sie für den christlichen Glauben gefährlich. Vor einiger Zeit fragte ich die Lehrerin meiner Kinder, warum sie im Unterricht nicht die Exodus-Geschichte auf Französisch lesen würden. Das sei eine spannende Geschichte mit reichem Vokabular. Die Lehrerin schaute mich verwundert an. Vielleicht dachte sie im Stillen, ich sei ein Fundamentalist, einer von den „Zwölf Stämmen".

Vor diesem Hintergrund wird verständlich, weshalb der kanadische Philosoph Charles Taylor den Gläubigen der Zukunft als einen Konvertiten versteht („Ein säkulares Zeitalter", Frankfurt 2012). Ein Konvertit ist jemand, der die Religion wechselt. Im Kontext säkularer Lebensformen wäre ein Konvertit jemand, der sich von der säkularen Religion ab- und der christlichen Religion zuwendet. Tatsächlich lässt sich dieser Prozess in einer jüngeren Generation von Theologiestudierenden beobachten. Er stellt auch die akademische Theologie vor neue Herausforderungen.

Die religiöse Frage also bleibt – auch in der modernen Gesellschaft. Das Christentum steht vor der Herausforderung, sie zu entdecken und Menschen einzuladen, gemeinsam einen Weg zu gehen, der zu einer Antwort führt. Das erste Wort, das Jesus im Johannesevangelium spricht, ist eine Frage: „Was sucht ihr? Sie sagten zu ihm: Rabbi – das heißt übersetzt: Meister –, wo wohnst du? Er sagte zu ihnen: Kommt und seht!" (Joh 1,38f).

Prof. Dr. Ludger Schwienhorst-Schönberger, Lehrstuhlinhaber für
Alttestamentliche Bibelwissenschaft, Wien.

Barbara Henze

Im Anfang war das Gespräch

Zu keiner Zeit und bei keinem Menschen steht die Frage nach Gott im luftleeren Raum. Sie ist immer verknüpft mit den Themen und den Problemen, die eine Zeit oder eine Person umtreiben. In der Zeit der Alten Kirche war das die Frage, wie im Menschen Geistiges und Körperliches zusammenkommen, so der Kirchenhistoriker Peter Stockmeier („Das anthropologische Modell der Spätantike und die Formel von Chalkedon", in: Annuarium Historiae Conciliorum 8, 1976, S. 40–52).

Im 16. Jahrhundert verbesserte Erasmus von Rotterdam die lateinische Übersetzung der Bibel an mehreren Stellen entscheidend. Eine davon ist der Beginn des Johannesevangeliums. Statt das Griechische *logos* wie üblich durch *verbum* (Wort) wiederzugeben, plädierte er für *sermo* (Gespräch) und übersetzte: „Im Anfang war das Gespräch, und das Gespräch war bei Gott und das Gespräch war Gott." Mit der angemesseneren Übersetzung schien ihm Zentrales über die göttliche Dreifaltigkeit hervorgehoben, nämlich Kommunikation, Austausch als Grundlage der innertrinitarischen Beziehung und dann als Grundlage der Beziehung zwischen Gott und Mensch. Für Erasmus lag die Konsequenz für die Methode der Theologie auf der Hand: Sein eigenes Argumentieren kleidete er in die Form einer *Diatribe* (Gespräch, wissenschaftliche Unterredung) und nicht in die von „festen Behauptungen", wie sie Martin Luther von einem Theologen erwartete. Der Titel einer berühmten Erasmus-Schrift aus dem Jahr 1524 lautet: „Diatribe oder Unterredung über den freien Willen".

Mehr als hundert Jahre später wurde die Frage nach Gott mit der Frage nach sicherer Erkenntnis verknüpft. Michel de Montaigne hatte zu bedenken gegeben, dass wegen der Unvollkommenheit des menschlichen Verstandes mit diesem keine gesicherte Erkenntnis zu gewinnen ist. René Descartes zog daraus den Schluss, Sicherheit allein in dem denkenden Subjekt finden zu können. Der Preis für diesen Ansatz ist hoch, denn er setzt voraus, dass das Subjekt, das denkt, ein Solitär ist. Dazu war Pascal nicht bereit. Wenn er nicht dem Weg von Descartes folgte, wie wollte Pascal dann zu sicherer Erkenntnis kommen?

Als Mathematiker fragte er sich, was das neuzeitliche naturwissenschaftliche Forschen, das er selbst mit vorangebracht hatte, in den Blick nimmt und was nicht. Ihm wurde klar, dass mit jeder entdeckten Gesetzmäßigkeit neue Fragen entstehen und dass naturwissenschaftliches Denken von daher immer nur zu vorläufigen Ergebnissen kommt. Als Philosoph, der er zugleich war, stellte er aber auch fest, dass die naturwissenschaftliche Sicht nicht alles erfasst, was den Menschen ausmacht und umtreibt. Erklären kann sie beispielsweise nicht, warum ein Mensch zu einer bestimmten Zeit an einem bestimmten Ort zur Welt gekommen ist. Erklärungslücken einfach „dogmatisch" mit den Antworten der Religionen zu füllen, widerstrebten Pascal (Markus Knapp, „Herz und Vernunft – Wissenschaft und Religion. Blaise Pascal und die Moderne", Paderborn 2014). Seine Lösung war, als grundlegend für menschliche Erkenntnis das Herz auszumachen. Das Herz erfasst intuitiv. Es „erfühlt" die Beziehung des Menschen zur Welt um ihn herum, was für Pascal nichts Irrationales meint. Das Fragment 277 der „Pensées" (Gedanken) in der Zählung von Ewald Wasmuth benutzt denn auch zweimal den Begriff *raison*: „Das Herz hat seine Gründe *(ses raisons)*, die die Vernunft *(la raison)* nicht kennt". Dem „Herzen", nicht der „Vernunft", sind „Glück", „Sinn" oder „Liebe" zugänglich. Mit dem Zentralorgan „Herz" wird auch Gott erfasst: „Es ist das Herz, das Gott spürt, und nicht die Vernunft. Das ist der Glaube: Gott spürbar im Herzen und nicht der Vernunft" (Fragment 278). Das Herz ist für Pascal das Organ, mit dem einerseits Erfahrungen gemacht werden können, die die Fragen des Menschen, wozu er lebt und warum er da lebt, wo er lebt, beantworten helfen, das ihm andererseits aber sonst nicht mögliche Gewissheit schenkt.

In den Zeilen, die er in der Nacht vom 23. auf den 24. November 1654 in dem berühmten „Mémorial" (Erinnerungsblatt) niedergeschrieben hat und die er, in seinen Rock eingenäht, bis zu seinem Tod bei sich trug, heißt es: „Seit ungefähr abends zehneinhalb bis ungefähr eine halbe Stunde nach Mitternacht – Feuer – ‚Gott Abrahams, Gott Isaaks, Gott Jakobs', nicht der Philosophen und Gelehrten. Gewissheit, Gewissheit, Empfinden: Freude, Friede. Gott Jesu Christi". Die „Gewissheit", die Pascal bezeugt, hat er nicht durch Dozieren oder Argumentieren erreicht, sondern durch einen Vorgang in seinem Innern, der später „Erfahrung" genannt werden wird. Sein Verstand benennt das beziehungsweise den, den er erfahren hat, als „Gott Abrahams, Isaaks und Jakobs" und „Gott Jesu Christi".

Seit Ludwig Feuerbach, Karl Marx, Friedrich Nietzsche und Sigmund Freud wissen wir, dass „Erfahrungen" komplexer Natur sind, in denen das, was auf den Menschen zukommt und womit er konfrontiert wird, das, was an Sehnsüchten und Ängsten in ihm ist, und seine eigene Deutungsfähigkeit, gefördert oder verkümmert durch seine Umwelt, ein fast unauflösbares Ineinander bilden. Woher will man dann wissen, ob sich in den „Erfahrungen" nicht nur der Mensch selbst artikuliert? Gotteserfahrungen haben es daher heute schwerer als zu früheren Zeiten. Das muss kein Nachteil sein, denn mit dem Verweis auf vermeintliche Gewissheiten bezüglich des Willens Gottes sind in der Vergangenheit auch Verderbliches und Ideologien gerechtfertigt worden. Pascals subjektive „Gewissheit" lässt sich aber nicht wegdiskutieren. Als „Gewissheit für andere" war sie von ihm auch nicht gedacht, sonst hätte er das Zeugnis von ihr nicht vor fremden Blicken geschützt.

Der Pfarrer und Schriftsteller Kurt Marti schrieb „Erfahrung" mit einem Bindestrich: „Er-fahrung", weil sie etwas mit „Fahren" zu tun hat, mit Weggehen von dem Platz, auf dem man sich gerade befindet („Widerspruch für Gott und Menschen. Aufsätze und Notizen", Freiburg-Heidelberg 1982). Wer aber wird sich auf den Weg machen? Die, die etwas suchen. Die, die sich vor denen schützen wollen, die sich allzu sicher sind und für die deswegen schon „alles gelaufen" ist. Und die Frage nach Gott? Es scheint so zu sein, dass aus Gotteserfahrung stets wieder neues Auf-den-Weg-machen folgt. Weil man mit ihm nicht „fertig" wird. Das Gebet zum Heiligen Jahr 1975 richtete sich auf die Gott-Sucher: „Beten wir für die, die Gott suchen, weil sie ihn nicht kennen". Dann folgt die unerwartete Wendung: „ebenso für die, die ihn kennen und ihn deshalb um so mehr suchen". „Gott kennen" und „Gott suchen" ist kein Widerspruch, im Gegenteil.

Kirche ist die Gemeinschaft der Gott-Sucherinnen und Gott-Sucher. Sie erleidet die gleiche Kritik und das gleiche Unverständnis wie alle, die ebenfalls der Suche gegenüber dem „Wir wissen schon", „Es muss so und so sein" und „Daraus wird nichts" den Vorzug geben und die den Druck, der sich in Arbeitsverhältnissen und im Freizeitverhalten aufbaut, als Vernebelungstaktik durchschauen, um die eigentlichen Fragen nicht stellen zu müssen. Wie alle sonstigen Sucher, die Künstlerinnen, Träumer und die, die nicht akzeptieren wollen, dass alles auf Erden so ungerecht bleibt, wie es ist, haben auch die Gott-Sucherinnen ein Handicap: Das, was morgen sein wird, was Zeit braucht, was erst noch reifen muss, verliert derzeit an Boden gegenüber dem, was man jetzt schon hat, schon ist und schon konsumiert (vgl. Aleida Assmann, „Ist die Zeit aus den Fugen? Aufstieg und Fall des Zeitregimes der Moderne", München 2013).

Was ist angesichts dieses Handicaps zu tun? Gott Suchende werden Gespräche führen über das, was sie erfahren haben, und über Hinweise auf den, den sie suchen. Damit verbinden sie Vergangenheit und Zukunft und bezeugen, dass es im Hier und Jetzt eine Leerstelle gibt. Und damit wäre nicht nur im Anfang das Gespräch.

Dr. Barbara Henze, Akademische Oberrätin, Kirchenhistorikerin, Frömmigkeitsgeschichte und Kirchliche Landesgeschichte, Universität Freiburg im Breisgau.

Mariano Delgado

Geburtshilfe des Glaubens nach Johannes vom Kreuz

Die menschliche Natur ist heute nicht weniger religiös als in anderen Epochen. Aber seit der Aufklärung leben wir tendenziell nicht mehr in jenem religiösen Zeitalter, in dem der christliche Erzählzusammenhang in der Form seiner ersten Naivität selbstverständlich war. Im säkularen Zeitalter wird dieser mit den Anfechtungen der Religionskritik konfrontiert, die ihn als Opium des Volkes und als Metaphysik für die Gebildeten, so Karl Marx, als Ausdruck des Willens zur Macht, so Friedrich Nietzsche, oder als eine Illusion ohne Zukunft, so Sigmund Freud, einstufte. Andere Denker wiederum, etwa Søren Kierkegaard oder Paul Ricœur, hielten an der Sinnhaftigkeit des christlichen Glaubens fest, sahen aber die Aufgabe darin, von der ersten zur zweiten Naivität zu gelangen, zu einem reifen und zugleich kindlichen Glauben, der durch das reinigende Feuer der Kritik hindurchgegangen ist, dabei jedoch nicht vergisst, dass die göttliche Weisheit sich vor allem den

„Unmündigen und Kleinen" offenbart (Mt 11,25), denen, die „ein reines Herz haben" (Mt 5,8).

Dieses Bewusstsein war in der christlichen Mystik immer vorhanden. Daher ist die Zuwendung zu ihr ein bevorzugter Weg zur Weckung und Begleitung der immerwährenden göttlichen Berufung des Menschen. Das Zweite Vatikanische Konzil hat in der Pastoralkonstitution über die Kirche in der Welt von heute „Gaudium et spes" indirekt an den Geist der Mystik erinnert. So etwa, wenn an mehreren Stellen betont wird, dass der Mensch nur existiert, „weil er von Gott aus Liebe geschaffen und immer aus Liebe erhalten wird" (19). Vor allem aber wenn von Jesus Christus gesagt wird, dass er sich „in seiner Menschwerdung gewissermaßen mit jedem Menschen" vereinigt hat, sodass es „in Wahrheit nur eine letzte Berufung des Menschen gibt, die göttliche" (22), also das Hineinwachsen in das uns durch Schöpfung und Menschwerdung gegebene Ziel der Gottebenbildlichkeit.

Diese Aussagen stimmen überein mit der mystischen Erfahrung des Johannes vom Kreuz. Für ihn hat jeder Mensch eine „Gotteserfahrung". Jeder weiß um Gott, „ohne zu wissen wie" („Aufstieg auf den Berg Karmel"), weil Gott über den Menschen wie die Sonne steht, „um sich ihnen mitzuteilen" („Die lebendige Liebesflamme"). Daher wäre die erste Aufgabe einer mystagogischen Seelsorge die „Erfahrungs-Anamnese". Das meint: die Gotteserfahrung ausgraben, die in die Lebensgeschichte eines jeden Menschen, in seine Hoffnungs- und Leidensgeschichte, „tief eingegraben ist", wie die Synode der westdeutschen Bistümer in Würzburg im Dokument „Unsere Hoffnung" formuliert hatte. Auf die Lebensgeschichte ist demütig zu hören, statt immer nur die Menschen „belehren" zu wollen.

Gott ist der Haupthandelnde. Er ist nach Johannes vom Kreuz der erste Mystagoge, der den Menschen geheimnisvoll „belehrt", „wie und wann er will" („Die dunkle Nacht" und „Aufstieg auf den Berg Karmel"). Gott „führt jeden auf unterschiedlichen Wegen" („Die lebendige Liebesflamme"), er formt unaufhörlich das Innere des Menschen zu seinem Bild und Gleichnis um und teilt ihm so seinen Geist und seine Weisheit mit. Daher ist es eine Aufgabe mystagogischer Seelsorge, die Menschen diskret zu begleiten und dem Handeln Gottes nicht im Wege zu stehen.

Der Mensch muss sich aber auf das Wagnis des Glaubens einlassen. Der Glaube, „der sicher und dunkel ist" („Aufstieg auf den Berg Karmel"), ist der beste Weg für die Gottebenbildlichkeit, weil es zwischen ihm und Gott große Ähnlichkeit gibt. Sicher ist er, weil er aufgrund der Ähnlichkeit weiß, wie Gott ist, und uns so am besten zu ihm führen kann. Nur dem Glauben können wir entnehmen, dass Gott „die Liebe" ist (1 Joh 4,16). Der Glaube ist aber auch dunkel, nicht nur, weil es hier „noch Nacht ist", sondern weil er

IV. Das Jenseits im Diesseits – das Sein und das Nichts

von Dingen berichtet, „die wir weder in sich noch in ihnen ähnlichen Formen gesehen oder vernommen haben". Eine weitere Aufgabe mystagogischer Seelsorge bestünde darin, den Gott des Glaubens und den Glauben selbst als Weg zur Erfüllung der göttlichen Berufung des Menschen plausibel zu machen sowie zum Wagnis des Glaubens zu ermutigen, auch wenn es Nacht ist und der Glaube nicht alle Fragen beantworten kann.

Die Augen sind allein auf Christus zu richten. Denn als Selbstmitteilung und „letztes Wort" Gottes, als „Mittler und Fülle der ganzen Offenbarung", so das Konzilsdokument „Dei verbum" über die göttliche Offenbarung (2), ist er „der" historisch objektive Weg zur Gotteserkenntnis und zur Vereinigung mit Gott. In einem eindrucksvollen Text lässt Johannes vom Kreuz Gottvater sagen, wir sollen unsere Augen „allein auf ihn", seinen Sohn, richten, denn in ihm habe er uns „alles gesagt und geoffenbart…, denn er ist meine ganze Rede und Antwort, er ist meine ganze Vision und Offenbarung" („Aufstieg auf den Berg Karmel"). In Christus sind gemäß dem Kolosserbrief (2,3) „alle Schätze von Gottes Weisheit und Wissen verborgen". Für Johannes vom Kreuz sind sie so verborgen, „dass für die heiligen Gelehrten und heiligen Menschen das Allermeiste noch zu sagen und zu verstehen aussteht, wie viele Geheimnisse und Wunder sie auch aufgedeckt oder in diesem Leben verstanden haben" („Der geistliche Gesang"). Daher kann die Kirche, wenn sie sich in Christus vertieft und die Zeichen der Zeit versteht, immer wieder Neues entdecken und sich im Sinne einer lebendigen Überlieferung reformieren, wie Papst Johannes XXIII. zu verstehen gab, als er sagte: „Nicht das Evangelium ändert sich, sondern wir fangen an, es besser zu verstehen". Eine wichtige Aufgabe mystagogischer Seelsorge wäre es daher, die Menschen zu Christus hinzuführen und in der Kirche das Prinzip der Christusförmigkeit als Weg zur Kirchenreform einzuklagen.

Schließlich ist die Freude an der Kirche zu fördern. Denn die Kirche hat den ausdrücklichen, wenn auch dunklen Glauben überliefert, und nur der Glaube hilft uns, die Selbstmitteilung Gottes in Jesus Christus sinngemäß zu interpretieren. Eine Haltung nach dem Motto „Jesus ja, Kirche nein" wäre dem Geist der christlichen Mystik fremd. Eine mystagogische Seelsorge hätte im Glaubenden das „Fühlen mit der Kirche" im Sinne der Mystiker zu wecken. Die Freude an der Kirche verbindet sich so mit konstruktiver Kirchenkritik und Kirchenreform.

Die in der Seelsorge Tätigen sollten daher zu Mystagogen ausgebildet werden, zu „Geburtshelfern des Glaubens". Karl Rahner forderte eine „Theorie und Praxis der Mystagogie", die in die ursprüngliche religiöse Erfahrung hineinführt. Die christlichen Glaubensinhalte könnten nur in Verbindung mit einem persönlichen Glaubenszeugnis, einer persönlichen Glaubenshaltung der Mystagogen ausgesagt werden. Manches in der Krise der Glaubensweitergabe rührt vermutlich auch daher, dass wir es im medialen Zeitalter mit einer tiefen Glaubwürdigkeitskrise der Kirche und der kirchlich Handelnden zu tun haben.

Prof. Dr. Mariano Delgado, Lehrstuhlinhaber für Mittlere und Neuere Kirchengeschichte, Fribourg.

Alois Odermatt

Das Absurde und die Zweite Geburt

Die Auseinandersetzung mit gewalttätigen Gottesbildern kommt in der Literatur vielfältig vor. Ein herausragendes Beispiel ist der Roman „Die Pest" von Albert Camus. Er hatte bereits 1942, mitten im Weltkrieg, im Essay „Der Mythos von Sisyphos" die Philosophie des Absurden entwickelt. Es war ein Versuch, dem Leben durch bewusste Anerkennung der Sinnlosigkeit einen Sinn zu geben. Zwei Jahre nach Kriegsende warf er im Pest-Roman die Gottesfrage auf: Warum das Leiden unschuldiger Geschöpfe? Warum greift ein Gott, der als gut und allmächtig verkündet wird, nicht ein? Warum lässt er das Böse zu?

Die Hauptfigur des Romans, der Arzt Bernard Rieux, erlebt das tägliche Leiden und Sterben als Ausdruck des Bösen. Vor allem das Leiden unschuldiger Kinder, die unter seinen Augen wimmernd verenden, ist ihm der Inbegriff des Bösen. Der Jesuit Paneloux deutet die Plage in seinen Predigten hingegen als göttliche Zuchtrute: „Brüder, ihr erlebt Unheil. Brüder, das habt ihr verdient." Und: „Brüder, Gottes Liebe ist eine schwierige Liebe. Sie setzt voraus, dass wir uns selbst völlig aufgeben und geringschätzen. Er allein kann das Leiden und Sterben der Kinder beenden. Er allein kann auch über dessen notwendigen Nutzen entscheiden. Es ist unmöglich, das zu verstehen, es ist eine Sache des Willens. Das ist der schwierige Lernstoff, den ich mit euch durchnehmen wollte. Das ist der Glaube, grausam in den Augen der Menschen, maßgebend in Gottes Augen." Rieux aber begehrt auf: „Wir erweisen Gott die größte Ehre, wenn wir nicht an ihn glauben. Wäre er wirklich für diese Welt verantwortlich, wäre er *un monstre*, ein Scheusal." Und: „Es ist es vielleicht besser für Gott, dass wir nicht an ihn glauben und mit allen Kräften gegen den Tod kämpfen, ohne die Augen auf den Himmel zu richten, wo er schweigt." Im Essay „Der Mensch in der Revolte" (1951)

IV. Das Jenseits im Diesseits – das Sein und das Nichts

brandmarkt Camus die Gottheit als „grausam und launisch". Sie sei „entweder allmächtig – oder bösartig und parasitär".

Mit Camus' Schaffen hat sich intensiv der westschweizerische Religionsphilosoph und Theologe Maurice Zundel (1897–1975) auseinandergesetzt. 1948 hielt er in Kairo Vorträge, in denen er ausführlich auf den Pest-Roman einging. Er analysierte dessen „Botschaft" im Blick auf die Frage des Bösen. Der Dominikaner Marie-Fabien Moos (1901–1977), gelegentlicher Mitarbeiter Zundels, bekam den Text auf Umwegen in die Hand. Er sandte ihn an Camus. Zundel war höchst erstaunt und ergriffen, als er im April 1949 über Moos folgenden Brief des Schriftstellers erhielt:

Hochwürden,
Ich verdanke es Pater Moos, dem ich diese Antwort anvertraue, dass ich den Text Ihres Referates über die „Botschaft von La Peste" gelesen habe. Ich hätte gerne lang mit Ihnen darüber diskutiert, aber die Frage des Bösen, denn darum geht es, ist wohl unerschöpflich vor der Richtungswahl. Ich möchte dies eines Tages mit gedanklicher Stringenz darlegen, und dann wird mir Ihr Referat eine Hilfe sein. Auf alle Fälle hat mich der Geist der Sympathie, mit dem Sie meine Bemühungen betrachtet haben, außerordentlich berührt. Darf ich Sie bitten, den Ausdruck meines ehrlichen Dankes und meiner Ehrerbietung entgegenzunehmen?
Albert Camus

Die Wendung „vor der Richtungswahl" *(avant l'option)* hat Camus selbst unterstrichen. Offenbar meinte er damit Zundels anderen Zugang zur Frage des Bösen. Zundels Gottesverständnis kreiste um die These, dass es einen „Gott", der als verantwortlicher Schöpfer eingreifen und das Böse zulassen oder verhindern könnte, gar nicht gibt. Rieux leugnet ihn nach Zundels Auffassung mit Recht: „Ich werde wütend, wenn ich sagen höre, Gott lasse das Böse zu." Denn wenn er es zulassen könnte, hätte er auch die Macht, es *nicht* zuzulassen, also zu verhindern. Ein solcher Gott wäre wirklich ein Scheusal, wenn er nicht eingreifen würde.

Für Zundel stellt sich die Gottesfrage von der Menschenfrage her. In der Ersten Geburt werden wir hineingeworfen ins Universum. Unsere physischen und psychischen Triebe sind kosmische Mitbringsel, ausgesetzt den Launen und Absurditäten der Natur. Damit sind wir noch nicht „Person". Wir erfahren aber in unseren Trieben eine „schöpferische Leere", einen Sog des Geistes über uns hinaus. Selbsterfahrung und Gotteserfahrung decken sich. Es ist der Ruf zur Zweiten Geburt, der Ruf, sich als Person zu gebären – das Göttliche zu gebären, das bittend aus den Möglichkeiten der Zukunft auf uns zukommt: *„Dieu est en avant de nous"* – Gott ist vor uns. Das führt zur umstürzenden Aussage: „Gott ist nicht für das Böse verantwortlich, er ist vielmehr dessen erstes Opfer." Er wimmert und schreit in den unschuldigen Kindern.

Dieses Menschen- und Gottesverständnis bedeutet für Maurice Zundel, „alles neu zu denken" und dabei gerade auch die Anliegen jener aufzugreifen, die sich wie Albert Camus als Agnostiker oder Atheisten verstehen. Die überlieferten Glaubenssätze werden zu Bildern der Zweiten Geburt, zu der wir in dieser Werde-Welt berufen sind.

Dr. Alois Odermatt, Historiker und Theologe mit Schwerpunkt Liturgiegeschichte.

Wolfgang Bretschneider

Der Name, der wie eine Frage klingt

„The Problem of God" – so lautete der Titel einer Ausstellung in der Kunstsammlung Nordrhein-Westfalen in Düsseldorf. 33 internationale Künstler gingen auf Spurensuche in zweifacher Fragestellung: das Problem des Menschen mit Gott und das Problem Gottes mit den Menschen. Gott – eine Problemanzeige!

Im ersten Raum der Ausstellung hing eine Kirchenglocke. Jede Stunde setzte sie sich in Bewegung, gab aber keinen Ton von sich, denn ihr fehlte der Klöppel. In einem weiteren Raum hing ein Bild, überschrieben mit „Genter Altar". Es erinnerte an den berühmten Altar der Brüder van Eyck von 1432, der die Überschrift trug: „Hier ist Gott der Allmächtige". Im neuen Kontext waren nur noch die Umrisse des historischen Altars zu sehen, zusammengehalten durch einen Stahlrahmen. Das Bild und die Überschrift fehlten.

Die Botschaft der Künstler war eindeutig: Von der ursprünglichen christlichen Botschaft sind uns nur noch die Form und der Rahmen geblieben. Das Zu-Schauende und das Zu-Hörende sind uns abhanden gekommen. Gottesfinsternis, Gottesferne, Gottes Abwesenheit! Die vielen Vorträge, Predigten, Broschüren und Erklärungen, die wir produziert hatten, hatten dies nicht verhindern können.

2017 hatten elf Kölner Priester des Weihejahrgangs 1967 aus Anlass ihres goldenen Priesterjubiläums einen „Offenen Brief" veröffentlicht. Darin gaben sie Rechenschaft über ihre Erfahrungen und zeigten sieben Wegweiser in die Zukunft der Kirche auf, getragen von der Hoffnung, „die uns das Evangelium schenkt". Bewusst stellten sie an den Anfang ihres „Rufes" die alles entscheidende Frage: „Uns bedrückt, dass die Frage nach Gott bei vielen Menschen hierzulande kein Thema mehr ist." Alle kritischen Anmerkungen zu den theologischen und pastoralen Forderungen, die folgten und zum Teil viel Aufmerksamkeit erregten, gründen in der zentrale Frage.

Die Frage nach Gott, nach seiner Erfahrbarkeit hat in unserer Zeit eine Verschärfung erfahren wie wohl noch nie in der christlichen Geschichte, und zwar nicht nur in den höheren Gesellschaftsschichten, sondern in der breiten Öffentlichkeit. Die Gründe dafür sind vielfältig. Die entzauberte Welt liefert unbändige Zweifel ebenso wie die mit Macht einbrechende Welt der technisch-autonomen Systeme samt ihrer erlösenden Botschaft: „Wir sind Zeitzeugen der Geburt einer neuen Welt". Da hat der überlieferte Glaube mit seinen zuweilen skurril anmutenden Erscheinungsformen keine guten Karten.

Nicht wenige Menschen waren erschrocken und verunsichert, als sie anlässlich der Heiligsprechung von Mutter Teresa erfuhren, wie sehr auch sie unter der Abwesenheit Gottes gelitten hatte. „Wenn ich versuchte, meine Gedanken zum Himmel zu erheben, erlebte ich eine solch überzeugende Leere, dass diese Gedanken wie scharfe Messer zurückkehrten und meine innerste Seele verletzten. Man erzählte mir, dass Gott mich liebt. Jedoch die Realität von Dunkelheit und Kälte und Leere waren so überwältigend, dass nichts meine Seele berührte."

Wer sich in der Geschichte der Spiritualität auskennt, weiß, dass es immer wieder diese dunklen Erfahrungen der Abwesenheit Gottes gegeben hat, bei den Propheten, im Buch der Psalmen oder bei Johannes vom Kreuz und Teresa von Avila. Dies einzugestehen, war lange Zeit nicht opportun. Es ist noch nicht lange her, da galten selbst Zweifel an Gott als Sünde, als Undankbarkeit und Beleidigung.

Ein Grund für die tiefgehenden Zweifel an Gott ist die Instrumentalisierung des göttlichen Namens, in der Vergangenheit, aber auch in der Gegenwart. Der jüdische Religionsphilosoph Martin Buber hat es berührend formuliert: Gott sei „das beladenste aller Menschenworte. Keines ist so besudelt, so zerfetzt worden... Die Geschlechter der Menschen mit ihren Religionsparteiungen haben das Wort zerrissen; sie haben dafür getötet und sind dafür gestorben... Sie zeichnen Fratzen und schreiben ‚Gott' darunter; sie morden einander und sagen: ‚in Gottes Namen'."

Können wir dieses malträtierte „Wort" Gott wieder aufrichten, ihm seine ursprüngliche Faszination zurückgeben? Ja, wenn wir Gott wieder als das unendliche, unsagbare, undurchdringliche, erschütternde Geheimnis aufleuchten lassen! Der französische Jesuit, Soziologe und Kulturphilosoph Michel de Certeau hat es eindrucksvoll im Bild des brennenden Dornbuschs formuliert: „In ihm verbrennen alle besonderen Namen und Aussagen, alles,

IV. Das Jenseits im Diesseits – das Sein und das Nichts

womit wir Gott bezeichnen und Zugriff auf ihn haben wollen. Auf die Bitte des Mose, Gott möge ihm seinen Namen nennen, erhält er zur Antwort: Ich habe keinen Namen als das, was dich aufbrechen lässt."

Alles, was danach riecht, wir wüssten über Gott Bescheid, verfehlt den biblischen Gott. Ehrfurcht vor Ihm zeigen in aller Demut, in die Knie gehen vor seiner Größe, sprachlos werden bei allem Sprechen von und zu Ihm, das könnte Menschen überzeugen. Genau dies ist es, was Zeitgenossen bei uns und unseren Kirchen vermissen. „Er hätte einen Namen haben müssen, der wie eine Frage klingt," so hat es der Schriftsteller Cees Nooteboom auf den Punkt gebracht.

Zwei Wege dazu sind mir wichtig geworden. Zum einen die Liturgie. Sie ist und bleibt der Mutterboden und das Aushängeschild unseres Glaubens. In der Feier von Tod und Auferstehung Jesu Christi soll das möglich werden, was sich in der Theologie kaum noch ereignet: der Sprung vom Sprechen über Gott zu Gott selbst hin, damit Verwandlung und Transzendenzerfahrung. Genau das wollte das Zweite Vatikanische Konzil. Aber gerade hier liegen die Schwachpunkte der liturgischen Erneuerung. Die liturgische Sprache ist nur ein Problem, wenn auch ein gravierendes. Eine mindestens ebenso große Herausforderung ist die vielfach angemahnte „Kunst des Feierns", die *Ars celebrandi*. Was der Mainzer Kardinal Hermann Volk am Ende des Konzils geäußert hatte, besitzt weiterhin seine Gültigkeit: „Heute wollen viele mehr, als sie dürfen, aber schon morgen werden viele mehr dürfen, als sie können."

Zum anderen machen Menschen in den Künsten, vor allem in der Musik, Erfahrungen mit dem geheimnisvollen Gott. Im Gästebuch, das in der Leipziger Thomaskirche ausliegt, fand sich dieser Eintrag: „Ich bin Atheist. Nachdem ich aber gestern die Matthäus-Passion von Bach gehört habe, beginne ich zu ahnen, an welchen Gott die Christen glauben." Da können Tiefen angerührt werden, die vom Wort nicht erreicht werden: Lob, Begeisterung und Dank, aber auch Klage, Sprachlosigkeit und Erschütterung.

Danach sehnen sich die Menschen unserer Tage. Ihnen solche Erfahrungsräume zu eröffnen, bedeutet für die Kirchen Bescheidenheit, Zurücknahme, Verzicht auf „ewige" Belehrungen. Es verlangt aber auch das Eingeständnis, auf die Paradoxien und Rätsel unserer Welt keine letzten Antworten zu wissen. Das kann nicht bedeuten, auf das Denken zu verzichten, wohl aber, seine Grenzen anzuerkennen. Das auszuhalten, verlangt Mut und Vertrauen auf den Heiligen Geist. Vielleicht treffen Menschen gerade dann auf Neuland, wo ihnen – wie schon in biblischer Zeit – Gotteserfahrungen geschenkt werden. Dann könnte sich das ereignen, was der osteuropäische Theologe Peter Kuzmic einmal so formuliert hat: „Hoffnung ist die

Fähigkeit, die Musik der Zukunft zu hören. Glaube ist der Mut, in der Gegenwart danach zu tanzen."

Prof. Dr. Wolfgang Bretschneider, Musik- und Liturgiewissenschaftler, Köln.

Lorenz Wachinger

Das Licht des Nichts

Im „Tao-te-king" des Laotse (etwa 300 v. Chr.) heißt der elfte Spruch:

Dreißig Speichen treffen sich in der Nabe.
Auf dem Nichts daran beruht des Wagens Wirksamkeit.
Durch Tonkneten macht man Gefäße,
Auf dem Nichts darin beruht des Gefäßes Brauchbarkeit.
Durch Aushöhlen von Türen und Fenstern macht man Häuser,
Auf ihrem Nichts beruht des Hauses Brauchbarkeit.
Darum:
Das Seiende ist zwar nützlich,
Das Nichts ist das Wirksame.

Was ist das Nichts, das Dynamische oder Dynamisierende? Etwa ähnlich dem, das „noch nicht" da ist, aber schon unter der Oberfläche pocht?

Immer schon hat die Mystik, besonders die fernöstliche, unter dem Namen „Nichts" von Gott geredet, verhüllt, fast verschämt. Das Viele, das man wissen und gebrauchen kann, das wir Menschen brauchen, nennt Meister Eckhart „Dies und Das", etwas abfällig, weil es nicht das Eigentliche ist.

Seit Martin Heideggers „Sein und Zeit" (1927) wird im Westen positiver vom Nichts geredet. Der Philosoph sucht hinter den vielen seienden Dingen, hinter dem, was einfach gegeben ist, das Sein, das man nur nach dem Durchgang durch das Nichts findet. Sein Freund, der Religionsphilosoph Bernhard Welte, hielt 1980 in München den Vortrag „Das Licht des Nichts". Er sucht eine gerade heutzutage einleuchtende „religiöse Erfahrung", weil sich das unbedachte Reden von Gott verbietet. Von Gott zu sprechen, ist nicht mehr selbstverständlich, nicht mehr staatlich oder kirchlich oder kulturell gedeckt. Nach dem Leerwerden des religiösen Weltbilds müsse man bei der Erfahrung des Nichts ansetzen, die modernen Dichtern, wie Paul Celan und

IV. Das Jenseits im Diesseits – das Sein und das Nichts

vielen anderen, auf der Seele brennt: etwa das erschütternde Bewusstsein des leeren explodierenden Universums.

Bernhard Welte macht auf einen Vers des Berliner Philosophen Wilhelm Weischedel (1905 – 1975), den dieser kurz vor seinem Tod diktiert hatte, aufmerksam: „Im dunklen Bechergrund / erscheint das Nicht des Lichts. / Der Gottheit dunkler Schein / Ist so: Das Licht des Nichts."

Im Tod also, im endgültigen Verlöschen des Lichts, kann das Nichts erfahren werden, auch das „Licht des Nichts".

Aber das Nichts begegnet einem viel früher im Leben, lange vor dem Sterben. Ein erster Anstoß ist das Nicht-Ich, das andere Sein oder Leben, unabhängig von mir. Dann alles, was „mir fehlt": Krankheit oder Mangel, Altern. Schon in jeder Veränderung ist das Negative zu spüren. Auch im Nicht-mehr der Vergangenheit und im Noch-nicht der Zukunft stoßen wir auf das Nicht-Greifbare und Nicht-Beherrschbare, schließlich das Nicht-Begreifbare. Um mich dagegen zu wehren, halte ich mich an dem fest, was man brauchen, verbrauchen und manipulieren kann. Was „fest" scheint, zieht an – Besitz, Wissen, Macht, auch „Glauben". Was wäre, wenn man den festen Zugriff lockerte und den Schein des Mächtig-seins aufgäbe? Schon im Schweigen – welche Zumutung in dieser lauten Welt! – wäre dem Leeren, dem Nichts-mehr-tun-können der ihm zustehende Platz gelassen.

Komme ich damit dem „Licht des Nichts" näher? Es geht um das Verstehen meiner menschlichen Lage. Welte sagt: Wo wir das Nichts im Leben aushalten, „da können wir etwas spüren und erfahren von Unendlichkeit und Unbedingtheit" – unbegrenzte Weite, offenen Horizont und etwas, was gilt und bleibt ohne Bedingungen.

Das Nichts bringt eine radikale Befreiung, vor der ich mich auch fürchte. Die Geschichte der Mystik kennt viele Umschreibungen für diese Erfahrung: der Abgrund Gottes *(abyssus)*, dem sich der Mensch aussetzen muss. Er muss die Wüste erfahren, die Verborgenheit, ja die Abwesenheit Gottes, das Schweigen, die Unendlichkeit. Der flämische Mystiker Jan van Ruusbroec (1293–1381) spricht vom „bodenlosen Wasserstrudel". Die große Tradition der sogenannten negativen Theologie, eine Unterströmung in aller Theologie, besonders in der Mystik von Pseudo-Dionysius über Meister Eckhart, Nikolaus von Kues und Angelus Silesius bis zu Simone Weil, hält fest, dass man „Gott" nicht wissen und nicht aussagen kann. Schon der erste Spruch des Tao-te-king lautet: „Der Name, kann er ausgesprochen werden, ist nicht der ewige Name". Die negative Theologie will „Gott" nicht zu einem bequemen – wie Franz Kafka ihn nannte – „Hausgott" umfälschen. Sie gilt es einzuholen. Der theologische Betrieb verdrängt sie zu leicht. Gott verliert damit schnell seine Anderheit, sogar Fremdheit und wird zu nahe, scheinbar vertraut. Mit dem Nichts, dem Leeren, lässt man dem Nicht-Wissen Raum und rebelliert gegen ein geschlossenes Weltbild.

Da wir über Gott, wo es ernst wird, nicht in festen Begriffen reden können, bleiben wir auf Metaphern, auf Bilder angewiesen, auf das, was die Dichter wissen. Paul Celan, der durch Martin Buber und Gershom Scholem aus der jüdischen theologischen Tradition schöpft, bezeugt in vielen Gedichten die Tradition der negativen Theologie. Er wird immer schweigsamer, kann nach dem Grauen der Schoa nur wenig und schwer verständlich reden. Schon der leere Raum, das Nichts um die Gedichte auf dem Papier, spricht davon. In dem Band „Die Niemandsrose" (1963) steht das Gedicht „Mandorla":

Im Nichts – wer steht da? Der König.
Da steht der König, der König.
Da steht er und steht.

Wiederholungen, wie stammelnd, als ob die Sprache versagte. Aber im Nichts erscheint „der König", ein uralter verhüllender Name für Gott. Nicht anders als in der Erfahrung des Nichts, in der Erfahrung des Leeren im Weltprozess, in seinem Licht ist es uns gegeben, von Gott zu reden, von dem wir auch nicht schweigen dürfen.

Dr. Lorenz Wachinger, Theologe, Diplom-Psychologe, Psychotherapeut, München.

Julian R. Backes

Das biblische Koan

Die Begegnung von Christentum und Buddhismus ist ein noch junges Ereignis der Geistesgeschichte. Daher lässt sich sein Geschenkcharakter für Kirche und Welt noch nicht hinreichend erfassen. Der Kulturtheoretiker Arnold J. Toynbee wird mit der Bemerkung zitiert, die Historiker werde in tausend Jahren an der Geschichte unserer Zeit vorrangig interessieren, wie diese beiden Religionen einander durchdrungen haben.

Die alltagsbewährte Voraussetzung dafür war und ist nicht zuletzt das Worte und Gedanken loslassende, schweigende Sitzen auf dem Zen-Weg – genauer: das „reine" Zen. Es verlangt keine religiöse Bindung an Buddha, sondern kann sich mit jeder Religion identifizieren, die nach der „Geheimniswirklichkeit des Menschen" als Zugang zur religiösen Erfahrung sucht, so der Pallottiner und Zen-Meister Johannes Kopp.

Die im Glaubensweg verortete Frage nach der eigenen Wesensnatur führt christlicherseits zunächst zum Wort der Heiligen Schrift, das dem Menschen seine Natur als Bild und Gleichnis Gottes (vgl. Gen 1,26f) erfahrbar zu machen vermag. Da die Erkenntnis des „Christus-Koans" aber jede „Weisheit der Welt" (1 Kor 1,20) übersteigt (vgl. Phil 3,8; Eph 3,19), bedarf es einer Lesehilfe (vgl. Apg 8,30f). Sie findet sich im Evangelium selbst: Am Tag nach dem Sabbat begegnen zwei der Jünger auf dem Weg nach Emmaus dem Auferstandenen, der für sie die Schrift deutet und mit ihnen Mahl hält. Erst als zum Wort der Bibel schließlich das Zeichen des gebrochenen Brotes hinzukommt, erkennen sie Jesus wieder, den Herrn, der den Tod überwunden hat (vgl. Lk 24,13–35). Das Evangelium bezeugt: Schriftlesung und Eucharistie sind wesentliche Wege zur Erfahrung der Gegenwart Gottes. Umgekehrt ist das österliche Mysterium der Schlüssel zum Verständnis der Heiligen Schrift.

Koans („öffentliche Angelegenheiten") sind gesammelte Worte und Begebenheiten aus der Zen-Tradition, deren Kern für das rein Rationale unergründlich ist. Sie erweisen sich erst auf einer – auch von der Bibelauslegung her bekannten – tieferen Ebene, die zugleich die Ebene der eigenen Wesensnatur ist, als wahr und werden so zu tragfähigen Begleitern auf dem religiösen Erfahrungsweg. Die Meditation mithilfe eines Koans lässt den Menschen sein Wesen ergründen, indem sie auf einen erfahrungsbasierten Durchbruch zu religiöser Wahrheit abzielt, der für einen auf Gegenständlichkeit und Vergegenständlichung angewiesenen Zugang unerreichbar bleibt. Der Zen-Weg ist geistliche Lesung mit dem Körper, so der Jesuit und Zen-Meister Kakichi Kadowaki. Ein Koan schließt die Vernunft nicht aus, sondern im Gegenteil mit ein, wenn es den Dualismus von Erkennen und Erkennendem zugunsten einer sinnstiftenden Einheitserfahrung überwinden will – christlich verstanden in der *Unio mystica* von Geschöpf und Schöpfer. Die Ergründung dieses Unergründlichen geht über das Sagbare hinaus, weswegen als Antwort auf ein Koan letztlich nicht ein durchdachtes Wort taugt, sondern die praktische Erfahrung des Einsseins (vgl. Joh 17,21).

Als Koan gelesen, offenbart sich die Heilige Schrift ihren Leser selbst als „Primärliteratur", so Johannes Kopp, als der Bibel vorausgehendes lebendiges Wort, das von Gott stammt und in dem dieser sich nach seinem Bild und Gleichnis kreativ ausdrückt. Die Aneignung der Schrift geschieht in der betenden Ausrichtung auf den Heiligen Geist, der in dem durch Taufe und Firmung wiedergeborenen Leser (vgl. Tit 3,5) genauso gegenwärtig ist wie in der bleibend inspirierten Bibel und daher beide vom auferstandenen Christus her miteinander verbindet. Die Bitte um den Heiligen Geist, die

IV. Das Jenseits im Diesseits – das Sein und das Nichts

am Anfang der *Lectio divina*, der betrachtenden Lesung der Heiligen Schrift, steht, ist nicht nur die Bitte um das rechte Schriftverständnis, sondern auch um das Selbstverständnis. Die Zen-Tradition spricht vom „Wesensauge", dem „dritten Auge" oder „geöffneten Auge". Je mehr der Leser hinhört auf Gottes Wort, desto deutlicher sieht er ihn in sich selbst – und umgekehrt: Je weiter das Wesensauge geöffnet ist, desto stärker schlägt im Leser sein „hörendes Herz" (1 Kön 3,9). So ist die zentrale Präposition nicht nur des Zen-Wegs, sondern auch des christlich-buddhistischen Dialogs und der kirchlichen Bibelpastoral das Wort „in": Der Weg zu Gott ist die Erkenntnis seiner Gegenwart *in* jedem Geschöpf und der Gegenwart jedes Geschöpfs *in* Gott. Im Liebesgebot wird dieser Weg als Dienst der Ganzhingabe *in* der Welt bestimmt (vgl. Joh 13,1).

Die Koan-Sammlung „Mumonkan" erzählt von einem Mönch, der – gerade erst ins Kloster eingetreten – seinen Meister aufsucht und ihn um Unterweisung bittet. Der Meister fragt ihn: „Hast du schon deinen Reisbrei gegessen?" Der Mönch antwortet: „Ja, das habe ich." Der Meister sagt: „Dann wasche deine Essschalen." Daraufhin kommt der Mönch zu einer gewissen Erleuchtung. Im Vergleich zu Jesus, der auf die Frage, was zur Erlangung des ewigen Lebens zu tun sei, neben einigen Geboten die Aufgabe aller Habseligkeiten, die Hinwendung zu den Armen und die Einreihung in seine Nachfolge nennt (vgl. Mk 10,17–22), wirkt die Aufforderung des Meisters enttäuschend gewöhnlich. Gleichwohl bringen sowohl die vermeintliche Unterforderung als auch die vermeintliche Überforderung zum Ausdruck, was für den Weg zur Vollkommenheit wesentlich ist: die Erfahrung der eigenen Wesensnatur in der Ganzhingabe – im Beispiel des Meisters auf die kleinen Dinge des Alltags und deren unsichtbare Würde bezogen und im Beispiel Jesu auf die großen Linien des Lebens und deren zeugnishafte Würde.

„Wasche deine Essschalen" ist ein Symbolwort dafür, die Handlung aus ihrer irdischen Begrenzung herauswachsen zu lassen, um sich selbst in seiner ganzen Würde sehen zu können – christlich übersetzt: „Lasst euch mit Gott versöhnen" (2 Kor 5,20). Jesu Stiftungswort „Tut dies zu meinem Gedächtnis" (1 Kor 11,24f; Lk 22,19) ist ein biblisches Koan. Es zielt nicht allein auf die Kommunionfeier ab, sondern vor allem auf ein ständiges Genährtwerden aus der bleibenden Ganzhingabe Jesu, auf ein gewandeltes Handeln gemäß der eigenen Wesensnatur, deren Erkenntnis in der sakramentalen Einheitserfahrung mit Gott liegt. Die Wesensschau setzt die ungeteilte Gegenwart in dem voraus, was man tut. Zum vorrangigen Verwirklichungsort österlicher Ganzhingabe wird der Alltag.

Die in Japan gereifte Idee vom „reinen" Zen hat die östliche Meditation für das Christentum anschlussfähig gemacht. Der Zen-Weg bedeutet „eine absolute Reduktion von allem Religiösen und Kulturellen auf das universal

Menschliche", wie der Pallottiner und Zen-Meister Paul Rheinbay sagt. Trotzdem oder gerade deswegen ist der Umgang mit Zen entscheidend für den interreligiösen Dialog in der modernen Gesellschaft. Enteignungstheorien, wie sie das Verhältnis zum Judentum nachhaltig prägen, dürfen keine Wiederholung finden. Die Zen-Kontemplation kann nur in kommunikativer Verbindung – freilich ohne religiöse Doppelzugehörigkeit – mit jenen Kulturräumen sie selbst sein, in denen der Teil vor dem integrativen Bindestrich seine Ursprünge hat, in denen die Traditionen und Texte des Zen entstanden sind. Erst dann finden auch Bibel und Koan in ihren Lesern fruchtbar zueinander.

1937 veröffentlichte Romano Guardini seinen theologischen Klassiker „Der Herr". Darin arbeitet er drei Vorläufer Christi heraus: Johannes den Täufer für den Alten Bund, Sokrates für den heidnischen Westen und Buddha für den heidnischen Osten. An Siddhartha Gautama entdeckt er besonders dessen eigentümliche Freiheit, gewonnen aus der Erkenntnis irdischer Nichtigkeit. Guardini hinterlässt in diesem Zusammenhang eine unabgehakte Notiz, ein prophetisches Wort, das eine im christlich-buddhistischen Dialog beheimatete Zen-Kontemplation nicht als Überbleibsel aus dem Angebot kirchlicher Bildungshäuser der siebziger Jahre ausweist, sondern im Gegenteil weiterhin und mehr denn je als Zukunftsaufgabe für das Christentum: „Vielleicht wird Buddha der Letzte sein, mit dem das Christentum sich auseinanderzusetzen hat. Was er christlich bedeutet, hat noch keiner gesagt."

Julian R. Backes, Theologe, Prämonstratenser der Abtei Hamborn, Duisburg, Wissenschaftlicher Mitarbeiter am Lehrstuhl für Neues Testament, Bochum.

Sebastian Painadath

In der Schwingung des Geistes

Menschen haben zwei Wahrnehmungsbereiche: das Mentale und das Intuitive. Im mentalen Bereich vergegenständlichen wir alles, um die Dinge zu begreifen, aber in der intuitiven Tiefe entfaltet sich eine Einheitswahrnehmung. Daher wird Gott auf der mentalen Ebene als Gegenüber angesehen und mit personhaften Namen und Formen angesprochen. Als Verstandesmenschen brauchen wir solche Symbole, die in den Religionen vermittelt werden. Die intuitive Wahrnehmung *(nous)* dagegen führt uns über die

IV. Das Jenseits im Diesseits – das Sein und das Nichts

Dualität der Ich-Du-Struktur hinaus. Im Herzensraum werden das menschliche Ich und das göttlichen Du Eins. „Die göttliche Natur ist Eins. Eins muss der werden, der Gott finden will. Eines mit Einem, Eines von Einem, Eines in Einem und in Einem Eines ewiglich" schrieb Meister Eckhart („Vom edlen Menschen"). Hier vertieft sich das Bewusstsein mystisch. Eigentlich kann man eine solche Einheitserfahrung am Ursprung jeder Religion erkennen. Aber im Lauf der Evolution einer Religion verlagert sich der Schwerpunkt zum Mentalen und zu den Strukturen hin. Soziologisch betrachtet ist diese Entwicklung unvermeidlich in der Religionsgeschichte.

Heute ist man sich der Grenzen der Verstandeswahrnehmung wieder bewusst ebenso wie des Unvermögens der Sprache, angemessen über das Göttliche zu reden. Einerseits verteidigt die Theologie jeder Religion die Begriffssprache, andererseits sprengt die Mystik jede sprachliche Formulierung und weist darauf hin: Gott ist immer größer! *Deus semper maior*. Schon Augustinus warnte in einer Predigt: „Wenn du Gott begreifst, ist es nicht mehr Gott." Thomas von Aquin scheute sich nicht zu behaupten, dass die tiefste Erkenntnis darin besteht, dass man Gott nicht erkennt. Gregor von Nyssa, der Vater der abendländischen Mystik, verlangte: „Nie beim Begreifenen stehen bleiben, sondern ruhelos immerdar nach dem Mehr-als-Begriffenen suchen. Nicht im Begreifen wird die Größe der göttlichen Natur einsichtig, sondern im Entgleiten aus jedem zugreifenden Vorstellungsbild und jedem Vermögen. Wie könnte auch gefunden werden, was kein Erkennbares offenlegen kann, keine Gestalt, keine Farbe, kein Umriss, keine Vielheit, keine Form, keine Vermutung, kein Gleichnis, keine Analogie, was immer je äußerlicher jedem begreifenden Zugang erfunden, was ganz und gar dem Zugriff des Fassenden entgleitet?" („Kommentar zum Hohelied").

Die heutige Glaubenskrise ist eine Krise der religiösen Sprache, zugleich eine Einladung, über die Sprachebene hinaus die spirituelle Erfahrung zu vertiefen. Ein mystischer Wind weht über den Globus. Dies wird spürbar zum Beispiel in der Begegnung zwischen christlichem Glauben und östlicher Mystik. Eigentlich leben wir nicht in einer Krisenzeit des Christentums, sondern in einer begnadeten Zeit der Kirche. Die Gnade des jetzigen Zeitalters liegt in der Entfaltung einer Kultur der interreligiösen Harmonie. In der Begegnung mit den mystischen Quellen der anderen Religionen dürfen Christen das Mystische im Christentum neu entdecken.

Auf der mentalen Ebene neigen wir dazu, Gott in Bildern und Dogmen festzuhalten. Aber viele Suchende empfinden kaum einen Bezug zu den statischen Gottesbildern und den damit verbundenen Kultformen. Wenn man über die Bildebene hinaus in die Tiefe schaut, erkennt man das Göttliche als Geist. Das Wort Geist *(ruah/pneuma/spiritus)* weist auf die Seinsdynamik des Göttlichen hin: Das Göttliche ist Bewegung, Schwingung, Vibration; es ist

IV. Das Jenseits im Diesseits – das Sein und das Nichts

Licht, Leben, Liebe. Alle diese Bezeichnungen verweisen auf die Dynamik des Geistes: mehr Präsenz als Person, mehr Gegenwart als Gestalt.

Die vorherrschende Sprache der Theologie kreist um die Verteidigung der Glaubenssymbole. Auf die Frage, wo man Gott anbeten soll, gestellt auf der Ebene der Religion, gab Jesus eine Antwort auf der Ebene der Spiritualität: „Gott ist Geist, wer Gott anbetet, soll im Geist und in der Wahrheit anbeten" (Joh 4,23f). Wahrheit *(aletheia)* bedeutet Offenheit. Im achtsamen Lauschen auf die Schwingung des göttlichen Geistes können wir die Gegenwart Gottes erfahren. Es handelt sich um eine Durchdringung, eine Perichorese, ein Hineinwachsen, ein Ausfließen, ein Durchlichtet-werden. Mystikerinnen und Mystiker verwenden eindrucksvolle Bilder, um diese dynamische *Unio mystica* zu bezeichnen. Johannes vom Kreuz: wie ein Kristall vom Sonnenlicht durchlichtet wird. Teresa von Avila: wie Regentropfen in einen Fluss fallen. Rumi: wie ein Eisenstück im Schmelztopf zum Glühen kommt. In den hinduistischen Upanishaden heißt es: wie ein Rinnsal ins Meer fließt. Es geht nicht um die Vernichtung der Seele, sondern um eine Verwandlung des Seins, nicht um die Aufhebung der Freiheit, sondern um eine Vertiefung des Bewusstseins zur begnadeten Alleinheitserfahrung.

Die Kirchenväter bezeichneten diesen Verwandlungsprozess als Theosis, als Vergöttlichung des Menschen. „Theosis heißt Anteilnahme durch die Gnade an dem, was in Gottes Natur vorhanden ist", schrieb Johannes Damascenus. Um diesen Vergöttlichungsvorgang in uns und um uns wahrzunehmen, müssen wir in kontemplativer Stille nach innen horchen. Stille ist eine Gnade, aber auch ein Auftrag zu Disziplin und Askese.

Wenn Menschen für die Schwingung des göttlichen Geistes resonanzfähiger werden, leben sie nach außen in Barmherzigkeit. Diese ist nicht etwas, was wir erzeugen, sondern was wir empfangen, nicht ein Erfolg unserer Leistung, sondern eine göttliche Liebesenergie, die wir durch uns fließen lassen können. Origenes, Gregor von Nyssa, Augustinus und Meister Eckhart bezeichnen Barmherzigkeit als einen gebärenden Vorgang: Durch Barmherzigkeit gebären wir Gottes Gegenwart im Leben des anderen. So entfaltet sich eine Spiritualität, die Menschen untereinander und mit den Dingen der Schöpfung im göttlichen Liebesstrom verbindet.

Dr. Sebastian Painadath, Jesuit, Meditationslehrer, Leiter eines christlichen Ashrams in Südindien.

V. Das Wissen der Wissenswelt

Norbert Scholl

Die Lehre verblasst, die Neugier wächst

Im Jahr 1952 erschien ein „Grundriss der katholischen Dogmatik", in dem sich ein langes Kapitel befindet mit der Überschrift „Die Lehre von Gott dem Einen der Wesenheit nach". Darin weiß der Autor vieles zu berichten über das „göttliche Wesen" und sein Innenleben, über Gottes negative und positive, unmittelbare und mittelbare, absolute und relative Eigenschaften, über die ontologische, logische und moralische Wahrheit Gottes, über die uneigentliche und eigentliche Vaterschaft Gottes, über die vier realen und drei real voneinander verschiedenen Relationen in Gott, die aber alle mit der göttlichen Wesenheit real identisch sind. Und in der Trinitätslehre behandelt das Werk die göttlichen Proprietäten, Notionen, Appropriationen und Sendungen und schließlich noch die Perichorese, das Ineinander der drei göttlichen Personen. Dieses Buch galt in Deutschland ein halbes Jahrhundert lang als Standardwerk der katholischen Dogmatik. 2005 wurde es in elfter Auflage herausgegeben. Ganze katholische Theologen-Generationen wurden davon in ihrem Denken und in ihrer Rede von Gott geprägt.

Es gab allerdings zur gleichen Zeit auch andere Theologen, die unter der Sprachakrobatik mancher ihrer Kollegen litten. Fridolin Stier (1902–1981) zum Beispiel. Am 18. Juli 1972 notierte er in sein Tagebuch eine Glosse: Er wird vom Kardinal-Inquisitor gefragt, ob er an Gott glaube, und antwortet: Nein, an Ihren Gott glaube ich nicht. Dann stellt ihm ein Atheist dieselbe Frage. Wieder antwortet er: Nein, an den Gott, den Sie leugnen, glaube ich nicht. „Also glauben Sie doch an einen Gott, erwiderten mir Kardinal und Atheist wie aus einem Munde. – An GOTT! wenn ich bitten darf, nicht an ‚einen', wie Sie es tun… Der Inquisitor verurteilte mich wegen Blasphemie, der Atheist schmähte und nannte mich einen Filou" („Vielleicht ist irgendwo Tag", Freiburg 1981).

Die weltlichen Wissenschaften haben die überlieferte Gotteslehre in vielerlei Hinsicht entzaubert. Sie haben manche Theologenweisheit als Hirnkonstrukt entlarvt. Die Naturwissenschaften füllen mehr und mehr Wissenslücken im Mikro- und Makrokosmos, die bisher mit Gott – besser: mit dem gedachten oder erdachten Gott – besetzt waren. Die Sozialwissenschaften zeigen die Abhängigkeit des Gottesbildes von gesellschaftlichen, kulturellen und politischen Strukturen auf. Der Glaube an Gott, wie ihn die tradierte, dogmatisch fixierte Gotteslehre vorstellt, stößt auf Unverständnis und verdunstet allmählich in der Breite der Bevölkerung. Nicht aber die Frage nach Gott. Die „Lehre" ist am Verblassen. Umso deutlicher und herausfordernder stellt sich die Frage nach dem Eigentlichen, nach dem Letzten und Tiefsten, nach dem Woher und Wohin des Menschen, nach dem Urgrund alles Seins.

Wie kam das Universum zustande? Wer oder was war vor dem so genannten „Urknall"? Woher kam die unvorstellbar gewaltige Energie, die für diese „Ur-Explosion" erforderlich war? Gab es überhaupt einen „Urknall" und nicht vielleicht eher einen „Ur-Prall", bei dem zwei Vorwelten durch ein höherdimensionales Universum kreisten, sich gegenseitig anzuziehen begannen und kurzzeitig zusammenstießen? Dann dehnte sich das Weltall wieder aus. Nach einigen Trillionen Jahren wird die Materie extrem verdünnt sein, der nächste Zusammenstoß mit der Parallelwelt steht bevor, und alles beginnt von vorn. Oder gibt es vielleicht ein „Multiversum", in dem unser Universum nur eines von vielen ist?

Woraufhin steuert das Universum? Was kommt danach?

Was ist eigentlich Materie? Genau genommen gibt es sie gar nicht. „Es gibt nur ein Beziehungsgefüge, ständigen Wandel, Lebendigkeit... Primär existiert nur Zusammenhang, das Verbindende ohne materielle Grundlage. Wir könnten es auch Geist nennen. Etwas, was wir nur spontan erleben und nicht greifen können. Materie und Energie treten erst sekundär in Erscheinung – gewissermaßen als geronnener, erstarrter Geist." So umschrieb der Physiker Hans-Peter Dürr einmal deutend das, was sich in mathematischen Gleichungen ausdrückt, aber der menschlichen Anschauung entzieht („Am Anfang war der Quantengeist", 2007).

Woher stammt die unsichtbare, aber unwiderstehliche Schwerkraft? Sie lässt sich durch keine Hindernisse abschirmen. Auch nicht durch dicke Beton- oder Stahlwände. Ohne Gravitation würde nichts an seinem Platz stehen bleiben. Es herrschte ein unvorstellbares Chaos.

Was ist Energie? In einem isolierten System ändert sich die Gesamtenergie nicht, sie bleibt erhalten. Sie lässt sich in Masse umwandeln, und Masse kann in Energie verwandelt werden.

Was ist Leben? Woher kommt es? Wie ist es entstanden? Braucht das Leben die Materie um zu leben? Wenn ja, warum lässt sich dann aus bloßer Materie – bisher jedenfalls – nicht Leben erzeugen?

Was ist Bewusstsein? Wie bringt es ein knapp 1,5 Kilogramm schwerer Klumpen Materie mit vielleicht hundert Milliarden Nervenzellen in unserem Schädel fertig, derartige Großleistungen in Wissenschaft und Kunst zu vollbringen? Und sogar, diese Fragen zu stellen? Niemand hat bis jetzt ein Areal im Gehirn gefunden, in dem sich der Sitz des Bewusstseins befindet. Und wie genau werden gleichzeitig noch Hören, Sehen, Schmecken, Riechen, Schmerzempfinden verarbeitet?

Es scheint fast so, als ob sich die Menschheit angesichts dieser vielen und in ihrer Intensität immer drängender werdenden Fragen nun erst richtig der Frage nach Gott bewusst wird. Gerade den Klügsten unter den Wissenschaftlern lässt sie keine Ruhe.

Der Chemiker Gerhard Ertl und der Physiker Peter Grünberg erhielten 2007 den Nobelpreis. Auf die Frage, ob sie an Gott glauben, antwortete Ertl: „Mit jedem Schritt meiner Forschungsarbeit wunderte ich mich mehr: Diese minimalste Wahrscheinlichkeit, mit der es zu der Schaffung von Leben kommen konnte... Das Leben ist ein gewaltiges Wunder, wir nähern uns wissenschaftlich den Erklärungen an, aber eine Frage bleibt doch immer bestehen: Warum das alles? Hier glaube ich an Gott!" Grünberg sagte: „Fachlich interessiert mich die offene Frage zur Chaostheorie. Aber die allerletzte Frage? Gibt es Gott wirklich?... Ich weiß, dass ich es nie wissen kann. Es ist unergründlich und wird es auch bleiben."

Aufklärung und Säkularisierung, moderne Naturwissenschaft und historisch-kritische Forschung haben viele theologische Gedankengebäude ins Wanken oder gar zum Einsturz gebracht und die Gottesfrage neu aufbrechen lassen. Auch gläubige Christen sind mündig geworden und haben gelernt, sich ihres eigenen Verstandes zu bedienen. Es könnte sein, dass diese „mündig gewordene Welt" zwar „Gott-loser" erscheint, aber vielleicht gerade darum „Gott-näher" ist, als es die „unmündige Welt" war. Das meinte jedenfalls Dietrich Bonhoeffer in einem Brief an seinen Freund Eberhard Bethge.

Die Frage nach Gott ist nicht erledigt. Ganz im Gegenteil! Sie fängt an, erst richtig spannend und interessant zu werden. Die Neugier wächst mit jedem Erkenntnisfortschritt. Allerdings: Die Rede von Gott muss sich wandeln. Und sie wird sich wandeln. Die scholastische Theologen-„Weisheit" und Theologen-„Sprachkünstelei" hat ausgedient. Weniger von Gott „wissen", mehr nach Gott fragen! Weniger Gott lehren, mehr Gott leben! Mehr Ehrfurcht und Bescheidenheit, mehr Zurückhaltung und Demut! „Selbst deines gedachten Gottes sollst du quitt werden, aller deiner doch so unzulänglichen Gedanken und Vorstellungen über ihn wie: Gott ist gut, ist weise, ist gerecht, ist unendlich... Alles was du über deinen Gott denkst und sagst, das bist du mehr selber als er." So sah es Meister Eckhart. Gott ist immer größer.

Prof. Dr. Norbert Scholl, Theologe und Religionspädagoge, Heidelberg.

Wolf-Rüdiger Schmidt

Die Religion im Licht der Evolution

Es gibt kein Zurück hinter die Erkenntnis der Evolutionsbiologie, dass die Geschichte des Lebens als Manifestation eines großen, umfassenden Werde-Prozesses zu verstehen ist, der immer Neues aus sich heraus hervorbringt. Diese weitreichende Einsicht in eine dynamische Welt des Werdens, in die Evolution, zuerst akribisch belegt an der Variabilität der biologischen Arten, verdanken wir bekanntlich Charles Darwin. Er hat das entsprechende Werk nach langem Zögern 1859 der Öffentlichkeit vorgelegt: „On the origin of species by means of natural selection, or the preservation of favoured races in the struggle for life" (Über die Entstehung der Arten im Thier- und Pflanzen-Reich durch natürliche Züchtung oder Erhaltung der begünstigten Rassen im Kampfe um's Daseyn; deutsch 1860). Für Darwin ist alles Leben Variation innerhalb bestimmter Populationen und Selektion, Anpassung an bestimmte Lebensbedingungen, also „eine natürliche Zuchtwahl", wie er schreibt, „die ihrerseits die Divergenz der Charaktere und das Aussterben minder verbesserter Formen im Kampf um Überlebensvorteile veranlasst".

Darwin beschrieb eine Welt – besonders alles Lebendige einschließlich des Menschen –, die zunächst einmal aus der Naturgeschichte zu verstehen ist. Es ist eine Welt, so wird gerne festgehalten, die in ihrem Werden und Gewordensein ohne „Gottes Handeln" – wie es traditionell hieß – und ohne einen göttlichen Plan auskommt. So zumindest mussten damals seine Aussagen verstanden werden, und so lassen sie sich bis heute verstehen. Darwins Evolutionstheorie hat seit ihrer Veröffentlichung bekanntermaßen zwar endlose, oft sehr kontroverse Diskussionen hervorgerufen, kann aber heute trotz vieler offener Fragen und Mängel – ausgedrückt in Titeln wie: „Wo Darwin irrte" oder „Abschied vom Darwinismus" – wissenschaftlich in der Grundrichtung als bestätigt angesehen werden. Sie hat sogar den Charakter einer „Theorie für alles" bekommen, die den Begründer der Synthetischen Theorie und großen Evolutionsbiologen Theodosius Dobzhansky (1900 – 1975) zu der seitdem vielzitierten Aussage brachte, nichts ergebe Sinn, „außer man betrachtet es im Lichte der Evolution", zuerst formuliert 1963/64.

Das darwinische Denken mit seiner oft provozierenden Leidenschaft, auch den Menschen radikal aus seiner Naturgeschichte zu verstehen, zielt auf Weltanschauung. Es greift mit der Verankerung des Menschen in seinen naturgeschichtlichen Wurzeln fraglos tief in das traditionell fest verwobene abendländisch-christliche Menschenbild ein. Mehr noch: In Darwins Folge wird eine argumentative Schlüssigkeit spürbar, die biologischen, naturgeschichtlichen Wurzeln des religiösen Verhaltens selbst in seiner großen

Vielfalt zu erforschen. Damit jedoch wird das Fundament allen religiösen, kirchlichen, christlichen Redens und Denkens unmittelbar berührt. Denn wirklich bedrängend kann es für die Theologie dort werden, wo Religion allgemein als eine in erster Linie evolutionäre, biologische Überlebensstrategie gekennzeichnet wird: Was im Laufe der Religionsgeschichte keinen Nutzen im Überlebensprozess hatte und habe – so die These des Soziobiologen Edward O. Wilson –, sei auch in der Geschichte der Menschheit wieder verschwunden.

Überlebt hat nur, was die menschliche und menschheitsgeschichtliche Fitness aufs Höchste gesteigert habe. Die religionsbegründeten Nutzungsfunktionen muss man nicht lange suchen, sie scheinen sich seit den religiösen Urzeiten über archaische Fruchtbarkeits- und Beschwörungsrituale, Mond- und Sonnenkulte – vieles aus der vorschriftlichen Zeit ist allerdings kaum beweisbar und bleibt Spekulation – relativ leicht entfalten zu lassen. Allzu schnell bleibt dabei jedoch unberücksichtigt, dass historisch ausgestaltete, fortgeschrittene religiöse Systeme eine Vielzahl komplexer, reflektierter Inhalte und kultureller Impulse enthalten, die in einem erkennbaren Austausch von Ablehnung und Aufnahme naturgeschichtlicher Ursprungsfunktionen stehen und diese überlagern.

Das Provozierende der natur- und stammesgeschichtlichen Annäherung an religiöses Verhalten seit der vorgeschichtlichen Zeit von Homo sapiens scheint mir letztlich in der Formel von einem „Werden Gottes / der Götter im Werden der Welt und des menschlichen Bewusstseins" zu liegen. Womit sich die Frage stellt: Gibt es im langen evolutionären Werden und Gewordensein religiöser Inhalte irgendein tragfähiges Gegenüber, das im Prozess des Auftauchens, sich Entwickelns und Bewährens und wieder Verschwindens noch bleibend gültig sein könnte, also dem Menschen einen Halt gibt in den Kontinuitäten und Diskontinuitäten der Zeiten und des Lebens? Ist dieses Vertrauen auf ein übergreifendes Gegenüber nicht nur ein Produkt des mythenbildenden menschlichen Bewusstseins? Wenn ja, was wäre dann „Bewusstsein" als eine offensichtlich neu auftauchende Systemeigenschaft der Evolution, das zu solcher Mythenbildung im Prozess der kulturellen Evolution befähigt wurde?

Wenn man so will, kann das damit angedeutete große Themenfeld als das einer „Evolutionären Religionstheorie" bezeichnet werden. Ganz neu ist das nicht, weder begrifflich noch inhaltlich, wenn auch das Interesse in Kirche und Theologie ziemlich begrenzt ist, leider. Man überlässt es, oft in Unkenntnis naturwissenschaftlicher Fragen, einigen Spezialisten. Um so erfreulicher ist es, dass sich Naturwissenschaftler selbst immer wieder um die offenen Fragestellungen bemühen, nicht in jedem Fall allerdings auf dem Stand einer reflektierten, aufgeklärten Theologie. Es sind oft auch die Vertreter eines Neuen Atheismus, die sich mit gewagten und anregenden Büchern und Thesen Gehör verschaffen, auch manche entschiedenen Agnostiker, aber auch solche, die sich persönlich sehr offen gegenüber religiösen Fragen, wenn auch kritisch-engagiert, zu Wort melden, so zum Beispiel der Physiker, Wissenschaftshistoriker und Publizist Ernst Peter Fischer, der Neurogenetiker Paul Gottlob Layer, die Physiker Jürgen Schnakenberg oder Arnold Benz, der Neurobiologe Robert-Benjamin Illing oder auch der Philosoph Holm Tetens und natürlich noch etliche andere. Hier sei nur auf die auffälligen neuen Arbeiten des Physikers Gerhard Vollmer und des Evolutionsbiologen Carel van Schaik in zwei breit angelegten Werken kurz hingewiesen.

Gerhard Vollmer hat für sein Buch den von Theodosius Dobzhanskys Zitat angeregten Titel „Im Lichte der Evolution. Darwin in Wissenschaft und Philosophie" (Stuttgart 2017) gewählt. Für den Autor, selbst Mitbegründer einer evolutionären Erkenntnistheorie, ist „Evolution das tragende Element des modernen Weltbildes", was er an über fünfzig Einzelbereichen von der evolutionären Anthropologie über die evolutionäre Genetik und evolutionäre Rechtstheorie bis hin zur Sprachwissenschaft, Wirtschaftstheorie usw. kenntnisreich und durchaus sehr spannend darzulegen vermag. Auch Religion mit einer evolutionären Religionswissenschaft und einer – getrennt davon – evolutionären Theologie wird behandelt und sollte eigentlich die Fachtheologie zu Antworten verführen: „Religiosität hat sich in der biologischen Evolution des Menschen herausgebildet" (280), lesen wir, wobei es Vollmer offen lässt, was denn nun Religion eigentlich sei. Glaube an etwas Übersinnliches, Übernatürliches, Absolutes, Heiliges, Ewiges und so fort? Schneller noch als erwartet kommt Vollmer zum naheliegenden Erklärungsmodell „Nützlichkeit". Bietet Religion einen Selektionsvorteil?

Lässt sich mithin Religion, voll erklärt, auf ihre Überlebensfunktionen reduzieren und isoliert von dem betrachten, was sie seit einem dunklen Beginn vielleicht schon im Tier-Mensch-Übergangsbereich bereits an kulturellen Potenzialen, deren Nützlichkeit nur mühsam in den Vordergrund zu bringen ist, sichtbar werden lässt? Zumindest seit den frühesten Dokumenten, die der Forschung zugänglich sind – und die reichen derzeit kaum mehr als 40 000 Jahre zurück –, verbinden sich religiöse Elemente eng mit Kunst und Musik, später auch mit der Poesie, seit mehreren tausend Jahren auch mit dem wachsenden Wissen über die Welt, mit der Weisheitsliteratur, der Philosophie. Mag es auch stimmen, dass die – so der Soziobiologe und Philosoph Eckart Voland – „transkulturelle Universalie Religion" immer wieder einen Vorteil fürs Überleben zeigt, so hat diese doch zugleich früh eine Eigendynamik und innere Differenzierung entfaltet, die sich in sich selbst fortentwickelt. Der evolutionäre Nutzen wird von Charakterisierungen überlagert, die etwas mit Schönheit, Freude, Spaß am Spiel, Fest, Feier und Ähnlichem zu tun haben. So lässt sich etwa fragen: Erklärt die Bereitschaft des menschlichen Gehirns, Beziehungen zu fiktionalen Gestalten herzustellen, um sich durch diese religiös und illusionär zu stärken, wie der Kognitionsforscher und Religionsphilosoph Pascal Boyer in seinem Buch „Und Mensch schuf Gott" schreibt, die Fähigkeit und Lust des Menschen, Psalmen zu formulieren, Gregorianische Gesänge zu singen oder die Matthäus-Passion zu komponieren? Wo liegt hier der Selektionsvorteil, der evolutionäre Nutzen? Theologisch noch brisanter könnten Grenzfragen wie die sein, ob das darwinische Denken überhaupt die Vorstellung von einem Gott als bleibendem, unveränderlich Halt gebenden Gegenüber zulässt? Ist ein „Gott im Werden" nicht das Ende jeder Theologie, so auch Vollmer?

Gegenfrage: Warum sollte „G-o-t-t" – sagen wir einmal als das Innerste und das Äußerste des Menschen – nicht im Werden des Menschen und der Menschheit durch die Zeiten, bildlich gesprochen, „wachsen" und sich jeweils neu „entfalten"? Warum sollte dieses/dieser Andere seiner – des Menschen – Selbst, das Um- und Übergreifende, der sowohl ganz ferne, alles überschreitende Hintergrund wie auch die in jeder personalen Begegnung unmittelbar präsente Erfüllung des Lebens nicht auch im evolutionären Werden des Menschen, jeweils der Zeit folgend, erfahrbar sein? Ist der Begriff der „Unveränderlichkeit" (Gottes) nicht eine unangemessene dogmatische Kategorie, die in der Begegnung mit dem evolutionären Denken an Plausibilität verliert? Die Theologen müssten sich darüber einige hilfreiche Gedanken machen. Des Naturwissenschaftlers Aufgabe wäre es sicher nicht.

Theologische Überlegungen aus evolutionsbiologischer Perspektive machte sich jüngst der Zürcher Evolutionsbiologe Carel van Schaik, unterstützt von dem Literaturwissenschaftler Kai Michel. Beide haben ein durchaus herausforderndes großes Werk unter dem Titel „Das Tagebuch der Menschheit – Was die Bibel über unsere Evolution verrät" (Hamburg 2016) vorgelegt. Unter breiter Berücksichtigung des in den historisch-kritischen Wissenschaften diskutierten Materials wollen die Autoren in der – wie sie sagen – „verborgenen Bibel" „intime Kenntnisse" über die menschliche Evolution herausgearbeitet haben. Es ist ihnen gelungen, wenn auch zum Befremden derer, die das „Heilige" Buch bisher als überzeitliches Zeugnis von einem handelnden und sich offenbarenden Gott zu lesen gewohnt waren.

Nicht neu, aber doch ungewöhnlich klingt bereits die erste Aussage: „Der Gott, der monotheistisch werden sollte, befand sich während der Bibelniederschrift noch weitgehend in der Entwicklungsphase" (24). Er habe als „einer unter vielen begonnen", was heute jeder historisch geschulte Alttestamentler kaum bestreiten dürfte. Aber das ist nicht der Brennpunkt der entschlossenen evolutionären Annäherung an die Ursprünge der drei abrahamitischen Religionen. Vielmehr wollen die Autoren zeigen, dass die Bibel in ihrer Vielfalt und mit einer tausendjährigen Entstehungsgeschichte als ein Dokument der Überlebensstrategie von Homo sapiens zu verstehen sei. Sie erweise sich als ein vielgefächertes Zeugnis des Menschen, seitdem dieser nach der epochalen Sesshaftwerdung vor etwa 10 000 Jahren mit einzigartigen Herausforderungen fertigwerden musste. Als Ackerbauer und Viehzüchter stand der Mensch, nachdem er sich Hunderttausende von Jahren mit der Jagd und als Sammler von Wildfrüchten und Wildpflanzen jeglicher Art in überschaubaren Gruppen ernährt hatte, damals vor der größten Verhaltensänderung seiner bisherigen Geschichte. Die „Neolithische Revolution" gilt als der am tiefsten wirkende Einschnitt in der Vorgeschichte des Menschen. Der vom Archäologen Vere Gordon Childe in den dreißiger Jahren geprägte Begriff ist zwar heute umstritten, unter anderem weil „Revolution" einen allzu abrupten Übergang nahelegt, nicht aber die Tatsache.

Der anatomisch neuzeitliche Mensch – also jeder von uns – war evolutionär schlecht auf diesen kulturellen Umbruch, auf Seuchen, neue Gewalt, Katastrophen vorbereitet. Die Bibel ist für Schaik und Michel eine „anthropologische Kostbarkeit", die in immer neuen Varianten zeigt, „was Homo sapiens seiner Fähigkeit zur kulturellen Evolution zu verdanken hat" (8) und wie er mit der evolutionären Katastrophe der Sesshaftwerdung fertigzuwerden versuchte. Seine „erste Natur", die, mit einer natürlichen Moral versehen, genetisch tief verankert ist, habe ihn nicht dazu befähigt. Es sei vielmehr die Religion in vielerlei nützlichen Ausprägungen gewesen, die unsere Vorfahren fit machte, sich auf eine neue Welt einzurichten, die gezwungen, ungewollt und evolutionär viel zu plötzlich über sie hereingebrochen war. Wie dies gelang, zeigen die beiden Autoren überzeugend Schritt um Schritt.

Mag dies anregend oder mehr als dies sein, so ist für den hier angesprochenen Kontext einer Evolutionären Religionstheorie die leitende Botschaft des Buches wichtiger: „Gott durchlief eine Entwicklung" (442). Die Verfasser verweisen ausdrücklich auf den mit dem Pulitzerpreis ausgezeichneten Bestseller des Religionskritikers Jack Miles, „Gott – eine Biografie" (1996), in dem sich „Gott" von einer jähzornigen, destruktiven Person über die Jahrhunderte hinweg – sehr spät – zu einer barmherzigen Gestalt entwickelt. Das alles ist durchaus für die Theologie hochprovokant und für nicht wenige voller Beunruhigung.

Warum? Weil hier eine nur schwach verheilte Wunde berührt wird, die mit dem Namen Ludwig Feuerbach (1804–1872) und all jenen verbunden ist, die dem radikalen, neuzeitlichen Weg von der Theologie zur Anthropologie folgen: Redest du von Gott, dann redest du vom Menschen. „Nicht Gott schuf den Menschen..., sondern der Mensch schuf Gott". Gott in Christus – „ein Produkt und Objekt des übernatürlichen Gemütes", so Feuerbach in seinem „Wesen des Christentums" (1841). Das war für viele einleuchtend, und es wirkt über Marx und Nietzsche bis in unsere Zeit.

Und weiter zu Aspekten, die Gott und die Götter, die religiösen Bilder und Überzeugungen in der Art und Weise suchen, wie der Geist des Menschen funktioniert, so Pascal Boyer in seinem Buch „Und Mensch schuf Gott". Es ist die unglaubliche Komplexität unseres evolutionär entstandenen Gehirns – das wussten Feuerbach und seine Nachfolger noch nicht –, auf der religiöse Erfahrung gründet. Gemeint ist wohl eine Urerfahrung, Religion sozusagen pur, die die verschiedensten Bedürfnisse des menschlichen Geistes in dessen evolutionären Entwicklungsstufen erfüllt, die Sehnsucht nach einer Scheinwelt, nach einer mächtigen fiktionalen Gestalt, nach Illusionen, um getröstet und vertröstet zu werden oder wie auch immer durch die Zeiten hindurch bestehen und überleben zu können.

Was weniger bei der Betrachtung des evolutionsbiologischen und neuronalen Ausgangspunktes der Religion im Blickfeld zu liegen scheint, ist das zunächst uneingelöste Potenzial dieses Urphänomens. Mag es den Menschen unzweifelhaft beruhigen und trösten, so regt es ihn zugleich dazu an, seine erfahrene Welt und das Leben in ihr immer wieder neu und anders zu erklären, zu beschwören und auch zu bezwingen; sich selbst und die Welt vor einem größeren Ganzen zu sehen; sich ein Bild von dem zu machen, was war und ist und sein wird, also einer protophilosophischen, rationalen Dynamik zu folgen, die sich selbst weiterentwickelt, ohne am Startpunkt bereits greif- und nachweisbar zu sein. Wie sollten sich sonst Kultur, die vielfältigen kooperativen Übergänge und Rückkoppelungen von Natur und Kultur verstehen lassen, wenn man Homo sapiens, was seine schlichten religiösen Ur-Erfahrungen betrifft, auf ein ziemlich niedriges religiöses Niveau zurückstuft? Sollte er nur von unten, darwinisch aus seinem „niedrigen Ursprung" zu verstehen sein, so ist ihm im Laufe der Evolution – ob zufällig oder auch nicht – eine Dimension und neue Qualität zugewachsen, die ihn noch auf einer anderen Ebene verankert – sicher nicht so einfach „von oben", aber doch so, dass er beginnt, sich selbst als ein sich selbst erkennendes Subjekt zu begreifen und zu beschreiben. Die Evolution hat ihm in der bereits im Vormenschlichen angelegten Befähigung zu einer Sprache offensichtlich einen Weg ermöglicht, auf dem er ein „Kulturgenerator ersten Ranges" wird, so der Ägyptologe Jan Assmann. Vielleicht sogar ein Weiser, ein wirklicher Homo sapiens sapiens.

Aber es muss noch etwas Neues dazugekommen sein, eine neue, nicht mehr von den Ursprüngen allein ableitbare Qualität. So hat Homo sapiens mit der Evolution einer Sprache mehr als ein Instrument des Informationsaustauschs erhalten. Er errichtet sich mit dem Wort, der Kombination von

Zeichen, mit Begriffen, in denen Erfahrungen überliefert werden können, eine zweite Welt, die einen einzigartigen kulturellen Höhenflug der Evolution eröffnete. Es ist eine Sprache, die ihn auch dazu befähigt, Gottes- und Götterbilder „zur Sprache zu bringen". Nicht zuletzt kann es sogar paradoxerweise eine Sprache ohne Begriffe sein, worin die Befähigung zur Mystik begründet sein könnte.

Der evolutionsbiologisch geschärfte Blick, wie von Carel van Schaik gezeigt, auf die alten religiösen Zeugnisse, die den Prozess zwischen Natur und Kultur vielfältig belegen, erweitert unser Wissen über das, was wir als „Religion" bezeichnen, erheblich: Homo sapiens schafft sich im Fortgang seiner Geschichte und mit einem wachsenden Bewusstsein von sich selbst, mit seiner diskursiven Sprachfähigkeit Symbole, Götter, Idole, Gottesbilder: „Gott hat eine Entwicklungsgeschichte". Ja. Es ist wohl unbestreitbar, dass sich „Gott", wie er sich in der geschichtlichen Vielfalt der Gottesbilder präsent macht, in und mit der kulturellen Evolution des Menschen verändert. Aber muss damit die Gewissheit eines tragenden, sich selbst fortentwickelnden Grundes passé sein? Ich denke, ohne eine theologische Akzeptanz eines Werdens Gottes auch im Werden des Menschen, ohne Würdigung der hohen Produktivität des Menschen bei seinen Gottes- und Göttervorstellungen und damit ohne Hinnahme schließlich des Projektionsverdachtes, wird es mit der Glaubwürdigkeit und Anschlussfähigkeit der alten Gottesrede heute schwierig. Ohne diesen Sprung sozusagen über (den) Feuerbach wird es nicht gehen. Religion ist in der Tat auch eine Widerspiegelung der langen kognitiven Evolution des Menschen. Hier gibt es kein Zurück, bestenfalls ein geschäftiges Übersehen. Dennoch ist Religion mehr als ein „Nichts anderes als nur…", also als eine naturgeschichtlich gesteuerte Projektion. Besonders dann, wenn die Befähigung zu einer symbolischen, diskursiven Sprache den Menschen hinter der mythenbildenden Energie und Einbildungskraft seines evolutionär konditionierten Gehirns etwas Anderes und Übergreifendes, das Andere seiner selbst, das er nicht selbst ist, vermuten und fordern lässt.

Vielleicht könnte bei diesem Versuch, Religion in ihren ambivalenten Potenzialen nicht zu eng vorrangig und allein nur aus ihrer Naturgeschichte zu verstehen, auch wieder einmal ganz traditionell die Philosophie beachtet werden. Hier in der Kürze und nur als Beispiel ein Hinweis auf den Heidelberger Philosophen Jens Halfwassen. Er möchte, dem Stand der Philosophie seit Platon folgend, die Gottesfrage nicht dem mythenbildenden Potenzial des Menschen unterworfen sehen, sondern den Monotheismus radikal als absolute Transzendenz des Einen verstanden wissen, als Urgrund des Ganzen, als das ganz Andere, Unbenennbare und Namenlose: „Alle historischen Religionen, auch die monotheistischen, bleiben im Vorhof des Einen", so Halfwassen in der „Frankfurter Allgemeinen" (15. März 2017). Bereits die griechischen Philosophen – Halfwassen will es sogar schon bei dem Vorsokratiker Xenophanes erkennen – setzten „gegen die bloß eingebildeten Götter des Mythos den wahren Gott, der ganz anders ist als alle menschlichen Vorstellungen und genau deshalb dem Projektionsverdacht nicht ausgesetzt ist". Von dem Einen, Letzten, Absoluten lasse sich letztlich nur sagen, was er nicht ist. Davon hätten auch das Christentum, das Judentum und der Islam immer wieder einen Impuls bekommen, der ihre Neigung als historische Religion zu einer anthropomorphen Sprache zurückgedrängt hätte. Besonders die Mystik habe von dieser „negativ-theologischen Tradition" gelebt. Schließlich sei dies auch die beste Immunisierung gegen die „schreckliche Regression des Fundamentalismus". Mit Recht erinnert Halfwassen daran, dass die monotheistischen Religionen „eine um so friedlichere Zukunft haben, je mehr sie sich auf ihre mystischen und negativ-theologischen Traditionen besinnen".

Also kein Zurück hinter das darwinische Denken und Erkennen? Auch wenn die Gewichtung einer evolutionär-naturalistischen Sicht auf den Menschen und seine Herkunft, nicht zuletzt seiner Religion, viele offene Fragen enthält? Das philosophische Denken mag behilflich sein, wenn man, wie etwa bei Halfwassen, einer negativen Theologie in ihrer doch sehr schnell kalt abweisenden Distanz zu den historischen Ausgestaltungen der unterschiedlichen Religionen nicht vollinhaltlich folgen muss. Immerhin: Wer die alten philosophischen Fragen nach dem Ganzen der Wirklichkeit auf seinen Erkenntniswegen nicht von vornherein ausschließt, wer zudem die Berechtigung einer auch subjektiven Sicht, einer Ich-Perspektive neben der wissenschaftlichen Beobachter-Perspektive nicht prinzipiell aussondern möchte, wer schließlich mit seinem Glauben das naturwissenschaftliche Wissen nicht einfach vergessen will, wird gegenüber schnellen und provozierenden Positionierungen einen pluralistischen Zugang anstreben müssen – also unterschiedliche Zugangswege zulassen, die miteinander in Verbindung stehen und sich nicht ausschließen. Reduktion auf die Naturgeschichte ist nicht immer falsch, und Reduktion ist auch nicht immer richtig, erklärt uns die Komplexitätsforscherin Sandra Mitchell („Warum wir erst jetzt anfangen, die Welt zu verstehen", 2008). Die Naturgeschichte des Menschen und seiner Religion und der dynamische, bereits im Vormenschlichen angelegte Prozess der kulturellen Menschwerdung und religiös-philosophischen Selbstdefinition von Homo sapiens gehören zusammen.

Nach dem, was wir spätestens seit Charles Darwin über das Potenzial einer in der kreativen Dynamik der Zeitlichkeit verankerten, hochkomplexen und – ja auch – wunderbaren Werdegeschichte als „Evolution" wissenschaftlich zu beschreiben beginnen, wird man auf einfache Antworten und einlinige Thesen eher skeptisch reagieren müssen, gerade auch bei dem „Urphänomen Religion". Insofern möchte ich zum Schluss einer theologischen Frage nicht ausweichen: Wäre es nicht an der Zeit, die „Evolution Gottes" und die „Evolution des Menschen" – einfacher und angreifbarer: „Gott und das Leben" – doch enger zusammen zu sehen, ohne sie als identisch zu betrachten und damit zu neutralisieren? Auch darüber könnte zwischen den Naturwissenschaften und einer Religion, die sich den Herausforderungen der Aufklärung stellt, ein grenzüberschreitendes neues Gespräch geführt werden.

Dr. Wolf-Rüdiger Schmidt, Theologe, Journalist und Fernsehredakteur, Wiesbaden. (Ausführlicher wurde das Thema behandelt in der Zeitschrift „Universitas", August 2017).

Arnold O. Benz

Wirklich ist, was wirkt – und was wir wahrnehmen

„Ich benötige die Gott-Hypothese nicht, um das Universum zu erklären, und habe keine Verwendung für den Begriff ‚Gott'." Mit diesen Worten eröffnete einer meiner Kollegen aus der Astrophysik eine Podiumsdiskussion zum Thema „Gottes Werk oder Zufall?" Kausalität und Zufall sind die allgemein akzeptierten Mittel, um wissenschaftliche Resultate zu erklären. Mein Doktorvater in Astrophysik mahnte mich: „Publiziere keine neuen Resultate ohne Erklärung, sonst macht es ein anderer, der weniger davon versteht."

In der Öffentlichkeit ist die Vorstellung verbreitet, dass es in der Naturwissenschaft Lücken gibt, für die es mit bestem Willen einfach keine Erklärung gibt. Dies trifft nicht zu. Selbstverständlich sind nicht alle naturwissenschaftlichen Erscheinungen „gut erklärt". Das heißt, sie sind nicht bestätigt durch weitere Messungen. So gibt es zum Beispiel für die Beschleunigung von energiereichen Teilchen in Sonneneruptionen verschiedene Erklärungen. Die Entstehung von erdähnlichen Planeten ist noch schlecht, die Natur der dunklen Materie noch schlechter, die kosmische Feinabstimmung nur sehr spekulativ, der Urknall nur hypothetisch, die quantenmechanische Unschärfe kontrovers erklärt. Jede Theorie kann falsch sein.

Die Folge davon ist wichtig für das Gespräch mit Physikern und physikalisch denkenden Zeitgenossen: Schlecht erklärte Phänomene sind keine Türöffner zur religiösen Frage. Diese Erscheinungen sind interessante wissenschaftliche Probleme, haben aber nichts mit Religion oder Gott zu tun. Im

Dialog von Naturwissenschaft und Theologie ist der „Lückenbüßergott" aus der Mode gekommen. Im Bereich einer natürlichen Theologie, in der von der menschenfreundlichen Natur auf Gott geschlossen wird, ist jedoch die Gefahr groß, dass er durch eine Hintertür wieder hereinkommt. Ein physikalisch denkender Mensch versteht diese Vermischung leicht als einen unausgesprochenen Versuch, die Existenz Gottes naturwissenschaftlich zu beweisen. Es wäre eine schlechte Theologie, wenn sie auf den Naturwissenschaften aufbauen würde. Und doch ist dieser Ansatz immer wieder zu hören, besonders in der anglo-amerikanischen Welt. Entsprechend heftig ist dort dann auch die Reaktion von Neuatheisten.

Hier stellt sich nun aber die noch fundamentalere Frage: „Wie kann man heute mit einem Physiker überhaupt von Gott sprechen?" Es ist die Frage, die hinter meinen theologischen Texten steht. Ich ringe damit, sie für meine Leser, aber auch für mich selbst zu beantworten. Für physikalisch Denkende stellt sich die Frage nach der Wirklichkeit, auf die der Begriff „Gott" zielt. Wirklich ist, was wirkt. Wie wird Gottes Wirken wahrgenommen? Viele ziehen die ontologische Frage vor: Wo würde Gott in mein Weltbild passen, falls er existiert? Die meisten Physiker sind jedoch Realisten, und für sie ist die Frage nach der Wahrnehmung vorrangig. Die Ontologie, die Seinsfrage, kommt später. Damit unterscheiden sie sich von den griechischen Philosophen und heutigen philosophisch denkenden Menschen. Es geht zunächst nicht um die Frage, ob Gott existiert, sondern ob und wie er erfahren wird. Dann löst sich die Existenzfrage von selbst.

In der Bibel wird von einer Vielfalt religiöser Erfahrungen berichtet. Es sind meistens außergewöhnliche Ereignisse in einer Sprache, die heute nicht leicht zu verstehen ist. Von religiösen Wahrnehmungen, die vielleicht nicht so weit, aber in die gleiche Richtung gehen, wird auch heute berichtet. Sie schließen Spiritualität, Visionen, mystische Erlebnisse, Gebetserhörungen und Fügungen im Leben ein. Es sind oft alltägliche Erfahrungen, die erst im Nachhinein und dank eines gewissen kulturellen Hintergrunds als „religiös" gedeutet werden. Allen gemeinsam ist, dass sie nicht objektive und reproduzierbare Ereignisse im Sinne der Naturwissenschaften sind. Trotzdem haben Erfahrungen dieser Art das Leben von Menschen verändert und waren für sie im wahrsten Sinne wirklich. Religiöse Wahrnehmungen gehören allerdings nicht zu jener Wirklichkeit, die von den Naturwissenschaften erfasst wird, denn die Betroffenen nehmen mittels Gefühlen, Stimmung, Vorgeschichte und körperlicher Verfassung an den Geschehnissen Anteil. Gewiss spielen sich diese nicht-objektiven, teilnehmenden Wahrnehmungen auf einer materiellen Basis ab wie Hirnströmen, Hormonen und über den ganzen Körper verteilten Neuronen. Doch sind die messbaren Erscheinungen nur peripher. Es ist das Selbst des Menschen, das direkt wahrnimmt und nicht auf objektive Fakten reduzierbar ist.

Die Antwort an physikalisch Denkende sollte sein: Von Gott spricht, wer mehr von der Wirklichkeit erfahren hat als durch die Naturwissenschaft. Es gibt andere Wege, die Welt wahrzunehmen, als die objektive Naturwissenschaft. Dazu gehören zum Beispiel auch die Kunst, Liebe und Poesie. Obwohl wir glauben, dass es nur eine Wirklichkeit gibt, unterscheiden sich wissenschaftliche und teilnehmende Wahrnehmungen grundsätzlich in ihrem Inhalt. Die Art, aber auch Sprache, Methodik und kritische Reflexion sind verschieden. In der früheren Sicht, die auf Aristoteles und noch weiter zurückgeht, beginnt die Metaphysik dort, wo die Physik endet. Heute ist die Grenze der Naturwissenschaft nicht irgendwo im entfernten Universum, am Ereignishorizont von Schwarzen Löchern oder im Urknall, wo die himmlische Sphäre beginnt. Der Bereich der Naturwissenschaft ist vielmehr durch die Auswahl der Wirklichkeitserfahrungen begrenzt, die in Betracht gezogen werden. Teilnehmende Wahrnehmungen wie religiöse Erfahrungen gehören nicht dazu und werden durch die Naturwissenschaft nicht wirklich erfasst. Die Grenze der Naturwissenschaft ist mit der Auswahl und mit der Beschränkung auf objektive, messbare Fakten gegeben.

Naturwissenschaft und Religion sind zu verschieden, um miteinander zu verschmelzen. Sie können jedoch in eine gemeinsame Sicht gebracht werden. Die beiden Perspektiven können sich zum Beispiel im Staunen über die großartige Funktionalität des Universums treffen. In einer sternklaren Nacht spüre ich manchmal etwas wie eine Resonanz zwischen unserem begrenzten Wissen über die Dynamik des Universums und einer Ahnung von Gnade für die ganze Welt. Selbst Zufall und Gesetzmäßigkeiten in der Natur sind dann nicht einfach selbstverständlich, sondern ein Grund zur Dankbarkeit.

Ein Dialog zwischen Naturwissenschaft und Theologie muss diesen anderen Erfahrungsgrund der Religion beachten. Nur so wird klar, dass Religion mehr ist als dogmatische Annahmen und unbeweisbare Behauptungen. Andernfalls können physikalisch Denkende nicht folgen, werden missverstehen oder wenden sich ab. Ein neuer Dialogansatz ist notwendig. Dieser neue Dialog mag unverständlich sein für einige der heutigen Atheisten, die in den früheren Kontroversen steckengeblieben sind. Aus der Sicht der Religion scheint es mir aber besser, nicht verstanden als missverstanden zu werden.

Prof. em. Dr. Arnold Benz, Astrophysiker, ist tätig am Institut für Teilchen- und Astrophysik der Eidgenössischen Technischen Hochschule Zürich in den Fachbereichen Sonnenphysik und Sternentstehung.

V. Das Wissen der Wissenswelt

Herbert Pietschmann

Das Machbare und das Unverfügbare

Während des Dreißigjährigen Krieges geschah Schreckliches um der Wahrheit willen: Damals entstand die Naturwissenschaft aus Sehnsucht nach Allgemeingültigem, das nicht zu Blutvergießen führen musste. Für Galileo Galilei war es das Messen, für René Descartes das Zurückführen auf elementare Bestandteile und die Einteilung des Weltganzen in Materie und Geist. Der Dritte in diesem Bunde war Johannes Kepler, der das erste große Naturgesetz fand, die Ellipsenform der Planetenbahnen. Aber erst Isaac Newton konnte in der zweiten Hälfte des 17. Jahrhunderts dafür eine Ursache finden, das Gesetz der Schwerkraft. Zusammen mit dem aristotelischen „Entweder-Oder" war damit auf der Basis der Mechanik ein „Denkrahmen" geschaffen, der zu ungeahnten Erfolgen führen sollte.

Ehe wir uns diesen Erfolgen widmen, wollen wir den mechanistischen Denkrahmen zusammenfassen:
– Alles messen (Galilei)
– Alles in kleinste Teile zerlegen (Descartes)
– Immer Entweder-Oder (Aristoteles)
– Immer Ursachen (er)finden (Newton)

Im folgenden Jahrhundert wurde die klassische Mechanik durch Leonhard Euler und Joseph-Louis de Lagrange in einer Weise geschaffen, die heute noch die Grundlage in einschlägigen Vorlesungen an den Universitäten ist. Der Erfolg war derart beeindruckend, dass man damit eine neue Einsicht in die Schöpfung gefunden zu haben glaubte. Wir sprechen vom Jahrhundert der Aufklärung, könnten aber ebenso gut Jahrhundert der Mechanik sagen. Der große Aufklärer Voltaire machte dies 1732 deutlich in einem Brief an den Physiker Pierre Louis Moreau de Maupertuis, den er „Apostel Newtons, des Lichts zur Erleuchtung der Heiden" nannte und dem er für die „Sakramente der Taufe und Firmung" auf „die neue Newtonsche Religion" dankte.

Als im 19. Jahrhundert die Mechanik durch Wärmelehre und Elektrizität ergänzt wurde, erhob sich zunächst die Frage, ob das mechanistische Denken nicht zu eng für die Beschreibung der Welt sei. Aber William Thomson, bekannt als Lord Kelvin, erklärte apodiktisch, eine Sache verstehen heiße, sie mechanistisch erklären. Zugleich führte er den Begriff „Energie" in die Physik ein und zementierte den mechanistischen Denkrahmen damit für alle Zeiten. Der große Erfolg dieses Denkens erklärt sich vielleicht damit, dass alles, was mechanistisch verstanden werden kann, damit auch „machbar" ist.

Erneut wurde die Descartes'sche Spaltung der Welt in Materie und Geist zur Diskussion gestellt. Dabei stellte sich heraus, dass Descartes das „Leben" vergessen hatte! Materie-Leben-Geist wäre der vollständige Dreischritt gewesen. Beim Übergang von toter Materie zu Leben gibt es einen wichtigen Sprung von bloßer Interaktion in der Materie zur Kommunikation, die das Leben auszeichnet. Während Interaktion alles genau festlegt (auch der schönste Kristall wird allein nach den Gesetzen der Physik geformt), gibt es bei der Kommunikation (schon auf der Ebene von Einzellern) immer die Möglichkeit von Missverständnissen. Trotzdem ging der Kampf zwischen Vertretern des Lebens (Vitalisten) und solchen der reinen Mechanik zugunsten letzterer aus. So ist heute die Grundlage aller Wissenschaft die Annahme, es gäbe nichts als Materie. Leben und Geist seien vielleicht besondere Formen von Materie, keinesfalls aber eigenständige Existenzen.

Als am Beginn des 20. Jahrhunderts die Radioaktivität und mit ihr die große Welt der Atome und Elementarteilchen entdeckt wurde, war der mechanistische Denkrahmen schon zur unverzichtbaren Basis des Denkens geworden. Dass eine ganz neue Denkform – die Quantenphysik – zum Verständnis der Physik im Kleinen notwendig wurde, konnte daran nichts mehr ändern. Noch immer wird in den meisten Schulen gemäß dem mechanistischen Denkrahmen gelehrt, ein Atom sei wie ein kleines Planetensystem, obwohl die Quantenphysik gezeigt hat, dass dies unsinnig und falsch ist!

„Machbarkeit" übertraf die kühnsten Träume! In relativ kurzer Zeit wurde die Welt umgestaltet durch eine ungeahnte Zahl von Erfindungen; unsere Welt veränderte sich, und kein Ende dieser rasanten Entwicklung ist in Aussicht. Darüber wurde vergessen (oder verdrängt?), dass für uns Menschen ein großes Maß an „Unverfügbarem" charakteristisch ist. Ort, Zeit und Geschlecht der eigenen Geburt sind gegeben und nicht verfügbar. Auch unsere Begabungen und Körperformen sind weitgehend unverfügbar. Aber gerade dies Unverfügbare war doch vor der Aufklärung einer der Gründe, den Glauben an eine höhere Macht zu finden. Damit sollte nun Schluss sein, also wurde das Unverfügbare einfach verdrängt. Ort und Zeit unserer Geburt wurden zum Zufall erklärt, und das Geschlecht konnte so wie die Körperformen hinfort chirurgisch manipuliert werden. In manchen Ländern sollte sogar der Zeitpunkt des Todes selbst bestimmbar sein.

Aus der Ableugnung des Unverfügbaren wurde der Machbarkeitswahn. Aber für Christen ist aus dem Neuen Testament klar zu entnehmen, dass das Unverfügbare mit dem Menschsein untrennbar verbunden ist; denn derjenige, der mit Recht sagen konnte „Ich und der Vater sind eins" (Joh 10,30), sagte von wesentlichen Fragen auch, die Antwort wisse nur der Vater und sonst niemand (Mt 24,36).

V. Das Wissen der Wissenswelt

Wir dürfen aber nicht in den Fehler verfallen, das Unverfügbare gegen das Machbare ausspielen zu wollen. Es handelt sich um die beiden Seiten einer Aporie, eines unauflösbaren Widerspruchs, der als Ganzes ernstgenommen, zu einer Synthese geführt sein will. Wenn die Leugnung des Unverfügbaren in den Machbarkeitswahn führt, so ist die Folge der Leugnung des Machbaren eine willenlose Unterwerfung unter das Schicksal, eine Missachtung der eigenen Fähigkeiten.

Schon bei der Geburt der Naturwissenschaft hatte einer ihrer Gründer, Galileo Galilei, klar gesagt: „Ich bin geneigt zu glauben, die Autorität der Heiligen Schrift habe den Zweck, die Menschen von jenen Wahrheiten zu überzeugen, welche für ihr Seelenheil notwendig sind und die, jede menschliche Urteilskraft völlig übersteigend, durch keine Wissenschaft noch irgendein anderes Mittel als eben durch Offenbarung des Heiligen Geistes sich Glaubwürdigkeit verschaffen können. Dass aber dieser selbe Gott, der uns mit Sinnen, Verstand und Urteilsvermögen ausgestattet hat, uns deren Anwendung nicht erlauben und uns auf einem anderen Weg jene Kenntnisse beibringen will, die wir doch mittels jener Eigenschaft selbst erlangen können, das bin ich, scheint mir, nicht verpflichtet zu glauben."

In einer derartigen dialektischen Situation entsteht meist schnell ein Kampf: Vertreter des Machbaren kämpfen gegen Unverfügbares und fallen dadurch in den Machbarkeitswahn, und Vertreter des Unverfügbaren kämpfen gegen das Machbare und fallen in eine universelle Ergebenheit an das Schicksal. Diese unglückliche Situation kann erst überwunden werden, wenn beide Seiten einsehen, dass sie den falschen Feind bekämpfen. Der Feind der Machbarkeit ist der Machbarkeitswahn, und der Feind des Unverfügbaren ist die Ausrede auf das Schicksal („Kismet").

Wahrscheinlich bringt die Aufklärung erst dann rechte Früchte, wenn zwischen Machbarkeit und Unverfügbarem ein ausgewogenes Gleichgewicht angestrebt wird.

Zwei Beispiele mögen dies erhellen: Die Physik ist sich wohl bewusst, dass zu jedem gegebenen Zeitpunkt das Wissen um die Gesetze der Materie unvollständig ist, weil neue Erkenntnisse immer zu erwarten sind. Dennoch gibt sie vor, in der sogenannten Kosmologie die Herkunft unseres Universums schon heute rein physikalisch beschreiben zu können.

Und wie es auf der anderen Seite eigentlich zugehen sollte, das hat Meister Eckhart so wunderbar beschrieben: „Ich habe neulich darüber nachgedacht, ob ich wohl von Gott etwas annehmen oder begehren wollte: Ich will mir das gar sehr überlegen, weil ich da, wo ich von Gott empfangen würde, unter ihm oder unterhalb seiner wäre wie ein Diener oder Knecht, er selbst aber im Geben wie ein Herr wäre – und so soll es mit uns nicht stehen im ewigen Leben."

In dem beschriebenen Kampf um eine Synthese ist die Seite der Unverfügbarkeit heutzutage wohl die schwächere. Darum bin ich dankbar, dass ich der Zeitschrift CHRIST IN DER GEGENWART, die sich um diese Seite bemüht, zu ihrem Jubiläum mit meinen Worten gratulieren kann.

Prof. Dr. Herbert Pietschmann, war Lehrstuhlinhaber für Theoretische Physik an der Universität Wien. Zu seinen Hauptarbeitsgebieten gehören die Quantenmechanik und die Physik der subatomaren Teilchen.

Armin Grunwald

Naturwissenschaften haben keine Messgeräte für Transzendentes

Wissenschaft, insbesondere Naturwissenschaft, und Gottesglaube gelten häufig als Gegensatz. Vergessen sind die Zeiten, in denen die Religionen die stärkste Förderer der Wissenschaft waren. Das Goldene Zeitalter des Islams um die erste Jahrtausendwende war zum Beispiel eine Blüte von Medizin und Philosophie. Das Christentum im Mittelalter erfand die Universitäten mit Professoren und Studierenden und legte die institutionellen Grundlagen für die neuzeitliche Wissenschaft. Der Gottesglaube war dafür eine Motivation, nicht ein Gegenspieler.

In der Neuzeit jedoch wurden weltanschauliche Fragen zum Zankapfel. Die Stellung der Erde relativ zur Sonne (Nikolaus Kopernikus, Galileo Galilei) und die Frage nach der Evolution (Charles Darwin) sind die bekanntesten Streitpunkte. Die Wissenschaftler selbst sahen meist keinen Widerspruch zwischen ihren Forschungsergebnissen und ihrem Glauben. Kopernikus war ein katholischer Domherr, Darwin folgte einem persönlich geprägten Gottesglauben. Das Problem waren die Kirchen mit ihrem Anspruch auf Deutungshoheit und letztlich Macht.

Im 19. Jahrhundert eskalierte der Streit. Der Siegeszug der Wissenschaften brachte die Kirchen in die Defensive. Die Indizierung verbotener Bücher und der Antimodernisteneid der katholischen Kirche, aber auch die Modernitätsverweigerung in reformierten Kirchen zeugten von Abschottung und Wagenburg-Mentalität. Der Materialismus in Physik und Biologie, aber auch in der Philosophie, legte den Grund für eine noch heute weit verbreitete Erzählung: Religion werde sich durch den wissenschaftlichen Erkenntnisfortschritt allmählich von selbst erledigen. Der Gottesglaube sei nichts weiter als ein Relikt vormoderner Mythen und Gott eine Restgröße, die allmählich zu einer Null schrumpfen werde, je vollständiger die Wissenschaften die Rätsel der Welt entzaubern.

Diese Erzählung ist aber deutlich sichtbar in die Krise geraten. Der Bedarf an Religion und Transzendenz besteht weiter. Er ist durch Wissenschaft nicht ersetzbar, anscheinend auch durch Ersatzreligionen wie Sport oder Konsum nicht. Selbst in Zeiten leerer werdender Kirchen verschwindet das Bedürfnis nach Transzendenz und Spiritualität genauso wenig, wie sich die großen Fragen der Menschheit nach dem Woher und dem Wohin oder nach Sinn erübrigen. Im Gegenteil: Der aktuell rasante wissenschaftlich-technische Fortschritt gibt ihnen neue Aktualität und Dringlichkeit: Wo bleibt zukünftig der Mensch angesichts einer immer übermächtiger werdenden Technik? Ist Technik die Zukunft der Natur des Menschen? (Vgl. das von Grunwald und Justus von Hartlieb herausgegebene Buch gleichen Titels, Hannover 2012). Was wäre, wenn es gelänge, den Tod abzuschaffen oder wenigstens die Lebensspanne der Menschen zu verdoppeln? Wie weit dürfen unsere Eingriffe in die Evolution und das Leben gehen, zum Beispiel in Bezug auf die Schaffung künstlichen Lebens? Statt dass Wissenschaft große Fragen beantwortet, erzeugt sie immer neue, vor denen sie selbst dann oft hilflos wirkt.

Die Erwartung, dass Fragen nach Transzendenz und Gott mit dem wissenschaftlichen Fortschritt von selbst verschwinden, ist gescheitert. Sie musste auch scheitern, denn sie ist genauso unsinnig wie die Annahme, dass Bibel oder Koran naturwissenschaftliches Wissen präsentieren. Wenn sich über Gott auch wenig sagen lässt – eine Gemeinsamkeit von Gottesverständnissen ist deren Bezug auf Transzendenz. Ein Gottesbild ohne Transzendenzvorstellungen ist ein Widerspruch in sich selbst. Das Transzendente jedoch entzieht sich per Definition den empirischen Wissenschaften. Physik, Chemie und Biologie können sich nur auf das der Welt Immanente beziehen. Sie haben keine Messgeräte für Transzendentes. Auf der Grundlage ihrer begrifflichen, konzeptionellen, methodischen und messtheoretischen Grundlagen verschaffen sie uns phantastisches Wissen sowohl über die Welt als auch über (oft technische) Möglichkeiten, in dieser Welt erfolgreich zu handeln. Ihre Leistungen vollbringen sie in der analytisch-empirischen Immanenz dieser Welt gerade unter Ausblendung alles Transzendenten. Vielleicht ist das sogar eines ihrer Erfolgsgeheimnisse. Wenn die Gottesfrage aber notwendig mit Transzendenzvorstellungen verbunden ist und die Wissenschaften in der Immanenz der Welt arbeiten, können sie aufgrund ihrer eigenen Konstitution nichts über Gott aussagen. Gar nichts. Umgekehrt kann aus religiösen Überzeugungen nicht auf die empirische Verfasstheit der Welt geschlossen werden.

Das sehen freilich nicht alle so. Evangelikale Fundamentalisten, ultraorthodoxe Juden und fundamentalistische Moslems lesen weiterhin ihre heiligen Bücher wie einen naturwissenschaftlichen Forschungsbericht. Manche Wissenschaftler wie der Gentechniker Richard Dawkins führen einen atheistischen Feldzug mit vermeintlich wissenschaftlichen Argumenten. Der Physiker Stephen Hawking glaubte, mit Mitteln der Physik entscheiden zu können, ob Gott existiert oder nicht. In beiden Richtungen handelt es sich um Übergriffe: Wissen aus einem Bereich wird auf den jeweils anderen übertragen, ohne zu berücksichtigen, dass die Geltungsbedingungen dort ganz andere sind. Damit sind diese Übergriffe erkenntnistheoretisch unsinnig. Wenn anerkannte Wissenschaftler es dennoch versuchen, zeugt das von einer erschreckenden Naivität, mit der von wissenschaftlichem Wissen, das unter bestimmten Annahmen und Messvorschriften in der Immanenz dieser Welt zustande gekommen ist, abstrahiert wird, um angeblich die großen Fragen der Menschheit nach Transzendenz und Gott zu beantworten.

Der Irrtum dieser Versuche und letztlich auch der Grund, warum die Erzählung, dass der Gottesglaube mit zunehmendem Fortschritt obsolet werde, scheitern *musste*, liegt in Annahmen, die wissenschaftlich nicht geprüft werden können. Im erkenntnistheoretischen Naturalismus wird die Welt als in sich kausal geschlossen vorgestellt und angenommen, dass wir Menschen das Kausalgebäude, in dem wir wohnen, irgendwann komplett entschlüsseln können. Die Relevanz darüber hinausweisender Fragen nach Transzendenz wird bestritten. Auf der Grundlage dieser Annahme, die selbst nicht wissenschaftlich belegbar ist, kann man ohne Zweifel gute Wissenschaft betreiben – aber eben nichts zur Gottesfrage sagen, weil jede Möglichkeit von Transzendenz bereits von vornherein ausgeschlossen wurde (vgl. Holm Tetens, „Gott denken. Ein Versuch über rationale Theologie", Stuttgart 2015). Mit empirischer Wissenschaft auf der Basis eines methodischen Atheismus die Existenz Gottes widerlegen zu wollen, ist nichts weiter als ein leerer Zirkelschluss.

Es ist an der Zeit, die historisch entstandene Konkurrenz zwischen Gottesglaube und Wissenschaft beizulegen. Der Streit hatte seinen machtpolitischen und geistesgeschichtlichen Sinn in der Emanzipation der Wissenschaft von kirchlichen Institutionen und von deren Übergriffen auf das Wissen über die empirische Verfasstheit der Welt. Diese Zeit ist vorbei. Heute kommt es nicht mehr auf Konkurrenz und Deutungshoheit an, sondern auf gute Kooperation angesichts weitreichender Fragen nach dem Menschen und seiner Zukunft.

Auch geniale Naturwissenschaften sagen uns nichts über diese Welt hinaus. Sie müssen schweigen angesichts der existenziellen Fragen des Menschen nach dem Woher und dem Wohin, nach dem Warum und dem Wozu, und damit auch nach Gott. Ludwig Wittgenstein hat einmal gesagt: „Wir fühlen, dass selbst, wenn alle möglichen *wissenschaftlichen* Fragen beantwortet sind, unsere Lebensprobleme noch gar nicht berührt sind." Dies gilt umso mehr für die großen Fragen nach Tod und Leben, nach Sinn und Erfüllung, nach Anfang und Ende. Die Gottesfrage ist so aktuell wie eh und je.

Prof. Dr. Armin Grunwald, Physiker und Philosoph, Lehrstuhlinhaber für Technikphilosophie und Technikethik sowie Leiter des Instituts für Technikfolgenabschätzung und Systemanalyse beim Karlsruher Institut für Technologie.

Klaus Müller

Die Digitale Theologie des Silicon Valley

Die derzeit wohl aufregendsten Veränderungen auf dem Feld der Geisteswissenschaften geschehen unter der Bezeichnung *Digital Humanities*. Gemeint ist der Einsatz von Hochleistungsrechnern und komplexen Algorithmen zur Erforschung der Entstehung und Strukturen vor allem von Text- und Datenmassen. Mit herkömmlichen Verfahren wären diese allenfalls unter Einsatz eines Zeitaufwands zu bewältigen, der in den – bisweilen hohen – zweistelligen Bereich von Jahrzehnten reicht.

Auch in der Theologie kommen solche Verfahren bereits zur Anwendung. Die Begeisterung über die damit eröffneten Möglichkeiten ist groß – und das durchaus zu Recht. Eines wurde darüber bisher aber nur wenig bedacht: dass mit der instrumentellen Dimension dieser digitalen Techniken untrennbar auch erkenntnistheoretische, anthropologische, ethische und selbst ins Religiöse reichende Fragen verbunden sind, die einer kritischen Metareflexion bedürfen.

Am meisten gilt das für die letztgenannte Perspektive, denn die Digitale Theologie – *Digital Theology* – steht nicht für das Faktum, dass in der digitalen Welt der Kommunikation zuhauf auch religiöse und theologischen Botschaften kommuniziert werden, sondern dass das digitale Grundrauschen der Gegenwartskultur längst für sich selbst ursprüngliche religiöse Ansprüche erhebt und dass viele der maßgeblichen – und fast ausschließlich männlichen – Repräsentanten dieses kulturellen Großprozesses ausdrücklich so etwas wie ein religiöses Selbstverständnis entfalten, zur Geltung bringen und auch inszenieren.

Schon vor gut 25 Jahren, als die ersten Traktate der *Cyberphilosophy*, also der Philosophie der Neuen Medien und der Virtualität, erschienen, konnte man beobachten, wie stark diese Manifeste oder Abhandlungen unmittelbar von religiöser Semantik und religiösen Denkfiguren Gebrauch machten – und umgekehrt, wie auf einmal die Technosprache der Informationstechnologie (IT) in anthropologische Diskurse einsickerte: Unser Gehirn wird als *Hardware* beziehungsweise – wegen Fehleranfälligkeit – als *Wetware* (Feuchtausstattung) bezeichnet. Die psychisch-mentalen Prozesse werden *Software* genannt usw. Genau das aber war keineswegs nur ein instrumenteller Austausch von Zuschreibungen, sondern führte und führt zu einer exponentiell sich steigernden Verwischung der Demarkationslinien zwischen Natur und Technik, Mensch und Maschine. So entsteht so etwas wie ein weltbildlicher Totalitätszusammenhang, der sich mehr und mehr als Form einer neuen Weltreligion ausgibt.

Der große Medientheoretiker Marshall McLuhan hatte bereits Mitte der sechziger Jahre – übrigens mit Pierre Teilhard de Chardin im Rücken – prophezeit, dass es durch die damals noch kaum bekannten neuen Kommunikationsmedien demnächst entweder zu einem neuen Pfingsten der universalen Menschheit oder zu einem katastrophischen Auftreten eines technischen Antichristen kommen werde. Just in dieser Perspektive sprechen heute zahlreiche Medienphilosophen wie etwa Ray Kurzweil oder Hans Moravec voller Begeisterung, scharfe Kritiker der Totaldigitalisierung wie Jaron Lanier oder David Gelernter dagegen warnend von einer „neuen Religion". Diese geht nicht selten mit scharfer Polemik gegen die alten Religionen, speziell die des Ein-Gott-Glaubens, einher. Diese würden mit ihrer typischen Sensibilität für die angeschlagenen und schwachen Glieder der Menschheitsfamilie durch ihr Barmherzigkeitsgedusel nur den Fortschritt aufhalten. An dem Punkt zitieren die einschlägigen Autoren natürlich gern Nietzsche. Der gnadenlose Digitalkapitalismus hat dabei seine spirituellen, Erlösung versprechenden Wurzeln in der Hippiebewegung und der New-Age-Spiritualität

Die Vordenker des Silicon Valley zielen aber mit ihren atemberaubenden Plänen auf etwas ganz anderes als nur den sagenhaften ökonomischen Profit, den sie jetzt schon einfahren und exponentiell zu steigern suchen. Drastisch verkörpert das Ray Kurzweil. Er gilt schon seit Jahrzehnten als einer der Propheten der *Cyberphilosophy* – und hatte mit seinen Prognosen fast immer Recht: Dass der Computer dem Menschen im Schachspiel überlegen sein werde, prognostizierte er 1990 für acht Jahre später. 1997 war es soweit. Als das Wort „Internet" noch fast niemand kannte, schwadronierte er von selbstfahrenden Autos. Jetzt gibt es diese, und sie sind der Hype auf dem Mobil-Markt. Es ist aber eine ganz andere Idee, die Kurzweil und Kollegen weit über die genannten Beispiele hinaus in Bann schlägt: Sie heißt „Singularität". Gemeint ist: Es gelingt, Computer zu konstruieren, die nicht nur die Differenz von Mensch und Maschine kaschieren, sondern die in der Lage sind, sich selbst zu reparieren, zu reproduzieren und über Lernprozesse auf immer höhere Organisations- und Aktionslevels zu bringen.

Am weitesten wagt sich auf diesem Feld der japanische Robotiker Junichi Takeno vor: Er arbeitet an technischen Spiegelneuronen, die empathiefähige Roboter ermöglichen sollen. Was dann auch bedeuten könnte, dass Maschinen die Herrschaft über die Menschenwelt übernehmen. Im Extremfall würden sie diese als ein ausgesprochen fehleranfälliges, weil durch Krankheit, Alter usw. befallenes Schwachteil der Evolution eliminieren. Die milliardenschweren Tycoons, die diesen Ideen frönen, meinen in der Tat, sie hätten die Mittel in der Hand, um die ganze Welt in eine ihrer Ansicht nach bessere Zukunft zu führen. Sie treten auf als Erlösergestalten. Diese „Technotheologie" hat etwas tief Messianisches an sich.

Konzepte wie „Subjekt", „Person", „Bewusstsein" und „Wille" haben im Horizont dieses digital erzeugten Totalzusammenhangs keinen Platz mehr. Ebensowenig der Gedanke der Endlichkeit menschlichen Daseins. Er kann nur zur Konsequenz unzureichender und darum überholbarer Lebenstechniken erklärt werden, wie das etwa der eng mit dem Silicon Valley verschwisterte Transhumanismus tut. Müsste dem, christlich gesehen, nicht eher ein Lob der Endlichkeit entsprechen? Könnte es wirklich – die entsprechende hochfinanzielle wie profitable medizinischen Unterstützung vorausgesetzt – ein Ideal sein, tausend Jahre alt zu werden, wie da unter anderem versprochen wird? Wäre es nicht weitaus humaner und ethischer, auch dem nicht optimierbaren, dem angeschlagenen und verfallenden Dasein und dem Abschied vom Leben eine unverfügliche Würde zuzuerkennen?

Solche Gedanken leuchten natürlich nur ein, wenn völlig quer zu den Visionen der posthumanistischen Theorien dem Gedanken eine Verständigungskraft zuerkannt wird, dass das Leben jetzt unter weltlich-endlichen Bedingungen weder Gefängnis noch Warteort, sondern Bauplatz für die kreative Vorbereitung eines Daseins nach dem Tode sein könnte, eines Daseins in einer ganz anderen Dimension. In dieser entpuppt sich das kontingent-geschichtlich Getane und Gelittene als unverlierbar und darum endgültig, weil man von ihm, wenn es jetzt wirklich ist, unhintergehbar sagen kann, dass es einmal gewesen sein wird. Ihm muss darum auch nach dem irdischen Enden eine Form von Wirklichkeit zugeschrieben werden.

Der Transhumanismus mit der ihm innewohnenden *Digital Theology* ist nichts anderes als der Versuch, die Eschatologie ganz ins Diesseits zu ziehen. Politisch wurde das ja bereits mehrfach versucht – und endete jedes Mal im Horror, zum Beispiel im Nazi-Regime, im sowjetischen Staats-Kommunismus, in Maos Kulturrevolution. Die digitale Variante kommt demgegenüber auf Samtpfoten daher, totalitär aber ist im Kern auch sie. Als philosophisch-theologisches Gegengift empfiehlt sich die parallele Lektüre zweier Texte, eines aus dem Jahr 1848, eines aus dem Jahr 2015: Marx' und Engels' „Kommunistisches Manifest" und Papst Franziskus' Enzyklika „Laudato si'". Dort findet sich alles Wichtige, um dem Irrsinn der „Schönen neuen digitalen Welten" Paroli zu bieten.

Prof. Dr. Dr. Klaus Müller, Lehrstuhlinhaber für Philosophische Grundfragen der Theologie, Münster.

Jochen Teuffel

Wenn eine künstliche Superintelligenz alles besser weiß

„Das, worüber hinaus nichts Größeres gedacht werden kann" – so gilt es nach Anselm von Canterbury, Gott zu denken. Für Anselm ist in diesem Gedanken auch die göttliche Existenz eingeschlossen, da andernfalls das Gedachte unvollkommen wäre. Über Jahrhunderte hinweg hat dieser sogenannte ontologische Gottesbeweis – vom Sein her – Theologen und Philosophen herausgefordert. Für das 21. Jahrhundert zeichnet sich jedoch eine Alternative ab: An Stelle eines metaphysisch gedachten Gottes scheint künftig Künstliche Intelligenz (KI) das Prädikat „Das, worüber hinaus nichts Größeres gedacht werden kann" für sich zu beanspruchen.

Da mag gegenwärtig ein plurales Verständnis von „Künstlichen Intelligenzen" im Sinne von „dienstbaren Geistern" vorherrschend sein, seien es intelligente persönliche Assistenten wie der „Amazon Echo" oder der „Google Home" oder aber autonome Fahrsysteme für PKW und LKW. Die Vielzahl künstlicher Intelligenzen soll jedoch mehr und mehr auf eine künstliche „Superintelligenz" hin ausrichtet werden durch fortschreitende technologische Optimierung. Im Dienst am Benutzer – *User* – sucht die jeweilige künstliche Intelligenz persönliche Vorlieben des Betreffenden wie auch gewisse Sachverhalte vorausschauend vorwegzunehmen, um Handlungsmöglichkeiten beziehungsweise Informationsangebote bedürfnisgerecht und zielführend zur Auswahl zu stellen. Dazu werden künstliche Intelligenzen über das „Internet der Dinge" algorithmisch immer weiter rückgekoppelt, sodass durch fortschreitendes „Lernen" der Systeme, durch deren „Selbstoptimierung" eine Art überörtliche, künstliche Superintelligenz aufscheinen könnte. Diese operiert mit einer für menschliche Vernunft nicht länger nachvollziehbaren und schon gar nicht mehr kontrollierbaren Datenverarbeitungsfülle. Zugleich werden Menschen immer stärker mit KI-basierten Geräten und deren Apps verbunden, bis hin zu Implantaten, so dass sie nicht länger zu diesen auf Distanz gehen können.

Im Schlusskapitel seines Buches „Homo Deus. Eine Geschichte von Morgen" (München 2017) stellt Yuval Noah Harari für die Zukunft der Menschheit einen „Dataismus" als neue religiöse Wirklichkeit vor: „Oberster Wert dieser neuen Religion ist der Informationsfluss. Wenn Leben die Bewegung von Information ist und wir glauben, dass das Leben gut ist, folgt daraus, dass wir den Informationsfluss im Universum ausweiten, vertiefen und intensivieren sollten. Dem Dataismus zufolge sind menschliche Erfahrungen nicht heilig, und Homo sapiens ist nicht die Krone der Schöpfung oder der Vorläufer irgendeines künftigen Homo deus. Menschen sind lediglich Instrumente, um das ‚Internet aller Dinge' zu schaffen, das sich letztlich vom Planeten Erde aus auf die gesamte Galaxie und sogar das gesamte Universum ausbreiten könnte. Dieses kosmische Datenverarbeitungssystem wäre dann wie Gott. Es wird überall sein und alles kontrollieren, und die Menschen sind dazu verdammt, darin aufzugehen."

Was Theologen und Philosophen vormals einer Gottesidee zugedacht haben, nämlich Allwissenheit *(omniscientia)*, Allmacht *(omnipotentia)*, Allgegenwart *(omnipraesentia)* und Allgüte *(summum bonum)*, scheint zukünftig als Künstliche Intelligenz Wirklichkeit zu werden. An die Stelle göttlicher Mitwirkung am menschlichen Handlungsgeschehen tritt die berechnende Mitwirkung des Computers: Die Algorithmen der computergestützten und internetverbundenen Künstlichen Intelligenz scheinen besser als wir selbst zu wissen, was für uns wirklich gut ist.

Hat die Zukunft der Künstlichen Intelligenz die Gottesidee gedanklich eingeholt, kann die metaphysische Gottesfrage nicht länger sinnhaft gestellt werden. Denkerisch ist die Gottesfrage nicht abzuhandeln. Für Christen will sie vielmehr liturgisch beantwortet sein: In der Gemeinschaft der Gläubigen wird der eine Gott namentlich angerufen, der an seinem Volk Israel zum Heil der Völker gehandelt und sich in seinem Sohn Jesus Christus heilsentscheidend offenbart hat. Nicht dem, was wir uns als Größtes auf uns selbst hin denken können, sondern wem wir uns „im Leben und im Sterben" („Heidelberger Katechismus") anvertrauen dürfen, gilt der christliche Glaube.

In der Liturgie ist es um uns geschehen – das Geheimnis des Glaubens, das gemeinsam gesprochen wird: „Deinen Tod, o Herr, verkünden wir, und deine Auferstehung preisen wir, bis du kommst in Herrlichkeit." So lassen sich die Gläubigen in das Paschamysterium Christi hineinnehmen als diejenigen, die das Evangelium mit seiner Verheißung als gerechtfertigte Sünder erhorchen und darin Christus gehorsam werden.

In der Tat steht das Evangelium in der Kirche nicht zur Wahl, sondern erwählt seine Zuhörer – eingedenk der Worte Jesu an seine Jünger im Johannesevangelium: „Nicht ihr habt mich erwählt, sondern ich habe euch erwählt und bestimmt, dass ihr hingeht und Frucht bringt und eure Frucht bleibt" (15,16). Solche Beanspruchung widerspricht dem gängigen Selbstverständnis, das sich in den Worten ausspricht: „Ich bin, was ich für mich selbst gewählt oder entschieden habe." Unter solch einer Voraussetzung kann es nur heißen, sich von autoritativen Traditionsansprüchen zu emanzipieren oder aber diese umdeutend dem eigenen Selbstverständnis anzuverwandeln.

Was die Künstliche Intelligenz deutlich macht, ist die Paradoxie eines unfreien Willens, der sich selbst als frei versteht: Vorgesehenes wird zur vermeintlich freien Wahl auf das eigene Bedürfnis hin verstanden. Das Bewusstsein einer freien Entscheidung folgt der bereits vollzogenen Handlung. Dass Künstliche Intelligenz in unserer Gesellschaft immer lebensbestimmender wird, hängt mit dem Dogma der individuellen Wahl- und Entscheidungsfreiheit zusammen. Im Glauben, es sei unsere freie Wahl, wird umso williger angenommen, was für uns künstlich vorgesehen wird. Treffend schrieb dazu der Philosoph und Kulturkritiker Slavoj Žižek in der „Zeit": „Individuen lassen sich viel besser steuern, wenn sie sich auch weiterhin als freie und autonome Gestalter ihres eigenen Lebens verstehen."

Wie kein anderer Theologe hat Martin Luther in seiner Schrift „De servo arbitrio" („Vom unfreien Willen") die Heillosigkeit menschlicher Selbstbestimmung bedacht. Der Mensch, der sich in seinem Wollen und Wählen als frei wahrnimmt, ist in Wirklichkeit als Sünder der tödlichen Vorsehung und Verdammnis ausgeliefert. Freiheit ist nicht im eigenen Wollen zu realisieren, sondern ereignet sich als Freiwerdung im Christusgeschehen: „Zur Freiheit hat uns Christus befreit! So steht nun fest und lasst euch nicht wieder das Joch der Knechtschaft auflegen!" (Gal 5,1).

Wo Menschen sich in der Liturgie von Christus vereinnahmen lassen, tut sich ihnen eine andere, gottbestimmte Wirklichkeit auf. Sie finden sich in der Freiheit der begeisterten Kinder Gottes wieder, von der Paulus schreibt: „Ihr habt einen kindlichen Geist empfangen, durch den wir rufen: Abba, lieber Vater! Der Geist selbst gibt Zeugnis unserm Geist, dass wir Gottes Kinder sind. Sind wir aber Kinder, so sind wir auch Erben, nämlich Gottes Erben und Miterben Christi, wenn wir denn mit ihm leiden, damit wir auch mit zur Herrlichkeit erhoben werden" (Röm 8,15–17).

Dr. Jochen Teuffel, evangelischer Pfarrer, Vöhringen/Iller bei Ulm.

Amelie Tautor

Der Schöpfergeist hat einen Schöpfer

Schroffe Berggipfel, das sanfte Rauschen des Waldes, die Unendlichkeit des Sternenzelts: Die meisten Menschen finden zu Gott in der Natur. Angesichts der überbordenden Lebendigkeit der Schöpfung und der zeitlosen Gewaltigkeit der Elemente wird offenbar, dass der Mensch nur ein kleines Rädchen im weiten Kosmos ist. Es gibt Kräfte, die sind schlichtweg größer, bedeutungsvoller als er. In solcher Erfahrung von „Mächtigkeit" außerhalb menschlicher Macht liegt ein Trost. Viele irdische Sorgen rücken wieder an ihren rechten Platz. Der Lärm und die Hektik des Alltags verblassen vor dem Glanz der „Ewigkeit".

Einst zogen sich die Menschen in die Einsamkeit der Natur zurück, um Gott zu finden. Die Wüstenväter suchten in der völligen Ruhe der kargen Umgebung einen Kontakt zum Himmel. Auch die neuen Eremiten in unseren Breitengraden wählen die Abgeschiedenheit der Wälder, Wiesen und Auen. Inmitten der lebendigen Natur spüren sie dem Schöpfer aller Dinge nach.

Was aber passiert mit solch einer Erfahrung des Göttlichen, wenn die Menschen die Natur immer weiter zurückdrängen? Die Städte mitsamt ihrer Infrastruktur wachsen, wilde Landschaften werden gezähmt und nutzbar gemacht. Im Alltag nimmt die Technik zunehmend Raum ein. Digitale Helferlein wie „Alexa" und „Siri" stellen das gesamte Wissen der Welt bereit. Smartphones weisen den Weg, und Computer bauen das Paradies auf Erden nach. Wo ist inmitten der Hochtechnologie, in den virtuellen Welten noch Platz für Gott?

Mehr und mehr wird sich der Mensch seines eigenen „Schöpfergeistes" bewusst. Zuerst schuf er mechanische Diener, um sich den Alltag zu erleichtern. Heute programmiert er künstliche Intelligenzen, haucht Computern damit gleichsam Leben ein. Er schafft sie nach seinem Bilde, so wie Gott einst ihn nach seinem Bilde schuf. Heute können die künstlichen Intelligenzen viel mehr als nur Befehle entgegennehmen. Sie spielen Schach, sie unterhalten sich, und sie lernen beständig Neues. Und so, wie Gott sich an seiner Schöpfung erfreut, so begeistert sich nun der Mensch für die neue Technik, die seinem Geist entsprungen ist.

Auch wenn sich manche Menschen ganz in den virtuellen Welten verlieren: Das Internet ist keine neue Welt, die die Wirklichkeit ersetzt oder auch nur ergänzt. Das Internet ist ein Werkzeug. Es ist in erster Linie dazu da, Menschen miteinander zu verbinden und zu vernetzen. Ein solches Netzwerk schuf auch Jesus mit seinen Jüngern. Die Missionare, allen voran Pau-

V. Das Wissen der Wissenswelt

lus, knüpften weiter an diesem Netz aus Gläubigen. Daraus entstanden die ersten Gemeinden, Zusammenschlüsse von Menschen, die gemeinsam zu Gott beteten und ihn lobten.

In den sozialen Netzwerken geschieht heute nichts anderes. Sogar die Wortwahl ist auffällig gleich. Wie Jesus die Jünger Simon und Andreas aufforderte, ihm nachzufolgen, suchen die Menschen auf Twitter heute „Follower", also Menschen, die ihnen folgen. Viele Pfarrerinnen, Priester, Theologen und auch engagierte Laien nutzen das Internet heute, um Gemeinde zu bilden. Eine Gemeinde, die nicht an einem realen Ort versammelt ist, die aber den christlichen Glauben teilt. Das „Priestertum aller Gläubigen", wie Martin Luther es vertrat, kommt seiner Verwirklichung im Internet erstaunlich nahe. Wie kein zweites Medium ebnen die virtuellen Welten jegliche Unterschiede und Hierarchien ein. Das Internet stellt eine Fülle an Wissen bereit, sei es als Online-Lexikon oder als frei zugängliche Baupläne. Diese Daten kann der Mensch nutzen, um seinen eigenen Standpunkt zu finden, auf dieser Basis kann er seine Meinung bilden.

Natürlich bietet die Freiheit des Netzes auch ein Einfallstor für Missbrauch und Manipulation. Es liegt in der Verantwortung des Menschen, die Daten zu interpretieren, kritisch zu hinterfragen. Im Grund kann man in der Idee des „Open Source", des öffentlich einsehbaren Quelltextes, aber auch eine Weiterentwicklung von Luther sehen. Er übersetzte die Bibel ins Deutsche, damit jeder Mensch sie selbst lesen kann und nicht abhängig ist von der Auslegung durch Experten. Es gibt keine himmlischen Geheimnisse, die nur ausgewählten Menschen einsichtig sind. Gott hat sich den Menschen in Christus offenbart, hat mit Jesus eine Sprache gewählt, die alle verstehen können: „Open Source" eben.

Der Mensch hat von Gott die Fähigkeit bekommen, Dinge zu erschaffen. Das gilt für Maschinen, für Staaten, für Künstliche Intelligenz, für virtuelle Welten. Indem Gott den Menschen nach seinem Bilde schuf, hat er ihn also auch zum Schöpfer gemacht. Zudem hat Gott die Menschen zur Freiheit berufen. Die Freiheit und den Schöpfergeist sollte der Mensch für seine Zwecke nutzen. Er kann sich mit anderen Menschen über die Grenzen der realen Welt hinweg verbinden, er kann Dinge erschaffen, die ihm Vergnügen bereiten und die Arbeit erleichtern. Ist es nicht das größte Ziel eines Lehrers zu sehen, wie ihn seine Schüler überflügeln? Gott macht der Mensch damit noch lange nicht überflüssig.

Denn auch wenn der „göttliche Quellcode" der Welt gleichsam offen vor dem Menschen liegt, ist dieser von Gottes Allmacht unendlich weit entfernt. Der Mensch kann ein Computerprogramm, eine Künstliche Intelligenz oder eine virtuelle Welt aus den kleinsten Bausteinen, aus Nullen und Einsen heraus programmieren, sodass sie funktionieren. Aber obwohl der Mensch weiß, wie die Erde, der Mond und die Sonne aufgebaut sind, kann er sie nicht nachbauen. Es mag ihm zwar gelingen, einen Menschen aus Atomen zu formen, Leben kann er dieser Schöpfung aber keines einhauchen. Das bleibt dann doch Gott überlassen, demjenigen, den wir Schöpfer nennen.

Amelie Tautor, Redakteurin der Wochenzeitschrift
CHRIST IN DER GEGENWART, Freiburg im Breisgau.

VI. Seele und Leib suchen den Sinn

Daniela M. Ziegler

Donum vitae

Eine ihrer frühesten Erinnerungen ist ein sich wiederholender Albtraum:
nämlich die Treppe hinunterzufallen
oben stehen
es kommen sehen
schreien und fallen
fallen und schreien
holterdipolter ganz hinunter
kein Halt nirgendwo –
unten angekommen ist es überstanden
bis zum nächsten Mal das unweigerlich käme
mit Angst und Panik
und danach schweißgebadet und mit Herzklopfen aufzuwachen
die Angst vorm Fallen war stets größer als der tatsächliche Fall –

als Kind und noch als Jugendliche hat sie den Falltraum oft geträumt
bis zu dem Zeitpunkt als sie einen Artikel las über die Kinder von Holocaust-Überlebenden:
obwohl sie es selbst nicht erlebt haben konnten träumten sie von Lager Appell und Hunger und vom Rauch der Verbrennungsöfen
es waren die Eltern die es erlebt und sich Schweigen über das Ungeheuerliche auferlegt hatten
nie hatten sie berichtet von Lager Appell Hunger und dem Rauch der Verbrennungsöfen
dennoch träumten die Kinder davon
als hätten sich diese Erinnerungen vererbt wie ein Leberfleck auf der Schulter
oder eine typische Geste

der Artikel öffnete ihr die Augen
und lange dachte sie über ihren Traum vom Fallen nach:
ob wohl Mama während ihrer Schwangerschaft da oben gestanden hatte?
auf der schmalen schwarz-weißen Terrazzotreppe mit dem roten Geländer
und den grauen schmiedeeisernen Verzierungen?

VI. Seele und Leib suchen den Sinn

der Treppe die sie als Kind tagtäglich hinauf- und hinabgegangen war?
war es Mama – keine zwanzig und von einem Schrecken erschüttert für den
es keinen Begriff und keine Worte gab – die weinend vor Angst und
Verzweiflung die Treppe hinunterfiel? ein Mal? mehrere Male? wie viele Male?
damals hieß es doch wenn man von weit oben eine Treppe herunterfällt
dann geht die unerwünschte Frucht ab –
das haben viele gemacht
bei manchen traten die heimlich ersehnten Blutungen ein
die meisten haben sich nur alle Knochen gebrochen

bald war es nicht mehr zu übersehen
dass sie guter Hoffnung war
und zu gegebener Zeit brachte sie ihr Töchterchen zur Welt
allein und arbeitslos
je lauter und öfter Cousinen Tanten Onkel und Nichten der ländlichen
Verwandtschaft sagten „ist doch ein Kind wie jedes andere auch"
und betonten „sie gehört doch auch zu uns"
desto mehr war klar dass genau das Gegenteil der Fall war
wenn die lautstarke selbstzufriedene Verwandtschaft wieder weg war
unter Zurücklassung von Kartoffeln Lauch und wurmigen Zwetschgen
aus dem Garten
waren Mutter und Kind wieder mit sich allein

so wie in Max Frischs Andorra jeder zum Juden werden kann
nur indem man ihm das Etikett umhängt
so war das uneheliche Kind absonderlich
ja hatte absonderlich zu sein
eben aus der Art geschlagen:
das uneheliche Kind eines Hallodris der nichts davon wissen wollte Vater zu
werden und eilig die Stadt verlassen hatte
das Kind war schweigsam galt als verstockt und widerständig
manchmal wirkte es wie abwesend
gab keine Antworten auf die Fragen der Verwandten und Bekannten
dass nicht geredet werden durfte hatte sie früh gelernt
hatte das Verstummen und Abwinken von der Mutter abgeschaut
zu schweigen war zu ihrer zweiten Natur geworden

voll Inbrunst und Traurigkeit aber
liebte sie ihre Mutter
mit der es nie einfach war
keinen Tag und keine Stunde:

VI. Seele und Leib suchen den Sinn

manchmal meinte sie „jetzt guckst du wieder wie –"
und ihr Blick wurde fremd und fern und abweisend –
„wie wer?" fragte das Mädchen unschuldig
aber es kam keine Antwort von der in sich gekehrten Mutter
das nächste Mal fragte sie nicht mehr
hielt den Atem an und tat so als sei sie gar nicht da –
wenn sie sie berühren wollte
schüttelte Mama voll Ekel und Ungeduld ihre Hand ab –
wenn sie in den Arm genommen werden wollte sagte sie
„geh weg sei doch nicht so kindisch!"
am schlimmsten war wenn sie schluchzend sagte –
auch noch nach dreißig vierzig fünfzig Jahren –
„hätte man nicht einem anderen Mann begegnen können statt deinem –"
Vater – hätte sie wohl sagen wollen
aber wie kann man einen Mann als Vater bezeichnen
der nie einer gewesen ist –

Mama von ihrem Falltraum zu erzählen
und sie danach zu fragen ob sie es war
die oben an der Treppe gestanden hatte
kaum zwanzig und voll Scham und Abscheu
und erschüttert von einem ungeheuerlichen Erlebnis
war undenkbar
schon der Gedanke daran erfüllte sie mit Schuldgefühlen

als Mama starb hielt sie geduldig ihre schmale Hand
nach ihrem Tod war sie froh die schwarz-weiß gesprenkelte Terrazzotreppe
mit rot gestrichenem Geländer und Ornamenten aus grauem Eisen nicht
mehr sehen und nicht mehr gehen zu müssen
nicht nur Haus sondern auch Gasse und Umgebung hat sie gemieden –
ist nicht mehr
nie mehr
dort hingegangen
wieso auch –

donum vitae:
dass es leicht werden würde
hat ja nie jemand behauptet
aber man fällt nie tiefer als in Gottes Hand

gestern nicht
heute nicht
und morgen auch nicht

Dr. Daniela M. Ziegler, Archäologin, freie Journalistin und Texterin, Helmstadt-Bergen.

Helmut Jaschke

Das Ja zum Leben, wie es ist

In seinem ersten großen Interview mit dem italienischen Journalisten Andrea Tornielli sah Papst Franziskus die Kirche wie ein Feldlazarett nach einer Schlacht: „Man muss die Wunden heilen, dann können wir von allem anderen sprechen."

Menschen mit seelischen Verwundungen, mit Depressionen, Zwängen und Ängsten: Obwohl es uns doch „so gut geht", wie gern von Politikern und anderen betont wird, geht es vielen Menschen schlecht. Es sind vor allem seelische Verwundungen, die sich fast epidemieartig ausbreiten. Der Papst scheint gerade diese Menschen – vielleicht ohne Gott, aber mit vielen Verletzungen – ins Lazarett der Kirche holen zu wollen, um sie Liebe und Barmherzigkeit erfahren zu lassen. Es ist, als sei ihm bewusst, dass ihre seelische Not auch damit zu tun hat, dass sie Gott, die Liebe und damit den Sinngrund ihres Lebens, verloren haben.

Dass das Anliegen, die Wunden zu heilen, auch an die religiöse Frage rührt, hat schon vor Jahrzehnten die Psychotherapeutin Johanna Herzog-Dürck angedeutet. Sie sieht in neurotischen Symptomen, in Depressionen, Zwängen und Süchten einen Protest von Körper und Seele gegen einen Lebensentwurf, der sich weigert, zu den Grundbedingungen unseres Menschseins Ja zu sagen. Das Nein gegen ein Dasein mit begrenzter Zeit, gegen den Tod, gegen das Angewiesensein auf den anderen durch die Geschlechtlichkeit und gegen die unentrinnbare Schuld verschließe den Menschen gegenüber der Welt und führe zur Selbstverbarrikadierung in einem letztlich einsamen Ich.

Freilich drängt sich hier die Frage auf, warum das Ja zu den Grundbedingungen unseres Daseins, zur Vergänglichkeit, zum Tod, zur Geschlechtlichkeit und zur Schuld so schwer ist. Spüren wir dem nach, dann wird deutlich, dass wir diese genannten Faktoren nicht beherrschen, nicht

VI. Seele und Leib suchen den Sinn

uns gefügig machen können. Sie reichen hinein in einen Bereich unserer Existenz, den Menschen seit jeher als erschreckend und faszinierend, als „göttlich" empfunden haben. Nicht zufällig finden sich in unterschiedlichsten Kulturen Überlieferungen, die Vergänglichkeit, Sexualität und Schuld in mythologischen Dramen als Geschehen der Götterwelt darstellen.

Auch der moderne Mensch muss sich zu diesen Grundbedingungen so oder so verhalten. Das nimmt ihm keine Digitalisierung, kein Wellnessspaß, keine pausenlose Kommunikation per WhatsApp ab. Doch wie findet er zu diesem Ja, das die untergründige Angst vor Krankheit und Tod, vor der Vereinsamung und vor der Verdammung bannt?

Um Ja zu sagen zu diesem Leben, wie es ist, brauchen wir ein unbedingtes Bejahtsein, ein bedingungsloses Gewolltsein, das uns vertrauen lässt, dass der Tod nicht das sinnlose Ende ist; dass das Angewiesensein auf den anderen nicht eine demütigende Zumutung für unsere oft so trotzig behauptete Autonomie ist; dass wir unvermeidlich anderen und uns selbst immer wieder etwas schuldig bleiben, aber deshalb nicht wertlos oder verdammungswürdig sind. Wir dürfen erleben, dass uns Schuld vergeben wird und wir anderen vergeben können.

Auf dieses Geliebtsein zu vertrauen, ist schwer. Zu oft machen Menschen schon sehr früh im Leben die Erfahrung, dass Liebe verdient, dass das Ja zu uns mit schmerzhafter Anpassung erkauft werden muss.

In die religiöse Dimension vorzustoßen, ist dem modernen Menschen durch ein Überangebot von Ablenkungen, durch eine Fülle von Konsumgütern, die uns „einlullen", erschwert. Dazu kommt die immer neu genährte Illusion, die Wissenschaft werde in absehbarer Zeit alle Lebensprobleme lösen.

Um zu erspüren, dass in diesen Grundbedingungen das Göttliche mit der Zusage erfüllten Lebens aufscheint, ist dem heutigen Menschen in der Regel der Weg über die mythologischen Überlieferungen versperrt. Er muss sich der Mühe unterziehen, über die Grundbedingungen nachzudenken, um auf das in ihnen zu stoßen, was ihn ahnen lässt, dass unser gebrochenes und gefährdetes Menschsein dennoch auf eine ausstehende Vollendung hinweist, die nur von Gott geschenkt werden kann.

Der Religionsphilosoph Bernhard Welte hatte bereits vor mehr als fünfzig Jahren Überlegungen zur „Leiblichkeit als Hinweis auf das Heil in Christus" vorgelegt (in: Auf der Spur des Ewigen, Freiburg 1965). Welte zeigte vor allem an den Phänomenen des Todes und des Eros auf, dass unsere Leiblichkeit „zu einem Zeiger wird, der über ihren direkt antreffbaren Zustand in ganz bestimmter Richtung hinausweist". Es ist die Hoffnung auf Vollendung dessen, was jetzt gefährdet und gebrochen ist, was aber dennoch unsere tiefsten Sehnsüchte nach der „Erfüllung unseres Selbstseins" leib-

VI. Seele und Leib suchen den Sinn

haftig zur Sprache bringt. Sowohl im Tod als auch im Eros wird nach Welte der leibliche Vorgang „in der Gewalt seiner Leiblichkeit zur Stätte, in der Unaussprechliches, Unausschöpfbares, unendlich Bedeutsames, in der eine unberührbare Übermacht gegenwärtig wird".

Um zu einem Ja zu den Grundbedingungen der Zeitlichkeit und des Todes zu finden, brauche ich die Ahnung, dass in der Unbedingtheit und absoluten Souveränität des Todes sich mir ein Unendliches anzeigt: „Der Tod macht uns – entgegen unserer Alltagsgewohnheit – bereit, in den Erscheinungen der Welt der Botschaft des Unsäglichen gewärtig zu sein, in ihr Ungewöhnliches und Heilig-Bedeutsames im Ernste zu erblicken, er macht die erschütterte Seele für Wunder und Zeichen bereit, in welchen in unserem leibhaften und sinnlichen Weltbezug jene heilige Tiefe sich öffnet, die unser Alltagsbewusstsein immer verdeckt hält, die der Tod aber wie die Liebe uns nähern."

Das Ja zur Geschlechtlichkeit und damit zum Angewiesensein auf den anderen mag sich anbahnen, wenn ich im Erleben erotischer Anziehung und der Faszination der Liebe spüren darf, dass etwas Übermächtiges, Unkontrollierbares mich ergreift und in einem Du mich selbst finden lässt: „Es lebt etwas *Unendliches* in der großen Liebe, etwas, was durch keine Summierung von welthaften Dingen je aufgewogen, aber auch durch keine welthafte Bedrohung zerstört werden kann."

Auch das Ja zur Schuld als unabdingbar zu mir gehörend kann mir geschenkt werden, wenn ich die Erfahrung machen darf, dass Vergebung möglich ist, dass es eine glückliche Schuld geben kann, wenn sie mich öffnet auf ein bedingungsloses Ja zu mir trotz aller Schuld.

Es sieht so aus, als habe Papst Franziskus zur religiösen Frage heute eine prophetische Antwort gegeben, wenn er will, dass dem Menschen im Lazarett Kirche Liebe und Barmherzigkeit begegnen.

Prof. Dr. Helmut Jaschke, Religionspädagoge und therapeutischer Begleiter, Karlsruhe.

Christina Herzog

Im Netzwerk der Menschengeschichten

„Ich bin die Mutter, die mich verhätschelt, und die große Schwester, die mich dafür hasst, ich bin mein Freund Klaus, der mich besser kennt als ich mich selbst, und Anna, die schon immer mutiger war als wir beide zusammen, ich bin der Lehrer, bei dem ich damals in Chemie durchgefallen bin, ich bin alle Mädchen, die ich geküsst habe und die, die ich noch küssen werde, ich bin alle, die ich kenne, und alle, die ich noch kennenlernen werde, ich bin die Leute, die mich fertig machen, und die, die mich wieder aufbauen, ich bin, wer ich bin, wegen jedem von ihnen ... – zusammen sind wir mehr."

Die Erzählstimme im 35-Sekunden-Werbespot des Mobilfunkanbieters wird untermalt mit Bildern aus einem fiktiven Fotoalbum oder kleinen Videosequenzen und einer rhythmisch-treibenden Pfeifmelodie, die an das Rattern einer Eisenbahn erinnert.

Der Spot existiert in mehreren Sprachen. Verschiedene Menschen erzählen darin „ihre" Geschichten. Der normale junge Mann von nebenan, die Extrembergsteigerin, das Unfallopfer – sie alle machen gute und schlechte Erfahrungen, sie alle finden über andere zum Erfolg, zum Glück, zur Liebe und zu sich selbst.

Die Botschaft scheint auf den ersten Blick einleuchtend: Wir sind oder werden durch die Erfahrungen und Beziehungen mit anderen zu denjenigen, die wir sind, und zusammen können wir sogar über uns hinauswachsen. Alle Schwierigkeiten werden gemeistert, alles findet ein gutes Ende. Tatsächlich werden wir wohl durch unsere Familien, unsere Partnerschaften, unsere Netzwerke, die Gesellschaft geprägt oder mitbestimmt, und auch wir spielen eine Rolle für andere, sind verstrickt in eine Vielzahl von Geschichten. Die ungeheuerliche Verkürzung eines Selbst und eines Lebens, die fragwürdige Rechnung, die den Einzelnen als Summe aller und alle doch irgendwie als mehr präsentiert, so wie es im Spot geschieht, nehmen wir hin. In einer Variation fällt allerdings ein Satz auf: „Ich bin Wolfgang, der mir den Weg zum Glauben gezeigt hat." Gerade in der Verkürzung der Geschichte, bei der nur noch Eckdaten – ein Unfall mit schweren Folgen, Verzweiflung und Selbstzerstörung, der Weg zum Glauben und schließlich der sportliche Erfolg bei den Paralympics – stehen bleiben, bekommt ein solcher Satz Gewicht. Er öffnet aber auch eine unendliche Reihe von Fragen, die wir zwar nicht dem jungen Sportler im Rollstuhl stellen können, wohl aber uns selbst. Eine davon kann sein, um beim Motiv der anderen und ihrem Einfluss auf uns und umgekehrt zu bleiben, welcher Wolfgang denn uns im Leben und im Glauben geprägt, unterwiesen und begleitet hat.

Waren das zuerst die Eltern, die eine katholische Sozialisierung ermöglicht, aber dennoch immer ihre eigenen kritischen Fragen gestellt haben? War das der charismatische Schulpfarrer, der tatsächlich lebendige Gottesdienste zu gestalten vermochte? War das die kirchliche Jugend, wo in Gruppentreffen, Ausflügen und Zeltlagern Gemeinschaften entstanden? War das der Religionslehrer im Gymnasium, der sich einerseits einem lähmenden Desinteresse, andererseits einem jugendlichen Fragesturm, angefeuert von Nietzsche und Feuerbach, stellen musste? War das die Studienfreundin, die für wirklich alles, angefangen bei den eigenen romantischen Verwicklungen bis hin zu kompliziertesten theologischen Ausführungen, tatsächlich verständliche Worte fand? War das der Griechisch-Lehrer, der auf beeindruckende Weise Sprache, Philosophie und das Wichtige im Leben zusammenführen konnte? Oder war es der Dogmatik-Professor, der zwischen der Auseinandersetzung mit all den schwer zu ertragenden sprachlichen Auswüchsen systematischer Theologie und dem eigenen Leiden auch an körperlichen Gebrechen doch in jeder einzelnen Vorlesung in Erinnerung rief: „Gott ist Liebe und sonst gar nichts"?

Aus diesen und vielen anderen Menschen knüpft sich ein Netz, das einen doch irgendwie die ätzenden Zweifel im Glauben aushalten lässt und sogar vielleicht den Sturm im eigenen Haus:
– Was bringt dir denn der ganze Gottesquatsch? Ist doch voll unnütz!
– Ja, was bringt es mir? Dich, Kind, dich!

Christina Herzog, Theologin, Bern.

Martin Kämpchen

Der Klang der Symbole

Die religiöse Grundfrage an unsere Gesellschaft ist nicht, ob und wie sie unser katholisches oder evangelisches Christentum auffasst und verwirklicht, ob wir uns für oder gegen andere Religionen einsetzen, ob wir anderen Religionen angehören oder zu ihnen konvertieren wollen. Die Grundfrage ist: Sind wir fähig zur Transzendenz?

Beobachte ich die treuen Kirchengänger in Europa, kommen mir Zweifel, aus welchem inneren Drang oder aus welcher inneren Verpflichtung sie den Gottesdienst besuchen und andere christliche Pflichten erfüllen. Folgen viele aus Traditionsbewusstsein, aus Treue zur Konvention, aus gesellschaftlichem Standesgefühl? Aus Freude an Ritual und Ordnung, an Geselligkeit? Dies sind ehrenvolle Motive, und doch lautet die wesentliche Frage: Hören diese Menschen auf einen inneren Ruf, dem sie nicht anders als folgen können? Weiterhin: Folgen sie aus einem Bewusstsein von der Heiligkeit des Lebens, der Natur, des Kosmos, aus dem überwältigenden Bewusstsein also, dass sie von der Schöpfung Gottes umgeben sind?

Als Student las ich das epochale Buch des großen protestantischen Theologen und Religionswissenschaftlers Rudolf Otto „Das Heilige" (1917). Es hat auf vielfältige Weise das Faszinosum und das Tremendum, das Anziehende und das abschreckend Schauervolle des Heiligen erfasst und beschrieben. Wo es sich zeigt, ist das Heilige fähig, Menschen zu faszinieren, hinzureißen, zu begeistern, aber gleichzeitig, in ihnen eine Scheu, mehr, eine Erschütterung, ein Erschauern zu erzeugen. Das Heilige, beschreibt Otto, kann in unseren Alltag einbrechen wie eine Feuersbrunst, wie ein Blitzschlag, wie eine Sturzflut. Es reißt uns aus unserem Alltag heraus, aus unseren Traditionen und Gewohnheiten, und öffnet einen neuen, unerwarteten geistigen Blick.

Wenn wir diesen Einbruch erhoffend vorbereiten, wenn wir uns weit offen machen und diese Transzendenz zumindest ahnend spüren, werden wir fähig zur Transzendenz und können mit diesem neuen Geist unseren Alltag ausfüllen.

Es handelt sich um Vorgänge, Ereignisse, die im kirchlichen Jahreskreis, etwa zu Ostern und Pfingsten, mit ungeheurer Wucht biblisch dargestellt sind: der Engel vor dem leeren Grab; die Herabkunft des Geistes auf die Apostel; die Jesus-Erscheinung auf dem Weg nach Emmaus; die Offenbarung des verklärten Christus und seine Aufnahme in die Transzendenz. Keines dieser geistigen Abenteuer kann uns unverändert zurücklassen.

Mit „Fähigkeit zur Transzendenz" ist gemeint, den eigenen Alltag in seinen geistigen Zusammenhängen zu durchschauen. Im Hinduismus, in dessen Wirkungskreis ich seit 45 Jahren lebe, spricht man von der *interconnectedness* des Lebens: Auf eine geistige, geheimnisvolle Weise ist alles mit allem verbunden und wechselseitig voneinander abhängig. Nichts besteht isoliert oder kann isoliert gedacht werden.

In unserem ursprünglichen christlichen Leben ist eine solche grandiose geistige Schau des Lebens durchaus angelegt, denken wir etwa an die zahlreichen symbolträchtigen Feste und Bräuche. Jedes Symbol deutet auf einen „geistigen Knoten" im Gewebe des Lebens hin. Jedes Symbol ist als Fingerzeig auf die Transzendenz gemeint. Jedes Symbol greift über auf die Symbolhaftigkeit des sichtbaren Lebens, in dem das dichteste Symbol das Unbegreiflich-Göttliche ist. Jedes Symbol ringt darum, die Heiligkeit der Natur, des Lebens, der Schöpfung insgesamt durchlässig und den Menschen begreiflich zu machen, damit sie die Schöpfung feiern können. Mein Vater lüftete seinen Hut, wenn er an unserer Kirche in Boppard vorbeikam. Meine Mutter zeichnete mit dem Messer ein Kreuz auf die Unterseite jedes Brotlaibs, bevor sie ihn anschnitt.

Symbole müssen „gepflegt" werden, damit sie lebendig und wirksam bleiben. Das heißt, sie werden geachtet, ausgeschöpft, gefeiert, damit sie inneren Halt, innere Erhebung und Freude geben. Wir müssen sie in ihren Inhalten erleben, nicht als Klischees. Das Johannisfeuer, das wir als Kinder entzündeten, hat eine andere Eigenschaft als zum Beispiel der Brauch, sich mit Weihwasser zu besprengen oder wie im Hinduismus gewisse Baumarten als verehrungswürdig zu bestimmen. Alle Symbole sind in der Transzendenz, die unsere Wirklichkeit überwölbt, verankert, auch Vorgänge und Ereignisse wie Segnungen, Initiationsriten, Wallfahrten und Verehrungsübungen. Aber alle in ihrer eigenen Weise.

„Betritt diesen Boden nicht, denn er ist heilig", wurde Mose vor dem brennenden Dornbusch befohlen. Dies ist die Voraussetzung, um sich zum Verständnis der Heiligkeit hinzubewegen: die Achtung, die Nachdenklichkeit, das Innehalten, um hinzuhören und hinzuschauen, zu schmecken und zu tasten. Die Heiligkeit des Lebens aufzuspüren, ist zunächst ein überaus sinnlicher Wahrnehmungsprozess. Erst wenn wir uns dessen versichert haben, können wir die Augen schließen und in dieser Wahrnehmung verharrend die langsame „Abstrahierung" des Sinnlichen spüren, das Erwachen und Wachsen des Bewusstseins der Transzendenz beobachten. Die Heiligen sagen, es sei ein langsamer, aber ein unaufhaltsamer Prozess. Wir müssen nur lernen, aufmerksam zu warten.

Einige Freunde sagen mir, sie seien nicht religiös aufgewachsen, deshalb könnten sie auch als Erwachsene nicht gläubig oder (ich nenne es) „transzendenzfähig" leben. Dass sich das Erlebnis der Transzendenz unerwartet und nicht-ersehnt auf uns ergießen kann, halten die Freunde nicht für möglich. Ich frage mich manchmal, ob ihre Erlebnishorizonte nicht zu eng gezogen sind. Die Sehnsucht nach Transzendenz kann plötzlich, angestoßen von „unscheinbaren" Gedanken oder Ereignissen, aufblühen. Warum rechnen sie nicht damit?

Wer mit Achtung und Sammlung die Symbole im Alltag „pflegt", das heißt, ihre Inhalte ständig suchend nachvollzieht, der schafft eine Atmosphäre um sich, die ihn dann in seiner Befähigung zur Transzendenz unterstützt und fortschreiten lässt. Nach und nach spüren wir den Sog hin zu der Kontemplation der Heiligkeit des Lebens und weiter zur Öffnung für die Transzendenz.

Für mich ist in diesem suchenden Fortschreiten das Wort des Evangeliums wichtig: „Ich glaube; hilf meinem Unglauben!" (Mk 9,24). Darin drückt sich das charakteristische Dilemma unserer Suche nach Transzendenz aus: Meinen wir, uns ihrer sicher zu sein, entlarvt sie sich sogleich als Chimäre. Sie lebt deutlicher in der Suche und in der Sehnsucht.

Das religiöse Leben kann sich erst mit Inhalten füllen, wenn wir uns auf dieser immerwährenden Suche befinden: mit Nächstenliebe und Lebensfreude, mit dem Ringen um Gerechtigkeit, mit der Empathie für alles Lebende, mit Großzügigkeit und Dankbarkeit.

Ein frühes Erlebnis hat mich geprägt. Ich hatte einen meditativen Text für den Kirchenfunk des Bayerischen Rundfunks geschrieben und wurde gebeten, bei der Produktion anwesend zu sein. Ein bekannter älterer Schauspieler wurde gebeten, die wichtigen Passagen zu sprechen. Zur Erklärung ihrer Wahl sagte die Redakteurin: „Er kann das Wort ‚Gott' noch aussprechen." Das veranlasste mich, genau hinzuhören. Tatsächlich, seine Worte waren echt, sie klangen nicht kitschig-süß, nicht pompös, nicht frömmelnd. In vielen Klöstern und Kirchen und Einkehrstätten hat die religiöse Sprache keinen guten Klang mehr. Oft sprechen Priester und Pastoren während der Liturgie und in Gottesdiensten durchaus echt, aber im Alltag verlässt sie der Mut dazu.

DDr. Martin Kämpchen, Religionswissenschaftler, Übersetzer, Journalist und Publizist, lebt in Indien.

Elena Griepentrog

Der versteckte Schatz

Das Bedürfnis nach Sinn hat sich verdreifacht! Das jedenfalls ist das Ergebnis, wenn man bei „Google Trends" das Stichwort „Meaning" angibt. Gemessen werden dabei Management-Bücher und Literatur zum Thema Sinn in den letzten fünf Jahren. Für diese deutliche Tendenz gibt es sicher viele Gründe: zum Beispiel eine gewisse Ermattung der satten Wohlstandskultur, die noch immer fortschreitende Vereinzelung und Vereinsamung oder die dramatischen gesellschaftlichen Veränderungen, die bisher ohne Antworten der Politik oder auch nur erkennbaren Gestaltungswillen blieben.

Im beruflichen Coaching versuchen gleichzeitig immer mehr Menschen, der ganz persönlichen Berufung auf die Spur zu kommen – noch vor wenigen Jahren eher ein Randthema. „Berufung" ist im Deutschen ein doppeldeutiger Begriff. Einerseits ist da die weltliche Berufung, in der der Begriff des Berufs schon mitklingt. Es geht um einen Beruf, der zu den eigenen Stärken und Leidenschaften am besten passt. Doch nach kurzem „Bohren" in der Einzelarbeit zeigt sich meist, dass hinter dieser Suche oft viel mehr steht: der persönliche Platz in der Welt, aufgehoben in etwas Höherem, etwas, für das es sich zu kämpfen und zu leben lohnt. Kurz: Es geht um gelingendes, erfülltes Leben. Und dies sowohl bei gläubigen wie auch bei nicht-getauften Klienten und Klientinnen.

Beste Voraussetzungen also für einen neuen Run auf Religion und Spiritualität? Im Prinzip ja! Dennoch scheint die gewachsene Religion hier wenig Anker zu bieten, in der Regel nur denen, die ohnehin im kirchlichen Milieu aufgewachsen sind. Woran liegt das? Dazu lohnt es sich anzusehen, was genau Religion eigentlich bietet. Allgemein anerkannt ist wohl, dass ein Glaube Halt gibt, durch Geborgenheit in einer höheren Instanz und durch Rituale für verschiedene Lebenslagen, insbesondere in Krisen. Hinzu kommt die verlässliche Gemeinschaft, ein moralisches Grundgerüst, an dem sich jeder entlanghangeln kann, und eine größere Gelassenheit in einer oftmals sich aufgeregt in Alltagsdetails verheddernden Welt.

Aber das ist noch nicht die ganze Wahrheit. Denn all dies sind Qualitäten, die den Menschen vor allem stabilisieren. Auf der anderen Seite aber will ein seelisch gesunder, freier Mensch in aller Regel die Welt entdecken, Dinge ausprobieren, Herausforderungen bestehen, sich weiterentwickeln. Mit einem Wort: Er sucht nach Wachstum. Dies ist biologisch nicht nur bei Kindern so angelegt, sondern im Ursprung bei Menschen jeden Alters. Der moderne Mensch fragt zudem ganz offen nach einem Nutzen bei fast allem, was er tut. Die gute Nachricht: Genau hier kann der christliche Glaube viel bieten. Denn er ist kein simples Regelsystem mit einfachen Kategorien wie „Falsch" und „Richtig", sondern ein durchaus komplexes Gedankengebäude, das immer neu entdeckt und durchdrungen werden will und das gewissermaßen mit dem Gläubigen zusammen wächst. Weil dieses Gebäude so komplex ist, weil es interpretiert, immer tiefer verstanden und erlebt werden will, bleibt es faszinierend. Man ist nie fertig damit, wie man auch in seiner menschlichen Entwicklung nie fertig ist. Ein richtig verstandener und erlebter Glaube ist geradezu vorherbestimmt für Wachstum und Entwicklung und damit für Sinn und Erfüllung. Wer will, kann sich dabei von der Weisheit vergangener Zeiten tragen lassen, von erprobten Strategien, ein erfülltes Leben zu leben. Er kann sie heute in größtmöglicher Freiheit für sich selbst überprüfen, weiterentwickeln und vertiefen.

Warum aber gelingt es den Kirchen dann so selten, Menschen, die auf der Sinnsuche sind, diesen Entwicklungsraum anzubieten? Sicher geschieht dies vereinzelt, wenn sich Menschen gezielt und selbstfürsorgend einen Platz in einer christlichen Gemeinde oder Gruppe suchen. Meistens aber brauchen sie einen Türöffner – einen christlichen Partner, eine Freundin oder einen Verwandten. Ist dies nicht der Fall, greifen sie entweder auf längst veraltete, womöglich abschreckende Erlebnisse aus der Kindheit zurück, oder sie werden das Christentum mit dem gleichsetzen, was über die Medien transportiert wird. Und dort werden sie kaum auch nur einen Zipfel der Faszination des Christentums erspüren können. Heutzutage liegt dies nur noch selten an offener Kirchenfeindlichkeit. Eher schon daran, dass die inneren Mediengesetze es verlangen, über Negatives, Skandalöses und vor allem Punktuelles zu berichten. Stetige positive Entwicklung, gar erfülltes Leben findet hier fast gar nicht statt. Auch an Wissen über den Glauben und die Kirchen scheint es zu fehlen. Immer wieder sind vermeintliche Wahrheiten wie „Der Papst ist unfehlbar" oder „Die katholische Kirche predigt grenzenlose Vermehrung" in den Medien zu finden.

Noch problematischer aber ist, dass die Kirchen ihren Schatz in geradezu skandalöser Weise unter der Decke halten. Er ist für Suchende schlichtweg kaum zu finden. Das faszinierende Mysterium dieser Macht, die Christen Gott nennen, die weise Schule des Menschseins und Menschwerdens, der Tod, die enge Verzahnung des fassbaren Lebens mit dem Leben in einer anderen, überirdischen Dimension, die Unendlichkeit des Universums, die persönlichen Glücksmomente, in denen die Zeit stehen zu bleiben scheint – dies alles sind Dinge, die auch Nicht-Christen durchaus erfahren im Laufe ihres Lebens. Doch erhalten sie keinerlei Hilfestellung, keine Einordnung, kein Vokabular für ihre Erfahrungen. In den grundsätzlich für alle offenen Gottesdiensten herrschen leider noch immer eine Sprache und Abläufe vor, die nur Eingeweihte verstehen können. Kein Mensch ohne christliche Erziehung wird mit Begriffen wie Lobpreis, Auferstehung oder „Erlösung von der Schuld Adams" irgendetwas anfangen können. Immerhin bauen manche Pfarrer und Pfarrerinnen inzwischen in Predigten oder Liturgie Erklärungen ein. Einige wenige schaffen es sogar, die menschlichen Erfahrungen in der Welt, die Liturgie und die Weisheit der Bibel in so engen Kontakt zu bringen, dass die Gottesdienstbesucher tatsächlich genährt an Leib und Seele wieder nach Hause gehen. Doch leider erfährt ein Außenstehender nur selten etwas davon. Die Öffentlichkeitsarbeit von Gemeinden wird häufig laienhaft, stiefmütterlich behandelt, und dies in einer Zeit, in der ohne Öffentlichkeit eigentlich nichts existiert.

Auf der anderen Seite stehen die öffentlichen Moralansprachen von Kirchenvertretern, etwa zum Thema Asyl, Menschenrechte oder Obdachlosigkeit. Nun ist das Christentum in seinem Ursprung aber eben keine Moralanstalt, sondern etwas, was zunächst dem Einzelnen Heilung, Wachstum und Existenzerhellung schenkt. Eine Moral ohne diese persönlich erlebte Erfahrung bleibt blutleer, trocken, simpel, auch anmaßend pädagogisch.

Vor allem aber ist sie kaum in der Lage, irgendjemanden zu faszinieren und voller erfüllender Glut wieder in die Welt hinauszuwerfen.

Auch aus diesem Grund sind Kirche und Christentum heute nicht mehr der rote Faden für die westliche Gesellschaft. Wohl aber kann die Frage nach einem Leben in der Tiefendimension, nach der persönlichen Berufung und damit auch nach einer höheren Instanz durchaus zum roten Faden für den Einzelnen werden.

Das so deutlich steigende Bedürfnis nach Sinn zeigt es: Die Frage nach Gott ist sehr wohl ein Thema! Die Kirchen und durchaus auch jeder einzelne Gläubige könnten hier wertvolle Erfahrungsräume bieten, wenn sie sich auf ihren Schatz besinnen, sichtbar werden und angemessene Übersetzungsmöglichkeiten für die überlieferten Weisheiten anbieten. Scheitern sie an dieser Aufgabe der Gegenwart und Zukunft, werden sich zwar immer Einzelne ihre persönlichen Wege zum Glauben, vielleicht auch zur Kirche, suchen, einige werden sicher auch ohne eigenes Suchen „von Gott gepackt", vom Heiligen Geist erfüllt werden. Die westliche Menschheit jedoch wird dann wohl kaum mehr mit diesen Reichtümern der christlichen Schatzkammer in Berührung kommen. Und dies wäre ein immenser Verlust für die ganze Menschheit.

Elena Griepentrog, ARD-Journalistin sowie Business- und Entwicklungscoach mit Schwerpunkt „Berufung", Berlin.

Hermann Schalück

Was sucht ihr? Wo wohnst du?

Albert Einstein sagte einmal: Das Wichtigste im Leben ist, dass man nicht aufhört zu fragen. Der Trappistenmönch und moderne Mystiker Thomas Merton erklärte, der wahre Charakter eines Menschen zeige sich in den Fragen, die er zu stellen verstehe. Merton unterschied zwischen *Seekers* und *Dwellers*. Die einen sind Suchende, die anderen Bewohner, die feste Plätze bevorzugen und sich nur innerhalb ihres bekannten Territoriums sicher fühlen. Dieses ist für sie heilig. Ihre Spiritualität bewegt sich in Bahnen, die von der Tradition gesichert sind. Natürlich werden auch sie von Veränderungen berührt, aber sie bleiben fest verankert. Im Gegensatz dazu erkunden die Suchenden neue Perspektiven. Sie bewegen sich innerhalb alternativer und zuweilen unübersichtlicher Systeme des Glaubens und seiner Praxis. Spiritualität ist für sie ein Prozess, ein Zustand des ständigen Werdens. Ihre Sprache passt sich dieser Erfahrung an.

Suchende haben bei allen Zweifeln und Fragen eine Hoffnung, eine Vision. Der Theologe Paul Michael Zulehner ist davon überzeugt, dass die Vision die einzig wirksame Gegenkraft gegen Resignation ist. Visionen sind notwendig um zu spüren, was in unserer Welt und in der Kirche nicht richtig und nicht gerecht ist. Aber auch, dass wir manches aus eigenem Vermögen allein nicht ändern können. Visionen sind Gottes Einladung, sich von der Dynamik des Reiches Gottes tragen zu lassen. Sie sind eine Kraftquelle zur Veränderung dessen, was von Menschen verändert werden kann und muss, und eine Quelle der Hoffnung auf das, was nur Gott allein bewirken kann.

Die Kunst des Fragens und des ehrlichen Zweifelns bringt Menschen auf den Weg zu jenen Wahrheiten, die Licht auf unser sterbliches Leben und unsere komplizierte Welt werfen. Fragen und Zweifel sind auch im Glauben ein Schlüssel zu tieferer Erkenntnis und Erfahrung. Sie schützen vor Pseudowahrheiten, vor vorschnellen Antworten, Sie öffnen den Blick für das Wesentliche, für Gottes Wirken in meinem Leben und in der Schöpfung, um beides zu einem guten Ende zu führen.

Leben heißt Begegnung. Im ersten Kapitel des Johannesevangeliums begegnet Jesus zwei Jüngern des Johannes, die ihm gerade über den Weg laufen – und ihm folgen. Jesus fragt sie: „Was sucht ihr?" Sie antworten mit einer Gegenfrage: „Wo wohnst du?"

Was suchten die beiden, was suchen wir? Die Frage Jesu setzt voraus, dass die Jünger überhaupt auf der Suche sind. Wie ein guter Psychologe erkennt er ihre innere Unruhe. Jesus spricht in sehr behutsamer Weise eine tiefe Sehnsucht an, die alle Menschen umtreibt, die Sehnsucht, wahrgenommen und angesprochen zu werden, den Hunger nach sinnvollem Leben, nach Anerkennung, nach Liebe. Jesus gibt keine fertigen Antworten. Er sagt nicht: „Hier bin ich, die Antwort auf alle eure Fragen". Er holt die beiden vielmehr aus der Reserve, so als wollte er aus ihnen herauslocken, was sie umtreibt, was sie bedrückt, worauf sie hoffen. Sie sollen es selber in Worte fassen. Er traut ihnen etwas zu. Wo bin ich zuhause?

Die Jünger des Täufers antworten ihrerseits mit einer Frage: „Wo ist dein Zuhause?" Wohnung, Herberge – in diesem Wort steckt die Sehnsucht nach Orten und Menschen, bei denen man sich bergen kann, wo man nichts vor Scham oder Angst verbergen muss. Hinter dem, was die Jünger und auch wir ein Leben lang suchen, steht die Sehnsucht nach Erfüllung, nach Schönheit und Sinn. Vielleicht auch die Suche nach sich selbst und nach dem, was in uns steckt und vielleicht nur schlummert, was wir aber endlich leben und anderen schenken möchten. Wir suchen Bestätigung und Liebe, Geborgen-

VI. Seele und Leib suchen den Sinn

heit und Orientierung. Wir möchten in den Bedrohungen, die uns umgeben, sicher sein, aufgehoben sein und es bleiben, auch über den Abend des eigenen Lebens hinaus.

Wenn Jesus mich heute fragen würde: Was suchst du? Was würde ich dann antworten? Vielleicht: Ich suche Momente vollkommenen Glücks, Dankbarkeit, Zeiten der Ruhe, manchmal aber auch Zeiten der heilsamen Unruhe. Ich möchte frei sein von Last und Schuld, frei auch von dem, was mich davon abhält, der zu sein, der ich bin oder sein könnte. Ich möchte Menschen um mich haben, die ich lieben kann – und die mich lieben. Ich wünsche mir die Erfahrung, dass ich nicht allein durchs Leben wandern muss, dass ich Wegbegleiter habe, die mir zur Seite bleiben, auch wenn der Weg steinig wird. Ich möchte nicht vergeblich leben. Ich möchte hoffen können, dass alles, was ich bin, was ich lebe und gelebt habe und einst gelebt haben werde, in einen großen sinnvollen Zusammenhang hineingestellt ist; dass mein Leben und das meiner Lieben und Freunde für immer bei Gott aufgehoben bleibt.

Jesus antwortet auf die Gegenfrage: „Kommt und seht selber, wer ich bin und wo ich wohne." Auf die wichtigste Frage in unserem Leben, die nach Sinn und Ziel, letztlich nach Gott, kann jeder nur eine je persönliche Antwort geben. Ich selber muss hellhörig und wach bleiben, mit offenen Augen auf die Spur Gottes im Leben achten. Helfen kann zuweilen, sich Momente, Ereignisse oder Menschen ins Gedächtnis zurückzurufen, in denen mir Gottes Gegenwart und Wirken begegnet ist.

Denken wir einmal an solche Menschen, die uns Liebe und Freundlichkeit entgegengebracht haben. Vergegenwärtigen wir uns Situationen, die uns einfach glücklich gemacht haben. Gehen wir jenen Augenblicken nach, in denen wir andere glücklich gemacht haben. Vertrauen wir dem, was andere uns von den Spuren Gottes in ihrem Leben berichten. Die Jünger des Johannes wurden zu Jüngern Jesu, indem sie mit ihm einen Tag lang unter einem Dach wohnten. In seiner Gesellschaft können auch wir erahnen, wer Gott für uns ist.

Dr. Hermann Schalück, Franziskaner, war Leiter seines Ordens in Rom und Präsident von „Missio" in Aachen, tätig als Seelsorger und Autor, Bonn.

VI. Seele und Leib suchen den Sinn

Monika Renz

Von der Frage zur Erfahrung

Seit den neunziger Jahren beobachte ich im öffentlichen Leben wie auch in der Seelsorge eine Scheu, das Wort „Gott" in den Mund zu nehmen. Dieses Schweigen scheint um sich zu greifen wie eine schwelende Depression.

Demgegenüber kommt uns aus verschiedenen Ecken ein vergessenes und wieder entdecktes Wort entgegen: Spiritualität. Man liebt „das Spirituelle" einer Atmosphäre. Engel haben Hochkonjunktur. Rituale werden für verschiedenste Anlässe entworfen. Man meditiert westlich oder fernöstlich, um den Stress herunterzufahren. Achtsamkeit, eine wichtige Qualität des behutsamen Umgangs mit Menschen und mit der Schöpfung, wird zu einer Ersatzreligion. Ist damit die Frage nach Gott abgehakt?

Als Frage hinter den Fragen scheint sie doch noch nicht erledigt zu sein. Wie aber gelangen wir hinter das Vordergründige?

„Es" geschieht dort, wo das Ich und seine Kompetenzen aufhören. Papst Franziskus fordert die Kirche auf, an die Ränder zu gehen. Das kann sich auch auf die innere Seelenlandschaft beziehen. Der Mensch braucht Stärkung an den Rändern seiner Kraft, in seinem Darben, in der Verzweiflung seiner Nächte, in seinen Blockaden, Ängsten und Selbstzweifeln. Spirituelle Begleitung darf sich nicht scheuen vor langen Prozessen, die vielleicht eines Tages in Richtung innerer (Gottes-) Erfahrung weisen.

Glauben ist nicht etwas, was man hat oder nicht hat, sondern etwas, in das man hineinwächst, meist auf ungeraden, von Leiden und Gottferne geprägten Wegen. Spirituelle Begleitung führt durch das (Mit-)Aushalten und (Mit-)Fühlen durch das Dunkel hindurch. Das Wort „Gott" muss dabei gar nicht fallen, soll aber auch nicht unterdrückt werden. Gott ist schon gegenwärtig, wo es uns Begleitern gelingt, in eigener Rückbindung anzukommen und in unserem Handeln auf Ihn, auf Christus, auf das Heilige im Raum hin transparent zu sein. Gnadenmomente ereignen sich zum Beispiel dort, wo ein Leidender von einer großen Liebeserfahrung, einem tiefen Verstandensein oder von unerschütterlicher Treue eines Mitmenschen berührt wird. „Offenbar bin ich liebenswert", sagte eine Patientin zu mir. Das ist in sich schon Gotteserfahrung. Gott wendet sich im Innersten wie im Äußersten dem Menschen persönlich zu.

Ich begleitete über viele Wochen einen Patienten, einen begnadeten Organisten, der aber nicht an Gott glaubte. Über Gott hatten wir in der Zeit auch nicht gesprochen. Jetzt lag er ans Bett gefesselt und im Würgegriff der Angst vor jedem Eingriff. Schweiß perlte über sein Gesicht. Er war dankbar, dass ich mit ihm ausharrte. Dann sprachen wir über Musik. Als wir gemeinsam Bach-Werke hörten, kam ein Leuchten in seine Augen. Seine Ängste und Schmerzen ließen nach. Eines Tages wollte er wissen, warum ich an Gott glaube, an „was für einen Gott"? Meine Antwort: „Ein Gott, der Ihnen erlaubt zu sein. Ein Gott von unendlicher Weite – vielleicht so, wie Sie fühlen beim Orgelspiel." Er schaute mich an: „Sagt man dazu Gott?" Das war die Stunde, die seinem Leben eine Wende gab. Beeindruckt erlebte er viele Stunden an der Orgel innerlich nach, diesmal im Deutungshorizont „Gott". Vor der folgenden Operation erinnerte er sich an sein Aha-Erlebnis und sagte: „Da ist noch etwas anderes als Angst." War das Gotteserfahrung?

Ich weiss um die Ängste vieler Theologen, wenn von persönlicher Gotteserfahrung die Rede ist. Diese könnte überlieferte Gottesbilder infrage stellen, Lehrinhalte der Tradition unterwandern oder in esoterische Bewegungen ausufern. Wo kämen wir da hin, wenn jeder sich seinen Gott basteln würde?, so die Furcht.

Allerdings ist die individuelle Erfahrung „Gott" nichts Neues. Man denke an Hiob, der sich von keinem seiner Freunde wirklich verstanden fühlte, obwohl diese doch mit ihren Ratschlägen und ihrem sieben Tage langen Ausharren nur das Beste für ihn wollten. Hiobs Heilserfahrung begann, wo er aus tiefer Not und wider alle Ratschläge der Frommen mit authentischer Stimme zu Gott schrie. Es brauchte die persönliche Zuwendung zu diesem unverständlichen Gott. Zum Ausgangspunkt neuen Lebens wurden schlussendlich die zwei gewaltigen bildhaften Reden Gottes, in denen Hiob diesen als einen gütigen Schöpfer aller Kreatur erfährt. Wir können das nachempfinden, wenn wir die Gnade haben, diese Reden in entsprechend wohlwollendem Tonfall innerlich zu hören. Von diesem äußersten Punkt her entdeckte Hiob seinen Platz in der gottgegebenen Ordnung der Welt. Das ist Identitätserfahrung und Gotteserfahrung in einem. Hiob atmete auf und formulierte treffend: „Vom Hörensagen nur hatte ich von dir vernommen; jetzt aber hat mein Auge dich geschaut" (Ijob 42,5).

Oft begegne ich der Sorge, dass das Wort Gotteserfahrung zu schnell, ja inflationär in den Mund genommen werde. Ist es Gotteserfahrung, wenn ein Sterbender mir stammelnd kundtut, dass ein verstorbener Angehöriger oder eine Lichtgestalt im Kommen sei? Sind Engelerfahrungen schon Gotteserfahrungen? Ich unterscheide zwischen Erfahrungen in den Vorräumen des Heiligen und jenen, in denen das Numinose – Gott – selbst uns berührt. An den Wirkungen wird das Heilige offenbar: Betroffene sind ergriffen, weinen vor Glück, können das Erlebte kaum beschreiben, etwa ein geschautes Licht. Veränderungen sind fast greifbar: eine Vergebung geschafft, eine Lösung gefunden, eine Unruhe vorbei.

Darf ich in solchen Fällen das Wort „Gott" in den Mund nehmen? Kann ich es mir leisten, es zu unterlassen? Wann soll ich ihn bezeugen, wann besser schweigen? Ich muss mit der offenen Frage leben, Mal um Mal in mich hineinhören und mich weder von Ängstlichkeit noch von vorauseilender Vorbildlichkeit leiten lassen. Wichtige Intuitionen sind leise und doch inständig da. Warum aber sollen wir es riskieren, Gott als mögliche Deutung auszusprechen? Die Bewusstwerdung und die geheimnisvolle Gegenwart des zutiefst Heiligen sind es, die Ehrfurcht, Gnade und so etwas wie Heilsein aufkommen lassen, auch bei Schwerkranken und Sterbenden. Das Unfassbare geschieht da gar nicht so selten, vielleicht, weil im Leiden das Ich mit sich am Ende ist.

Dr. Dr. Monika Renz, Musik- und Psychotherapeutin, Sterbebegleiterin.

Matthias Alexander Schmidt

Exerzitien auf der Straße

„Droits de l'Homme" – Menschenrechte. Kurz danach ist Schluss. Endstation der Straßburger Straßenbahnlinie „E". Ich muss aussteigen. Dabei weiß ich gar nicht richtig, warum ich überhaupt eingestiegen war. Vielleicht, weil die Tram so angenehm klimatisiert ist. Jedenfalls fährt sie jetzt nicht weiter. Ich gehe in der hochsommerlichen Nachmittagshitze entgegen der Fahrtrichtung einige hundert Meter zurück. Ich bin am nordöstlichen Stadtrand gelandet. Den Europäischen Gerichtshof für Menschenrechte lasse ich links liegen. Dessen Grundstück grenzt direkt an einen Seitenkanal des Rheins, der hier den Fluss Ill kreuzt. Ich möchte mich etwas abkühlen und setze mich im Schatten eines Baums ans Ufer. Über das Wasser schaue ich auf die gegenüberliegende Fassade des Europäischen Parlaments, lasse meinen Blick schweifen. Ich frage mich: Warum bin ich hier gelandet, was soll mir hier gesagt werden?

Ich bin in Straßburg, um an „Exerzitien auf der Straße" teilzunehmen. Exerzitien sind geistliche Übungen in der Tradition des Ignatius von Loyola, der im 16. Jahrhundert den Jesuitenorden gegründet hat. Die Übungen dienen dazu, das persönliche Gebetsleben zu vertiefen, sich eine Woche oder länger am Stück konzentriert Zeit zu nehmen für Gott, in Stille, mit Meditation und Gebet. Die klassische Form dieser Übungen findet meist in Bildungshäusern irgendwo in der Natur statt, mit durchgehendem Schweigen, Einzelzimmern und Vollpension, einem Einzelgespräch pro Tag mit einem geistlichen Begleiter. Die Gebetszeiten macht man in einem Meditations-

VI. Seele und Leib suchen den Sinn

raum oder einer Kapelle im Haus. Bei Straßenexerzitien sind die Teilnehmer in einfache Unterkünfte eingeladen – im Sommer zum Beispiel in leer stehende Obdachlosenheime – und schlafen dort mit Isomatte und Schlafsack. Kosten entstehen nur für gemeinsam bereitete Mahlzeiten. Die Begleiter nehmen kein Honorar. So kann jeder teilnehmen, unabhängig vom Geldbeutel.

Der „Meditationsraum" der Straßenexerzitien ist die Straße, gemäß Jesu Wort im Johannesevangelium „Ich bin der Weg ..." (Joh 14,6). Das heißt übersetzt in die Sprache der Straßenexerzitien: „Jesus ist die Straße". Fast immer, wenn im Evangelium etwas Wichtiges passiert, wenn Jesus Menschen trifft, heilt oder öffentlich auftritt, ist der Schauplatz die Straße. Oder die Straße kommt sozusagen ins Haus hinein, als Männer das Dach abdecken, um ihren gelähmten Freund zu Jesus hinunterzulassen. In den Straßenexerzitien geht es zunächst um das Loslassen von Sicherheiten, die auch – aber nicht nur – in konkreten physischen Einschränkungen bestehen können. Am Anfang steht die Einladung, einige alltägliche Dinge wegzulassen, die für die Begegnung auf der Straße hinderlich sein können – je nach individuellem Gefühl tatsächlich oder im übertragenen Sinn: Geld, Rucksack mit Proviant. Das entspricht Jesu Aufruf an 72 Jüngerinnen und Jünger, die er aussendet, um durch die Dörfer zu ziehen: „Ich sende euch wie Schafe mitten unter die Wölfe" (Lk 10,3f). In Städten gibt es viele „Wölfe": Werbung, Imbisse, Geldautomaten, Eisdielen. Sie ernähren sich von Aufmerksamkeit. Und die ist besonders kostbar bei Exerzitien. Daher soll der Übende ihnen möglichst wenig Futter bieten. Ich habe heute ein paar Münzen, eine Wasserflasche und etwas Traubenzucker dabei. Für mich ist das Handy der größte Aufmerksamkeitskiller, das habe ich in der Unterkunft gelassen.

An nahezu allen Zäunen, Straßenschildern und Laternenpfählen rund um den Europäischen Gerichtshof sehe ich Zettel und Transparente befestigt: Informationen zu Gerichtsverfahren, Kläger bitten um Unterstützung und Aufmerksamkeit für ihren Prozess. Auf einem Zettel ist das Foto einer älteren Frau abgedruckt. Flüchtig lese ich, was dabeisteht. Sie werde von Geheimdiensten und Regierungen kontrolliert, durch einen Sender in ihrem Körper, der ihr Elektroschocks gibt. Als ich weitergehe, sehe ich auf einer kleinen Wiese am Kanal einige Zelte. Vor einem blauen Drei-Mann-Zelt sitzt eine alte Dame mit grau-weißem Haar auf einem kleinen Hocker, sie trägt einen Trainingsanzug. Sie sieht aus wie die Frau auf dem Foto. Der Moment der Wahrheit. Soll ich sie ansprechen? Nein! Warum sollte ich das tun? Außerhalb der Straßenexerzitien tue ich Leute wie sie als „krank" ab, „paranoid", würde den Kontakt sicher meiden. Ich zögere.

Am Anfang der Exerzitien und jeder Gottesbeziehung steht die Sehnsucht, aus der alltäglichen Routine auszubrechen, etwas zu verändern, etwas

VI. Seele und Leib suchen den Sinn

Neues zu entdecken, sich selbst zu übersteigen. Zuhause kann ich die Wohnungstür schließen, aber auf der Straße treffe nicht ich die Entscheidung, wer oder was mir begegnet. Neben dem Lukasevangelium habe ich den zweiten biblischen Impuls für die Straßenexerzitien im Kopf, aus dem Buch Exodus: Mose, der als Fremder in Ägypten lebt, hütet – wie jeden Tag – die Schafe seines Schwiegervaters in der Steppe. Innerlich begleitet ihn schon lange eine Sehnsucht nach seiner Heimat, seinem Volk. Eines Tages geht er mit der Herde über die Steppe hinaus in die lebensverneinende Wüste. Auf einmal sieht er etwas, das in der Wüste ganz alltäglich vorkommen kann: einen Dornbusch, der brennt. Das kann bei der Trockenheit leicht passieren, ist ganz gewöhnlich. Doch dieser Dornbusch verbrennt nicht. Mose merkt, dass in dem Gewöhnlichen etwas Außergewöhnliches ist. Seine Neugier treibt ihn. Er zieht die Schuhe aus, um den Boden, die Wirklichkeit richtig zu spüren. Welche Schuhe muss ich jetzt ausziehen, um die alte, „verrückte" Frau anzusprechen? „Die ist doch sowieso bloß krank", flüstert meine Besserwisser-Inneres. „Lauf lieber weiter – die quatscht dich voll, das ist Zeitverschwendung!"

„Bonjour, Madame – excusez-moi! Sind Sie das da auf dem Foto?" Sie humpelt gebeugt auf mich zu. Der Beginn eines knapp zweistündigen Monologs. Die Frau heißt Mimouna, sie ist über achtzig Jahre alt und seit vielen Jahren unterwegs. Sie ist nach Rom, Jerusalem und Santiago gepilgert, sehr religiös, gebürtig aus Marokko, Muslimin. Sie sucht nach Frieden und möchte einfach universal-spirituell leben. So weit, so gut. Danach folgt ihre Leidensgeschichte: ein Auftrag vom Papst persönlich, Geheimdienstüberwachung Tag und Nacht, Elektroschocks durch den eingepflanzten Mikrochip im Körper. Und niemand glaubt ihr. Ich entscheide mich, die Wahrheitsfrage nicht zu stellen. Ich muss ihr nicht glauben, aber ich kann ihr zuhören. Nach einigen Minuten setze ich mich barfuß ihr gegenüber auf die Wiese. Während ihres langen Monologs frage ich nur ein paar Mal nach, weil mein Französisch nicht perfekt ist. Endlich unterbreche ich sie freundlich, aber bestimmt. Ich müsse jetzt weiter. Sie versteht das. Einem Impuls folgend lade ich sie ein, jetzt gemeinsam füreinander zu beten und bitte sie um Erlaubnis, ihre Geschichte am Abend meiner Exerzitiengruppe weitererzählen zu dürfen. Dann verabschieden wir uns herzlich, und ich mache mich auf den Weg zum Gottesdienst, zu Abendessen und Auswertungsrunde mit den anderen Teilnehmern des Kurses. Am Abend erzählt jeder in einer kleinen Runde, was er am Tag erlebt hat. Wo waren heute die brennenden Dornbüsche?

„Erfinder" der Straßenexerzitien ist der Jesuit Christian Herwartz. Er aber sagt, diese Form sei ihm einfach zugefallen, als er in einer großen, offenen WG in Berlin-Kreuzberg lebte. Dort gab es keine Einzelzimmer und auch keine Kapelle. Als ihn jemand vor mehr als 35 Jahren bat, dort Exerzitien machen zu dürfen, konnte Herwartz sich das überhaupt nicht vorstellen – bis er schließlich zustimmte mit einer Bedingung: Der Teilnehmer sollte den Tag über auf den Straßen Berlins unterwegs sein. In der Folge entwickelten sich die Straßenexerzitien, die in Deutschland – und seit einigen Jahren auch in Frankreich – regen Zulauf erhalten.

Jetzt sitzen wir im Garten unserer Gemeinschaftsunterkunft auf der Wiese in einem kleinen Kreis. Ich berichte, wie mich die Einsamkeit und das Unverstandensein der Frau berührt hat. Christian Herwartz fragt: „Was wäre dann deine Sehnsucht?" Ich überlege einige Momente: „Ich wünsche mir, wahrgenommen, verstanden zu werden." „Und wie heißt der, der diese Sehnsucht in dich gelegt hat?" – Die Frage nach dem persönlichen Gottesnamen ist ein wichtiger Bestandteil der Straßenexerzitien. „Du musst ihn ja irgendwie ansprechen können", so Herwartz. „Du, der Du mich wahrnimmst und verstehst…", versuche ich einen Namen zu finden. Biblisch sind wir wieder bei Mose am Dornbusch. „Ich bin, der ich bin … Der Ich-bin hat mich zu euch gesandt" (Ex 3,14). In diesem Namen und in dem nicht verbrennenden Dornbusch erfährt Mose seine innere Berufung, sein Volk aus aus der Knechtschaft herauszuführen. Was brennt und nicht verbrennt, ist die Liebe. Oder man kann es Gott nennen. Ich kann ihn direkt mit Namen ansprechen als denjenigen, der Ursprung und Ziel meiner Sehnsucht ist. Denn Gott zeigt sich im Gewöhnlichen, Gewohnten, Alltäglichen, auf der Straße eben.

Matthias Alexander Schmidt, Redakteur der Wochenzeitschrift
CHRIST IN DER GEGENWART, Freiburg im Breisgau.

Jakob Paula

Das Wespengleichnis

Der Schriftsteller George Orwell, der vor allem durch seinen Roman „1984" berühmt wurde, erzählte einmal, wie er als Kind eine Wespe beobachtete, die sich an der Marmelade auf seinem Teller erfreute. Der kleine Orwell nahm das Messer und schnitt die Wespe an der sprichwörtlichen Wespentaille durch. Dann machte er eine erstaunliche Entdeckung: Der vordere Teil der halbierten Wespe leckte munter und unverdrossen weiter Marmelade in sich hinein und schied sie in einem dünnen Faden an der Schnittstelle wieder aus. Erst als sie wieder fliegen wollte, bemerkte sie, dass etwas nicht stimmte.

Für den erwachsenen Schriftsteller wurde diese Kindheitserinnerung zu einem Gleichnis: „Genauso ergeht es dem modernen Menschen. Was weggeschnitten worden ist, ist seine Seele…, und er hat es gar nicht gemerkt." Solange der moderne Mensch konsumieren kann, vergisst er, dass er „Flügel" hat und erschrickt nicht einmal über die Amputation seiner Seele.

Dieses Bild für den Zustand der Gesellschaft, wie Orwell ihn bereits 1940 diagnostizierte, ist bestechend und verführerisch. Das Urteil ist eindeutig: Der Mensch hat seine Seele und mit ihr seine Transzendenzfähigkeit und alles, was damit zusammenhängt, verloren.

Aber ist das wirklich so? Orwells Analyse beeindruckt zwar, aber sie lässt den Leser ohne Hoffnung zurück. Und am wichtigsten: Sie beruht auf einem Irrtum. Die Seele ist nicht wie ein Glied am oder im Körper, das man amputieren kann. Die Seele durchwirkt den ganzen Körper und ist in ihm das Leben.

Außerdem: Ist es nicht vielmehr so, dass nur ganz selten jemand sich einen so grausamen Scherz erlaubt und eine Wespe mit dem Messer zerlegt? Wird er nicht meistens das Messer so lange der Wespe hinhalten und ihr unterschieben, bis sie hinaufklettert und sich vom Marmeladenkonsum erholt? Langsam lösen sich dann die Verklebungen an den Beinen und Flügeln, und die Wespe beginnt wieder – zunächst noch taumelnd und schwerfällig – zu krabbeln. Es sieht mühsam aus, und es braucht viel Geduld. Aber der Wespe beim Auf- und Wegfliegen zuzusehen, lässt einen nicht nur aufatmen, weil die Gefahr gebannt ist, sondern auch weil man sich mit der Wespe an ihrer Freiheit freut.

Die Sache mit der Marmelade aber ist dennoch ernst genug: Wie groß ist in der modernen Gesellschaft die Angst, zu kurz zu kommen? Wie unbemerkt bleibt die Verdrängung des Hungers in der Seele? Wie schnell müssen alle Bedürfnisse befriedigt werden? Wie leicht vergisst man sich selbst im Sog des Dabeibleiben- und des Mitmachen-müssens? Wenn man sich einmal dieser und anderer Weisen der Selbstentfremdung bewusst wird, wenn man wieder anfängt, Ausschau nach einem freien Leben zu halten, wenn die „Flügel der Seele" wieder zu zittern beginnen, dann fängt der Mensch von Neuem an, die religiöse Frage zu stellen. Leise, noch taumelnd, etwas ängstlich, aber sehnsüchtig danach, zum Flug anzuheben. Die Marmelade ist nicht mehr als eine Zwischenlandung wert. Das große Ziel ist ein anderes.

Jakob Paula, Pfarrer, Hausgeistlicher für den Karmel Heilig Blut in Dachau.

Melanie Wolfers

Mit sich selbst befreundet sein

„Ich habe ein Beziehungsproblem. Nein, nicht mit anderen, sondern mit mir selbst. Das fängt schon an, wenn ich morgens in den Spiegel blicke: Ich mag den Typen nicht, der mir da übernächtigt und mit ein paar Kilo zu viel auf den Rippen entgegenblickt." Auf diese Weise kommentiert ein Fünfzigjähriger mit Humor, aber auch mit einem Schuss Selbstverachtung sein Aussehen. Aber auch beim Blick ins eigene Innere fällt das Urteil oft ähnlich negativ aus. Denn jeder Mensch hat Eigenschaften und Verhaltensweisen, die er an sich nicht leiden mag. Der scharfe innere Selbstkritiker gehört zum Volksleiden Nummer eins. Woher kommt eine solche Geringschätzung oder gar Selbstverachtung?

Ein permanentes Ego-Tuning
Die gesellschaftliche Atmosphäre übt einen starken Einfluss auf unser innerseelisches Betriebsklima aus. Wir leben in einer kapitalistischen Leistungsgesellschaft, deren ehernes Gesetz lautet: „Optimiere dich, oder du bist raus!" Immer höher, schneller, weiter soll es gehen. Diese ökonomische Logik hat alle Lebensreiche geflutet. „Effizienter arbeiten", „Gelassener leben", „Bauch weg" rufen einem Werbespots und Buchtitel entgegen. Jeder soll als Unternehmerin, als Unternehmer das eigene Leben managen und für sein Glück auf den Bildungs-, Arbeits- und Beziehungsmärkten sorgen, das Beste aus sich machen. Da es zu jedem Besten immer noch ein „Besser" gibt, schraubt sich das Ego-Tuning wie von selbst in die Höhe. Die Kehrseite dieser ständigen Selbstoptimierung liegt darin, dass sie das Gefühl der eigenen Unzulänglichkeit nährt. Kein Wunder, dass das – wie es der Soziologe Ulrich Bröckling nennt – „unternehmerische Selbst" oft ein „erschöpftes Selbst" ist, so der Soziologe Alain Ehrenberg. Dem Ego-Tuning liegt auch eine *spirituelle Krise* zugrunde. Die gesellschaftlich hervorgerufenen Ängste – „Ich bin nicht gut, schön, erfolgreich genug ..." – entspringen auch einer geistigen Not. Diese manövriert viele in Angst und Optimierungsdruck, in Aggression oder maßlose Besitzgier hinein.

Die Gottesfrage brennt unter den Nägeln
Inmitten der skizzierten Krisenmomente bricht die Gottesfrage auf – und zwar in neuem Gewand. Über lange Zeiträume hinweg brannte den Menschen die Frage unter den Nägeln: „Wie bekomme ich einen gnädigen Gott?" Eine Frage, die sich bis in die Gegenwart in der liturgischen Sprache niederschlägt mit ihrer Konzentration auf die sündhafte Existenz des Menschen. In

unserer modernen Gesellschaft schlagen sich jedoch viele mit anderen Fragen herum, nämlich: „Wie bekomme ich ein gnädiges Ich? Wo und wie kann ich glaubhaft erfahren, dass mein Wert nicht von meinem Beitrag zum BIP abhängt, von meiner Leistungskraft, Gesundheit, der Anzahl meiner Likes auf Facebook…?" Denn darin liegt eine Grundsehnsucht des Menschen: Wir wollen um unserer selbst willen akzeptiert werden und für andere eine Bedeutung haben. Wir wollen uns als wertvoll und liebenswürdig erfahren. Wir wollen zu uns selbst Ja sagen und uns achten können.

Aus christlicher Perspektive lässt sich diese Sehnsucht deuten als Dynamik des Heiligen Geistes. Unsere Bedürfnisse und Wünsche weisen in ihrer Tiefenstruktur ins göttliche Geheimnis hinein.

Von der Kunst, mit sich selbst Freundschaft zu schließen
Die Kunst, mit sich selbst Freundschaft zu schließen, bildet einen Gegenpol zum irrsinnigen Selbstoptimierungsdruck. Diese Lebenskunst gehört zur Mitte christlicher Spiritualität! Ja, sie kann einen emotional anziehenden, originellen Zugang zum Glauben eröffnen.

Der an Optimierung geschulte Blick übersieht: Grenzen und Schwächen sind keine ethischen Kategorien. Das heißt, bei ihnen handelt es sich nicht um Haltungen oder Verhaltensweisen, die sein sollen oder nicht sein sollen. Vielmehr sind sie Grundgegebenheiten unseres Daseins. Sie prägen das Leben eines jeden Menschen – sogar das eigene. Wer dies erkennt und in sein Selbstbild integriert, kann mit einem verständnisvolleren Blick auf sich selbst schauen.

Der Vergleich mit einer zwischenmenschlichen Freundschaft hilft weiter: Da weiß jemand um meine Stärken und Schwächen, um meine Erfolge und Niederlagen – und mag mich so, wie ich bin. Auch wenn er oder sie nicht alles gut heißt, was ich getan habe. In der Gegenwart einer solchen Person lässt sich aufatmen. Es ist wie ein Zu-Hause-Ankommen.

Mit sich selbst befreundet sein angesichts der eigenen Mittelmäßigkeit und Begrenztheit funktioniert ganz ähnlich: Will ich Frieden schließen auch mit dem, was meinem Selbstbild widerspricht? Mit der Angst und Bequemlichkeit, mit dem Unansehnlichen und Bedürftigen?

Von Franz von Assisi wird eine vielsagende Geschichte überliefert: Ausdrücklich schreibt er in seinem Testament, der Anfang seiner Bekehrung sei gewesen, dass er einen Aussätzigen geküsst habe. Zuvor hatte Franziskus diesen Kranken gemieden und war vor ihm davongelaufen. Diese Szene lässt sich auch deuten als eine Flucht vor der eigenen Versehrtheit und Zerbrechlichkeit. Indem Franziskus den Aussätzigen umarmt, umarmt er auch sein eigenes Menschsein mit seinen Grenzen und mit seinem „Schatten". Und in diesem Augenblick geht ihm die Kraft bedingungsloser göttlicher Liebe auf.

VI. Seele und Leib suchen den Sinn

Eine zentrale christliche Grunderfahrung liegt darin, dass das eigene Leben mit seinem Gelungenen und Zerbrochenen im Großen und Ganzen geborgen ist. Das Vertrauen, sich nicht perfektionieren zu müssen, um ein wertvoller Mensch zu sein, ist unsagbar befreiend. Ein solcher Glaube befreit von der quälenden Angst, nicht zu genügen, also von jener Angst, die Menschen so schnell in gnadenlose Selbstüberforderung oder in harsche Selbstkritik hineinmanövriert.

Eine zwischenmenschliche Freundschaft lebt davon, dass man Zeit miteinander verbringt und echtes Interesse am anderen hat. In ähnlicher Weise lebt die Freundschaft mit sich selbst davon, Treffpunkte mit sich selbst zu vereinbaren. Ein regelmäßiger Check-in bei sich selbst vertieft das Gespür für die Sprache des Körpers und der Seele und für das, was einem wirklich wichtig ist.

Was passiert, wenn nichts passiert? Um mit sich selbst in Tuchfühlung zu kommen, braucht es Mut zur Stille und zum Alleinsein. Stille hat eine beruhigende und heilende Kraft. Die Stimmen, die etwas von einem wollen und immer weiter treiben, verstummen: etwa die Stimme des Ehrgeizes oder der Angst, nicht zu genügen. In der Stille lässt sich erleben: Ich kann einfach da sein, ohne etwas leisten oder machen zu müssen. Nichts und niemand will etwas von mir – nicht einmal ich selbst.

In dem Maß, in dem wir den inneren „Raum der Stille" aufsuchen, werden wir bei uns selbst ankommen. Viele Menschen erfahren dies auch als ein spirituelles Geschehen. Sie entdecken: Wenn ich näher zu mir selbst finde, erahne ich zugleich einen umfassenderen Grund, der mich und alles von innen her trägt. Und umgekehrt: Je mehr ich in Berührung komme mit dem göttlichen Du, umso mehr komme ich in Kontakt mit mir. Oder wie Bernhard von Clairvaux schreibt: Geh deinem Gott entgegen bis zu dir selbst.

Um sich mit sich selbst anzufreunden, braucht es nur wenig. Eigentlich braucht es nur das Hier und Jetzt. Denn wo auch immer ich mich gerade befinde, genau dort kann ich anfangen. Und möglicherweise entdecke ich, was der Benediktiner und spirituelle Lehrer David Steindl-Rast so ausdrückte: „Wann, wenn nicht jetzt? Jetzt, hier oder nie und nirgends stehe ich vor der letzten Wirklichkeit."

Dr. Melanie Wolfers, Mitglied der Ordensgemeinschaft der Salvatorianerinnen, Autorin und Seelsorgerin, Wien. (Ausführlicher ist das Thema behandelt in dem Buch: „Freunde fürs Leben. Von der Kunst, mit sich selbst befreundet zu sein", Asslar 2017)

Johannes Warmbrunn

In der allumfassenden Wirklichkeit

Von Beruf bin ich Arzt, mein Spezialgebiet ist die Psychiatrie und die Psychotherapie. Zu diesem Beruf gehört elementar, den behandlungsbedürftigen Menschen als Einheit von Körper und Geist, von Physis und Psyche wahrzunehmen. Die wechselseitig und als Ganzes wirkende Beziehung zwischen Vorgängen im Körper und im Empfinden sowie Verhalten des Menschen ist offenkundig. Sie wird kaum noch ernsthaft in Frage gestellt. So kann jegliche Therapie auch nur im Ganzen durch Anwendung physischer und psychischer Methoden wirken. Wer diese Ganzheitlichkeit ignoriert, wird als Arzt, in welchem Spezialgebiet auch immer tätig, stets defizitär denken und handeln. Daher wundere ich mich gelegentlich, dass von manchen das Gehirn zur alleinigen Quelle des menschlichen Bewusstseins stilisiert und alles darüber Hinausgehende zur Illusion erklärt wird – ein leider immer noch verbreitet anzutreffender Reduktionismus, der nicht mehr aufrechterhalten werden kann.

Denn das seit Beginn des vergangenen Jahrhunderts erworbene Wissen um die Beschaffenheit der Gesamtwirklichkeit eröffnet dem Denken eine bis dahin unvorstellbare Weite und Offenheit. „Es gibt keine Materie", so der Titel eines Buches des Physikers Hans-Peter Dürr. Keine Materie? Woraus besteht aber dann die Gesamtwirklichkeit? Kollegen von ihm verwenden Begriffe wie „Geist", „Wahrscheinlichkeit", „Information", „Seele", „Psyche" und – „Bewusstsein"! Nach den aktuellen Erkenntnissen gibt es im Grunde nichts „Festes". Alles ist anders als die „Materie", wie sie uns augenscheinlich begegnet. Raum und Zeit, Masse und Energie – im Sein ist alles mit allem in unendlich kraftvoller Wirksamkeit und in unbeschränkter Vielfalt und Dynamik miteinander verbunden, ohne Grenzen, ohne Subjekt und ohne Objekt. Unsere mit unseren Sinnen erfassbare Wirklichkeit ist nur ein winziger Anteil der Gesamtwirklichkeit. Nicht einmal dieses Winzige ist „fest", wenngleich für uns von höchster Relevanz, denn nur in diesem winzigen Anteil können wir von unseren Sinnen Gebrauch machen, die uns die Möglichkeit eröffnen, bewusst zu denken und zu handeln. Nur in diesem winzigen Anteil stehen uns die Naturgesetze zur Verfügung, die uns unsere Welt „klar" und „fest" erscheinen lassen und uns zur Annahme verführen, die Materie sei insgesamt fest, und sie sei alles, was es gibt. Gleichwohl handelt es sich bei Materie um nichts anderes als um wirksame Verdichtungen von Geist, Wahrscheinlichkeit, Information, Seele, Psyche und – Bewusstsein!

Was kann uns daran hindern, unsere Vorstellungen von der Wirklichkeit, in die wir eingebettet sind, dem aktuellen Wissensstand entsprechend grundlegend zu ändern, um so der Gesamtwirklichkeit mit Gleichnissen und Bildern möglichst nahe zu kommen und das Tor hin zur Transzendenz weiter zu öffnen? Warum sollte unser Glaubensverständnis hinter der Qualität dieses Wissens zurückbleiben?

Gott wie in Menschengestalt, Gott wie ein Kunstschaffender, der einstens alles geformt hat wie aus Ton und dann sein Werk der Welt überließ, Gott wie auf Bildern, mit Bart und weißen Haaren, Gott wie auf Wolken sitzend, auf uns herunterblickend, uns dem „Schicksal" und dem „Zufall" ausliefernd, sodass wir Gutes erleben dürfen und Schreckliches erdulden müssen... – Zu wenig! Ich glaube an Gott, der unendlich kraftvoll und unendlich vielfältig in uns und mit uns und durch uns und durch alles, was wir kennen, immerzu schöpferisch wirkt, vom unendlich Kleinen bis zum unendlich Großen. Und das vor, während und nach allem, was wir als Zeit kennen, jenseits und in allem, was uns als Raum vertraut ist. Gott, der im unermüdlich schöpferischen Wirken allem die Freiheit belässt mitzugestalten: der Sonne, wärmend und lieblich zu scheinen oder heiß und unerbittlich zu brennen und grausam zu töten; dem Wind, kühlend zu fächeln oder im Orkan vernichtend zu zerschmettern; dem Meer, sanft in Ruhe dazuliegen und tosend zu verschlingen; und uns Menschen, innig zu lieben und abgrundtief zu hassen. Ich glaube an Gott, der uns Menschen ermöglicht, an seinem Werk verantwortlich mitzuwirken. Ich glaube an Gott, Geist, heilig in allen Dimensionen wirkend, an Gott, Vater, in unserer Welt Verlässlichkeit und Beständigkeit schaffend, an Gott, Sohn, uns als Ebenbild im anderen Menschen begegnend, in allen Kontinenten.

So kann und will ich nicht anders glauben als an Gott, der in allem, durch alles und mit allem ist. Der vor allen Zeiten, in diesen Zeiten und in allen künftigen Zeiten alles gestaltet, fügt und wirkt. Der uns Menschen die Freiheit des Mitgestaltens, Mitfügens und Mitwirkens belässt, die Freiheit, ohne die es gar nichts gibt, weder Gutes noch Schlechtes. Wir Menschen haben die Freiheit, die Möglichkeit und die Verantwortung, in dieser allumfassenden Wirklichkeit unser persönliches Bewusstsein wirksam werden zu lassen. Wir können denkend erfassen und fühlend erspüren, was für dieses Ganze und für uns gut ist, was die Schöpfung bewahrt und was allen Menschen zu einem von Liebe und Frieden erfüllten Miteinander verhilft. In der persönlichen Begegnung mit dem leidenden Menschen nehmen wir teil an Gottes Wirken in diesem Menschen, das auch das Wirken in uns ist, als Geist, als Vater, als Sohn.

Weil nichts „fest" ist, vielmehr alles unablässig von Gott gefügt, geschaffen und gewirkt wird, sind auch wir bei Gott gegenwärtig in vollkommener Fülle. Wir sind bei ihm jenseits all dessen, was uns in Zeit und Raum vertraut ist. Nur vorübergehend hier auf der Welt sind wir gebunden an Natur, Gesetze und Begrenzungen und gleichwohl mit Freiheit beschenkt. Und schließlich wieder ganz frei in Fülle und Vollkommenheit, in alle Ewigkeit. Wer Freundschaft schließen kann mit der grenzenlosen Fülle, mit dem Eingebettetsein in Gottes Vollkommenheit, kann eine neues Glück empfinden, das vorher nicht gegenwärtig war. Mehr als Wünschen, Suchen, Kaufen, Konsumieren, Freuen, Genießen und so weiter, vermeintlich Trost, aber nichts anderes als Fesseln und Fixierungen. Wir aber sind gefordert, dem Auftrag Jesu Christi folgend, liebevoll und großzügig zu teilen in Wort und Tat, damit das Geteilte selbst heilsam von Liebe erfüllt wird.

Unser Glaube an Gott soll nicht klein und dürftig, er soll weit, groß, ganzheitlich sein. Das Gespür für die Fülle kann uns eine Ahnung geben von dem Woher und Wohin. Kein Leben aus dem Nichts mit einem Ende im Nichts, sondern ein Leben hin zur Erlösung in Fülle. Selbst wenn Gott letztlich Geheimnis bleibt, dürfen wir dem Geheimnis nahekommen, wirklich und wirksam teilhaben an Gottes Schöpfung.

Ich wünsche mir in unseren Kirchen und in allen gesellschaftlichen Bereichen Menschen, die den Mut zur Nähe zu Gott haben.

Dr. Johannes Warmbrunn, Psychiater, Ministerialrat, Referatsleiter Arbeit und Gesundheit im Wirtschaftsministerium Baden-Württemberg, Sprecher des Diözesanrats Rottenburg-Stuttgart.

Paul Petzel

Dass die Welt nicht zum Teufel geht

Von der Wiege bis zur Bahre verläuft das Leben recht und schlecht ohne Gott, oftmals, wie es scheint, gar nicht so schlecht. Selbst dramatische Krisen, Amokläufe, Verzweiflungstaten oder epidemische Depressionen zeigen nicht das Fehlen Gottes an, wie das die Menschen in früheren Zeiten meinten. Unsere Gesellschaften sind zwar in mancherlei Hinsicht unheil und krank, doch lassen sich die Krankheitsbilder nicht einfach und überzeugend aus der Gottvergessenheit herleiten. Esoterisches hat sich etabliert, gehört wie selbstverständlich zur Lebenswelt, um das in Zeiten der Globalisierung überstrapazierte Ich wieder auszubalancieren. Nicht wenige haben den Eindruck, dass auch evangelikale, pfingstlerische Bewegungen eine ganz ähnliche Funktion erfüllen: ausgleichen, was die „Welt" an würdigem Leben vorenthält. Dann wäre nochmals der große Verdacht des 19. Jahrhunderts bestätigt, dass Religion letztlich doch nur Betäubung sei.

Dass ein eifersüchtig-leidenschaftlicher Gott, der Wüstenzüge zumutet sowie Gebote, um in Würde und Freiheit zu leben, dessen Messias, der Nächsten-, gar Feindesliebe forderte, am Kreuz starb, nicht wirklich „gut ankommt", sollte nicht verwundern. Denn selbstverständlich, urwüchsig ist das nicht. Und doch bedrängt es die Kirche, dass die Botschaft dieses Gottes weithin in „der Welt" nur auf Desinteresse stößt.

Vieles wurde und wird versucht, um „Fäden zu spinnen" vom Hier der Kirche zum Dort „der Welt": durch Eventisierung der Verkündigung und niedrig- und niedrigstschwellige Angebote. Rat wird gesucht bei McKinsey & Co., die Großstrukturen empfehlen, die Konzentration aufs Kerngeschäft und auf das Alleinstellungsmerkmal: den Umgang mit dem Ende, dem Tod. Die Kirche soll dabei eine Tröstungsagentur für die Hinterbliebenen sein. Aber der Gedanke der Auferstehung ist sperrig, passt nicht als Marketingstrategie. Und das zeigt sich ja auch: Die Zahl kirchlicher Beerdigungen geht stark zurück. Die Marketingstrategen für die Kirche sitzen einem Missverständnis auf. Sie meinen, Kirche sei ein Wirtschaftsunternehmen, aber sie ist das Volk Gottes, Vortrupp seines Reiches, wenn es gut geht.

Andere machen in der Aufklärung des 18. Jahrhunderts des Übels Kern aus und bauen traditionalistische Wagenburgen für eine kleine elitäre Schar der (scheinbar) Gerechten. Doch kann Regression ein Weg von Kirche sein? Gleicht dies nicht der Versuchung des Volkes Israel in der Wüste, wieder zurück zu den Fleischtöpfen einer vermeintlich heilen Zeit zu ziehen? Will der Heilige Geist uns nicht auch heute aus dem Gemäuer der Verzagtheit treiben?

Schon 1979 versuchte Dorothee Sölle in ihrem Essay „Du sollst keine anderen Jeans neben mir haben" das Desinteresse an Gott mit unserer hedonistischen Konsumkultur zu erklären. Sie zersetze jede Offenheit für Gott, jede Disposition überhaupt, sich auf Transzendenz einzulassen. Wo eine allein in Deutschland milliardenschwere Werbeindustrie dafür sorgt, dass Tag um Tag, von Website zu Website ans Kaufen appelliert wird, geht es um nichts anderes mehr als um Götzendienst. So jedenfalls nennen es die Propheten. Den Götzen gleicht sich der Diener bekanntlich an, wie der Psalm 115 (Vers 8) weiß: Bis in die feinsten, innersten Poren unseres Denkens und Fühlens ist dieses Profitdenken eingedrungen. Wer zu solchem Götzendienst verführt ist, den führt nichts mehr zum Glauben an Gott. „Niemand kann zwei Herren dienen", Gott und dem Mammon (Mt 6,24).

Der Götze fordert Opfer – von Menschen, die für ihn Gesundheit und Leben zu riskieren haben. In unseren Handys steckt Kinderblut. Was wir am Leib tragen, vom T-Shirt in modischem Schwarz bis zur Jeans, braucht Färber in Pakistan, die wegen der giftigen Brühe, in der sie die Stoffe unserer Kleider bunt machen, nicht älter als 45 Jahre werden. Dass immer wieder Näherinnen in armen Ländern in Fabriken zu Tode kommen, sind keine bedauerlichen Unfälle, sondern das ist systembedingt. Diejenigen, die die Preise aus Profitgier diktieren, bewirken solche Verhältnisse. Papst Franziskus hat nicht weggeschaut: „Diese Wirtschaft tötet. Es ist unglaublich, dass es kein Aufsehen erregt, wenn ein alter Mann, der gezwungen ist, auf der Straße zu leben, erfriert, während eine Baisse um zwei Punkte in der Börse Schlagzeilen macht. Das ist Ausschließung." Die Ausgeschlossenen sind nicht nur ausgebeutet, sie sind Müll, „Abfall".

Hierzulande wurde beschwichtigt, dass der Papst das zu einseitig sehe und dass es ja auch die soziale Marktwirtschaft gebe, wo solche Missstände nicht zuträfen. Doch verkennt solche Apologetik, wie in Zeiten der Globalisierung längst die Kontexte miteinander verwoben sind. Zu den Opfern einer Lebens- und Wirtschaftsform, die der Profitmaximierung dient und den Hungertod von Millionen in Kauf nimmt, gehört auch die verletzte Schöpfung. Auf Rohstoffe und Material reduziert bleibt ihr nichts mehr vom Fingerabdruck ihres Schöpfers, von ihrem unverrechenbaren „Mehrwert".

Die Rede von den Zeichen der Zeit ist seit dem Zweiten Vatikanischen Konzil oft wiederholt worden, manchmal formelhaft. Ihre Wahrheit aber gilt weiterhin. Warum hören wir in den apokalyptischen Hurrikanen nicht den Windzug der apokalyptischen Reiter? Warum identifizieren wir diese nicht in den Kriegen, die aus klimabedingten Verwüstungen resultieren? Warum sehen wir die Folgen des Klimawandels nicht auch als Zeichen des Unmuts, ja des Zornes Gottes darüber, was unser Lebensstil seiner Schöpfung antut? In dieser Welt voller Ungerechtigkeit sterben elf Kinder pro Sekunde. Glauben wir, Gott sei immer und durchgängig gütig und lieb und verzeihend, ganz ohne unsere Reue und Umkehr? Woher haben wir als Christen das Zutrauen, dass er immer, gleichsam unabänderlich, nahe ist?

Der Theologe Gregor Taxacher empfiehlt, die apokalyptischen und messianischen Sinne neu zu schärfen. Die Bedrohungen, die die Welt zum Teufel gehen lassen, müssten klar benannt und entschärft werden, um nicht belanglos von Gott zu sprechen. Wo die apokalyptischen Zeichen gesehen werden, darf auch auf die messianischen gehofft werden.

Darauf hat Gott uns sein Wort gegeben in der Tora und durch die Propheten und definitiv in seinem Sohn.

Dr. Paul Petzel, Gymnasiallehrer für katholische Religion und Kunst, Andernach

Erich Guntli

Die „böse Lust" und die Lust auf Gott

Gott und die Sexualität: Seit Beginn des Christentums ist dieses Verhältnis gespannt – und breit gespannt in allen Religionen. Die Fußnote Nr. 351 im nachsynodalen Apostolischen Schreiben über die Ehe und die Familie „Amoris laetitia" sorgte und sorgt für Debatten über eine mögliche Zulassung wiederverheirateter Geschiedener zur Kommunion unter bestimmten Bedingungen. So schrieb zum Beispiel der Churer Weihbischof Marian Eleganti: „Nun aber stehen widersprüchliche Interpretationen von ‚Amoris laetitia' im Raum, die von Bischöfen und Bischofskonferenzen öffentlich bekannt gemacht und vertreten werden, gar nicht zu denken an das Chaos an der Basis, wie einzelne Priester mit der Frage umgehen zusammen mit den betroffenen Paaren." Andere sprechen von der Verwirrung, die bei den Gläubigen hervorgerufen wurde und drücken ihren Wunsch aus, es möge Klarheit geschaffen werden.

Allerdings ist die Zahl jener, die nach dieser Klarheit rufen, eher auf einschlägigen, traditionell ausgerichteten Websites anzutreffen als in den Pfarreien. In dreißig Jahren Seelsorgetätigkeit lassen sich jene an einer Hand abzählen, die nachfragten, ob sie zur Kommunion gehen dürften, weil sie in einer Beziehung leben, die nicht der kirchlichen Norm entspricht. Die hitzig geführten Debatten und die paternalistische Haltung, mit der wieder für Klarheit gesorgt werden soll, erinnert mich eher an eine Kindheit und Jugend, der ich nicht nachtrauere.

Ende der fünfziger, anfang der sechziger Jahre kirchlich sozialisiert, kenne ich aus meiner Herkunftsfamilie ganz selbstverständlich das Morgen-, Tisch- und Abendgebet sowie die Bräuche des Kirchenjahres. Eine kindlich vertrauensvolle Beziehung zum lieben Gott wuchs heran. Die Kirche mit all ihren sinnlichen Eindrücken – den Bildern, der Musik, den Ritualen, den Gerüchen – war der Ort, wo Gott wohnt. Die Priester waren diejenigen, die sagten, wer und was Gott ist. Latein war Gottes Geheimsprache. Die Kirche war Vermittlerin in der Beziehung zu Gott.

Mit einem Male wurde ich aber aufgeschreckt. Erst wusste ich gar nicht, worum es ging. Ich spürte nur den eifernden Tonfall in den Predigten und hörte ein Wort heraus, welches immer wiederkehrte – die „böse Lust". Die Eltern drückten sich verlegen um die Antwort auf die Frage, was das sei. Erst die obligatorische Beichte brachte mich auf die Spur. Sofern ich nicht gerade von Albereien unterbrochen wurde, las ich im Kirchengesangbuch den Beichtspiegel, auch jenen für Erwachsene. Hier wurde detailliert nach dem sechsten und dem neunten Gebot gefragt: Was? Wann? Wie? Wo? Mit wem? Mit Absicht? Ohne Absicht? Das also musste die „böse Lust" sein, die die Beziehung zum lieben Gott so abgrundtief und tödlich bedroht. Mit zunehmendem Alter wurde diese Bedrohung leibhaftig. Die unermüdlichen Ermahnungen, gegen die „böse Lust" anzukämpfen, endeten meistens in Niederlagen. Die Beziehung zum lieben Gott wurde vergiftet. Er verwandelte sich zum alles überwachenden Gott, der jede Regung der „bösen Lust" bis unter die Bettdecke durchschaute (vgl. Tilman Moser, „Gottesvergiftung", Frankfurt 1976).

Es kam das bewegte Jahr 1968: Studentenproteste, Prager Frühling, Revolte gegen das Bürgertum und vieles andere prägten den gesellschaftlichen Diskurs. Nichts sollte mehr bleiben, wie es war. Das, was in der Kirche als „böse Lust" bezeichnet wurde, wurde außerhalb von „Lust auf Lust" verdrängt. Einer der Wegbereiter war Oswald Kolle mit seinem Film „Das Wunder der Liebe – Sexualität in der Ehe". Es folgten weitere Aufklärungsfilme. So sehr von der Kanzel herab Protest einlegt wurde – die „böse Lust" wurde von nun an ganz nüchtern „Sex" genannt. Bebilderte Aufklärungsbücher kamen auf den Markt. Der anerzogene Widerstand gegen die Betrachtung von Unkeuschem wurde gebrochen.

In dieses aufgeheizte Klima hinein veröffentlichte Papst Paul VI. die Enzyklika „Humanae vitae – über die rechte Weitergabe menschlichen Lebens". Sexualität solle Zeichen und auch Ausdruck der ganzheitlichen Liebe und Treue sein und nicht nur Begattung, deshalb auch erlaubt in Zeiten der biologischen Unfruchtbarkeit. Gelebte und erlebte Sexualität sei jedoch ausschliesslich in der Ehe erlaubt. Diese Haltung ist bis heute in der kirchlichen Lehre festgezurrt. „Die Überlieferung der Kirche hat das sechste Gebot als auf die gesamte menschliche Geschlechtlichkeit bezogen verstanden", heißt es im „Katechismus der Katholischen Kirche". Zwar wird nicht mehr von der „bösen Lust" gesprochen. Von der Doktrin her bleibt gelebte Sexualität jedoch Sünde, sofern sie nicht in der Ehe erlebt wird. Daran ändert auch „Amoris laetitia" nichts.

Wir sollten eine positive Idee von unserem Körper haben, sagte Papst Franziskus bei einem Stundengebet in der Osterzeit 2018. Zu diesem Körper gehört freilich auch der vitale Trieb der Sexualität, der nicht auf ein biologistisches Verständnis, auf die bloße Fortzpflanzung engzuführen ist. „Naturrecht" und „göttliche Ordnung" sind ergänzt durch die Sichtweisen der Humanwissenschaften, von Medizin und Psychologie.

Gegen die kirchliche Vergiftung der Gottesbeziehung durch eine rigoristische Sexualmoral haben sich weite Kreise seit 1968 immunisiert. Mit „Humanae vitae", in guter Absicht veröffentlicht, verlor die Kirche definitiv die Deutungshoheit über das Sexualleben der Menschen. Jenseits kirchlicher Normen entwickelte sich eine Sichtweise, die Eros und Sexualität nicht mehr als Störfaktor oder gar Bedrohung der Gottesbeziehung sieht, sondern als vitale Energie. „Dass wir die Zärtlichkeit nicht gottlos nennen" – diese Haltung gemäß dem Titel eines Buches des Theologen und Pädagogen Heinrich Dickerhoff (Würzburg 1990) ist für viele auf ihrer Suche nach Gott bestimmend geworden.

Gott suchen mit ganzer Seele und ganzem Leib bedeutet: die Leiblichkeit annehmen auch mit den sexuellen Antrieben. „Die Gnade setzt die Natur voraus und vervollkommnet sie", heißt eine theologische Grundaussage gemäß einem zentralen Lehrsatz des Thomas von Aquin. „Amoris laetitia" zeigt den schönen wie auch beschwerlichen Weg zur Vollkommenheit auf. Insofern ist dieses apostolische Schreiben lesens- und bedenkenswert.

Trotzdem bleibt ein Nachgeschmack angesichts gewisser Aussagen des sogenannten Weltkatechismus. Da heißt es zum Beispiel: „Die Geschlechtslust ist dann ungeordnet, wenn sie um ihrer selbst willen angestrebt und dabei von ihrer inneren Hinordnung auf die Weitergabe des Lebens und auf liebende Vereinigung losgelöst wird." Zwar wird nicht mehr von der „bösen Lust" gesprochen, umso subtiler jedoch von einem ungeregeltem Genuss der geschlechtlichen Lust. Auch heißt es über den Geschlechtsakt: „Außerhalb der Ehe ist er stets eine schwere Sünde und schließt vom Empfang der Heiligen Kommunion aus."

Nicht wenige Menschen suchen deshalb eine geistliche Kommunion mit Gott außerhalb der Gemeinschaft der Kirche. Andere leben innerhalb der Kirche partiell häretisch und hoffen, Gott sei der Natur des Menschen gegenüber gnädiger als jene, die gewisse strikte Normen als Schlüssel zum Himmelreich betrachten.

Die religiöse Frage nach Gott ist jedenfalls vielfach von der Frage nach dem rechten Umgang mit der Sexualität entkoppelt worden. Die „böse Lust" wird von vielen Menschen nicht mehr als solche wahrgenommen und steht damit ihrer Sehnsucht, ihrer Lust auf Gott, nicht mehr entgegen.

Erich Guntli, Pfarrer und Dekan im Bistum Sankt Gallen.

VII. Im Geist der Weltverantwortung

Jürgen Moltmann

„Der du trägst das Leid der Welt"

Am 23. August 1941 wurden in Bjelaja Zerkow, einer Stadt in der Ukraine, nicht weit von Kiew, neunzig jüdische Kinder erschossen, die ältesten sieben oder acht Jahre. Ihre Eltern waren unter den 3000 Juden, die schon zuvor ermordet worden waren. August Häfner, der die Erschießung der Kinder befahl, ein Obersturmführer der SS im Einsatzkommando IVa, sagte 1964 bei seiner Vernehmung aus: „Die Wehrmacht hatte bereits die Grube ausgehoben. Die Kinder wurden mit einem Zugkraftwagen angebracht. Die Ukrainer standen rum und zitterten. Die Kinder wurden oberhalb der Grube aufgestellt und erschossen, dass sie hineinfielen."

Karl Fruchtmanns Film „Die Grube" bringt das Entsetzliche wieder. Das Entsetzen verliert sich nicht mit der Zeit. Das ist eine Vergangenheit, die nicht vergeht, sondern mit uns geht von einer Generation zur anderen. Das Entsetzen verliert sich auch nicht im Vergleich. Jeder Versuch, Auschwitz mit dem „Archipel Gulag" oder mit „Hiroshima" aufzurechnen, scheitert am Abgrund des persönlichen Entsetzens. Menschen aus unserem Volk, die nicht anders waren als wir, waren die Täter: „Befehl ist Befehl", sagten sie. Was einmal wirklich war, ist danach immer möglich. Wir werden das, was in Bjelaja Zerkow und in Auschwitz geschehen ist, weder begreifen noch vergessen können. Wir müssen das Gedächtnis bewahren.

Jüdische Theologie nach Auschwitz ringt mit der Frage: Ist der Gott Israels der „Herr der Geschichte"? Es begann mit Richard L. Rubensteins Buch „After Auschwitz. Radical Theology and Contemporary Judaism" (1969). Der Rabbiner und Publizist Rubenstein entschied sich, „lieber in einem sinn- und zwecklosen Kosmos zu leben, als an einen Gott zu glauben, der seinem Volk Auschwitz zufügte". Er stellte fest: „Ich bin Heide". Der Philosoph und Rabbiner Emil Fackenheim hat diesem Schluss leidenschaftlich widersprochen: Wer nach Auschwitz Gott für „tot" erklärt und den jüdischen Glauben verlässt, gebe Hitler posthum den Sieg über den Gott Israels. „Gerade weil Auschwitz die Welt zum Ort der Verzweiflung gemacht hat, ist es einem Juden verboten, an ihr zu verzweifeln." Kann man nach Auschwitz noch jüdische Kinder erziehen? „Wenn wir aufhörten, Juden zu sein, hieße das, unsere Jahrtausende alte Zeugenschaft für den Gott der Geschichte aufzugeben", schrieb Fackenheim in „God's Presence in History"

(1970). Aber wie ist der Gott Israels in Auschwitz und Bjelaja Zerkow gegenwärtig?

Das bekannte Auschwitz-Buch „Nacht" von Elie Wiesel erschien 1958 in Frankreich. Es schildert eine Szene, die kein Leser vergessen kann: Zwei Erwachsene und ein Kind werden vor den Augen der Häftlinge erhängt. Die Erwachsenen rufen: „Lang lebe die Freiheit", das Kind ist still. „Wo ist Gott? Wo ist er? Fragte jemand hinter mir. Auf Zeichen des Kommandanten kippten die Stühle um. Absolutes Schweigen herrschte im Lager. Am Horizont ging die Sonne unter. Die Erwachsenen lebten nicht mehr. Mehr als eine halbe Stunde kämpfte das Kind mit dem Tod. Hinterher hörte ich denselben Mann fragen: Wo ist Gott? Und ich hörte eine Stimme in mir antworten: Wo ist Er? Hier ist Er. Er hängt dort am Galgen."

Elie Wiesel beschreibt eine entsetzliche Realität, aber er beschreibt sie symbolisch. Das Kind wird als „Engel mit traurigen Augen" beschrieben. Die drei Ermordeten und die hereinbrechende Nacht der Finsternis erinnern an den anderen Juden auf Golgatha. Ist Gott selbst das Opfer? Stirbt Gott in dem Kind ein für alle Mal? Wiesel hat es oft so gesehen. Oder ist Gott der in diesem Kind Mitleidende und Mitsterbende, aber dennoch der Ewige? Wiesel hat in der rabbinischen Auffassung von der Schechina Gottes, der Einwohnung Gottes, Trost gefunden: Gott ist der „Mitleidende". Aber Wiesel hat auch die doppelte Last gespürt: menschliches Leiden und das Leiden Gottes. „Man begreift das Entsetzliche nicht mit Gott, und man versteht es nicht ohne ihn."

Wo war Gott „der Allmächtige", als das Entsetzliche in Bjelaja Zerkow geschah? Wo war der Gott, „der alles so herrlich regieret", in Auschwitz? Das Umdenken dieses öffentlichen Gottesbildes begann in der christlichen Theologie eines Theologen, der am 9. April 1945 im KZ Flossenbürg erhängt wurde: Dietrich Bonhoeffer. 1944 entdeckte der wegen Widerstands Inhaftierte in der Gestapo-Zelle: „Nur der leidende Gott kann helfen." „Die Religiosität des Menschen weist ihn in seiner Not an die Macht Gottes in der Welt. Die Bibel weist den Menschen an die Ohnmacht und das Leiden Gottes" („Widerstand und Ergebung", 1951). Teilnahme am „messianischen Leiden Gottes in Christus": Das ist „Glaube". „Christen stehen bei Gott in seinem Leiden", dichtete Bonhoeffer. Die „Leiden Christi" unterscheiden Christen von Heiden. Damit bejahte Bonhoeffer die „doppelte Last", von der Elie Wiesel sprach. Weil der „leidende Gottesknecht" unsere Schmerzen auf sich nahm, nehmen wir an seinen Schmerzen teil. Das ist eine tiefe Gottesgemeinschaft in der finsteren Hölle der Gottverlassenheit.

Der „Allmächtige" ist eine apathische Gottheit, die alles beherrscht und nichts erleidet. Der „lebendige Gott" der Bibel aber ist leidensfähig, weil er Liebe ist. Christliche Theologie muss sich vom metaphysischen Gottesbild des Aristoteles verabschieden und sich dem Gott Israels und Jesu Christi zuwenden. Die Erinnerung an Auschwitz führt zu einer vertieften Kreuzestheologie: „Der gekreuzigte Gott". Der sterbende Christus geht in das Herz der Finsternis: die Gottesfinsternis. Zu ihm rufen wir nicht nur: „Der du trägst die Sünd' der Welt", sondern zuerst: „Der du trägst das Leid der Welt". Gott ist der sterbende Gott der Sterbenden, weil er die Macht der Auferweckung ist.

Als Zeitzeuge der Kriegsgräuel und des „Beschweigens" in der Nachkriegszeit finde ich es gut, dass im Zentrum der deutschen Hauptstadt Berlin das Holocaust-Mahnmal für die ermordeten Juden Europas steht, denn Vergessen führt in die Irre. Erinnern führt in das Licht der Wahrheit.

Prof. Dr. Jürgen Moltmann, lehrte Systematische Theologie, Tübingen.

Dorothea Sattler

Das Gericht

Widersprüchlich und spannungsreich empfinden viele Menschen ihr Leben. Die Freude über tagtäglich beglückende Erfahrungen ist nicht weit entfernt vom Leiden der Geschöpfe: unter Einschränkung ihres Rechts auf freie Meinungsäußerung, unter Diskriminierung der eigenen sexuellen Orientierung, unter schwierigen Haftbedingungen, unter Einsamkeit und Missachtung, unter Krankheiten, unter Durst und Hunger. Peter Handke bringt die Spannung zwischen der vordergründigen Ruhe im persönlichen Dasein und der Unruhe angesichts der Weltverhältnisse in einer Rede von „Nova", einer Prophetin der neuen Zeit, zur Sprache: „Leute von jetzt – Menschen der Freude. Es bleibt freilich dabei, dass es in unser aller Geschichte keinen stichhaltigen Trost gibt. Wer misst? Die machthabenden Kindermörder verschwinden ungestraft im Dunkeln, und die gemeuchelten Seelen – sind die Seelen nicht unsere Kinder? – bleiben ungerächt. Die Ruhe ist nur episodisch: die Lebenden sind die ewig Getriebenen" („Über die Dörfer", Frankfurt 1981).

Nach meiner Wahrnehmung hat die Rede von Gott in jüngerer Zeit erneut eine ethische Wendung genommen: Bereits Immanuel Kant fragte danach, ob die Annahme der Existenz Gottes nicht vor allem als ein Gebot der praktischen Vernunft zu betrachten sei. „Gottlos allein, schwanken wir", sagt die Prophetin Nova bei Handke. Wer die Annahme aufgibt, vor Gott einstmals Rechenschaft über das eigene Leben ablegen zu müssen, muss sich fragen lassen, ob auf diese Weise die menschliche Willkür bei der Gestaltung des Lebens Ermutigung erfährt. Über Jahrtausende hinweg war die Drohung mit Gottes Gericht ein Weg zur Mäßigung der Gewalt zwischen den Geschöpfen.

Die seit dem 17. Jahrhundert immer intensiver gestellte Frage, ob der Glaube an das Wirken eines zugleich allmächtigen und allgütigen Gottes angesichts der vielfältigen Leiden der Geschöpfe vor dem Forum der menschlichen Vernunft noch Bestand haben könne, hat sich angesichts der Grausamkeiten des 20. Jahrhundert in die Frage verwandelt, ob Gott je ein Recht gehabt habe, Menschen mit freiem Willen zum Bösen zu erschaffen. Aus der offenen Theodizee-Frage, der Rechtfertigung Gottes angesichts des Leids, ist die Neigung zur Anthropodizee geworden. Darf es Menschen geben, die so abgründig grausam handeln, wie wir es wissen? Reicht es zur Beruhigung des menschlichen Gewissens möglicherweise aus, dies für immer zu erinnern?

Es erstaunt nicht, dass theologische Entwürfe, die an dem Recht Gottes festhalten, Menschen mit freiem Willen auch zum Bösen erschaffen zu haben, auf den Unterschied und auf den Zusammenhang zwischen den irdischen und den himmlischen Zeiten verweisen. Irgendwann einmal – und es kann rasch kommen – irgendwann steht jeder Mensch mit seinem Handeln vor Gottes Gericht. Nichts wird dann vergessen sein – keine Träne, kein Schrei, keine Not. Täter und Opfer begegnen einander. Vorgänge im Verborgenen werden bekannt. Das Schweigen wird durchbrochen. Es gibt kein Verbergen mehr. Alles wird transparent. Niemand kann sich vor Gott und den Mitgeschöpfen verstecken. Alle leben ganz bewusst miteinander. Jede Absicht wird offenkundig.

Was wird dann geschehen? Wird es zu einem neuen Verständnis der Zusammenhänge kommen? Wie lange darf ein gefolterter Mensch klagen? Muss er irgendwann anhören, wie der Mensch, der ihn quälte, so geworden ist, wie er war? Gibt es eine Hoffnung auf universale Versöhnung? Erfahrungen im irdischen Leben sprechen dagegen – vielleicht auch manche Emotionen: Soll die verdiente Strafe wirklich irgendwann zu Ende sein, das Böse für immer gesühnt sein? Dient die Strafe der Besserung? Soll sie therapeutisch wirken? Sind dann nicht doch die Täterinnen und Täter mehr im Blick als die Opfer und ihre Leidensgestalten? Jeder Rückfall ist eine kritische Anfrage an Konzepte der Resozialisierung.

Die Erwartung von Gottes Gericht ist eine Botschaft der Hoffnung. Jedes Geschöpf wird von Gott in seinem Wirken erkannt – im Guten wie im Bösen. Niemand hat nur ein Gesicht. Jeder und jede spürt die Neigung zum Bösen in sich. Der Ruf zur Umkehr gilt universal. Im Leben wird er nicht von allen befolgt werden – vor Gott sei es geklagt. Die Verantwortung, Menschen mit freiem Willen erschaffen zu haben, trägt Gott. Ich vermute, dies fällt ihm Tag für Tag nicht leicht. Peter Handke ahnt: „Die Schreie des Grauens werden sich ewig fortsetzen." Zugleich gilt: „Der ewige Friede ist möglich." Gott lässt sich seine Liebe zum frei handelnden, zur Versöhnung bereiten Menschen nicht nehmen.

Prof. Dr. Dorothea Sattler, Lehrstuhlinhaberin für Ökumenische Theologie und Dogmatik, Münster.

Thomas Brose

In Metropolis

„Metropolis", der berühmteste aller deutschen Filme, ist ein einzigartiges Kulturdokument. Der 1927 entstandene Stummfilm inszeniert eine Zukunftswelt, bezieht sich im Kern jedoch auf die jüdisch-christliche Tradition und zeigt dabei, dass sich das Schicksal der modernen Gesellschaft im ethisch-religiösen Bereich entscheidet.

1. Oben und Unten

Ein Riss geht durch die Riesenstadt Metropolis. Die Erde bebt. Alles gerät ins Wanken. Aus den Katakomben der Arbeiterstadt – dort, wo die Ärmsten für den Reichtum der Oberstadt schuften – steigt Wasser empor, überflutet alles und sprengt Beton. Kinder beginnen, um ihr Leben zu laufen; sie müssen aus ihren Wohnsilos fliehen und geraten an einem Gitter ins Stocken.

Mit seinem Meisterwerk, der teuersten Produktion der Stummfilmära, riesigen Kulissen und Tausenden Statisten hat Fritz Lang (1890–1976) Kinogeschichte geschrieben. Nie zuvor wurde die moderne Gesellschaft atemberaubender verfilmt. Für den Film spielt das Mädchen Maria, von Brigitte Helm mit Charisma verkörpert, eine tragende Rolle. Selbst aus der sozial deklassierten Unterstadt stammend, wird sie zur Verkünderin eines christlich-solidarischen Menschenbildes. In ihrer Katakomben-Predigt – diese Kulisse erinnert an die Zufluchtsstätten der ersten Christen – ruft die gütige Prophetin die Fronarbeiter zu Umkehr und Versöhnung auf. Sie stärkt die Hoffnung auf ein gerechteres Gemeinwesen: die Neue Stadt.

Maria gewinnt dafür sogar die Unterstützung von Freder, dem Sohn des Autokraten von Metropolis. Freder wendet sich nach dem Muster der Mose-Geschichte von seinem Vater Frederson ab, um seinen versklavten „Brüdern" beizustehen. Joh Frederson, Beherrscher der Megacity, verfolgt jedoch unbemerkt alles, was sich tief unter „seiner" Stadt ereignet, und zwingt seinen alten Rivalen Rotwang, eine täuschend echte Kopie der Predigerin zu erschaffen: Mit dieser Maschinen-Maria, in einer grandiosen Doppelrolle von Brigitte Helm dargestellt, erwächst der gütigen Protagonistin eine zerstörerische Gegenspielerin.

Die zum Leben erweckte Maschine bringt die ganze Gesellschaft an den Rand der Selbstvernichtung. Ethische Orientierungslosigkeit und die Zerstörung des Humanum führen fast zur Apokalypse. Nur mit letzter Kraft gelingt es Grot, dem Hüter der „Herzmaschine" (Heinrich George), die Katastrophe abzuwenden, indem er dem aufgepeitschten Mob die Frage entgegenschreit: Wo sind eure Kinder? Fast zum Opfer der Wassermassen geworden, gelingt es Freder und der echten Maria in einer dramatischen Rettungsaktion, die in der Unterstadt eingeschlossenen Kinder zu befreien – die Zukunft der Zivilisation entgeht nur knapp der Vernichtung.

2. Babylon und Jerusalem

Aus einer Höhe, in der gesellschaftliche Abgründe nicht wahrnehmbar sind, lenkt Joh Fredersen vom Neuen Turm Babel aus das Geschick einer ganzen Welt durch Bildtelefone und Schaltpulte. Angesichts solcher Modernität wirkt die Versklavung der „Untermenschen" besonders anachronistisch. Der Stummfilm bedient sich der Bildsprache der Bibel: Aber Sündenbabel ist nie ohne seinen Gegensatz zu denken: Jerusalem. „Die Stadt ist ein altes Bild der Totalität. Babylon musste untergehen, weil seine Bewohner meinten, durch eigene Kraft alles, auch den Himmel, erreichen zu können. Jerusalem ist die eschatologische Stadt der Fülle. In ihr gibt es keinen Mangel, denn Gott selbst hat sie für die Menschen gebaut", so der Theologe Ottmar John (über „Cityreligion" im „Lexikon neureligiöse Gruppen, Szenen und Weltanschauungen", Freiburg 2005).

„Metropolis" illustriert die gesellschaftliche Spaltung als Zeichen der Zeit: Hoch oben, in den sonnenbeschienenen Ewigen Gärten, vergnügen sich die Söhne der Reichen bei Spiel und Müßiggang. Tief unten, in dunklen Verliesen, schuften die „Untermenschen". Licht und Luxus der Oberstadt haben einen hohen Preis: Sie müssen durch das Leid moderner Arbeitssklaven erkauft werden. In einer der eindringlichsten Filmszenen sind es jene Existenzen im Schatten, die dem unersättlichen Götzen Großstadt zum Opfer dargebracht werden. Die Bildsequenz vom Maschinen-Abgott, der Heere von Arbeitern regelrecht auffrisst, ist kaum zu vergessen.

„Vater, Vater, weißt du, wie lange zehn Stunden dauern?", ruft Freder dem Alleinherrscher von Metropolis zu. Die Begegnung mit der Predigerin Maria hat sein Leben radikal verändert. Er lässt wie Mose, der Befreier aus ägyptischer Knechtschaft, sein altes Leben hinter sich. Zum äußeren Zeichen der Solidarität „mit seinen Brüdern" legt er sein weißes Gewand ab, kleidet sich in die dunkle Kluft der Unterstadt und „erlöst" den Arbeiter Gregory von seiner unerträglichen Plackerei. Schließlich wird der Sohn – mit ikonographischem Bezug zum gekreuzigten Christus – von einer Maschine an beiden Armen regelrecht auseinandergerissen. Freder gelingt es schließlich, mit Hilfe Marias eine Verbindung zwischen Ober- und Unterwelt herzustellen und so zum ersehnten „Mittler" zu werden.

3. Religiöse Frage und moderne Gesellschaft

Um vom Menschen zu sprechen, kann ein Kunstwerk wie „Metropolis" von Gott nicht schweigen. Fritz Lang lädt zu einem cineastischen Großexperiment ein. Der Filmpionier schafft – ähnlich wie Alfred Döblin in „Berlin Alexanderplatz" – eine filmische Versuchsanordnung, um dem Problem von Existenz, Glaube und Gesellschaft auf den Grund zu gehen: Kann es Menschen in dieser Arena überhaupt gelingen, den ethischen Herausforderungen einer Megacity gerecht zu werden? Mit der Signatur des Neuen Turms Babel, Symbol bis an den Himmel reichender technizistisch-ökonomistischer Selbstüberschätzung (Gen 11,5), stellt Lang die entscheidende Frage nach dem Wesen humaner Existenz. Wenn das Geschöpf seine Kreatürlichkeit verneint, eine Welt der Werte und der Transzendenz radikal negiert, erwächst aus dieser Hybris die Gefahr des Untergangs. Gier, Machtanbetung und Menschenopfer, so der Regisseur, gefährden den gewaltigen zivilisatorischen Turmbau von innen her – sie drohen, die ganze Gesellschaft in die Tiefe zu reißen.

Gegen die versöhnliche Schlusseinstellung hat der Publizist Siegfried Krakauer heftig polemisiert. Auf Freders Vorschlag hin reichen sich nämlich sein Vater Frederson und der Vorarbeiter Grot die Hand. Noch dazu, so Krakauer, gebe „Maria der symbolischen Allianz von Arbeit und Kapital ihren Segen" („Von Caligari zu Hitler. Eine psychologische Geschichte des deutschen Films", Frankfurt 1984). Wie dagegen der Politikwissenschaftler Hans Maier hervorhebt, ist die Geschichte des modernen Rechts-, Sozial- und Kulturstaates nicht ohne das biblische Menschenbild zu verstehen. „Die kreatürliche Gleichheit der Menschen vor Gott bereitet eine Position prinzipieller Rechtsgleichheit vor – daher kann im christlichen Kontext die Sklaverei nicht dauern. Die Universalität der Menschennatur wird entdeckt" („Welt ohne Christentum – was wäre anders?", Freiburg 2009).

Die Hoffnung auf das Heil der Unterdrückten und Versklavten gewinnt am Ende des monumentalen Films Kontur durch die Orientierung an einer durch Solidarität, Toleranz und Nächstenliebe geprägten Lebensweise. Diese in der jüdisch-christlichen Tradition überlieferte Vision vom himmlischen

Jerusalem avanciert zum Maßstab einer humanen Gesellschaft. „Die Idee der Stadt Gottes ... ist die Umwandlung ihrer tödlichen Widersprüche in kreative Spannungen und das Aufrichten von Recht und Gerechtigkeit für alle Bewohnerinnen und Bewohner. Die Idee der Stadt ist Leben in Fülle: Die Lahmen tanzen, die Blinden sehen, die Tauben hören. Die Reichen teilen aus – und die in Schuldknechtschaft Versklavten werden frei" (Kirchenamt der EKD, „Gott in der Stadt. Perspektiven evangelischer Kirche in der Stadt", Hannover 2007)

Dr. Thomas Brose, Religionsphilosoph und Theologe, Berlin.

Ingeborg Gabriel

Ein Glaube, der Hoffnung weckt

Religionen boomen weltweit. Gleiches gilt für die Debatten über ihre Inhalte und Ethiken und für religiös motivierte Streitigkeiten – auch hierzulande. Doch an den europäischen Christen und ihren Kirchen scheint dies vielfach vorüberzugehen. Religionsdebatten überfordern eher, als dass sie inspirieren.

Das Wort „religiös" hat daran durchaus einen Anteil. Aufgrund seiner sich ausbreitenden Vieldeutigkeit scheint es wenig geeignet, differenzierte Positionen zu stimulieren. Denn was heute in Frage steht, ist ja gerade: Was hat der Glaube an den Gott und Vater des Jesus von Nazareth, den Christus des Glaubens, mit den religiösen Fragen der Gegenwart zu tun? Ist nicht eben der Weg von einer allgemeinen Religiosität zum Credo des christlichen Glaubens – jedenfalls in Europa – immer schwieriger zu finden oder gar zu gehen? Die damit verbundene Krise des europäischen – zunehmend des westlichen – Christentums ist freilich keine Weltglaubenskrise. Ohne Triumphalismus sei es gesagt: Das kleine Senfkorn des Anfangs wurde zur größten Weltreligion mit ungefähr 2,3 Milliarden Gläubigen weltweit. Dies verpflichtet gerade die Großkirchen mit ihrem theologischen Langzeitwissen, ihrem – wie Johann Baptist Metz es nennt – Elefantengedächtnis dazu, in einer globalisierten Welt Verantwortung zu übernehmen. Denn: Religion, das wird uns heute wieder einmal klar vor Augen geführt, ist keineswegs harmlos und immer gutmütig.

Theologische Unterscheidungen – einschließlich der damit immer verbundenen ethischen Unterscheidungen – sind daher notwendig. Dies gilt angesichts massiver, teils von außen verursachter, teils hausgemachter, Säkularisierungsprozesse in Europa ebenso wie angesichts boomender, meist mit politischen Vorstellungen verbundener Gläubigkeit in allen Weltregionen und Weltreligionen. Hierzulande sitzt freilich der Schock fürs erste einmal tief. Noch vor zwei Jahrzehnten meinte ein österreichischer Ordensmann mir gegenüber selbstgewiss: Letztlich ist ganz Österreich katholisch. Dann hieß es: Es gibt doch noch viele, die religiös sind. Letzte Umfrageergebnisse zeigen nun, dass in ehemals katholischen Kernländern gerade einmal drei bis sechs Prozent der Jugendlichen sich zu christlichen Kerninhalten bekennen, wiewohl die Zahl jener, die sich den Kirchen und dem Christentum irgendwie verbunden fühlen, um einiges höher liegt. Dies stellt uns vor die unausweichliche Frage: Was heißt das für die christlichen Kirchen und – wohl noch bedeutsamer – für die westlichen Gesellschaften? Wie können sie ihre Rolle als Minderheit konstruktiv und nicht gettoisierend leben?

Der hierfür nötige „Glaube als Option", so der Soziologe Hans Joas, setzt jedenfalls einen tiefen inneren Bezug zu den Kerninhalten des christlichen Glaubens wie Schöpfung und Auferstehung, Inkarnation und Kreuzestod, Ein-Gott-Glaube und Dreifaltigkeit wie eine Reflexion über einen zeitgemäßen christlichen Lebensstil und eine entsprechende Ethik voraus.

Der agnostische französische Philosoph Luc Ferry hat die Frage, was das Christentum in der Spätantike für so viele attraktiv machte, einmal folgendermaßen beantwortet: Es gab den Menschen die Hoffnung, ihre Lieben nach dem Tod wiederzusehen, und es setzte sich karitativ für alle ein („Leben lernen. Eine philosophische Gebrauchsanweisung", München 2007). Wie weit tragen diese Antworten heute? Oder braucht es andere, die stärker am Schicksal der ganzen Menschheit und ihrer Zukunft ausgerichtet sind? Jedenfalls gibt es einen beachtlichen Nachholbedarf an fundierten Antworten auf fundamentale Fragen.

Durch die lange Zeit des Staatskirchentums und sein Fortleben in den kirchlichen Milieus bis in die Gegenwart unterblieb eine derartige Inkulturation vielfach. Fragen erschienen als Zweifel verdächtig. Theologische Denkfaulheit war gleichsam kirchliche Bürgerpflicht. Doch die Selbstvergewisserung über den eigenen Glauben und seine Sinnhaftigkeit erweist sich gerade in pluralistischen Gesellschaften als Voraussetzung für seine Lebbarkeit, sonst droht ein individuelles und kollektives Mauerblümchendasein. Dem Selbstbewusstsein auf der Basis eines allgemeinen Priestertums aller Gläubigen wirkt freilich nicht zuletzt ein falscher Hierarchismus entgegen, für den beim einfachen Christen ein reiner Kinderglaube als angemessen erscheint (vgl. Elmar Mitterstieler, „Das wunderbare Licht, in dem wir leben. Gleichheit, Würde und Priestertum aller in der Kirche", Würzburg 2011).

VII. Im Geist der Weltverantwortung

Glaubensinfantilität wirkt freilich – mit Verlaub – im Außenraum der Kirche unattraktiv, wenn nicht lächerlich.

Das Recht auf Religionsfreiheit, dem die katholische Kirche beim Zweiten Vatikanischen Konzil zustimmte, befreit die Kirchen aus staatlicher Bevormundung und die Staatsbürger von Gewissenszwang. Es verlangt jedoch zugleich die Fähigkeit, die eigenen Glaubensüberzeugungen im öffentlichen Raum pluralismusfähig und dialogbereit zum Ausdruck zu bringen. Dies gelingt heute im karitativen Bereich gut, weniger jedoch im Hinblick auf Glaubensinhalte, wo die kognitive Dissonanz zum Umfeld um vieles größer ist. Dieser Graben zur modernen Welt wurde, so scheint es, beim Konzil unterschätzt. In den folgenden Jahrzehnten standen dann nicht Glaubensfragen, sondern teils individualethische Normen, teils konfessionelle Profilierungen als Merkmale christlicher Identität im Vordergrund. Angesichts massiver tektonischer Verschiebungen in der religiösen Landschaft ist eine derartige Nabelschau jedoch eine Flucht in die Marginalität. Sie weicht der Frage aus: Wieso stellt das Bekenntnis zum Gott Jesu Christi jenseits traditioneller Anhänglichkeiten eine attraktive Option dar? Für Intellektuelle, gerade von Not Gebeutelte wie für Durchschittsbürgerinnen? Welche Hoffnung erwächst daraus für die Gesellschaft? Dabei geht es bei allem gebotenen Respekt für die vielen Varianten der Volksfrömmigkeit um zentrale Glaubensinhalte entsprechend einer „Hierarchie der Wahrheiten" ebenso wie um die Grenzen menschlichen Verstehens und die Vielfalt möglicher Deutungen.

Das Gespräch über derartige Themen erweist sich freilich selbst im engsten Raum der Kirche als schwierig. Die lange Zeit staatlich und kirchlich verursachte Sprachlosigkeit, die einen dogmatisch richtigen Glauben erzwingen wollte und konnte, bewirkt heute einen massiven Traditionsabbruch. Diese Repressivität, die ja nicht nur in der Erinnerung besteht, machte nicht zuletzt die Theologie zahm und führte zu wachsender gesellschaftlicher Irrelevanz, die sich nicht durch wohlmeinende Appelle beseitigen lässt im Sinne von: „Seien wir doch gesellschaftlich relevanter!" Dies in einer Zeit, in der nachdenkliche Zeitgenossen davon überzeugt sind, dass es dringend eines neuen Humanismus bedarf, der Menschsein jenseits von positivistischen und darwinistisch-biologischen Engführungen thematisiert, sich zu den ethischen Megathemen der Globalisierung äußert und die Frage stellt, was wir als Menschheit für die Zukunft erhoffen können und sollen.

Das Christentum ist dafür vorherbestimmt, sich in diese Debatten um ein geistiges Fundament dialogisch mutig einzubringen. Dies verlangt heute den Dialog mit der säkularen Welt über Ethik – und hier vor allem Sozialethik – ebenso wie mit dem Judentum, dessen Glaube sein noch immer zu gering geschätztes Fundament darstellt, und dem Islam, dessen starker Monotheismus inspirieren und herausfordern kann. Der Dialog mit den Religionen des Ostens wiederum erweist sich als wesentlich, um der Versuchung eines platten Glaubenspositivismus zu widerstehen und die für alle Religionen notwendige Einsicht zu stärken: Deus semper maior – Gott ist immer größer. Das gemeinsame Menschsein sollte in diesen unterschiedlichen Dialogen ein starkes Fundament bilden, um zur gemeinsamen Gestaltung des globalen Lebensraums beizutragen. Papst Franziskus macht es vor, wie eine Kirche, die sich in sozialethischen Themen einbringt, zu einem Motor globaler ethischer Zusammenarbeit werden kann.

Kann man heute noch an einen Gott glauben? Angesichts des Leids in der Welt und wachsender Unheilszeichen an allen Ecken und Enden? Doch die Gegenfrage ist mindestens ebenso plausibel: Muss man nicht an Gott glauben, um an diese Welt und ihre Zukunft zu glauben, sie zu lieben und zu ihrer Verbesserung beizutragen, um nicht hoffnungslos zu resignieren?

Prof. Dr. Ingeborg Gabriel, Lehrstuhlinhaberin für
Christliche Gesellschaftslehre und Sozialethik, Wien.

Armin Laschet

Bekenntnis, Toleranz und Einmischung

Die lange in der Religionssoziologie existierende Vorstellung, dass sich Religion in einer modernen Gesellschaft auflöse wie ein Stück Würfelzucker im Kaffee, ist – wie wir mittlerweile wissen – so nicht zu halten. Religion verschwindet in der Moderne nicht einfach. Aber zweifelsohne ist das religiöse Leben in unseren westeuropäischen Gesellschaften mit Säkularisierung und Pluralisierung zwei immensen Veränderungen ausgesetzt. Die Säkularisierung führt nicht nur zu einem Sinken der Mitgliederzahlen in den Kirchen, sondern ganz allgemein zu einem Rückgang der Bindung an religiöse Normen. Und die Pluralisierung bringt eine neue Vielfalt der religiösen Landschaft mit sich, weil bisher in unserer Gesellschaft weniger etablierte Religionen stärker werden und weil Menschen sich alternativen Formen von Glauben zuwenden oder ihre Spiritualität gleichsam selbst zusammenstellen.

In einer Moderne, in der also große Teile der Gesellschaft völlig ohne Religion auskommen und in der die Religiosität der Gläubigen breiter aufgefächert ist als in zwei Konfessionen, wird das persönliche Bekenntnis an Bedeutung zunehmen. Die Frage nach Gott wird in Zukunft vielleicht ehr-

VII. Im Geist der Weltverantwortung

licher und persönlicher beantwortet werden, als dies in der Vergangenheit zuweilen der Fall war, als Religionszugehörigkeit ganz automatisch von Geburt an feststand. Die zunehmende Bedeutung des persönlichen Bekenntnisses wirft aber auch ganz neu die Frage nach der Präsenz der Religion im öffentlichen Raum auf. Das gilt umso mehr, wenn angesichts einer größeren Zahl von Nichtglaubenden Bekenntnisse und religiöse Symbole grundsätzlich in Frage gestellt werden und wenn in einer pluralen Gesellschaft immer mehr unterschiedliche Wahrheitsansprüche nebeneinander existieren und Geltung beanspruchen.

Die Antwort auf diese Herausforderung kann nur Toleranz sein. Wenn in einem freiheitlichen Staat das religiöse Bekenntnis als grundlegende Freiheit geschützt ist, dann muss es dem Nichtglaubenden zugemutet werden können, religiöse Symbole und Bekundungen in der Öffentlichkeit zu ertragen. Gleichzeitig sind aber auch die Glaubenden verpflichtet, Rücksicht zu nehmen, vor allem auch auf diejenigen, die anderen Überzeugungen anhängen und diese öffentlich leben. Deshalb wird die Toleranz in einer modernen Gesellschaft immer wichtiger für das Zusammenleben der Menschen. Sie ist gewiss auch eine Zumutung, aber eine Zumutung, die mit der freiheitlichen Ordnung notwendig einhergeht. Sie wird deshalb aber zum Anspruch, den jeder einzelne und jede religiöse Gemeinschaft auch an sich selbst stellen muss.

Mit Blick auf die religiöse Frage in der modernen Welt ist mir aber auch ein Zweites wichtig: Wir erleben, dass der persönliche Glaube – auch von religiösen Menschen – zunehmend als eine Frage verstanden wird, die lediglich mit dem Jenseits zu tun hat. Dieser Vorstellung gilt es deutlich zu widersprechen. Als Christen wissen wir, dass der Mensch den Himmel auf Erden nicht herstellen kann und deshalb auch nicht herstellen muss. Das ist eine große Befreiung und stellt einen deutlichen Widerspruch zu politischen Ideologien dar, die schon in der irdischen Welt einen Heilsanspruch verwirklichen wollen. Aber dieses Wissen entpflichtet uns keinesfalls an der Gestaltung einer besseren Welt mitzuwirken und vor allem aktiv für Frieden und Gerechtigkeit zu arbeiten.

In dem für sein Pontifikat programmatischen Schreiben „Evangelii Gaudium" unterstreicht Papst Franziskus: „Wer würde es wagen, die Botschaft des heiligen Franz von Assisi und der seligen Teresa von Kalkutta in ein Gotteshaus einzuschließen und zum Schweigen zu bringen? Sie könnten es nicht hinnehmen. Ein authentischer Glaube – der niemals bequem und individualistisch ist – schließt immer den tiefen Wunsch ein, die Welt zu verändern, Werte zu übermitteln, nach unserer Erdenwanderung etwas Besseres zu hinterlassen." Der Glaube hat also eine hohe diesseitige Relevanz. Er verpflichtet zur Einmischung in gesellschaftliche und politische Fragen und fordert auf zu echtem Engagement. Vor diesem Hintergrund ist der Glaube an Gott in der Moderne gesellschaftlich betrachtet eine wichtige „Ressource" des Gemeinwesens. Für den Gläubigen ist er jedoch Motivation zu politischem Handeln und zur Gestaltung der Lebensverhältnisse in unserem Land und darüber hinaus. Eine solche Haltung ist Verpflichtung für uns Christen in der Gegenwart.

Armin Laschet, Ministerpräsident von Nordrhein-Westfalen, Düsseldorf.

Josef Epping

Suchet nicht, was droben ist

I

Gott ist oben. Nichts scheint selbstverständlicher. Schon die Götter Griechenlands wohnten – mehrheitlich – auf dem Olymp. Der Gott der Bibel steigt vom Himmel herab, um sich den Turm von Babel anzusehen. Jakob sieht im Traum eine Treppe von der Erde bis zum Himmel, auf der die Engel Gottes auf- und niedersteigen. Mose empfängt das göttliche Gebot auf dem Berg Sinai. „Der Höchste" ist in den Psalmen ein geläufiger Gottesname. Bei der Geburt Jesu erschallt das „Ehre sei Gott in der Höhe". Wenn dieser Gott sich unmittelbar kundtut wie bei der Taufe und der Verklärung Jesu, dann spricht seine Stimme aus einer Wolke. Am Ende seines Erdenwirkens wird Jesus emporgehoben und in den Himmel aufgenommen.

Im Christentum wird diese vertikale Linie fortgeführt. Die gotische Kathedrale lenkt unsern Blick nach oben. In der barocken Kirche öffnet sich der Himmel im Deckengemälde. Und noch die moderne Kirche Sankt Marien in Schillig an der Nordsee, wegen ihrer Form von den Leuten salopp als „Gottes Halfpipe" bezeichnet, schwingt sich dem Himmel entgegen. Der Turm der Kirche im Dorf weist nach oben, und drinnen erklingt das „Näher, mein Gott zu dir": „Geht auch die schmale Bahn aufwärts gar steil, führt sie doch himmelan zu unserm Heil."

Die Vorstellung, Gott sei *oben*, ist so allgegenwärtig, dass man sie für eine anthropologische Konstante halten möchte. So kann sie auch in das wissenschaftliche Denken Einzug halten. Der Soziologe Hartmut Rosa hat in seiner anregenden Theorie der „Resonanz" als Weltbeziehung des Menschen die Religion der „vertikalen Dimension" zugeordnet („Resonanz. Eine Soziologie der Weltbeziehung", Berlin 2017).

Doch Vorsicht! Das Oben-Unten-Denken ist Frucht eines überholten Weltbildes, in dem die Welt ähnlich einem Haus in Stockwerken vorgestellt wurde. Da gibt es als Keller eine Unterwelt für die Toten und die bösen Geister, als Erdgeschoss die Lebenswelt für die Menschen und die meisten Tiere, als Obergeschoss den Luftraum für Vögel, Wolken und Himmelskörper und schließlich über dem Dach, dem Firmament, den Bereich Gottes. Im Verhältnis zu Gott wird der Mensch unten angesiedelt. Dieses Modell eignet sich hervorragend und wurde auch gern genutzt, um irdische Herrschaftsverhältnisse zu rechtfertigen. Man kann soziale Schichten vertikal anordnen, eine Gesellschaftspyramide bauen, von den „oberen Zehntausend" sprechen oder auch der „High Society". Man kann den Globus norden und den Norden nach „oben" legen und damit den Menschen auf der Südhalbkugel den „unteren" Platz zuweisen.

II

Wenn auch die Kirche bei der Hierarchisierung des Denkens und der sozialen Ordnung fleißig mitmacht, lässt sich doch zeigen, dass die „Vertikalität" eine Denkschablone ist, die dem geschichtlichen und theologischen Kern des Christentums nicht entspricht. Das Evangelium ist verkündet worden in einer Zeit, als das Weltbild in Stockwerken noch galt, aber es hat eine deutlich subversive Komponente. Dafür nur einige Beispiele.

Im Jubelgesang der schwangeren Maria, der als „Magnificat" im Abendgebet der Kirche täglich nachvollzogen wird (Lk 1,46–55), heißt es von Gott: „Er stürzt die Mächtigen vom Thron und erhöht die Niedrigen." Den Rangstreit und Wettbewerb um die ersten Plätze unter seinen Jüngern durchkreuzt Jesus mit den Worten: „Ihr wisst, dass die, die als Herrscher gelten, ihre Völker unterdrücken und die Mächtigen ihre Macht über die Menschen missbrauchen. Bei euch aber soll es nicht so sein, sondern wer bei euch groß sein will, der soll euer Diener sein" (Mk 10,42–44). Bei der Fußwaschung setzt Jesus das in die zeichenhafte Tat um: „Ich habe euch ein Beispiel gegeben, damit auch ihr so handelt, wie ich an euch gehandelt habe" (Joh 13,1–15). Selbst bei der „Himmelfahrt" werden die Jünger von Gottes Boten zurechtgewiesen: „Was steht ihr da und schaut zum Himmel empor?" (Apg 1,11). Das sind Einladungen zum Anders-Denken, zum Loslassen der gewohnten Denkschablonen. So ist es die Aufgabe des theologischen Denkens, verfestigte Vorstellungen über Gott und Welt, wie das Oben-Unten-Schema, immer wieder zu verflüssigen.

Bereits Meister Eckhart sagte in einer Predigt an der Wende vom 13. ins 14. Jahrhundert: „Gestern Abend kam mir der Gedanke, Gottes Höhe liege an meiner Niedrigkeit; wo ich mich erniedrigte, da würde Gott erhöht... Aber dann dachte ich gestern Abend weiter, dass Gott enthöht werden sollte, nicht absolut, sondern innen, und dies besagt so viel wie ‚enthöhter Gott', was mir so gut gefiel, dass ich es in mein Buch schrieb. Ein enthöhter Gott, auf dass wir erhöht werden sollen. Was oben war, das wurde innen" (in: Irmgard Kampmann, „Meister Eckhart Brevier. Worte für jeden Tag", München 2010).

Die Ordnung der Welt nach Oben und Unten ist überholt. In unserem Weltall gibt es das nicht mehr. Auch die Schwerkraft zieht nicht „nach unten", sondern sie bildet lediglich Haftpunkte, die – in unserem Fall als Schwerkraft der Erde – im Wirbel von Energie und Materie einigen Halt bieten. Das Denken über Gott muss dem Rechnung tragen, sonst erreicht es die Menschen von heute nicht mehr. Vielleicht ist das christentümliche Oben-Unten-Denken nirgends augenscheinlicher gescheitert als am Fest Christi Himmelfahrt, an dem – umdeklariert zum „Vatertag" oder auch „Herrentag" – alkoholisierte Männerhorden über das Land ziehen und entschlossen das Irdische suchen.

Ein Gott, der oben ist, verblasst. So stellt es René Magritte in seinem Bild „Le Rossignol" von 1962 dar. Dort thront Gott auf einer Wolke in hohem Abstand über einer Welt, die ihren eigenen Gesetzen folgt, und es ist unentschieden, ob er als „Nachtigall", als „Dietrich" oder nur noch als „Ladenhüter" gilt (auf diese drei Weisen lässt sich das französische *rossignol* übersetzen).

III

An der Straßenfront der Sankt-Michaels-Kirche in Waterloo, im kanadischen Ontario, steht eine Parkbank. Darauf liegt mit angezogenen Beinen ein Mensch, trotz des Lärms der vielbefahrenen Straße völlig reglos, offensichtlich ein Obdachloser. Er ist eingehüllt in ein großes Tuch, das den Kopf wie eine Kapuze bedeckt und weitgehend unsichtbar macht. Nur die nackten Füße bleiben frei. Neben den Füßen gibt der Liegende noch genau einen Sitzplatz auf der Bank frei. Wenn man nah genug herantritt, sieht man, dass seine Füße klaffende Wunden aufweisen. Die Bank und der Liegende sind aus Bronze – es ist eine Skulptur. Sie wurde 2015 vom dem Künstler Timothy Schmalz geschaffen und heißt „Jesus the Homeless" – Jesus, der Obdach- und Heimatlose.

In diesem Kunstwerk ist Gott körperlich-massiv da wie die Dampflokomotive in Magrittes Bild. Er verflüchtigt sich nicht im Dunst der Höhe. Wenn ich als Betrachter zu der Bank komme, spüre ich plötzlich, dass *ich* oben bin. Er liegt unten. Ich kann nähertreten und umhergehen, er ist schwer verletzt. Ich kann ausweichen und weggehen, er ist den Blicken ausgesetzt. Das ist alles beunruhigend. Am beunruhigendsten aber ist der freie Platz neben seinen Füßen. Soll ich meinen Beobachter-Status aufgeben und mich zu ihm setzen? Soll ich meine Höhe verlassen und mich auf sein Niveau hinabbegeben? Soll ich den Anblick seiner Wunden aushalten? Will ich mit ihm zusammen gesehen werden? Will ich mit ihm gemeinsam ausgesetzt sein und gleichzeitig übersehbar wie irgendjemand auf irgendeiner Parkbank? Will ich still bei ihm ausharren, während vor meinen Augen „das Leben" vorbeirauscht? Wie werde ich reagieren, wenn er sich rührt, was werde ich sagen? Wie wird er reagieren, was wird er sagen?

Plötzlich ist nichts mehr selbstverständlich.

Josef Epping, Lehrer für Katholische Religion und Deutsch und Seminarausbilder, Neheim-Hüsten.

Pirmin Spiegel

Die Armen habt ihr immer bei euch

Stellen wir die Frage nach Gott im Kontext westeuropäischer Gesellschaften, tauchen schnell Begriffe auf wie „säkulares Zeitalter", „Dekonstruktion", „Ende der großen Erzählungen", „Pluralität" und Diversität", aber auch „Emanzipationsprozesse", „Menschenrechte", „individuelle Freiheit". Auf den Glauben bezogen, geht es vor allem um die freie Wahl: Der Glaube an Gott ist möglich. Er bedarf aber einer Begründung und ist eine Option unter vielen.

Das alles ist richtig und beachtenswert. Hier werden wichtige Aspekte der Moderne oder der Postmoderne genannt, vor deren Hintergrund sich die Frage stellt, wie Menschen redlich und vernünftig, verantwortet glauben können.

Ein Werk wie Misereor ist an dieser Debatte interessiert, besonders weil seine deutschen Akteurinnen und Akteure Teil der globalen Mittelschicht sind, in der diese erwähnten Kategorien und Bedingungen des Glaubens eine wachsende Rolle spielen. Als kirchliches Werk der Entwicklungszusammenarbeit stellt es aber andere Perspektiven der weltweiten Moderne in den Mittelpunkt seiner Betrachtungen: die weiterhin über 800 Millionen Hungernden; die Klimakatastrophe, die besonders die Armen trifft, die sie nicht verursacht haben; den weltweiten, systemischen Ausschluss von Milliarden Menschen von einer gerechten Teilhabe an den Gütern der Erde. Es sind die

VII. Im Geist der Weltverantwortung

Klage der Armen und die Klage der Erde, so Papst Franziskus in seiner Enzyklika „Laudato si'" (49), die für Misereor in der Frage nach Gott ihre Resonanz finden müssen. Wie glauben an einen Gott der Liebe und der Gerechtigkeit in einem Meer voller Ungerechtigkeit? Wie glauben an einen Gott des Lebens, wenn die Welt von einer Wirtschaft, die tötet, so der Papst in seinem Apostolischen Schreiben „Evangelii gaudium" über die Freude des Evangeliums (53), beherrscht wird? Wie können wir vom Gekreuzigten in einer Welt voller Kreuze und Gekreuzigter sprechen, wie es Leonardo Boff einmal formuliert hat?

„Die Armen habt ihr immer bei euch" (Mt 26,11), sagt Jesus. In unserem Zusammenhang wird dieser Satz zur Mahnung und Anfrage. „Vergesst die Armen nicht" in den Kellern der Menschheit und auf der Rückseite der Geschichte, heißt die Mahnung in der globalen und digitalen Glitzerwelt. Und die Anfrage lautet: „Was tut ihr gegen Armut und Ungerechtigkeit für die vielen Armen und die große Arme, die Erde?"

Für Christinnen und Christen wird der Glaube an Gott geformt durch den Glauben an Jesus Christus als den Sohn Gottes. Er ist der Weg (Joh 14,6). Der Glaube an Jesus Christus ist deshalb orientiert am Glauben Jesu selbst. An Jesus glauben heißt deshalb immer: wie Jesus glauben. Für Misereor stehen dabei drei Perspektiven im Vordergrund:

„Euch muss es zuerst um sein Reich und um seine Gerechtigkeit gehen; dann wird euch alles andere dazugegeben" (Mt 6,33). Im Mittelpunkt des Glaubens an Jesus steht die Suche nach Gottes neuer Welt und ihrer Gerechtigkeit und die Auseinandersetzung um sie. Sein Horizont ist weiter als der seiner eigenen Jüngergruppe, aus der die Kirche hervorgegangen ist. Sein Blick geht bis an die „Enden der Erde", und seine Mission ist ein „Leben in Fülle" für alle Menschen. Glaube im Sinne Jesu muss also vor allem Reich-Gottes-kompatibel sein. In dieser Mühe findet er seine eigentliche Mitte, die sich nicht selten am Rand der Weltgesellschaft befindet.

Ausgangspunkt dieses weiten Blickes ist (s)eine Identifikation mit den Armen, den Hungrigen, den Durstigen, den Nackten, den Fremden, den Obdachlosen, den Kranken, den Gefangenen (vgl. Mt 25,35ff). In ihnen lebt er, in ihnen begegnet er uns bis heute, kommt uns barmherzig entgegen und fordert uns heraus. Gelebter Glaube stellt sich auf die Seite der Armen und übt Solidarität in all ihren möglichen Formen ganz alltäglich bis hin zur bedachten Strategie in politischen Auseinandersetzungen.

Mit seinen eigenen programmatischen Aussagen stellt sich Jesus in die Tradition der jüdischen Propheten. Die Verkündigung der guten Nachricht, der Freiheit, des Jubeljahres (vgl. Lk 4,18), der Hinweis auf einen „neuen Himmel und eine neue Erde, in denen die Gerechtigkeit wohnt" (2 Petr 3,13; vgl. Offb 21) tritt ganz in die Tradition eines Amos, eines Micha und Jesaja als Anklage gegen jedes Unrecht, das gegen jedwede(n) an jedwedem Ort der Welt geschieht. Das hat Kardinal Joseph Frings, der Gründer Misereors, mit seinem Auftrag: „den Mächtigen ins Gewissen reden" für unsere Zeit übersetzt.

Ein so engagierter und in der Moderne gelebter Glaube, dessen Interesse in der Orthopraxie liegt, stößt gleichwohl immer wieder auf die manchmal verstörende „Unbegreiflichkeit Gottes", so Karl Rahner. Der Glaube wird in der Begegnung mit den Armen zu Dankbarkeit und Lobpreis, aber auch zu Klage und Schmerz. Es ist ein Glauben in Beziehung, gerade deshalb so lebendig; immer eine Suche und eine unvollendete Sehnsucht. Solcher Glaube lässt reden und verstummen, singen und weinen. Er weicht der harten Realität nicht aus. Er ist ein Weg, der sich im Gehen erschließt. Dieser Glaube ist ein Weg des Dialogs mit den Menschen anderer Religionen, anderer Kulturen, anderer Weltanschauungen und Überzeugungen. Er ist ein Weg der Bündnisse mit vielen anderen, die eine andere, gerechtere Welt für möglich halten. Nicht zuletzt ist er ein Weg der Hoffnung, in der gerade die Armen ihre evangelisierende Kraft entwickeln. Er ist ein Weg der „Daseinstapferkeit" (Andreas Weber), die eine Kultur des Lebens fördert und die Sehnsucht nach Erlösung offenhält.

„Steh auf und geh" (vgl. Joh 5,8). Dieses Wort Jesu steht am Anfang eines Weges des Glaubens und am Start einer jeden neuen Etappe, die wir beginnen.

Pirmin Spiegel, Hauptgeschäftsführer von Misereor, Aachen.

Irene Leicht

Wer sein Ich übersteigt

Gott ist gegenwärtig.
Lasset uns anbeten
und in Ehrfurcht vor ihn treten.
Gott ist in der Mitte.
Alles in uns schweige
und sich innigst vor ihm beuge.

Diese Zeilen von Gerhard Tersteegen aus dem 18. Jahrhundert treffen mitten hinein auch in die religiöse Frage von heute, ob und wie Menschen in Beziehungen leben wollen und können. Was ist der Mensch? Ist er einsam, isoliert, abgesondert, im Zweifelsfall sogar beziehungsunfähig – oder: sich übersteigend, offen für andere, verbunden, liebevoll sich hingebend?

Der moderne Mensch: Er spielt Rollen, funktioniert, managt und optimiert sein Leben. Der Bezug zum Wesentlichen, zum Essenziellen, zum „inneren Menschen" und damit auch zu „Gott" scheint zunehmend verloren zu gehen.

Der moderne Mensch: Er nimmt die Erderwärmung, das Ansteigen des Meeresspiegels, den Rückgang der Artenvielfalt, Massentierhaltung und den Raubbau an der Natur in Kauf – und bleibt doch träge, konsumiert bewusstlos weiter und leistet sich, was er sich leisten kann.

Die Armen und Kranken, die Ungebildeten und Verwahrlosten, die Abgehängten und Randständigen – irgendjemand wird sich um sie kümmern. Die Reichen und Gesunden, die Gebildeten und Gepflegten, die Leistungsträger/innen und Erfolgsverwöhnten haben anderes zu tun.

Freilich treffen solche pauschalen Aussagen nie hundertprozentig zu. Doch eine kritische, selbstkritische Betrachtung kann nicht ignorieren, dass vieles, vielleicht sogar das meiste von dem, was in unserer Welt im Argen liegt, menschengemacht ist. Es sollte, es muss mehr mit „Gott" zu tun haben oder besser: zu tun bekommen.

Gott drei-einig ist Beziehung. „Gott" wird zur Chiffre für Beziehung überhaupt. Welche Beziehung habe ich zu meinem eigenen Leben, zu meiner Existenz? Welche zu den Mitmenschen? Welche zur Mitwelt, zur Natur? Welche zur Gesellschaft und den Verwerfungen in ihr? Welche zur Welt? Welche zu „Gott"?

Moderne Gesellschaften scheinen durch einen krassen Egoismus der in ihnen lebenden Individuen geprägt. Gibt es einen gesunden Egoismus? Vielleicht. Krasser Egoismus lässt sich vermutlich besser als Egozentrik beschreiben. Diese bedeutet praktisch das Nein zu „Gott". Sie speist sich aus einer insgeheimen Angst und wird verstärkt durch die Angst, mit sich selbst und der Aufgabe des Ich „letztlich" alles zu verlieren. Wer glaubt, vertraut, auf „Gottes" Beziehungsangebot antwortet, lebt „ex-zentrisch". Dessen Mitte liegt oder fließt außerhalb des eigenen Ich. Deshalb heißt es bei Tersteegen: „Gott ist in der Mitte". Das ist die Widerrede gegen jede Form von Egozentrik.

Ein Jesus-Wort bringt es auf den Punkt: „Wer sein Leben behalten will, der wird's verlieren; und wer sein Leben verliert um meinetwillen und um des Evangeliums willen, der wird's behalten" (Mk 8,35).

Um des Evangeliums willen meint: Die in Jesus Fleisch gewordene gute Nachricht von „Gottes" Gegenwart und Nähe, von der göttlichen Zuwendung zu den Bedürftigen, vom unbesiegbaren Leben und der bedingungslosen Liebe – diese gute Nachricht gilt es immer neu zu hören, sich zu eigen zu machen, ins Zentrum des eigenen Lebens zu rücken, damit sie sich darin verwirklicht, anderen zugute. Eine solche Hingabe bedeutet notwendig Selbstverlust.

Gut möglich, dass diese Ausrichtung keinen sichtbaren Erfolg zeitigt, dass sie Scheitern bedeutet nach den Maßstäben dieser Welt. Gut möglich, dass damit nichts gewonnen wird und scheinbar nichts zum Besseren hin sich wandelt. Gut möglich, dass ex-zentrisch lebende Menschen Anstoß erregen und allein bleiben. Und doch sind einer solchen Ausrichtung Freiheit, Glück und Fülle verheißen.

Immer wieder sind mir in den letzten Jahrzehnten Menschen begegnet, in deren Leben „Gott" offensichtlich die Mitte bildet. Von ihnen habe ich gelernt: Diese Mitte lässt sich nicht besitzen. Sie ist nicht verfügbar. Die Schritte auf dem eigenen Lebensweg können diese Mitte tastend umkreisen. Und manchmal berührt etwas wie ein leuchtender Strahl oder ein sanfter Strom, der aus dieser Mitte selbst fließt, die Gehenden und ermutigt dazu, auf diesem Weg zu bleiben. Meist ist es kein leichter Weg, eher ein steiniger, mühsamer, so scheint es.

Viele Menschen sprechen von der Sehnsucht nach ihrer Mitte. Oder sie diagnostizieren, dass sie nicht in ihrer Mitte seien. Mir scheint, sie spüren die Entfremdung vom Wesentlichen, bringen das aber nicht mit „Gott" in Verbindung. Wer so redet, meint mit der eigenen Mitte vielleicht doch oft eher die sich von anderen unterscheidbare eigene Identität und bleibt damit letztlich der Egozentrik, dem Kreisen ums eigene Ich, verhaftet.

Wer sein Ich übersteigt, das Eigene loslässt, sich politisch und sozial engagiert, betet: Der nähert sich vermutlich der göttlichen Mitte an. Die Achtsamkeit gegenüber der Mitwelt, die Rücksicht auf andere, der Einsatz für Gerechtigkeit, Frieden und Schöpfungserhaltung, in Beziehungen gelebte Liebe – all das sind Bewegungen des Sich-Verlassens. Implizit wird mit solchen Bewegungen „Gott" selbst als die geheime Mitte des Lebens und der Welt in den Blick genommen.

Der Weg heraus aus der Egozentrik hin zur göttlichen Mitte ist ein begnadeter Weg. Widersprüchlich formuliert ist dieser Weg darauf angewiesen, dass er auf den Weg gebracht wird von einer Zuwendung und Kraft, die wirkt und als göttliche Wirklichkeit widerfährt und erfahren wird.

Sich auf diesen Weg zur Mitte hin einzulassen, sich selbst zu verlassen in diesen göttlichen Bereich hinein, wird zur ständigen Herausforderung, zur permanenten Mutprobe, bedeutet, immer neu von vorne anzufangen.

„Gott" braucht Menschen, die einen solchen beziehungsreichen Weg zu gehen bereit sind. Wenn sie sich miteinander verbinden und aufeinander beziehen, werden sie zur Kirche, zum wahrhaften Zeichen „Gottes" für diese Welt.

Warum erscheint hier die Rede von „Gott" in Anführungszeichen? Weil alle Begriffe nicht erfassen, worum es eigentlich geht. In Raum und Zeit Unendlichkeit und Ewigkeit, im Tod das Leben, in der Einsamkeit die Liebe – Wirk-Mächte, die alles Begreifen übersteigen. Die moderne Gesellschaft ist wie die Welt überhaupt auf diese Mächte angewiesen. Sie wirken. An uns ist es, dieses Wirken zuzulassen – in Ehrfurcht.

Dr. Irene Leicht, Pfarrerin in Emmendingen.

Christian Hartl

Eine kleine Philosophie der Freundschaft

Es war vor mehr als dreißig Jahren. Da lernte ich in Rom die Comunità di Sant'Egidio kennen. Die Gemeinschaft ist eine der vielen geistlichen Bewegungen, die in den vergangenen Jahren und Jahrzehnten entstanden sind und die Kirche durch ihre verschiedenen Charismen bereichern und somit unterschiedliche Zugänge zu Gott ermöglichen.

Die Gemeinschaft von Sant'Egidio ist in Rom aus einem Kreis von Schülern hervorgegangen. Sie haben in der Heiligen Schrift gelesen und sich der Armen und Marginalisierten angenommen. Bis heute sind das wesentliche Säulen des mittlerweile weltweiten Engagements von Sant'Egidio: das Gebet mit Schriftlesung einerseits und der Dienst an den Armen andererseits. Was die Armen angeht, so sind der Herausforderungen freilich ungezählte: Kinder aus einfachen Verhältnissen und vereinsamte alte Menschen, Behinderte, Obdachlose, Migranten, Strafgefangene und viele andere mehr. Von Anfang an versuchte man, nicht nur materielle Hilfestellung zu geben, sondern Freundschaft anzubieten. „Wenn jeder und jede von uns auch nur einen Armen zum Freund hat, dann ist schon viel erreicht", so wurde mir damals gesagt. Diese „Spiritualität der Freundschaft" ist dann auch zur Grundlage der weltweit beachteten Friedensarbeit von Sant'Egidio geworden.

Freundschaft zählt zu den Urerfahrungen menschlichen Lebens, ob als Geschenk dankbar erfahren oder als Mangel schmerzlich vermisst. Dichter und Philosophen haben sie bereits im Altertum thematisiert. Aristoteles vertrat die Auffassung, dass man der Freundschaft in der Gesellschaft einen noch höheren Rang zugestehen müsse als der Gerechtigkeit. Dahinter stand freilich auch ein gewisses Nützlichkeitsdenken. Denn in der griechischen Polis gab es keine öffentlichen Dienste wie beispielsweise Polizei oder Feuerwehr. Man war auf die Unterstützung und das Wohlwollen des anderen angewiesen. Wehe, man hatte keine guten Freunde!

Eine „Spiritualität der Freundschaft" lässt sich biblisch gut begründen: Schon im Alten Bund wird Gott als „Freund des Lebens" (Weish 11,26) besungen. Im Johannesevangelium sagt Jesus ausdrücklich: „Ich nenne euch nicht mehr Knechte, sondern Freunde" (Joh 15,15). Seinem Vorbild folgend sollten seine Schülerinnen und Schüler den Geist der Freundschaft leben und diesem Geist entsprechend handeln. Freundschaft wird im Johannesevangelium geradezu zum kirchlichen Leitmotiv. Dass dieses hohe Ideal nicht nur faszinierend und inspirierend ist, sondern auch überfordern kann, führt die Apostelgeschichte sehr anschaulich vor Augen, wenn sie einerseits von der Gütergemeinschaft in der jungen Kirche erzählt und sogleich auch von jenen, die ihr nicht entsprochen haben (4,32–37; 5,1–11).

Das „Praktische Lexikon der Spiritualität" zählt zu den Kennzeichen der Freundschaft „Liebe, Gegenseitigkeit, Treue, Vertrauen, Freiheit, Anderssein". Vor allem das Anderssein des anderen ist für Freunde kein Hindernis für gegenseitiges Verständnis, sondern geradezu Reiz und Herausforderung. Auf der Grundlage gewachsenen Vertrauens und erfahrener Treue interessiert, warum der Freund manches so ganz anders sieht und empfindet als man selbst.

Damit komme ich zu meinem persönlichen Erfahrungsraum von Kirche zurück: Ich arbeite aktuell für die Solidaritätsaktion der deutschen Katholiken mit den Menschen im Osten Europas, der man den Namen Renovabis gegeben hat, also: „Du wirst erneuern". Gemeint ist Gottes Geist, der das Angesicht der Erde zu erneuern vermag. Renovabis engagiert sich seit seiner Gründung im Jahr 1993 in 29 Ländern Mittel-, Südost- und Osteuropas, die ehemals unter kommunistischen oder sozialistischen Diktaturen zu leiden hatten. Renovabis konnte bisher rund 23 000 Projekte fördern und ungefähr 715 Millionen Euro investieren (Stand: Mai 2018). Wesentlicher als die Zahlen ist freilich der Geist, den Renovabis zu leben versucht: Es ist der Geist der Partnerschaft und der Freundschaft. Tatsächlich zählt zu den Grundregeln der Solidaritätsaktion seit Beginn das Partnerschaftsprinzip. Dies besagt, dass die Partner in den mittel- und osteuropäischen Ländern benennen, wo sie Unterstützung brauchen. Dann wird gemeinsam mit den Mitarbeiterinnen und Mitarbeitern von Renovabis, die ihr Fachwissen einbringen, überlegt, wo und wie geholfen werden kann. Über die Jahre ist auf diesem Weg ein kostbares Netz der Partnerschaft, des Vertrauens und der wechselseitigen Bereicherung entstanden. Dies verdankt sich, so empfinden wir als Christen, dem pfingstlichen Geist, der Menschen aus unterschiedlichen

Nationen zusammenführt und das gegenseitige Verständnis fördert. Renovabis, die Pfingstaktion der katholischen Kirche in Deutschland, setzt auf diesen pfingstlichen Geist und versucht, sich von ihm inspirieren zu lassen.

Gegenseitiges Verständnis ist freilich keinesfalls selbstverständlich. Manchmal scheint es geradezu bedroht. Andere historische Erfahrungen und andersartige Mentalitäten führen zu Meinungsverschiedenheiten, die nicht einfach übergangen werden können. Ein Dissens zwischen West- und Osteuropa ist zwar nicht grundlegend, aber in einzelnen Themenbereichen immer wieder erfahrbar. Dann hilft mir persönlich, was ich eine „Kleine Philosophie der Freundschaft" nenne. Denn ich bin überzeugt: Wo menschliches Wohlwollen und Vertrauen vorhanden sind, wo über die Jahre Freundschaft gewachsen ist, dort kann auch kontrovers diskutiert werden. Das ist dann auch sehr häufig die Erfahrung, die ich machen darf: dass ein kontroverser Meinungsaustausch möglich wird, weil einer dem anderen zutraut, dass sein tiefstes Interesse darin besteht, den Freund besser verstehen zu wollen.

In einer Gesellschaft, die vielfach von Einzelinteressen geleitet ist und sich nicht selten schwer damit tut, Differenzierungen vorzunehmen und Differenzen auszuhalten, ist das Zeugnis gelebter Freundschaft mehr als nur eine Kommunikationsalternative. Es ist ein Hinweis auf eine tiefere Dimension menschlichen Miteinanders, das einer eigenen Logik folgt. Es ist die Logik, von der das Christentum in vielen seiner Schriften, mehr noch freilich durch viele Lebensbeispiele zu erzählen weiß. Es ist die Logik der Gottes- und der Nächstenliebe, durch die etwas aufscheint von jenem geheimnisvollen Gott, der die Liebe selbst ist. Diese Liebe ist freilich kein Abstraktum, sie wird immer wieder auch durch menschliche Nähe erfahrbar, nicht zuletzt auch dort, wo der „Geist der Freundschaft" gepflegt wird.

Dr. Christian Hartl, Hauptgeschäftsführer des Hilfswerks für Mittel- und Osteuropa Renovabis, Freising.

VII. Im Geist der Weltverantwortung

Klaus Werger

Menschenwürde aus Gottes Würde

Menschen, die Religion und Glauben fernstehen, reagieren unterschiedlich, wenn im Gespräch religiöse Themen berührt werden: verlegen, ironisch, neugierig, verärgert, verständnislos, aggressiv, gleichgültig. Manchmal meint man, eine tieferliegende Verletztheit aus ihren Worten heraushören zu können. Nicht selten wird Abschätzigkeit an den Tag gelegt. Kritik an Religion wird auf unterschiedlichen Niveau-Ebenen geübt – oder auch ohne jedes Niveau. Die Argumente sind bekannt. Die Arroganz kann verschiedene Ursachen haben. Darunter solche, die für sich genommen ehrenwert sind.

Jahrhunderte-, ja jahrtausendelang war Gehorsam ein selbstverständlich geltendes Erziehungsziel und ein positiver moralischer Wert. Man kann recht präzise das Datum angeben, von dem an sich dies änderte: 1968. Systematisch wurden damals Autoritätsansprüche in Frage gestellt. Es dürfte der schreckliche Missbrauch von Gehorsam durch die Nationalsozialisten gewesen sein, der in seiner Tragweite erst nach und nach ins Bewusstsein drang und zu einem Umdenken führte. Traditionelle Autoritäten wie Eltern, Lehrer, Professoren, Polizisten, Juristen, Ärzte und Geistliche verloren 1968 und in den Jahren danach ihren Nimbus, büßten an Rang und Macht ein. Wir akzeptieren seitdem als Autorität meist nur, was sich durch Kompetenz oder legitime Amtlichkeit ausweist. Aber unser heutiges, „modernes" Selbstverständnis wurde auch vorher schon geformt.

Bei allem, was wir erleben mögen, geben uns unsere Mitmenschen, gibt uns die Gesellschaft ein Bewusstsein für den eigenen Wert mit. Grundsätzlich gilt es als Unrecht, wenn Menschen getötet, verletzt oder als Sklaven verkauft werden. Als Personen sind wir mehr wert als Dinge, die man zu einem Preis tauschen oder kaufen kann. Menschen sollen dieser Austauschbarkeit entzogen sein. Ihnen allen wird etwas zugeschrieben, was nicht messbar, nicht „antastbar" ist: die Würde. Die Unterscheidung von „Preis" und „Würde" als dem „absoluten innern Wert" finden wir bereits bei Immanuel Kant. Als Wesen von absolutem Wert können wir anderen Menschen nur von gleich zu gleich begegnen. Aus dem Gedanken der Würde des Menschen lässt sich der Gedanke der „Gleichheit" ableiten.

Nicht dass wir tatsächlich alle gleich wären. Dazu sind schon die Unterschiede in unseren natürlichen Anlagen und in dem, was wir im Leben daraus machen, zu groß. Aber damit dürfen keine Wertunterschiede begründet werden. Vor dem Gesetz etwa sind wir alle gleich. Außerdem werden von der Politik die Voraussetzungen dafür erwartet, dass die Bürger zumindest theoretisch die gleichen Möglichkeiten und Chancen haben, auch Menschen, die durch ihr Schicksal beeinträchtigt sind. Benachteiligung aufgrund von Behinderung, geographischer Herkunft, Geschlecht oder sexueller Orientierung wird als Unrecht empfunden.

Ein Wesen von absolutem Wert kann neben sich andere Wesen von ebenfalls absolutem Wert akzeptieren, aber kein Wesen, das wertvoller wäre – also kein höheres Wesen, keinen Gott. Denn mehr als den absoluten Wert oder den unendlichen Wert gibt es nicht. Zu dieser Schlussfolgerung kommt man, wenn man den Gedanken der Würde, genauer: den Gedanken des absoluten Wertes, konsequent weiterdenkt. In dieser abstrakten theoretischen Form wird die Vorstellung von dem unermesslich hohen Eigenwert nicht das Bewusstsein prägen, wohl aber – als Gespür für die Bedeutsamkeit der eigenen Person – das „Bauchgefühl". Es ist eine Haltung, die es schwer machen kann, sich auf Gott auszurichten.

Nach dem Soziologen Hans Joas wurden die Menschenrechtserklärungen des 18. Jahrhunderts dadurch möglich, dass man begann, Menschsein und Personsein als etwas Sakrales zu verstehen. Der französische Soziologe Émile Durkheim, auf den sich Joas bezieht, spricht von einer „Religion, in der der Mensch zugleich Gläubiger und Gott ist". Wenn Menschen sich als sakrale Subjekte verstehen oder fühlen, sich also eine Art von Heiligkeit zuordnen, werden sie ihre Heiligkeitssphäre gegen das schützen, was sie als Eingriff oder Übergriff empfinden. Auch von Seiten eines „heiligeren" Wesens, wenn davon überhaupt noch die Rede sein kann. Verwehren werden sie sich vor allem gegen moralische Beanspruchungen.

Es scheint zu gelten, was Bertolt Brecht in seinem Lied „Die Einheitsfront" über den Menschen sagt: „Er will unter sich keinen Sklaven sehn und über sich keinen Herrn." Keinen Herrn, also auch keinen überirdischen Herrn. Ganz abgesehen davon, dass dessen Existenz nicht zu beweisen ist. Gott passt nicht ohne Weiteres zu den Vorstellungen, die Menschen von sich selbst und ihresgleichen haben. Der Gegensatz zwischen Menschenwürde und Gott ist dennoch nicht unüberbrückbar. Zunächst jedoch stehen sich zwei Denk-Welten fremd gegenüber.

Vielleicht ist die arrogante Herablassung gegenüber Religion und Glauben, der Glaubende mitunter begegnen, auch auf das beschriebene Selbstverständnis zurückzuführen. Durchdrungen vom Bewusstsein für die eigene Wertigkeit sehen Fernstehende in den Gläubigen Menschen, die ihren eigenen Wert nicht kennen und sich freiwillig einer Autorität unterwerfen, wo doch Autoritäten als solche fragwürdig sind. Aber verzichten wir als Glaubende tatsächlich auf unsere Würde? Würde ist eine sinnvolle und wichtige Vorstellung. In der Bibel aber hat sie einen eigenen Akzent.

Das Verhältnis zwischen Gott und Mensch ist eine Beziehung gegenseitiger Liebe. Nur in diesem Rahmen kann es mit den Bildern von Gehorsam und Unterwerfung beschrieben werden. Wenn wir uns auf Gott hin öffnen, können wir uns von Gott geschaffen und geliebt wissen. Würde beziehen wir als Glaubende daraus, dass wir von Gott angesprochen sind. Als Menschen sind wir vor Gott „wertvoll", auch wenn wir in der Gesellschaft kein Ansehen genießen und in den Augen der anderen keinen oder wenig „Wert" besitzen. Andererseits wäre eine Fixierung auf die Bedeutung und den Wert der eigenen Person nicht das, was Gott von uns Menschen erwartet.

Gott hat eine Nähe zum Niedrigen. Christus, in dem Gott zu uns Menschen gekommen ist, hat sich „leer gemacht", sich „entäußert". Er wurde im Dienst an den Menschen „einem Sklaven gleich" (Phil 2,7). Höhepunkt beziehungsweise Tiefpunkt war die entwürdigende Hinrichtung am Kreuz. Die „Würde Gottes" ist nicht eindimensional Höhe, Größe und Heiligkeit, sondern sie schließt – uns zum Vorbild – Niedrigkeit und Demut ein.

Klaus Werger, Gymnasiallehrer für katholische Religion, Philosophie, Ethik und Latein, Worms.

Wolfgang Thönissen

Gerecht oder barmherzig?

Brauchen wir einen gnädigen Gott? Theologische Fragen um Rechtfertigung und Gnade haben die westliche Christenheit über Jahrhunderte seit dem Ausgang des Mittelalters beschäftigt. Doch heute? Papst Franziskus wird nicht müde, die Rede vom barmherzigen Gott zum Angelpunkt seiner Verkündigung zu machen. Theologen und Verantwortliche der Kirchen tun dasselbe, um auf die Botschaft der Barmherzigkeit zu verweisen. Wo Menschen durch Krieg, Hunger und Vertreibung zur Flucht gezwungen werden, bedarf es auch politisch einer Kultur der Barmherzigkeit, mit der auf die Not der Menschen reagiert werden kann. Da steht die Theologie nicht abseits.

So sehr die Rede von der Barmherzigkeit Gottes einzuleuchten scheint, ist sie doch der Gefahr ausgesetzt, zu einer abgegriffenen Münze zu werden. Wer wollte angesichts von Not und Elend nicht barmherzig sein? Doch wie weit reicht Barmherzigkeit? Ist das Hauptanliegen einer barmherzigen Handlung, bestehende Regeln und Gesetze zu durchbrechen? Oder beruht gar Barmherzigkeit selbst auf einer Ordnung, die Regeln und Gesetze einfordert? Barmherzigkeit ohne klare Regelungen scheint kaum vorstellbar zu sein. Das gilt nicht nur für die Politik. Die theologische Tradition hat diesen

Zusammenhang als Verhältnis von Barmherzigkeit und Gerechtigkeit verstanden. „Der Gerechte wird aus Glauben leben" (Röm 1,17, Luther-Übersetzung). Die Gerechtigkeit wird im Evangelium offenbart.

Kein Begriff hat wie dieser mindestens die westlich-lateinische Theologie über zwei Jahrtausende beschäftigt und damit das abendländische Gottesbild geprägt. Die ökumenische Verständigung unserer Gegenwart hat übereinstimmend festgehalten, dass mit dem biblischen Begriff der Gerechtigkeit das Christusgeschehen gemeint ist. Damit ist dieser Begriff der Schlüssel für das Evangelium von Jesus Christus. Ohne ihn kann es offenbar überhaupt keine Verständigung über das Evangelium geben. Aber genau dieser Begriff hat in den verschiedenen Denkwegen und Traditionen ganz unterschiedliche Interpretationen, ja oft sogar gegensätzliche Auslegungen erfahren. Reicht der Streit bis in die Wurzel des christlichen Erbes? So hat es über Jahrhunderte den Anschein gehabt.

Gott nimmt uns allein aus Gnade im Glauben an das Evangelium an, er rechtfertigt uns. Hier haben wir das Zentrum, das Kernstück des ganzen Evangeliums vor uns. Um dieses Kernstück der Theologie ging es auch im 16. Jahrhundert: Wir leben aus der Gnade und der Güte und der Barmherzigkeit Gottes. Unser Leben wird uns von Gott geschenkt. Martin Luthers zentrale Frage nach Gott war die nach einem gnädigen Gott. „Wie bekomme ich einen gnädigen Gott?" Nicht dadurch, dass man Frommes leistet, nicht dadurch, dass man sich ständig um sein Seelenheil kümmert, war seine Antwort. Darum haben die Christen Jahrhunderte gestritten. Darum haben sie sich gegenseitig verurteilt und verdammt. Jetzt haben sie gemeinsam entdeckt: Der gnädige Gott ist der, der uns entgegenkommt, der uns beschenkt, der uns liebt.

Was heißt das für das heutige Gottesbild? Brauchen wir tatsächlich einen gnädigen Gott, um leben zu können? Ist unsere Frage nicht überhaupt die nach Gott: Wo ist dieser Gott? Ist er in unserem Alltag lebendig? Wenn schon die Frage nach Gott erledigt zu sein scheint, dann erst recht die Frage nach dem gnädigen Gott. „Gnädiger Gott" klingt doch ganz nach gnädigem Herrn, nach Ordnung, nach Unterordnung, nach gesellschaftlicher Hierarchie. An einen Gott glauben, der uns Ein- oder Unterordnung predigt? Das tut heute wohl kaum einer mehr.

Welche Fragen stellen Menschen heute überhaupt noch nach Gott? Nach dem Sinn, nach dem Leben, nach dem gerechten Leben, nach Freiheit, Solidarität, nach Gerechtigkeit. Geht das nicht auch alles ohne Gott? Brauchen wir Gott für ein gutes Leben? Viele verneinen diese Frage inzwischen. Wir können gut leben ohne Gott. Es wird schon irgendwie gutgehen, mit der Gesundheit, mit der Partnerschaft, mit der Freundschaft, in der Familie, im Beruf.

VII. Im Geist der Weltverantwortung

Wird es gutgehen? Irgendwie schon? Natürlich brauchen wir Gerechtigkeit in der Welt, soweit wir das können. Aber die noch so ausgefeilte Gerechtigkeit unter den Menschen bleibt immer etwas schuldig. Kennen wir nicht auch den Spruch: Gnade vor Recht ergehen lassen? Gnade, hat dieses uns so elend klingende Wort nicht doch auch eine Verheißung? Wer wollte ohne Barmherzigkeit leben?

Das könnte die theologische Gottesbotschaft für heute sein: Bei Gott geht es um die Gnade, um die Liebe, die Barmherzigkeit. Ist auch die Welt auf diese Botschaft angewiesen? Nichts in der Welt kann dem Himmelreich gleichen, auch das noch so ausgefeilte Recht bleibt den Menschen immer etwas schuldig. Eine absolute Gerechtigkeit auf der Welt gibt es nicht. Wir müssen immer daran arbeiten. Handeln wir im Sinne Gottes, handeln wir ganz aus seiner Gnade und Barmherzigkeit. Sind wir bereit, so zu handeln wie Gott: Gnade vor Recht ergehen zu lassen? Alles auf die Gnade setzen? Folgen wir dieser Logik, so sehen wir die Welt in einem anderen Licht, in Gottes Licht. Was ist es uns wert, in die leuchtenden Augen von Kindern zu blicken, die ein Geschenk in Empfang nehmen? Können wir etwas empfangen, was uns geschenkt wird, können wir es wirklich? Stellen wir nicht immer Bedingungen, wollen wir nicht immer noch etwas anderes?

So leuchtet uns langsam ein: Wir brauchen die Unterbrechung unserer so ausgefeilten menschlichen Logik. Ich bin persönlich überzeugt: Wir brauchen diese Logik Gottes. Die Logik Gottes – das ist seine Gnade. Ohne Gnade ist alles nichts, aber Gnade setzt auch die Ordnungen unseres Lebens und des Glaubens frei, macht sie möglich. Ohne diese Sinnorientierungen bleibt unser Leben ort- und wertlos. Gottes Gerechtigkeit ist seine Gnade und seine Barmherzigkeit. Sie ruft uns dazu auf, der Logik Gottes in der Welt zu folgen. Der Glaube setzt das Handeln frei, er behindert es nicht. Freilich: Gerechtigkeit ohne Gnade ist grausam, Gnade ohne Gerechtigkeit ist Willkür, daraus wird keine gerechte Welt. So ist, wie schon Thomas von Aquin gesehen hat, die Gnade an die Gerechtigkeit gebunden, wie umgekehrt die Gerechtigkeit auf die Gnade angewiesen. Der gnädige Gott ist der gerechte Gott, der will, dass wir leben, in einer freien, einer solidarischen, in einer gerechten, manchmal auch sehr unfertigen Welt.

Prof. Dr. Wolfgang Thönissen, Leitender Direktor des Johann-Adam-Möhler-Instituts für Ökumenik und Lehrstuhlinhaber für Ökumenische Theologie an der Theologischen Fakultät Paderborn.

Matthias Mühl

Das bejahte Leben, die bejahte Welt

„In der täglichen Ausübung Unseres apostolischen Hirtenamtes geschieht es oft, dass bisweilen Stimmen solcher Personen unser Ohr betrüben, die zwar vor religiösem Eifer brennen, aber nicht genügend Sinn für die rechte Beurteilung der Dinge noch ein kluges Urteil walten lassen. Sie meinen nämlich, in den heutigen Verhältnissen der menschlichen Gesellschaft nur Untergang und Unheil zu erkennen. Sie reden unablässig davon, dass unsere Zeit im Vergleich zur Vergangenheit dauernd zum Schlechteren abgeglitten sei. Sie benehmen sich so, als hätten sie nichts aus der Geschichte gelernt, die eine Lehrmeisterin des Lebens ist, und als sei in den Zeiten früherer Konzilien, was die christliche Lehre, die Sitten und die Freiheit der Kirche betrifft, alles sauber und recht zugegangen.

Wir aber sind völlig anderer Meinung als diese Unglückspropheten, die immer das Unheil voraussagen, als ob die Welt vor dem Untergange stünde. In der gegenwärtigen Entwicklung der menschlichen Ereignisse, durch welche die Menschheit in eine neue Ordnung einzutreten scheint, muss man viel eher einen verborgenen Plan der göttlichen Vorsehung anerkennen."

Mit diesen Worten hatte Papst Johannes XXIII. 1962 das Zweite Vatikanische Konzil eröffnet. Sie haben von ihrer Aktualität nichts verloren. Auch wenn es dem Papst bei seiner Bewertung der Verhältnisse der Zeit sicher zunächst um die Rolle der Kirche und weniger um die Frage nach Gott ging, macht er doch deutlich, dass es die Verhältnisse der jeweiligen Zeit sind, die den Ort bilden, an dem Gott sich immer wieder neu zeigt beziehungsweise an dem es Gott zu finden gilt. Die Sicht von Johannes XXIII. auf die menschliche Geschichte und die Zeichen der Zeit entspricht der biblischen Gottesrede, die Gott als einen geschichtsmächtigen Gott vorstellt, der sich in der Geschichte der Menschen zu erkennen gibt.

Das grundlegende Gottesverständnis: Leben, das Leben will

In der biblischen Überlieferung erweist sich Gott als einer, der das Leben will beziehungsweise der will, dass das Leben gelingt. In der Botschaft wie im Handeln Jesu, in seinen Gleichnissen wie seinen Machttaten wird das immer wieder deutlich. Ein solches Bild von Gott besitzt eine dynamische Struktur, die in der Lage ist, die Spannungen, die jedes Leben ausmachen, nicht vorschnell aufzulösen, sondern produktiv aufzunehmen. Es ist getragen von der Dynamik des je größeren Gottes.

VII. Im Geist der Weltverantwortung

Das grundlegende Menschenbild: die Freiheit des Menschen

Wenn Gott das Leben will, dann will er das Leben um des Lebens willen. Gottes Wille zum Gelingen des Leben findet seine Grenze an der Eigenständigkeit und Freiheit, die dieses Leben wesentlich kennzeichnen. Leiden und Schmerz, Tod und Krankheit sind Wirklichkeiten, die Gott nicht will. Die schöpferische Macht Gottes zeigt sich so zugleich als Macht, die dieser Schattenseite der Freiheit gegenüber ohnmächtig ist. Wenn an dem Mann aus Nazareth ablesbar ist, was es mit Gott auf sich hat, dann ist das „Wasserzeichen" des christlichen Gottesbildes die Ohnmacht Gottes, der eher bereit ist, selbst Kreuz und Leid zu ertragen, denn die Freiheit des Menschen anzutasten.

An Gott glauben heißt zweifeln: der Glaube als Option

Ist der Mensch wie auf je eigene Weise alles Leben tatsächlich frei, dann gilt das auch für den Glauben. Die neutestamentliche Überlieferung erzählt immer wieder davon, dass Jesus mit seiner Botschaft auf taube Ohren und auf Ablehnung stößt. Jesus verurteilt dies nicht. Die Option des Nicht-Glaubens gehört für ihn dazu. Gibt es den Glauben nur in der Weise der Option, schließt dies ein, dass es auch andere Optionen geben muss, die der Möglichkeit des Glaubens zumindest in ihrem Charakter gleichwertig sind. An Gott glauben heißt, zugleich anerkennen, dass andere – möglicherweise mit gleichermaßen guten Gründen – nicht an Gott glauben.

An Gott glauben heißt hoffen: Glaube als Hoffnung

Vielleicht ist das stärkste Argument für den Glauben an Gott, dass er eine Option der Hoffnung noch dort bereithält, in der menschliches Hoffen an sein Ende kommt. Glauben heißt darauf setzen, dass Leid und Tod nicht der letzte Horizont des Lebens sind.

Die Rede von Gott aus Hoffnung und aufgrund von Hoffnung ist von dem zu unterscheiden, was gewusst, was mittels messbarer Erfahrung etwa der Naturwissenschaften erkannt werden kann. Die Hoffnung auf Gott speist eine Sinndimension in das Nachdenken ein und erinnert daran, dass die Wirklichkeit noch nicht zu Ende erkannt ist, wenn ihre chemische, biologische oder physikalische Beschaffenheit erkannt ist.

VII. Im Geist der Weltverantwortung

Die Diesseitigkeit des Gottesglaubens:
Bejahung der Welt und der Geschichte

Die Hoffnung, die Mensch und Welt über sich hinausverweist, ist zugleich eine Hoffnung für die Welt und die Geschichte. Jesus verkündet den Anbruch des Reiches Gottes bereits mitten in dieser Welt. Über die Geschichte gibt sich Gott zu erkennen. Aller menschlichen und damit auch der biblischen Gottesrede ist die Geschichtlichkeit selber eingeschrieben.

Die politische Seite des Gottesglaubens:
Einsatz für Gerechtigkeit, Frieden und Bewahrung der Schöpfung

Christsein heißt am Kommen des Reiches Gottes mitarbeiten. Konkret wird diese Berufung im Einsatz für Gerechtigkeit, Frieden und Bewahrung der Schöpfung. An den Orten, an denen Christen handeln, werden sie sich gemeinsam mit „allen Menschen guten Willens" – so Johannes XXIII. in seiner Enzyklika „Pacem in terris" – dafür einsetzen, dass menschliches Miteinander gelingt und die Schöpfung bewahrt wird. Mehr noch als alle Worte können der konkrete Einsatz für das Leben und sein Gelingen zu einem Zeugnis des Glaubens werden.

Freiheit und Geschichtlichkeit:
Konsequenzen der Gottesrede für die Gestalt des Gottesglaubens

Im Mittelpunkt kirchlichen Handelns muss die Sorge für das Leben, seine freie Entfaltung und sein Gelingen stehen.

Aus der Stärkung der Freiheit und Autonomie des Menschen und des Lebens ergibt sich eine diakonale Grundhaltung, die ihren Maßstab in der Frage Jesu findet: „Was willst du, dass ich dir tue?" (Lk 18,41).

Zeigt sich Gott in der Geschichte, findet er sich auch in der Lebensgeschichte eines jeden. Gott verkünden bedeutet, den Menschen zuzuhören, um mit ihnen Gott zu entdecken.

Die Bejahung der Geschichtlichkeit verlangt immer wieder Reformen in allen Lebensvollzügen der Gemeinschaft der Glaubenden. Die Selbstäußerung der Kirche in Liturgie, Verkündigung und Gemeinschaftsleben ist immer wieder auf deren geschichtliche Abhängigkeit und Zufälligkeit hin zu befragen.

Insoweit Autonomie und Gewissensfreiheit, Mitgestaltung und Gleichberechtigung Bezugsgrößen der Gegenwart sind, die in Einklang mit der biblischen Überlieferung und deren Welt- und Menschenbild stehen, sind diese in die kirchlichen Selbstvollzüge zu integrieren.

Dr. Matthias Mühl, Diakon und Studiendirektor, Freiburg im Breisgau.

VIII. Glauben heißt leben

Michael Albus

Neue Lieder singen

Seit einiger Zeit frage ich mich immer dringlicher: Ist die Frage nach „Gott" eine „religiöse" Frage? Ist sie nicht einfach die menschlichste aller Fragen des Menschen? Dass er wissen will, woher er kommt? Warum er da ist zwischen Zeugung und Tod? Warum er gehen muss? Und: Was danach kommt oder nicht kommt?

Es gibt nur menschliche Fragen. Manchen hängen wir das Etikett „religiös" an. Vor allem jenen, auf die wir Zeit unseres irdischen Daseins keine Antwort finden.

Ich halte es schon lange mit Lao-Tse: „Der Name, der sich nennen lässt, ist nicht der ewige Name". – „Gott" ist ein vorläufiger Name. – „Wie du warst vor aller Zeit, so bleibst du in Ewigkeit": Wirklich?

Denen, die versuchten und versuchen, sich mit Vorstellungen von gestern zu nähren, hat Marie-Luise Kaschnitz schon vor Jahrzehnten ins Stammbuch geschrieben:

Mit denen, die Dich auf die alte Weise
Erkennen wollen, gehst Du unsanft um.
Vor Deinen Altären lässt Du ihr Herz veröden,
In Deinen schönen Tälern schlägst Du sie
Mit Blindheit. Denen, die Dich zu loben versuchen,
Spülst Du vor die Füße den aufgetriebenen Leichnam.
Denen, die anheben, von Deiner Liebe zu reden,
Kehrst Du das Wort im Mund um, lässt sie heulen
Wie Hunde in der Nacht.
   (Neue Gedichte, Claassen Verlag, Düsseldorf 1957)

Das Denken über und das Reden von „Gott" bleiben bestenfalls ein Stammeln. Perfekt geht nicht. Das Vorläufige ist das Endgültige.

Damals: Erzogen und ausgebildet wurde ich zu theoretischem Betrachten, zu distanzierendem Differenzieren, zu möglichst abgewogenen, logischen Urteilen und Schlüssen. Erst mal den Kopf einschalten! Bloß nicht so radikal sein! Wo kämen wir hin?! – So hat man uns vor Zeiten aus Elternhaus, Kirche, Schule und Universität in die „Welt", ins „Leben" geschickt.

VIII. Glauben heißt leben

Und heute: Irgendwie sind wir doch mit unserem überkommenen Kirchen- und Theologen-„Latein" wortreich am Ende. Oder nicht? Mir geht es damit so angesichts der modernen Gesellschaft.

Oberflächenkosmetik ist nicht die Lösung. Sprachverschönerungsversuche laufen, kraftlos geworden, ins Leere. Die Essenz des konkreten Lebens ist in hartnäckigen Strukturen verloren gegangen, ist im theoretischen Denken verdunstet.

Es ist Zeit, neue Lieder zu singen.

Neue Lieder singen heißt, die Tonlage zu ändern.

Neue Lieder singen heißt, von meinem (Er-)Leben zu erzählen. In allen Facetten. Nicht gleich „bei Gott" zu sein. Nicht „Gott" über alles in der Welt zu stellen. Das konkrete, ordentliche und unordentliche Leben wahr- und ernstzunehmen.

Neue Lieder singen heißt, einen anderen Atem zu erspüren.

Freier.

Neue Lieder entstehen nicht in engen und geschlossenen Räumen.

Neue Lieder erwachsen nicht aus dem Einhalten von Vorschriften und Rubriken.

Neue Lieder kommen nicht aus dem ängstlichen Versuch, alte Traditionen aufrecht zu erhalten.

Neue Lieder kommen aus den ungeschönten Erfahrungen des Jetzt.

Was ich in vielen Jahren im persönlichen Leben, in meiner weltweiten beruflichen Praxis als Journalist und als Lehrender und in der Lehre Lernender an einer theologischen Fakultät beim Versuch, ein Christ in der Gegenwart zu sein, erlebt und erfahren habe, hat mich andere Prioritäten finden lassen als kirchliche und theologische Vorgaben für die Rede und die Verkündigung von „Gott".

Er-Lebnis und Er-Fahrung sind mir wichtiger geworden als je zuvor und haben mich zu einer anderen Praxis gebracht. Ihr Grund-Satz lautet: Erfahrung geht vor Denken.

Ich habe keinen Respekt mehr vor großen, theoretisch verschachtelten und kunstvoll errichteten Gedankengebäuden – gleich ob altmodisch oder neumodisch –, wenn sie nicht ausweisen oder ausweisen können, welche persönlichen Erfahrungen dahinter oder als Fundamente darunter stehen, wenn sie nicht der insistierenden Frage standhalten, ob sie lebenstauglich, begehbar und bewohnbar sind. In Gedankengebäuden kann ich nicht leben. Auch in Verwaltungsgebäuden nicht.

In Adolf Muschgs Roman „Sutters Glück" (Frankfurt 2001) sagt der Pfarrer zum ehemaligen Gerichtsreporter Sutter:

„Die Theologie, Herr Sutter, ist ein Abwesenheitsverfahren. Da gilt nicht einmal mehr: in dubio pro Deo (im Zweifel für Gott). Alle Hintertüren sind

VIII. Glauben heißt leben

zu, auch diejenige für Schlaumeier. Glauben als Fifty-Fifty-Spekulation. Gibt es Gott, so hat sie sich ausgezahlt. Gibt es ihn nicht, so hast du mit dem Glauben nicht viel verloren. Falsch Sutter, alles verloren. Die Rest-Ehrlichkeit unserer Existenz. Die Existenz ist das, was einer aushalten muss, gefragt oder ungefragt. Kommt von Herausstehen. Wir stehen ins Leere wie ein blutiger Daumen, und solange er steht, kriegt er immer noch mehr ab. Einziehen kannst du ihn nicht. Fehlt die Hand." (S. 118/119).

Meine Herausforderungen erwachsen aus meinem konkreten Leben in der „modernen" Gesellschaft. Die Bibel sagt mir, dass sie nicht meine letzte Heimat – das „Lager draußen vor den Toren" –, dass sie nicht die „bleibende Stadt" ist (Hebr 13,14). Ich lasse mich jedoch auf die jetzige Stadt ohne Vorbehalt ein. Dort will ich von der Hoffnung – und manchmal auch von der Verzweiflung – Rechenschaft geben, die in mir ist (1 Petr 3,15). Mich mir und anderen gegenüber als Mensch bewähren, der aus einem „Toten zu einem Lebenden" geworden ist (Röm 6,11–14).

Der Jesuit und Paläoanthropologe Pierre Teilhard de Chardin bringt es verdichtet zum Ausdruck:

„Um die Welt zu begreifen, genügt das Wissen nicht:
man muss sehen, berühren, leben in der Gegenwart,
die Existenz ganz heiß trinken,
am Herzen der Realität selbst...
Nein, die Reinheit besteht nicht
in der Trennung,
sondern in einer tieferen
Durchdringung des Universums..."

Was hilft es, wenn ich mich am Alten und Negativen abarbeite oder mich an Zukunftsvisionen berausche? Und darüber die Gegenwart vergesse? Nichts hilft es! Der Kopf mag dabei seinen Spaß haben. Das Herz schrumpft und verkümmert indessen.

Meine alles entscheidende Zeit, meine Anfangs- und End-Zeit ist die Gegenwart. Sie ist mein A und mein O.

Prof. Dr. Michael Albus, Theologe, Fernsehjournalist, Filmemacher und
Buchautor, lehrt Religionsdidaktik der Medien an der theologischen
Fakultät der Universität Freiburg im Breisgau, Heidesheim.

VIII. Glauben heißt leben

Friedrich Schorlemmer

Ich glaube ihm – nicht an ihn

Ich glaube diesem Jesus von Nazareth. Dem glaube ich. Ihm nehme ich ab, was er von Gott sagt: Er ist der inspirierende, unerschöpfliche Gnadengrund, aus dem wir leben. Das meint Jesus, wenn er ihn bildhaft Vater nennt und wenn er im Vertrauen darauf – seiner selbst bewusst – von sich sagt: Ich bin der Weg und die Wahrheit und das Leben; niemand kommt zum Vater denn durch mich (Joh 14,6). Das glaube ich ihm. Aber der Gott des sogenannten Apostolikum, des apostolischen Glaubensbekenntnisses, ist mir im Laufe der Jahrzehnte fremd geworden.

Kaiser Konstantin hatte 325 n. Chr. das Konzil von Nizäa einberufen. Er wollte die Einheit des Reiches durch die Einheit des Glaubens „von oben" herbeiführen. So wurde schließlich das Apostolikum als trinitarisches Taufbekenntnis ein Mittel, um die damals miteinander konkurrierenden Lehren zu synchronisieren. Im Zeichen des Kreuzes soll Konstantin auf wundersame Weise die Schlacht gegen Maxentius gewonnen haben. Das Christentum wurde Staatsreligion. Der Kaiser ließ sich allerdings erst auf dem Sterbebett taufen. Das Apostolikum atmet in jeder Weise den Geist jener Zeit.

In den Formeln, in denen dieses Bekenntnis versucht, uns Gott nahe zu bringen, kann ich mich nicht mehr wiederfinden. Manchmal spüre ich noch etwas von dem heiligen Schauer, den es hervorruft, zumal dann, wenn es in großer versammelter Schar von Gläubigen gesprochen wird. Ein leises inneres Nachbeben, ein Nachhall der frühen Jahre, als mir diese Worte ins kindliche Herz gesenkt worden sind?

Heute aber frage ich: Wem gegenüber wird das bekannt, und wer glaubt das? Und was meint hier Glauben? Glauben an wundersame Dinge in einer dreistöckigen Welt, in der Gott oben im Himmel residiert, wo diese Welt Kampf- und Bewährungsfeld des Menschen angesichts des Weltgerichts darstellt, wo die Gemeinschaft der Heiligen dem „Reich des Bösen" entrinnt und der Auferstehung harrt. Jesus als eingeborener Sohn leidet, stirbt, wird auferweckt und fährt zum Himmel. War da nicht noch etwas, das diese Welt erhellt, das den Glaubenden auffängt, orientiert, tröstet, das Vertrauen, Hoffen und Lieben lehrt? Welches Verständnis von Glauben als einem „Für-Wahr-Halten", als einem „Glauben an den Vater, den Sohn und den Heiligen Geist" tritt darin zutage, und welche Verrenkungen muss man machen, um das alles im dritten Jahrhausend post Christum verständlich und vertretbar zu machen?

Es bedarf weiter Wege und theologischer Deutungen, um dieses alte Bekenntnis nachvollziehbar zu machen. Anfänglich, so lesen es manche, waren es widerständige Worte in einer Angst machenden, Besorgnis erregenden Realität. In dem supranaturalistischen Weltbild jener Zeit, in das wir, selbst wenn wir es wollten, nicht mehr zurückkriechen können, war es ein Widerwort, ein Bekenntnis gegen das Diktat der damaligen Staatsreligion. Ich glaube an Gott, nicht an den Kaiser. Ich glaube an Jesus Christus, nicht an das Recht des Stärkeren oder an die Gewalt. Ich glaube daran, dass Menschen ihre Schuld nicht verdrängen müssen, sondern frei werden können von ihren Traumata. Wenn wir uns in der gebotenen, intellektuellen Redlichkeit auf diesen Geist beziehen wollen, der Mut macht zum aufrechten Gang, dann müssen wir uns verabschieden von den Sprachbildern, von denen das Apostolikum geprägt ist, die in das Weltbild einer Zeit weit vor Galileo Galilei zurückzwingen, weit vor der Aufklärung und vor historisch-kritischer Exegese. Gewiss, man kann das apostolische Glaubensbekenntnis als dogmengeschichtliches Dokument achten und ehren, aber nicht mehr verbunden mit der ernsthaften Erwartung, seinen Glauben zeitgemäß und angemessen ausgedrückt zu finden.

Gibt nicht das Vaterunser viel besser wieder, was unseren Glauben ganz existentiell ausmacht? Auch andere biblische Texte wären – gemeinsam gesprochen – bestärkender Ausdruck dessen, was uns im Innersten anrührt und zum Äußersten befähigt: Zum Beispiel der Brief über die Liebe vom Apostel Paulus (1 Kor 13), Psalm 23 oder ganz schlicht die erste Strophe von Liedern wie „Wer nur den lieben Gott lässt walten". Jedenfalls müsste darin etwas aufleuchten von der befreienden und verbindlichen Botschaft des Jesus von Nazareth, von der innersten Nähe, die ein Mensch zu Jesus, dem Christus, haben kann. So kann man Texte der Heiligen Schrift für sich allein oder mit anderen zusammen meditierend lesen.

Im Zusammenhang mit dem „Ökumenischen Prozess für Frieden, Gerechtigkeit und Bewahrung der Schöpfung" habe ich 1985 ein (für den Gebrauch viel zu langes) Bekenntnis zu formulieren versucht. Zentral ist für mich eine ganz einfache „Fall-Verschiebung", nämlich nicht mehr *an* jemanden zu glauben, sondern *jemandem* zu glauben. Der Dativ wird im christlichen Glauben grundsätzlich dem Akkusativ vorgeordnet.

Ich glaube Dir – ein Bekenntnis zum Leben mitten in der Gefahr:

Ich glaube Dir, Gott, Du Ursprung, Mitte und Ziel allen Lebens.
Du berufst mich zum Leben unter Lebendigem.
Du beschenkst mich mit Fähigkeiten zu singen und zu lieben, zu weinen und zu spielen, zu denken und zu sprechen, zu arbeiten und zu ruhen, zu verändern und zu bewahren.
Du lädst mich ein zur Partnerschaft mit Dir inmitten der mir anvertrauten Welt.

VIII. Glauben heißt leben

Du hast mir großen Spielraum gegeben – eine Freiheit, mit der ich mich selbst und meine Welt aufs Spiel setzen kann.
Ich glaube Dir, Gott, Du bist geduldig, gnädig und von großer Güte. Darum und nur darum verzweifle ich nicht, wenn ich die Erde ansehe, die Du mir in die Hände gegeben hast. Du behältst sie in Händen. Das ist meine Hoffnung. Darum, nur darum versinke ich nicht in meiner Angst.
Ich danke Dir für alles, was Du mich in dieser Welt erleben lässt.

Ich glaube Dir, Menschensohn, wirklicher Mensch, Mensch aus Gott.
Jesus aus Nazareth. Dir glaube ich den Frieden. Du hast ihn gelebt mitten im Streit. Du hast Dir nichts erspart, und Dir ist nichts erspart geblieben. Zu Dir blicke ich auf, auch wenn Du nicht oben sein willst. Gerade deshalb blicke ich auf.
An Dir sehe ich, dass Sanftmut nicht Schwäche, Demut nicht Unterwürfigkeit, Friedfertigkeit nicht Passivität ist.
Dir glaube ich den Anfang eines Lebens ohne Herrschaft.
Dir glaube ich das Ende der Abschreckung.
Dir glaube ich den Ausstieg aus der Vergeltung.
Dir glaube ich die Liebe zum Leben ohne den Anspruch auf Besitz.
Dir glaube ich die Nähe zu den Schwachen ohne die Herablassung der Starken.
Dir glaube ich die Vergebung der Schuld ohne den Nachgeschmack der Bitterkeit.
Dir glaube ich das Leben, das durch den Tod hindurchgegangen ist.
Dir glaube ich aufs Wort, auch wenn ich zu träge bin, es zu leben.
Dir glaube ich die Tränen, die Du über uns weinst, wenn Du auf unsere Stadt siehst.
Was uns zum Leben dient, das zeigst Du uns. Ich bin froh, dass es Dich gibt.

Ich glaube Dir, erneuernder Geist, Geist der Brüderlichkeit und der Gerechtigkeit, Geist der Wahrheit und Geist der Freiheit, Heiliger Geist, Flamme des Lebens unter uns.
Ich glaube Deine Gegenwart, aus der mir Zukunft erwächst, eine Zukunft, die Raum lässt für alle.
Ich glaube Dich über Brot und Wein, geteilt, verteilt, verschenkt,
für jeden sein Teil.
Ich glaube Dir, verwandelnder Geist.
In die Zukunft des Lebens weist Du mich.
Wo sich alles im Kreise dreht,
wo ich denke, es gibt keine Chance mehr,

wo sich die Spirale des Hungers und der Todesmaschinen nach oben dreht
   und wo ich gebannt auf das Ende starre,
da bleibst Du meine Hoffnung.
Du fängst immer wieder an mit mir, mit uns, mit den anderen.

Schöpferischer Geist, gestern, heute, morgen – aus Deinem Atem lebe ich.
Du lässt mich aufbrechen auf Dein Reich hin.
Zeichen des Lebens lässt Du mich entdecken und tun.
So komm, Taube, bring mir den Zweig der Hoffnung.
Gott, Heiliger Geist, der Du die Erde berührst an ihren Enden,
lass mich zusammen mit den anderen bleiben
unter dem Regenbogen Deiner Güte.

So wird mir Glauben zu einem Grund-Vertrauen
selbst unter dunklen Horizonten.

Wunder bleiben, aber sie drücken meine Begeisterung und mein Ver-Wundern aus, ohne mir einen rationalen Salto mortale abzunötigen.

   Friedrich Schorlemmer, Theologe und Bürgerrechtler in der DDR, Publizist, langjähriger Studienleiter der Evangelischen Akademie Sachsen-Anhalt, Wittenberg.

Monika Warmbrunn

Der Geschmack fürs Unendliche

Osternacht. Ich habe mal wieder die Liturgie in einer Nachbargemeinde bevorzugt. Die Allerheiligen-Litanei gehört nicht gerade zu den spirituellen Höhepunkten im Kirchenjahr. Aber diesmal ist alles anders: Zwei begabte Sängerinnen wechseln sich bei den Anrufungen der Heiligen mit einer schwungvollen Melodie gegenseitig ab. Um mich herum freuen sich alle, swingen unvermittelt mit. Füße wippen, Hüften schwingen. So habe ich noch nie die Anrufung der Heiligen gehört. Die „Communio sanctorum" nicht dröge-dogmatisch, sondern hör- und fühlbar!

   Zuhause angekommen stoßen wir, immer noch beschwingt, mit Wein auf die Auferstehung an. Ein überraschender Anlass – und der Glaube wurde lebendig.

Wie sieht es sonst aus: Glaube, erfahrbar im Alltag der Pfarrei? Leider viel Grau: Familien aus dem längst nicht mehr existierenden Familienkreis mit inzwischen erwachsenen Kindern haben sich grußlos aus dem gottesdienstlichen und sonstigen Gemeindeleben verabschiedet. Einfach nicht mehr vorhanden. Kirchliche Strukturdebatten über die ewig gleichen Langweiler: „Pastorale" Aufbrüche, Umbrüche, neue Konzepte, deren hohles Wortgeklingel schon beim Überfliegen Gähnattacken auslöst. „Heimat"gemeinde ohne Heimat. Wie viele sehnen sich nach gemeinsamer Erfahrung, sind abgeschreckt und irritiert durch leere Gesichter in den Kirchenbänken, durch funktionale Gottesdienste? Fehlender Esprit stößt womöglich doch ab.

Wenige Lichtblicke: ein Bibelkreis seit Jahren, immer wieder Auftanken in Taizé und Glauben als Privatissimum. Beten alleine, als Paar, in der Familie, Hilfe in der Not. Lebendige Diskussionen mit Kindern und Freunden.

Dann gibt es noch das Berufsleben als Lehrerin. Ist der Glaube präsent im Schulalltag eines Gymnasiums? Die Schule soll ja Teil und Abbild der ganzen Gesellschaft mit ihren Meinungen, Inhalten, Zielen und Leitbildern sein. Auch hier bin ich auf verlorenem Posten: Schulische Seelsorgepläne gibt es nicht. Dafür bewegt die Lehrerschaft die sogenannte Implementierung des innovativen Fachs Fach IMP – Informatik, Mathematik, Physik. Viele Ingenieurinnen und Ingenieure braucht das Land! Da habe ich als Naturwissenschaftlerin natürlich nichts dagegen. Aber gab es da nicht noch etwas? Allgemeinbildung, die Frage nach dem Woher und Wohin. Schulethik beschränkt sich auf passende Regeln, Werteappelle, Rituale. Religion im eigentlichen Sinn, die Frage nach Gott als Kernfrage ist da bestenfalls ein peinliches Randthema.

Was wünsche ich mir? Dass Glaube für mich erfahrbar ist wie in jener bewegten Osternacht. Kleine Überraschungen, die Gewohntes in Frage stellen. Gern experimentiere ich mit wenigem, manches geht schief, aber das eine oder andere bringt mich weiter. Ich brauche keine aufgesetzte charismatische Erweckungsbewegung, sondern originelle Ideen, die (kirchliche) Grenzen überspringen, den Geschmack Gottes erfahrbar machen, Begegnung schaffen, gemeinsames Leben ermöglichen. Nicht „diesen unseren Gott" beschwören, sondern mich von Alltagserfahrungen der Mitsuchenden berühren lassen, den Weg eher tastend als wissend suchend. So könnte Gemeinde – auch vor Ort – sinnvoll sein: bescheiden gemeinsam unterwegs sein als Zweifelnde und Hoffende, gestärkt durch die sonntägliche Feier der Eucharistie und das lebendige Mit-teilen des Alltags. Ich brauche keine besserwisserische Bevormundung durch Pfarrgremien, die genau wissen, was schon immer gut war oder was gut sein wird für die anderen, dabei aber nur um ihre eigenen Lieblingsprojekte und Lieblingsprojektionen kreisen. Ich wünsche mir Räume, in denen ich mit Menschen aus der zweiten – oder letzten – Reihe ins Gespräch kommen könnte. Keinen Aktionismus, lieber echte Leere aushalten, von unten immer wieder anfangen, tatsächlich auf den Heiligen Geist hoffen. Dann – davon bin ich überzeugt – kann sich wieder Kirche entwickeln, für die das Leben vor Ort zentral ist. Es geht darum, den Geschmack von Leben und Liebe zu entdecken, den Geschmack fürs Unendliche, für die Transzendenz – nicht nur in der Osternacht.

Monika Warmbrunn, Gymnasiallehrerin für Biologie und katholische Religion, Freiburg im Breisgau.

Wunibald Müller

Das Leben, der Nachbar der Ewigkeit

„Ich kann nicht tiefer fallen als in die Hand Gottes." Oft hören wir diesen Satz, von dem Trost ausgeht. Gerne wollen wir auch glauben, dass es sich so verhält. Wie aber, wenn wir uns etwas vormachen, wenn wir tiefer fallen als in die Hand Gottes, wenn wir in der Bodenlosigkeit versinken, weil es da niemanden gibt, der uns auffängt? Für den Bestsellerautor und Existenzialisten Irwin D. Yalom verhält es sich so. Für ihn – wie das ja auch für viele andere gilt – gibt es keinen Gott, der uns auffängt, oder einen göttlichen Plan, nach dem unser Leben verläuft. Vielmehr geschieht alles zufällig, und es liegt in der Verantwortung des Einzelnen, das Beste aus seinem Leben zu machen.

Ich empfinde einen großen Respekt vor Yalom und seinen Vorstellungen. Sie lassen mich nicht unberührt, auch weil ich Momente und Phasen in meinem Leben kenne, in denen ich mir nicht sicher war, ob ich tatsächlich nicht tiefer fallen kann als in die Hand Gottes. Ich hatte das Gefühl, auf brutale Weise der Erfahrung von Bodenlosigkeit ausgesetzt zu sein. Das auszuhalten, kann mit zu dem Schlimmsten gehören, was einen existenziell treffen kann, wenn man bisher davon überzeugt war, dass es Gott gibt und er da ist, wenn ich ihn brauche. Ich finde es daher mutig, wenn jemand, der davon überzeugt ist, dass es keinen Gott gibt, zu seiner Überzeugung steht und bereit ist, auf den Trost zu verzichten, der demjenigen geschenkt wird, der sich in Gottes Hand geborgen weiß.

Ich hatte vor einiger Zeit die Entscheidung getroffen, für eine Weile, nicht, wie ich das in der Regel sonst tue, davon auszugehen, dass es Gott gibt. Es ist mir sehr schwergefallen, das konsequent durchzuhalten, so selbstverständlich war Gott, seine Existenz, seine Anwesenheit bisher für mich gewesen. Irgendwann habe ich meinen Versuch aufgegeben und mir zugestanden: Da gibt es eine innere Gewissheit, dass es Gott gibt. Eine Erfahrung, die ich nicht erklären kann, auch nicht erklären muss. Mir ist klar geworden: Wie jener, der nicht an Gott glauben kann, dazu stehen muss, vielleicht das auch aushalten muss, so muss ich dazu stehen, dass es Gott für mich gibt.

Lege ich mir da etwas zurecht? Ich weiß es nicht. Es ist diese Gottes-Erfahrung, die für mich entscheidend ist: Gott ist nicht totzukriegen. Gott ist auch nicht verdunstet. Auch hat er sich nicht aus dem Staub gemacht. Auf der anderen Seite drängt er sich auch nicht auf oder setzt sich in Szene, um ja nicht übersehen zu werden. Aber er ist da. Unausrottbar.

Für mich ist Gott da. Wie er immer schon da war und immer da sein wird. Nicht wirkmächtig. Nicht sichtbar. Und doch da. Ich bin ihm am nächsten, wenn ich still werde und beherzige, was Romano Guardini schrieb: „Unser ganzes Leben sollte der Ewigkeit Nachbar sein. Immer sollte in uns die Stille sein, die nach der Ewigkeit hin offen steht und horcht." Da kann es Momente geben, in denen ich die Anwesenheit Gottes erahne. Da enden dann alle Fragen über Gott. Da gibt es kein Reden über Gott. Da gibt es nur noch ein Dasein, die Erfahrung, jetzt schon an das Grenzenlose, an *den* Grenzenlosen angeschlossen zu sein.

Dr. Wunibald Müller, Theologe und psychologischer Psychotherapeut, Münsterschwarzach.

Veit Schäfer

Der „Geist der Wahrheit", unerschöpflich

Dass sich die Bundesrepublik Deutschland und ihre Gesellschaft bei der Staatsgründung eine Verfassung „im Bewusstsein der Verantwortung vor Gott" gegeben haben, wird kaum noch wahrgenommen, ernstgenommen oder diskutiert. Aber das bedeutet keineswegs, dass die Bevölkerung nicht mehr religiös „gestimmt" sei. Eine ganze Menge von Gottesbildern – oder sollte man eher sagen: „Göttern"? – bewegt die Menschen. Man könnte durchaus von einer neuen Art der Vielgötterei sprechen, die derjenigen der antiken Gesellschaften und Kulturen an Zahl und Gestalten keineswegs nachsteht. Freilich kommen ihre Namen und Bezeichnungen nicht mehr sakral daher. Aber auch die neuen Götter haben ihre Kulte, die ihnen gezollte Ehrerbietung, den missionarischen Eifer ihrer „Gläubigen". „Wachstum" heißt der Hauptgott. Andere heißen „Macht", „Reichtum", „Konsum", „Schönheit", „Gesundheit", „Mode", „Wettbewerb".

Nicht ausgeschlossen ist, dass in einem solchen zeitgenössischen Olymp sogar ein Gott einen Platz hätte, der als „Gott in Herrlichkeit", als „Gott im höchsten Thron", als „Herr der Mächte und Gewalten", als „Herr der Heerscharen" oder „Herr Gott Sabaoth" verehrt wird, wie er – immer noch – in gern gesungenen Kirchenliedern auftritt. Auch den Allmächtigen und Allwissenden, den richtenden und strafenden Gott kann ich mir dort gut vorstellen, ja sogar den gnädigen Gott. In solchen Bildern, scheint mir, huldig(t)en die Kirchen nicht selten ebenfalls den „anderen Göttern" und zoll(t)en ihnen Tribut um des eigenen Vorteils willen. Bis heute bekennen Christen im Credo die Wiederkunft Jesu Christi „zu richten die Lebenden und die Toten". Der Jesus, den die Evangelien schildern, mahnte jedoch für diese Zeit: „Richtet nicht!"

Der Gott, der die Sonne aufgehen lässt über Gute und Böse, der es regnen lässt über Gerechte und Ungerechte, den Jesus Abba, Vater, nannte, lässt sich in jenem Viel-Götter-Himmel eher nicht finden. Ebensowenig der Gott, den der Schreiber der Johannesbriefe als Liebe erkannte.

Ich habe einen Freund befragt, der sich selber als religiösen Atheisten bezeichnet, der aber das von Jesus ausgerufene „Reich Gottes" als Lebensweise hochschätzt. Er vermutet, der Wegfall des gesellschaftlichen Diskurses über Gott sei kein Ergebnis einer angeblich gottlosen Gesellschaft, sondern ein Abschied vor allem von jenen „Gottesbild-Verwaltern", die unter der trügerischen Gewissheit ewig gültiger Offenbarungen „einen Gott vermitteln wollen, der zu unserem Weltbild nicht mehr passt". Die Schlussfolgerung des Freundes lautet: „Ein Gott, der für uns Menschen glaubwürdig sein soll, kann sich nicht zugleich im Widerspruch befinden zu dem, was wir über die Welt wissen."

Trotzdem habe ich meinem Freund widersprochen und versucht, ihn auf die Erfahrungen hinzuweisen, die Menschen mit dem Gott machen, der „uns näher ist als wir uns selbst", der uns herausfordert zur Liebe, der uns durch Leid und Tod hindurch trägt. Aber dieser Gott wird wohl nie zu einem Gott einer modernen Gesellschaft. Allenfalls werden sich Einzelne ihm zuwenden als stets unruhig Suchende.

Diese Frage nach Gott wird von Nachdenklichen auf vielerlei Weise gestellt: theologisch, spirituell, poetisch, literarisch, politisch, auch dogmatisch, die Lehre betreffend. Die Kernaufgabe der Kirchen wäre es, dieses Fragen aufzunehmen und neu um Antworten zu ringen, die unserer Zeit entsprechen. Allerdings bedarf es dazu auch des Wagnisses und des Mutes, überholte Vorstellungen, Sprechweisen, Symbole, Liturgien beiseitezustellen, was nicht bedeutet, sie zu entwerten. Vielmehr hilft dies, den Freiraum zu schaffen für das, was von der jesuanischen „Botschaft" bisher noch „unerhört" blieb, nicht entfaltet wurde, nicht entfaltet werden konnte. Das Johannesevangelium spricht vom „Geist der Wahrheit": dass noch viele Erkenntnisse zu erwarten sind, die ehemals noch nicht „erträglich" erschienen (16,12f), weshalb die „volle Wahrheit" noch nicht offenbart sei. Wäre von den Kirchen aufgrund dieser Schriftstellen heute nicht danach zu fragen, welche Erkenntnisse der Menschheit jetzt als göttliche Offenbarung und damit als Glaubenssubstanz im Sinne des Mannes aus Nazaret aufgenommen werden müssten? Hat der Geist heutzutage etwa aufgehört, Menschen prophetisch zu ergreifen, sie zu Deutern und Mahnern für ihre Zeitgenossen zu machen – Künstler, Wissenschaftler, Kulturschaffende, aber auch die vielen in unzähligen Berufen und Tätigkeiten Wirkenden, die auf ihre Weise beitragen zur Gestaltung und Entwicklung der geisterfüllten Schöpfung, zu dem, was in der jesuanischen Vision die universale Gegenwart des Reiches Gottes ist? Das Reich Gottes sollte die Mitte der kirchlichen Verkündigung werden, um das Bewusstsein der Vielen zu erreichen.

Veit Schäfer, war als Verwaltungsdirektor, journalistisch und in der Gemeindearbeit der alt-katholischen Gemeinde in Karlsruhe tätig.

Ralf Meister

Die Schnipsel in der Pappschachtel

Heinrich Böll, zu meiner Schulzeit noch Pflichtlektüre, ist heute weitgehend aus den Literaturlisten verschwunden. In der Kurzgeschichte „Doktor Murkes gesammeltes Schweigen" (1955) erzählt Böll einen Vorgang, der in eigenartiger Weise in unsere „Gott-vergessene-Welt" passt.

Eine Kulturgröße, Professor Bur-Malottke, spricht für den Rundfunk zwei Vorträge über die Kunst ein. Dabei verwendet er 27 mal das Wort „Gott". Doch vor der Aussendung empfindet er, soviel „Gott" in Radiobeiträgen sei doch unangemessen und vielleicht zu fromm. So entscheidet er, das Wort „Gott" herausschneiden zu lassen und durch den Abschnitt: „Jenes höhere Wesen, das wir verehren" zu ersetzen. 27 mal „Gott" raus, 27 mal „Jenes höhere Wesen, das wir verehren" rein. Schließlich liegen 27 „Gott"-Tonbandschnipsel in einem Pappkästchen. Der Regisseur Murke stellt das Band mit der überarbeiteten Rede fertig und lässt die Bandschnipsel mit

Bur-Malottkes „Gott" übrig. Als kurze Zeit später im gleichen Studio ein religiöser Programmbeitrag bearbeitet werden soll, in dem drehbuchgemäß ein regelmäßiges Schweigen vorgesehen ist, erinnert sich ein Studiotechniker an die „Gott"-Schnipsel im Kästchen und schlägt Doktor Murke vor, „Gott" anstelle des Schweigens einzukleben.

Heinrich Böll, ein widerständiger und doch treuer Katholik, sagte über seine Satire: Er wolle einer Welt entgegentreten, „die dauernd schreit, die laut ist und schon damals laut war und heute noch lauter ist". Der Figur des Doktor Murke obliegt es, „dem Schweigen einen Altar zu bauen". Diese Erzählung von Heinrich Böll skizzierte schon vor mehr als sechzig Jahren eine Tendenz, die heute allumfänglich die religiöse Frage markiert: Gottvergessenheit.

„Jenes höhere Wesen, dass wir verehren" bleibt in der Breite spiritueller Bedürfnisse eine vage Kompromissformel. Denn der Zugang zu Gott und darin zu trinitarischen Gottesbildern wirkt vielen überholt. Wie hatte man einstmals im Ringen, Gott zu beschreiben, Worte gesucht: Wunder-Rat, Gott-Held, Ewig-Vater, Friede-Fürst. Wie kam Gott dem Menschen nah in Christus, als Menschensohn, Brot des Lebens, Hirte und Aufseher. Mit welcher Dynamik durchfuhr der Geist als Tröster, Helfer, Beistand unsere Seelen. Alles das wird in einer allgemeinen Floskel als „jenes höhere Wesen" verklappt.

Bölls Kurzgeschichte entstand, als statistisch noch über neunzig Prozent der deutschen Bevölkerung Mitglied einer Kirche waren. Gott kam vor: privat wie öffentlich. Er stand wie selbstverständlich im Anfang des Grundgesetzes. Die religiösen Gefühle waren vor Blasphemie geschützt, und in den zahlreichen Neubaugebieten gab man den Kirchen einen Bauplatz. Gott war in der Mitte dieser Gesellschaft. War er das wirklich? Fragen wir besser nicht, wie bekannt er war und ob er lebendig, wirkungsvoll, inspirierend wirkte. Die Alten erzählen dazu ambivalente Geschichten. Von der Autorität einer mächtigen Kirche. Von Drohung und Angst. Und zugleich von der Schönheit der alten Erzählungen, vom prägenden Charakter gemeinsamer Feste und der sorgsamen Betrachtung der Traditionen. Gott schien verankert als eine starke Kraft in der Mitte der Gesellschaft. Heute, so scheint es, wird er mehr und mehr rausgeschnitten. Laut der letzten Kirchenmitgliedschaftsuntersuchung der Evangelischen Kirche in Deutschland glauben die kirchlich Distanzierten eher an ein „höheres Wesen", eine „höhere Macht" (44 Prozent) als an Jesus Christus. Ein bisschen Schöpfungsglaube ja, der Rest liegt in der Pappschachtel. Gott wird aus dem Lebensband einer Gesellschaft, eines Landes, des täglichen Lebens herausgeschnitten. Und so findet er höchstens noch in religiösen Räumen einen Asylort. Ansonsten wird er ersetzt durch gefühlige Träume, Wunschlisten und Menschheitswahn.

Als Gott herausgeschnitten wurde, brauchte Bur-Malottke vom Intendanten eine zusätzliche Sendeminute. Die bekam er auch. „Jenes höhere Wesen, das wir verehren" spricht sich schließlich länger als „Gott". Wir lernen: Wenn Gott geht, kommt alles Mögliche und vermüllt den kostbaren Raum religiöser Suche: von Halloween über Okkultismus bis zur absurden Technikgläubigkeit. Der Mensch glaubt an alles, vor allem an sich selbst.

Doch das Beruhigende ist: Die religiöse Frage schläft nicht. Sie bleibt als Unruhemoment im Weltlauf eingeschrieben. Sie ist mehr als eine DNA-Sequenz zur Befriedigung religiöser Bedürfnislagen. Der klagende Ruf der Schöpfung ist unüberhörbar. Ich nenne nur ein Medium humaner Unvollständigkeit, in dem die religiöse Frage hellwach bleibt: der Trost. Im Trost umkreisen wir eine Gestaltform göttlicher Präsenz. Was ist das, was uns im Trost geschieht? Wenn die Tränen fließen und der Schrei sich auf den Lippen formt? Was lässt uns weinen und klagen und doch spüren: Es ist nicht alles verloren? Es wird ein Leben geben nach dieser Zeit. Menschen sind zutiefst trostbedürftige Wesen. Und eine der Ursachen dafür ist die Angst, es könnte keinen Grund für uns geben zu sein. Wir sind Wesen, die sich ihres Grundes ständig vergewissern wollen. Warum bin ich und warum gerade ich? Aber „man geht zu Grunde, wenn man immer zu den Gründen geht", so Friedrich Nietzsche. Die unerträglich großen Fragen ertragen zu müssen, macht uns zu trostbedürftigen Wesen.

Hilfe und Schutz suchen auch die Tiere, Trost sucht nur der Mensch. Die Exilanten an den Wassern von Babylon weinten und sangen, doch der Prophet konnte nicht helfen. Aber trösten. Trost ist das merkwürdige Erlebnis, dass zwar das Leiden bestehen bleibt, aber das Leiden am Leiden aufgehoben wird. So erlaubt uns der Trost, sich von der Wirklichkeit zu distanzieren. Er beschreibt eine Wirklichkeit, von der es nur eine leise Ahnung gibt, ja, eine Wirklichkeit, die vielleicht völlig unsichtbar bleibt. Objektiv wird nichts verändert, wenn getröstet wird. Aber wir können uns von der Welt und der Leidenserfahrung distanzieren. Trost wirkt gegen die Lähmung, und sie zieht Hoffnung nach sich. Diese Hoffnung ist nicht eine zusätzliche Moralgeschichte zum politischen Geschäft. Diese Hoffnungs-Bilder überschreiten den eigenen Lebenskontext und rücken die Dimensionen zurecht. Das Leben bleibt fragmentarisch, geschändet, oftmals mittelmäßig. Doch es gilt zu handeln, als ob das Leben einen guten Ausgang nähme. „Nur die Religion tröstet uns über dieses Grauen, ohne es auszumerzen... Indem uns die Religion zeitweilig aus der Welt heraushebt, befreit sie uns vom Gegenstand des Grauens", sagte der Philosoph Emil Cioran. Und wenn es nur dafür ist: Hier verliert Gott jedes Fragezeichen!

Ralf Meister, Landesbischof der Evangelisch-lutherischen Landeskirche Hannover.

Eduard Nagel

Der fremde Gast im Gottesdienst

Nachdem der Priester uns Gnade und Frieden gewünscht und daran erinnert hat, dass wir zusammengekommen sind, „um Abschied zu nehmen von unserem Bruder N. N.", fährt er fort: „Brüder und Schwestern, damit wir die heiligen Geheimnisse in rechter Weise feiern können, wollen wir bekennen, dass wir gesündigt haben." Mein Banknachbar sagt hörbar, dazu sei er nicht gekommen, und verlässt die Kirche. Im Gespräch danach rechtfertigt sich der Priester: Gerade in Gottesdiensten, an denen kirchenferne Menschen teilnehmen, sei der Bußakt wichtig.

Gottesdienst als Dienst von Menschen zu Gottes Ehre setzt den Glauben an ihn voraus. Und Gottes Dienst an Menschen als Segen oder im Sakrament kann nur empfangen, wer um diese Wirkung weiß. Immer ist die gottesdienstliche Feier ein Tun in Gemeinschaft – das hat die Communio-Theologie des Zweiten Vatikanischen Konzils neu bewusst gemacht. *Actuosa participatio*, die tätige Teilnahme aller und damit ihr Glaube ist gefordert, damit das Ritual keine sinnleere Zeremonie bleibt. Dieser jedoch ist bei vielen Menschen, die an Trauungen und Begräbnisfeiern, an Taufen und Erstkommunion-Gottesdiensten, an öffentlichen Segensfeiern und Katastrophen-Gottesdiensten teilnehmen, nicht einfach vorauszusetzen. Selbst bei Getauften ist ungewiss, wie tief sie durch Gebet und Gottvertrauen im Glauben verwurzelt sind und was sie tatsächlich glauben. Nicht nur die Jungfrauengeburt und die Auferstehung des Fleisches stehen da in Frage. Was Kommunikanten bezüglich der Realpräsenz Christi im eucharistischen Brot glauben, entspräche in vielen Fällen kaum dem Katechismus. Kann man heute noch mit jenen Menschen, die – womöglich nur – zu solchen Anlässen in die Kirche kommen, wirklich Liturgie feiern und Sakramente vollziehen?

Auf jeden Fall tut man es. Bischöfe und Priester tun dies wohl nicht selten mit mehr oder weniger schlechtem Gewissen, irgendwie auf Gottes Barmherzigkeit vertrauend. Hoffend, dass tatsächlich, wie sie selbst lehren, Gottes Wort, das verkündet wird, das Herz von Menschen erreicht, die es hören. Dass ein Gebet wenigstens die eine und den anderen berührt und bewegt, sich darin wiederzufinden. Dass die Kindertaufe nicht nur den Anspruch auf den Taufschein gibt und später zur Kirchensteuer verpflichtet, sondern einen Weg für ein Leben mit Gott eröffnet, und dass Erstkommunion, Firmung und Segensfeiern diesem Weg weiter Richtung geben. Dass die Begräbnisfeier den Trauenden mehr Trost gibt als ein paar warme Worte. Aber genügt das als Antwort auf die nagende Frage nach der Glaubwürdigkeit des liturgischen Tuns? Heißt es doch in der Liturgiekonstitution des

VIII. Glauben heißt leben

Konzils: „Ehe die Menschen zur Liturgie hinzutreten können, müssen sie zu Glauben und Bekehrung gerufen werden: ‚Wie sollen sie den anrufen, an den sie nicht glauben? Wie sollen sie an den glauben, von dem sie nichts gehört haben?…' (Röm 10,14a)" (Artikel 9).

Was ist vorauszusetzen, um verantwortungsvoll und glaubwürdig Liturgie zu feiern? Die dogmatische Konstitution über die Kirche „Lumen gentium" handelt ausführlich von der Communio, der priesterlichen Gemeinschaft aller Glieder des mystischen Leibes Christi und ihrer gemeinsamen Verantwortung. Weniger bekannt ist, dass neben dem Begriff „Communio", der 111-mal in den Texten des Zweiten Vatikanischen Konzils vorkommt, auch der Begriff „Ministratio", wenn auch nur zehnmal, verwendet wird. So beschreibt Artikel 4 von „Lumen gentium" die Kirche in ihrer Doppelstruktur: „Der Heilige Geist … eint die Kirche in Gemeinschaft und Dienstleistung *(in communione et ministratione).*" „Dienstleistung" ist das, was der Diener einem anderen als Leistung schuldet. Die Kirche ist – ganz modern – nicht nur, aber auch „Dienstleister". Dienstleistung bedeutet immer Beziehung unter einer bestimmten Rücksicht, aber keinen umfassenden Kontakt, wie ihn das Wort „Gemeinschaft" bezeichnet. Im Bereich der Caritas ist dies längst selbstverständlich. Kirchendistanzierte Getaufte, Christen anderer Konfessionen und Ungetaufte werden im kirchlichen Krankenhaus genauso behandelt wie fromme Katholiken, und ihre Kinder werden in katholischen Kitas betreut und in katholischen Schulen unterrichtet.

Gleiches gilt nicht ohne Weiteres für die Teilnahme an der Liturgie. In ihr geht es schließlich um den Vollzug des Glaubens selbst, um Gottes Lob und Gottes Heilswirken am Menschen. Da heißt es: „Ehe die Menschen zur Liturgie hinzutreten können, müssen sie zu Glauben und Bekehrung gerufen werden." Der Zusammenhang zwischen Glauben und Bekehrung einerseits und heilendem Wirken Gottes andererseits entspricht dem biblischen Befund. Doch was ist in diesem Fall mit Glauben gemeint? Das Lukasevangelium berichtet vom Hauptmann, dessen Diener todkrank war: „Als der Hauptmann von Jesus hörte, schickte er einige von den jüdischen Ältesten zu ihm mit der Bitte, zu kommen und seinen Diener zu retten" (7,2–10). Den Mann treibt die Sorge um seinen Diener um. Er hat vom Wirken Jesu gehört. Da er selbst nicht Jude ist, bittet er die Ältesten um Fürsprache und schickt demütig Jesus Freunde entgegen, um ihm zu sagen: „Ich bin es nicht wert, dass du mein Haus betrittst… Sprich nur ein Wort, dann muss mein Diener gesund werden." Jesus ist von diesem Glauben geradezu überwältigt, und der Diener wird gesund.

Eine vage Hoffnung einerseits und Stellvertretung und Fürbitte andererseits sind Schlüsselwörter zu unserer Frage. Menschen suchen bei Lebenswenden und in Situationen, in denen die Zukunft ungewiss und nicht steuerbar ist, Hilfe. Selbst Menschen, denen kirchliches Leben fremd ist, verbinden mit kirchlichen Riten eine Hoffnung, dass das, was da geschieht, gut ist für die betroffenen Menschen. Sie bauen auf das Beten und Handeln derer, die in einer engeren Beziehung zu Gott stehen – so wie die jüdischen Ältesten zu Jesus.

Ähnlich haben Christen in der Vergangenheit vor allem Maria und andere Heilige angerufen, ihre Sorgen vor Gott zu tragen. Für die Menschen unserer Zeit sind die Heiligen in die Ferne gerückt. Geblieben ist eine oft schwer fassbare Sehnsucht, dass gläubige Menschen vor Gott bringen, wozu eigener Mut fehlt. Das gelingt auch, weil Menschen sich in Dienst nehmen lassen mit ihrem Glauben und Gottvertrauen und die Anliegen ihrer Schwestern und Brüder, die sich nicht wirklich zugehörig fühlen, vor Gott bringen. „Nicht einmal in Israel habe ich einen solchen Glauben gefunden", sagt Jesus über den heidnischen Hauptmann.

Was Jesus an ihm lobt, ist, dass er um seines kranken Dieners willen seine Hoffnung auf Jesus setzt und auf die Fürbitte derer vertraut, die diesem Jesus als Juden verbunden sind. Etwas von dieser Einstellung kann man darin sehen, dass Menschen, denen die Kirche und ihre Lehren eher fremd sind, bei wichtigen Anlässen im Leben entsprechende kirchliche Rituale für sich oder ihnen Nahestehende direkt wünschen oder wenigstens aus Solidarität mitmachen. Auch wenn ihre Vorstellungen und Wünsche oft wenig konkret sind; es geht dabei um das Wohl von Kindern oder Brautleuten für ihre Zukunft, um das Wohl von Trauernden und um das Heil der Verstorbenen. In der Teilnahme am Ritus drückt sich eine Hoffnung aus, dass etwas von dem, was da gesagt, gesungen und getan wird, tatsächlich geschehen möge – nicht zuletzt, weil dieses Sprechen, Singen und Tun von Menschen vollzogen wird, die in ihrem Glauben dem, der da angesprochen wird, näherstehen. Nie so ganz in das kirchliche Leben hineingewachsene oder von der Kirche enttäuschte Getaufte werden vielleicht von einem Wort der Verkündigung oder einem Gebet, einem Gesang, einem Ritus angerührt. Es muss ja nicht gleich so sein wie bei dem berühmten Bekehrungserlebnis von Paul Claudel, der in der Vesper am Weihnachtstag 1886 in Notre Dame in Paris vom Gesang des Magnificat so angerührt war, dass er fortan ganz aus seinem Glauben heraus lebte. Gottesdienst der Kirche wird getragen von Gläubigen. Ihr Beten und Singen stärkt nicht nur sie selbst, sondern ist immer auch Dienstleistung an denen, die mit ihrer Unsicherheit und Ungewissheit, mit ihrer Fremdheit und ihrer Hoffnung dabei sind.

Dr. Eduard Nagel, Liturgiewissenschaftler, langjähriger Mitarbeiter des Liturgischen Instituts in Trier sowie Chefredakteur der Zeitschrift „Gottesdienst", Irsch.

IX. Die Sprache der Kunst

Andreas Knapp

Haben wir für Gott noch Worte?

Wer die Wochenzeitschrift CHRIST IN DER GEGENWART aufschlägt, dem fallen noch Worte und Bilder aus der religiösen Welt ins Auge: Da begegnet einem das Wort Gott schwarz auf weiß, aber auch Begriffe wie Spiritualität, das Heilige, Mystik oder Gebet tauchen auf. Wer dagegen säkulare Zeitschriften durchblättert, wird solche Worte meist nur noch in säkularisierter Bedeutung antreffen: Da ist die Rede vom Paradies, das einen auf Teneriffa erwartet, von der Hölle in Aleppo, vom Wunder eines Aktienhöhenflugs und von Verkehrssünden.

Zunächst fällt auf, dass viele Bilder, die einmal auf das Jenseits deuteten, eine sehr diesseitige Bedeutung erhalten haben: Himmel und Hölle erwarten den Menschen schon hier und jetzt. Worte, die einmal einen Gottesbezug hatten, vagabundieren beziehungslos herum und werden genutzt, um in Anspielung an die religiöse Welt sehr weltliche Botschaften zu vermitteln. Der Genuss von Käse wird als himmlisches Vergnügen angepriesen, und der Glaube wird vor allem von Banken – als Kredit – beschworen. Es scheint, dass die religiöse Sprache wie ein verfallendes Kirchengebäude geplündert und ausgeschlachtet wird. Manchmal finden wir ja in weltlichen Gebäuden schön behauene Steine, die aus einer Klosterruine stammen. Ähnlich liegen in unserer Sprachlandschaft noch religiöse Begriffe herum, die dann in anderen Kontexten wiederverwendet werden. Denn diesen uralten Worten haftet noch der Glanz vergangener Tage an, und in ihnen klingt noch etwas an vom Faszinierenden und Erschreckenden, das der Name Gottes einmal ausgelöst hat.

Doch ihrem ursprünglichen Wurzelgrund entrissen, verblasst dieser Glanz. Manche Worte sagen bald gar nichts mehr. Sie kommen außer Gebrauch, und irgendwann findet man sie nur noch im Lexikon für ausgestorbene Vokabeln: Huld, gebenedeien, Gnadenschatz…

Die Art und Weise, wie man Dinge benennt, verändert die Wahrnehmung, denn Worte vermitteln Wertungen. Begriffe wie „Neger" oder „Zigeuner" sind negativ besetzt. Indem man sie meidet und durch positiv klingende Worte ersetzt, werden auch die Menschen anders eingeschätzt.

Dass Worte die Wahrnehmung prägen, zeigt beispielsweise die exquisite Sprache der Weinkenner: „Rotwein mit herrlich intensiver kirschroter Farbe und purpurroten Reflexen. Fleischige und seidige Textur mit Nuancen von Waldfrüchten und Lakritze. Eingehüllt in eine karamelartige Fülle, die so dickflüssig und üppig ist, dass sie am Gaumen noch eine Ewigkeit zu spüren ist." Hier wird die Bedeutung des Vokabulars offensichtlich: Ohne eine derart differenzierte Begrifflichkeit könnte man die Geschmacksnuancen der verschiedenen Weinsorten gar nicht wahrnehmen und genießen!

Worte können aber auch Wirklichkeit entstellen. Jedes Jahr wird ein Wort gebrandmarkt, das die Wirklichkeit in einer besonders eklatanten Weise zu verzerren droht. Solche „Unworte" des Jahres waren zum Beispiel: Kollateralschaden, Herdprämie, notleidende Banken, Lügenpresse, alternative Fakten.

Sprache kann zur Lüge und Propaganda missbraucht werden. Wenn bestimmte Worte als „politisch nicht korrekt" definiert werden, so kann dies auch zu einer nicht korrekten Politik führen, weil durch bestimmte Tabus und Vorgaben manche Themen gar nicht erst zur Sprache kommen dürfen.

Die religiöse Welt wird in vielen Medien kaum noch wahrgenommen. Nur kirchliche Skandale sind „gute Nachrichten", mit denen sich Schlagzeilen machen lassen. Aber Religion als solche wird nur noch selten thematisiert. Das hängt auch damit zusammen, dass viele Begriffe aus der religiösen Welt an geschichtliche Epochen erinnern, die als überholt gelten. Mit „Gott" werden beispielsweise Worte aus der Welt der Feudalherrschaft verbunden: Majestät, gnädiger Herrscher, König. Ja, das Wort Gott wurde zum „Unwort der Jahrtausende", weil es blutbesudelt und missbraucht wurde. Zudem passen religiöse Begriffe nicht mehr in eine Sprachwelt, in der das technische Denken als Leitkultur gilt.

Unsere moderne Welt fasziniert durch die immer weiter ausgefeilten technischen Möglichkeiten. Und sehr schnell übernehmen wir dann auch Begriffe aus der Technik, um uns selber zu deuten. So haben wir uns etwa angewöhnt, die Vorgänge im menschlichen Gehirn mit Begriffen aus der Computertechnologie zu beschreiben. Die Begriffe „Abspeichern" oder „Speichern" ersetzen in der Alltagssprache mehr und mehr den Begriff des „Sich-Erinnerns".

Abspeichern bedeutet: eine Erinnerung auf eine Datenmenge reduzieren. Demgegenüber sind unsere Erinnerungen viel komplexer. Sie bestehen nicht nur aus nüchternen Daten. Sie enthalten all die Stimmungen, Atmosphären, Gefühle, Gerüche, Bilder, die wir mit Menschen oder Ereignissen verbinden. Wir können den Namen eines Menschen abspeichern oder wir können uns an seinen Namen erinnern. Das sind zwei völlig unterschiedliche Vorgänge.

Der Sprache der Technik geht es um größtmögliche Eindeutigkeit. Die Abläufe sollen optimal und reibungslos funktionieren. Ähnliches gilt für die

IX. Die Sprache der Kunst

Sprache der Verwaltung: Der Name eines Menschen dient zur Identifikation, wie eine Nummer. Der Name bringt allerdings mehr zum Ausdruck als nur eine verwaltungstechnische Zuordnung: Wenn ich den Namen eines mir lieben Menschen nenne, dann klingt und schwingt ein ganz anderer Reichtum mit.

Ein Name ist keine Sachbeschreibung, sondern ein Rufwort. Auch das Wort „Gott" ist kein Sachwort, sondern ein Name. Mit Gott meinen wir ja keinen Sachverhalt, den wir beschreiben könnten, sondern jemanden, zu dem wir schreien können. „Gott" ist ein Wirkwort: Die Nennung seines Namens will uns nicht informieren, sondern erschüttern, beglücken, bekehren. Das Wort „Gott" ist ein sakramentales Wort, das nicht etwas erklären, sondern bewirken will. Es ist ein Wort, das verwandelt – oder es ist ein sinnloses Wort. Das gilt für alle religiösen Worte. Sie wollen uns dazu bringen, dass wir staunen, in die Knie gehen, anbeten oder auch klagen, rebellieren, ringen, uns hingeben und lieben.

Wenn eine Frau ihren Mann fragt: „Schatz, liebst du mich?" und dieser antwortet: „Warum fragst du? Ich habe es dir letztes Jahr schon gesagt!" so wird deutlich, dass dieser Mann die Frage seiner Frau falsch verstanden hat. Sie wollte keine sachlich-kühle Information, sondern ein heißes Bekenntnis. Durch ihre Frage sollte die Liebe wieder aktualisiert werden. So will auch die Nennung des Namens Gottes die Beziehung zu Gott hier und jetzt aufleben lassen.

Leider haben Katechismen und römische Verlautbarungen oft versucht, sich am Sprachmodell der Information zu orientieren. Man kann dann im Weltkatechismus nachlesen, wer Gott ist, welche Eigenschaften er hat usw. Das Informationsmodell der Sprache entspricht freilich nicht der religiösen Rede. „Gott" ist keine Definition, kein Schlusswort, mit dem man das Genannte schon begriffen und im Griff hätte. „Gott" ist vielmehr ein Kennwort, eine Parole, die uns einen Erfahrungsraum öffnet: Hier begegnet eine ganz andere, größere Wirklichkeit. Man betritt ein Land jenseits aller Sprache.

Liebe kann sich nicht durch sachlich-informative Begriffe, sondern vornehmlich in der Sprache der Poesie zum Ausdruck bringen. Auch die religiöse Welt kann sich eher im Sprachspiel der Lyrik als in dem der Information artikulieren. Denn über Gott zu reden in einer Sprache, die der Vermessung der Welt dient, ist vermessen. Es gibt keine Begriffe, die auf Gott passen würden. Der Versuch, über den Unaussprechlichen zu sprechen, droht daher zur Wortflut zu werden, wie Heinrich Böll feststellte: „Ich habe den Eindruck, dass die Theologie viel Sprache verbraucht und nicht viel sagt… Sie ist ungeheuer wortreich und ausschweifend. Wenn sie formelhaft würde, auch im Sinne von … Poesie, könnte sie sich vielleicht … eher mitteilen."

IX. Die Sprache der Kunst

Mit und über Gott kann man also am ehesten noch in lyrischer Sprache reden. Ein Gedicht will nämlich nichts Präzises sagen. Präzise heißt ja: ausgeschnitten, abgeschnitten. Die naturwissenschaftliche und technische Sprache will definieren. De-finire heißt Grenzen ziehen. Mit Definitionen Gottes aber käme man an kein Ende. Die Dichtung will das Gegenteil: Sie will entgrenzen, will Horizonte aufreißen, in denen das Vieldeutige angedeutet werden kann.

Wenn die Rede auf Gott kommt, geht es um einen Unbegrenzbaren, nicht Fassbaren. Dem entspricht das Sprachspiel der modernen Lyrik, die nicht festlegen und keine abschließende Aussage treffen will. Schon von der Form her reißt sie oft einen Gedanken oder ein Gefühl an – und führt dies nicht mehr aus, sondern lässt es offen. Lyrik will nicht satzhaft festsetzen, sondern ins Fließen bringen: Sie ruft Bilder auf, die sich dann im Zuhörenden entfalten können. Und da gibt es kein Richtig oder Falsch, sondern religiöse Erfahrung ist immer individuell, je eigen: Nur ich weiß, wer Gott für mich ist und wie ich ihn erlebe. Und jede Person erlebt Gott auf andere Weise.

Natürlich braucht es auch eine Sprachregelung, damit wir uns verständigen können. Dem dient die kirchliche Lehre, Theologie und Dogmatik. Aber zugleich ist und bleibt eine Gotteserfahrung etwas nicht mehr Hintergehbares, nicht mehr Nachprüfbares. Dies kann durch eine lyrische Sprachform eher ins Wort gebracht werden als durch fixierte Lehrsätze.

Ein Weiteres: Lyrik und insbesondere moderne Lyrik verfremdet. Sie spielt geradezu mit Worten, die überraschen, sich querstellen, verblüffen, manchmal auch ratlos machen. Gerade dadurch kann sie den größeren Gott aufscheinen lassen, der in kein Raster passt und auf den man sich keinen Reim machen kann. Verfremdende Sätze weisen hin auf den stets fremden, anderen Gott.

Die poetische Rede von Gott ist nicht nur ein beliebiges Sprachspielchen. Denn letztlich geht es darum, wie wir Menschen uns selbst verstehen wollen. Eine auf technische Exaktheit begrenzte Computersprache reduziert den Menschen auf bestimmte Funktionen. Er wird zum berechenbaren Computerwesen, zum einkalkulierten Steuerzahler, zum anonymen Rädchen in einer gigantischen Maschinerie.

Den Menschen von seiner Gottesbeziehung her „bestimmen" heißt, ihn entgrenzen: Der Mensch ist mehr als seine Leistung und Funktion. Nur wenn er vom größeren Gott her gedacht wird, ist er größer als alle berechenbaren Daten. Nur vom *Deus semper maior* her bleibt er *Homo semper maior*. Ohne Gottesbezug verliert der Mensch seine Würde, die ja etwas Absolutes und nicht mehr Verrechenbares meint. Nur eine sakrale Sprache kann diesen Mehrwert des Menschen zum Ausdruck bringen.

IX. Die Sprache der Kunst

Zum Menschsein gehört eine Dimension von Geheimnis, die alles Funktionale und Kalkulierbare übersteigt. Unser Wort Ge-heimnis setzt sich zusammen aus „Ge-" und „Heimnis". Im Deutschen meint die Vorsilbe „Ge-" oft das Gesamt, so wie das Ge-birge das Gesamt der Berge ist. In „Heimnis" steckt: Heim, daheim sein, Heimat. So ist das Ge-heimnis das Gesamt dessen, worin wir daheim sind. Kinder haben manchmal ein Geheimnis und meinen damit etwas, was nur ihnen gehört und in das niemand eindringen darf. Es ist etwas ganz Persönliches, das sie untereinander verbindet und ihnen einen Raum schenkt, in dem sie sich daheim fühlen. In diesem Sinn kann auch Gott als das Geheimnis des Menschen verstanden werden.

Geheimnis bedeutet freilich auch, dass es uns entzogen bleibt. Ein Geheimnis meint etwas, das wir nie ausloten können. So ist Gott als Geheimnis immer größer als alles, was wir zu verstehen vermögen. Im Alten Testament findet sich die rührende Geschichte, wie Salomo Gott ein Haus bauen will. Und dann wird im Tempelweihgebet formuliert: „Die Himmel der Himmel fassen dich nicht. Wieviel weniger dieses Haus" (vgl. 2 Chr 6,18).

salomos tempel

vermessenes raumangebot
für den unfasslichen
flüsterhalle des unaussprechlichen

zerstörung ist
vorprogrammiert als
richtfest des gottesbildes

nur die leerstelle
nie zu besetzen
Sein thron

Dr. Andreas Knapp, Priester in der Gemeinschaft der „Kleinen Brüder vom Evangelium", tätig als Gefängnisseelsorger und ehrenamtlich in der Pastoral, Autor, Leipzig.

Christoph Gellner

In der Sehnsucht nach der dunklen Energie

Was nehmen wir wahr, wenn wir versuchen, die Welt mit dem distanzierten Blick von Astronauten oder Raumsonden zu sehen? Die blaugrüne Kugel mit ihrer hauchdünnen Gashülle in der Weite des Alls: Winzig erscheint unser Planet im Sonnensystem am Rand der Milchstraße im endlosen Universum. Das irritierende Staunen über diese einzige Oase, die den Menschen hervorgebracht hat und ihm Heimat bietet, verdichtet der Schweizer Schriftsteller Jürg Amann (1947 – 2013):

Wenn man nur wüsste, wie
sie gemeint ist, die Welt.
Diese rollende Kugel,
in den Gnadenmantel
    aus blauem Himmel gehüllt.
Auf der es die Liebe gibt.

Und wir,
die wir sie einstweilen bewohnen.

Ob wir *gemeint sind.*
Ob sie *gemeint ist, die Welt.*

Der Text begegnet bereits in Amanns Novelle „Die Reise zum Horizont" (2010). Einer der todgeweihten Passagiere eines in den Anden abgestürzten Flugzeugs, die buchstäblich zu Kannibalen werden, nachdem die Bordverpflegung aufgebraucht ist, schreibt es an der „äußersten Kante des Lebens. Wo die Erde den Menschen nicht braucht" auf einen Zettel. Nicht von ungefähr enthält Amanns nach langer schwerer Krankheit posthum erschienener Lyrikband „Lebenslang Vogelzug" (2014) neben Liebeslyrik auch mehrere Gebetsgedichte. Zu den eindringlichsten gehört:

Den Grabfelsen weg-
wälzen von den
Lippen und auf-
erstehen zur Sprache.

Aber auch aufgehen
kann uns der Gott wieder, aufstehen
am Rand, aus dem Zwielicht,
wo er unterging, einmal
einging in seine Ewigkeit.
Warte

Solche suchend-tastende Wiederannäherungen an Gott bilden ein Gegenprogramm zur „sanften Gleichgültigkeit der Welt", wie sie Peter Stamm (geboren 1963) schon im (Albert Camus entlehnten) Titel seines jüngsten Romans beschwört, für ihn „fast etwas Religiöses ohne Religion".

„Worte reichen hinter die Dinge, sie schaffen Verbindungen zum Unerhörten und Unsichtbaren", ist der Schweizer Haiku-Meister Klaus Merz (geboren 1945) überzeugt. Mit seinen hingetuschten Nachdenklichkeiten will er „eine Ahnung vom Ganzen" vermitteln, „ein bisschen metaphysische Geborgenheit". So kann in „Forst" eine scheinbar banale Pfütze auf dem Waldweg zum Spiegel Gottes werden:

1
In der Radspur des Försters
sammelt sich Himmel: Legt
(es) Gott auf uns an?

2
Für uns ist
Gott Luft. Wir
atmen ihn ein.

Der zweite Blick auf eine Gottesvergleichgültigung signalisierende Redensart deckt eine überraschend andere Lesart auf: Wie die eingeatmete Luft ist Gottes Allgegenwart nicht greifbar und dennoch mit jedem Atemzug spürbar. Einen spirituell bemerkenswerten Perspektivenwechsel markiert auch „Letzter Wunsch":

Lieb wär' ihm ein Gott,
um zu danken, gestand
uns der Alte.

Mit Schmerz und Klage
komme er eher
allein zurecht.

IX. Die Sprache der Kunst

Auch nach Abbruch der überkommenen Gebetstradition gibt es offensichtlich Erfahrungen von Dankbarkeit, die zur Sprache gebracht werden wollen, um den Tunnelblick einengender Selbstbezüglichkeit zu transzendieren. Vom nie verlöschenden Öllicht her, das in katholischen Kirchen die immerwährende Gottesgegenwart symbolisiert, aktualisiert „Ewiges Licht" Meister Eckharts kühnen Gedanken, dass wahre Frömmigkeit auch noch „Gottes ledig" werden müsse:

Von Gott ablassen.
Und seinen Funken
neu zünden, in uns.

Der Mensch soll von allem „ledig" sein, „leer werden". Erst wo man Gott lässt, da bleibt Gott, strich Meister Eckhart gegen das Haben- und Besitzen-Wollen heraus – gegen alle Bemühungen, Frömmigkeit zu einem Mittel des religiösen Erwerbs, Gott handhabbar zu machen. Das Höchste und Äußerste, was der Mensch lassen soll, ist, dass er Gott Gott sein und wirken lasse. Gerade so vermag er inwendig im Menschen je neu gegenwärtig zu werden.

„Wer betet heute, warum und wozu? – Erschreckend die Vorstellung, die Menschen könnten, insgesamt, eines Tages nicht mehr beten, was dem Verlust einer Dimension gleichkäme, die durch nichts anderes, weder Können noch Wissen, ersetzt werden kann. Allein schon das Wort ‚Gott' ist ein Passwort." In ihren aus dem Nachlass edierten Aufzeichnungen „Am Fenster, wo die Nacht einbricht" (2013) schreibt die Schweizer Dichterin Erika Burkart (1922 – 2010) ungeschützt persönlich: „Eine Stunde, da man, seltenerweise, beten kann, die Frage zu wem, stellt sich nicht. Das Gebet als solches ist eine Ganzheit, weil aus dem gesammelten leiblichen und seelischen Wesen hervorgehend."

In ihrem programmatischen Gedicht „Entgegnung" distanziert sie sich unmissverständlich von Erbauungsliteratur oder religiöser Dichtung: „Ich bin kein geistlicher Beistand." Der negativ-apophatischen Theologie nahestehend wagt sie, konfessorisch zu werden und das Göttliche an den Grenzen menschlicher Logik und Anschauung durchzubuchstabieren: „Ich komme nicht aus / ohne Hintergrund-Gott". Den kann sie jedoch nur paradox umschreiben, ist er doch immer beides: Weltbaumeister und Vernichter, fern und nah: „Errichter von Himmeln, / himmlischen Leeren, / Schöpfer von Zeit, / Räuber, Zerstörer von Zeitlichkeit. / Kein Trost, dieser Gott, / weniger als ein Bild; / in Abwesenheit eine All-Präsenz / die Leben zulässt, Liebe, / deren Zeitlosigkeit im Schmerz." Zugleich grenzt sie sich entschieden vom gott-losen Menschen ab: „Jeder hat, was mehr ist als er, / uneingestanden bezogen / auf eine begrenzte Absenz."

Eine ungeschminkte Bestandsaufnahme menschlicher Existenz verdichtet die große Lyrikerin in einem ihrer letzten Texte aus dem Band „Nachtschicht" (2011):

Existenz

Unsre Existenz zwischen Sternen,
deren Fernen Schönheit vortäuschen;
in unüberbrückbaren Leeren
weltalte Scheinkörper, Bälle aus Gas und Gift,
steinere Totenmonde
im Schleier von Reflexen,
zaubrischem Truglicht,
das Herzschlag und Menses
der Frauen, Flut und Ebbe
der Meere bestimmt.
Ausgesetzt in die Felder der Schwerkraft
sind wir eines kosmischen Physikers Kreaturen;
ruhelos in der Sehnsucht
nach der dunklen Energie,
existieren wir auf Abruf
kraft des eingeborenen Traums
von einem Licht,
das wir nicht ertragen,
das wir in uns tragen,
das uns, die Unerträglichen,
trägt.

Mit zum Berührendsten, ja, Aufwühlendsten von Erika Burkarts späten Aufzeichnungen gehört ihr beharrliches Gottumkreisen, das gleichermaßen Distanz gegenüber harmlos-harmonisierenden Vorstellungen der Gläubigen wie säkularistischen Borniertheiten der Glaubenslosen wahrt: „Der Agnostiker ist der moderne *homo religiosus*, der auf das anthropomorphe Gottesbild verzichtet. Gott wächst mit dem Kosmos, entwächst jeder menschlichen Vorstellungskraft. Seine Unerkenntlichkeit treibt uns um. Alleingelassen, irren wir, die göttliche Spur suchend, in die Kreuz und Quer."

Die moderne Wissenschaft hat den Blick des Menschen in galaktisch unermessliche Räume des Universums geweitet, aber den Menschen im entzauberten Kosmos auch heimatlos gemacht: „Gott eine astronomische Größe. Völlig inkommensurabel und nicht zu fassen für uns. Zu ihm kann man nicht beten, ihn nicht um Trost ersuchen in der Wüste unserer Existenz, auch wenn es eine relativ erträgliche ist. Geist und Seele sehnen sich nach etwas gänzlich anderem – partikelweise erhalten in der Kunst, den Künsten als eine Restsubstanz von etwas sehr Wunderbarem, eben Göttlichem. Ob diese Welt-Gottheit uns zur Kenntnis nimmt? Manchmal denke ich: Er *ist* die Schöpfung, herrlich und verrückt, ein Dämon… Zu viel habe ich gesehen", weist Erika Burkart archaisch-mythologische Vorstellungen von Gott und seinem Wirken zurück, „um noch irgendeine Form des Vertrauens in eine göttliche Führung oder gar persönlichen Beistand zu erhoffen aus einer metaphysischen Welt."

„Ausgestiegen / aus dem Geschäft der Religionen / ist Gott / eine astronomische Größe. / Meister anonymer Felder, / der seine Werke vergisst." Dennoch warf die 88-Jährige im Gedichtband „Das späte Erkennen der Zeichen" (2010) die hellsichtig-kritische Frage auf:

Was denken, fühlen
fromme Atheisten,
wenn sie, ein Gebet ohne Worte im Kopf,
Zuspruch suchen im Wissen,
dass des astronomischen Gottes kein Ende
und Unermessliches
nicht ansprechbar ist?

>Dr. Christoph Gellner, Leiter des Theologisch-pastoralen Bildungsinstituts in Zürich, Mitarbeiter des Ökumenischen Instituts der Universität Luzern und Mitglied der Gesellschaft zur Erforschung der Deutschschweizer Literatur G.E.D.L.

Jürgen Springer

Graubrotsehnsucht

Probebohrungen im Himmel: Das ist einesteils der Titel eines Gedichtbandes des Büchner-Preisträgers Jan Wagner. Zum anderen hat der Publizist, Literaturkritiker und Germanist Michael Braun damit eine Monografie überschrieben, in der er einen neuen religiösen Trend in der zeitgenössischen Literatur ausmacht (Freiburg 2018). Der Band ist ebenso eine Verbeugung vor dem Werk von Jan Wagner, der Jahr um Jahr Werke vorlegt mit Lyrik auf höchstem Niveau, Lyrik, die von hoher sprachlicher Kunst zeugt, die nach dem Lesen im Kopf etwas zurücklässt: einen bisher unbekannten Ton, eine Farbe wie im Frühling, einen neuen Geschmack.

Dieser Band Brauns dokumentiert einen bemerkenswerten Vorzeichenwechsel gegenüber dem Religiösen in der Gegenwartskultur. Schriftsteller finden in den Ideen der Religion(en) Anregungen für ihr Schaffen, für ihre Sicht der Welten. Autoren wie Patrick Roth, Ulla Hahn, Martin Walser, Peter Handke, Sibylle Lewitscharoff oder Nora Gomringer – um nur einige zu nennen – treiben sprachliche Probebohrungen in die Transzendenz, ins metaphysische Gefühl voran. Solche Wahrnehmung ist kein Massenphänomen. Doch der Vorgang deutet an, dass sich spätestens seit der Katastrophe des 11. September 2001 in New York erkennbar von einer „religiös musikalischeren Literatur" reden lässt, wie Michael Braun anmerkt. Der frühere Staatsminister für Kultur Michael Naumann hatte nach jenem Datum, das einen Bruch im Lebensgefühl, im Geschichtsbewusstsein markiert, angemahnt: „Das Verhältnis von Religion und Gesellschaft als Gesprächsthema erster Ordnung sollte in Deutschland zurückkehren." Ein Anfang ist gemacht.

Interessant ist in diesem Zusammenhang, dass sich dieses Phänomen gerade in lyrischen Texten beobachten lässt. So hatte der Herausgeber der Zeitschrift „Das Gedicht", Anton G. Leitner, anlässlich deren 25-jährigem Bestehen eingeladen, ihm Texte für einen Band „Religion im Gedicht" zuzusenden. Das Echo war vielfältig und üppig. Etliche Veranstaltungen folgten der anregenden Publikation, Lesungen, Leserfeste, Akademieabende. Bereits 2010 hatte Leitner zum zweiten Ökumenischen Kirchentag in München ein Buch veröffentlicht, das mit Gedichten die Hoffnung als Himmels- und Erdenkraft feierte. Wider Erwarten, so Leitner, beweisen Gedichte, dass Hoffnung nicht kleinzukriegen ist. „Sie braucht weder Fahrkarte noch Visum. Als blinder Passagier begleitet sie uns durch dunkle Zeiten und öffnet uns die Augen für den Lichtstrahl am Ende des Tunnels."

Gedichte lehren Hoffen? Seit Anbeginn der Menschheit haben Dichter Texte geschrieben, die diese Lichtstrahlen in Worte einfangen. Es sind Gebete der nackten und unbehausten Existenz, die zugleich ein Vertrauen auf das göttliche Du zum Ausdruck bringen. Man denke etwa an die Psalmen oder an das alttestamentliche Hohelied Salomos. Aber auch in den ägyptischen Quellen bei Echnaton, bei den Babyloniern, bei den Maya in Lateinamerika oder in der mystischen Dichtung eines Johannes vom Kreuz wird dichterisch gebetet. Viele Dichter waren Gottessänger und umgekehrt. Das Gedicht hat in diesem Sinn eine sakrale Qualität. „Es" betet.

Der Schriftsteller und Lyriker Paul Konrad Kurz schrieb einmal: „Das Problem der Religion heute ist zu einem beträchtlichen Teil ein Sprachproblem. Erfahrene und erfahrbare Wirklichkeit stößt auf Geschichten, Gesetze, Begründungen aus einem weit entfernten kulturellen und sozialen

Kontext. In Theologie und Verkündigung spielen Dogmen, Formeln, Begriffe ihre große Rolle. Sie verfestigen Flüssiges, deuten Erzähltes, geben schwebenden Aussagen Halt." Aber wie kommt religiöse Sprache der Vergangenheit in die Gegenwart? Und: Beten Dichter auch heute noch?

Gedichte und Gebete haben gemeinsam, dass sie keinem Zweck dienen. Sie richten sich an das Offene, schöpfen aus einem Vertrauen, das um die Kraft der Gedanken weiß, und lassen diese Gedanken wirken. Das kann belächelt, bespöttelt, sogar bekämpft werden. Aber: Wer Gedichte liest, weiß mehr über das Leben – das innere wie auch das äußere. Und wer betet, weiß das auch.

Das alle zwei Jahre erscheinende „Jahrbuch der Lyrik", herausgegeben von Christoph Buchwald (bei Schöffling), hat in der Ausgabe 2017 Texte versammelt, die ebenfalls eine Probebohrung in den Himmel versuchen. Es enthält zum Beispiel „die begegnung" des Berliner Lyrikers Norbert Hummelt (geboren 1962). Das Treffen findet in Berlin im Sommer statt:

ich war auf sein
kommen nicht vorbereitet u. dachte, ich
kann hier am ufer gehen, ohne ihn einmal
im leben zu sehen. aber in einer blauen
sekunde in meinem vierundfünfzigsten
jahr / strich er über das stehende wasser
u. war im nächsten moment nicht mehr da.

Es gibt sie, solche Begegnungen, die man sich nicht einmal herbeigewünscht hat – mit einem Gedanken, mit einer Person. Der Autor hat etwas ins Wort gefasst, das ins Andere hineinreicht, in die Erhellung, in einer blauen Sekunde, also in einem tieffühlenden, melancholischen, weit über das Hier und Jetzt hinausreichenden (mystischen?) Augenblick. Das bleibt allerdings hermetisch, im Unkonkreten.

Ganz ähnlich geht die Berlinerin Sünje Lewejohann (geboren 1972) vor. Ihr Text „liebe/" nähert sich der Realität, von der Paulus im ersten Korintherbrief sagt, dass es nichts Größeres gebe. Die Autorin greift biblische Bilder auf. Die Liebe als „dornenbusch", als „windflüchter", „ein wundsein, ein schmerz aus geschliffenem glas". „eine spur aus lehm und atem hast du gelegt. / einen rippenbogen in die hände der fischer. / immer bist du ein anderer gewesen…" Verwandelte Liebe. Sie gleiche einer Begegnung am Meer, aus dem alles Leben kam, eine, die Folgen hat: „wenn ich dir folgte, / hast du ein lied mit den lippen geformt." Dieses Liebeslied „blieb hängen in algen und gras, war / nichts als ein winziger / klirrender ton." Obwohl so unbedeutend, war es doch ein Ton, der überall hörbar ist.

IX. Die Sprache der Kunst

Der Dortmunder Ralf Thenior (geboren 1945) beschreibt in seinem Gedicht „Graubrotsehnsucht" den Kosmos als Zukunftsraum der Menschheit. „Tausend Jahre im All / mit Kryopausen versteht sich / durch schwarze Löcher gebrettert". Ein Raumschiff gleitet durch Raum und Zeit. Dann plötzlich die Unterbrechung bei der Nahrungsaufnahme, „beim Einnehmen / der Nahrungskapsel dieser unerwartete / unabweisbare Geschmack auf der Zunge / dies Bild vor dem geistigen Auge: nur / eine Scheibe Graubrot dünn mit Rama / dick mit Schmelzkäse das könnte die / Erfüllung sein das Maß der Glückseligkeit". Theologen verstehen darunter die Schau Gottes am Ende der Tage. Das Graubroterlebnis wird zur Epiphanie.

Ein Gedicht kann den Tag retten, meinte der argentinische Lyriker Roberto Juarroz. Die Dichter deuten Spuren an, in denen das Wort, das der Anfang aller Schöpfung war, zu einer Neuschöpfung im Heute wird. Als der Jesuit und Paläobiologe Pierre Teilhard de Chardin (1881–1955) anlässlich einer wissenschaftlichen Expedition in der Ordos-Wüste in der Mongolei am Fest der Verklärung Christi keine Eucharistie feiern konnte, begann er „Die Messe über die Welt" zu dichten. Es ist ein berührender Text, ein Gebet, eine Christus-Meditation – ein Beispiel, wie Glaube und Dichtung auf hohem Niveau zu einer Begegnung mit dem Ganz-Anderen führen, im Horizont damaliger moderner naturwissenschaftlicher Erkenntnisse. Darin heißt es:

Du, dessen Stirn wie Schnee, dessen Augen wie Feuer, dessen Füße strahlender sind als schmelzendes Gold; Du, dessen Hände die Sterne gefangenhalten; Du, der Du der Erste und der Letzte, der Lebendige, der Tote und der Auferstandene bist; Du, der Du in deiner überströmenden Einheit allen Zauber, alle Lust, alle Kräfte, alle Zustände sammelst; dich rief mein Sein mit einem ebenso großen Verlangen wie das Universum: Du bist wahrhaft mein Herr und mein Gott!

Jürgen Springer, Redakteur der Wochenzeitschrift
CHRIST IN DER GEGENWART, Freiburg im Breisgau.

Magda Motté

Lieber das hingestotterte Gebet

Wie ist die jesuanische Verkündigung Menschen des 21. Jahrhunderts zu vermitteln? Diese Frage treibt viele besorgte Christen um. Dass das Evangelium eine froh machende, befreiende Botschaft ist, wird nicht bestritten. Doch die archaische Verpackung, die stereotypen theologischen Begriffe wie „Erbsünde", „Erlösung", „Heil", „Opferlamm", „Jenseits", oder Wendungen wie „Allmächtiger Gott", „Heilig, Herr Gott Zebaoth", „Jesu Opfertod", „Geboren aus Maria der Jungfrau" treffen zunehmend auf Unverständnis. Die Sakramente, Taufe, Erstkommunion, Hochzeit, dienen oft nur noch zur Verschönerung von Familienfesten, wie es Kurt Marti einmal kommentierte (in: „Für eine Welt ohne Angst. Berichte – Geschichten – Gedichte", Hamburg 1981):

Der ungebetene Hochzeitsgast

Die Glocken dröhnen ihren vollsten Ton
und Photographen stehen knipsend krumm.
Es braust der Hochzeitsmarsch von Mendelssohn.
Der Pfarrer kommt! Mit ihm das Christentum.
Die Damen knie'n im Dome schulternackt,
noch im Gebet kokett und photogen,
indes die Herren, konjunkturbefrackt,
diskret auf ihre Armbanduhren sehn.
Sanft wie im Kino surrt die Liturgie
zum Fest von Kapital und Eleganz.
Nur einer flüstert leise: „Blasphemie!"
Der Herr. Allein, Ihn überhört man ganz.

Kurt Marti schildert zutreffend, was sich in vielen liturgischen Zeremonien abspielt: Gott ist bestenfalls nur eine Randerscheinung. Der Ritus hat sich verselbständigt: Glocken, Musik, Pfarrer dienen nicht mehr der Ehre Gottes, sondern dem Zweck der Selbstinszenierung. Gott ist wie hinausgedrängt aus dem Geschehen.

Im vorliegenden Gedicht sind zehn Verse dem Hochzeitspomp gewidmet, zwei dem Herrn. Was die neuere Theologie bestreitet, dass Gott sich durch menschliche Handlungen „beleidigt fühlt", wird hier bejaht. Marti lässt den Herrn selbst das Geschehen kommentieren. Er fühlt sich missbraucht. Doch das vernimmt keiner.

IX. Die Sprache der Kunst

Die Glaubens- und Sprachkrise schwelt seit Langem. Bereits 1958 wurde sie von Marie Luise Kaschnitz in ihrem „Tutzinger Gedichtkreis" beschrieben (in: „Dein Schweigen – meine Stimme. Neue Gedichte", Hamburg 1962):

Die Sprache, die einmal ausschwang Dich zu loben,
Zieht sich zusammen, singt nicht mehr
In unserem Essigmund. Es ist schon viel,
Wenn wir die Dinge in Gewahrsam nehmen,
Einsperren in Kästen aus Glas wie Pfauenaugen
Und sie betrachten am Feiertag.
Irgendwo anders hinter sieben Siegeln
Stehen Deine Psalmen neuerdings aufgeschrieben.
Landschaft aus Logarithmen, Wälder voll Unbekannter,
Wurzel der Schöpfung, Gleichung Jüngster Tag.

Hier ringt ein angefochtenes Ich um die Wirklichkeit Gottes, die sich im Lobpreis der Psalmen seit Jahrtausenden ausspricht. Mittels neuer, unverbrauchter Bilder aus dem mathematisch-naturwissenschaftlichen Bereich beschreibt es seine Sprachnot. Die Psalmen, stellvertretend für biblische Texte, sind ihm so schwer zu entschlüsseln wie Gleichungen, Wurzeln, Logarithmen in der Mathematik. Wohl will das sprechende Ich die mit der Sprache gemeinten Botschaften Gottes, „die Dinge", nicht vollends preisgeben, sie vielmehr konservieren, „einsperren in Kästen", und gelegentlich bewundern, „betrachten am Feiertag". Doch sie sind und bleiben tot „wie Pfauenaugen": museal eingesperrte, schön präparierte Objekte.

Die Gründe, die zu dieser Situation geführt haben, sind vielfältig und tiefgreifend: Grundlegend für alle weiteren Schwierigkeiten ist, dass der Mensch im religiösen Bereich versucht, Dinge und Phänomene in Worte zu fassen, die real nicht zu greifen, zu sehen, zu hören und zu fühlen sind. Er will über eine Wirklichkeit sprechen, die er nicht beweisen, nur glauben kann. Was Einzelne glauben und Völker erfahren, suchen Propheten, Schriftsteller und Wissenschaftler in vielgestaltige Worte zu fassen. Die Theologen jedoch fassen die Glaubenszeugnisse in Formeln, in Dogmen, wobei der Ursprung der lebendigen Erfahrungen verlorengeht.

Eine zweite Schwierigkeit liegt in der Geschichte. Wir blicken sicher mit Stolz auf zweitausend Jahre christlicher Tradition zurück. Einmal gefasste Glaubenswahrheiten werden nicht mehr infrage gestellt. Sie müssten jedoch stets aktualisiert werden. Das haben in den fünfziger Jahren bereits Dogmatiker wie Michael Schmaus und Karl Rahner gefordert.

Lebendiger Glaube scheitert vielfach am Übersetzungsproblem. Dabei ist mit Übersetzung nicht nur die Übertragung vom Wortlaut einer Sprache in die andere gemeint, sondern die von einem Kulturkreis in einen anderen. Dabei müssen Begriffe und Metaphern wie „Sündenbock", „Opferlamm", „Jungfrauengeburt", die unserer Lebenswelt entschwunden sind, zeitgemäß ersetzt, vor allem aber der Geist der Vorgabe in die Kultur und Zeit von heute übertragen werden.

Ein weiteres Problem liegt im Rationalismus unserer Zeit. Abgesehen von Menschen mit naiver Gläubigkeit sehen die meisten Christen in unserem Land die Welt und die Religion kritisch. Endlich ist die Aufklärung mit ihrem Aufruf, sich der Vernunft zu bedienen, bei vielen Zeitgenossen angekommen. Sie fragen nach: Was heißt Erlösung? Erbsünde? Heil? Leider werden die Antworten in der Regel mit Formeln dogmatischer Theologie abgedeckt.

Die Naturwissenschaften haben unser Lebensgefühl massiv verändert und die Religiosität in einen völlig neuen Horizont gestellt. Doch spiegelt sich das im kirchlichen, gottesdienstlichen Leben kaum wider. Dass ein gläubiger Wissenschaftler der Evolution wie der Paläoanthropologe und Jesuit Pierre Teilhard de Chardin jahrzehntelang verketzert wurde, ist ein Skandal. Über die Geschichten der Bibel zur Herkunft des Lebens, des Menschen und der zentralen Rolle der Erde wird gelächelt. Warum werden die Erkenntnisse des Kosmos, der Evolution, der Hirnforschung, der Entstehung der Mythen nicht in die Ausbildung der Theologen und in die Verkündigung einbezogen?

Niemand wird bestreiten, dass zu einem gelungenen Leben auch die Ethik gehört. Aber dass Sünde und Schuld im religiösen Kontext, vor allem in den liturgischen Texten, eine derart große Rolle spielen, stößt viele Menschen ab. Generell muss das Gebiet der Gebets- und Liedertexte untersucht werden. Viele Relikte aus vergangenen Jahrhunderten – sicherlich theologisch, literarisch, musikalisch wertvoll – werden mitgeschleppt, gehen aber am Lebensgefühl der Menschen heute vorbei, etwa das „O du Lamm Gottes, am Stamm des Kreuzes geschlachtet".

Angesichts der hier nur skizzierten Problemlage ist zu fragen: Haben die verantwortlichen Theologen in Wissenschaft und Verkündigung das Sprachproblem überhaupt für sich entdeckt? Reflektieren Kurienkardinäle und Verfasser amtlicher Schreiben ihren Stil? Haben sie die Begrifflichkeit ihrer Texte auch einmal in Frage gestellt? Wendungen wie: „Unsere Kirche lehrt" – „Das Heil in Jesus Christus" – „Der Menschensohn ist gekommen, uns zu erlösen" – „Die Kirche als Ursakrament" usw. sind Formeln, die keinen begeistern. Gibt es in den theologischen Fakultäten irgendwo einen Lehrstuhl zur Sprachforschung, Sprachentwicklung und Sprachsoziologie oder wenigstens im Rahmen des Theologiestudiums Pflichtseminare zum Thema:

Übersetzen zentraler Glaubensaussagen in die Sprache von heute? Hat jemand dies je zum Antrag gemacht?

Die Verkündigung zentraler Glaubensgeheimnisse in heutiger Sprache ist kein leichtes Unterfangen. Dass sich der Einzelne überfordert fühlt, hat biblische Tradition. Auch Mose (Ex 4,10–13) und Jeremia (Jer 1,4–10) fühlten sich außerstande, den Auftrag Jahwes auszuführen. Aber Gott wies die Einwände jeweils zurück, so wie Richard Exner es in seinem Gedicht „Schwere Zunge" beschreibt (in: „Zunge als Lohn. Gedichte 1991–1995", Stuttgart 1996):

Vor Gott ist der Stotterer, dem es ein-
fällt, aus dem es aber nicht heraus kann,
angesehener. ER hört und lässt Seinen
Hauch wehen in die atemlosen Würgepausen.
ER vollendet das hingestotterte Gebet.
Den für Seine Lettern ungeschaffenen Mund
öffnet ER sich und schlägt das Zaudern
Seiner Propheten in den Wind.

Wenn es der Kirche ernst ist mit dem Glauben, dass Gott für alle Völker und Zeiten der Lebendige ist, so muss sie das in zeitgemäßen Bildern, Worten und Tönen verkünden. Im Grunde dürfte das eine Selbstverständlichkeit sein, denn Papst Johannes XXIII. hatte dies mit seinem Stichwort vom Aggiornamento bereits zur Leitlinie eines Konzils gemacht.

Veni Creator Spiritus! – Vielleicht ist es noch nicht zu spät.

Prof. Dr. Magda Motté, Literaturwissenschaftlerin, lehrte unter
anderem an den Hochschulen beziehungsweise Universitäten in
Aachen und Dortmund.

Joachim Hake

Gott, Güte und Licht

Gott.
Alle andere Wesen unterscheiden sich durch ihren Schatten,
aber er unterscheidet sich durch sein Licht.

Diese Notiz stammt von Joseph Joubert. Der französische Essayist und Moralist lebte von 1754 bis 1824. Über fast vierzig Jahre machte er seine Notizen und füllte mit ihnen über 200 Notizbücher. Zu Lebzeiten hinterließ er aber kein Buch. Es war der mit ihm befreundete Schriftsteller und Diplomat François-René de Chateaubriand, der als erster seine Texte herausgab in einer Sammlung für Freunde. Die Reihe der Verehrer Jouberts ist seither überschaubar. Zu ihnen gehören Elias Canetti, Paul Auster, Maurice Blanchot, Emil Cioran und Friedhelm Kemp. Der Unternehmensberater und Publizist Asfa Wossen-Asserate erwähnt ihn in seinem Buch „Manieren" (Frankfurt 2003) und betont, dass Joubert in der katholischen Liturgie „die Grundlage der Manieren" sieht beziehungsweise dass für ihn die „eigentliche Schule der Manieren die Liturgie" ist. Einer der schönsten Texte über Joubert stammt von Walter Helmut Fritz, der ihm ein Prosagedicht gewidmet hat:

Erregende Ruhe

In seinem Haus in Villeneuve-sur-Yonne notiert ein Mann: Wenn Sprachen entwickelt sind, so ist die Leichtigkeit, sich auszudrücken, dem Geist nachteilig, weil kein Hindernis ihn aufhält… Wie immer wartet Joseph Joubert auf seine Sätze, bis er sich selbst mit ihnen überrascht, bis er den Worten einen Horizont und ein Echo gegeben hat; bis sie gastfreundlich sind; Saft, der sich trinken lässt. Er wird schreiben, bis sein Leben sein Leben geworden ist… Ein Sprühregen fällt auf den Ort, ehe die Wolken vom Himmel gehen. Eine späte Dahlie blüht. Das heimkehrende Pferd zuckt mit dem Fell („Gedichte. Prosagedichte", Hamburg 2009)

Joseph Joubert ist bis heute ein weithin vergessener Autor. Erfreulicherweise liegt mit der Übersetzung von Martin Zingg wieder eine Auswahl seines Werkes in deutscher Sprache vor („Alles muss seinen Himmel haben", Salzburg 2018). Die Lektüre seiner Notizen ist eine wahre Wonne. Immer wieder handeln sie von dem Spiel von Licht und Schatten, von Wachen und Schlaf, von Kindern und Greisen, vom Aufschauen, von der Freude am Umbestimmten, und sie sind Beispiele einer Klarheit, die die Gefahren einer zu großen

Genauigkeit kennt. Seine Notizen überwinden geduldig die Trägheit und die Widerstände des Schreibens, sind schmetterlingsleicht und morgenfrisch, unschuldig und luftig und mit einer unstillbaren Freude am Glanz, am Leuchten, am Strahlen, nicht zuletzt der Augen und Gesichter, an einer Einbildungskraft und Phantasie, die den festen Boden und den Sinn für das Alltägliche nicht verleugnet. Es lohnt sich, bei Joubert in die Schule zu gehen und mit ihm den Sinn zu schärfen für den Zusammenhang von täglicher Aufmerksamkeit und jener wartenden Geduld, die in den täglichen Notizen ihren einsamen Ausdruck findet.

Von ihm ließe sich lernen, wie zu beginnen wäre, ein Tag oder ein Text. Vielleicht würde er einem raten, sich am Morgen mit der Heiterkeit des Frühlichts zu verbünden. Die ersten Stunden als Zeit einer geglückten und lebensfreundlichen Scham schätzen zu lernen, einer diskreten und leichten Scheu vor den Anfängen, die sich über den Tag verbrauchen wird, bis der Schlaf dazwischen tritt und mit ihm eine dunkle Zeit des Vergessens und der Abwesenheit. Am Abend wäre der Tag Gott zu überlassen in der Vorfreude auf ein nächstes Erwachen, das nicht in unserer Macht steht.

Von den übrigen französischen Moralisten (wie François de La Rochefoucaulds, Luc de Clapiers Vauvenargues oder Nicolas Chamfort) unterscheidet ihn vor allem der Verzicht auf das bloß Maximenhafte, das Bonmot oder die Pointe. Er übt täglich die freie, anhebende, scheue Notiz mit jener merkwürdigen Mischung aus kindlicher Freude und Vollendungssorgfalt, die in einer platonisch geprägten Frömmigkeit gründet. Diese Freude kennt auch den Mut zur Empfehlung eines Gebets:

Betet so zu Gott: Wesen ohne Anfang und Ende, Du bist das Beste, das der Mensch sich vorstellen kann. Gleich dem Lichtstrahl, der in allem Leuchtenden eingeschlossen ist, leuchtet der Strahl deiner Güte in allem, was Tugend ist. Was wir lieben können und was liebenswürdig ist, zeigt einen Teil deiner Wesenheit, einen Abglanz von Dir selbst. Alle Schönheiten der Erde sind nur ein Schatten der Schönheit des Himmels. Mach uns Dir gleich, soweit unsere grobe Natur dieser Ähnlichkeit fähig ist, damit wir Deiner Glückseligkeit teilhaftig werden, soweit es dieses Leben erlaubt.

Joubert ist ein Freund des Lichts und der Schönheit. In der Tugend ist es die Güte, die leuchtet, und es ist die Güte, die die Tugend schön macht. Joubert freut sich am Aufblick und am wolkenlosen blauen Himmel, er ist großzügig und nicht kleinlich, er hat ein weites Herz und liebt die Kinder und die Greise. Er hat vor Überraschungen keine Angst und rechnet mit Bekehrungen sowie überhaupt mit Verwandlungen ins Luftige und Leichte. Er argumentiert nicht und verzichtet auf jede Form des Rechthabenwollens.

Er benennt, ruft auf und hängt seinen frischen Einfällen und Gedanken nach.

Seine Frömmigkeit belebt, und er nimmt – wie Elias Canetti es beschrieben hat – „Geistiges auf, als wäre es eine Bewegung der Luft. Gedanken und Worte empfindet er als Atem oder als Auf- und Niederschweben von Vögeln" („Nachträge aus Hampstead. Aufzeichnungen 1954 – 1971", München 1994).

Von Gebeten in der Spur Joseph Jouberts könnte gelten, was Walter Helmut Fritz über dessen Schreiben vermerkt hat: Wir würden beten, bis unser Leben unser Leben geworden ist. Etwas leuchtender und glänzender als jetzt, etwas schöner und vielleicht etwas gütiger.

Joachim Hake, Direktor der Katholischen Akademie in Berlin.

Georg Langenhorst

Ein Zuschauen, das wir alle brauchen

Gott in der Literatur unserer Zeit? Diese Frage scheint schon lange beantwortet zu sein: Verschwiegen und verborgen, verloren und verabschiedet sei er. Mit diesen Kennzeichnungen arbeiten viele Studien, die sich auf die Suche nach religiösen Spuren in der deutschsprachigen Gegenwartsliteratur begeben. Der Befund sei letztlich klar, so wird im Anschluss an Blaise Pascal formuliert: „Gott liebt es, sich zu verstecken". Der Suchblick in die Gegenwartsliteratur könnte dann nur eines erbringen: die erneute Bestätigung der ständig voranschreitenden Gottesverdunstung; die resignative Einsicht in die schwindende Präsenz des Gottesgedankens in der Gegenwartskultur.

So könnte der Befund sein – ist er aber nicht. Ein genauer Blick vor allem in die Entwicklungen der letzten 25 Jahre führt genau zu dem gegenteiligen Ergebnis: „Ich gönne mir das Wort Gott." Unter dieser Überschrift erschien ein Gespräch mit Andreas Maier, einem der wichtigsten Autoren der mittleren Schriftstellergeneration im deutschsprachigen Raum, in der Frühjahrsliteraturbeilage 2005 der „Zeit". Im Interview führt er aus: „Irgendwann habe ich damit angefangen, mir die Verwendung des Wortes Gott zu gönnen. Wenn man sich dieses Wort verbietet, hat man extreme Schwierigkeiten, bestimmte Dinge zu sagen." Gegen alle falschen Vereinnahmungen betont er: „Es darf nicht sein, dass wir das Wort Gott nur verwenden, um uns gegenseitig zu versichern, dass wir alle schon irgendwie gut und richtig seien…

IX. Die Sprache der Kunst

Wenn ich von Gott spreche, weiß jeder, dass etwas gemeint ist, das außerhalb von uns liegt."

Und damit benennt er einen Trend, der sich im Werk völlig unterschiedlicher Autorinnen und Autoren in verschiedenartiger Form und Aussage prägt. Die Gegenwartsliteratur hat ihre Scheu vor Gott verloren. Der Münchner Erzähler und Lyriker Michael Krüger hat diesen Wandel in seinem Gedicht „Hotel Wandl, Wien" in dem vor zwanzig Jahren erschienenen Band „Wettervorhersage" wie folgt benannt: „Wir müssen uns nicht mehr der Religion / erwehren, sie greift uns nicht an". Im kulturellen Klima der Gegenwart ist es offensichtlich „nicht mehr" nötig, auf Distanz zur Religion zu gehen. Im Gegenteil: Es ist möglich, Religion positiv aufzugreifen, künstlerisch fruchtbar zu machen und dichterisch zu gestalten. Die Annäherung an Gott ist Teil dieser neuen Entwicklung.

Seit Beginn der neunziger Jahre finden sich in Stil, Gattung und Aussageabsicht ganz unterschiedliche literarische Zugänge zur Frage nach Gott. Über Religion allgemein und Gott ganz speziell kann man heute schreiben in der Reflexion über erlebte oder erfundene Alltage wie etwa Hanns-Josef Ortheil oder Ralf Rothmann. Religion und Gottesfrage lassen sich thematisieren in der Erinnerung an die Faszination von Liturgie wie etwa bei Arnold Stadler oder Ulla Hahn. Gott wird aufgerufen als Teil repressiver Lebenszwänge wie etwa bei Christian Friedrich Delius oder Josef Winkler. Gott bleibt präsent im Kontext der unstillbaren Theodizeefrage, so bei Thomas Hürlimann oder Pascal Mercier. Gott wird in die Fiktionalität selbstverfasster Mythen verwoben, zum Beispiel von Patrick Roth. Religion kann als Teil von Wahrnehmung und Ausdruck erlebter oder erdachter Wirklichkeit und Möglichkeit gestaltet werden wie bei Nora Gomringer oder Hans Magnus Enzensberger. Religion wird zur fasziniert entdeckten Dimension von Fremdheit und Fernsucht bei Adolf Muschg oder Barbara Frischmuth. Gottsuche zeigt sich in der literarischen Formung jüdischer Religiosität bei Benjamin Stein und Lena Gorelik oder im Horizont muslimischer Religiosität bei Navid Kermani und SAID. Über Gott lässt sich auch schreiben im Modus des Grotesk-Surrealen, des Absurd-Komischen, so bei Sibylle Lewitscharoff und Felicitas Hoppe.

All dem liegt keine Bewegung zugrunde. Die Auseinandersetzung mit Religion und der Gottesfrage ist auch keineswegs ein beherrschendes Thema, eher ein gelegentlich gestalteter Motivstrom. Zudem sind die Werke dieser Autorinnen und Autoren völlig verschiedenartig. Annäherung an Gott und Distanz stehen in einem ständigen Spannungsverhältnis. Gleichwohl zeigt sich, dass die Gottesfrage in unserer Gesellschaft lebendig bleibt, gerade weil die Kirchen nicht mehr als Monopolträger dieser Fragestellung gelten.

IX. Die Sprache der Kunst

Repräsentative Stimmen und Beispiele für diese Tendenz lassen sich kaum anführen. Dazu ist jeder einzelne Zugang zu individuell. Hören wir auf einige. Was macht für Literaten den Reiz aus, sich Gott vorzustellen? Peter Handke sprach in einem 2006 veröffentlichten Gespräch mit dem Literaturkritiker und Schriftsteller Peter Hamm zunächst ganz allgemein davon, dass das „Zuschauen" etwas ist, „das wir alle brauchen". Dann, überraschend, eine religiöse Wendung des Gesprächs: Was wir eigentlich brauchen ist, „dass uns jemand zuschaut auf eine umfassende Weise, wie man es sich eigentlich von Gott vorstellt". Und weiter die Überlegung, „dass Gott eigentlich durch das Zuschauen" wirkt, dass „das seine einzige Macht ist". Aber was für eine! „Wenn wir uns gewärtig machten, dass Gott uns umfassend zuschaut, wären wir alle total besänftigt." Noch einmal anders gesagt: „Diese Wendung zu Gott ist, dass man sich innerlich angeschaut sieht."

Schon 1994 fand sich eine erstaunlich ähnliche Gedankenführung im Werk von Botho Strauß. Er schrieb in seinen Notaten „Wohnen, Dämmern, Lügen" vom „Menschenleben als etwas, das danach strebt, erkannt zu werden. Es vollzieht sich in der Gewissheit eines anderen Auges, das überblickt und Gestalt erkennt, wo der Dahinlebende sich nur der wirren, sporadischen Spuren und Teile gewiss ist." Dann zentral: „Das Vertrauen in ein umfassendes Gesehenwerden gründet in der Einheit Gottes". Fast die gleiche Grundaussage wie bei Handke also: „Ohne diese Gewissheit, Erkannte zu sein, hielten wir uns keine Sekunde aufrecht."

Der Gedanke, von Gott gesehen zu werden – und sei es nur als Wunsch oder Sehnsucht –, wird bei beiden zur Grundlage des Denkens. Warum aber werden gerade die Sprachsetzungen der Literatur, werden Poesie und Erzählung zu den am besten geeigneten Wegen, um derartige Gedanken zu formen? Die zwei bedeutsamsten Dichterpfarrer unserer Zeit, der erste evangelisch, der zweite katholisch, geben Antworten. Christian Lehnert wies darauf hin, dass die „poetische Sprache … in Bildern und Metaphern Räume erkundet, die noch nicht Sprache geworden sind". Gerade so hält sie die Spannung aufrecht „zwischen dem, was gesagt wird, und dem was ich nicht sagen kann". Sie ist als Urform religiöser Rede eine „Suche nach Worten", „suchend, nicht erklärend …, öffnend, nicht benennend." Andreas Knapp ergänzt: „Gott ist ein Wirkwort: Die Nennung seines Namens will uns nicht informieren, sondern erschüttern, beglücken, bekehren." Religiöse Rede ist im Kern nicht erklärend oder informierend, sie will etwas „bewirken". Literatur ermöglicht genau jene Formgebung, in der diese Wirkung erzielt werden kann.

Langsam öffnet sich die Gegenwartstheologie für eine Einsicht in die Chancen dieser Entwicklungen. Seit 2016 betreibt die Katholisch-Theologische Fakultät der Universität Wien unter der Federführung von Jan-Heiner

Tück eine weltweit einzigartige „Poetikdozentur Literatur und Religion". Sie dient vor allem einem theologischen Hören auf die Literatur. Gut so!

Prof. Dr. Georg Langenhorst, Didaktik des Katholischen Religionsunterrichts und Religionspädagogik, Augsburg.

Johanna Domek

Bei den „Glaubenskämpfern" auf der Bühne

Für das Mönchtum ist das „geistliche Kämpfen" immer ein wichtiges Thema gewesen. Es geht dabei darum, das reine Herz zu gewinnen, das – wie es in den Seligpreisungen heißt – Gott in allem schauen kann. Das reine Herz ist ein geläutertes Herz. Auf dem Weg der Läuterung wird der Mensch mit dem konfrontiert, was sein Herz bewegt, treibt, lähmt, blockiert. Damit muss sich der Mensch aufmerksam, ehrlich und geduldig auseinandersetzen.

Die geistige Auseinandersetzung mit Versuchung und Anfechtung hält den Gläubigen wach und treibt den inneren Wachstumsprozess voran. Weil solche Reifung ein Leben lang dauert, wird auch der geistliche Kampf ein lebenslänglicher sein. Der ägyptische Wüstenvater, Asket und Schriftsteller Evagrius Ponticus (gestorben 399) nannte das, was den Menschen innerlich umtreibt, „böse Gedanken", manchmal auch „Laster" oder einfach nur „Gedanken". Er meinte damit Gedanken, die geladen sind mit Emotionen, Sehnsüchten, Ängsten, die uns innerlich belästigen, packen, fesseln. Ob diese Gedanken die Seele belästigen oder nicht belästigen, das hängt nicht von uns ab. Ob sie jedoch in uns verweilen oder nicht verweilen, Leidenschaften anregen oder nicht anregen, das hängt von uns ab. Darauf verweist Fidelis Ruppert in seinem Buch „Geistlich kämpfen lernen" über benediktinische Lebenskunst (Münsterschwarzach 2012).

Es geht beim geistlichen Kämpfen nie um einen Spurt, eine kurzfristige Mutprobe oder einen schnellen Sieg. Wer geistlich kämpft, siegt längst nicht immer. Aber er gewinnt dabei eine Beharrlichkeit und eine Spannkraft, die lebendig bleiben und die Ausrichtung auf Gott nicht verlieren lassen.

Die Mönchsväter lehren, dass man durch die Anfechtungen gehen kann, indem man aus dem Wort Gottes schöpft und lebt. Eine Möglichkeit ist, wie Evagrius Ponticus im Buch von der „Widerrede" schrieb, mit einem Wort der Heiligen Schrift auf einen belastenden Gedanken zu reagieren, ähnlich wie Jesus bei seiner Versuchung in der Wüste. Eine andere Möglichkeit ist,

IX. Die Sprache der Kunst

immer im Gebet zu sein, indem man den Vers murmelt: „O Gott, komm mir zu Hilfe, Herr, eile mir zu helfen", wie es Johannes Cassian (gestorben 435) vorschlug.

Zwei Jahre lang machte ich bei einem Projekt des Schauspiels Köln mit. Man wollte, ausgehend vom Wort „Glaubenskämpfer", das durch weltpolitische Entwicklungen und Brisanz bei vielen neu ins aufgewühlte Bewusstsein gebracht wurde, religiöse Hintergründe thematisieren. Dazu sollten gläubige Vertreter der drei monotheistischen Religionen aus der Stadt auf der Bühne ins Gespräch kommen, gemeinsam mit Kölner Schauspielern, die die säkulare Welt zu vertreten hatten.

Zwei Szenen ließen Raum für einen Diskurs unter den Religionen. Einmal waren die Muslime angegangen worden wegen der Aufforderung zum Töten, die ja an einigen Stellen im Koran zu finden ist. Da sagte Avi Appelstein, der jüdische Mitspieler neben mir: „Da kannst du in der Bibel auch viel finden." In vielen Psalmen ist von Gewaltausübung die Rede. Ebenso in den alttestamentlichen Geschichtsbüchern!

Im Neuen Testament steht derartiges nicht. Aber es hat in der Geschichte der Christenheit trotzdem nicht wenige Kriege unter der Überschrift des Glaubens gegeben, ganz ohne neutestamentliche Rechtfertigung – seien es die Kreuzzüge, sei es der Dreißigjährige Krieg, der mit religiösen Gegensätzen aufgeladen wurde und wo man gegen „andersgläubige" Getaufte zu Felde zog. Auch die Verbreitung des Christentums ging mit Eroberungszügen einher, die keinesfalls bloß rein weltlich, machtpolitisch begründet waren, sei es im Reich Karls des Großen oder bei der „Entdeckung" und Inbesitznahme Lateinamerikas.

In den Evangelien lese ich vom „Kämpfen" nur einmal: nach der Gefangennahme Jesu bei der Befragung durch Pilatus. Da antwortet Jesus: „Mein Königtum ist nicht von dieser Welt. Wenn es von dieser Welt wäre, würden meine Leute kämpfen, damit ich den Juden nicht ausgeliefert würde. Aber mein Königtum ist nicht von hier." (Joh 18,36–37)

In der Offenbarung des Johannes ist hingegen viel vom Kampf die Rede. Es kämpfen Engel des Lichts und Mächte der Finsternis mit scharfen Schwertern, sie töten und vernichten. Das Kämpfen der Gläubigen aber ist ein anderes: Standhalten, Widerstand leisten, nicht nachgeben. Ihnen wird keine andere Waffe in die Hand gelegt.

In den neutestamentlichen Briefen spiegelt sich das Wachsen der Gemeinden auf dem Boden des Judentums. Das war nicht konfliktfrei. Konflikte machen uns deutlich, was uns bewegt oder blockiert, wie wir handeln und uns verfehlen. Im Jakobusbrief heißt es: „Woher kommen die Kriege bei euch, woher die Streitigkeiten? Doch nur vom Kampf der Leidenschaften in eurem Innern. Ihr begehrt und erhaltet doch nichts. Ihr mordet und seid eifersüchtig und könnt dennoch nichts erreichen. Ihr streitet und führt Krieg. Ihr erhaltet nichts, weil ihr nicht bittet" (4,1f). Paulus wiederum schreibt an die Römer: „Nehmt den an, der im Glauben schwach ist, ohne mit ihm über verschiedene Auffassungen zu streiten" (14,1).

Bei den „Glaubenskämpfern" im Theater, auf der Bühne, sind wir einander begegnet. Wir haben nicht alle nötigen Antworten gefunden. Vermutlich haben wir noch nicht einmal alle Fragen gestellt, die nötig wären. Aber alle haben aufrichtig miteinander gesprochen und gerungen. Die Religionen unterscheiden uns nach wie vor, wie uns vieles unterscheidet. Und innerhalb einer Religion unterscheidet uns auch vieles darin, wie wir glauben oder beten. Aber nicht das trennt uns voneinander, nicht das schadet der Beziehung. Trennung hat immer andere Gründe als die Verschiedenheit.

Patriarch Athenagoras von Konstantinopel schrieb einmal: „Lassen Sie mich die Sprache des Krieges sprechen. Ich mag diese Sprache: Ich führe Krieg, ich greife an, so versuche ich zu leben. Aber ich führe Krieg gegen mich selbst, um mich zu entwaffnen. Um wirksam gegen den Krieg, gegen das Böse zu kämpfen, muss man fähig sein, den Krieg zu verinnerlichen, um im eigenen Inneren das Böse zu besiegen... Man muss sich selbst entwaffnen. Ich habe diesen Krieg geführt. Er war furchtbar. Aber jetzt bin ich entwaffnet. Ich habe vor nichts mehr Angst, denn die Liebe vertreibt die Angst. Ich habe die Waffen der Rechthaberei und der Selbstrechtfertigung, die die anderen abqualifiziert, niedergelegt."

Johanna Domek, Benediktinerin, Köln-Raderberg.

Peter B. Steiner

Über das Geistige in der Kunst

„Über das Geistige in der Kunst" lautet der Titel eines 1912 erschienen Büchleins von Wassily Kandinsky. Es gehört zu den Manifesten der Revolution der modernen Kunst, die zeitgleich mit den Revolutionen des naturwissenschaftlichen Weltbilds durch Max Planck und Albert Einstein und des Menschenbilds durch Sigmund Freud stattfand. Jene Revolution ging den politisch-sozialen Umwälzungen von 1917/1918 in Europa und im Nahen Osten voraus. Die Revolution der modernen Kunst ist Teil jener Weltenwende, die das 19. Jahrhundert beendete und die moderne Welt begründete. Obwohl inzwischen die Postmoderne und das Ende der Geschichte ausgerufen wurden und die Digitalisierung über uns kam, leben wir immer noch in ihr. Im Gegensatz zu anderen revolutionären Schriften, die von veraltetem Pathos strotzen, ist Kandinskys Büchlein heute noch mit Vergnügen und Gewinn zu lesen.

Der Geist, den Kandinsky meint, ist theosophisch begründet. Er hat neben christlichen auch hinduistische und buddhistische Züge. Er ist vom Heiligen Geist, an den wir Christen glauben, zu unterscheiden. Er weht nach den Worten Jesu im Gespräch mit Nikodemus, wo er will (Joh 3,8). Zumindest steht das so in griechischen und lateinischen Bibeln *(pneuma pnei / spiritus spirat)*. Ins Deutsche wird das als „Wind, der weht, wo er will" übersetzt, obwohl zwei Verse vorher *pneuma* mit „Geist" übersetzt wurde und immer noch vom selben Geist die Rede ist. Fränkische Missionare haben im Frühmittelalter für das griechische *pneuma* das Wort „Geist" gefunden, das, mit Geysir und Gischt verwandt, eher das Aufregende, die Feuerzungen und das Brausen des Windes (Apg 2,2f), bezeichnet als den ruhigen Atem des Lebens. Seither haben wir, zumindest im Wort, den Widerspruch von Spiritualität und Geistlichkeit.

Wenn wir das Geistige in der Kunst erfassen wollen, dürfen wir über dem Wehen das Atmen nicht vergessen. Was atmet Kunst? Zuerst die Luft ihrer Zeit. Kandinsky sagte dazu: „Wir können unmöglich wie alte Griechen leben und fühlen", auch wenn wir mit griechischen Säulen bauen und nackte Männer griechischen Vorbildern nachbilden. Die Absage an den 1912 in allen Kirchen und Rathäusern üblichen Historismus folgt dem fundamentalen Einleitungssatz: „Jedes Kunstwerk ist Kind seiner Zeit, oft ist es Mutter unserer Gefühle."

Kandinsky schreibt fort, was Adalbert Stifter 1857 („Der Nachsommer", 3. Bd, Kap. 2) geschrieben hatte: Die Künstler lehren uns denken und fühlen. Der Religionsdidaktiker Alex Stock (1937–2016) hat diese Einsicht in seiner „Poetischen Dogmatik" (11 Bände) auf die katholische Theologie übertragen: gewonnen aus den poetischen Quellen des Christentums in Dichtung, Liedern, Bildern und Bauten.

An vielen Beispielen lässt sich zeigen, wie und welcher Geist die Kunst heute belebt. Fünf seien ausgewählt:

In einer hellroten Spirale aus Neonröhren teilte Bruce Nauman 1967 in San Francisco in blauer Schrift mit: „The true artist helps the world by revealing mystic truths" (Der wahre Künstler hilft der Welt, indem er geheimnisvolle Wahrheiten enthüllt). Der 26-jährige Künstler hatte damals sein Atelier in einem Lebensmittelladen. Er brachte die Neonspirale im Schaufenster an. Schaufenster und Neonreklame gelten nicht als Orte und Mittel der Mystik. War diese Werbebotschaft mehr als eine freche Anmaßung? Seit der Romantik wird die Kunst als Hüterin und Künderin von Geheimnissen gepriesen.

Wenn nicht mehr Zahlen und Figuren,
sind Schlüssel aller Kreaturen,
Wenn die, so singen oder küssen
Mehr als die Tiefgelehrten wissen
Wenn sich die Welt ins freie Leben,
Und in die freie Welt zurückbegeben,
Wenn dann sich wieder Licht und Schatten
Zu echter Klarheit wieder gatten
Und man in Märchen und Gedichten
Erkennt die wahren Weltgeschichten,
Dann fliegt vor einem geheimen Wort
Das ganze verkehrte Wesen fort.

Friedrich von Hardenberg, der sich als Dichter Novalis nannte, war 27, als er dies 1799 schrieb. Sein Gedicht ist zu komplex, um sich in eine tiefgelehrte Argumentationskette zu fügen. Aber einen Gedanken sollten wir daraus festhalten: Singen und Küssen, also Kunst und Liebe, sind mehr als Zahlen und Figuren, mehr als die berechenbare Welt. Sie können die Welt retten, ihre Verkehrtheit fortfliegen lassen. Bei Bruce Nauman kommt die Liebe nicht vor, nur die Kunst. Sie hilft der Welt durch ihre geheimen Wahrheiten. Aber „das letzte Geheimnis der Kunst wird denen immer verborgen sein, welche die Wahrheit mehr lieben als die Schönheit", sagte Oscar Wilde. Auch wenn wir uns heute die Übereinstimmung des Wahren mit dem Schönen und Guten, die Thomas von Aquin forderte, nur mehr im Jenseits vorstellen können, bleibt die Kunst als Versprechen und Ahnung gegenwärtig in immer neuen Formen und hilft der Welt.

Der Künstler James Turrell baut seit vierzig Jahren einen Vulkan aus, den Roden Crater in Arizona, einen Ort im Innern der Erde, um auf den Himmel zu schauen. In mehr als neunzig „skyspaces" (Himmelsräumen) auf der ganzen Welt, zum Beispiel auf dem Mönchsberg in Salzburg, lädt er ein, aus runden Höhlen über unmerkliche Grenzen in den Himmel zu schauen. Auch mit verstecktem Kunstlicht hat er Räume gebaut, die eine Ahnung von Unendlichkeit erwecken, zum Beispiel am Dorotheenstädtischen Friedhof in Berlin. James Turrell (geboren 1943) ist Quäker. Er bekennt sich offen zu seiner religiösen Prägung. Auch wenn er seine Projekte „sky" (Firmament) nennt, erreicht er doch „heaven" (den Himmel).

Im Fußboden der Berliner Sankt-Matthäus-Kirche liegt eine Glasplatte. Darunter führen sieben Stufen aus rotem Sand in die Tiefe, scheinbar ziellos.

IX. Die Sprache der Kunst

Micha Ullman (geboren 1939 in Tel Aviv) hat die Metallstufen geplant und den Sand in seinen dunkel- bis hellroten Tönen im Heiligen Land gesammelt und in Berlin eingefüllt. Graben, das Herausheben und Umsetzen von Erde mit der Schaufel, gehört zu den ältesten Kulturtechniken des Menschen. Um Pflanzen zu setzen, um Brunnen zu graben, um Tote zu begraben, um Spuren der Vergangenheit zu finden, müssen wir aus-, um- oder be-graben. Das Villenviertel um die Matthäuskirche wurde zerstört, verschüttet. Seine jüdischen Bewohner waren schon vorher vertrieben worden. Beim Besucher der Kirche weckt das unangekündigte Loch im Boden Zweifel: Wo steht die Kirche? Trägt mich der Boden? Wie lange noch, bis ich in die Grube getragen werde? Die Stufen von Micha Ullman gehen nicht nach unten oder oben. Sie sind ein unübersehbares, unübersetzbares Zeichen zwischen Berlin und Palästina, zwischen Himmel und Erde.

Eine Postkarte nach dem Gemälde „Heimsuchung" von Jacopo da Pontormo in der Kirche San Michele in Carmignano bei Florenz mit auffälligen changierenden Farben hing im Studio von Bill Viola. Plötzlich sah er aus dem Autofenster beim Halt an einer Ampel, wie zwei Frauen eine dritte herzlich begrüßten. Das inspirierte ihn zu der Videoarbeit „The Greeting", die er 1995 im amerikanischen Pavillon auf der Biennale in Venedig zum ersten Mal zeigte. In den Farben Pontormos gekleidete Schauspielerinnen stellen dar, wie zwei ältere Frauen eine junge Schwangere begrüßen. Der Vorgang dauert 45 Sekunden. Er ist mit einer Hochleistungsfilmkamera mit 300 Aufnahmen pro Sekunde aufgenommen und wird in zehn Minuten abgespielt. Das Erkennen, das Lächeln, das Näherkommen, das Ausstrecken der Hände, die Umarmung werden verlängert, werden monumental. Gefühle, Gesten und Bewegungen werden eindringlich, unvergesslich. Modulierte Windgeräusche vom Säuseln bis zum Brausen begleiten die Emotionen, die Bewegungen und das Flattern der weiten gelbroten Gewänder. In der verzögerten Projektion sehen wir Bewegungen der Gesichter, Hände, Stoffe, die wir im Alltag nicht wahrnehmen. Wer das Magnifikat, den Lobpreis, den das Lukasevangelium aus Anlass der Heimsuchung überliefert, schätzt, sollte diese Arbeit kennen, die Sicht von heute auf die Begegnung der beiden Schwangeren, der Gottesmutter Maria und ihrer Base Elisabeth.

In die katholische Pfarrkirche Sankt Benno in München stellte Andreas Horlitz (1955–2016) einen dunklen Spiegel, der vom Boden bis zum Gewölbe reicht. Spuren des Lebens, biochemisch festgestellte Sequenzen des Erbguts, sind ihm goldglänzend aufgeschmolzen. Sie leuchten wie Sterne am Nachthimmel. So entstand ein Tor zur Ewigkeit, ein Tor, das der Künstler selbst inzwischen durchschritten hat. In der Kirche bleibt sein Mal als Zeichen für das Ziel unseres Lebens, als Zeichen, dass auch die Verstorbenen zur Kirche gehören.

IX. Die Sprache der Kunst

Zwei der hier genannten Werke wurden im Auftrag von Kirchen verwirklicht, vier in der Wochenzeitschrift CHRIST IN DER GEGENWART vorgestellt. Bill Viola wurde gelegentlich von Kirchen eingeladen, nachdem er sich im Ausstellungsbetrieb durchgesetzt hatte. Das Wehen des Geistes ist auf der Documenta, der Biennale in Venedig, auf Kunstmessen in Berlin, Köln, Basel, in Galerien, auf den Jahresausstellungen der Kunstakademien oder in Museen wie dem ZKM in Karlsruhe, in Columba in Köln, im Kultum in Graz und an vielen anderen Orten festzustellen, oft als unerwartete Brise. Religion wird seit 1980 im Ausstellungsbetrieb und im Kunsthandel nicht mehr als geschäftsschädigend verdrängt. Im Gegenteil, viele Künstler(innen) sind heute spirituell auf der Suche. Es liegt an uns, sie zu entdecken und zu begleiten.

Prof. Dr. Peter B. Steiner, Kunsthistoriker, Freising.

Burghard Preusler

Wenn die Kirchgänger Wohnzimmeratmosphäre wollen

„Und wird wiederkommen in Herrlichkeit". Gelingt es uns davor, die Welt zu gestalten?

Die Verkündigung des christlichen Glaubens beginnt anscheinend mit Worten in textlich geformten Zusammenhängen, obwohl bereits mit dem Stall in Bethlehem ein erstes „Bild" mit dem Leben Jesu verknüpft ist. Dieses „Bild" spielt seit 2000 Jahren eine tragende Rolle. Doch längst nicht nur in reformerischem Eifer greift die Christenheit dagegen immer wieder auf das *sola scriptura*, „allein die Schrift", zurück. Eine Universalie der Menschheit dürfte allerdings sein, dass sich mit und aus Worten in Individuen Bilder formen, die sich wiederum in Worten äußern können. Die Offenbarung des Johannes ist dafür ein wirkmächtiges Beispiel. Wir sind nicht allein durch unsere Sprach- und Schreibfähigkeiten, sondern auch über innere und äußere Bilder in langen zivilisatorischen Prozessen zu Menschen geworden.

Die eingangs formulierten Worte aus dem Großen Glaubensbekenntnis sind seit rund 1800 Jahren in vielen mehr oder weniger öffentlichen Zeugnissen von Christen bearbeitet und in Bilder geformt worden: Struktur und Schmuck von Bauten, ihre Ausstattungen, Struktur und Schmuck von Büchern, Bildern und Skulpturen, aber auch der Musik zeigen über inzwischen Dutzende von Generationen das mal mehr, mal weniger erfolgreiche Bemühen gläubiger Menschen, Gottes Herrlichkeit mit mehr als Worten möglichst qualitätvoll unter Zeitgenossen auszubreiten.

Das Bemühen geriet in gleichbleibender Kontinuität widerspruchsvoll. War die Zeit der Renaissance in Rom eine der kulturellen Blüte oder der Dekadenz? Oder die Ausbreitung des Barock in die Höfe der Fürstbischöfe und Fürstäbte? Für wen ist dann noch die wissenschaftlicher geprägte Zeit des Historismus eine gelungene Orientierung auf den jenseitigen Gott? Prachtvolle Kirchenbauten, die reiche Ausstattung für Gottesdienste, festliche Bücher, klangreiche Musikinstrumente und anziehende Andachtsbilder folgten in immer wieder neuen Ausprägungen dem Ideal, Gottes Reich auf Erden unvollkommen-vollkommen abzubilden. Selbst in kritischer Auseinandersetzung, zum Beispiel mit dem Historismus durch den Jugendstil, blieb bis in die Anfänge des 20. Jahrhunderts entwickelter Schmuckreichtum ein Mittel der Wahl, die Botschaft vom Himmlischen Jerusalem unter uns greifbarer zu machen.

Unter dem Eindruck nationalistisch geprägter Kriege und Wirtschaftskrisen im 20. Jahrhundert verloren die bilder- und materialreichen Künste in weiten Kreisen viel von ihrer Rechtfertigung. Sie schienen nicht länger für die stets zu aktualisierende Verkündigung geeignet. Heute leisten wir uns den hochentwickelten Minimalismus unter anderem für Kirchbauten. Bischofshäuser sollen niemanden mehr als personelle Repräsentanz eines wertvollen Gottesbezugs beeindrucken. Kirchen sind erst einmal ihrer Ausstattung zu entleeren, dann erst kann die aktuelle, höchste Kunst ihre verkündende Rolle wieder übernehmen…

Bilderverbot, Bilderstreit und Bildersturm haben große Kontinuität im Monotheismus. Und da wir gelernt haben, dass selbst das Schweigen eine Aussage ist, entwickeln und pflegen wir mit der Reduktion ungeplant neue Bilder, gegebenenfalls in der Überzeugung, dass wir die besseren gestalten. So sind sie stetig im Einsatz – im Ringen um irdische Chancen unserer Glaubensverkündigung oder gar im Verweis über uns selbst hinaus?

Christus hat im Moment seiner höchsten irdisch-existenziellen Bedrohung betont: „Mein Reich ist nicht von dieser Welt." Doch war und ist seine Botschaft an Menschen in einer widerspruchsvollen Welt gerichtet – und ihre Verbreitung an deren Ressourcen, an uns, gebunden. Sei es, dass einzelne Menschen die Botschaft vorleben, sei es, dass Menschengruppen sich zu gemeinsamer Orientierung in Gemeinschaften verbinden, sei es, dass die uns zur Verfügung stehenden natürlichen Ressourcen in diesem Sinne interpretiert oder geformt werden, ob wir wollen oder nicht.

Zentrales irdisch-materielles Element des Verweises auf die Herrlichkeit unseres Herrn sind die Kirchbauten, die, in bezeichnender Weise aus Zeiten vermeintlicher staatlicher Dekadenz, vom jungen Glauben im vierten Jahr-

IX. Die Sprache der Kunst

hundert überliefert sind. Seitdem erscheinen sie als besondere, ja ausgesonderte Orte in Städten, Dörfern oder Landschaften, als Architekturen mit ausgewählten, entwickelten Formen. Seitdem weisen Christen über ihre irdischen Bindungen öffentlich hinaus. Als ob die unerfüllten Naherwartungen der Wiederkunft Christi während der ersten christlichen Jahrtausendwende einen Schub der Kreativität ausgelöst hätten, entwickeln sie sich zudem von ihrem römischen Vorbild weg, über Gotik, Renaissance und Barock in einen Historismus einmündend, dessen wissenschaftlich geprägter Anspruch in der Katastrophe des Ersten Weltkriegs untergeht.

Machen wir einen weiteren Sprung über zwei Generationen. Flüchtlingsströme müssen sich, gleichermaßen desillusioniert von der – gescheiterten – Führung durch europäisch vernetzten Adel wie von industriell-nationalen Heilsversprechen in neuen Räumen ein- und ausrichten. Das hat Konsequenzen. In einer kleinen Industriestadt steht heute zentrumsnah die wenig spektakuläre katholische Kirche: bescheidener Saal mit flach geneigtem Satteldach, die Altarzone durch besondere Befensterung betont. Der Anspruch des ausgesonderten Ortes ist weiterhin lebendig. Rund vierzig Jahre nach ihrer Errichtung soll sie einer wenig spektakulären Innenrenovierung unterzogen werden. Der Umfang ist angesichts der Vergrauungen auf den Wänden eingegrenzt, allerdings wird der mäßig beanspruchte Fußboden aus Muschelkalk heftig kritisiert, ein Material, das in den Neubauten der Nachkriegszeit häufig zum Einsatz kam. Robust und naturnah hat es Jahrzehnte seine Dienste getan, auch im Sinne einer Aufwertung des Gottesdienstraumes im Aufbau einer von Flüchtlingen und Gastarbeitern geprägten Gemeinde. Die absehbar deutliche finanzielle Mehrbelastung der Gemeinde hegte den örtlichen Wunsch nicht ein: Der Fußboden muss erneuert werden. Er soll als heller, insbesondere glänzender, polierter Naturstein in Zukunft den Glanz der Botschaft unterstützen. Erst in weiteren Gesprächen über die gegenwärtigen und zukünftigen Ansprüche, die die Kirchengemeinde an sich herangetragen sieht, erklärt sich dann der Wunsch: Die Innenausstattung einer benachbarten, äußerlich unscheinbaren Moschee und das aktive Auftreten entsprechend gläubiger, selbstbewusster Menschen motivieren die katholische Kirchengemeinde bei ihrem Einsatz für das eigene Gotteshaus.

Fremdbilder und Selbstbilder prägen uns und unsere Ideale, entwickelt aus dem Austausch mit anderen. Am betreffenden Ort sind, offensichtlich ungeplant und über vielleicht zwei Generationen gewachsen, Menschen in Beziehungen „gebunden", die im engeren Sinn nicht einmal eine gemeinsame Botschaft vermitteln wollen. Im weiteren Sinn haben sie das gleiche Ziel: Sie wollen die Bedeutung ihres Glaubens für sich selbst und für andere „zur Anschauung bringen". Selbstwert und vermeintlicher Fremdwert werden in einer dynamischen sozialen Gemengelage reflexiv und emotional abgeglichen. Ein klassisches Beziehungsgeflecht von Menschen tauscht in sich abgrenzenden sozialen Verknüpfungen Ideale aus, ohne dass einer der Beteiligten die Wahl dazu getroffen hätte, diese Beziehung zu beginnen, oder die Chance hätte, sie zu beenden. Und die Dynamik eines solchen Beziehungsgeflechts endet, bei hohem finanziellem Aufwand, in gestalterischen Vergleichen am Ort, ohne einen über „sich selbst", über die eigenen Bindungen an die muslimischen Nachbarn hinaus gespannten künstlerischen Akzent gesetzt zu haben. „Die" haben einen hoch polierten Fußboden, den müssen wir auch ausweisen.

Der „harte Kern" der eher regelmäßigen Kirchenbesucher scheint sehr mit dem Bestand zufrieden zu sein. Auch findet man diese Gruppe wenig bemüht, den Abglanz unseres aus unendlicher Entfernung wiederkehrenden Herrn in der Dorf- wie in der Stadtgemeinde sichtbar werden zu lassen. Dazu müsste man über den engeren Horizont hinausblicken und dürfte sich eben nicht in eine Wohnzimmeratmosphäre zurückziehen.

Ein altbekanntes Bild beschreibt die Kirche als Braut Christi, die ein Kleid brauche, das der Bedeutung des Bräutigams entspricht. Darüber wäre mit Menschen zu sprechen, die das Bild „ihrer" Kirche mit persönlichen Vorlieben und fern eines gestalterischen Qualitätsanspruchs formen, der von Menschen außerhalb ihres Beziehungsgeflechts an sie herangetragen wird. Die Braut Christi trägt so aktuell in vielerlei Hinsicht ein eher enges und fahles Kleid.

Wie will man, ohne den Blick zu weiten, ja ohne an dem Thema des engeren oder weiteren Blicks zu arbeiten, die näher oder weiter verlorenen Schafe sehen? Ohne einen distanzierten Blick auf sich selbst kann man nicht mehr sehen, wer sich noch nahe bei oder wer sich schon weiter entfernt bewegt.

Die Tendenz, durch eng begrenzte, ja abgegrenzte, aber aktive Gruppen von Menschen das Selbstbild bestimmen zu lassen, findet sich heute nicht nur in den Kirchen. Mit affektiv aufgeladenen, geschmacklich eher auf individuelle Wünsche und Ideale ausgerichteten Argumenten lässt man sich selber und andere bestätigend mobilisieren, bei politischen Veranstaltungen derzeit gern über die Grenzen von Geschmack und Gewalt hinaus. Aber auch ohne Exzesse lieben Menschen dieser Geisteshaltung die Einhegung der Künste.

Aus ganz anderem Anlass sieht der Herausgeber und Feuilleton-Chef der „Frankfurter Allgemeinen", Jürgen Kaube, vielfältig moralische Kunstscharfrichter am Werk, deren Aggression sich „tarnt ... als Empfindlichkeit für die Gefühle von Minderheiten einerseits und Diskurs andererseits, weil ihnen zu Kunstwerken überhaupt nur einfällt, ob sie mögen, was darauf oder darin dargestellt ist" (FAZ vom 2. Februar 2018). Die damit auffallende Ignoranz ist „bar jedes historischen Sinnes", die Kunst wird geprüft „auf Übereinstimmung mit ihrer Moral". Daraus erwächst ein Zirkelschluss:

Kunst für eine kleine Gruppe, die sich selbst genügt. Das kann aber nicht christlich sein. Auf Menschen, die sich selbst genügen, macht das Evangelium vielfältig aufmerksam. Und es scheint ein Thema von weit größerer Kontinuität zu sein, wie ein Wort des Propheten Hosea belegt: „Zum Machwerk unserer Hände sagen wir nie mehr: Unser Gott" (14,4).

Dr. Burghard Preusler, Diözesanbaumeister und -konservator, Fulda.

Martin Struck

Moderner Sakralbau als Symbolverfall

Die Durchsicht einschlägiger Fachliteratur, die Gespräche mit Architekten-Kollegen oder die Zeugnisse aktueller Bauproduktion führen zu dem eindeutigen Befund: Mit der religiösen Frage, mit dem überlieferten Gott der Christen befasst man sich dort nicht. Zumindest findet das keinen sichtbaren Niederschlag in der gegenwärtigen Kultur, wie das in unserer Tradition seit Jahrhunderten üblich war. Die Kunst hat sich ihre Autonomie erstritten. Künstlerisch gestaltete Ausstattungen von Kirchen oder gar neue Kirchbauten werden von den Gemeinden nicht mehr benötigt. Im Gegenteil: Kirchenvorstände oder kirchliche Behörden entwickeln Konzepte, sich von der „Last" zu vieler, vermeintlich nicht benötigter Gebäude zu trennen. Offenbar findet die Gottesbeziehung des Einzelnen oder seiner Gemeinde im Kirchengebäude nicht länger ihr sichtbares Zeichen. Zumindest nicht in jenen Kirchen, die in stetig zunehmender Zahl in der Mitte Deutschlands zur Disposition gestellt werden. Es handelt sich dabei vielfach um Bauten der Moderne, des konziliaren Aufbruchs der Nachkriegsjahrzehnte.

Dabei verband sich mit den hell durchlichteten, klaren Versammlungsräumen tätig teilnehmender Gemeinden einst die große Hoffnung zukunftsfähiger kirchlicher Erneuerung. Kirchen im Kleid der Vergangenheit – repräsentative Prunkbauten mit kostbarer Ausstattung in verschwenderischer Fülle – waren seinerzeit gegenüber dem neutestamentarischen Anspruch christlicher Solidarität mit den Armen nicht länger zu rechtfertigen. Das Vorbild „religionsloser" Christen war die Urgemeinde in ihren schlichten Hauskirchen, vereint in der Mahlgemeinschaft um Wort und Altar. Dafür reichte der Mehrzweckraum wie für alle sonstigen gemeindlichen Aktivitäten. Ist das vergessen, wenn manche unserer damals neuen Gotteshäuser heute als „keine richtige Kirche" bezeichnet werden?

Derartige Räume mit ihren weißen Apsiswänden als „Bild" des unfassbaren Geheimnisses „Gott" signalisieren eher die pure Banalität eines Profangebäudes. Sind demgegenüber die historisch überkommenen, mit Säulen bestandenen, hoch überwölbten Räume mit ihren bunten Fenstern mehr als Wohlfühlorte kulturell gebildeter, religiös ein wenig grundierter Zeitgenossen, mehr als kirchengeschichtliche oder architektonische Denkmäler und Ziele touristischer Aktivitäten? Die Ergebnisse einer Befragung junger Architekten, als deren Wunschaufgabe der Entwurf eines Sakralbaus überdurchschnittlich häufig an erster Stelle genannt wird, belegen das Streben nach Überhöhung einer Funktionsform. Wie kann das für die – nur noch wenigen – neu entstehenden Anstaltskapellen oder Kirchen (als Ersatzbauten) aussehen?

Die historischen Konzepte aus der Bautradition werden natürlich nicht neu aufgelegt. Eher schlagen Architekten wie Peter Zumthor Orte „der Introvertiertheit, der Spiritualität, des individuellen Nachdenkens" oder der „Ruhe und Entspannung" vor. Markantes Gestaltungselement in diesen Gotteshäusern sind fast ausschließlich Konzepte mit indirektem Lichteinfall aus Deckenöffnungen, als stünde das römische Pantheon Modell für Bauten wie beispielsweise Peter Zumthors Bruder-Klaus-Kapelle oder das geplante Berliner „House of one", das „Haus vom Einen" der drei monotheistischen Religionen, unter dessen Dach sich eine Synagoge, eine Kirche und eine Moschee befinden sollen, oder die neuen Kirchen in München. Vor über einem halben Jahrhundert hatte Rudolf Schwarz solche Entwürfe kritisch gedeutet: „Diese Hohlformen, die durch indirektes Licht beleuchtet sind, stehen sehr stimmungsvoll mildstrahlend in dem halbdunklen Kirchenraum, aber diese Art von Stimmung scheint mir etwas wohlfeil mit verbilligten Mitteln erreicht zu sein, sehr geeignet, unbestimmte Gefühle zu erregen, die dann als numinos ausgegeben werden und es doch nicht sind... Alle klugen Veranstaltungen indirekter Beleuchtung haben für mich eine gewisse geistige Unreinlichkeit, sie sind nicht Erleuchtung sondern Beleuchtung" („Kirchenbau – Welt vor der Schwelle", Heidelberg 1960).

Verdrängen pantheistische Vorstellungen tatsächlich den Glauben an einen persönlichen Gott, wie dies die wenigen verwirklichten Sakralbauten im angebrochenen Jahrtausend zu illustrieren scheinen? Die traditionellen Bildsetzungen von einem Ort Gottes unter den Menschen, der festen Burg, der strahlenden Himmelsstadt, dem himmlischen Thronsaal, einem Zelt für das pilgernde Gottesvolk oder der Wohnung der Hausgenossen Gottes sind, als zu ihrer jeweiligen Zeit gehörig, aktuell offenbar nicht länger anschlussfähig. Kann es überhaupt noch für unsere Gemeinden inmitten der heterogenen Gesellschaft eine allgemeinverständliche Symbolform als Versuch eines Ausdrucks für ihr Dasein vor Gott geben?

IX. Die Sprache der Kunst

Eine Antwort wird dann erkennbar, wenn sich zukunftsfähiges Gemeindeleben vor Ort neu organisiert und dieses sich eine lesbare Form gibt. Bis dahin ist die Suche nach einem angemessenen Ausdruck, die Arbeit an der religiösen Frage, unsere Verpflichtung für heute.

Martin Struck, Architekt, Diözesanbaumeister, Köln.

Julia Krahn

Über die Mauern unserer Existenz schauen

Ich bin Künstlerin. Vermutlich glaube ich nicht an Gott, dennoch wollen viele, dass meine Kunst in Kirchen ausgestellt wird. Warum? Meine Kunst entsteht aus Erfahrung. Ich bin mit den Bildern der katholischen Kirche aufgewachsen, und sie sind Teil meines Erbes. Oft erscheinen diese Bilder vor meinem inneren Auge, aber sie sind dann nicht so, wie ich sie kennengelernt habe. Wenn ich versuche, sie darzustellen, sind sie – auf der Suche nach ihrem Inhalt – entleert. Das Wunderbare an der Kunst ist, dass sie Fragen stellt. Sie bildet sich nicht ein, Antworten zu schaffen. Doch können diese im Betrachter entstehen.

Wie ist es mit Gott? Auch er stellt Fragen in mir, Zweifel. „Warum hast Du mich verlassen?!" Vermutlich glaube ich nicht an Gott, nicht so, wie ich es mir wünschen würde.

Seit einigen Jahren gehe ich am Sonntag wieder in die Messe. Erst um einen geliebten Menschen zu begleiten, um teilzuhaben und vielleicht auch aus Liebe zur Nostalgie. Dann der Suche nach Versöhnung wegen, und heute um der Tränen willen.

Ich liebe das rituelle Aufsagen der Gebete, den Klang der Stimmen, die sich vereinen. Menschen, die vereint scheinen. Sobald ich aber bewusst die Wörter spreche, finde ich auch hier oft den Inhalt nicht. Es ist die Melodie, die mich wiegt, nicht das Wort. Es sind die Schellen in meinem Kopf, die doch nicht wirklich klingen. Es ist der Geruch des Weihrauchs, der heute nicht gezündet wird, das Hinknien und das Weinen, die mich immer wieder in die Kirche ziehen.

Lebt all dies aus meinem Erbe, oder aus mir? Bin ich das Erbe? Es sind die Bilder. Oder ist es der Spiegel? Eigentlich ist meine Kunst doch ein Spiegel, für mich, aber automatisch auch für den Betrachter. Ist es so mit Gott? Möchten wir uns spiegeln?

IX. Die Sprache der Kunst

Julia Krahn, „Mutter" (Detail), 2009, *All rights reserved © the artist.*

IX. Die Sprache der Kunst

Ich sehe mich immer nackt. Sicher ist, dass all diese Erfahrungen in mir wirklich sind, ohne dass sie tatsächlich existieren. Und so ist es auch in der Kunst.

Ich denke, der Glaube und die Kunst sollen uns über die Mauern unserer Existenz schauen lassen. Aber warum wieder hinuntersteigen? Was ist dort hinter den Mauern, dass man nicht hinüberspringt?

Ein Augenblick. Ein Zweifel. Vermutlich glaube ich nicht an Gott.

Julia Krahn, bildende und darstellende Künstlerin, Mailand.

Eva Petrič

Das allen Menschen gemeinsame Herz

Um eine Antwort auf die Gottesfrage zu finden, lohnt es sich, durch das Vergrößerungsglas der Kunst zu schauen, weil Kunst die gesamte Artikulierung der Menschheit zu einem bestimmten Zeitpunkt widerspiegelt.

Ich glaube, dass Gott Natur ist. Er ist das Konstrukt, von dem wir Menschen ein Teil sind, ein Konstrukt, von dem wir uns nicht lösen können. Wir sind Teil der Natur, nicht von ihr zu trennen. Die Natur scheint deshalb unser Gott zu sein, weil sie etwas ist, das über uns steht, ein komplexes System, von dem wir abhängig sind mit seinen physikalischen Gesetzen.

Ähnliches gilt für die Kunst. Sie fasziniert den Menschen seit der Frühzeit der Zivilisation. Der Grund dafür liegt vielleicht auch darin, dass ihr Gebrauch von Metaphern den Menschen unmittelbar erreicht. Metaphern scheinen jenseits unseres Verstandes zu entstehen. Sie verbinden uns mit der Schöpfung, der Natur.

Obwohl es scheint, dass Gott in seiner Existenz noch nie so wenig bedeutsam war wie heute, ist das meines Erachtens realitätsfremd. Es stimmt: Gott ist eine historisch gewachsene Vorstellung. Aber das bedeutet nicht, dass Gott beziehungsweise die Gottesvorstellung inzwischen an ihr Ende gekommen ist. Es bedeutet vielmehr, dass die Gottesvorstellung mit uns untrennbar verbunden, ein Teil von uns ist. Wo wir auch hinschauen, sehen wir das Bedürfnis nach Gott, ausgedrückt in verschiedenen Ritualen und spirituellen Praktiken, die uns ein Gefühl von Verbundenheit und Einheit geben. Dabei bewegen sich diese Praktiken zwischen einer Gestimmtheit, die mehr oder weniger ernst, mehr oder weniger kommerziell sein kann. Sie äußern sich beispielsweise auch in der Ernährung, im Yoga oder anderem. Das Bedürfnis danach ist groß.

Hätte das Christentum die gleiche Wirkung, die es seit Jahrhunderten hat, wenn ihm die Kunst nicht zur Verfügung stehen würde? Ich bin fest davon überzeugt: nein. Ich glaube, dass gerade die Kunst, die in Kirchen gegenwärtig war und ist, das religiös Wesentliche gefördert hat und immer noch fördert und dass sie für die Betrachter, die Gläubigen, das Wesentliche übersetzt und vermittelt. Kunst kann in einem an sich schon kunstvollen Bauwerk, in einer Kirche das Gefühl von Verbundenheit wecken und dem Menschen Gemeinschaft, Teilhabe am größeren Ganzen ermöglichen. Kunst hilft, uns unserer Unersetzlichkeit und Einzigartigkeit bewusst zu werden. Gleichzeitig hilft sie uns, Verantwortung dafür zu übernehmen, mit unserer Gegenwart am Erhalt des größeren Ganzen zu arbeiten.

Die zeitgenössische, autonome Kunst will allerdings häufig nicht mit der Institution Kirche in Verbindung gebracht werden. Das rührt daher, dass sie – im Gegensatz zur Glaubenswelt – oft nichts Allgemeingültiges ausdrücken will, sondern von der Verbindung und den Wechselbeziehungen zwischen den Menschen handelt. Es geht um die Vielfalt des Möglichen, des Menschseins, auch um Differenzen. Heutige Kunst will sich nicht vereinnahmen lassen für religiöse Einheitsvorstellungen.

In einer Zeit, in der alles Tag für Tag komplexer wird, brauchen wir jedoch Kunst, um mit Gott in Verbindung zu bleiben. Und zwar mit Gott als einem System, einer Struktur, als Natur, als höhere Gewalt, von der wir abhängig sind und die nicht von uns abhängig ist.

Wir kennen unsere Körper noch nicht bis ins letzte Detail. Unser physisches Leben ist ein faszinierendes System, das nach physikalischen Gesetzen funktioniert, mit viel Freiheit des eigenen Willens. Kunst kann uns ein Gefühl von Verbundenheit und Einssein vermitteln, während wir doch in einer pluralistischen Gegenwart leben. Kunst berührt den Menschen existenziell durch Klärung und Reinigung, Läuterung.

In meinem Kunstschaffen versuche ich, so tief wie möglich in mein Inneres zu dringen, um den anderen zu erreichen. Mein Werk soll den Betrachter berühren, ihn in das jeweilige Bildgeschehen involvieren mittels der eigenen Vorstellungen und Gedanken, sodass er sich in meiner Kunst wiederfindet und als Teil eines großen Ganzen begreift. In meiner Arbeit geht es darum, die unsichtbaren Bänder, die uns jenseits von Raum und Zeit verbinden, sichtbar zu machen. So zum Beispiel in meiner Assemblage „Collective Heart" (Gemeinsames Herz), die 2016 vor den Hauptaltar des Wiener Stephansdoms gespannt war. Obwohl das Werk die anatomische Herzform nachempfindet, soll „Collective Heart" auf das verweisen, was jenseits unse-

IX. Die Sprache der Kunst

Eva Petrič, Assemblage „Collective Heart", Stephansdom Wien, 2016.

rer physischen Existenz besteht, jenseits des anatomischen Herzens, nämlich auf das kollektive, das allen Menschen „gemeinsame" Herz.

Es war interessant, die Menschen bei ihrer Entdeckung von „Collective Heart" zu beobachten. Das Werk ergänzte einerseits das Innere der Kathedrale, gleichzeitig erweiterte es diesen Raum aber in eine neue Richtung, indem es dem Betrachter die Möglichkeit bot, die Emotion zu spüren, zu etwas Größerem zu gehören. Das Kunstwerk „Collective Heart" hat den Zugang zu diesem Gefühl gewährt und gefördert, weil es als Metapher diente, durch welche die Besucher zu einer anderen Dimension Zugang erhielten: Gott oder – besser gesagt – das Göttliche auch in einem selbst zu entdecken.

Kunst als Ausdruck des noch unerforschten Bereichs unseres Gehirns bietet unermessliches Potenzial zu ihrer Erkundung und Nutzbarmachung. Schon Platon erinnerte an das riesige Potenzial und die gewaltige Energie von Kunst, als er forderte: „Kunst sollte ausgemerzt werden." Dies sagte er nicht, weil er Kunst verabscheute, sondern weil er ihre enorme Macht erkannte. Kunst führt zu anderen Gedankengängen, zu einer anderen Dimension des Verstehens. Sie erzeugt Wechselbeziehungen allein durch die abstrakte Sprache von Metaphern.

Welche Rolle wird die Kunst annehmen zum Beispiel im Zuge neuer Erkundungen des Weltalls, in einem Universum, das womöglich anderen Naturgesetzen folgt als das unsere – und das unsere bisherigen Verstehensmöglichkeiten sprengt? Kunst als der Wegbereiter neuer Verstehensdimensionen, was auch das Verständnis von Natur und Gott betrifft und womöglich in Frage stellt. So wie die Wissenschaften, die Medizin und Technologien sich im Lauf der Zeit entwickelt haben, so wird sich auch unser Glaubenssystem weiterentwickeln und verändern. Deshalb bin ich der Ansicht, dass die Rolle der Kunst immer wichtiger werden wird. Sie bereitet uns nicht nur auf das Leben nach dem Tod vor, sondern auch auf ein künftiges, mit neuen Herausforderungen total verändertes diesseitiges Leben, auf das wir uns erstaunlich rasant hinentwickeln. Deshalb wird es immer wichtiger, für die Kunst in all ihren Facetten – die bisher wichtig waren, genauso wie jene, die wichtig sein werden für unsere Zukunft – den entsprechenden Freiraum zu schaffen.

Es geht also nicht darum, ob Kunst die Frage nach Gott beantworten kann oder nicht. Sicher ist, dass Kunst Gottes Gegenwart im Menschen hervorrufen und damit Anteil am kollektiven Unterbewussten geben kann.

Eva Petrič, Künstlerin, Installationen, Performance, Fotografie, Video, Audio, lebt und arbeitet in New York, Wien und Ljubljana (Slowenien).

Eckhard Jaschinski

Musik für die Ewigkeit

„Alles, was du brauchst, ist Bach." So lautet eine CD mit Orgelwerken des Komponisten, eingespielt von Cameron Carpenter: „All you need is Bach". Der Titel spielt an auf den berühmten Beatles-Song: „All you need is love". Der neue Orgel-Popstar nimmt also – wenngleich bekennender Atheist – einen religiös geprägten Komponisten zum künstlerischen Maßstab.

Wenn ich auf meine eigene, fast fünfzigjährige Beschäftigung mit Johann Sebastian Bach zurückblicke, könnte ich auch solch ein Motto formulieren. Seine Musik hat eine so hohe Qualität, dass sie Lebenshilfe und noch mehr bedeuten kann. Dazu ein paar persönliche Streiflichter.

Meine besondere Neigung zu Bach begann 1969. Ich war damals siebzehn. Im Musikunterricht wurde das dritte Brandenburgische Konzert vorgestellt, zuerst in der üblichen Einspielung mit Streichern und dann in einer Version auf dem Moog-Synthesizer. Da habe ich Feuer gefangen. Nachdem ich im mehrjährigen Klavierunterricht mehr schlecht als recht vorangekommen war, war ich jetzt motiviert, ernsthaft zu üben. Im letzten Gymnasialjahr hat mir dann ein Klavierlehrer einige der zweistimmigen Inventionen von Bach beigebracht. Nach dem Abitur konnte ich in meiner Heimatgemeinde in Leverkusen-Opladen ersten Orgelunterricht nehmen. Weitere Orgellehrer gaben mir das nötige Rüstzeug, sodass ich mir Bach-Stücke selbstständig aneignen konnte.

Ein Klavichord, das ich im Selbstbau angefertigt hatte, dieses intime Instrument mit dem leisen Ton, wurde mir ein treuer Wegbegleiter während des Studiums und eines längeren Auslandsaufenthalts in den Vereinigten Staaten. Als im August 1992 der Hurrikan „Andrew" das Land heimsuchte, war auch das Pfarrhaus fünf Tage lang ohne Strom. Ich notierte in mein Tagebuch: „Klavichordspielen beim Kerzenschein, das ist noch historischer – aus der Not eine Tugend gemacht. Ich habe noch nie so konsequent und erfolgreich am Wohltemperierten Klavier II gearbeitet. 11 Stücke (Präludium und Fuge) stehen im neuesten Fingersatz. Drei weitere wären nur noch abzuschreiben; das ist über die Hälfte. Solche Arbeit tröstet mich ein wenig über manche Verdrossenheit hier im Haus hinweg. Es ist mehr wert, solche höheren Dinge in Angriff zu nehmen, als kleinkarierte Verletzlichkeiten sich zu Herzen zu nehmen."

Die Tonbildung beim Klavichord ist eine hochsensible Sache. So kann ich die klanglichen Feinheiten der Klavierstücke von Bach wirklich hautnah spüren. Es ist eben ein großer Unterschied, ob ich eine Komposition wie von Bach nur anhöre, im Konzert, auf Tonträger oder sonstwie, oder ob ich mir das Stück „eigenhändig" erarbeite. Da gibt es neben dem Fingersatz einige Probleme zu lösen: Wie werden Töne oder Tongruppen verbunden und getrennt? Wie geht der Grundrhythmus? Was bedeutet das Taktmaß? Wie ist das Tempo zu nehmen? Wie wird, bei einer Fuge, das Thema behandelt, abgewandelt, durchgeführt? Welchen Affekt, welche Stimmung vermittelt ein bestimmtes Stück? Wenn ich dann auch die technischen Schwierigkeiten einigermaßen gemeistert habe, findet so etwas wie die Teilhabe an einem Schöpfungsakt statt, ahnungsweise sogar eine Grenzüberschreitung vom Irdischen zum Überirdischen.

Oder in den Worten des Bach-Forschers Robert L. Marshall: „Ich möchte die Vermutung wagen, dass alle, die heute wie in der Vergangenheit Bach am meisten bewundern, ihre Bewunderung für oder eigentlich ihr physisches Bedürfnis nach seiner Musik nicht dadurch entwickelten, dass sie sie hörten …, sondern dadurch, dass sie sie selbst spielten oder vielleicht sangen und dabei aktiv in eine ästhetische, besonders erhabene und transzendentale Sphäre eintauchten."

Man kommt bei so viel Bachscher Kreativität aus dem Staunen nicht heraus. Das „Wohltemperierte Klavier" zum Beispiel, vom Pianisten Hans von Bülow (1830–1894) als das „Alte Testament der Klavierspieler" bezeichnet – umfasst in seinen zwei Teilen 96 Einzelstücke, 48 Präludien und 48 Fugen. Keine Wiederholung. Kein Leerlauf. Keine Langeweile. Jedes Stück ist ein unverwechselbares Individuum, von einfach zweistimmig bis komplex fünfstimmig. Und wenn ich ein Stück zum hundertsten Mal gespielt habe, ist es noch lange nicht abgedroschen.

Der österreichische Dirigent Nikolaus Harnoncourt (1929–2016) hat sich zur Bachschen Kreativität unter anderem so geäußert: „Fünf Jahre lang schrieb der Mann jeden Montag eine Kirchenkantate, probte sie am darauffolgenden Samstag und führte sie noch am Sonntag auf. Die Wahrscheinlichkeit, diese Kantate jemals wieder verwenden zu können, war gleich null. Dennoch hat Bach selbst die abseitigen Aspekte dieser Gebrauchskompositionen so ausgeführt, als müssten sie vor der Ewigkeit bestehen. Diese künstlerische Moral beeindruckt mich nachhaltig."

Musik für die Ewigkeit!? Bachs Schaffen war überwiegend zweckorientiert, Gebrauchsmusik auf hohem Niveau: Orgelmusik und Kantaten für den Gottesdienst, Instrumentalmusik für den Unterricht und für das Konzertleben. Bachs späte Großwerke jedoch scheinen sich von Zwecken gelöst zu haben: zum Beispiel das „Musikalische Opfer", die „Kunst der Fuge", Veränderungen über „Vom Himmel hoch". Indem Bach ein Motiv nach allen Regeln der Tonkunst verarbeitete, gewann seine Musik eine Abstraktion von geradezu kosmischer Größe. Jenseits lutherischer Frömmigkeit, jenseits des barocken Mottos „Dem Höchsten Gott allein zu Ehren, dem Nechsten,

IX. Die Sprache der Kunst

draus sich zu belehren" und auch jenseits einer möglichen Zahlensymbolik ist wohl dies die eigentliche religiöse Tiefe seines Schaffens: die Suche nach der musikalischen Essenz über alle Zeiten hinweg, nach dem Ewig-Gültigen.

Was bedeuten meine fünfzig Jahre mit Bach auch im Hinblick auf die Gottesfrage?

Zunächst kann diese Musik schlicht Trost und Halt geben in Stunden, in denen menschlicher Beistand fehlt. In Momenten des Zweifels an Gott und der Welt, am Sinn des Daseins bietet Bach so etwas wie Stabilität. Das durchkonstruierte, tief durchdachte harmonische und kontrapunktische Klanggebäude vermittelt den Eindruck von höherer Ordnung. Das Erleben der schier übermenschlichen Kreativität des Komponisten lässt nach Begriffen suchen wie Talent, Begabung, Charisma, göttliche Gnade. Letztlich aber stößt man auf einen Bereich des Unerklärlichen. Alles scheint zwar klar dazuliegen: Die Töne passend zueinandergefügt, dennoch lenkt das gesamte Werk den Blick – das Ohr – immer auf das Größere und eigentlich nicht voll zu Erfassende. Ein bleibendes Mysterium.

Prof. Dr. Eckhard Jaschinski, Steyler Missionar, Liturgiewissenschaftler, Sankt Augustin.

Monika Grütters

Weltschau der Kulturen, auch mit einem Kreuz

Wie sollte eine demokratische Gesellschaft sich zur Religion positionieren: mit selbstbewusstem Bezug auf die eigene Geschichte, Kultur und Identität wie mit dem Kreuz auf der Kuppel des gerade im Bau befindlichen Humboldt Forums in Berlin? Oder in bewusster Distanz zu allen Religionen und Weltanschauungen?

Kirche schafft kulturelle Identität weit über den Kreis ihrer Mitgliedschaft hinaus – und zwar seit 2000 Jahren, mit einer Prägekraft, wie sie keine zweite Institution je entwickelt hat. Dennoch tun wir uns heute schwer mit dem öffentlichen Bekenntnis zu den christlichen Wurzeln und Werten unserer Gesellschaft. Ja, angesichts der Tatsache, dass Religion uns in den Medien heute oft in ihren pathologischen Auswüchsen im Zusammenhang mit Fundamentalismus und Gewalt begegnet, scheint es ebenso notwendig wie bequem, Religion vollständig in die Privatsphäre zu verbannen, zumal die Kirchen ja ohnehin an Bindungskraft eingebüßt haben.

IX. Die Sprache der Kunst

Ich bin der Meinung, dass nur eine Gesellschaft, die mit ihren (nicht zuletzt christlichen) Werten und Wurzeln ihre eigene Identität pflegt, dem Anderen, dem Fremden Raum geben kann, ohne sich bedroht zu fühlen. Bekenntnis zum Eigenen – das bedeutet für mich persönlich zunächst einmal, den Mut zu haben, nicht nur Interessen, sondern auch Glaubensüberzeugungen in demokratische Debatten einzubringen. Ich denke dabei an das berühmte Petrus-Wort: „Steht jedem Rede und Antwort, der nach der Hoffnung fragt, die euch erfüllt." Die Kirche ringt – wie übrigens auch die Kunst – um Antworten auf letzte Fragen; sie lenkt den Blick über Vordergründiges hinaus. Mir hat es deshalb in meinem Leben oft geholfen, im Glauben verwurzelt zu sein. Natürlich ist es gerade im politischen Bemühen um notwendige Kompromisse nicht immer einfach, zu religiösen Überzeugungen zu stehen.

Der ehemalige Bundestagspräsident Norbert Lammert hat das Verhältnis von Politik und Religion in einer Demokratie auf die griffige Formel gebracht: „Der Glaube handelt von Wahrheiten, die nicht abstimmungsfähig sind; Politik handelt von Interessen, die nicht wahrheitsfähig sind." Doch als gläubige Christen können und müssen wir gerade bei schwierigen Entscheidungen den Kernsatz unserer Verfassung „Die Würde des Menschen ist unantastbar" lebendig halten. Dieses Menschenbild hat seine Quelle im christlichen Glauben, in dem der Mensch Ebenbild Gottes ist und daraus abgeleitet jeder Mensch dieselbe Würde und alle damit verbundenen Ansprüche und Verpflichtungen hat. In diesem Sinne bin ich Bundeskanzlerin Angela Merkel bis heute dankbar, dass sie angesichts einer drohenden humanitären Katastrophe im September 2015 christliche Werte wie Barmherzigkeit mit den Schwachen zum Leitbild ihrer Flüchtlingspolitik gemacht hat – bei allen Risiken und Unwägbarkeiten, mit denen diese Entscheidung verbunden war, und auch, wenn die Mühen der Integration unser aller Kraft und Engagement erfordern. Noch schlimmer, als daran zu scheitern wäre, es nicht einmal versucht zu haben!

Christliche Wurzeln geben aber nicht nur dem Einzelnen inneren Halt und Orientierung. Unsere vom Christentum geprägte Geschichte trägt und prägt auch unsere demokratische Kultur der Verständigung. Verständigung erfordert einerseits ein Bewusstsein der eigenen Identität – Klarheit darüber, was uns ausmacht als Deutsche und als Europäer, das selbstbewusste Einstehen für das Eigene. Verständigung erfordert aber auch, das Verbindende über das Trennende stellen zu können: das Menschliche über die Unterscheidung zwischen religiös und nicht-religiös, zwischen deutsch und nicht-deutsch, zwischen weiblich und männlich, zwischen muslimisch und christlich. Wie schwer wir uns in Deutschland und Europa über Jahrhunderte eben damit getan haben, wie oft wir im Umgang mit religiöser und kultureller Vielfalt versagt haben, wie hart errungen – mit wieviel Krieg, Leid und

Gewalt bezahlt – Demokratie, Toleranz und Freiheit doch sind, sollten wir dabei nicht vergessen. Die Erinnerung führt uns vor Augen, dass unsere demokratischen Werte und die Fähigkeit, Vielfalt als Freiheitsgewinn zu begreifen, zivilisatorische Errungenschaften – und das heißt: Lernerfahrungen – sind, die es uns heute ermöglichen, Religion und Demokratie füreinander fruchtbar werden zu lassen.

Zu diesen Lernerfahrungen tragen Kunst und Kultur in besonderer Weise bei. Kunst kultiviert den Zweifel – und eine Demokratie braucht nicht nur eine Kultur des Glaubens, sondern auch eine Kultur des Zweifelns. Nicht umsonst hat Deutschland die Freiheit der Kunst in den Verfassungsrang erhoben. Die Kunstfreiheit – das ist die Lehre, die wir aus zwei Diktaturen gezogen haben – ist wie die Religionsfreiheit konstitutiv für eine Demokratie. Denn sie verhindert, dass intellektuelle Trägheit, argumentative Phantasielosigkeit und politische Bequemlichkeit die Demokratie einschläfern, und schützt die Demokratie vor – religiösen und politischen – Fundamentalisten. Gerade weil Künstlerinnen und Künstler nicht gefällig sein müssen, gerade weil sie irritieren und provozieren, beleben sie den demokratischen Diskurs und sind so imstande, unsere Gesellschaft vor gefährlicher Lethargie und damit auch vor neuerlichen totalitären Anwandlungen zu bewahren. Deshalb lohnt es sich, die Spannungen auszuhalten zwischen der Freiheit der Kunst und verletzten Gefühlen.

Den Glauben wie auch den Zweifel kultivieren – das macht eine starke und lebendige Demokratie aus. Dazu brauchen wir Kultur und Kirche als gesellschaftliche Kräfte. Als Christen sollten wir es deshalb nicht zulassen, dass Religion und Glaube in die Abgeschiedenheit des rein Privaten verdrängt werden. Wir sollten vielmehr den Mut haben, uns auch unter Andersdenkenden öffentlich selbstbewusst zu christlichen Werten und Überzeugungen zu bekennen. Als Bürgerinnen und Bürger wiederum sollten wir Kunst und Kultur mit Wertschätzung begegnen. Ob Poesie, Malerei, Film, Musik, Theater oder Tanz: Kunst kann gemeinsame Sprache sein, wo unterschiedliche Begriffe Missverständnisse verursachen. Kunst kann gemeinsame Erfahrungen bescheren, wo unterschiedliche Herkunft ab- und ausgrenzt. Kunst kann uns helfen zu verstehen, was uns ausmacht, wer wir sind – als Individuen, als Deutsche, als Europäer. Kunst kann uns aber auch nötigen, die Perspektive zu wechseln, Gebiete jenseits unseres Erfahrungshorizonts zu erschließen und eben dadurch auch die Grenzen unserer Empathie zu weiten: indem sie uns Fremdes vertraut macht und uns auf diese Weise zu jenem Mitgefühl befähigt, das zu den Voraussetzungen für ein gelingendes Miteinander einer vielfältigen, demokratischen Gesellschaft gehört.

Weil sowohl der Glaube als auch der Zweifel Raum in unserer Demokratie verdienen, ist es auch kein Widerspruch, dass die Weltschau der Kulturen im künftigen Humboldt-Forum in Berlin mit einem goldenen Kreuz auf der Kuppel des Berliner Schlosses Strahlkraft entfalten wird – was übrigens auch der Zentralrat der Muslime in Deutschland befürwortet. Dialogfähigkeit erfordert ja nicht Standpunktlosigkeit, sondern im Gegenteil: Verständigung braucht Haltung. Voraussetzung für Verständigung ist der eigene Standpunkt. Unsere Haltung der Offenheit, der Freiheit und ja: auch der Barmherzigkeit, der Solidarität hat ihre Wurzeln in unserem christlichen Menschenbild. Und was Europa zur Weltkultur beigetragen hat, ist eben auch und vor allem christlich geprägt.

Ein aufgeklärtes Verständnis des Verhältnisses zwischen Politik und Religion formulierte der einstige Aachener Bischof Klaus Hemmerle: „Politisches und Christliches können nur dann füreinander fruchtbar werden, wenn sie einander freigeben, wenn sie sich voneinander unterscheiden, um in solcher Unterscheidung Impuls füreinander zu werden." Dazu passt die kulturpolitische Vision, die wir mit dem Humboldt-Forum verbinden: einen Ort öffentlicher Debatten zu schaffen, an dem unterschiedliche Kulturen, aber auch Glaube und Zweifel sich begegnen können. Solche Debatten zu führen, ist anstrengend, aber in einer Demokratie unverzichtbar. Doch eine solcherart offene, diskursfreundliche Demokratie verträgt jede Menge Religion.

Prof. Dr. Monika Grütters, Staatsministerin für Kultur und Medien, Berlin.

X. Horizonterweiterung Theologie

Eckhard Nordhofen

Das große Gegenüber

Es gibt Religionswissenschaftler, die den Übergang vom Glauben an die vielen Götter zu dem einen und einzigen für einen Qualitätssprung halten, der deutlich mehr ist als ein Wechsel vom Plural zum Singular. Grammatisch steht der Eine gewiss im Singular, er ist aber alles andere als der letzte, der womöglich von einer Vielzahl seinesgleichen übriggeblieben wäre. Er ist *totaliter aliter*, oder, um es mit Rudolf Otto und Paul Tillich zu sagen, der „ganz Andere".

Es lohnt sich, einen kurzen Blick in die Entstehungszeit des Monotheismus zu werfen. In der alten Welt des Polytheismus regierte das Prinzip Passung. Zu jedem menschlichen Interesse passte eine himmlische Adresse. Die Gottheiten verdankten ihre Existenz dem menschlichen Wunsch nach Helfern und Bundesgenossen, die dort einspringen, wo die Kraft zum Selbermachen an ihre Grenzen gekommen war. Wind und Wetter, Fruchtbarkeit und Gesundheit, Glück und Erfolg konnte man nicht selber machen, also machte man sich stattdessen Helfer und suchte sie durch Bitten, Tausch und Opfer günstig zu stimmen. So waren am Ende die Götter eine Fortsetzung des Selbermachens, nur über die Bande der Fiktion gespielt. Das war die religionskritische Einsicht, die am Ende der Bronzezeit in der Luft lag. In Ägypten hatte es mit dem Pharao Echnaton (1351–1334 v. Chr.) ein Vorspiel gegeben. In Griechenland durchschaute Xenophanes (570–470 v.Chr.) das Prinzip Passung und ungefähr zeitgleich (Deutero-) Jesaja (550–539) im babylonischen Exil. Mit Blick auf die biblische Polemik gegen die selbstgemachten, „von Menschenhand gemachten" Kultbilder (zum Beispiel Psalm 135, Jesaja 44,9–20) sprechen der Religionsgeschichtler Theo Sundermeier und der Ägyptologe Jan Assmann vom biblischen Monotheismus als einer Sekundärreligion. Das ist keine Abqualifizierung, sondern benennt den Umstand, dass der Glaube an den Einen und Anderen das Ergebnis einer Religionskritik war. Die fingierten Funktionsgötzen waren ins Nichts zerschmolzen.

Während Echnaton die Unzahl ägyptischer Gottheiten auf den einen und einzigen Strahlenaton, die Sonne, komprimiert hatte, wurde das Tagesgestirn in Israel tiefer gehängt. Die Himmelskörper Sonne und Mond waren keine Gottheiten, sondern Leuchten am Firmament. Gott hatte sie dort aufgehängt. Er war der Schöpfer des ganzen Kosmos, kein Teil der Welt, sondern ihr Ursprung und Gegenüber. Das war das entscheidend Neue. In der Welt war er nicht zu besichtigen. Von ihm durfte es kein Kultbild geben. Schon sein Name war einzig. Im Tetragramm, den vier Buchstaben JHWH, hatte er sich als der „Ich bin da" geoffenbart und dieses Sprachgebilde als seinen „Namen" für alle Zeiten bezeichnet. Einen solchen „Namen", der nirgendwo nicht und nie nicht existiert, kann es sprachlogisch nur ein einziges Mal geben. Als Schöpfer und Hintergrund der Welt ist somit seine Wirklichkeit von anderer Art als die sichtbare Welt. JHWH war logisch und ontologisch einzig. Aber als Gegenüber der Welt bildete er den höchsten Referenzpunkt. Er stand auch über allen irdischen Herrschern. Weil es diesen Höchsten gab, konnte Natan, ein schlichter Prophet, es wagen, vor David zu treten, immerhin einen König im alten Orient, und ihm die Leviten lesen. Über dem König gab es eine Instanz sondergleichen. „Er stürzt die Mächtigen vom Thron", wird es dann im Magnificat heißen.

Es ist übrigens derselbe Gott, den die Väter und Mütter des deutschen Grundgesetzes in der Präambel aufrufen, um zu verhindern, dass ein totalitärer Staat sich an die absolute Spitze setzen konnte. Der NS-Staat saß ihnen noch in den Knochen, und der Stalinismus regierte 1949 noch halb Europa. Gott, der oft genug von den Regenten als Machtverstärker und Ermächtigungsinstanz instrumentalisiert worden war, wurde durch diese eschatologische Gewaltenteilung zum Garanten eines Machtvorbehalts.

Schon seit die Propheten im alten Israel gegen die Könige ihre Stimme erhoben, war die Axt an die Wurzel jeder irdischen Theokratie gelegt, jener Herrschaft direkt von Gottes Gnaden. Daher war sogar für Voltaire bei allem Antiklerikalismus Gott so wertvoll, dass er auf keinen Fall auf ihn verzichten wollte. So heißt es im Brief Voltaires an den anonymen Autor des Buches „Von den drei Betrügern" (1786): „Wenn es Gott nicht gäbe, müsste man ihn erfinden." So witzig der Held der Aufklärung war, soviel Frömmigkeit war auch noch für den Deisten nötig. Was wäre denn das, ein Gott, den es nur gäbe, weil einer ihn erfunden hätte?

Von Dietrich Bonhoeffer stammt – in „Widerstand und Ergebung" – das andere Oxymoron: „Einen Gott, den es gibt, gibt es nicht." Den Existenzprädikator „Es gibt" – so nennen ihn die Logiker – reservieren die Empiristen für Dinge in der Welt. Nur was man dort sehen und greifen kann, das „gibt es". Der so ganz andere und neue Gott des alten Israels aber ist in der Welt nicht zu besichtigen, denn er ist ihr großes Gegenüber, ihr Schöpfer. „Grüß Gott" heißt es im Süden, „wenn du ihn siehst", kontert der flaue Berliner Witz.

Auch wenn im Zeitalter einer wieder in Mode gekommenen Autokratenherrschaft die altbekannten Formen eines personenbezogenen Totalitarismus keineswegs ausgestorben scheinen, verweist Leo O'Donovan auf eine ganz andere neuartige, weil subjektlose Form des Totalitarismus. IT-gestützt und mit Hilfe maschineller „Intelligenz" vertreiben vernetzte Daten, sich selbst optimierend, die letzten weißen Flecken auf dem Globus des Wissens und Machens. Es droht ein funktionalistischer, neuartiger Totalitarismus ohne Gesicht und Adresse. Angesichts dieser Bedrohung wird das große Gegenüber, der transfunktional Andere so wichtig wie noch zu keiner anderen Zeit (vgl. „Tempi. Bildung im Zeitalter der Beschleunigung", in „Stimmen der Zeit", 4/2001).

Wenn keiner mehr das reiche monotheistische Erbe und das herrliche biblische Narrativ kennte, so bliebe doch Peter Sloterdijks Phantomschmerz, der „nach Gott" die „Vertikalspannung" vermisst. Aber wie könnte überhaupt noch eine Spannung entstehen ohne den großen Gegenpol, das Gegenüber dessen, was ist?

Prof. Dr. Eckhard Nordhofen, Publizist, Honorarprofessor für theologische Ästhetik und Bildtheologie in Gießen. Die Thematik des vorstehenden Beitrags ist im größeren Kontext ausgeführt in dem Buch „Corpora. Die anarchische Kraft des Monotheismus" (Freiburg i. Br. 2018).

Paul Weß

Warum Gott zur Frage wurde – und wo eine Antwort zu suchen wäre

„Warum ist überhaupt etwas und nicht vielmehr nichts?" Auf diese Frage antworten religiöse Menschen: „Weil Gott ist und alles andere von ihm geschaffen ist." Sie merken nicht, dass sie damit die Frage nur verschieben auf jene, warum dieser Gott ist und warum die uns zugängliche Welt von ihm geschaffen sein soll. Das ist heute nach der Aufklärung, auf Grund der Religions- und Metaphysikkritik und im Pluralismus der Weltanschauungen, die einander vielfach widersprechen, nicht mehr möglich. Diese Entwicklung wird noch verstärkt durch den Fortschritt der Naturwissenschaften, die den Eindruck erwecken und oft auch überzeugt sind, durch eine exakte Beschreibung der Naturvorgänge, vielleicht bald in einer „Weltformel", alle Fragen bezüglich der Existenz unserer erfahrbaren Welt beantworten zu können. Allerdings übersehen sie dabei, dass auch eine exakte Erfassung physikalischer Prozesse, soweit sie überhaupt möglich ist, noch keine Erklärung für deren Dasein und Sosein ist.

Auf die eingangs gestellte Frage werden Menschen nie eine Antwort geben können, weil sie als völlig abhängige, auf andere und anderes angewiesene Wesen den letzten Grund aller Wirklichkeit, der in religiösen Traditionen Gott genannt wird, nicht in sich haben und somit auch nicht fähig sind, diesen als solchen zu erkennen. Es ist auch nicht möglich, die uns prinzipiell zugängliche Welt, den ganzen Kosmos, mit Gott gleichzusetzen, wie dies der Pantheismus, die „Alles-ist-Gott-Lehre", oder ein „Kosmotheismus" vertreten. Auch ein Panentheismus, eine „Alles-ist-in-Gott-Lehre", die zwischen „allem" in der erfahrbaren Welt und Gott nicht unterscheidet, missachtet die Transzendenz, das unaufhebbare Größer-Sein dieses letzten Grundes. Hingegen vertritt ein Panentheismus, der mit „Gott" den tragenden und umgreifenden Grund von allem, was unserem Erkennen zugänglich ist, bezeichnet, die angemessene Sicht von der Beziehung zwischen Welt und Gott: „In ihm (Gott; d. Verf.) leben wir, bewegen wir uns und sind wir" (Apg 17,28). Denn alles, was seinen letzten Grund nicht in sich hat, kann nicht getrennt von diesem existieren. Die Frage nach Gott hat daher eine existenzielle Bedeutung, weil sie untrennbar mit jener verbunden ist, ob unser Leben grundsätzlich, von seinem Ursprung her, sinnvoll ist oder nicht.

Ein Glaube an Gott, ein Vertrauen auf ihn als sinngebenden letzten Grund unseres Daseins und der uns zugänglichen Welt, kann nicht durch die Berufung auf für heilig erklärte Schriften wie die Bibel und den Koran oder auf die Lehren von Kirchen oder anderen religiösen Gemeinschaften begründet werden. Denn deren Wahrheit kann nicht daraus abgeleitet werden, dass es sich dabei um Offenbarungen eines wahrhaftigen Gottes selbst oder um von diesem autorisierte und daher unfehlbare Einsichten handeln soll, wie jene von sich behaupten. Das wären Zirkelschlüsse, die das bereits voraussetzen, was sie begründen sollen. Bezüglich der Bibel bezeichnete Dietrich Bonhoeffer dies als „positivistische Offenbarungslehre ..., wo es dann heißt: ‚friss, Vogel, oder stirb'" (Werke 8, 415). Ebenso kann ein Dogma von der Unfehlbarkeit kirchlicher Lehren nicht selbst wieder mit dieser Unfehlbarkeit begründet werden. Daher sind auch die Dogmen zu hinterfragen. Die Bibel und die kirchliche Lehre können jedoch eigene Erfahrungen deuten helfen sowie Einsichten anregen oder ermöglichen, die zum Glauben hinführen.

Ein starkes Argument gegen die Existenz Gottes als sinngebenden Grund der Welt ist das unermessliche Leid in ihr, vor allem jenes, an dem kein Mensch schuld ist, entweder überhaupt nicht oder zumindest nicht im moralischen Sinn. Das Leid kann, wenn Gott gerecht sein soll, nicht als Strafe für eine von den ersten Menschen ererbte Schuld erklärt werden. Daher ist das Leid mit einem Vertrauen auf Gott als dem Grund der uns zugänglichen Welt nur vereinbar, wenn die übliche Vorstellung von göttlicher Allmacht korrigiert wird: Gott kann nicht alles schaffen, was wir uns denken können oder wünschen. Eine Welt ohne leidvolle Evolution gibt es offensichtlich nicht, und Gott ist auf unser Mitwirken angewiesen.

Gotteserkenntnis in der Mystik?

Trotz all dieser Probleme meinen viele Christen, auch unter dem Einfluss östlicher Meditationslehren, Gott selbst erfahren zu können, etwa in sogenannten – wie der Benediktiner und spirituelle Lehrer David Steindl-Rast sie bezeichnet – „Gipfel-Erlebnissen". Man beruft sich dabei auf christliche Heilige, Mystikerinnen und Mystiker wie Teresa von Ávila oder Johannes vom Kreuz, die überzeugt waren, Gott in seiner Macht und Liebe in überwältigender, ekstatischer Weise begegnet zu sein. Wenn solche Erlebnisse ausblieben, deuteten sie das als Prüfung oder als von Gott verhängte Sühne für eigene Schuld oder die Sünden anderer. Die Frage ist allerdings, ob hier nicht die scheinbare Unendlichkeit eines in diesen Momenten als erfüllt und damit als grenzenlos erlebten endlichen Seienden – unter Ausblendung der leidvollen Realität in der Umwelt – irrtümlich für die reale Unendlichkeit Gottes selbst gehalten wird.

Der Theologe Karl Rahner sah in solcher mystischer Gotteserfahrung die Zukunft des Glaubens: „Der Fromme von morgen wird ein ‚Mystiker' sein, einer, der etwas ‚erfahren' hat, oder er wird nicht mehr sein…" (Sämtliche Werke 23, 39). Rahner betonte zwar anschließend und auch sonst oft die „Unbegreiflichkeit" Gottes, dass dieser also nicht wie ein Gegenstand in unserem geistigen Horizont erfasst und begriffen werden könne, schrieb aber dem menschlichen Geist eine unendliche Kapazität zu, verstand ihn als ein „Endliches, fähig des Unendlichen", das Gott erkennen kann (Sämtliche Werke 17/2, 1281). Doch die geistige Kapazität eines Seienden kann nicht über dessen Seinsmächtigkeit hinausreichen. Der Mensch, der den Grund seines Daseins nicht in sich hat, ist in seinem Sein und in seinen Fähigkeiten notwendig endlich und daher nicht Gottes fähig. Die gegenteilige Annahme Rahners beruhte auf einer idealistischen Gleichsetzung von Denkmöglichkeit und Seinsmöglichkeit ähnlich wie in der Philosophie Hegels: Weil wir über jede Grenze hinaus denken können, hätten wir diese auch schon überstiegen und könnten daher das Unendliche zwar nicht begreifen, aber in seinem Sein erkennen.

Doch diese Gleichsetzung ist nicht möglich. „Es könnte sein" besagt nicht: „Es kann sein". Das Erkennen von endlichen Wesen, die ihren letzten

Grund nicht in sich haben, ist begrenzt und kann daher diesen selbst nicht erreichen, nicht in einem geistigen Vorgriff um ihn wissen. Geschöpfe können auch nicht nachträglich, „aus Gnade", vergöttlicht werden, weil ihnen die dafür nötige Kapazität fehlt. In seinem Wesen bleibt Gott selbst immer ein uns „unzugängliches" (1 Tim 6,16) Geheimnis.

Glaube aus Erfahrungen von Liebe

Jesus, in dem die Christen den von Gott Gesandten und „Gesalbten", Christus, sehen, hat nach biblischem Bericht keinen unkritischen Glauben an sich oder seine Lehre verlangt, sondern gesagt: „Wer bereit ist, den Willen Gottes zu tun, wird erkennen, ob diese Lehre von Gott stammt oder ob ich von mir aus spreche" (Joh 7,17). Er traute den Menschen ein eigenes Urteil zu und setzte voraus, dass sie erkennen können, ob seine Botschaft von einem liebenden Gott wahr ist. Das ist nur möglich, wenn wir Menschen zumindest „anzielend" Gott erkennen und von ihm sprechen können, je nach den Erfahrungen, die wir in unserem Leben machen. Dabei spielt die Praxis eine entscheidende Rolle. Es gibt eine menschliche Erkenntnis Gottes, aber nicht in Form von Beweisen für seine Existenz oder eines ungegenständlichen Wissens um ihn im Sinne Rahners, sondern auf Grund unseres Bewusstseins vom wahren Menschsein zusammen mit der Erfahrung von dessen Vorgegebenheit und der Rückdeutung seiner Verwirklichung auf Gott als seinen letzten Grund (vgl. Paul Weß, „Glaube aus Erfahrung und Deutung", Salzburg 2010).

Das Wissen um unser Wesen ist uns im „Gewissen" mitgegeben. Dieses besteht nicht aus den reflektierten Gewissensurteilen, die ohne oder mit Schuld, dies durch Verdrängen der Wahrheit, unrichtig sein können, sondern ist das vorgegenständliche Wissen des Menschen um sich selbst, sein „Gespür" für sein wahres Sein und damit für die Unterscheidung von Gut und Böse, das „Ur-Gewissen" genannt wird. Dieses kann bei einzelnen Menschen auch über ihre Umgebung hinaus und im Kontrast zu dieser wirksam werden, die dann andere durch ihr Beispiel und ihr Wirken überzeugen können. Jesus war ein solcher Mensch. Das religiöse Weltbild seiner Zeit war für ihn selbstverständlich, aber er hatte ein neues Verständnis von der Liebe Gottes zu den einzelnen Menschen und von deren persönlichen Beziehungen untereinander.

Das Menschsein wird erst in der Liebe vollkommen verwirklicht. Diese ist daher der vorrangige Ort, an dem wir das Leben als Geschenk eines liebenden Gottes erfahren können. Denn gelingende Liebe verweist immer auf einen gemeinsamen sinngebenden Grund, der uns in Beziehungen zueinander geschaffen hat und Begegnung auf gleicher Ebene ermöglicht. Das gilt für alle Menschen guten Willens, auch für Ungläubige, weil Nächsten- und Gottesliebe untrennbar verschränkt sind (vgl. Röm 13,8f). In Gemeinschaften von Gläubigen, die im Vertrauen auf Gott zu Brüdern und Schwestern werden, kann Liebe als Möglichkeit für alle erfahrbar und somit der Glaube an Gott als den letzten Grund des menschlichen Daseins in der Welt gerechtfertigt werden. Im Neuen Testament heißt es dazu: „Niemand hat Gott je geschaut; wenn wir einander lieben, bleibt Gott in uns, und seine Liebe ist in uns vollendet" (1 Joh 4,12).

Dr. Paul Weß, Pastoraltheologe, Dozent in Innsbruck.

Wolfgang Beinert

Das Spiel auf dieser Bühne – und verstehen es nicht

I

Gott ist, vom Begriff selber her, seinem Wesen nach durch Raum und Zeit nicht begrenzt, also allgegenwärtig. Aber nur „in sich", nicht unbedingt „für mich". Man kann sehr gut und sehr lange und sehr unbeschwert auskommen, ohne seiner gewärtig sein zu müssen. Immer kann man es nicht. Dann spätestens nicht, wenn Menschen an ihre Grenzen kommen, aber über sie dank ihrer Natur zur Grenzenlosigkeit hinaus wollen. Der Mensch ist *quodammodo omnia*, auf eine gewisse Weise, irgendwie alles, sagt Aristoteles („De anima" III,8, 431b21), und Thomas von Aquin („De anima" III,13) wiederholt es: Er ist immer über sich hinaus und sieht sich gleichzeitig damit konfrontiert, dass er bei sich bleiben muss. Der Mensch stellt die Frage, die er selber ist und die nach Sinnhaftigkeit in einem Ambiente schreit, welches offenkundig sinnwidrig ist. In äußerster Zuspitzung ist diese Grenzerfahrung das Wissen um den eigenen Tod. Es entsteht schon sehr früh im Leben. Dann stellt sich, mit zunehmender Intensität, die Frage aller Fragen: Gibt es das Absolutum, und gibt es dem begrenzt Unbegrenzten vielleicht doch ungeachtet seiner Sterblichkeit Sinn und Halt? Die Sinnfrage tendiert auf die Gottesfrage.

II

Am Anfang jeder Hinwendung zum Thema Gott stehen zwei Fragen: Gibt es ihn? Wenn ja, wer ist er?

Weil der Mensch so ist, wie er ist, das auf die Unendlichkeit gerichtete Wesen, stellen sich diese Fragen seit Beginn der Menschwerdung. Je menschlicher einer ist, um so dringlicher beschäftigt er sich damit. Die tiefsten Denker und die innigsten Beter versuchten, sie zu beantworten. Sie haben die Entscheidung der Menschheit weder in die eine noch in die andere Richtung mit endgültiger Schlüssigkeit zu drängen vermocht. Alle je erdachten „Gottesbeweise" zerbrechen an Gott. Alle Wesensergründungen Gottes verlieren sich wie Spuren im Dickicht eines Urwalds. Beide Fragen sind noch immer prinzipiell offen. Werden sie es vielleicht für immer bleiben? Warum sind sie augenscheinlich unlösbar?

III

Wenn Gott existiert, muss er alle Vollkommenheit in sich tragen. Jeder Gottesbegriff schließt diese Aussage notwendig ein. Die höchste Vollkommenheit des Menschen aber ist die Liebe. Dann ist schlüssig die Spitzenaussage des Neuen Testamentes über ihn: „Gott ist Liebe" (1 Joh 4,8.16b). Liebe aber erschließt sich nicht durch die Logik, sondern durch die Hingabe der eigenen Existenz: Der Liebende allein erfährt Liebe. Man muss sein Herz dem Geliebten geben *(cor dare)*, also glauben *(credere)*. Doch wer weiß, was dann geschieht? Die Liebe ist nicht kalkulierbar. Sie ist dem Wesen nach Wagnis, also Ergebnis einer Entscheidung. Man muss sich daher für Gott entscheiden oder es sein lassen. Gründe gibt es für beide Optionen. Bloß: Weil der Mensch „irgendwie alles" ist, kann er vom Unendlichen nicht lassen. Wer da jedweden Gott von außen ausschließt, muss versuchen, selber Gott zu werden. Es hat sich noch allemal herausgestellt: Das verkraften unsere Schultern nicht. Keiner hat das hellsichtiger gespürt und gesagt als Friedrich Nietzsche. Seitdem müssen wir uns den Atheisten als einen unglücklichen Menschen vorstellen.

IV

Doch ist der Theist glücklicher? Je fester er glaubt, je gewisser er sich seines Glaubens ist, desto mehr scheint sich ihm Gott zu entziehen – die Nacht der Gottverlassenheit ist nicht nur die Erfahrung des Johannes vom Kreuz. Auch Jesus hatte sie, der wie kein anderer gottverbunden war. Warum macht es Gott so schwer? Wer oder was ist er? Die Frage bringt, radikal gestellt, zur Verzweiflung. In den Gotteslehren der Religionen stehen allerdings erdrückend viele Antworten: Er ist unendlich und allmächtig, allweise und ewig – und noch vieles andere. Ihre Verfasser wissen wohl vieles und teilen es mit Eifer mit. Aber schon Augustinus sah: „Wenn du's kapierst, dann ist es nicht Gott." Das kann auch nicht anders sein: Die Aufhebung der Verhülltheit Gottes machte den Glauben an ihn absurd, die Liebe zu ihm wäre nicht mehr frei. Entzauberte Liebe hebt sich auf.

V

Vermag es zu trösten, wenn wir uns sagen müssen: So steht es ja schon um unsere erfahrungsgemäße Erkenntnis? Wie Doktor Faustus wissen wir viel, wollen aber alles wissen – und sehen wie er, dass wir es nicht können. Es ist wie bei der Hydra. Schlägt man einer Frage das Haupt ab, erwachsen neun neue. Je tiefer wir die Wirklichkeit erfassen, umso unergründlicher wird sie. Zum Beweis dessen schlage man sich mit dem Hammer auf den Finger. Und während er blau anläuft, schlage man das Physikbuch auf: Da liest man, dass die Materie eigentlich ein Nichts ist, eine Formlosigkeit aus leeren Atomen. Aus ihr kann alles entstehen. Wir leben das Spiel auf dieser Bühne und verstehen es nicht wirklich – mit wehem Daumen. Es ist, wie wenn man das Geheimnis der Rose entdecken möchte, indem man sie Blatt für Blatt zerlegt. Es bleibt nichts von ihrer Schönheit. Wen der Schwindel nicht auf dem eigenen Planeten packt, der schaue hinaus ins Weltall. Es expandiert so rasend schnell, dass das Licht nicht nachkommen kann. Die Hintergrundstrahlung, die beim Urknall entstand, brauchte 13,8 Milliarden Jahre, um zu uns zu gelangen. Sie markiert den Rand unserer Erfahrbarkeit – dahinter aber, erahnen wir, da sind andere Welten, ein Jenseits in der Empirie. Wir wissen: Da gibt es noch eine ganz andere Materie und Energie als die, welche wir wahrnehmen. Die dunkle oder schwarze Materie und die dunkle Energie machen angeblich weitaus mehr als achtzig, womöglich neunzig Prozent des Universums aus. Nichts wissen wir darüber, was sie eigentlich sind. Wir sind uns aber sicher: Ohne sie hätte es nie Sterne gegeben. Auch nicht den unseren. Unfassbar scheinen die Dimensionen des Universums, die wir ermessen. Inmitten dieses riesigen Weltalls wird in einer winzigen Oase der Mensch sich seiner selber bewusst. Er kann Gott denken.

VI

Wenn Gott ist, ist er der Urheber des Alls und als solcher um ein Unendliches größer und ein unmessbares Geheimnis für den, der nicht einmal die winzige Welt begreifen kann, in der er lebt und webt. Würde Gott sich uns offenbaren, wie er ist, dann würde das Konstrukt unseres irdischen Menschseins zerbrechen wie eine hölzerne Hütte, auf die ein Felsen herabstürzt. Den nackten Gott kann keiner aushalten. Er muss sich verhüllen, er muss sich uns immer wieder entziehen, will er uns nicht durch seine unverhüllte Gegenwart vernichten. Seine Liebe macht es uns gerade in der Nacht seines Entzogenseins möglich und leicht, das Leben zu leben. Das Paradoxon seiner Gegenwart: Wenn wir von ihm verlassen sind, ist er am nächsten. Unsere Gottesschwäche ist in Wirklichkeit eine Gnade. Sie tendiert auf restlos-radikale Einigung und Einheit mit ihm. Der Mensch ist so angelegt, dass seine Existenz in die Gottes mündet. Das bedeutet: Unsere Liebe und unser Glauben kommen zum Ziel. Doch wegen seiner Unendlichkeit bedarf es der Aufhebung unserer Begrenztheit. Die irdischen Strukturen müssen vergehen. Um der Mensch zu sein, den Gott will, muss der Mensch in die Nichtung hinein, die der Tod ist. In der totalen Entgrenzung erst gelangen wir zu der ersehnten Grenzenlosigkeit: Wirklich „omnia – alles", nicht nur „quodammodo – irgendwie".

VII

Man muss sich die Toten als glückliche Menschen vorstellen. Denn die Gottesfrage ist dann, nur dann und dann für immer, in beseligende Antwort aufgegangen: Gottes Gegenwart ist das bleibende Leben.

Prof. Dr. Wolfgang Beinert, Dogmatiker und Ökumeniker, Regensburg.

Gerhard Kardinal Müller

Die Fehlurteile des Atheismus

In seinem Buch „Der Sinn des Sinns. Versuch über das Göttliche" erzählt der Philosoph Volker Gerhardt von einem Professor der Philosophie, der den Studenten des ersten Semesters kategorisch darlegte, dass Gott heute kein Gegenstand der Philosophie mehr sei. Mit Nietzsches Wort vom „Tod Gottes" bewies er, dass man sich mit einem nicht existierenden Wesen nicht rational befassen könne. Inzwischen habe besagter Professor jedoch erkannt, dass die Frage nach Gott solange nicht totzukriegen sei, als sich Menschen in ihrer fragilen Existenz mit dem Sinn ihres Daseins beschäftigen.

Robert Spaemann stellt in seinem Buch „Der letzte Gottesbeweis" fest: „Von den Wissenschaften wurde bisher kein einziges ernsthaftes Argument gegen das Gerücht von Gott vorgebracht, sondern nur von der sogenannten wissenschaftlichen Weltanschauung, dem Szientismus, also dem, was Wittgenstein den Aberglauben der Moderne genannt hat. Die neuzeitliche Wissenschaft ist Bedingungsforschung. Sie fragt nicht, was etwas ist und warum es ist, sondern sie fragt, was die Bedingungen seines Entstehens sind. Sein,

Selbstsein aber ist Emanzipation von den Entstehungsbedingungen. Und das Unbedingte, also Gott, kann per definitionem innerhalb einer innerweltlichen Bedingungsforschung nicht vorkommen, so wie der Projektor im Film... Die Alternative lautet also nicht: wissenschaftliche Erklärbarkeit der Welt oder Gottesglaube, sondern nur so: Verzicht auf das Verstehen von Welt, Resignation oder Gottesglaube... Der Glaube an Gott ist der Glaube an einen Grund der Welt, der selbst nicht grundlos, also irrational ist, sondern ‚Licht', für sich selbst durchsichtig und so sein eigener Grund."

In einer radikal religionskritisch gewendeten Aufklärung war man davon überzeugt, dass erst der gesellschaftlich und pädagogisch durchgeführte Atheismus die Menschheit von allen Übeln befreie und ihr eine lichte Zukunft bereite. Statt Theozentrik war Anthropozentrik angesagt, statt Gnade Selbsterlösung. Ähnliche Konsequenzen ergeben sich aus den im Sinne des monistischen Materialismus interpretierten Erkenntnissen der Neurologie. Wenn allen, auch den abstraktesten Denkleistungen des menschlichen Gehirns eine messbare materielle Energie zugrundliege, dann sei das Gehirn nichts anderes als ein Computer, der Informationen verarbeitet. Der Geist wäre nur ein Epiphänomen der Materie. Verbunden mit der Evolutionsbiologie würde die Neurophysiologie gleichsam empirisch beweisen, dass der Mensch weder eine Vernunft hat, die transzendenzfähig ist und die Wahrheit von der Lüge unterscheiden kann, noch dass er über einen Willen verfügt, der in spontaner Freiheit das Gute anzielen und das Böse verabscheuen kann. Gott wäre nur eine Illusion.

Dagegen kann man einwenden: Wenn es keinen Geist gibt, wem soll dann diese Theorie noch einleuchten? Denn jede Erkenntnis setzt den ontologischen Unterschied zwischen Erkenntnissubjekt und Erkenntnisobjekt voraus.

Der harte Kern des neuzeitlichen Atheismus, wie er vor dem Hintergrund und im strikten Widerspruch zum abendländischen Christentum entstanden ist, scheint mir aber weniger erkenntnistheoretisch als postulatorisch begründet zu sein. Dahinter steht der als unüberwindbar empfundene Gegensatz zwischen Gnade und Freiheit. Bleibt der menschlichen Freiheit noch Raum, wenn Gott alles ist und allein wirkt, oder muss der Mensch sich einem übermächtigen Gott gegenüber erst freikämpfen?

Paradigmatisch für die westliche Religionskritik aus dem Geist des Empirismus und Positivismus seit David Hume bis Ludwig Feuerbach und Sigmund Freud ist die Meinung des britischen Philosophen und Mathematikers Bertrand Russel (1872–1970), dass die Religion, insbesondere das Christentum, das Ergebnis einer Krankheit sei, die aus der Angst geboren ist. Der Monotheismus habe mit dem Judentum, Christentum und Islam Sklavenreligionen hervorgebracht, die eine bedingungslose Unterwerfung unter die Macht Gott verlangten. „Es ist eine Vorstellung, die eines freien Menschen unwürdig ist" („Warum ich kein Christ bin", München 1963).

Der Gott, der hier abgelehnt wird, ist nur die Hypothese idealistischer Spekulation oder das Resultat einer einseitigen Gnadenlehre oder der Lückenbüßer naturwissenschaftlicher Forschung, jedoch nicht der lebendige und barmherzige Gott Abrahams, Isaaks und Jakobs und der Vater Jesu Christi, der uns das Sein schenkt, sein Volk aus der Sklaverei befreit und uns in seiner Liebe vollenden will.

Der postulatorische Atheismus wendet sich gegen ein Phantom, indem er verkennt, dass göttliche Gnade die menschliche Freiheit schafft, fördert und vollendet. Denn Gottes Wesen ist nicht pure Macht, die an sich hält, sondern Liebe, die sich verschenkt. Denn Gott gewinnt nichts und verliert nichts, wenn er uns ins Dasein ruft und wenn er in unseren Herzen die Sehnsucht nach der Gemeinschaft mit ihm weckt. Denn Gott ist Liebe.

Den Vor- und Fehlurteilen des neuzeitlichen Atheismus gegenüber erklärte das Zweite Vatikanische Konzil: „Die Kirche hält daran fest, dass die Anerkennung Gottes der Würde des Menschen keineswegs widerstreitet, da diese Würde eben in Gott selbst gründet und vollendet wird… Wenn dagegen das göttliche Fundament und die Hoffnung auf das ewige Leben schwinden, wird die Würde des Menschen aufs Schwerste verletzt, wie sich heute oft bestätigt, und die Rätsel von Leben und Tod, Schuld und Schmerz bleiben ohne Lösung, sodass die Menschen nicht selten in Verzweiflung stürzen. Jeder Mensch bleibt vorläufig sich selbst eine ungelöste Frage, die er dunkel spürt… Auf diese Frage kann nur Gott die volle und sichere Antwort geben" („Pastoralkonstitution über die Kirche in der Welt von heute", „Gaudium et spes" 21).

Alle Entwürfe, die das irreduzible Eigensein des Menschen als Person leugnen – das heißt die Geistigkeit und Unsterblichkeit der Seele als substanziale Form seiner geist-leiblichen Natur und ihrer Entfaltung in Geschichte und Kultur –, schneiden ihn nicht nur ab von seiner wesentlichen Relation zum transzendenten Gott, sondern liefern ihn so auch der absoluten Herrschaft von Menschen über Menschen aus.

Die relativistische Leugnung der objektiven Wahrheit, die im Sein gründet und so zutiefst in Gott, führt nicht zur Freiheit, denn das Gegenteil der Wahrheit ist die Lüge. Die Wahrheit ist ebensowenig der Grund von Intoleranz wie die Forderung nach sozialer Gerechtigkeit den Klassenkampf hervorruft. Und der Relativismus begründet nicht die Toleranz, sondern bereitet viel eher dem Einheitsdenken den Weg. Der Relativismus widerspricht sich selbst, indem er für sich apodiktisch Allein-Geltung beansprucht und zugleich die Existenz und Erkennbarkeit der Wahrheit außer seiner eigenen verneint.

Die Kirche vertritt ein Menschenbild, das sehr wohl seine wesentlichen Inhalte aus der jüdisch-christlichen Tradition bezieht, das aber auch in seiner positiven und konstruktiven Ausrichtung eine Aktionsgemeinschaft aller Menschen guten Willens für das Gemein-Wohl ermöglicht.

Rational kann alles Wissen der modernen Natur- und Geschichtswissenschaften mit den Erkenntnissen aus der Offenbarung über uns selbst und die Welt in eine Synthese gebracht werden, ohne dass ein Christ von heute in zwei geistigen Welten leben müsste. Aber darüber hinaus ist die christliche Botschaft das Evangelium der Barmherzigkeit und Menschenfreundlichkeit Gottes. Die Wahrheit der Wahrheit ist nicht die Macht, sondern die Liebe. Macht ohne Dienst, Reichtum ohne Freigebigkeit, Eros ohne Agape können nie das Herz des Menschen erfüllen. Entscheidend ist die Annahme seiner selbst und des anderen, weil jeder von Gott schon bedingungslos angenommen und geliebt ist.

Der trinitarische Monotheismus macht die Logik der Liebe offenbar, die das Wesen Gottes in den Relationen der drei göttlichen Personen vollzieht. Der dreifaltige Gott teilt sich uns mit in Wahrheit und Liebe, sodass wir den Vater erkennen durch den Sohn im Heiligen Geist.

Prof. Dr. Gerhard Kardinal Müller, 2012–2017 Präfekt der vatikanischen Glaubenskongregation, 2002–2012 Bischof von Regensburg, 1986–2002 Lehrstuhlinhaber für Dogmatik in München.

Ulrich H. J. Körtner

Das Missverständnis des Sünders

Zum Kennzeichen unserer Gegenwart gehört die Erfahrung der Abwesenheit Gottes, genauer: der Abwesenheit des biblisch bezeugten Gottes, während man gleichzeitig eine Wiederkehr aller möglichen Götter beobachten kann. Darunter ist auch der Gott der Muslime, der in Europa – vor allem in Folge von Migration – zunehmend seine Anhänger hat. Götter begegnen uns aber auch in der säkularen Gestalt moralischer Werte, in allen möglichen Weltanschauungen und politischen Ideologien. Schon 1917 formulierte Max Weber seinen berühmt gewordenen Satz: „Die alten vielen Götter, entzaubert und daher in Gestalt unpersönlicher Mächte, entsteigen ihren Gräbern, streben nach Gewalt über unser Leben und beginnen untereinander wieder ihren ewigen Kampf." Hinter dieser Aussage steht eine bestimmte

X. Horizonterweiterung Theologie

Auffassung von der Säkularisierung, könnte man doch sonst nicht von der Wiederkehr der offenbar zeitweilig verschwundenen Götter sprechen.

Auch Martin Luther war der Ansicht, dass jeder Mensch einen Gott oder mehrere Götter habe. Seine formale Gottesdefinition lautet sinngemäß: „Woran du dein Herz hängst, das ist dein Gott". Wörtlich genau: „Worauf Du Dein Herz hängest und verlässest, das ist eigentlich Dein Gott." Allerdings folgt für Luther daraus keineswegs, dass alle Menschen immer schon ein und denselben Gott anzielen oder doch nach ihm suchen. Hinter allen Göttern, an die Menschen ihr Herz hängen, den einen Gott zu vermuten – mit Paul Tillich gesprochen: den Gott über Gott, das Absolute jenseits aller Gottesbilder – führt nach Luther in die Irre. Der Gott Luthers ist Grund und Maß radikaler Religionskritik, und zwar über die konkrete Kritik an den religiösen Konstellationen und Praktiken zur Zeit der Reformation hinaus.

Auch wenn man im Sinne der formalen Gottesdefinition Luthers behaupten kann, dass es stets irgendwelche Götter gibt und dass längst verschwunden geglaubte Götter wieder auftauchen können, muss dies nicht der Abwesenheit eben jenes Gottes widersprechen, von dem Luther so bestimmt zu reden weiß. Selbst die Frage nach diesem Gott ist vielen Menschen abhanden gekommen, sodass sie zwar ihr Herz an alles Mögliche hängen, aber sich schon längst nicht mehr von der sogenannten Gottesfrage umgetrieben fühlen, es sei denn, man wolle jede Form, in der die Frage nach dem Sinn des Lebens und der Welt im Ganzen gestellt wird, immer schon als Frage nach Gott interpretieren. Das aber hieße, die Menschen besser verstehen zu wollen, als sie selbst es tun, indem man ihnen einzureden versucht, auch sie seien in Wahrheit religiös, obwohl sie dies bestreiten.

Der Verlust des biblisch bezeugten Gottes, an den Luther sein Herz gehängt hat, lässt sich darauf zurückführen, dass die Theologie seit der Aufklärung in Anthropologie aufgelöst wurde. Die moderne Religionskritik von Ludwig Feuerbach bis Sigmund Freud meint, das Geheimnis des Gottesglaubens gelüftet zu haben: In Wahrheit ginge es um die Anerkennung des Menschen auf einem Umweg. Dieser Umweg besteht in der Projektion des menschlichen Wesens – besser gesagt: seines Ideals von Humanität – an den Himmel. Gott ist eine Chiffre für das ideale Wesen des Menschen, eine Chiffre für Mitmenschlichkeit, derer wir aber entbehren können, sobald wir die Projektion durchschaut haben und uns von ihren Religion genannten Pathologien befreien. „Imagine there's no heaven / it's easy if you try / no hell below us / above us only sky" (Stell dir vor, es gibt kein Himmelreich, es ist einfach, wenn du es versuchst, keine Hölle unter uns, über uns nur der Himmel; John Lennon/Yoko Ono).

Mit dem Gott Martin Luthers ist auch die Frage nach Rechtfertigung, welche die Geschichte des Christentums und des Abendlandes bis in das

20. Jahrhundert hinein umgetrieben hat, aus dem Blickfeld geraten. Oder sollte man besser umgekehrt sagen, dass mit letzterer der Gott Luthers abhanden gekommen ist? Bei Jean Paul und Fjodor Michailowitsch Dostojewksi, auch bei Friedrich Nietzsche, Franz Kafka, Thomas Mann und Robert Walser war diese Frage noch lebendig. Die Frage, wie der sündige Mensch vor Gott gerechtfertigt werden kann, war das beherrschende Thema der Reformation im 16. Jahrhundert. In der Moderne wurde Luthers Frage nach dem gnädigen Gott durch die angeblich radikalere nach der Existenz Gottes abgelöst. Doch Martin Walser präpariert in seinem Essay „Über Rechtfertigung, eine Versuchung" (2012) scharfsinnig heraus, dass die Frage nach der Existenz Gottes keineswegs radikaler als jene nach dem gnädigen Gott ist.

Die Schwierigkeiten, die der Gott Martin Luthers modernen Menschen bereitet, hängen mit seinem Sündenverständnis zusammen. „Das Sündersein", so der evangelische Theologe Benjamin Hasselhorn, „wird nicht mehr ernstgenommen, es gibt kein Problem mehr in der Beziehung des Menschen zu Gott, und Gott verlangt nichts vom Menschen. ‚Gott liebt dich, obwohl du bist, wie du bist', das ist Luthers Botschaft. Sehr schnell konnte daraus das Missverständnis werden: ‚Gott liebt dich so wie du bist' – ein Missverständnis, ein naheliegendes und umso fataleres."

Mag man auch gegen den Begriff der Sünde und gegen die vermeintliche Sündenverbiesterung des Christentums im Namen von Aufklärung und Humanismus polemisieren, verschwinden doch nicht die Phänomene des Bösen, weder aus der Wirklichkeit im Ganzen, noch aus unserem eigenen Leben. Wir werden von der Sünde nicht frei, indem wir sie nicht mehr beim Namen nennen, sondern nur, indem uns vergeben wird. Doch eine moderne Gesellschaft ohne Gott kennt letztlich keine Gnade.

Nach Luther ist der eigentliche Gegenstand aller Theologie „der Mensch als der in Sünde verschuldete und verlorene, und Gott als der Gott, der den Sünder rechtfertigt und rettet". Ihr Gegenstand ist also gleichermaßen Gotteserkenntnis und Selbsterkenntnis. In der Theologie geht es also nicht nur um die Gottesfrage, sondern immer auch um die Frage nach dem Menschen. Die Pointe aber, so Luther, besteht nun nicht darin, abstrakt nach Gott und dem Menschen zu fragen, sondern den Menschen konkret in seiner Beziehung zu Gott zu sehen. Eine Beziehung, die von Haus aus aufgrund der menschlichen Sünde gestört – um nicht zu sagen zerbrochen – ist und allein durch Gott in Jesus Christus wiederhergestellt und von Grund auf erneuert wird.

Die Erfahrung der Abwesenheit Gottes in der Moderne hat unterschiedliche Spielarten einer neuen oder erneuerten negativen Theologie entstehen lassen. Das Christentum beginnt mit dem Schrei des Gekreuzigten nach dem abwesenden Gott, der ihn verlassen hat (Mk 15,34). Soll die Gottesfrage nicht ins Leere laufen, so sind sowohl Gottes Verborgenheit als auch der Begriff einer negativen Theologie von den biblischen Texten aus zu bestimmen. Dann zeigt sich, dass der der Neuzeit abhanden gekommene oder fremde Gott auf ganz bestimmte, nämlich auf eine durch seine Offenbarung bestimmte Weise verborgen ist. So aber ist die Verborgenheit Gottes, biblisch betrachtet, als Modus seiner Anwesenheit zu bestimmen.

Eine durch Luther belehrte negative Theologie hat das Positive der Selbstoffenbarung Gottes zur Voraussetzung. Sie bedarf der Ergänzung durch eine positive Theologie, die sich kritisch mit unterschiedlichen Bestimmungen dessen auseinandersetzt, was den Menschen unbedingt angeht beziehungsweise was ihm heilig und im Leben die Hauptsache ist. Dabei spielt es keine Rolle, ob dieser Lebensmittelpunkt als Gott bezeichnet wird oder nicht. Zu einer an Luthers Definition anknüpfenden positiven Theologie gehört auch die offensive Auseinandersetzung mit heutigen, vermeintlich aufgeklärten und säkularen Formen des Polytheismus. Wie schon religionsgeschichtlich die oftmals behauptete Toleranz polytheistischer Religionen zu bestreiten ist, so auch die angebliche Toleranz des säkularen Polytheismus der Moderne. Der Kampf der Werte, von dem Max Weber sprach, unterwirft den Menschen, der ihnen nachjagt, einer harten, das Leben bedrohenden Leistungsreligion. Wie der religionsgeschichtliche, so ist auch der modern-säkulare Polytheismus einer theologischen Entmythologisierung und existenzialen Interpretation zu unterziehen. Dann zeigt sich, dass seine unheilvolle, von seinen Verfechtern geleugnete Wirkung „weniger in einer Aufsplitterung der göttlichen Personalität als vielmehr in einer verhängnisvollen Aufsplitterung menschlicher Existenz" besteht, so der Theologe Klaus Koch.

Die biblische Tradition mutet uns zu, den der Moderne entschwundenen Gott nicht als abwesenden, sondern als verborgenen, das heißt aber, wie Luther es getan hat, allem Augenschein zum Trotz als gegenwärtigen und wirksamen zu denken, – vor allem aber: zu glauben.

Prof. Dr. Ulrich H. J. Körtner, Lehrstuhlinhaber für Systematische Theologie, Wien.

Thomas Ruster

Gott, die Kontingenz und der Geist

Kontingenz: Der Betriff steht für das Offene, Unbestimmbare, Zufällige, Nicht-Notwendige. Alles, was lebt, muss sich mit Kontingenz auseinandersetzen. Oder wie es eine Redewendung sagt: Nichts ist schwerer vorauszusagen als die Zukunft. Was kann nicht alles passieren?! Gern würde man alles wissen, alles im Voraus festlegen können, aber das ist nicht möglich. Die Lebendigkeit des Lebendigen beweist sich in seinem Umgang mit Kontingenz.

Früher, in der vormodernen Gesellschaft, hatte Gott die Funktion der Kontingenzreduktion. Alle Unbestimmtheit, alle Unwägbarkeiten des Daseins und der Zukunft oblagen seinem allwissenden Ratschluss. Seine Allmacht bestimmte den Gang der Dinge. In unserer Gesellschaft aber liegt die Kontingenzreduktion nicht mehr bei Gott. Die Gesellschaft hat Strukturen und Prozeduren ausgebildet, um mit Kontingenz fertig zu werden. Oder sie hat gelernt, damit zu leben. Gott ist überflüssig geworden. Daraus erklärt sich das massive Verschwinden des Glaubens an Gott. Das Christentum und seine Theologie sind aber auf einem Gottesbild sitzengeblieben, das ganz auf die Funktion der Kontingenzreduktion abgestellt ist. Dieses Gottesbild ist heute hinderlich geworden. Nicht auf die Stillstellung und Bannung von Kontingenz ist heute der Glaube an Gott zu beziehen, sondern auf die Eröffnung und Erschließung von Kontingenz – in einer Welt, in der alles festgelegt und geregelt erscheint. Die Rede von Gott hat sich um 180 Grad zu wenden. Gelingt ihr das, dann hat der christliche Glaube womöglich die besten Zeiten noch vor sich.

In der vormodernen Gesellschaft gab Gott Antworten auf Fragen wie: Warum ist überhaupt etwas und nicht vielmehr nichts? Ist die Welt von einem guten oder einem bösen Schöpfer gemacht worden? Liegen vielleicht ein gutes und ein böses Prinzip eine Ewigkeit lang im Streit? Hat die Geschichte einen Sinn, eine Richtung, oder ist alles nur ein unablässiges Werden und Vergehen? Wird die Welt eine Vollendung haben? Wird sich die Gerechtigkeit durchsetzen? Werden die Guten belohnt werden und die Bösen ihr verdientes Schicksal erhalten? Desgleichen für das individuelle Leben: Warum bin ich der, der ich bin? Warum bin ich in diese Familie, in diesen Stand hineingeboren worden? Warum gibt es überhaupt hohe und niedere Stände? Warum bin ich reich und sind andere arm? Warum stößt mir Unglück und Krankheit zu, einem anderen aber nicht? An wen kann ich mich wenden, wenn ich Hilfe und Schutz für meine Zukunft suche? Werde ich nach dem Tode weiterleben? Und wenn ja, welchen Einfluss hat mein hiesiges Leben auf meine Existenz nach dem Tod? Und so weiter.

Die Antworten, die im Namen Gottes auf solche Fragen gegeben wurden, waren vielleicht nicht immer zufriedenstellend. Aber es gab keine anderen. Denn Gott allein galt als die Instanz, die von aller Kontingenz frei ist. An ihn und nur an ihn musste man sich halten, wenn man mit den Unbestimmbarkeiten des Daseins zurechtkommen wollte. Gott hatte dementsprechend auch eine entscheidende Bedeutung für die Stabilisierung gesellschaftlicher Strukturen.

In der modernen, funktional differenzierten Gesellschaft haben die Technik, die Medien sowie die großen Funktionssysteme die Aufgabe der Kontingenzreduktion übernommen. Wer Recht sucht, wendet sich an das Rechtssystem. Wer sich um die Verteilung der Güter sorgt, ist an das Wirtschaftssystem gewiesen. Wem es um Macht geht, muss sich mit den demokratischen Prozeduren des Politiksystems auseinandersetzen. Wer Wahrheit sucht – zum Beispiel auch über die Entstehung und die Zukunft der Welt –, wendet sich nicht an die Offenbarung oder an vom Geist Erleuchtete, sondern an die Wissenschaft. Mit den „symbolisch generalisierten Kommunikationsmedien" – so der Soziologe Niklas Luhmann – wirken die Funktionssysteme auf die Kommunikation der Gesellschaft ein. Sie sorgen für Kontingenzbeherrschung in dem Bereich, für den sie zuständig sind. Offen ist zwar noch die Frage, ob die großen Funktionssysteme miteinander zu einem stabilen Ausgleich finden oder ob nicht in ihrem Zueinander möglicherweise die größte Unbestimmbarkeit liegt. Auf diese Frage wird man eine Antwort finden oder auch nicht. Aber wie auch immer: Gott in seiner Funktion als – so Luhmann – „Kontingenzformel" ist überflüssig geworden.

Die klassische Gotteslehre, wie sie in der Scholastik ausgebildet worden ist und noch heute die Vorstellung der meisten Menschen von Gott bestimmt, beschrieb Gott als die Instanz, die von aller Kontingenz frei ist und deshalb gegen alle Kontingenz in Anspruch genommen werden kann. Der Logik des ontologischen Denkens folgend wurden Gott jeweils die höchsten Seinsprädikate zugesprochen: höchstes Sein beziehungsweise Sein an sich, Selbstständigkeit, Notwendigkeit, Unveränderlichkeit. Daraus folgen dann die göttlichen Eigenschaften der Allwissenheit, des absoluten Willens, der Vorherbestimmung und der Allmacht. Aus der oben beschriebenen Perspektive heraus sind die All-Prädikationen auf die Funktion der Kontingenzreduktion bezogen. Gott hat weder in sich selbst noch in Bezug auf sein Welt- und Menschenverhältnis mit Kontingenz zu tun. An ihn kann man sich halten, wenn man einen festen Punkt jenseits aller Kontingenz sucht.

Dass dieses kontingenzfreie Gottesbild der klassischen Tradition mit den biblischen Erzählungen von Gott schwer zu vereinbaren ist, wurde immer empfunden und war der Anlass für die meisten Auseinandersetzungen in der Theologiegeschichte. Dieses Gottesbild hat unweigerlich die Theodizeefrage nach der Rechtfertigung Gottes angesichts des Leids heraufbeschworen und wusste sie nicht zu beantworten. Es hat das Bittgebet in eine prekäre Lage gebracht, denn warum sollte man zu jemandem beten, dessen Ratschluss und Wille unveränderlich und unveränderbar bestehen? Es hat die christliche Ethik zu einem System von starren Sätzen gemacht, denn Gottes im Naturrecht niedergelegte ewige Sittengesetze gelten für alle Zeiten. Es hat den eschatologischen Dualismus von Himmel und Hölle heraufgeführt, nach dem Gott am Ende immer Recht behalten wird. Es hat sich verheerend für die Christologie, das Christusverständnis, ausgewirkt, denn kontingentes menschliches Dasein und der kontingenzfreie Gott ließen sich nun einmal nicht in einer Person zusammendenken. Alle diese Ungereimtheiten wurden in Kauf genommen, um Gott seine Funktion der Kontingenzbeherrschung zu belassen.

Dieses Gottesbild hat, und das kennzeichnet es am deutlichsten, zumindest in der westlichen theologischen Tradition keine Lehre vom Heiligen Geist zustande gebracht. Der Geist blieb „der Unbekannte jenseits des Wortes", wie der Theologe Hans Urs von Balthasar vermerkte. Warum blieb er der Unbekannte? Weil der Geist biblisch gesehen für Kontingenzeröffnung steht. Es muss nicht alles so bleiben, wie es ist, Gerechtigkeit ist möglich – das sagt der Geist den Propheten. Der Tod, dieser große Kontingenzverschlinger, hat nicht das letzte Wort, denn „der Geist dessen wohnt in euch, der Jesus von den Toten auferweckt hat und der auch eure sterblichen Leiber lebendig machen wird" (Röm 8,11).

Der Geist ist es, der „lebendig macht", bezeugt das Glaubensbekenntnis. Ohne Geist, eingesperrt in seine unveränderliche Vollkommenheit, ist Gott tot. Der Geist befreit Gott von den All-Prädikationen. Er ist nicht allmächtig, weil er alles kann, sondern weil er andere mächtig macht. Er ist nicht allwissend, sondern regt zu unabschließbarer Wissensentwicklung an. Er bestimmt nicht alles vorher, sondern beruft zur Mitwirkung; ist darum gebunden an die Freiheit der Berufenen. All dies sind Werke des Heiligen Geistes.

Am Ende wird man in der Lage sein, Gott selbst kontingent zu denken. Das besagt Trinität: Gottes Sein ist nicht abgeschlossen. Seine Zukunft, zugleich die Zukunft seiner Schöpfung, ist unbestimmbar – auch für ihn selbst. Sein Urteil am Ende der Zeiten steht noch nicht fest, auch nicht das Urteil über ihn selbst. Seine Gläubigen, die Christen, sind die, die ihn gleichsam anfeuern, seine Verheißungen wahr zu machen. Das tun sie in der Liturgie. Das kann er nur tun durch die Gaben des Geistes, die Menschen zur Mitwirkung mit Gott befähigen. Gegenüber den ausgefeilten Kontingenzvermeidungsstrategien unserer Gesellschaft, die Handlungsspielraum kaum noch lassen, die es vielleicht sogar so weit bringen, dass unser Planet unbewohnbar wird, ist auf das Wirken des Geistes zu hoffen und darum zu beten. Auf Gott ist zu hoffen, dass er Kontingenz da erschließt, wo keine mehr zu sehen ist. Seine Unendlichkeit ist die Unendlichkeit lebensschaffender Kontingenz, die in ihm ist.

Prof. Dr. Thomas Ruster, Lehrstuhlinhaber für Systematische Theologie/Dogmatik an der Technischen Universität Dortmund.

Manfred Rekowski

Weltlich, aber Gottes Eigentum

Von Gott, der sich in Jesus Christus offenbart hat, durch Worte und Taten Zeugnis zu geben, ist der Auftrag christlicher Kirchen. Doch wird die Frage nach Gott immer leiser. Sie gerät nicht nur bei jenen aus dem Blick, die den Kirchen fern stehen, sie gerät als offene Frage oft auch bei jenen in den Hintergrund, die sich in der Kirche engagieren.

Natürlich wird dort von Gott geredet. Aber es besteht manchmal die Gefahr, dass die Gläubigen zu schnell die immer richtigen Worte haben. Auf der einen Seite gibt es die verbreitete Distanz, auf der anderen Seite eine allzu routinierte religiöse Rede. Der kirchliche Alltag drängt das Irritierende in den Hintergrund. Dadurch entsteht der Eindruck einer Selbstgewissheit, die umso mehr jene allein lässt, die der Kirche fernstehen, aber offene und unbeantwortete Fragen haben.

Die Schwäche der Frage nach Gott und die routinierten Antworten in kirchlichen Kreisen hängen eng miteinander zusammen. Wie können wir verhindern, in eher oberflächliche Gewohnheiten zu verfallen? Die dritte Barmer Theologische These führt klar und deutlich aus: „Die christliche Kirche ... hat mit ihrem Glauben wie mit ihrem Gehorsam, mit ihrer Botschaft wie mit ihrer Ordnung mitten in der Welt der Sünde als die Kirche der begnadigten Sünder zu bezeugen, dass sie allein sein Eigentum ist, allein von seinem Trost und von seiner Weisung in Erwartung seiner Erscheinung lebt und leben möchte."

In dieser These wird eine zentrale Spannung deutlich: zwischen der Welt der Sünde, also einer Welt der Gottesferne, in der Gott nicht zu finden ist, und der Kirche als Ort der begnadigten Sünder, die bezeugt, Gottes Eigentum zu sein. Diese Spannung können die Kirchen nicht auflösen. Denn es sind ja gerade sie, die sowohl der weltlichen Seite als auch der Seite von Gottes Eigentum angehören. Warum wird aber diese Spannung oft kaschiert? Vielleicht geschieht das, weil man sie gerade unter den Bedingungen der Moderne als unlösbar empfindet.

Dietrich Bonhoeffer war von der Frage umgetrieben: Wie kann man in der modernen Welt Christus als die Mitte der Wirklichkeit beschreiben? Ein berühmtes Zitat aus den späten Briefen aus dem Tegeler Gefängnis lautet: „Gott als moralische, politische, naturwissenschaftliche Arbeitshypothese ist abgeschafft, überwunden... Es gehört zur intellektuellen Redlichkeit, diese Arbeitshypothese fallen zu lassen beziehungsweise sie so weitgehend wie irgend möglich auszuschalten. Ein erbaulicher Naturwissenschaftler, Mediziner etc. ist ein Zwitter. Wo behält Gott noch Raum? fragen ängstliche Gemüter... Und wir können nicht redlich sein, ohne zu erkennen, dass wir in einer Welt leben müssen – ‚etsi deus non daretur' – und eben dies erkennen wir – vor Gott!"

Gerade in unserer Zeit ist es schwierig, allgemeinverständliche Antworten auf die Frage nach Gott zu formulieren. In der Beschreibung der Welt dagegen überwiegen klare und eindeutige Aussagen. Bonhoeffers Gedanke bezieht sich insbesondere auf das naturwissenschaftliche und technische Wissen. Unsere Zeit ist geprägt durch einen möglichst objektiven Blick auf die Welt. Dies ist ein Blick aus der Distanz, ein skeptischer Blick. Es könnte ja sein, dass wir uns täuschen! Es ist ein Blick aus der Ferne, den wir dann auf die Wirklichkeit richten. Wir halten die Dinge auf Abstand, wollen sehen, wie sie sich objektiv zeigen, wie sie wirklich sind. Diese Haltung ist sehr erfolgreich. Niemand möchte sie missen, denn sie ermöglicht viele Errungenschaften der Moderne.

Aber dadurch gerät Gott aus dem Blick. Gerade dadurch wird die Rede von Gott leiser. Denn Gott zeigt sich nicht aus der Distanz, sondern nur dem, der auf das existenziell Nahe achtet. Nach Gott fragen heißt dann: auf das schauen, was uns existenziell nah kommt. Wir leben aber den Alltag unserer wissenschaftlich-technisch organisierten Welt, als ob es Gott nicht gäbe. Anders als unsere Vorfahren können wir nicht auf umfassende Überzeugungen zurückgreifen, die Gott und Welt, den Blick auf das Nahe und den Blick auf das Ferne zusammenhalten. Deshalb ist die Spannung so groß, deshalb wirkt die Frage nach Gott heute so fremd.

Das wirkt zunächst wie eine Verlustgeschichte: Während Menschen sich früher mit größerer Leichtigkeit im Alltag immer wieder auf Gott beziehen konnten, ist das den modernen Menschen weniger zugänglich. Doch diese Verlustbilanz scheint mir zu kurz zu greifen. Gerade die beschriebene Spannung ist für die christliche Rede von Gott in der noch unerlösten Welt wichtig! Sie wird lebendiger und kräftiger, wenn wir die Schwierigkeiten nicht leugnen, sondern offen benennen.

Immer dann, wenn die christliche Theologie sich allzu sicher fühlte, waren ihre größten Sünden und Verfehlungen nicht fern. Schon die biblischen Autoren, allen voran Paulus, beschreiben die Sprachnot derer, die ernstlich von dem menschgewordenen Gott reden wollen. Dieser Gott ist uns so nah gekommen, dass wir nur in ihm und aus ihm existieren können. Der Gott, der in der modernen naturwissenschaftlich-technischen Welt fern ist, ist zugleich der Gott, der uns existenziell nah ist. Doch muss die Nähe stets neu entdeckt werden. Sie kann aber auch immer wieder entdeckt werden. Das ist die Verheißung der Rede von Gott in unserer Moderne.

Manfred Rekowski, Präses der Evangelischen Kirche im Rheinland, Düsseldorf.

Ulrich Willers

An meinen atheistischen Freund

„Die Kirche rühmt sich, den Geist zu besitzen, gewiss…, aber im Käfig."
(Henri Le Saux)

O Du mein Gott, alles ist schon tausendmal gesagt. Wie von der Zeit gilt von Dir: Wenn niemand fragt, weiß ich. Will ich erklären, dann ist da ein Problem. – Lieber W, du legst mir substanzielle Fragen vor. Du lehnst deine Taufe als gültig ab. Dir ist rätselhaft, wieso ich noch glaube. Du wunderst dich, dass ich, der ich bereitwillig Einwände religiös Distanzierter aufarbeite, doch in der Spur bleibe, in die ich eingespurt bin. Dir ist das nicht plausibel: Wozu braucht er den Glauben, noch dazu konfessionell? Für mich ist diese Frage irgendwie schief; ich will mich gleichwohl verständlich machen. Eins, das ich hasse, findet sich bei dir nicht: Gleichgültigkeit. Du bist wahrlich religiöser als halbherzig praktizierende Christen, du Atheist…

Gott hat heute ein schlechtes Image, fühlt sich irgendwie nicht gut an. Auch du monierst gravierende Schwachpunkte, die oft verschwiegen, verdrängt, bemäntelt, beschwichtigt, vernebelt sind, projektiv, infantil, regressiv… Ist auch solche Kritik nicht über jeden Zweifel erhaben, verdiente sie doch ernsthafte Prüfung. Entsetzlich irreführende Gottesbilder bedürften aufrichtiger Kritik, bei den „einfachen" Gläubigen, in offizieller Kirchensprache (zum Beispiel in der Liturgie, wovon du nichts mitbekommst, wo sich mir aber die Haare sträuben).

Es gibt freilich auch die andere Seite der Medaille (zum Beispiel im besten Sinne naiv und tief Glaubende; oder eine Lebensimpulse setzende Liturgie). Wer kritische Einwände nicht wegwischt, tut Recht, diese andere Seite auch ins Feld zu führen. Es ist beschämend, dass hundert Jahre nach den Invektiven unter anderem von Sigmund Freud zur entfremdeten Existenzweise vieler Gläubigen diese Kritik noch nicht obsolet ist. Was Menschen Gott nennen (Superlativ des Menschen), ist zu oft Karikatur. Viele Worte verdecken die Sprachlosigkeit. Die Wahrheit darüber ist oft bitter. Der entziehen sich, was auch dich nervt, viele. Man klammert sich an manifest Überlebtes.

Es gibt ein Weiteres – bei Nicht-Gläubigen, feindselig Fernstehenden, Gleichgültigen. In ihnen bricht, konzeptionell wie existenziell, eine Leerstelle auf. Sie riskieren, Relevantestes schuldig zu bleiben. Wie Pseudofromme gehen sie geistig orientierungslos, unterbelichtet durchs Leben. Was wäre die wichtigste Fragestellung neben dem Weltfrieden? Ist es nicht die Zukunft der Künstlichen Intelligenz mit der Frage: Wer kann der Mensch morgen sein? Ja, lieber W., ich glaube, da sind schwer abschätzbare, unter Umständen fatale (transhumanistische) Transformationen im Gang, die neue Sinnpostulate implizieren und herausfordern. Gott Fehlanzeige? Lauheit, grassierende Gleichgültigkeit, diverse Gestalten des Fanatismus sehen das Problem nicht einmal. Was weithin fehlt, ist seelische Vitalität.

Die Rede von Gott ist immer irgendwie heikel, sie muss es sein. Gott meint ja nicht ein greifbares Etwas, sondern Summe dessen, was Geschichte und Gegenwart absolut betrifft. Von Gott reden heißt Einzigartiges thematisieren, das Existenzentscheidungen bedingt, zustimmend, ablehnend, kollektiv oder einzeln. Wissen wir, was mit Fragen nach Gott (nicht) anzielt ist, kann uns das eigentlich nicht kalt lassen. Dass es dennoch weithin leichtfertig abgetan wird oder nicht berührt, ist mir eine essenzielle Provokation. Du weißt darum. Das Leben ist für mich ein ewiges Rätsel, ein staunenerregendes Phänomen, voll grandioser Möglichkeiten, gleichzeitig voll schrecklichster Abgründe, einerseits eine unerschöpflich-kreative Dynamik wie unglaubliche Überfülle in allen Dimensionen (von der Natur über technische Fähigkeiten bei Tier und Mensch bis zu Kunst und Musik als Symbolen des Unauslotbaren), andererseits abgründiges, unverstehbares, leidvolles (Da-)Sein. Angesichts dieser Ambivalenzen berührt mich die Frage nach Gott existenziell wie theoretisch-praktisch. Ich bin, wie du, bereits als Kind auf Gott geeicht worden, was mich auf wundervolle, auch ambivalente Weise für die Schöpfung geöffnet hat, mit Freude wie Kummer im Gepäck. Wo man wirklich glaubt, da haben Anfechtungen Raum.

X. Horizonterweiterung Theologie

Stand Religion lange bereit, den Zweifel als schlimmen Feind zu stigmatisieren, mit Denk-Fühl-Verboten erwachsene Menschen zu gängeln, so könnte sie heute, wenn sie eigene Ansprüche einlöste, ein Gedeihraum sein, wo aufgeschlossene Menschen gemeinsam zentrale Lebensfragen bewegen, jenseits seichter Oberflächlichkeit, unerleuchteter Leichtgläubigkeit, dümmlichen Bescheidwissens und apathischer Untätigkeit. Gerade der Gott der Offenbarung ist und bleibt ungreifbar, dunkel. Gott ist, was wir berühren, wenn wir unserer tiefsten Sehnsucht folgen. Mit der Tradition bezeuge ich: Wenn man's begreift *(comprehendere)*, dann ist's nicht Gott. Berühren *(attingere)*, ein bisschen, das scheint möglich.

Gott ist kein Problem, wird besser als Geheimnis benannt, nie aufzudröseln, zu lüften, aber tief und tiefer auszuloten: Je tiefer man gelangt, desto tiefer – wird man... Alle Mystiker, die etwas erfahren haben, die der Lebendigkeit des Seins innewerden, wissen: Immer tut sich wenigstens eine Dimension mehr auf, als zu (be-)greifen ist.

Als Theologe bin ich oft veranlasst, Verkanntes, Missbrauchtes, Entfremdendes zurechtzurücken, ver-rückte Perspektiven. „Gott" ist nicht in erster Linie Nomen, sondern Verbum, wirkendes Wort, wie ein Koan, das sich einem bloß intellektuellen Zugriff unweigerlich verweigert. Christliche Offenbarung ist für Philosophen seit der Antike ein Skandalon: Gott als Liebe, bis zum Kreuz. Erst wer das Ärgernis verspürt, erfasst den Kern, die absolute Einzigartigkeit einer Beziehung, die als solche mit den gängigen Kategorien einfach nicht zu fassen ist. Nicht wir erfassen, wir werden erfasst, berührt, ergriffen. Der eindeutige Kerngrund der Offenbarung ist: So sehr liebt Gott die Welt, dass der „Sohn" Geschenk wird: Christus. Dass da emotional und argumentativ Widerspruch lauert, wer will's bestreiten. Allerdings bezeugt sich so der singuläre Charakter des Bezeugten. Im Übrigen: Es ist entweder wahr oder verrückt. Offenbarung ist nicht exklusiv Aussage, sondern für den, der sich einlässt, Gabe und Auftrag. Metanoia ereignet sich, Bereitschaft zu radikaler Wandlung im Anruf an Freiheit, sich zu wagen, zu öffnen für das, was nachspürend als Liebeswille Gottes identifizierbar ist. Ihn erforschend, sieht man sich verdankt (Eucharistie!) und verpflichtet. Jüdisch schon, christlich dann erneut wird dieser Prozess als Bund verstanden, als Erwählung, nicht Aussonderung, eher Hineinsonderung, Dasein für..., im Geiste Jesu. Solcher Glaube wird fruchtbar im Kontext einer Kirche, die den Absichten Gottes für die Welt dient. In radikaler Hingabe an ihren Auftrag, wie Jesus in-gegen-über seinem göttlichen Du, verweist sie idealerweise von sich weg auf Gott. Du und ich, wir wissen, dass das zu oft nicht geschieht. In den Herzen als In-Bild aller Menschwerdung bereits gepflanzt, wartet Gottes Wirklichkeit aufs Blühen und Fruchttragen, unser Tun und Lassen.

Lieber W, begreifen kann ich dies alles letztlich nicht. Der Glaube weiß, was er weiß, nicht nach Art des Weltwissens, doch nicht *contra rationem*: Gott Urquell, Kraft, heiliges Geheimnis, unfassbar, unlassbar, unbegreiflich, doch erfüllend. Schmerzlich fühle ich das Fragmentarische und die Blässe meiner Worte. Unser Spiegeldialog, unser inneres und äußeres Gespräch, wird erwirken, dass der Same unseres Austauschs aufgeht. Im Übrigen: Pflegen wir das Leben, wo wir es treffen, freilich nicht im Käfig …

Dir von Herzen: Gute Zeit, U.

Prof Dr. Ulrich Willers, Fundamentaltheologe und Philosoph, Eichstätt.

XI. Die große Erzählung – von Abraham bis Jesus

Jan-Heiner Tück

Die Verstörung von Morija und Golgatha

In der Bibel finden sich verstörende Geschichten. Die von der Opferung Isaaks ist eine der am stärksten verstörenden. Gott verlangt von Abraham das Unmögliche. Er soll seinen einzigen geliebten Sohn schlachten und damit die Verheißung zahlreicher Nachkommen zunichtemachen. Das Erstaunliche ist: Abraham rebelliert nicht, er fügt sich dem göttlichen Befehl. Zweifel, dass der Auftrag eine dämonische Einflüsterung sein oder auf einen Hörfehler zurückgehen könnte, kommen dem betagten Patriarchen nicht. Im Namen Gottes geht er hin, das Unmögliche zu tun. Er versteht nicht, was er tut, aber er tut, was er soll – im Vertrauen darauf, dass Gott seinem Tun eine gute Wendung gebe.

Kann der Leser des 21. Jahrhunderts dies hinnehmen? Macht die Forderung des Unmöglichen nicht auch Gott unmöglich? Schon Immanuel Kant erhob philosophischen Einspruch gegen Abrahams Opfer des Verstandes und meinte, dieser hätte der göttlichen Stimme antworten müssen: „Dass ich meinen guten Sohn nicht töten solle, ist ganz gewiss; dass aber du, der du mir erscheinst, Gott seist, davon bin ich nicht gewiss." Die theologische Auskunft, Gott lasse sich eben nicht in Kategorien menschlichen Verstehens einpassen, er sei der stets größere Gott, seine Erhabenheit überrage das endliche Denkvermögen seiner Geschöpfe, erscheint angesichts der Abgründigkeit der Geschichte eine billige Ausflucht. Gewiss, Gott ist anders, größer und unergründlich – und negative Theologie hat das Mysterium der göttlichen Transzendenz vor dem dreisten Zugriff menschlicher Interessen zu schützen. Aber es ist doch auch die Gegenfrage zu stellen, ob sich das Antlitz Gottes nicht in eine dämonische Fratze verkehrt, wenn dieser dem Stammvater befiehlt, seinen einzigen Sohn zu opfern. Wäre ein unmoralischer Gott noch Gott? Kann ein Gott, der sich dem menschlichen Verstehen entzieht und offensichtlich Unmenschliches verlangt, noch ein Gott für die Menschen sein?

Der Unmut über die göttliche Zumutung hat sein Recht, aber die biblische Erzählung schert sich nicht um potenzielle Schwierigkeiten späterer Leser, sie geht weiter. Die Holzscheite werden aufgeschichtet, der Sohn wird gebunden, der Vater zückt das Messer – und erst im letzten Moment fährt die Stimme des Engels dazwischen, sodass die herabsausende Klinge die Kehle Isaaks nicht durchschneidet. Die rettende Wendung, die Rembrandt in seinem Bild „Die Opferung Isaaks" eingefangen hat, lässt für einen Augenblick aufatmen. Sie macht deutlich, dass der Gott Abrahams kein Gott ist, der Menschenopfer verlangt. Das ist eine klare Absage an die „erbarmungslosen Kindermörder", die „beim Opfermahl Menschenfleisch und Menschenblut" verzehrten (vgl. Weish 12,5; Dtn 18,9f). Aber die theologische Lektion, die in der rettenden Wendung aufbewahrt liegt, ist um den Preis einer tiefen Verstörung erkauft. Kann Gott, nur weil er Gott ist, vom Menschen die Aufhebung des Ethischen fordern? Oder ist das Problem schon gelöst, wenn man mit Genesis 22 sagt, Abrahams Glaube sei nur „geprüft" worden?

Die biblische Erzählung hat Leerstellen. Sie ist karg und hintergründig – und wirft gerade dadurch Fragen auf: Was ist in Abraham vorgegangen? Hat er im Stillen mit Gott gehadert? Warum dieser absurde Befehl, der die gerade erfüllte Sohnes-Verheißung wieder zurücknimmt, ja zunichtemacht? Und: Welche Worte wurden zwischen Vater und Sohn auf dem dreitägigen Weg zum Berg Morija gesprochen? Herrschte bleiernes Schweigen? Wie hat Sarah, die Frau des Abraham und Mutter des Isaak, auf das Geschehen reagiert? Nach einem jüdischen Midrasch soll sie sechs Schreie ausgestoßen haben und auf der Stelle gestorben sein, als sie erfuhr, dass Abraham ohne die Intervention des Engels ihren Sohn tatsächlich mit eigener Hand geopfert hätte. Hier hat sich der moralische Protest gegen die Opferung Isaaks in den Kommentar der Schriftgelehrten selbst eingeschrieben. Auch spätere Leser – von Søren Kierkegaard über Franz Kafka bis hin zu Hans Blumenberg und Jacques Derrida – haben mit der Erzählung gerungen und die Leerstellen des Textes auf ihre Weise auszufüllen versucht.

Das dunkle Rätsel ist geblieben. Die Geschichte schweigt darüber, was Isaak gedacht hat. Außer, dass er seinen Vater unterwegs nach dem fehlenden Opfertier fragt, erzählt sie nichts. Eine rabbinische Lesart hat dem Holzscheite tragenden Isaak später freiwillige Opferbereitschaft zugeschrieben und sein Geschick auf den leidenden Gottesknecht bezogen (vgl. Jes 52,13–53,12) – jene Gestalt, die die Last der anderen auf sich nimmt und stellvertretend die Schuld hinwegträgt. Paulus hat diese Linie aufgenommen und weiter ausgezogen: Gott selbst habe getan, was er seinem Knecht Abraham erspart habe. Weist das Mysterium der Bindung Isaaks demnach auf die Opferung Jesu am Kreuz voraus? Hat Paulus die topographische Konstellation zwischen dem Berg Morija und dem Hügel von Golgatha theologisch ausdeuten wollen, als er im Brief an die Römer schrieb: „Er hat seinen eigenen Sohn nicht geschont, sondern ihn für uns alle hingegeben – wie sollte er uns mit ihm nicht alles geben?" (8,32). Für die Kirchenväter lagen die Zusammenhänge auf der Hand. „Der Gekreuzigte ist der zweigehörnte Widder im Gestrüpp", der rettend für uns einspringt, heißt es in einer Augustinus zugeschriebenen Predigt.

Im Gebet der Kirche findet sich bis heute ein Nachhall dieser Fortschreibung auf Christus hin. So wird im *Canon Romanus*, dem ersten Hochgebet der katholischen Liturgie, ein ganzes Ensemble alttestamentlicher Figuren aufgerufen, die auf das freiwillige Opfer am Kreuz vorausdeuten. Neben den Opfergaben Abels und Melchisedeks wird auch die Bindung Isaaks ins Gedächtnis gerufen. Anders als heutige Theologie, die ihre liebe Not damit hat, die verstörende Szene am Berg Morija auf das nicht weniger verstörende Golgatha-Geschehen zu beziehen und den Sinn der Passion zu erschließen, feiert die Kirche dieses Geheimnis, als wäre es das Selbstverständlichste. Beim Brechen des Brotes ruft sie das unschuldige Lamm als Friedensbringer an – ein Ritus, der an das letzte Abendmahl erinnert, bei dem Jesus das Wort über das Brot gesprochen hat: „Dies ist mein Leib für euch".

Nimmt man diese Selbstdeutung ernst, ist das Leiden auf Golgatha nicht sinnlos, sondern Ausdruck einer Hingabe, die bis ins Äußerste geht. Gewiss, das Kreuz führt in die Gottesnacht: „Mein Gott, mein Gott, wozu hast du mich verlassen?" Der Sohn schreit und verstummt, Gott schweigt. Aber ist dieses Schweigen Offenbarung der göttlichen Ohnmacht, tut sich hier ein dunkler Riss zwischen Vater und Sohn auf, wie der slowenische Philosoph Slavoj Žižek in einem Beitrag über „Hiobs Schweigen" meinte? Žižek verwahrt sich gegen jede Sinndeutung des Leidens. Wie die Freunde Hiobs falsch lagen, als sie das abgründige Leiden Hiobs mit ihren besserwisserischen theologischen Kategorien deuteten, so sei auch jede Interpretation verfehlt, die der Passion des Gekreuzigten einen Sinn zuschreibe. Golgatha – der Nullpunkt der Theologie, die Durchkreuzung jedes Sinnes! Eine solche Deutung, die im Blick auf das Kreuz jedes Sinnverlangen abwehrt, ist philosophisch gewiss legitim, aber sie hat einen hohen Preis, denn sie blendet sowohl die Vor- als auch die Nachgeschichte der Passion aus. Zur Vorgeschichte gehören die Zeichen, die gesetzt, und Worte, die gesprochen werden: beim letzten Abendmahl, aber auch bei der Fußwaschungsszene. Diese Zeichenhandlungen aber machen deutlich, dass der Akteur der Passion die Hinrichtung am Kreuz von innen her als einen Akt der Hingabe verstanden hat. „Es gibt keine größere Liebe, als wenn einer sein Leben für seine Freunde hingibt" (Joh 15,13).

Žižeks Rede von einer „radikalen Spaltung in Gott" geht überdies nicht ganz zusammen mit der Überlieferung vom nächtlichen Ringen im Garten Getsemani. Von einem Aufbäumen Jesu gegen den Willen des Vaters ist hier gerade nicht die Rede: „Vater lass diesen Kelch an mir vorübergehen. Aber nicht wie ich will, sondern wie du willst" (Mt 26,39) – das ist errungene

Übereinstimmung, kein Akt der Rebellion. Von den vielen Gewaltopfern der Geschichte *(victima)* unterscheidet sich Jesus, indem er sein Sterben bewusst vollzieht und es freiwillig auf sich nimmt *(sacrificium)*.

Warum aber dieser Umweg? Hätte dem „Lamm" der Gang zur Schlachtbank nicht erspart werden können? Das Anstößige des Kreuzes liegt darin, dass der Weg der Erlösung durch Ohnmacht und Leiden führt. Der Gerechte ist für eine ungerechte Welt unerträglich. Er muss weg, weil er aufdeckt, was verborgen bleiben soll: die Schuld und kollektive Verstrickung des Menschen. Das hat schon Platon gesehen, als er dem vollkommen Gerechten in Aussicht stellte, dass er in einer ungerechten Welt „gegeißelt, gefoltert, gefesselt, geblendet, schließlich nach all diesen Leiden gekreuzigt" werde („Politeia", II, 361e–362a). Doch damit nicht genug. Die Spirale der Gewalt, die die menschlichen Konfliktgeschichten durchzieht, wird durch den Verzicht auf Gewalt heilsam durchbrochen. Darin kann man mit dem Theologen Gotthard Fuchs die „gewaltige Gewaltlosigkeit" Jesu sehen. Er hat die Liebe zu den Feinden nicht nur gefordert, sondern diese Forderung auch selbst eingelöst, als er den Vater um Vergebung für seine Peiniger – und eben nicht um Revanche – bittet (vgl. Lk 23,34). Er stellt ihren Taten nichts als das wehrlose Leiden entgegen. Aber gerade in dieser Ohnmacht, die Ausdruck der Passion seiner Liebe ist, liegt die Macht der Verwandlung, die aus Feinden Freunde machen kann. Das ist ablesbar an der Geschichte des Saulus von Tarsus, der sich vom zelotischen Verfolger der Anhänger des neuen Weges zum emphatischen Bekenner und Völkerapostel wandelt.

Die Nachgeschichte verbindet die Kenosis des Sohnes – seine Entäußerung und Erniedrigung – mit der Erhöhung durch den Vater und der Verleihung eines Namens, der über allen Namen steht (vgl. Phil 2, 6–11). Der Gekreuzigte lebt, er ist der „Herr" – und bleibt doch durch die Wundmale gezeichnet. Sein Schrei wird im Osterjubel nicht vergessen, die Spuren seiner Leidensgeschichte werden nicht ausgelöscht oder wegretuschiert, sie sind sichtbare Zeichen der bis ins Äußerste gehenden Hingabebereitschaft. In Hymnen und Gesängen feiert das letzte Buch der Bibel, die Offenbarung des Johannes, „das geschlachtete Lamm" als Sieger über Sünde und Tod. Diese Christus-Metapher kann man als versteckte Anspielung auf die Geschichte von der Opferung Abrahams lesen: Wie Isaak lebt, weil der Widder an seiner Stelle stirbt, so ist die Rettung der Welt an die Lebenshingabe des Lammes gebunden, das freiwillig an den Ort der sündigen Gottesferne tritt, um die Verlorenen aufzusuchen und ihnen einen neuen Zugang zu Gott zu bahnen. Eine unglaubliche Geschichte – aber wer sie verschweigt, nimmt der Botschaft des Evangeliums ihre österlich-rettende Pointe.

Prof. Dr. Jan-Heiner Tück, Lehrstuhlinhaber für Dogmatik, Wien.

Christoph Dohmen

Toleranz und Monotheismus

Außerhalb des geschützten kirchlichen Raums oder öffentlicher Stellungnahmen von Kirchenvertretern scheint die Erwähnung Gottes unangemessen, ja unerwünscht zu sein. Es ist wohl vor allem der Autoritäts- und Wahrheitsanspruch des Glaubens an einen einzigen Gott, der auf viele Menschen abschreckend wirkt, weil im Namen Gottes Gewalt und Macht ausgeübt wurde und wird. Und dies nicht erst, seitdem der Ausruf *Allahu akbar!* – „Gott ist groß!" – für Angst und Schrecken sorgt, weil Dschihadisten diesen Bekenntnissatz zum Schlachtruf für ihre Terrorakte gemacht haben. Gott ist zum Problem geworden.

Der Glaube an einen einzigen Gott scheint der Wurzelgrund für Intoleranz und Gewalt zu sein, was im 19. Jahrhundert der Philosoph Arthur Schopenhauer in „Parerga und Paralipomena II" scharfsinnig und ein wenig polemisch formuliert hat: „In der That ist Intoleranz nur dem Monotheismus wesentlich: Ein alleiniger Gott ist, seiner Natur nach, ein eifersüchtiger Gott, der keinem andern das Leben gönnt. Hingegen sind die polytheistischen Götter, ihrer Natur nach, tolerant: sie leben und lassen leben." Eigentlich ist es schwer verständlich, dass gerade die monotheistischen Religionen sich – im Namen Gottes – bekriegen, da es voraussetzt, dass man sich gegenseitig den Glauben an den doch für alle Einzigen abspricht.

Vor allen Dingen im Anschluss an die sogenannte „Mosaische Unterscheidung" des Ägyptologen und Kulturwissenschaftlers Jan Assmann, die die Unterscheidung von „Wahr" und „Falsch" zur Grundlage hat, ist der Monotheismus in den Brennpunkt der Diskussion über Religion und Gewalt geraten. Das hat „Gott" einen neuen Ort in der modernen Gesellschaft und einen zweifelhaften Ruf gegeben. Da der Monotheismus von Judentum, Christentum und Islam in der Bibel, näherhin im sogenannten Alten Testament, gründet, betrachtet man – vor allem unter Christen – das religiöse Gewaltpotenzial gerne als Relikt des Alten Testaments. Auch wenn eine Rechtfertigung von Gewalt im Namen Gottes sich in fragwürdiger biblizistischer Manier auf Bibelverse beruft, die aus dem Kontext gelöst werden und damit dem Sinn der ganzen Heiligen Schrift widersprechen, sollte gesehen werden, dass gerade das Alte Testament, das eine komplexe Entwicklungsgeschichte bei der Herausbildung des monotheistischen Bekenntnisses dokumentiert, Ansätze für ein tolerantes Bekenntnis liefert.

In der Mahnung an Israel, sich vor Götzendienst in Acht zu nehmen, heißt es im Buch Deuteronomium: „Wenn du die Augen zum Himmel erhebst und das ganze Himmelsheer siehst, die Sonne, den Mond und die

Sterne, dann lass dich nicht verführen! Du sollst dich nicht vor ihnen niederwerfen und ihnen nicht dienen. Der HERR, dein Gott, hat sie allen Völkern unter dem ganzen Himmel zugewiesen. Euch aber hat der HERR genommen und aus dem Schmelzofen, aus Ägypten, herausgeführt, damit ihr sein Volk, sein Erbbesitz werdet – wie ihr es heute seid" (4,19–20).

Wenn also andere Völker Gestirne oder – genauer gesagt – Gestirnsgottheiten verehren, dann verehren sie aus der Perspektive dieses Textes nicht Gottheiten eines Pantheon, zu dem auch der biblische Gott (JHWH / HERR) gehören würde, sondern ohne sich dessen bewusst zu sein, verehren sie den einen Gott (JHWH), der ihnen in den Gestirnen gegenübersteht. Denn es ist dieser Gott, der diese Gestirne den Völkern zur Verehrung gegeben hat. Folglich ist es dieser Gott selbst, den die Völker in den Gestirnen verehren. Der Unterschied zwischen Israel und den Völkern besteht demnach darin, dass die Völker den einen Gott verborgen oder mittelbar – durch die Gestirne – verehren, während Israel von Gott erwählt wurde, ihn direkt und unmittelbar zu verehren. So kann man von einem gestuften Offenbarungsverständnis ausgehen, das sich als Konsequenz aus einem streng monotheistischen Denken geradezu als Notwendigkeit ergibt. In der ganz und gar vom monotheistischen Bekenntnis geprägten Rede des Mose im vierten Kapitel des Buches Deuteronomium findet sich der in seiner theologischen Tragweite zumeist völlig verkannte Gedanke, dass der eine Gott sich den Menschen auf unterschiedliche Weise offenbaren kann, woraus sich die verschiedenen Arten der Gottesverehrung, die Religionen, erklären.

Haben gerade wir Christen diesen großartigen Denkansatz für ein gewaltloses Bekenntnis zu dem einen und einzigen Gott übersehen oder verdrängt? Vielleicht ist es eine Folge des christlichen Umgangs mit dem ersten und größten Teil der christlichen Bibel, dem Alten Testament, der von Christen allzu oft gering geschätzt wird. Es scheint, dass die Gott-Rede des Alten Testaments im 21. Jahrhundert für das Christentum lebensnotwendig ist.

Prof. Dr. Christoph Dohmen, Lehrstuhlinhaber für Exegese und
Hermeneutik des Alten Testaments, Regensburg.

Andrea Pichlmeier

Lukas und das Weltwissen

Ein Kind in einem nächtlichen Stall, umstanden von seinen Eltern und einer Gruppe Hirten: Vielleicht ist dies das einzige Bild aus der christlichen Tradition, das im Gedächtnis weiter Teile einer säkularen Gesellschaft haften geblieben ist. Es ist nicht verwunderlich, dass von den beiden neutestamentlichen Kindheitserzählungen jene des Lukasevangeliums die vertrautere ist, wie sich überhaupt die lukanischen Motive am tiefsten in das kulturelle Gedächtnis der christlichen Welt eingeprägt haben. Den Motiven des lukanischen Doppelwerks von Evangelium und Apostelgeschichte verdanken wir das Kirchenjahr von der Weihnachts- über die Osterzeit bis zum eschatologisch geprägten Christkönigsfest Ende November. Durch die lineare Aneinanderreihung heilsgeschichtlicher Ereignisse wurde das Evangelium zu einer inszenierten Metageschichte, die Identität und Orientierung verlieh.

Die Identifikation mit der Erzählung scheint aber bereits im Lukasevangelium selbst angelegt zu sein, denn Lukas gestaltet die Jesusgeschichte nach allen Regeln der hellenistischen Tragödie, die bei den Zuschauenden Furcht und Mitleid erzeugen und eine Läuterung herbeiführen will. In der Kreuzigungsszene ist ausdrücklich von einem „Schauspiel", *theoria*, die Rede, bei dem sich alle, die „herbeigeströmt waren und sahen, was sich ereignet hatte", betroffen an die Brust schlagen (vgl. 23,48). Man darf davon ausgehen, dass nicht nur der Verfasser des Lukasevangeliums, sondern auch seine Adressaten aus einem hellenistisch geprägten Milieu stammen und mit dem griechischen Denken vertraut sind.

Dieses hellenistische Milieu, so ist bei dem evangelischen Theologen Paul-Gerhard Klumbies zu lesen, kannte aber neben den Gesetzen aristotelischer Poetik auch den scharfen Wettbewerb der Leistungsfähigen und die Ohnmachtsgefühle jener, die dem Tempo der gesellschaftlichen Entwicklung nicht gewachsen waren („Der Nachhall hellenistischer Literatur bei Lukas", in: „Bibel und Kultur. Das Buch der Bücher in Literatur, Musik und Film", Leipzig 2016). Es gab den Starkult um die Erfolgreichen ebenso wie die politische Passivität der Abgehängten und den Rückzug in individuelle Heilssuche. Hier zeigt sich das Gesicht einer antiken Globalisierung, die mit Alexander dem Großen im vierten vorchristlichen Jahrhundert begann und eine mächtige kulturelle Dynamik entfaltete. Man fühlt sich in die Gegenwart des 21. Jahrhunderts versetzt, und tatsächlich, so Klumbies, trete dieser kompetitive Hellenismus in unseren Tagen wieder unverstellt hervor, nachdem er zweitausend Jahre lang unter dem lukanischen Mantel des Christentums „überwintert" habe. Das lukanische Christentum indes falle unter dem Druck einer zunehmenden Säkularisierung ab wie zerbrochene Eierschalen.

In einer Zeit, in der die politischen und ökonomischen Erfolgsgeschichten Einzelner den Takt globaler Entwicklungen angeben, scheint die einst geschichtsmächtige Megastory von Jesus aus Nazaret, dem Gekreuzigten und Auferstandenen, für viele keine Anziehungskraft mehr zu besitzen, denn sie ist keine Aufstiegs-, sondern eine Abstiegsgeschichte. Die von Lukas sowohl im Evangelium als auch in der Apostelgeschichte erzählte Apotheose, die Erhöhung des Gekreuzigten in der sogenannten Himmelfahrt, entzieht sich dem aufgeklärten Erfahrungshorizont. Jesus von Nazaret ist für die meisten Zeitgenossen zu einer unbedeutenden Episode aus längst vergangener Zeit geworden. Verständnislos fragt man sich, warum man seine Hoffnung ausgerechnet auf eine Person setzen soll, die durch den „garstigen Graben" der Geschichte so gut wie unerreichbar geworden ist. Einer meiner theologischen Lehrer hat von der *scandalous particularity*, einer skandalösen Partikularität, des Christusereignisses gesprochen. Frei übersetzt könnte man sagen: Die historische Bedingtheit der Person Jesu von Nazaret ist Stein des Anstoßes in einer globalen Welt, die mehr als nur eine Religion und Offenbarung kennt. Dies gilt nicht nur für die Person Jesu, sondern auch für die dem biblischen Text zugrunde liegenden Erfahrungen und damit für das zentrale Dokument des christlichen und kirchlichen Glaubens überhaupt.

Auch wenn nicht wenige Gläubige die Wahrheit der Bibel in der Historizität der in ihr erzählten Geschichten suchen und die göttliche Offenbarung am Wortlaut des biblischen Textes festmachen wollen, wird der Weg in die Zukunft des Glaubens nicht an einem aufgeklärten Auslegungsverfahren der betreffenden Schriften vorbeiführen.

Ein anderer meiner Lehrer hat von der „kleinen heiligen Schrift" gesprochen. Er meinte damit die Lebensgeschichte jedes einzelnen Menschen, mit der in der Spur der „großen" Heiligen Schrift der Bibel auch heute noch Heilsgeschichte geschrieben wird. In dieser Art des Verstehens und Deutens der Texte (wofür es keiner besonderen bibelwissenschaftlichen Kenntnisse bedarf) geht es nicht darum, ob biblische Texte wörtlich oder spirituell zu verstehen seien, sondern darum, dass man von ihnen lernen kann, wie die göttliche Fügung und Führung auch in der heutigen Gegenwart identifiziert werden können.

Es mag bedauerlich sein, dass viele Menschen ihr Leben in den biblischen Erzählungen nicht wiederfinden können, es kann aber auch eine Chance sein, einen anderen Umgang mit der Bibel zu lernen. Als Verfasser und Verfasserinnen einer „kleinen heiligen Schrift" können wir das Gespräch suchen mit den Schriften der Bibel, in denen die Kirche von Anfang an eine besondere Qualität der Gotteserfahrung erkannt hat, und die sie deswegen als inspiriert bezeichnet. Es ist ein Gespräch, das auf Augenhöhe stattfindet und in dem Raum ist für Fragen und Anfragen. Nur in einer solchen Freiheit zu Nähe und Distanz auch der religiösen Tradition gegenüber sind Einsichten möglich, die als inspiriert, geistgewirkt gelten dürfen.

Geistes Gegenwart

Im Freisinger Diözesanmuseum wurde vor Jahren eine Ausstellung gezeigt mit dem Titel „Geistes Gegenwart". An ein Exponat erinnere ich mich besonders: Es war die Fotografie einer Bahnhofshalle, aufgenommen in Langzeitbelichtung. Auf den Bahnsteigen waren schemenhaft die Passanten zu sehen, die den Bahnhof im Zeitraum der Aufnahme durchschritten hatten. Ihre längst vergangene Präsenz war auf dem Foto sichtbar geblieben, sie verlieh der nüchternen Halle Schönheit und Würde.

Vielleicht liegt die numinose Erfahrung des Heiligen den Menschen des 21. Jahrhunderts und Kindern einer virtuellen Welt näher als die sperrige Unwiederholbarkeit einer Geschichte, an die sie keinen Anschluss finden. Heilige Orte werden gesucht und aufgesucht. Jedoch, so war in einem Radiobeitrag über säkularisierte Kirchen und aufgelassene Klöster zu hören, Räume, in denen keine Überzeugung und kein Glaube mehr gelebt werden, verlieren ihre Ausstrahlung und Anziehungskraft. Die Gegenwart des Geistes hat sie verlassen. Umgekehrt kann auch im religiösen Getriebe die Gegenwart des Geistes vermisst werden, wenn etwa Gottesdienste zerredet und banalisiert werden. Eine namhafte Islamwissenschaftlerin sagte mir, sie sei konvertiert – zur orthodoxen Kirche. Ich habe diesen Schritt verstehen können, denn die Ostkirchen haben die Theologie des Geistes stets mehr gepflegt als die Kirchen des Westens.

Dennoch möchte ich das westliche Weltwissen, vor allem in Bezug auf die Bibel, nicht missen. Mit dem Geist, der das Heilige suchen oder vermissen lässt, ist überall zu rechnen. Es ist der Geist Jesu des Auferstandenen, und es ist der Geist, der Lukas zufolge die Kirche seit ihren Anfängen leitet. Durch ihn wird die Bibel zu einem göttlichen Buch, er kann in jeder Lebensgeschichte Heilsgeschichte schreiben. Gott ist Geist (Joh 4,24). Auch der Auferstandene ist im Geist gegenwärtig. Auch dann, wenn wir ihn nur schemenhaft erkennen.

Dr. Andrea Pichlmeier, Leiterin des Referats Bibelpastoral der Diözese Passau.

Engelbert Groß

Der verwundete Jesus der Zärtlichkeit

Sind wir eine Gesellschaft der Flaneure? Der Soziologe Zygmunt Bauman hat sie so bestimmt. Die Menschen sind „Flüchtige", Spieler und Touristen in einem Leben, „das lange genug im Blick bleibt, um von der wandernden Aufmerksamkeit erfasst zu werden; gleichwohl nicht so lange, dass sich die Aufmerksamkeit eingeengt fühlt, gezwungen wird, innezuhalten, kompromittiert in ihrer Freiheit, dem Zufall zu folgen" („Flaneure, Spieler und Touristen. Essays zu postmodernen Lebensformen", Hamburg 2007). Der Mensch flaniert durch die Welt, die er als Schaufenster behandelt: „hinsehen, ohne zu sehen". Die Menschen sind „füreinander Oberflächen". Es „geht um die Trennung von Lust und Gebrauchswert, von jeglicher Zusicherung und Verpflichtung zu lieben, ehren und gehorchen."

Da sollten wir aufhorchen, wenn das Christentum programmatisch als „eine Religion der Berührung" bestimmt wird, so in dem von der Benediktinerin Clara Vasseur und dem Aachener Weihbischof Johannes Bündgens verfassten Buch „Spiritualität der Wahrnehmung" (München 2015). „Religion der Berührung" ist biblisch vielfach als Lebensweise Jesu dokumentiert, etwa durch die Fußwaschung im Johannesevangelium. Das Berühren verändert auch den Berührenden „in allen Schichten seines Daseins bis in letzte seelische Tiefen". Da geht es nicht zuerst „um die Weitergabe von Informationen, sondern um einen existenziellen Austausch", um Wahrnehmung. „Wahrnehmung heißt ..., an der Welt teilzunehmen, sie zu berühren und von ihr berührt zu werden. Es beruht auf leiblicher Praxis", schreibt der Psychiater und Philosoph Thomas Fuchs in seinem Buch „Das Gehirn – ein Beziehungsorgan" (Stuttgart 2013).

Papst Franziskus hat der „Religion der Berührung" ein feines Profil gegeben. Er spricht in seinem Apostolischen Schreiben „Evangelii gaudium" von einer „Revolution der Zärtlichkeit", von einer „Revolution der zärtlichen Liebe." Kurt Marti hat es einmal so formuliert: „Zärtlichkeit will neue Pforten der Wahrnehmung öffnen ..., ist sinnliche Intelligenz ..., ist eine Exorzistin von Herrschaftsansprüchen, das ist ihre soziale Brisanz."

Der Theologe Matthew Fox wiederum plädiert für eine „Bildung in erotischer Gerechtigkeit", denn „Erotik hat die Kraft, uns aufzuwecken, Leidenschaft wieder möglich zu machen, die Gefühle wiederzubringen, Hoffnung und Transzendenz lebendig zu machen" („Der Große Segen. Umarmt von der Schöpfung", München 1991) „Eine erotische Gerechtigkeit wird ... die Phantasie einsetzen, um die Dimension der Verantwortung anzusprechen."

Es ist jene Verantwortung, die den Flaneuren, Spielern und Touristen in Gesellschaft und Religion folgenreich abgeht.

Thomas, der Jünger Jesu, trifft auf den Auferstandenen, der Wunden am Leib hat. Diese stammen daher, dass dieser zu Fall gebracht, aufs Kreuz gelegt, erniedrigt wurde. Der Auferstandene zieht Thomas heran an seine Wunden. Die offenen Wunden sind in gewisser Weise Jesu „Logo", sein „Label", sein „Gütezeichen". Die Botschaft lautet: „Der Auferstandene ist der *verwundete* Jesus." Thomas erblickt in ihm die Verwundbarkeit der Welt. Sie ist Gott nicht egal.

Die Menschen sind verletzlich. Die Schöpfung, die Natur, die Umwelt, sind verletzlich. Gott selbst ist ein verletzlicher Gott. Allein durch Berührung, durch Zärtlichkeit, wie sie Jesus, der Verletzte, vorgelebt hat, lässt sich die flüchtige Moderne, die über das Verwundete allzugern spielerisch hinwegsieht und hinwegeilt, stellen. Das „Programm Gottes", das im verwundeten Gottessohn und Menschensohn auch für diese Gesellschaft anschaulich geworden ist, lautet: heilende Zärtlichkeit.

Prof. Dr. Engelbert Groß, Theologe und Religionspädagoge, Eichstätt.

Robert Vorholt

Auf dem Weg von Jerusalem nach Jericho

„Ein Mensch ging von Jerusalem nach Jericho hinab…" – Eine vertraute Erzählung. Und der alte Stachel, dass es nicht die Frommen waren, die einen Blick für den Verletzten hatten, nicht die, von denen man Hilfe wohl hätte erwarten dürfen.

Der von den Nationalsozialisten ermordete Jesuit Alfred Delp war geradezu elektrisiert von diesem Stück Lukasevangelium. In einer Meditation unter der alarmierenden Überschrift „Das Schicksal der Kirchen" erklärte Delp das „Gleichnis vom barmherzigen Samariter" zum entscheidenden Paradigma christlicher Existenz in der Moderne. „Die christliche Idee ist keine der führenden und gestaltenden Ideen dieses Jahrhunderts", schrieb Delp wenige Monate vor dem Ende des Zweiten Weltkrieges. „Immer noch liegt der ausgeplünderte Mensch am Wege. Soll der Fremdling ihn noch einmal aufheben?" Sodann: „Das Schicksal der Kirchen wird … nicht von dem abhängen, was … Prälaten … an Klugheit, Gescheitheit, politischen Fähigkeiten usw. aufbringen. Auch nicht von Positionen, die sich Menschen erringen konnten. Das alles ist überholt... Wir sind trotz aller Richtigkeit und Rechtgläubigkeit an einem toten Punkt... Was gegenwärtig die Kirche beunruhigen muss, ist der Mensch." – Der äußere Mensch, zu dem die Kirchen keinen Weg mehr haben und der ihnen nicht mehr glaubt. Und der innere Mensch, der sich selbst nicht glaubt, weil er zu wenig Liebe erlebt und gelebt hat.

Daher, so Delp, sollte man in der Kirche keine großen Reformtheorien entwerfen, die am Ende nicht weiterhelfen, sondern man müsse sich je neu an die Herausbildung authentischer christlicher Identität begeben und sich zudem rüsten, der ungeheuren Not des Menschen auf inspirierte Weise helfend und heilend zu begegnen.

Einen Schlüssel dazu bietet das Lukasevangelium im zehnten Kapitel (Verse 30–35). Im Zentrum der Erzählung steht das grundlegende Gebot der Nächstenliebe, wie es im Buch Levitikus (19,18) von Gott für alle Zeiten proklamiert wurde. Aus seinem Kontext ergibt sich, dass das Gleichnis im Grunde nach der Reichweite der Liebe fragt. Biblisch gesehen war die Sache längst klar. Wenngleich die Weisung zu geschwisterlicher Liebe zunächst nur die Angehörigen des Volkes Israel in den Blick nahm, weitet sich die Perspektive nur wenige Verse weiter auf die „Fremden" (Lev 19,34; vgl. Dtn 10,19) und damit prinzipiell auf jeden Menschen. Allerdings gab es immer wieder, insbesondere zur Zeit Jesu, Versuche, die Universalität der göttlichen Verpflichtung auf die Nächstenliebe zu relativieren, indem man ihr nur innerhalb der jüdischen Gemeinde beziehungsweise des „Kreises der Gerechten" Geltung beimaß und die in Levitikus 19,34 angesprochenen „Fremden" mit den Proselyten (zum jüdischen Glauben übergetretene Heiden) der Gemeinde identifizierte. Vor diesem Hintergrund wird der Klärungsbedarf erheblich.

Die Beispielgeschichte, die Jesus erzählt, ist mitten aus dem Leben gegriffen. Seine Zuhörer wussten, wovon er sprach, kannten die erwähnten Ortschaften und ihre besonderen Umstände. Alles klingt plausibel: Jericho liegt ungefähr tausend Meter tiefer als Jerusalem. Man muss also buchstäblich ins Jordantal „hinabsteigen", um von Jerusalem nach Jericho zu gelangen. Der 27 Kilometer lange Weg galt als unsicher. Zahlreiche Höhlen und Felsspalten am Wegesrand boten ideale Verstecke und Unterschlupf für Kriminelle. Jericho war eine Priesterstadt. So ist es kein Zufall, dass Priester und Leviten dort unterwegs sind. Und schließlich dieser unter die Räuber geratene, halbtote, ausgeplünderte und nackte Mensch. Sein Leiden wird überaus plastisch geschildert. Die Anschaulichkeit unterstreicht die Not. Darin muss er alleine bleiben. Kein Mensch eilt ihm zur Hilfe.

Dass es ausgerechnet ein Priester und ein Levit sind, Gottesmann und Kultdiener, die auf der Ebene der Erzählung zum Inbegriff der Hartherzigkeit werden, zielt nicht allein auf die Tatsache, dass damit das zweifelhafte

Verhalten gemeinhin angesehener und vorbildlicher Frommer problematisiert werden soll. Sehr viel grundsätzlicher wird hier der Gottesglaube der beiden als solcher in Frage gestellt und so der Blick auf eine neue Art von Gottesdienst gelenkt, auf ein Handeln aus dem Glauben, von dem her sich alle überkommenen Formen von Religiosität Kritik gefallen lassen müssen. So wird dem Vorübergang der nur vermeintlich Frommen das Beispiel echter Liebe in der Gestalt eines Samariters entgegengestellt. Dass es ausgerechnet ein Samariter, also ein aus frommer Sicht „Gottloser", ist, der den Willen Gottes erkennt und entsprechend handelt, verleiht der Erzählung zusätzliche Brisanz. Angesprochen ist hier nicht nur die geschichtlich erwiesene Lebensweisheit, dass dort, wo das Licht ist, immer auch die Motten wohnen, sondern dass sich die Zugehörigkeit eines Menschen zu Gott zuallerletzt an Stand oder Stellung und zuallererst am praktischen Vollzug des Willens Gottes ablesen lässt.

Das Gleichnis schildert das von Mitleid und Liebe geprägte Handeln des Samariters im Detail. Er handelt souverän und sachkundig, „vernünftig, wie das eben die Liebe tut", so der Neutestamentler Heinz Schürmann. Wein desinfiziert, Öl soll lindern und heilen. Das Notwendige erledigt der Samariter großzügig. Er transportiert den Verletzten auf seinem Lasttier, bringt ihn in eine Herberge und pflegt ihn. Er gibt darüber hinaus viel Geld – zwei Denare entsprechen einem doppelten Tageslohn – und plant nicht nur für den Augenblick, sondern auch für die Zukunft. So wird beispielhaft deutlich, wie echte Zuwendung aussehen kann und welchen Grundsätzen sie folgt.

Natürlich geht es in diesem Gleichnis um praktische Ethik. Aber es kommt noch ein anderer wesentlicher Aspekt hinzu, den – nach Lukas – zuerst die allegorische Gleichnisdeutung der Kirchenväter hervorzuheben verstand: Indem Jesus vom barmherzigen Samariter erzählt, hebt er nicht nur das zur Nachahmung empfohlene Beispiel ethischen Handelns dieses einen Mannes hervor. Tatsächlich redet er in geheimnisvoller Weise von seinem eigenen Lebenseinsatz aus reiner Liebe „für", das heißt „zugunsten der Vielen" und von dem unbedingten Interesse Gottes an den Notleidenden. Hinter dem selbstlosen Engagement des Samariters leuchten also der Einsatz und die Liebe Jesu auf, in der sich das Erbarmen Gottes manifestiert und Ausdruck verleiht. Letztlich verständlich wird der beispielhafte Einsatz des Samariters also erst vor dem Hintergrund der Entschiedenheit der Liebe Gottes zu den Menschen und seines Handelns in Jesus.

Die Erzählung vom barmherzigen Samariter ist eine Beispielgeschichte, insofern sie die Hörer des Wortes in die Nachfolge ruft. Derjenige erweist sich als Nächster, der sich von Gottes Liebe inspirieren, beflügeln und in Dienst nehmen lässt. Die Erzählung vom barmherzigen Samariter ist darüber hinaus aber ein Gleichnis, das die Liebe und das Engagement Gottes selbst in den Blick nimmt. Das liebevolle Mitleid, das den Samariter zur großherzigen Pflege bewog, wirft ein Licht auf jene selbstlose Liebe Gottes, die sich in Jesus Christus offenbart. Gottes liebevolle Zuwendung gilt den Menschen, die dem Tod preisgegeben waren, jetzt aber aufgrund göttlicher Initiative dem Leben neu zugeführt werden. Gottes Liebe ist ohne Maß. Sie rechnet nicht, sondern verschenkt sich, wird großzügig und vorbehaltlos gewährt. Adonai ist der „Vater des Erbarmens und Gott allen Trostes. Er tröstet uns in all unserer Not, damit auch wir die Kraft haben, alle zu trösten, die in Not sind, durch den Trost, mit dem auch wir von Gott getröstet werden" (2 Kor 1,3 f). Die Not, die hier angesprochen ist, ist die umfassende Not eines Menschen, der in seinem Leben nach Sinnhorizonten sucht. Der Trost, der hier verheißen wird, ist der Trost der Liebe Gottes, die ihren äußersten und unüberbietbaren Ausdruck im Geschenk der lebenschaffenden Zuwendung Jesu zu den Menschen findet. Die Kraft, von der hier die Rede ist, ist die Kraft des Glaubens selbst.

„Man muss", schreibt Alfred Delp, „wieder wissen und spüren und erfahren, dass sie (die Kirche; d. Verf.) die Rufe der Sehnsucht und der Zeit, der Gärung und der neuen Aufbrüche hört und beantwortet, dass die Anliegen der jeweils neuen Zeiten ... nicht nur in den Aktenschränken abgelegt werden, sondern als ‚Anliegen', das heißt Sorgen und Aufgaben gewertet und behandelt werden". Delp schließt: „Die Wucht der immanenten Sendung der Kirche hängt ab vom Ernst ihrer transzendenten Hingabe".

Prof. Dr. Robert Vorholt, Lehrstuhlinhaber für Exegese des Neuen Testaments, Luzern.

Martin Schirmers

Der Salzgeschmack auf unserer Zunge

In einem Kriegsgefangenenlager 1940 bei Trier: Jean Paul Sartre, der später weltberühmt gewordene Schriftsteller und Philosoph, ist dort interniert. An Heiligabend führt er sein Weihnachtsspiel „Bariona oder der Sohn des Donners" auf. „Ein Gott Mensch werden! Welch ein Ammenmärchen", heißt es da aus dem Mund des skeptischen, zweifelnden Bariona auf die Nachricht aus Betlehem. „Ich weiß nicht, was ihn zum Menschsein locken könnte. Die Götter bleiben im Himmel; ganz beschäftigt, sich selber zu genießen. Und wenn sie einmal dazu kommen sollten, zu uns herabzusteigen, geschähe es wohl in glänzender und flüchtiger Gestalt. Wie eine purpurne Wolke oder wie ein Blitz. Ein Gott sich in einen Menschen verwandeln? Dass ich nicht lache! Ein Gott sich zum Geborenwerden zwingen, neun Monate lang in einem Mutterschoß verweilen. Ein Gott-Mensch, ein Gott, aus unserem gedemütigten Fleisch gebildet. Ein Gott, der erfahren wollte, wie der Salzgeschmack auf unserer Zunge schmeckt, wenn uns alles verlassen hat, ein Gott, der all das Leiden im Voraus auf sich nähme, das ich heute leide. Nein, ein Unsinn."

In der Tat: Der Gottessohn Christus, der Logos, das „Wort", ist Mensch geworden, und zwar mit allem, was dazugehört. Sartre, selbst wenn er den Glauben daran nicht teilen konnte, hat die ewig junge Frage nach Gott auf den Punkt gebracht – und darüber die Brisanz des Geheimnisses der Menschwerdung Gottes vielleicht sensibler erspürt als manche Christen. Was für Bariona nur ein „Ammenmärchen" ist, das hat die „Torheit" Gottes offenbar gemacht und Wirklichkeit werden lassen. Zeigt sich aber so zwischen Ammenmärchen und Torheit nicht, dass der christliche Glaube von Anfang an ein Medienproblem hat? Wie kann Gott, der kein Ding in der Welt ist, sondern der „Schöpfer aller Ding", medial präsent gemacht werden? Eine Frage, die es offensichtlich schon immer gab und für immer geben wird und über die schicke, aber inhaltsleere Hochglanz-Medien-Produkte nicht hinwegtäuschen können.

Schon immer scheiden sich die Geister: Vor allem an Jesus, wie ihn das Johannesevangelium zeigt. Bereits im Prolog, in der Vorrede, Quintessenz des Evangeliums, ist das Entscheidende angesprochen. „Und das Wort ist Fleisch geworden und hat unter uns gezeltet." Da geht es nicht nur um die Worte Jesu, es geht darum, dass Jesus das Wort ist. Das Wort, der Logos, war am Anfang. Das Medium der Schöpfung. Gott sprach, „und es wurde", heißt es auf den ersten Seiten der Bibel. Gott war das Wort, und das Wort war bei Gott. Genau wie bei der Inkarnation. Er, der Mensch gewordene Sohn des Vaters, ist das Wort, der Logos: Das Wort als die Wirklichkeit tragende, schöpferische, weisheitliche, Licht und Leben spendende, offenbarende Kraft Gottes. Dieses Wort Gottes wird Mensch.

Das Wort, nicht irgendein Buchstabe. Für alle Superfrommen, die so gerne über Gott verfügen, ist der Buchstabe buchstäblich schlagkräftig. Anders bei Jesus: Als die Schriftgelehrten ihn mit einer ertappten Ehebrecherin konfrontieren, die die Todesstrafe durch Steinigung „verdient" hätte, schreibt er in den Sand. Etwas, das vielleicht zu unwichtig war, um es zu überliefern; oder aber um den Buchstabenglauben einfach als einen in Sand geschriebenen, im Wind der Geschichte sich verflüchtigenden Glauben zu verspotten. Doch tatsächlich schwächt Jesus die Konfrontation ab, indem er sagt: „Wer von euch ohne Sünde ist…" Jesus setzt allen Fundamentalisten zum Trotz der „Gottespräsenz im Buchstaben die Gottespräsenz im Fleisch" – so Eckhard Nordhofen – entgegen, macht sie zu einem Maßstab der Nachfolge.

Das Wort, nicht der Buchstabe, ist Fleisch geworden. Eine solche inkarnatorische, sakramentale Sicht der Wirklichkeit ist letztlich auch die Antwort auf das Medienproblem. Im Geheimnis der Menschwerdung ist Gott offenbar geworden, der nicht einfach im Himmel bleibt und den zahllosen Leidensgeschichten der Menschen apathisch zuschaut. Gott kommt auf die Erde, wird selbst Mensch und lernt – wie es in Sartres Theaterstück heißt – den „Salzgeschmack auf unserer Zunge" kennen, „wenn uns alles verlassen hat". Gott ist Mensch geworden – mit allem, was zur Größe und zum Elend des Menschseins dazugehört. Und es tritt das ans Licht, was den Kern des christlichen Glaubens überhaupt ausmacht. Hans Urs von Balthasar hat es so formuliert: „Das Tiefste am Christentum ist die Liebe Gottes zur Erde. Dass Gott in seinem Himmel reich ist, wissen andere Religionen auch. Dass er zusammen mit seinen Geschöpfen arm sein wollte, dass er in seinem Himmel an seiner Welt leiden wollte, ja gelitten hat und durch seine Menschwerdung sich instand setzte, dieses sein Leiden der Liebe seinen Geschöpfen zu beweisen – das ist das Unerhörte bisher."

Von uns Christen hängt es damit ab, ob die Menschwerdung Gottes heute zur Sprache gebracht werden kann, ob Wort und Tat des Glaubens bei uns eine Einheit bilden. Denn so wird Gott als Mensch im Leben und Sterben für Menschen erfahrbar. Durch sein eigenes Leben und Sterben gab Jesus dem Wort „Gott" einen neuen Sinn. Er markierte menschliches Leben als den „Ort", an dem allein das Wort „Gott" einen verständlichen und unhintergehbaren Sinn erhält.

Das Leben Jesu in seiner ganzen Bandbreite ist für alle Zeit die entscheidende Regieanweisung bei dem Versuch, etwas von Gott auszusagen und durch Taten zu bezeugen. Karl Rahner hat genau das als Schicksalsfrage für uns Christen bezeichnet: im menschlichen Leben und Sterben „Gott" zur Sprache bringen, Gottes Liebe auf dem Antlitz eines Menschen ansichtig machen. Finden wir uns dabei aber nicht immer wieder eingespannt zwischen den Polen „Kind und Prophet": eines Kindes, dem vieles in Beklommenheit nur zum Stammeln gerät – und eines Propheten, der es doch stets aufs Neue zu versuchen hat, im Wort Zukunft, Hoffnung anzukündigen; sie offenzuhalten in einer Welt, die zum Sterben verurteilt scheint, weil sie sich in ihrer Unversöhnlichkeit immer mehr ineinander verbeißt; dagegen das göttliche Wort gewaltlos mit der Liebe seines Lebens zu beglaubigen, damit Gott, sein Wort, seine Botschaft, beim Menschen als Friede sichtbar wird.

In dem Theaterstück spielte übrigens Sartre einst selbst mit, er war Balthasar, einer der drei Könige. Ihm gelingt es, den skeptischen, zweifelnden Bariona nachdenklich zu machen. Im Menschen, so lässt Sartre Balthasar sagen, kann die Liebe Gottes begegnen, die allem Sinn verleiht. Und so kann sein Leben jenseits der Verzweiflung wieder neu beginnen. Und dann wörtlich: „So kommt er, Christus, zu den Blinden und den Heimatlosen, den Krüppeln und den Kriegsgefangenen mit der Botschaft: Gebt euer Leben dennoch weiter! Denn auch für Blinde und für Heimatlose, für Krüppel und Kriegsgefangene gibt es noch Freude!" In allem Leid des Menschen und der Welt zeigt Christus die Möglichkeit unerschütterlicher Freude. Daraufhin macht sich selbst der Skeptiker und Zweifler Bariona auf nach Betlehem.

Martin Schirmers, Theologe, Historiker und freier Journalist, Wetter (Ruhr).

Robert Weber-Locher

Weihnachtlicher Faktencheck

Fast ein Leben lang habe ich mit jungen Leuten in Gruppengesprächen den Zugang zu einem erwachsenen Glauben gesucht, wie ich ihn selber einst in einer Studentengruppe gefunden hatte. Ich habe dabei immer wieder erfahren, wie wichtig dafür eine solide Exegese ist. Das zeigt sich jedes Jahr besonders im Weihnachtsfestkreis, anhand der Kindheitsgeschichten im Lukas- und Matthäusevangelium. Wie kommt unser Glaube mit dem Bild vom Kind in der Krippe und den übrigen Episoden (Lk 1–2 und Mt 1–2) zurecht, wenn und sobald er aus dem Kinderglauben herauswachsen will und muss? Was ist historisch, was ist Legende? Was davon ist für uns gesagt? Und: Darf man die Menschen „verunsichern"? Es ist letztlich die Frage nach einer verantwortbaren Verkündigung der Weihnachtsbotschaft.

Eine erste Aufgabe besteht darin, sich historisch-kritisch mit dem literarischen Genus jener Texte zu befassen. Es muss deutlich werden, dass sie nicht historische Tatsachen wiedergeben, sondern als Legenden beziehungsweise ausgeschmückte Erzählungen deutenden Charakter haben. Der Autor des Lukasevangeliums hat sie wohl gegen 90 nach Christi Geburt verfasst, vielleicht zehn Jahre früher entstand das Eingangskapitel des Matthäusevangeliums. Damit ist der gesamte Weihnachtsfestkreis – abgesehen vom ersten Kapitel des Johannesevangeliums – in der Sprache einer „narrativen Christologie" formuliert. Das aber ist eine ganz andere Sprache als jene der Historiker.

Dann stellt sich die Frage nach der Funktion dieser Kapitel. Sie sind eine Art Einleitung mit christologischem – nicht historischem – Interesse zum gesamten Evangelium. Von Jesu Kindheit wissen wir faktisch so gut wie nichts, außer dass Jesus vermutlich aus Nazareth stammt und mit hoher Wahrscheinlichkeit dort geboren ist. Ihm selber ist seine Berufung wohl erst mit etwa dreißig Jahren bewusst geworden, eventuell sogar im Verlauf seiner Zeit als „Assistent" des Johannes des Täufers. Jedenfalls gibt es Anspielungen darauf. Andeutungen, wie Jesus bereits als Kind begabt gewesen war, wie er im Tempel lehrte usw. sind in gewisser Weise verklärende Rückblenden von später her.

Eine behutsame, aber ehrliche Verkündigung darf sich einem kritischen Blick auf die christologischen Dogmen der ersten Konzilien nicht verweigern. Wenn Jesus selber erst im fortgeschrittenen Alter seine Berufung erkannt hat, dürfte daraus folgen, dass weder Maria noch Josef vorab etwas von seiner Berufung geahnt haben. Jesus ist so gezeugt und geboren worden wie seine Geschwister, die er ziemlich sicher hatte (vgl. Mk 6,3). Eine Jungfrauengeburt beziehungsweise Jungfrauenzeugung im dogmatischen, theologischen Sinn ist jedenfalls nicht dasselbe wie das biologische Verständnis.

Schließlich sind die weihnachtlichen Texte in eine jahrhundertelange Tradition eingebettet worden. Franz von Assisi versteht sie im 12. Jahrhundert vom Gedanken der Nachfolge Christi her und erweckt in Gubbio die Weihnachtskrippe buchstäblich zum Leben. Die seit dem 14. Jahrhundert entstehende neue Form der Frömmigkeit, die Devotio Moderna, schließt sich diesem Ideal der Nachfolge Christi in Armut und Demut an und vertieft sich intensiv in das Leben Jesu. Ignatius von Loyola und seine Exerzitien betonen die Spiritualität der Nachfolge in der Unmittelbarkeit der Betrachtung des Lebens Jesu. Ähnlich verstehen Friedrich von Spee – und noch Huub Oosterhuis – die weihnachtlichen Texte. Es entstehen Werke der literarischen und bildenden Kunst, Lieder wie „Zu Bethlehem geboren" oder „Ich steh' an deiner Krippen hier". Auf vielen Altären wird das weihnachtliche Geheimnis der Inkarnation, der Fleischwerdung Gottes bildhaft inszeniert. Das Brauchtum hat dies volkstümlich ausgeschöpft: Herbergssuche, Stall, Krippe, Stroh, Ochs und Esel. Sogar die neuen Flucht- und Migrationsbewegungen werden mit der weihnachtlichen Szenerie spirituell gedeutet – bis hin zur Verfolgung Jesu und seiner legendarischen „Flucht nach Ägypten".

Freilich hat das alles nichts mit der Historie und der ursprünglichen Aussageabsicht jener Erzählungen zu tun. Es ist nicht Exegese, die den Sinn aus den Texten herausliest, sondern Eisegese, die einen bestimmten Sinn in die Texte hineinliest. Aber auch sie ist voll tiefer Wahrheit, die den „Instinkt für die Wahrheit des Evangeliums", den Sinn der Glaubenden zum Ausdruck bringt.

In einem Krippenspiel der amerikanischen Gemeinde in der Münchener Olympiapfarrei soll ein Bub bei der Herbergssuche einen bösen Wirt spielen – einer muss es ja machen. Er bringt es nicht übers Herz, Maria und Josef einfach wegzuschicken. Aber er findet am Tag der Aufführung einen Kompromiss: Er bittet die beiden für einen Moment herein und bietet ihnen zum Aufwärmen eine Tasse Tee an. Erst dann sagt er, was gesagt werden muss: Ich muss euch wegschicken – „because the game must go on" (vgl. CHRIST IN DER GEGENWART, Nr. 51/2014). Hier ist der liebevolle Blick einer volkstümlichen Tradition zu spüren, die jenseits der puren Fakten vielleicht doch Entscheidendes vom Geheimnis der Inkarnation versteht, das „Menschelnde" in der Beziehung von Gott und Mensch!

Und darauf kommt es an auf dem Weg vom Kinderglauben zu einem erwachsenen Glauben: In den Kindheitsgeschichten kann er ein „Vorspiel" jener großen Liebe erahnen und erkennen, die Gott in Jesus von Nazareth allen Menschen transparent gemacht, als Erlösung verheißen, ja geschenkt hat. Zu unserem Wohl und zu unserem Heil.

Dr. Robert Weber-Locher, Theologe, war unter anderem in der kirchlichen Jugendarbeit, der Studenten- und Familienseelsorge tätig, München.

Ralf Miggelbrink

Im Bekenntnis zu dem Mann aus Nazareth

Christen stellt sich die religiöse Frage immer als die Frage nach Gott. Der evangelische Theologe Karl Barth scheute sich nicht, die Projektionstheorie Ludwig Feuerbachs auf das religiöse Gerede von Gott anzuwenden, um deutlich zu machen: Gott wird nur da als Gott erkannt und verehrt, wo sein erlösendes *Anderssein* gegenüber der Welt erkannt und verehrt wird.

In seiner berühmten Predigt in der römischen Chrisammesse des Jahres 2013 meditierte der gerade vom anderen Ende der Welt herbeigewählte Papst Franziskus das Bild des gesalbten Priesters, der „seine Salbung erproben müsse", um hinauszugehen „an den Rand, wo gelitten wird, auf dass das Salböl Aarons bis an den Saum der Wirklichkeit hinabfließt". Mit dieser kühnen Adaption biblischer Metaphern umschrieb Franziskus, was der Neutestamentler Klaus Berger als ein Grundmerkmal Jesu von Nazareth bezeichnet: Jesus lebt im Bewusstsein „offensiver Reinheit". Seine heilende, erfüllende, vollendende Gottesnähe muss nicht ängstlich in einem Reinheitsraum des Kultischen, der Absonderung des Heiligen verwahrt werden. Diese wäre eine verhängnisvolle Form der „Entweltlichung" von Kirche, die Papst Benedikt XVI. nicht meinte: Die Nähe Gottes, die gläubige Menschen in ihrer Suche nach sich selbst erleben, ist von Gott her kommende Lebensfülle, die weder dosiert noch gehandelt werden soll, sondern vollmächtig, priesterlich verteilt an die Vielen *(pro multis)*.

Die Frage nach Gott kann nicht anders gestellt werden als so, dass mit ihr das *Selbst* des Fragenden zu Bewusstsein kommt. Über Gott kann nicht unbeteiligt schwadroniert werden wie über jedweden Gegenstand. Gott ist darin unbegreiflich, dass er niemals Gegenstand menschlicher Erkenntnis wird. Wo die Frage nach Gott zu Bewusstsein kommt, kommt das Ganze der Wirklichkeit und das Ganze der eigenen Identität als verborgene Wirklichkeit zu Bewusstsein. Das sind wir in der fragmentierten Lebenswelt kaum gewohnt: Wir leben in Lebenswelten, spielen Rollen, erfüllen Erwartungen, verhalten uns schwarmintelligent. Wer kann da noch fragen „Wer bin ich?", ohne dass die witzige Buchtitelpointe David Prechts in den Kopf schießt: „Und wenn ja, wie viele?"

In dem großartigen Film „Toni Erdmann" von Maren Aden führt der Tod seines Hundes den pensionierten Studienrat Toni Erdmann in die fremde Lebenswelt seiner Tochter, die als erfolgreiche Managerin in Bukarest arbeitet. Der Versuch beider, des gealterten, beamteten Idealisten der siebziger Jahre und der gejagten Managerin, unter dem Erfolgsdruck des ersten Jahrzehnts des 21. Jahrhunderts, endet für beide in würdig ertragener Ernüchterung: Sein ethisch-politisches Überlegenheitsgefühl trifft hart auf die Erbarmungslosigkeit einer durchkapitalisierten Berufs-Postmoderne, aus deren Perspektive der pensionierte Lehrer wie eine Figur aus dem 19. Jahrhundert erscheint. Aber auch die durchrationalisierte Funktionalität der Tochter bekommt einen Riss. Mit dem Vater dringt die Frage ins Leben der Tochter: Und warum und wozu das alles? Und wie müsste es sein, damit es richtig ist und gut? Der selbstverliebte Studienrat geht nicht ohne Fragen aus der Begegnung mit seiner Tochter: Ist mein Selbstbewusstsein der Luxus einer überlebten Zeit, der finanziert wird mit den Leistungen derer, die sich ein Selbst nicht mehr erlauben können? Ist es Zufall, dass diese Frage im Armenhaus Europas, in Rumänien, also an einem der Ränder, von denen Franziskus spricht, zu Bewusstsein kommt?

Wir können nicht nach Gott fragen, ohne nach uns selbst zu fragen. Und wahrscheinlich geht die Frage nach uns selbst immer mehr verloren, je mehr wir verlernen, nach Gott zu fragen. Denn unser Fragen nach dem Selbst steht zeitgenössisch unter Funktionsstörungs-Verdacht. Vielleicht meldet sich in dem ungeschickten Hantieren der Politiker-Eliten mit dem Begriff „Heimat" ein wenig Aufsässigkeit gegen den Zwang, der eigenen

Effizienz, Beweglichkeit, allseitigen Einsetzbarkeit und jederzeitigen Umprogrammierbarkeit die Frage nach der Wahrheit des eigenen Selbst endgültig zu opfern. Aber was mögen das für Heimat-Ersatzstoffe sein, mit denen Politiker-Eliten das Bedürfnis nach einem halbwegs plausiblen Bewusstsein unserer selbst befriedigen könnten?

Christen ziehen aus ihrem Bekenntnis zu dem Mann aus Nazareth die Inspiration, dass Gott sich nicht in den Glitzermetropolen unserer Selbststilisierung finden lässt, in denen wir auch das Bewusstsein unserer selbst verlieren. Christen lassen sich faszinieren von dem Leben des Jesus von Nazareth, des Predigers, des Heilers, des Menschen, der in der Unmittelbarkeit Gottes lebte, aus der heraus er Reichtum und Heilung in das Leben anderer fließen lassen konnte. Christen leben mit der starken Intuition, dass das Selbst, das Ganze der Welt, der Sinn des Lebens nicht in starken Begriffen und Konstruktionen verfügbar ist, sondern dass es erhofft und erbetet werden muss von dem Gott, der nicht von dieser Welt ist und zu ihrem Heil doch in sie gekommen ist. Christen leben in dem Bewusstsein, dass sie deshalb die Sinnbegründungslast ihres Lebens, ihres Volkes, ihrer Kultur und der Welt nicht alleine schultern werden. Sie leben in dem Wissen: Nicht wir erfinden die Konstrukte und Erzählungen, nach denen das eigene Leben und der Weltsinn hinlänglich begreifbar würden. Christen strecken sich sehnend, hoffend, betend, ihre eigene emotionale Sensibilität pflegend aus nach dem Gott, den Jesus von Nazareth als nahe Quelle der Lebensfülle verkündet hat. Sie suchen in ihrem Alltag die tröstende, aufrichtende, inspirierende Nähe dieses Gottes, von dem sie in den biblischen Schriften lesen. Sie lassen sich von der Poesie der biblischen Texte tragen, und diese Faszination wird im Alltag zum Gebet. Wenn es eine Hoffnung geben kann, dass die in sich geschlossene Dichtheit einer im Zuge der Digitalisierung immer perfekter durchgeplanten und durchgerechneten Welt sich öffnet für die alles verwandeln könnende Lebensfülle Gottes, dann kann diese Hoffnung nur durch Sein und Tun dieses Gottes begründet werden, dann ist es recht, die eigene Sehnsucht nach Religion in den sehnsuchtsvollen Ruf nach dem biblischen Gott zu lenken: Komm Herr, dass unter deinen Schritten die Wüsten unserer verdorrenden Hoffnungen sich begrünen und in unseren abgestorbenen Herzen Empfindungen erwachen, dass unser am Ideal des messbaren Gewinns orientiertes Alltagsgeschwätz aus den Räumen unseres Geistes weicht und endlich wieder verwandelnde Ideen darin Raum finden!

Diese kühnen Hoffnungen der Bibel inspirieren christliches Denken und Reden über Religion. Sie begründen eine christliche Identität, die, wie es Dietrich Bonhoeffer 1943 aus dem Gefängnis in Tegel schrieb, neugeboren wird aus dem „Beten und dem Tun des Gerechten unter den Menschen". Diese kühnen Hoffnungen der Bibel gründen in der Zuversicht, dass Gott kein stummer Gott ist, sondern der Gott, der in Zeit und Geschichte durch das Handeln der Menschen eingreift, indem er Menschen inspiriert und ermutigt, selbst-bewusst nach dem Guten zu fragen, das ihnen zu tun obliegt, nach der Wahrheit zu forschen, die sie zu erkennen vermögen, und dem Schönen sich nicht zu verschließen, das sich ihnen zeigen will. Wer diesem Gott vertraut, überwindet immer auch die eigene Furcht vor den Rändern, von denen der Papst spricht, und er wird selbst zum Zeichen der verwandelnden Gegenwart Gottes in einer Welt, in der auch viele Christen alles als rein naturhaftes Geschehen zu begreifen versucht sind.

Wer aber die biblische Hoffnung der verwandelnden und inspirierenden Gegenwart Gottes in der Welt als Möglichkeitsbedingung des Selbstbewusstseins nicht nachvollziehen kann, dem bleibt nur die Gottesvorstellung des jenseitigen Richters, die mit der allseitig bezeugten Hoffnung auf einen gnädigen Ausgang seines Gerichts endgültig aus dem Alltagsbewusstsein herausgekürzt werden kann. Was dann noch an tröstlichem Ausblick bliebe, wäre so spannungslos schön, dass es keine verwandelnde Kraft mehr entfaltet und die Sehnsucht der Menschen nicht zu wecken vermag.

Prof. Dr. Ralf Miggelbrink, Lehrstuhlinhaber für Systematische Theologie, Essen.

Andreas Benk

Gott steht auf der Seite der anderen – Sechzehn Tweets von gegenüber

1. Biblische Gottesgeschichten sind Hoffnungstexte. Aber nicht für uns.

2. Der biblische Gott ist ein befreiender Gott: solidarisch mit Verfolgten, Ausgebeuteten und Vergessenen – solidarisch gegen das Sklavenhaus Ägypten und menschenverachtende Profiteure in den eigenen Reihen.
    #exodus #prophetie

3. „So spricht Gott: Ich hasse eure Feste, ich verabscheue sie und kann eure Feiern nicht riechen. Weg mit dem Lärm deiner Lieder! Dein Harfenspiel will ich nicht hören, sondern das Recht ströme wie Wasser, die Gerechtigkeit wie ein nie versiegender Bach" (Amos 5,16.21.23f).
    #ethikistwichtigeralsreligion

4. Jesus schlägt in dieselbe Kerbe: „Weh euch, ihr Reichen; denn ihr habt euren Trost schon empfangen! Weh euch, die ihr jetzt satt seid; denn ihr werdet hungern. Weh, die ihr jetzt lacht; denn ihr werdet klagen und weinen" (Lukas 6,24f).
#gerechtigkeit

5. Für die anderen ist Jesu Botschaft von Gottes Reich eine gute Nachricht: „Selig, ihr Armen, denn euch gehört das Reich Gottes. Selig, die ihr jetzt hungert, denn ihr werdet gesättigt werden. Selig, die ihr jetzt weint, denn ihr werdet lachen" (Lukas 6,20f).
#evangelium

6. Jesu Versprechen zielt nicht in die Ferne. „Dein Reich komme!" (Matthäus 6,10) – hierher, ganz bald, schon jetzt.
#diesseits #politischeTheologie

7. Jahrhunderte später, im christlichen Bekenntnis, ist vom befreienden Gott nicht mehr die Rede. Auch Prophetie und Wirken Jesu finden dort keinen Platz. Gott ist allmächtiger Schöpfer – GREAT! Auferstehung der Toten – GREAT! Ewiges Leben – GREAT!
#konstantinischeWende #StaatundKirche

8. —
#negativeTheologie

9. Wir sind Ägypten, Assur und Babylon, wir sind Profiteure im globalen Apartheidsystem: eingebunden in mörderische ökonomische Strukturen, verstrickt in weltweite Vernichtungsprojekte.
#globalesLernen #LaudatoSi'

10. Die Gebote Gottes für unsere Zeit sind die Menschenrechte.
#standup4humanrights

11. Ich bin Theologe: weiß, Mann, heterosexuell, lebenszeitlich verbeamtet, jenseits der 60 und mit satter Pensionserwartung. Wie kann ich es wagen, biblische Gottesgeschichten für mich in Anspruch zu nehmen?
#privilegientest

12. Gott steht auf Seite der anderen.

13. Dort steht das muslimische Kind aus Jemen, seine Eltern von deutschen Waffen zerfetzt.
#rüstungsexporte

14. Dort steht die pakistanische Frau, die mein Hemd näht, als die Decke bricht.
#textilproduktion

15. Dort steht der senegalesische Fischer, dem unsere Fangflotte den Lebensunterhalt raubt.
#fluchtgründe

16. Gott hat uns verlassen. Gott ist mit den anderen. Wer auf unserer Seite noch Gott vertraut, leistet Widerstand, sagt NEIN!, desertiert, läuft über.
Oder verkriecht sich.

Prof. Dr. Andreas Benk, Theologe und Religionspädagoge,
Schwäbisch Gmünd.

XII. Auf dem Weg ins Erwachsenwerden

Christian Heidrich

Darf's ein bisschen mehr sein?

Beschwingt klettert ein Männlein einen Berg hinauf. Als es einen Vogel sieht, zieht es vor ihm den Hut. Als es am Gipfel ankommt, macht es ein Picknick und spielt fröhlich auf seiner Mundharmonika. Dann schreitet es weiter voran – und nach oben. Ohne jegliche Dramatik setzt es seinen Fuß ins Weltall. Einen Weg gibt es nicht mehr, aber das macht ihm nichts aus. Auf einer Wolke erblickt es einen Mann in blauem Gewand, der unschwer als der „liebe Gott" zu identifizieren ist. Dieser breitet die Arme aus, lädt ein zum Gespräch. Das Männlein zieht auch vor ihm den Hut, lässt sich auf ein kurzes Gespräch ein – und setzt dann seinen Weg durch das blaue All fort.

Diese verblüffende Geschichte erzählt der dreiminütige Zeichentrickfilm „Mr. Tao" von Bruno Bozzeto (1989). Kein Dialog oder Kommentar ist zu hören, sie sind auch nicht nötig. Wer sich den kleinen Film anschaut, merkt rasch, dass hier die großen Fragen verhandelt werden. Wohin führt der Weg des Menschen? Gibt es noch einen Weg über den höchsten Gipfel hinaus? Und wie steht es eigentlich um den „lieben Gott"? Das Stichwort, das uns „Mr. Tao" bei all dem schenkt, lautet: „Vorwärtsschreiten!" Gleich, welchen Berg, welchen Gipfel du schon erklommen hast, du bist noch nicht am Ziel. Das gilt auch und gerade für den „lieben Gott", genauer: für deine Vorstellung von Ihm. Je harmloser oder bequemer sie ausfällt, desto entschiedener solltest du weitergehen, desto geringer ist die Wahrscheinlichkeit, dass du auf dem richtigen Weg bist. Kurz, und mit dem großen Theologen und Kirchenvater Augustinus (354–430) gesagt: „Wenn du ihn mit deinem Geist umfassen und begreifen kannst, dann ist er nicht Gott."

„Mr. Tao" zeige ich gerne im Unterricht, unabhängig von einer bestimmten Altersstufe. Denn der Film inspiriert zum offenen, kühnen Denken und bringt zugleich das Spezifische des Religionsunterrichts auf den berühmten Punkt: die Frage nach Gott. Das mag sich in unserer – angeblich oder tatsächlich – säkularisierten Gesellschaft drastisch anhören. Doch würde sich der Religionsunterricht verleugnen, wenn er diese Frage verdrängen oder als zweitrangig einstufen wollte. Die vielbeschworene „Werteerziehung" – selbstverständlich und gerne! In praktisch jeder thematischen Einheit des Religionsunterrichts finden sich Verweise auf sittliche Konflikte und Dilemmata, zugleich auf mögliche Antworten aus dem Geist des Christentums.

Aber kein gesellschaftlicher Auftrag und keine Lehrplanvorgabe dürfen die Frage nach Gott in den Schatten stellen. Freilich, bei der Frage nach Gott ist das erste Wort ein gewichtiges. Wir stellen diese Frage, wir stellen uns der Frage. Eine Antwort aber folgt nicht automatisch. Sie wird, wenn es gut läuft, in kleinen Schritten und entsprechend der fortschreitenden Lebenserfahrung errungen, entsprechend auch der religiösen Praxis, dem Gebet vor allem (die letzten beiden Punkte haben jedoch nicht im schulischen Unterricht ihren vorzüglichen Platz, vielmehr in der Familie und in der Pfarrgemeinde). Das geht nicht ohne ein gehöriges Quantum an Interesse und die Bereitschaft, sich auf mühsame Denk-Wege zu begeben.

Wie bei allen Menschheitsfragen blicken wir auch bei den religiösen Kernfragen auf eine fast uferlose Literatur, auf unzählige gedankliche und praktische Zugänge, auf Thesen und Antithesen, auf aggressiven Widerspruch auch. So ist von Seiten des Lehrers die „didaktische Reduktion" ein anspruchsvolles Stück Arbeit: Welche Texte und Konzepte, Bilder und Rituale bringen dem Schüler die Gegenwart des Transzendenten und Heiligen näher, öffnen dabei Räume für Bedenken und Zweifel? Das Alter der Texte oder Bilder ist kein Maßstab, denn unsere abendländische Tradition – um nur diese zu erwähnen – kennt Autoren und Gedanken, Symbole und Handlungen, die wegweisend sind, die nicht übergangen werden können. Die Bibel mit ihren hebräischen und griechischen Stücken steht hier in vorderer Reihe. Es geht aber auch um epochale Gestalten der Kirchengeschichte, um Denker, Künstler und Poeten, um ihren Glauben, ihre Zweifel, ihren Protest. Deshalb ist der Religionsunterricht zu einem wesentlichen Teil auch Sprach- und Übersetzungsunterricht: Wie können wir klassische oder moderne Zeugnisse verstehen? Welche ihrer Teile möchten Historisches kundtun, welche sind als Gleichnisse und Parabeln angelegt, wollen „hintergründig" und *cum grano salis* gelesen werden?

Ein so berühmtes wie fast schon tragisches Beispiel hierfür sind die beiden Schöpfungserzählungen, die sich auf den ersten Seiten der Bibel finden. Wie viele sinnlose Entgegensetzungen könnte man vermeiden, wenn man diese Texte ohne Vorurteile und vor dem Hintergrund ihrer Entstehung begreifen würde! Sie sind, wie es die moderne Bibelwissenschaft überzeugend herausarbeitete, keinesfalls als historische Reportagen, gar naturwissenschaftliche Berichte entworfen. Als Texte vielmehr, die in der Sprache ihrer Zeit davon künden, dass unsere Welt nicht zufällig, sondern gewollt ist, dass sich am Grunde unserer wahrhaft ungeheuren und nicht selten verwirrenden Wirklichkeit ein Schöpfer findet, der seine Schöpfung in Freiheit setzt und sie doch „trägt" (dabei ist der Sabbat, die Ruhe nach dem großen Werk, ein herausragendes Symbol dieses Tragens!). Zahllose Fragen und Inspirationen folgen aus diesem Glaubensbekenntnis. Doch hat die Deutung stets mit dem angemessen Textverständnis, mit der Hermeneutik, zu beginnen. In den Anfangskapiteln des Buches Genesis spielt Naturwissenschaft keine Rolle, vielmehr die menschliche Sinnfrage, die sich mit noch so raffinierten technischen Instrumenten nicht auflösen lässt. Die alten biblischen Geschichten sind deshalb auch unsere Geschichten. Mit den Worten des Philosophen Ludwig Wittgenstein: „Wir fühlen, dass selbst wenn alle möglichen Fragen beantwortet sind, unsere Lebensprobleme noch gar nicht berührt sind."

Und der Erfolg einer solchen Unternehmung, das Ergebnis der Gottsuche im schulischen Religionsunterricht? Es fällt auf, dass in manchen Kreisen, man mag sie als traditionalistisch oder auch nur als „besorgt" bezeichnen, das Urteil schnell gesprochen ist. In regelmäßigen Abständen können wir aus Interviews und Artikeln lernen, wie oberflächlich und zeitgeistig der Religionsunterricht denn sei. Von „Religionskunde" anstatt von Glaubensarbeit sei der Unterricht geprägt, heißt es dort. Stichworte wie „unbegreifliche Wissenslücken", „Kirchenferne", „Glückskeks-Weisheiten" gar, werden selbstbewusst in die Arena geworfen. Solche Verdammungsurteile sind wohlfeil, nicht zuletzt deshalb, weil sie ein manichäisches Bild in Schwarz und Weiß malen. Deshalb auch, weil sie dem Religionsunterricht – eine oder zwei Wochenstunden inmitten eines turbulenten Schulalltags! – eine Last auflegen, die er nicht zu schultern vermag. Kann die Arbeit der Religionslehrer, so möchte man rhetorisch zurückfragen, all das ausgleichen, was „der Kirche", den Bistümern und den Pfarrgemeinden, schon lange nicht mehr gelingt?

Selbstverständlich stehen auch die Religionslehrer im Fluss der Zeit. Sie sind nachdenkliche Zeitgenossen, keine Protagonisten des vorwissenschaftlichen Denkens. Die Sorgen und Ansichten der Spätmoderne, einer Epoche, die zutiefst vom wissenschaftlichen und naturalistischen Denken geprägt ist, sind auch ihre Sorgen und Fragen. Die großen Worte, die vergangenen Generationen vorgeblich leicht über die Lippen gingen – Erlösung, Opfer, Wunder, Gnade –, müssen sie neu bedenken, um sie verständlich und als Evangelium, als die Frohe Botschaft, weitergeben zu können. Das ist anspruchsvoll und manchmal tatsächlich „frustrierend". Es kann aber beglückend sein, wenn sich im Unterrichtsgespräch neue Horizonte öffnen, wenn sich die Schüler in der Oberstufe von einem anspruchsvollen Satz von Karl Rahner („In dem Augenblick, in dem man dieses Geheimnis, das alles schweigend umfasst, nicht anbetend liebt, wird es einem zum Ärgernis") herausfordern lassen; wenn skeptische, pubertierende Jugendliche merken, wie vielfältig die Zugänge zur Wirklichkeit sein können. Beglückend auch, wenn Mädchen und Jungen der 6. Klasse nach und nach begreifen, dass Gott nicht so „ist" wie die Schöpfung und dass der religiöse Glaube eher ein Vertrauen denn ein Vermuten ist. Ein frommer, staunender Realismus, so könnte eine handfeste Bestimmung des Religionsunterrichts lauten.

In dem kleinen, großen Abenteuer des „Mr. Tao" wird auf den Menschen verwiesen, der stets „weiter" geht. Er beschreitet Wege, die keinen Gipfel, keinen Endpunkt zu kennen scheinen. Und auch der „liebe Gott", der hier reichlich harmlos daherkommt, wird nicht als solcher anerkannt. Gut so!, denkt sich der Religionslehrer, der dann mit den Schülerinnen und Schülern darüber nachdenken kann, welche Wege weiterführen und ob unsere Lebenswanderung im Nichts oder in der Fülle endet. „Der Mensch übersteigt unendlich den Menschen", heißt es bei dem französischen Philosophen und Mathematiker Blaise Pascal (1623–1662). Um diesen Überstieg, um dieses Mehr, um die Gottesfrage letztlich, geht es in den besten Stunden des Religionsunterrichts.

Dr. Christian Heidrich, Lehrer und Publizist, lebt bei Heidelberg.

Heike Helmchen-Menke

Die kleinsten Christen in der Gegenwart

„Wo kommt die Welt her?" „Wer hat sich alles ausgedacht?" „Wo ist meine tote Oma jetzt?" „Wo war ich, bevor ich in den Bauch der Mama gekommen bin?" „Ist Gott ein Mann oder eine Frau?" „Warum macht Gott meinen kranken Papa nicht gesund?" „Ist Gott derselbe wie Allah?" Wir müssen religiöse Fragen nicht an Kinder herantragen, sie sind bereits da. Die Kinder kommen mit diesen Fragen. Wie wir damit umgehen, sagt viel über unsere Gesellschaft aus.

Da ist zum Beispiel die fünfjährige Marielou. Ihre Oma ist gestorben. Sie hat sie sehr geliebt. Die Familie ist bei aller Trauer behutsam und sensibel mit Marielou umgegangen. Sie durfte beim Abschiednehmen dabei sein. Die Eltern haben ihr alle Vorgänge erklärt, und sie hat die Trauerfeier und die Beerdigung miterlebt. Davon hat sie auch im Kindergarten erzählt. Immer wieder, denn sie hat ihre Oma sehr vermisst. In der Fastenzeit wurde in dem Kindergarten eine Osterprojektwoche gemacht. Da hat Marielou die biblischen Erzählungen von Tod und Auferstehung Jesu kennengelernt. Weil in dem Kindergarten viele Kinder aus muslimischen Familien waren, wurden die Kinder auch mit der islamischen Hoffnung auf ein Leben nach dem Tod bekannt gemacht.

Der Auferstehungsglaube des Christentums hat Marielou sehr fasziniert. Immer wieder hat sie gefragt, ob das denn auch für ihre Oma gilt. Ich habe ihr gesagt, dass ich fest daran glaube, dass das auch für ihre Oma gilt. Da hat sie mich ganz betroffen angeschaut und empört gefragt: „Und warum hat mir das noch keiner gesagt?" So, als fühlte sie sich um Gott betrogen.

Unsere moderne Gesellschaft ist, wie alle Gesellschaften vor uns auch, darauf angewiesen, dass die Werte, die sie zusammenhalten, und die religiösen Prägungen an die nächste Generation weitergegeben werden. Dazu gehört, dass den religiösen Fragen der Kinder und Jugendlichen Raum gegeben wird und dass sie für diese Fragen Orientierung erhalten. Heute wird dafür häufig der Begriff „Religionssensibilität" verwendet. Dafür ist der erste Ort natürlich die Familie. Dann folgen die Institutionen, in denen Kinder betreut, erzogen und gebildet werden: Kinderkrippen, Kitas, Kindergärten und Schulen.

Besonders die Orte der frühkindlichen Bildung sind in den letzten Jahren in den Blickpunkt gerückt. Viele Ergebnisse von Entwicklungs- und Hirnforschung belegen, dass bereits Säuglinge und Kleinkinder ihre Weltsicht selbst konstruieren und dass die Zeit der ersten Lebensjahre für Lernprozesse besonders geeignet und kostbar ist. Die Kitas und Kindergärten werden heute verstärkt als Bildungsorte gesehen, und wie in der Schule gelten hier Bildungspläne. Mittlerweile gibt es in allen Bundesländern eigene Bildungspläne für den Elementarbereich. Es ist erfreulich, dass der Forschergeist der Kinder durch Projekte wie „Die kleinen Forscher" oder „Mathe Zahlenland" gefördert wird, denn die naturwissenschaftlichen Zugänge zur Welt sind wichtig für die Welterkenntnis.

Ebenso bedeutsam für die Entwicklung der Kinder ist aber auch der spirituelle, der religiöse Zugang zu unserer Wirklichkeit. Obwohl die Bereiche Religion, Werte oder interkulturelles und interreligiöses Lernen in den Bildungsplänen der Bundesländer für Kindergärten vorgesehen sind, werden sie nicht überall mit Leben gefüllt. Wenn ein Kind fragt, woher die Welt kommt, ist es natürlich viel einfacher zu erklären, wie sie sich entwickelt hat, als mit dem Kind quasi metaphysisch nachzufragen, warum es die Welt überhaupt gibt. Und wenn ein Kind fragt, warum die Glocken läuten und was eine Kirche ist, dann mag es ein erster Schritt sein, zu erklären, wie die Glocke einen Ton erzeugt und aus welchen Baumaterialien das Kirchengebäude besteht. Mit diesen Zugängen fühlen sich viele pädagogische Fachkräfte sicher, und viele Eltern können da gut mitgehen. Die Bildungspläne jedoch sehen eine umfassendere Antwort vor.

Sogar nach der Kinderrechtskonvention der Vereinten Nationen haben Kinder ein Recht nicht nur auf naturwissenschaftliche Bildung, sondern auch auf spirituelle Entwicklung (Artikel 27). Und dazu gehört, dass ein

Raum da ist für die religiöse Frage nach Gott. Unabhängig von der religiösen Prägung der Eltern haben alle Kinder ein Recht auf diesen Zugang und die entsprechende Orientierung in der Welt der Religion(en).

Viele Bildungspläne haben auch das Philosophieren mit Kindern aufgenommen. Im baden-württembergischen Plan zum Beispiel heißt es, dass die Kinder in ihrem Philosophieren und Theologisieren ernstgenommen werden sollen, wozu sie verständnisvolle Partner brauchen. Der Ausgangspunkt für das religiöse Gespräch ist das Staunen und Fragen der Kinder. Sie brauchen zur spirituellen und geistigen Entwicklung aber auch die religiösen Inhalte, das, worum es im Glauben geht: dass die Welt kein Zufallsprodukt ist; dass das Leben einen Sinn hat; dass Gott die Menschen liebt und dass mit dem Tod nicht alles zu Ende ist. Darauf gründen die christlichen Werte, die unsere Gesellschaft nach wie vor prägen, allen voran die unbedingt geltende Menschenwürde. Ähnliche Werte werden von vielen Muslimen gelehrt und gelebt, auch das prägt unsere Gesellschaft.

Es ist Teil des pädagogischen Auftrags und ein kaum zu überschätzender Dienst der Erzieherinnen und Erzieher an den Kindern und an der Gesellschaft, wenn sie das alles an Kinder weitergeben; wenn sie nicht nur für ihre Fragen offen sind, sondern sie auch mit den Antwortversuchen aus den religiösen Traditionen bekannt machen. Damit können die Kinder wiederum ihr eigenes Gedankengebäude weiterbauen (Ko-Konstruktion) und Zuversicht und Hoffnung ausbilden, die auch in schweren Zeiten tragen. Das sind wichtige Grundlagen für die Entwicklung – damit kein Kind bei existentiellen Erlebnissen fragen muss: „Und warum hat mir das keiner gesagt?"

> Heike Helmchen-Menke, Theologin und Pastoralreferentin; Referentin
> für Elementarpädagogik der Erzdiözese Freiburg, Fortbildungs-
> dozentin und Autorin.

Albert Biesinger

Kann man Gott lernen?

In einer Schülerzeitung ging es um Gott aus der Sicht der Hirnforschung und aus der Sicht der Theologie. Ein Neurophysiologe erklärte da: „Gott ist für mich die höchste Komplexität der Wirklichkeit. Die Wirklichkeit auf der Makroebene wie auf der Mikroebene ist derart komplex, dass auch eine höchste Komplexität gedacht werden muss."

Theologisch stellt sich die Frage, ob man Gott lernen kann, so wie der Mensch über sein Gehirn alles lernen muss. Wenn Gott der ganz Andere ist, der sich Verbergende, das große Geheimnis, die höchste Komplexität der Wirklichkeit, kann man ihn eigentlich nie lernen. Oder muss man vorsichtiger formulieren: nie ganz lernen?

Wie aber kann man Gott lernen? Man kann lernen, dass es viele Menschen gab (und gibt), die sich in verschiedenster Weise von Gott angesprochen sahen, sich von ihm her definiert haben oder sich Vorstellungen von ihm machten. Die Bibel ist voll von solchen Annäherungs-, aber auch Distanzierungsprozessen, von Bildern und Erzählungen, die Gott im Bund mit Menschen als Beziehung betrachten.

Inmitten der komplexen Wirklichkeit bin auch ich als Einzelner auf irgendeine Weise bereits in Beziehung mit der höchste Komplexität der Wirklichkeit. Ich kann mich von dieser höchsten Komplexität der Wirklichkeit nicht entfernen, auch wenn ich dies wollte. Dabei haben poetische Bilder für diese Beziehung – wie „Der Herr ist mein Hirte, es mangelt mir nichts" (Psalm 23) oder: Ich habe dich, Gott, von Angesicht zu Angesicht gesehen in diesem meinem Leid (frei nach Ijob 42,5) – ihre eigene emotionale wie intellektuelle Kraft. Aber es sind von Menschen gemachte, gefühlte, akzeptierte und auch wieder verworfene Bilder und Aussagen. In Spannung dazu steht immer die andere biblische Aussage: „Du sollst dir kein Bildnis machen (vgl. Ex 20,1–6).

Wenn ich Gott in seiner Unverfügbarkeit nicht lernen kann, dann kann ich aber doch die Beziehung zu und mit Gott lernen. Wie diese Beziehung möglich ist, das erfinde ich nicht völlig neu. Es gibt bereits sinnstiftende Beziehungsgeschichten über Gott und Mensch, Universum und Gott, Zeit und Gott, Raum und Gott. Wenn ich mich auf diese einlasse, lerne ich auch Gott.

Es geht aber um mehr als nur Beziehung. Es geht um Gottesberührung. Berührt mich Gott? Kann ich Gott berühren? Was sind Situationen und Anlässe, in denen das geschieht? Und wer hat mich in Berührung mit Gott gebracht? Wie bringe ich mich selbst in Berührung mit Gott?

Auf dem Heimweg vom Kindergarten fragte mich mein sechsjähriger Enkel Noah: „Du Opa, hast Duuuu denn den lieben Gott schon mal gesehen?" Wir sind auf dem Gehsteig stehengeblieben, weil die Frage keinen Aufschub einer Antwort duldete. „Noah, ich habe Gott auch noch nie gesehen. Gott kann man nicht sehen, weil er so ganz anders ist als wir. Mit meinen jetzigen Augen kann ich Gott nicht sehen. Aber ich habe Gott schon ganz oft gespürt. Und ich weiß auch ziemlich viel über Gott, weil ich die Geschichten von Jesus kenne, die er über Gott erzählt hat. Und du kennst ja auch schon viele Geschichten, die Jesus erzählt hat.

Nach kurzem Überlegen sagt Noah: „Dann ist der liebe Gott aber auch bei mir hier drinnen." Und er tippte auf seine Brust.

Als wir kürzlich wieder auf diesem Weg unterwegs waren, sagte Noah: „Opa, hier habe ich dich gefragt, ob du den lieben Gott schon mal gesehen hast?" Es muss also tiefgründig gewesen sein, dass er sich den Ort gemerkt hatte, an dem wir über eine entscheidende Frage seines Lebens gesprochen haben.

Für das Gottlernen ist wie für alles sonstige Lernen die Kommunikation in einer Familie entscheidend. Auch das kann man aus der modernen Hirnforschung sowie aus der Psychologie und Pädagogik wissen. Nur wird die Motivierung und Begleitung von jungen Eltern leider in der Kirche immer noch nicht entschieden ernstgenommen. Wissenschaftliche Abhandlungen dazu gibt es genug, konkrete Bausteine für die Umsetzung in Familien auch. Es stellt sich eher die Frage, warum viele – gerade im kirchlichen Bereich – es nicht unternehmen wollen. Ja, Gott kann man lernen – zuerst und vor allem über die zugewandte religiöse Kommunikation mit und in den Familien.

Prof. Dr. Albert Biesinger, Theologe und Religionspädagoge,
Mitbegründer der Stiftung „Gottesbeziehung in Familien",
Bühl / Baden.

Gregor Tischler

Der Katechismus hilft nicht mehr

Als ich, wenige Jahre nach Kriegsende geboren, noch ein Kind war, stellte sich die Frage nach Gott nicht. In meinem streng katholischen Elternhaus wurde Gott nie in Frage gestellt! Im kindlichen Bewusstsein war er einfach da, ganz, ganz nah.

Er sah alles, wusste alles, und das für alle Zeiten im Voraus. Er kannte, wie es im Katechismus stand, „sogar unsere geheimsten Gedanken". Dachte ich an Gott, stand dies immer im Zusammenhang mit „Sünde". Wenn Gott alles wusste, kannte er auch alle meine Verfehlungen, zum Beispiel die unkeuschen Gedanken, die alle „Todsünden" waren und von denen nicht einmal die Eltern erfahren durften.

Welch ein Kontrast zu heute! Wer jetzt überhaupt noch die Gottesfrage stellt, wird dies freilich viel nachdenklicher tun, als es in Zeiten konfessioneller Milieus geschah. Sicher, auch vor sechzig, siebzig Jahren gab es schon zahlreiche Kritiker der Religion. Man traf auch damals schon Atheisten und Agnostiker, oberflächliche, aber auch ernsthafte. Kirchgänger aber waren – vor allem in ländlichen Gebieten – meist in der Überzahl. Rituelle Vollzüge stellte man selten in Frage, und das Kirchenjahr bestimmte oft noch den individuellen Zeitablauf.

Trotzdem hatte die antimodernistische Haltung, die insbesondere die katholische Kirche bis zum Tod von Papst Pius XII. (1958) prägte, schon ausgedient. Johannes XXIII. wollte mit der Einberufung des Konzils „die Fenster öffnen". Auf einmal drang der Geist der Aufklärung, wenn auch moderat, in die Kirche ein, obwohl er im 19. Jahrhundert in Folge einer inneren Rückwendung als – so Pius IX. – „verderblichster Irrtum" verworfen worden war.

Nun allerdings fingen die Probleme erst richtig an. Wie lassen sich der Glaube an den dreifaltigen Gott, an die Auferstehung Christi, wie lassen sich viele Sätze der Bibel und der Dogmatik mit rationalem Denken und dem Stand der Wissenschaften vereinbaren? Die Antwort derer, die das konfessionelle Milieu verließen, war oft: kaum oder gar nicht!

Fast vier Jahrzehnte lang erteilte ich am Gymnasium einer bayerischen Kleinstadt Religionsunterricht. In unterschiedlicher Weise spiegelte sich das Problemfeld Glaube–Vernunft auch in der Grundeinstellung der Schülergenerationen wider. Anfangs, in den siebziger Jahren, gab es noch einige kirchlich-konservativ eingestellte Gruppierungen, denen ich mitunter zu wenig „glaubenstreu" erschien. Solche aber wurden von Jahr zu Jahr seltener.

Dabei vollzog sich eine interessante Entwicklung. Die Kirchenbindung nahm zwar stetig ab, doch bedeutete dies nicht, dass Fragen nach Gott und dem Sinn des Lebens nicht mehr gestellt worden wären. Im Gegenteil, viele junge Menschen, die bereit waren nachzudenken – man findet solche wohl am ehesten in der Oberstufe weiterführender Schulen –, ließen sich weiterhin für die Frage nach Gott sensibilisieren. Gerade weil er in Frage gestellt wurde, wurde nun die Frage nach ihm gestellt! Warum gibt es überhaupt etwas, warum eine Ordnung im Kosmos? Müssen uns nicht gerade die immer genaueren Erkenntnisse der Naturwissenschaften stets von Neuem zum Staunen bringen? Wie kamen in unbelebte Materie Leben, Empfindung und Geist? Warum lässt sich erst mit menschlicher Vernunft die „Vernünftigkeit" von Natur und Kosmos Stück für Stück nachvollziehen? Muss man da, so gesehen, nicht von „Schöpfung" sprechen? Und wer ist dann der „Schöpfer"?

Ein zweites Problemfeld kam hinzu: Wie lässt sich eine Ethik der Humanität überzeugend begründen? Wie kam es überhaupt zu einer solchen? Beim Versuch einer Antwort sollte man nicht versäumen, die geschichtlichen Fakten zu nennen: Es war die Erfahrung Israels, die die Verbindung von

Gottesglaube und einer Ethik der Nächstenliebe erkannte! Dass das Christentum trotz aller Verirrungen dieses Erbe Israels bewahrte – und sogar universalisierte, indem es die Schranken des Judentums überwand –, davon zehren, ob sie es sich eingestehen oder nicht, bis heute alle, die sich für Menschenwürde und Menschenrechte einsetzen. Man sollte dies auch in der Öffentlichkeit wieder deutlicher machen, selbst wenn eine der Wahrheit kaum dienliche politische Korrektheit solche Zusammenhänge empört zurückweisen mag.

Mit der Gottesfrage verbindet sich auch das Verlangen nach Hoffnung in einer Welt, die oft als grausam und sinnwidrig erlebt wird. Nein, das Theodizeeproblem kann man nicht mit schönen Floskeln wegreden. Die Frage, warum es unverschuldetes Leid gibt, die harte Realität der Endlichkeit und den allzu häufigen Triumph des Bösen, bleibt ein „Fels des Atheismus", wie Georg Büchner formulierte. Aber auch der Atheismus gibt keine befriedigende Antwort. Wenn da kein guter Gott ist, hat dann also Auschwitz, hat der Henker schlussendlich doch triumphiert? Oder lässt sich Hoffnung auf ein Danach, eine Auferstehung in das absolut Gute hinein trotz allem begründen?

Derlei Überlegungen bieten Ansätze, junge Menschen, und nicht nur sie, für die Frage nach Gott empfänglich zu machen. Auch ältere Erwachsene, die sich oft erst nach langem Ringen von überkommenen – religiösen oder auch antikirchlichen – Denkmustern befreit haben, sind oft bereit, die Grundfragen des Lebens zu stellen. Dies durfte und darf ich seit mehr als drei Jahrzehnten erfahren, in denen ich Volkshochschulkurse mit theologischer Thematik abhalte. Was jedoch unter keinen Umständen mehr taugt, sind Katechismus-Antworten. Wie nachdenklich auch treue Kirchgänger geworden sind, zeigte sich zuletzt beispielhaft an der Diskussion über die vorletzte Vaterunser-Bitte: „Und führe uns nicht in Versuchung". Aber auch die nur aus ihrer Zeit heraus zu verstehenden Formulierungen des Glaubensbekenntnisses und viele zu Missverständnissen einladende Bibelverse bedürften einer gründlichen Klärung, die sich nicht auf Theologenkreise beschränkt! Warum erfährt bis heute der „Normalgläubige" so gut wie nichts von den hilfreichen Erkenntnissen der historisch-kritischen Exegese?

Als ich vor einiger Zeit voll Bewunderung vor dem Altar der Wittenberger Stadtkirche stand, auf dem Cranach die befreiende Botschaft der Reformation darstellen wollte, sagte neben mir ein Freund, der sich selbst einen Agnostiker nennt: „Was müssen die damals für einen tiefen Glauben gehabt haben!"

Ja, den hatten sie in der Tat. Aber wir können ihn nicht mehr so einfach in unser 21. Jahrhundert übertragen. Die Grundfragen jedoch bleiben. Es liegt an uns, an Gläubigen und Theologen, neue Antwortversuche zu wagen

– und dabei eine alte Glaubenswahrheit zu beherzigen: Gott ist immer größer als alles, was wir denken und erkennen können.

Gregor Tischler, Studiendirektor, unterrichtete Religion und Latein, Donauwörth.

Sabine Pemsel-Maier

Nur noch ein höheres Wesen?

Nicht nur Erwachsene, auch Kinder und Jugendliche stellen die Gottesfrage und suchen nach Worten für das Unsagbare. Nehmen sie teil am schulischen Religionsunterricht oder haben sie Zugang zu kirchlicher Katechese, wird ihnen die Beschäftigung damit als denkerische Herausforderung aufgegeben. Dies führt bekanntlich nicht unmittelbar zum Glauben, doch umgekehrt ist Glaube ohne solche Denkarbeit nicht möglich. Der Religionsunterricht hat zum Ziel, dass die Schüler den Gottesglauben kennen- und verstehen lernen als eine bewährte Option, die eigene Existenz in einem letzten Grund zu verankern. Die vertiefte und existenzielle Einführung in diesen Glauben ist Aufgabe der Katechese.

Namhafte Studien wie der Religionsmonitor der Bertelsmann-Stiftung (2013), die Shell-Jugendstudie (2015), die Sinus-Milieustudie U27 (2016) sowie weitere kleinere Untersuchungen geben Einblicke in die Art und Weise von Heranwachsenden, Gott zu denken, in ihre Zugänge und Schwierigkeiten, in die Attribute, die sie Gott zusprechen. Für immerhin rund 40 Prozent der christlichen Jugendlichen spielt nach ihrer eigenen Aussage Gott eine Rolle. Doch nur noch ein Viertel von ihnen ist von einem personalen Gott überzeugt. Zum Vergleich: Unter Jugendlichen, die anderen Religionen, insbesondere dem Islam, angehören, wird die Bedeutung des Gottesglaubens von 76 Prozent als hoch eingeschätzt. 57 Prozent bekennen sich zu einem persönlichen Gott.

Nicht nur Personalität, auch andere Zuschreibungen aus der theologischen und frömmigkeitsgeschichtlichen Tradition finden unter christlichen Jugendlichen zunehmend weniger Zustimmung. Trinität, der Glaube an einen dreieinen Gott, ist zu einer theologischen Leerformel geworden. Nur von wenigen wird bejaht, dass Gott in der Welt wirksam ist, dass er als Schöpfer und Erhalter in ihr gegenwärtig ist, dass er das Leben der Menschen begleitet und sie führt. In diesem Sinne kann man sagen: Gott ist nicht unterwegs „in" und „mit" der Geschichte der Menschen und der Welt, sondern allenfalls eine Erstursache.

Damit zeichnet sich ein Wandel hin zu einer anonymen Vorstellung von Gott beziehungsweise vom Göttlichen sowie hin zu einer deistisch inspirierten Religiosität ab. Der Glaube an ein anonymes „höheres Wesen" ist zwar nicht einfach Nichts, sondern kann eine Ahnung davon geben, worin unser Leben gründet und worauf es hinzielt. Und der Abschied von einem punktuell in die Welt eingreifenden Gott, der letztlich doch enttäuschen muss, weil er in entscheidenden Augenblicken doch nichts tut und Leid nicht ersparen kann, ist nicht zu bedauern, sondern eher zu begrüßen. Dennoch: Nur ein personal gedachter und geglaubter Gott eröffnet die Möglichkeit der Kommunikation. Nur zu ihm lässt sich beten. Nur er ruft Menschen in die Verantwortung zu handeln. Wo Jugendliche von Gott nichts mehr erwarten, außer dass er „irgendwie da" ist, braucht es letztlich einen solchen Gott gar nicht mehr.

Nicht zuletzt: Der Gottesgedanke ist für Heranwachsende nicht von sich her einleuchtend, sondern auch er unterliegt dem Urteil der Nützlichkeit und muss sich der Sinnfrage stellen: Was „bringt" es, an Gott zu glauben, wo doch auch ohne ihn sinnvolles und gelingendes Leben möglich ist? Warum auf einen Gott setzen, der einem Leid und Krisen ja doch nicht erspart? Warum sich mit einer Idee beschäftigen, die rational nicht einholbar ist und sich womöglich am Ende als Illusion erweist? Sicherer und vertrauenswürdiger erscheinen angesichts dessen die – vermeintlich objektiven – Wissenschaften.

Wer den Bedeutungsverlust der Gottesvorstellung bei Heranwachsenden nur unter dem vielzitierten Stichwort von der „Verdunstung des Glaubens" verbucht, greift freilich zu kurz. Dass der Gottesglaube an Relevanz eingebüßt hat, ist nicht nur Ausdruck von Oberflächlichkeit, mangelnder Kirchlichkeit und Dominanz der materiellen Werte, sondern hat weiterreichende Gründe. Es ist zum einen auch eine Folge dessen, wie Gott in postmodernen Gesellschaften erfahren oder eben nicht mehr erfahren wird, nämlich vielfach als abwesender und schweigender Gott, gerade angesichts des Leidens. Und es ist zum anderen auch die Folge einer bestimmten Art der Gottesrede, die nur allzu genau zu wissen glaubt, wer und wie Gott ist – und die deswegen in der Gefahr steht, Fragen, wie sie gerade Jugendliche stellen, im Vorfeld zu ersticken und umgekehrt Antworten auf Fragen zu geben, die sie selbst nicht (mehr) stellen. Eben weil der Traditionsabbruch bei jungen Menschen viel stärker greift als bei religiös und kirchlich sozialisierten Erwachsenen, reagieren Jugendliche sensibel, ja geradezu seismographisch, wenn sie den Eindruck haben, nicht hinreichend ernstgenommen zu werden.

Theologie und Verkündigung müssen sich selbstkritisch fragen, wo sie möglicherweise mit ihren allzu schnellen und eindeutigen Antworten die Frage nach Gott beenden, wo sie ihn als „lieben Kuschelgott" banalisieren, vor dem man zwar keine Angst mehr haben muss, der aber auch nicht mehr wirksam ist, wo sie ihn „verendlicht" haben oder in allzu menschliche Ansichten auflösen, nicht zuletzt auch, wo sie die dunklen und darum anstößig erscheinenden Seiten Gottes ausblenden.

Religionsunterricht und Katechese – oder besser: Lehrkräfte, Bildungsplanmacher und pastorale Mitarbeitende – müssen sich zudem selbstkritisch fragen, ob über den vielen anderen Themen die Gottesfrage hinreichend Aufmerksamkeit findet. Es ist ihre Aufgabe, die unbeantwortbaren Fragen menschlicher Existenz zu thematisieren, ohne dass ihnen diesbezüglich eine Monopolstellung zukäme. Entscheiden und beantworten kann diese Fragen nur jede und jeder für sich. Ohne ein überzeugendes Angebot der christlichen Gottesbotschaft ist zu vermuten und zu befürchten, dass Glaubensantworten immer seltener werden.

Prof. Dr. Sabine Pemsel-Maier, lehrt Katholische Theologie/
Religionspädagogik mit dem Schwerpunkt Dogmatik und ihre
Didaktik an der Pädagogischen Hochschule Freiburg

XIII. Wie sich die Kirche erneuert hat und erneuern kann

Joachim Jauer

Den Menschensohn wecken

Ein unbekannter Mönch auf der Insel Reichenau im Bodensee war vor etwa tausend Jahren auf der Suche nach Gott. Es gab Zeiten, da fühlte er Ihn gegenwärtig, und Phasen, da schien ihm Gott wie schlafend und abwesend zu sein. Der fromme Benediktiner hat seinen Glauben in ein Bild gesetzt. Denn er war als Buchmaler ein großer Künstler. Sein Bild im Evangeliar Ottos III. gehört zum Weltdokumentenerbe der Unesco.

Schwankend wie sein Glauben ist das Boot, das er auf hohen Wellen des Sees Genezareth gemalt hat. Rechts oben im Bild blasen zwei bläuliche Gesichter Sturm auf den See. Im Boot sitzen vier Jünger, und im Vorderteil schläft Jesus. Der Menschensohn ist erschöpft. Die Jünger versuchen, das Schiffchen mit Rudern zu stabilisieren. Petrus steht am Mast und weckt den Herrn. Er ruft: „Meister, kümmert es dich nicht, dass wir zugrunde gehen?" Es ist die uralte *conditio humana*, die Natur des Menschseins, schwankend zwischen Todesangst und Gottvertrauen.

Im gleichen Boot, im hinteren Teil, im Heck, steht der aus dem Schlaf geholte Jesus und gebietet mit segnender Hand dem Sturm. „Da stand er auf, drohte dem Wind und sagte zu dem See: Schweig, sei still! Und der Wind legte sich und es trat völlige Stille ein." Der ruhende und der wache Jesus in einem Boot. Machtvoll gebietet der Menschensohn der entfesselten Natur Einhalt. Der Maler des Evangeliars vom Kloster Reichenau folgt dem Evangelisten Markus, wenn der über Jesus schreibt: „Er sagte zu ihnen: Warum habt ihr solche Angst? Habt ihr noch keinen Glauben?"

Die Kirchen sind so sehr mit sich selbst beschäftigt, dass sie zu fragen vergessen, warum die moderne Gesellschaft noch keinen Glauben hat. Heute steht die Frage anders. Warum haben ungezählte Menschen keinen Glauben mehr? Wer glaubt denn heute noch, dass Gott, wenn es Ihn denn gibt, dem von Menschen gemachten Chaos, der Zerstörung Seiner Schöpfung, der atomaren Gewaltdrohung, diesem Sturm machtvoll Einhalt gebieten wird? Mit Blick auf das Böse schreibt der Pfarrerssohn Friedrich Wilhelm Nietzsche, Gott sei widerlegt, der Teufel jedoch nicht. Denn der Teufel, das Böse, blieb in der Welt. Er hat in der „modernen Gesellschaft" braune und rote Diktaturen zu Massenmorden verführt, er steckt in einer Wirtschaft, „die tötet". Nietzsche kämpfte noch und litt als „Gottesmörder".

„Gott ist tot! Gott bleibt tot! Und wir haben ihn getötet! Wie trösten wir uns, die Mörder aller Mörder? Das Heiligste und Mächtigste, was die Welt bisher besaß, es ist unter unseren Messern verblutet", klagte der Philosoph.

Eine unüberschaubare Mehrheit in der modernen Gesellschaft aber streitet nicht mehr über Gott. Gott ist ihnen abhanden gekommen, Er ist ihnen egal. Die Moderne hat den „Alleskönner Mensch" als ihren Gott-Ersatz proklamiert.

Die Christen von heute lassen ihren Herrn in Ruhe. Niemand weiß, wie viele noch oder nicht mehr an Gott glauben. Die Hirten kümmern sich vor allem um die Ausrüstung und Modernisierung des schwankenden Kirchen-Schiffs.

Die Antwort auf die religiöse Frage heute heißt Religion. Denn mit Religion wendet sich das Geschöpf dem Angebot seines Schöpfers zu. Nur im Erkennen seiner Unfähigkeit, die Welt zu ordnen, die Vielfalt der Schöpfung zu retten, und in der demütigen Annahme seiner Endlichkeit wird sich der Mensch wieder dem unendlichen und fernen Gott nähern. Die Antwort der Glaubenden, der Hoffenden, aber auch die der Verzweifelten auf die religiöse Frage könnte also lauten: Sie müssen den schlafenden Menschensohn wecken, dann gebietet er wieder dem Sturm.

Übrigens: Das Kloster Reichenau wurde von Pirminius, dem „Apostel der Alemannen", vor 1300 Jahren gegründet. Die Benediktinerabtei zählte neben Sankt Gallen und Fulda zu den bedeutendsten Klöstern der Zeit Karls des Großen. Wegen Streitigkeiten innerhalb der Ordensgemeinschaft wurde das Kloster mehr und mehr aufgehoben, doch erst 1803 verließen die letzten Mönche die Insel, als Folge der Säkularisation. Aber nachdem sich der „Sturm gelegt" hatte, kamen Anfang des neuen Jahrtausends wieder Benediktiner auf die Insel Reichenau.

Joachim Jauer, Journalist, war langjähriger Korrespondent des ZDF in Osteuropa und in der DDR, Kirchberg im Wald.

XIII. Wie sich die Kirche erneuert hat und erneuern kann

Manfred Scheuer

Wider die Müdigkeit

Der amerikanische Pop-Sänger Justin Bieber ist gewiss kein Kind von Traurigkeit und falscher Bescheidenheit. In den sozialen Netzwerken postete er ein Bild seiner Tätowierungen. Unter anderem prangt da in großen Lettern quer über seine Brust der Schriftzug: „SON OF GOD". Natürlich sind wir Söhne und Töchter Gottes. Das gehört zum christlichen Grundverständnis. Doch wer von uns trägt diese Überzeugung ähnlich selbstbewusst vor sich her? Ist es nicht fast anstößig, religiös Farbe ohne Wenn und Aber zu bekennen?

Ein grundlegender Einwand gegenüber einer sich religiös verstehenden Existenz durchzieht das Denken und Empfinden der Moderne: Es ist der Verdacht, mit einem religiösen Glauben verliere der Mensch seine Autonomie, seine Fähigkeit zur Selbstbestimmung. Religion – so lautet der Vorwurf – sei ein Zustand der Fremdbestimmtheit, in der dem Menschen das Recht auf schöpferische Selbstverwirklichung und moralische Autonomie genommen wird. Das ist der geheime Stachel, der viele auch nachdenkliche Menschen vom Glauben an Gott und an das Evangelium abhält.

Darauf mag es manches zu antworten geben: von der Anthropologie her, die weiß, dass wir grundsätzlich dialogische und nicht monologische Wesen sind; von der Theologie her, die aufzeigen kann, dass Gottes Freiheit nicht als Konkurrenz, sondern nur als Ermöglichungsgrund der Freiheit des Menschen zu verstehen ist. Der Psalmist sagt: „In deinem Licht schauen wir das Licht!" (Ps 36,10). Wer liest, denkt normalerweise nicht ans Auge. Wir brauchen eine Vertiefung und „Verheutigung" unserer Gottesverkündigung. Das ist zunächst eine intellektuelle Herausforderung, in der sich angesichts der Welt- und Lebenserfahrungen der Menschen Theologie und kirchliche Bildungsarbeit bewähren müssen, aber auch eine Herausforderung für die öffentliche Verkündigung, für die Katechese und den Religionsunterricht. Es gilt, angesichts gegenwärtiger Infragestellungen des Glaubens verantwortet „Gott denken" zu können, sonst droht die Gefahr, dass wir uns ins Sektenhafte verabschieden.

Die Glaubwürdigkeit des Christentums ist aber gegenwärtig nicht so sehr eine Frage rationaler Argumente. Der Jesuit Alfred Delp, der von den Nazis verhaftet und umgebracht wurde, schrieb über den Zustand der Kirche, ihre Müdigkeit und Entfremdung von den Menschen: „Auch der andere Weg der fordernden Kirche im Namen des fordernden Gottes ist kein Weg mehr zu diesem Geschlecht und zu den kommenden Zeiten. Zwischen den klaren Schlüssen unserer Fundamentaltheologie und den vernehmenden

Herzen der Menschen liegt der große Berg des Überdrusses, den das Erlebnis unserer selbst aufgetürmt hat. Wir haben durch unsere Existenz den Menschen das Vertrauen zu uns genommen… Und gerade in den letzten Zeiten hat ein müde gewordener Mensch in der Kirche auch nur den müde gewordenen Menschen gefunden. Der dann noch die Unehrlichkeit beging, seine Müdigkeit hinter frommen Worten und Gebärden zu tarnen" („Das Schicksal der Kirchen", 1944/45).

Diese Müdigkeit – wie oft reden wir aber von der lebendigen Kirche! Ein Wunschtraum? Oft schränken wir diese Redeweise gar in dem Sinn ein, dass lebendiges Christsein sich ausschließlich in regelmäßigem Gottesdienstbesuch und regem Pfarrheimbetrieb niederschlage. Doch dieses Verständnis ist aufzubrechen. Lebendiges Christsein beginnt bei einer kleinen, achtsamen Geste im Alltag, findet dann statt, wenn ehrlich und mit Freude die Sakramente gefeiert werden, und geht bis zur zeitlich begrenzten ehrenamtlichen Mithilfe in einem sozialen Projekt. Viele Menschen, die sich der Kirche zugehörig fühlen, die sich selbstverständlich als Christin, als Christ bezeichnen, sind dabei auf der Suche nach dem Schatz der Kirche und nach Orientierung in ihrem Leben. Als gemeinschaftlich organisierte Kirche sollen wir uns fragen: Wie können wir diesen Menschen entsprechende Anknüpfungspunkte für ihr Suchen und Fragen unterbreiten? Es muss das Anliegen sein, die spirituell Suchenden und sozial Interessierten in der ganzen Bandbreite von Nähe und Distanz im Blick zu haben und zu schätzen. Glaubhaft wird uns das nur gelingen, wenn uns der christliche Glaube trägt. Wie der Theologe Michael Seewald in CHRIST IN DER GEGENWART schrieb: der Glaube an „Christus, den menschgewordenen Gott, der so groß ist, dass er es nicht nötig hat, andere klein zu machen, weil Gott mit seiner ganzen Fülle in ihm wohnt (Kol 1,19) – eine Fülle, die so voll ist, dass sie überläuft und ihre Spuren auch dort hinterlässt, wo man sie nicht vermuten würde."

Dr. Manfred Scheuer, Bischof von Linz, hatte einen Lehrstuhl für Dogmatik und Dogmengeschichte in Trier.

Joachim Wanke

Der alternative Horizont

Die Frage, ob es so etwas wie Gott wirklich gibt, wie man mit ihm in Verbindung treten kann und ob seine Existenz etwas mit unserem Leben zu tun haben könnte, bewegt die Menschen seit jeher. In der Vergangenheit haben sich solche Fragen zumeist religiös artikuliert und wurden in entsprechenden Sprachmustern und Ritualen präsent gehalten. In unserem von Aufklärung und naturwissenschaftlichem Denken geprägten Zeitalter hat sich das bekanntlich radikal gewandelt. Die frühere Selbstverständlichkeit einer Gottespräsenz hat sich in ihr Gegenteil verwandelt, in ihre Nicht-Selbstverständlichkeit.

Es zeigt sich freilich auch, dass die religiöse Option neue Aufmerksamkeit, in manchen Fällen auch neue Anziehungskraft gewinnt. Der vertiefte Blick auf Natur, Kultur oder Geschichte, der bisherige Gewissheiten in Frage stellt, der Zusammenbruch von Großideologien und deren Erklärungsmustern, die Suche nach tragfähigen Fundamenten für eine humane Zukunftsgestaltung, vor allem auch die anhaltende Erfahrung der Zufälligkeit und Begrenztheit menschlicher Existenz führen zu einer Neubefragung des Religiösen. Selbst die Kirchen können zum Ausgangspunkt eines solchen Fragens nach Gott werden vor allem dort, wo sie weniger als bürokratische Institution erfahren werden denn als lebendige Gemeinschaften von Glaubenden beziehungsweise von Suchenden und Fragenden.

Freilich ergibt sich aus solchen Beobachtungen manchmal die Versuchung, mit der angeblichen sozialen oder spirituellen Nützlichkeit des Religiösen und speziell einer den heutigen Nachfragebedürfnissen angepassten „Servicekirche" zu werben. Um nicht in diese „Kirchenfalle" zu tappen, ist es notwendig, sich das grundlegende Selbstverständnis des christlichen Gottesglaubens vor Augen halten. Christlicher Glaube versteht sich als Antwort auf ein Angerufensein von außen her. Der Jenaer Soziologe Hartmut Rosa würde ihn eine „Resonanzerfahrung" nennen. Dieser Glaube führt, wenn er sich im Lebensalltag konsolidiert, zu einer Neuausrichtung der eigenen Biographie.

Das theologische Nachdenken hat stets daran festgehalten: Der Gottesglaube – mag er auch in seiner Entstehung durch mancherlei vorgegebene Plausibilitäten gestützt werden – ist eine Gabe, die von „oben" kommt. Die Gemeinschaft der schon Gläubigen kann bei diesem Prozess seiner Entstehung gleichsam nur „Hebammendienste" leisten.

Was im heutigen Lebensgefühl vieler Zeitgenossen ein besonderes Hindernis für eine Gottesoption darstellt, ist das Vorurteil, mit einem religiösen

Glauben verliere der Mensch seine Fähigkeit zur Selbstbestimmung. Ihm werde das Recht auf schöpferische Selbstverwirklichung und moralische Autonomie genommen. Das ist der geheime Stachel, der viele, auch nachdenkliche Zeitgenossen vom Gottesglauben abhält.

Christen stehen derzeit wieder unter einem Generalverdacht. Vor der friedlichen Revolution im Osten Deutschlands war es der „Projektionsverdacht", frei nach Ludwig Feuerbach und Karl Marx: Der religiöse Glaube verdirbt das Denken. Jetzt erhebt sich ein „Entfremdungsverdacht": Glaube und Kirche entfremden vom Leben, verderben das Diesseitsglück, vermiesen die Lebensgeschichte und machen alles grau und fad. Neuerdings tritt noch der fatale Verdacht hinzu, dass ein entschiedenes religiöses Bekenntnis den Menschen zum Fanatiker, zum „Taliban" mache.

Darauf mag es manches zu antworten geben, von der Anthropologie her, die weiß, dass wir grundsätzlich dialogische und nicht monologische Wesen sind, von der Theologie her, die zeigen kann, dass Gottes Freiheit nicht als Konkurrenz, sondern als Synergie zur Freiheit des Menschen gedacht werden kann. Der Psalmist sagt: „In deinem Licht schauen wir das Licht!" (Ps 36,10).

Aber es geht hier nicht nur um ein Abwägen rationaler Argumente. Es geht um tiefer liegende Gründe, die die ganze Existenz des Menschen betreffen und Bereitschaft zum Risiko erfordern. Wem kann man beweisen, dass Wasser trägt, wenn er nie den Sprung ins tiefe Wasser wagt? Wer einen anderen Menschen liebt, bleibt frei, auch wenn er sich nun auf neue Verpflichtungen einlässt – aber eben auf einer anderen, das Leben weitenden Wirklichkeitsstufe. Es gibt Dinge – etwa der Gebrauch eines Kletterseils im Hochgebirge –, die binden, die aber andererseits neue Horizonte eröffnen. Zu solchen Bindungen gehört auch der christliche Gottesglaube – und der Mut, ihn als alternativen Orientierungshorizont anzuerkennen, in ihm zu leben, ja Gott, dessen Anruf man antworten will, im Gebet selbst anzusprechen.

Die Verweigerung des Gottesglaubens bleibt ein Geheimnis des Herzens. Ich gebe zu: In unseren Zeiten ist die Gotteswirklichkeit für viele häufig abgedunkelt. Wir sehen heute – vergleichbar dem Verweilen in einem vom Tageslicht abgeschotteten barocken Spiegelkabinett – weithin nur uns selbst. Der heutige Mensch durchschaut, wie er meint, alles, selbst die Religion, ihre Entstehung, ihre Existenzbedingungen. Wer aber alles durchschaut, sieht am Ende gar nichts mehr.

Man könnte fragen: Muss einer, wenn er spricht, um die Grammatik wissen? Grammatik ist die selbstverständliche Voraussetzung beim Sprechen und Schreiben, an die wir im alltäglichen Gebrauch meist nicht denken. Jetzt nehme ich einmal meinen Mund sehr voll: Für mich ist die Welt

Gottes weder fern noch verworren. Sie ist für mich eine Sache täglicher Erfahrung wie vergleichsweise das Atmen. Die Leugnung Gottes kommt mir vor wie eine Art Amnesie, wie eine Geistesabwesenheit, eine Vergesslichkeit. Man denkt eben beim Lesen nicht an die Augen. Zugegeben: Diese Erfahrung ist nicht zu verallgemeinern. Sie bleibt auch angefochten. Oft wird sie auch verächtlich als vormodern abgetan. Aber sie hat für mich trotz allem eine innere Evidenz.

Wichtig ist, dass es die Grammatik des Heiles gibt, sprich: die Augen der Glaubensgemeinschaft Kirche, die Gottes Heilswege zu erkennen sucht und ihre Zeitgenossen einlädt, diese Wege nachzugehen. Doch füge ich gleich hinzu: Wer über diese religiösen Hilfsmittel aus welchen Gründen auch immer im eigenen Leben nicht verfügt, lebt keineswegs „gottverschlossen". „Du bist nicht fern vom Reich Gottes!", sagt Jesus zu dem Schriftgelehrten, der sich seinen Jüngern bekanntlich nicht anschloss (vgl. Mk 12,34). Meine Erfahrung als Seelsorger hat mich gelehrt, dies auch von manchem angeblich glaubenslosen Thüringer zu sagen.

Mit vordergründiger Kirchenkritik ist in der Gottesfrage also nichts zu gewinnen. Die Kirche dient dem heilsnotwendigen Evangelium. Darin ist sie unersetzlich. Die Kirche hat Glaubensbrücken zu bauen. Sie hat Einladungen auszusprechen. Sie soll lehren, sich nicht mit dem Vorfindlichen zufrieden zu geben. Sie muss aus existenzieller Schläfrigkeit wecken. Das sind sehr facettenreiche Aufgaben, die zudem noch angesichts des jeweiligen kulturellen Kontextes einer Zeit auf unterschiedliche Weise anzugehen sind. Das Entscheidende bleibt jedoch die Einsicht: Die Kirche ist nicht Heilsanstalt, sondern Resonanzraum des Heils, in welchem Gottes Melodie, das Evangelium, für alle Hörwilligen zum Klingen kommen soll.

In welcher Vielfalt und Unterschiedlichkeit „Gottesberührungen" zustande kommen, zeigt die christlichen Frömmigkeitsgeschichte. Solche Berührungen können das Ergebnis eines mühevollen Fragens und Suchens sein, aber auch durch den plötzlichen Einbruch des Himmels in eine bislang religiös abgeschottete Biographie zustande kommen. Sie können kirchlich vermittelt sein, oder sie können Menschen betreffen, die nachweislich „chemisch rein" von religiösen Einflüssen aufgewachsen sind. So oder so: Gottesgewissheit ist – theologisch formuliert – das Geschenk einer überwältigen Selbstoffenbarung Gottes, die letztlich als Überraschung, als Einbruch von Licht, als Freisetzung und Bereicherung erfahren wird.

Doch gilt zu beachten: Die heutige existenzielle Erfahrung gesteigerter Bedingtheit (Kontingenz) einer religiösen Lebensoption („Warum gerade ich – und nicht die anderen?") verändert die Anforderungen an die Qualität dieser Selbstbindung. Ohne eine bewusste Einbeziehung der Infragestellung meiner Entscheidung durch das Verhalten anderer bleibt meine persönliche

Bindung nicht überlebensfähig – und mein Reden von Gott oftmals ideologisch, was hier meint: unkritisch.

Genau in diesem Prozess einer qualitativen Vertiefung seines Gottesglaubens steht heute der Christ. Es geht um eine „Neuvermessung" des Glaubens, denn der geweitete Erfahrungsraum für den Einzelnen hat eine Ausweitung der Freiheitsräume und damit eine Vervielfältigung der Handlungsoptionen mit sich gebracht. Wie dieser Wandlung der Rahmenbedingungen für eine verantwortbare religiöse Glaubensoption heute zu begegnen ist, bleibt die Grundherausforderung einer wachen zeitgenössischen christlichen Spiritualität.

Prof. Dr. Joachim Wanke, emeritierter Bischof von Erfurt, Neutestamentler.

Hans Waldenfels

Aus der Mitte der Eucharistie

Im Pontifikat von Papst Franziskus stehen von Anfang an die Menschen an den Rändern des Lebens, die „Weggeworfenen", im Blickpunkt. Er schaut auf sie aus der Perspektive Jesu Christi, dessen lebendige Gegenwart er alltäglich in der Eucharistie feiert. Die Mitte seines Lebens ist Jesus Christus. Bei nicht wenigen, die dem Aufruf des Papstes auf ihre Weise folgen, besteht aber die Gefahr, dass sie die Mitte, von der aus er die Ränder sieht, aus den Augen verlieren.

Beachtet man die Thesen, die die Redaktion der Wochenzeitschrift CHRIST IN DER GEGENWART anlässlich des Reformationsgedenkens 2017 zur Erneuerung des Glaubens vorgelegt hatte (in der Ausgabe Nr. 44), findet das Gesagte dort deutliche Bestätigung. Ausgangspunkt sollte Gott in seinem Wort sein, wie es in der Bibel artikuliert wird und wie wir ihm in der Liturgie begegnen. Das macht klar: Wir verfügen nicht über Gott und sein Wort, doch wir sind eingeladen, sein Wort zu hören und uns um sein Verständnis zu bemühen.

Zu den wichtigsten Erneuerungen, die das Zweite Vatikanische Konzil gebracht hat, gehört die Betonung von Wort *und* Sakrament. Haben unsere Vorfahren noch gelernt, dass die heilige Messe aus zwei Teilen bestehe, der „Vormesse" und dem Hauptteil aus „Opferung", „Wandlung" und „Kommunion", so sprechen wir heute vom Wortgottesdienst und der Eucharistiefeier. Wort und Sakrament stehen gleichgewichtig nebeneinander. Der Sichtwandel setzte sich zunächst zögerlich, doch dann radikal und unaufhaltsam durch, indem die römische Liturgie sich weltweit in Richtung Volkssprachlichkeit veränderte und die lateinische Sprache weithin ihre Bedeutung verlor.

Inzwischen müssen wir leider feststellen, dass die Neugewichtung der Wortverkündigung einen zunehmenden Verlust des Sakramentalen mit sich bringt. Er nimmt umso krassere Züge an, als das Interesse am priesterlichen Beruf, der Verwaltung des zentralen göttlichen Geheimnisses, in Europa abnimmt. Es ist absehbar, wann unter den aktuellen Bedingungen die Zahl der geweihten Priester verschwindend gering sein wird.

Die Gewichtverschiebung vom sakramentalen Geheimnis auf das Wort Gottes im Menschenwort aber bringt mit sich, dass immer weniger nach Gott – wer er ist und wo und wie er sich zeigt – gefragt wird und dass dafür neuzeitlich der Mensch in den Mittelpunkt rückt mit seinen Fragen und Zweifeln, seinen Nöten, aber auch seinen Wünschen und Erwartungen. Im Vordergrund steht dann nicht mehr die Frage nach Gott, sondern – wenn schon Gott –, was wir Menschen von ihm erwarten können. Am Ende spricht der Mensch, und Gott soll hören und erhören, nicht umgekehrt.

Dass Gott überhaupt noch zur Frage wird, hat damit zu tun, dass der Mensch in einer friedlosen Zeit sich selbst immer mehr zur Frage wird und seine Lebenserwartungen in Aporien enden. Längst ist er nicht mehr überzeugt, dass die Menschheitsgeschichte eine reine Erfolgsgeschichte ist. Zu sehr fühlt sich der Mensch von seinen eigenen Kreationen in Wissenschaft und Technik bedroht.

Es ist an der Zeit, dass die Kirche sich auf sich selbst und ihren Auftrag besinnt. Wir leben in eine Zeit des Wandels. In der Kirche ist viel die Rede von der Krise. Die traditionelle Gestalt der Volkskirche geht zu Ende, mit ihr die Ständekirche, wie sie der Theologe Peter Neuner bezeichnet hat. Was Bischöfe bei ihrer These vom Ende der Volkskirche aber meistens übersehen, ist, dass sie mit ihrer Diagnose im soziologischen Bereich bleiben und sich der theologischen Sicht der Dinge entziehen. Papst Franziskus arbeitet mit einem theologischen Begriff des Volkes, der sich im zweiten Kapitel der dogmatischen Konstitution des Zweiten Vatikanischen Konzils über die Kirche, „Lumen gentium", findet. Vom griechischen *laos tou theou* rührt unser Begriff „Laie" her. In diesem Sinne sind alle Christen, bevor ihnen ein Amt beziehungsweise ein Auftrag zugesprochen wird, als Glied des Volkes Gottes „Laien".

Während der soziologische Begriff der Volkskirche im Gottesvolk der Laien ein Objekt der Betreuung und Zuwendung erblickt, macht nach Papst Franziskus der biblisch-theologische Begriff die Mitglieder des Volkes

Gottes zu Subjekten missionarischen Handelns. So sagte der Papst in seinem Interview mit Antonio Spadaro: „Das Volk ist das Subjekt. Und die Kirche ist das Volk Gottes auf dem Weg der Geschichte – mit seinen Freuden und Leiden. Fühlen mit der Kirche bedeutet für mich, in dieser Kirche zu sein."

Damit erhalten Struktur und Auftrag der Kirche ein deutliches Profil. Man darf aber nicht übersehen, dass die Glieder der Kirche auch Glieder des Menschengeschlechts sind. Als solche sind sie von den Sorgen der Menschheit um die Gegenwart und Zukunft betroffen und nehmen sie Anteil an ihren Stärken und Schwächen sowie an den Eigenheiten der aktuellen geschichtlichen Situation. Christen sind aber Glieder des Leibes Christi, der im Heute fortlebt. Sie sind berufen, den Weg Christi zu leben und seine Wirklichkeit heute gegenwärtig zu setzen. In diesem Sinn verkünden Christen nicht sich selbst, sondern den gekreuzigten Herrn, der lebt.

In Meinungsumfragen wird es als Fortschritt modernen kirchlichen Denkens vermerkt, dass die Kirche seit Papst Franziskus bemüht sei, bei den Vorbereitungen der von ihm geleiteten römischen Synoden das Denken und Fühlen der Menschen kennenzulernen und ihm besser gerecht zu werden. Das ist sehr zu begrüßen. Doch darf das nicht dahin führen, dass der Sinn für den der Kirche gegebenen Auftrag dabei am Ende verlorengeht.

Die Befragungen zeigen, wie sehr sich die Situation der Kirche verändert. Das Interesse am sonntäglichen Gottesdienst geht in unseren Breiten rapide zurück und hinterlässt leere Bankreihen. Eucharistiefeiern können sonntags vielerorts, zumal in Landgemeinden, nicht mehr angeboten werden, weil es an geweihten Vorsitzenden mangelt. So sinnvoll Wort-Gottes-Feiern sind, sie führen auf die Dauer zum Verlust der Mitte unseres Glaubens. Das Thema „verheiratete Priester" im Sinne der neutestamentlichen Pastoralbriefe wird nur lahmherzig angegangen, weil es offensichtlich die Autoritätsstrukturen, um nicht zu sagen: die Machtstrukturen der Kirche grundlegend in Frage stellt. Sollte aber nicht die Kirche Dienerin des Volkes Gottes sein? Warum zitiert kein deutscher Bischof, was Joseph Ratzinger schon 1969 klarsichtig vorgetragen hatte und was sich heute in seinen „Gesammelten Schriften" (Bd. 8/2, 1167) dokumentiert findet: Die Kirche „wird als kleine Gemeinschaft sehr viel stärker die Initiative ihrer einzelnen Glieder beanspruchen: Sie wird auch gewiss neue Formen des Amtes kennen und bewährte Christen, die im Beruf stehen, zu Priestern weihen. In vielen kleineren Gemeinden beziehungsweise in zusammengehörigen sozialen Gruppen wird die normale Seelsorge auf diese Weise erfüllt werden." Welchen Nutzen haben „Gesammelte Werke", wenn sie folgenlos bleiben und zum Material zukünftiger Geschichtsforschung verkommen?

Um das wichtige Thema zu vermeiden, versucht man es inzwischen hier und dort mit einer „Church light". Bestes Beispiel: Statt Kinder taufen zu lassen, werden junge Eltern eingeladen, ihr neugeborenes Kind erst einmal nur segnen zu lassen. Nun ist gegen sogenannte niedrigschwellige Zugänge zur Kirche, auch gegen graduelle Zugehörigkeitsformen, nichts einzuwenden, wenn nicht gleichzeitig der Sinn für die Vollgestalt sakramentaler Zeichen verloren ginge, weil die Setzung beziehungsweise Spendung solcher Zeichen vielfach verhindert wird. Zum Beispiel: der Umgang mit Kranken und Alten in Krankenhäusern und Altenheimen. Gemeindereferentinnen und Gemeindereferenten leisten vielerorts hervorragende Arbeit. Doch das Zeichen der heilenden Salbung dürfen sie nicht spenden. Den Zuspruch der verzeihenden Liebe Gottes dürfen sie einem Menschen, wenn er sich öffnet und nach der Vergebung verlangt, nicht vermitteln. Auch hier bietet die Kirche Ersatzformen, Bußandachten und heilige Messen mit Krankensalbung für die Anwesenden an. Der Einzelne, der des Sakramentes bedarf, bleibt oft auf der Strecke.

Nach „Lumen gentium" (Nr. 1) ist die Kirche als ganze „Sakrament", das heißt: „Zeichen und Werkzeug für die Vereinigung mit Gott wie für die Einheit der ganzen Menschheit". Im Blick auf Jesus Christus, das „Licht der Völker", ist sie Zeichen des Heils und begleitet sie das Leben der Menschen vom Anfang (Taufe / Firmung) bis zum Ende, in Zeiten der Krankheit (Salbung) und der Schuld (Vergebung). Die lebenslange Verbindung von Mann und Frau wird zum Sinnbild des Bundes zwischen Gott und der Menschheit (Ehe). Letztlich leben wir aber aus Gott. Er ist uns Brot des Lebens, er schenkt sich uns im Fleisch und im Blut Jesu Christi und lässt das verkünden (Eucharistie). Dieses zentrale Geheimnis ist mit einem eigenen Sakrament verbunden (Weihe). Dabei ist zu beachten, dass kaum ein Sakrament im Laufe der Jahrhunderte so viele Änderungen erfahren hat wie der „Ordo", die Struktur und Gestalt des priesterlichen Dienstes. So hat es in der Zeit von Papst Pius XII. gewisse Klärungen gegeben. Seither wurden zum Beispiel die sogenannten niederen Weihen und das Subdiakonat abgeschafft.

Inzwischen ist nicht nur in Europa eine wirkliche Notsituation eingetreten, weil die Zahl der autorisierten und geweihten Verwalter der Geheimnisse Christi abnimmt. Hier wird es höchste Zeit, die Aufgaben zumal im sakramentalen Bereich neu zu ordnen. Natürlich kommt der Verkündigung hohe Bedeutung zu. Abgesehen von der Predigt in der sonntäglichen Eucharistiefeier können heutzutage von der Katechese über den Religionsunterricht bis zum Lehramt an den Universitäten Männer wie Frauen auch ohne geistliches Amt tätig sein. Nur an die zentrale Verkündigung, die in der Mitte der Eucharistie ihren Ort hat: „Deinen Tod, o Herr, verkünden wir", wagt man sich nicht heran. Leider bemerken viele Bischöfe nicht, wie sehr sie der sakramentalen Seite der Kirche durch ihr zögerliches Verhalten schaden. Dabei ist die Rücksicht auf andere weltkirchliche Gegenden keine Entschuldigung. Gewiss gibt es Teile der Welt wie Afrika, in denen mit der Zahl der Gläubigen auch die Zahl der Priester wächst. Für das alte Europa kann das jedoch kein Trost sein. Es kann höchstens die Einsicht beschleunigen, dass Europa sich weniger wichtig nimmt und eingesteht, dass die Gewichte in der Welt ganz allgemein neu verteilt werden und dass die Kirche ebenfalls davon betroffen ist.

Wir sollten auch beachten, dass es in der katholischen Kirche nicht nur den lateinischen Ritus und das lateinische Kirchenrecht gibt, sondern eine Mehrzahl östlicher Riten mit eigenen Rechtsvorschriften und Lebensformen – einschließlich eines verheirateten und unverheirateten Klerus. Zurecht fordert Papst Franziskus weniger zentralistisches Denken, sodass es an der Zeit ist, dass vor allem Bischofskonferenzen sich ihrer eigenen Rechte und Entscheidungsmöglichkeiten bewusst werden.

Entscheidend aber ist und bleibt, dass die Hirten der Kirche den Sinn für die Mitte des Glaubens nicht verlieren. Sie müssen dafür eintreten, dass die Gemeinden aus dieser Mitte leben können und leben. Andernfalls mögen wir an den Rändern der Gesellschaft wirken, doch dann sind wir als Kirche am Ende nur noch eine Nichtregierungs-Organisation, eine weltliche Hilfseinrichtung, wie es viele in der Welt gibt, doch nicht mehr die Nachfolgegemeinschaft Jesu Christi.

Prof. Dr. Dr. Hans Waldenfels, Jesuit, Fundamentaltheologe und Religionsphilosoph, Bonn.

Franz-Xaver Kaufmann

Per Ecclesiam ad Deum?

Im Gedenken an den Sozialwissenschaftler Stephan Leibfried
(1. Februar 1944 – 28. März 2018)

In meiner römisch-katholischen, vorkonziliaren Jugend war weit mehr von kirchlichen Repräsentanzen als von Gott die Rede. Das begann beim örtlichen Pfarrer oder Kaplan, ergänzt um einen bunten Strauß von Ordensangehörigen beiderlei Geschlechts, alle klar erkennbar an ihrer besonderen Kleidung. Es setzte sich fort in der Verehrung der Heiligen, allen voran der Jungfrau Maria. „Per Mariam ad Jesum" – durch Maria zu Jesus. Eine Zeit lang bemühten sich vor allem südeuropäische Theologen sogar, Maria als

"Mittlerin aller Gnaden" zum Dogma zu erheben. Der Rosenkranz und die Maiandacht waren verbindlicher als das Hören oder gar Lesen der Bibel, deren Texte im Gottesdienst zunächst noch auf Lateinisch vorgetragen wurden.

Gewiss, über oder hinter allem thronte Gott, aber er wohnte im unzugänglichen Licht. Die Person Christi und erst recht die Vorstellung eines dreieinigen Gottes blieben ferne Formeln des Glaubensbekenntnisses. Wir gewöhnlichen Gläubigen hatten uns an die kirchlichen Repräsentanten und die Sakramente zu halten, und das schien den meisten auch gut so. Das Zweite Vatikanische Konzil machte zwar viele Lockerungsübungen der Liturgischen Bewegung verbindlich und öffnete das katholische Bewusstsein für manche seit der Aufklärung dominierenden Plausibilitäten. Aber im Zentrum der Konzilsaussagen stand nicht „Gott", sondern „die Kirche", bald exklusiv katholisch, bald inklusiv ökumenisch gedacht. Gott blieb den Katholiken nur mittelbar über die Kirche zugänglich.

Immerhin, das Konzil sprengte das Prokrustesbett der Neuscholastik, die seit Leo XIII. zur offiziellen Grundlage der Theologenausbildung geworden war. Die Wiederentdeckung der griechischen Kirchenväter und der mittelalterlichen Mystik eröffnete theologische Perspektiven, die die institutionellen Bezüge zur Kirche in den Hintergrund treten ließen. Karl Rahner und Hans Urs von Balthasar, die zu den bedeutendsten katholischen Theologen in der zweiten Hälfte des 20. Jahrhunderts gehörten, öffneten auf je eigene Weise die schon in den Ignatianischen Exerzitien angelegten Wege zu einer persönlichen Gotteserfahrung.

Im Protestantismus, vor allem demjenigen lutherischer Prägung, war die unmittelbare Gottesbeziehung von Anfang an Thema, die Mittlerfunktion der Kirche wurde abgelehnt. Das Sakramentale, das im Mittelpunkt der katholischen Glaubensvermittlung steht, trat gegenüber der Verkündigung des Wortes zurück. Und nicht die Kirche, sondern der um seinen „gnädigen Gott" ringende Mensch wurde zum entscheidenden Ort des Glaubens. Damit wurden soziale Individualisierungstendenzen, die sich aufgrund der gesellschaftlichen Dynamisierung seit der Renaissance anbahnten, theologisch überhöht. Mit der Aufklärung verschärfte sich die religiöse Situation: Die in ihren Konfessionsstreitigkeiten verfangenen Kirchen verloren außerhalb ihrer Reichweite ihre transzendenzbezogene Legitimität. Der Anspruch auf Freiheit und Selbstbestimmung kollidierte mit den Regulierungsansprüchen der Kirchen. Die Welterfahrung säkularisierte sich – bis hin zur Ablehnung der Gotteswirklichkeit schlechthin (Enzyklopädisten, David Hume, Friedrich Wilhelm Nietzsche). Die atheistische Richtung setzte sich allerdings nur im französischen Laizismus durch, im englischen und deutschen Sprachraum suchten viele Aufklärer den Gottesglauben neu zu begründen.

XIII. Wie sich die Kirche erneuert hat und erneuern kann

Im Katholizismus wurden im Laufe des 19. Jahrhunderts die Versuche einer Vermittlung von aufklärerischem Denken und katholischer Tradition unterdrückt. Die immer expliziter römische Kirche mutierte zum antimodernistischen Bollwerk, dessen Plausibilität für die Gläubigen durch die Konzentration der Sozialbeziehungen auf die Glaubensgenossen, eine professionalisierte Pastoral und eine wachsende Papstverehrung gewährleistet wurde. Der Umstand, dass die große Mehrzahl der Katholiken in weitgehend homogen katholischen Gebieten wohnte – eine Spätwirkung der Pazifizierung der Konfessionskonflikte im 16. und 17. Jahrhundert – bildete die soziale Voraussetzung für den eindrücklichen Erfolg dieser römischen Strategie.

Diese Voraussetzung wurde im Gefolge des Zweiten Weltkriegs brüchig: Flucht und Vertreibung, wirtschaftlich bedingte Mobilität und die Verbreitung der konfessionsneutralen Massenmedien brachte die Mehrheit der Katholiken in Kontakt mit anderen Wirklichkeitsvorstellungen als ihrer katholischen Weltanschauung. Auch die Theologie öffnete sich für Einsichten der Profanwissenschaften. Sie wurden insbesondere in den Bibelwissenschaften, der Kirchengeschichte und der Pastoral einflussreich. Das Zweite Vatikanische Konzil reagierte in einem beeindruckenden Prozess der Neubestimmung grundlegender Koordinaten auf den Plausibilitätsverlust der römischen Doktrinen und Praktiken. Allerdings gewann in der Folge der römische Zentralismus erneut an Einfluss. Papst Franziskus ist – nach Johannes XXIII. – der erste Pontifex, der den Widerspruch zwischen der Partikularität einer romzentrierten Kirche und der Universalität einer sich an „alle Völker" (Mt 28,19) richtenden Katholizität zu bearbeiten sich anschickt.

Aber immer noch geht es in den Auseinandersetzungen um das Kirchenverständnis, nicht um die Gottesfrage. Es mag ja sein, dass die Restbestände katholischer Traditionalität und die vielfältigen Initiativen einer Wiederaneignung der christlichen Botschaft im Horizont der Moderne vielen Involvierten die Zweifel und Fragwürdigkeiten des Diskurses um die Existenz Gottes und seiner Inkarnation in Jesus Christus ersparen können. Zum mindesten im hoch modernisierten Westen ist nüchtern festzustellen, dass solche Gottgläubigkeit seit Jahrzehnten rückläufig ist, wenn wir einschlägigen Erhebungen trauen dürfen.

Die Ursachen sind vielfältig. Nachhaltig wirkt ein Relevanzverlust transzendenter Perspektiven unter dem Einfluss der zunehmenden Optionenvielfalt. Und dies trifft vor allem die kirchlichen Riten, die es gegen das breite Angebot alternativer Freizeitaktivitäten schwer haben. Dies folgt aus dem Wegbrechen traditioneller Stützen kollektiver Religiosität im katholischen Raum noch ausgeprägter als in den stärker individualisierten protestantischen Bekenntnissen. Ein religiöser Glaube ohne einschlägige Praktiken bleibt jedoch prekär und ist kaum an nachfolgende Generationen vermittelbar. Aber welche Praktiken wirken unter welchen Bedingungen attraktiv: rituelle, spirituelle, moralisch engagierte, kommunitäre? Die Bedingungen sind so vielfältig geworden, dass auch die Praktiken vielfältig werden müssen. Auch Bewährtes kann nur noch als zu Bewährendes erprobt werden. Ob die Kirche katholischer Konfession noch durch ihren Klerus nachhaltig werden kann, scheint fraglich. Soziale Bewegungen können eher motivieren als institutionalisierte Gewohnheiten. Die Kirche sollte sich der herausfordernden Frage stellen, wie sie Wege in eine persönliche Gotteserfahrung ebnen kann.

Soweit das Lebensweltliche. Ebenso bedenklich erscheint die kulturelle Seite der Gottesfrage. Immer stärker drängt sich in den öffentlichen Daseinsdeutungen ein Naturalismus und Szientismus in den Vordergrund, demzufolge als wahr nur gelten kann, was nach den Kriterien der Naturwissenschaften als wahr gilt. Dieser Angriff betrifft nicht nur die Gottestraditionen des Westens, sondern die Autorität kulturwissenschaftlicher Einsichten überhaupt, deren Erkenntnisobjekte hermeneutischer, das heißt sinnhafter Natur sind. Auch „Freiheit", „Gerechtigkeit", „Recht" oder „Person" sind Kategorien, die sich dem naturwissenschaftlichen Paradigma nicht fügen. Kulturelle und mit ihnen religiöse Orientierungen geraten damit in die Randzonen gesellschaftlicher Relevanz, in den Bereich individueller Beliebigkeit. Gegen den damit verbundenen Orientierungsverlust formieren sich fundamentalistische Zirkel.

Das ist jedoch keine zureichende Antwort auf die szientistische Herausforderung, deren Dominantwerden im Westen zu einem katastrophalen Wirklichkeitsverlust führen würde. Die Kulturwissenschaften und mit ihnen die Theologien nehmen diese Bedrohung noch nicht ernst genug. Dass all unsere Daseinsdeutungen (auch die szientistischen!) auf sinnhaften Zusammenhängen und letztlich Glaubensüberzeugungen und nicht auf wissenschaftlichen „Wahrheiten" beruhen, scheint noch nicht auf deren Tagesordnung angekommen zu sein. Wenn aber Grundüberzeugungen nur geglaubt, nicht wissenschaftlich bewiesen werden können, tun Theologie und Kirche gut daran, sich ernsthafter in der Konkurrenz der kulturell codierten Grundüberzeugungen zu engagieren.

Prof. Dr. Franz-Xaver Kaufmann, Schweizer Soziologe, war Lehrstuhlinhaber für Sozialpolitik und Soziologie, Bielefeld.

Michael Seewald

Erkennt ihr nicht, so bleibt ihr nicht

„Glaubst du nicht, so *bleibst* du nicht", sprach der Prophet Jesaja in der hebräischen Bibel zu König Ahas (7,9). Die griechische Fassung des Alten Testaments weicht vom hebräischen Text ab. Die Septuaginta schreibt: „Glaubt ihr nicht, so *erkennt* ihr nicht." Die beiden Versionen dieser Stelle benennen zwei Dinge, die ohne den Glauben angeblich nicht zu haben sind: Standfestigkeit und Erkenntnis. Über Licht und Schatten dieser drei Größen – Glaube, Standfestigkeit und Erkennen – nachzudenken, ist für alle, die das Selbstverständnis des Christentums erfassen, aber auch seine Problematik verstehen wollen, unerlässlich.

Glaube beschreibt, so die Auskunft des Hebräerbriefs, das „Überzeugtsein von Dingen, die man nicht sieht" (11,1). Wer an Gott glaubt, geht davon aus, dass es ihn gibt, dass er also ist. Christen glauben darüber hinaus, dass Gott sich ihnen kundtut, er seinen heilsamen Willen eröffnet und ihnen Facetten der Wirklichkeit erschließt, die der Mensch ohne die Ansprache Gottes nicht erkennen könnte. Wer dem traut, was Gott offenbart, glaubt *an* Gott, indem er *Gott* glaubt. Neben dem Glauben, der sich auf die Existenz Gottes bezieht *(credere Deum)*, und dem Glauben, der sich auf die Glaubwürdigkeit Gottes richtet *(credere Deo)*, hat die christliche Tradition noch eine dritte Form des Glaubens unterschieden: *credere in Deum.* Im Griechischen und Lateinischen ist es, so die These des Theologen Henri de Lubac, ungewöhnlich, dem Verb „glauben" eine Präposition – *eis* (griechisch) oder *in* (lateinisch) – beizugeben. „Das klassische Griechisch kennt diese Wendung nicht. Sie fehlt sogar in der Septuaginta. Wir verdanken sie dem Johannesevangelium", in dem das griechische Wörtchen *eis* eine zentrale Rolle spielt („Die Kirche. Eine Betrachtung", Einsiedeln ²2011, 25). So sagt Jesus seinen Jüngern zu, dass jeder, der „an" *(eis)* ihn glaube, nicht gerichtet werde (3,18), und fordert sie auf, „an" Gott und „an" ihn zu glauben (14,1), wobei es Sünde sei, nicht „an" ihn zu glauben (16,9). Die Präposition *eis* bezeichnet in diesem Zusammenhang eine richtungsgebende Dynamik, die auf Gott als das Ziel menschlichen Strebens zuläuft. Der Gott, „an" den im Sinne des johanneischen *eis* geglaubt wird, bedingt – so de Lubac – „eine Suche, ein Streben, eine Bewegung der Seele, einen persönlichen Schwung, schließlich ein Anhängen und Zustimmen, das in keiner Weise seine Ruhe und sein Ziel in einem bloßen Geschöpf finden könnte", weshalb der Glaube „an" Gott stets über die verfügbare, geschaffene Lebenswelt hinausstrebt zum unverfügbaren und ungeschaffenen, aber doch als Gegenstand menschlicher Sehnsucht erlebten Gott („Die Kirche", 28f).

XIII. Wie sich die Kirche erneuert hat und erneuern kann

Diese Bestimmung des christlichen Glaubens, die sich bereits bei Augustinus findet, braucht das Gespräch mit modernen Analysen über Religion nicht zu scheuen. So definiert der Soziologe Detlef Pollack: Religion zeichne sich sowohl „durch den Akt der Überschreitung der verfügbaren Lebenswelt des Menschen" als auch durch „die gleichzeitige Bezugnahme auf eben diese Lebenswelt" aus („Säkularisierung – ein moderner Mythos? Studien zum religiösen Wandel in Deutschland", Tübingen 2003, 48). Wer religiös ist, geht also davon aus, dass da eine Wirklichkeit ist, die sich der eigenen Kontrolle entzieht und auch durch kultische Manipulation nie ganz unter Kontrolle zu bringen ist. Obwohl oder gerade weil diese Transzendenz nicht Teil des Verfügbaren ist, wirkt sie für diejenigen, die an sie glauben, auf den Alltag zurück. Sie rekonkretisiert sich in der Lebenswelt, indem Menschen durch ihren Glauben anders auf ihre Welt blicken als Un- oder Andersgläubige. Wer im christlichen Sinne – dem Glauben *an* Gottes Dasein, dem Vertrauen *auf* ihn und der Hinwendung *zu* ihm – glaubt, darf sich geborgen, muss sich aber auch verantwortlich wissen vor einem Gott, der die Welt geschaffen hat und als solche bejaht, der der gefallenen Welt aber auch als Richter und Retter gegenübersteht, um sie einst in eine erlöste Welt zu verwandeln.

Damit dürfte sich der Zusammenhang von Glaube, Standfestigkeit und Erkenntnis zumindest in einer Richtung erschließen: Eben weil religiöse Menschen nicht in dieser Welt stehen bleiben, können sie umso fester in dieser Welt stehen. So sieht es auch der Hebräerbrief, der den Glauben nicht nur als das Überzeugtsein von Dingen, die man nicht sieht, sondern auch als das „Feststehen in dem, was man erhofft", beschreibt (11,1). Wer Hoffnung über das Hier und Jetzt hinaus hat, kann das Hier und Jetzt beherzt gestalten. Der gläubige Blick über den Tellerrand hinaus, der sich in religiösen Bild- und Vorstellungswelten rekonkretisiert, schenkt aber nicht nur Standfestigkeit, sondern auch Erkenntnis. Welche praktische Bedeutung diese Erkenntnis annehmen kann, hat in den letzten Jahren der Philosoph Jürgen Habermas, der angibt, selbst „religiös unmusikalisch" zu sein, immer wieder erschlossen. Es könne „im Gemeindeleben der Religionsgemeinschaften, sofern sie nur Dogmatismus und Gewissenszwang vermeiden, etwas intakt bleiben, was andernorts verloren gegangen ist und mit dem professionellen Wissen von Experten allein auch nicht wiederhergestellt werden kann – ich meine hinreichend differenzierte Ausdrucksmöglichkeiten und Sensibilitäten für verfehltes Leben, für gesellschaftliche Pathologien, für das Misslingen individueller Lebensentwürfe und die Deformation entstellter Lebenszusammenhänge" („Vorpolitische Grundlagen des demokratischen Rechtsstaates?", in: Jürgen Habermas, Joseph Ratzinger, „Dialektik der Säkularisierung. Über Vernunft und Religion", Freiburg i. Br. 2005, 31).

XIII. Wie sich die Kirche erneuert hat und erneuern kann

Kirchliche Kreise, die heute für jeden dankbar sind, der den Scheinwerfer der Anerkennung auf die Nische der Irrelevanz richtet, in der sie sich eingenistet haben, und deshalb den späten Habermas gerne als Kronzeugen für die Wichtigkeit der eigenen Sache aufrufen, übersehen leicht, dass Habermas seine positive Bewertung der Religionen an eine Bedingung knüpft: „*sofern* sie nur Dogmatismus und Gewissenszwang vermeiden". Hier setzt nun für die Kirche das Ungemütliche ihrer traditionellen Verhältnisbestimmung von Glauben und Erkennen an, die davon ausgeht, dass der Glaube erkenntnisoffen und die Erkenntnis glaubensfähig ist, weshalb dann aber nicht nur der Glaube der Erkenntnis auf die Sprünge helfen, sondern auch der Glaube von nicht religiös gebundenen Formen des Erkennens etwas lernen kann. Sich von anderen etwas sagen zu lassen, fällt den Sachwaltern heiliger Wahrheit, die lieber lehren als lernen, schwer. Gelegentlich wird in der Kirche nämlich mit zweierlei Maß gemessen. Während man zum Beispiel seit dem Zweiten Vatikanischen Konzil nach außen Gewissensfreiheit fordert, behält es sich das Lehramt nach innen vor, Entscheidungen zu treffen, die beanspruchen, Menschen auch in ihrem Gewissen zu binden.

Wie paradox beides nebeneinandersteht, zeigen etwa die „Erwägungen zu den Entwürfen einer rechtlichen Anerkennung der Lebensgemeinschaften zwischen homosexuellen Personen" („Verlautbarungen des Apostolischen Stuhls" 162, Bonn 2003). Das Dokument klärt, welche Positionen in dieser Frage „mit dem christlichen Gewissen übereinstimmen" (Nr. 1) und kommt dem Ergebnis: „Das Gewissen fordert in jedem Fall, Zeugnis abzulegen für die ganze sittliche Wahrheit, der sowohl die Billigung homosexueller Beziehungen wie auch die ungerechte Diskriminierung homosexueller Menschen widerspricht" (Nr. 5). Anders gesagt: Dass ein christliches Gewissen es gebietet, für die Rechte gleichgeschlechtlicher Paare einzutreten, wird kategorisch ausgeschlossen. Das Gewissen katholischer Politiker soll durch diesen Spruch gebunden werden. Von der Treue gegenüber den staatlichen Gesetzen, sofern sie homosexuelle Paare würdigen, wird dieses Gewissen jedoch entbunden: Da es sich bei jeder Art der rechtlichen Anerkennung homosexueller Partnerschaften um „schwerwiegend ungerechte Gesetze" handle, „kann jeder das Recht auf Einspruch aus Gewissensgründen geltend machen", womit zum Beispiel ein Standesbeamter dazu ermutigt wird, gleichgeschlechtlichen Paaren die Eintragung ihrer Partnerschaft oder die Eheschließung zu verweigern (Nr. 5).

Wer solche Ausführungen liest, dem mag sich der Verdacht aufdrängen, dass die Rekonkretisierung der Transzendierung, wie sie im Glauben vollzogen wird, Schattenseiten hat. Sie kann nämlich im Namen einer höheren Erkenntnis nicht nur zu Freiheit, sondern auch zu innerem oder äußerem Zwang führen und repressive Formen annehmen. Noch allgemeiner formuliert: Religion kann aus Fremden Freunde machen, weil sie im Fremden den Nächsten erkennt, sie kann aber auch aus Freunden Feinde machen, indem sie Menschen gegeneinander aufhetzt, die zuvor friedlich zusammenlebten. Diese Ambivalenz anzuerkennen, gehört zum ehrlichen Nachdenken über Religion, auch aus theologischer Perspektive, dazu. Wer sich nur mit einer schon vorab religiös domestizierten Vernunft einlässt, verwechselt einen dogmatisch verlängerten Monolog mit einem ernsthaften Gespräch. Die Vernunft als Fähigkeit zum Allgemeinen ist nicht nur für den Bereich kompetent, der ihr vom Glauben zugewiesen wird, sondern sie besitzt gleichsam die „Kompetenzkompetenz", in der sie, durch nichts normiert als durch sich selbst, bestimmt, für was sie zuständig ist. Nur eine Vernunft, deren Fragen nicht aus Autoritätsgründen irgendwo haltmachen müssen, ist wirklich vernünftig. Das anzuerkennen ist für Religionen eine große Herausforderung. Aber gerade der katholischen Kirche, die ihrem Selbstverständnis nach die Vernunft besonders hochschätzt, bietet sich dadurch die Möglichkeit, aufrichtig mit Menschen ins Gespräch zu kommen, die sich, gerade weil sie vernünftig denken, Fragen stellen, zu denen die Kirche Interessantes zu sagen hätte – wenn, ja wenn sie nur Dogmatismus und Gewissenszwang meiden würde.

Prof. Dr. Michael Seewald, Lehrstuhlinhaber für Dogmatik und Dogmengeschichte, Münster.

Thomas Söding

Mehr als Ritus und Ethos

In der Antike gibt es eine klare Aufgabenverteilung. Religion ist für die Politik da. Sie garantiert, dass die Gesellschaft zusammenhält. Sie entwirft ein System von Riten, Opfern, Kulten und Prozessionen, das die Ansprüche der Götter befriedigt, ihren Zorn besänftigt und ihre Gunst sichert. Religion ist keine Glaubensfrage, sie ist ein Ausdruck von Loyalität. Der lateinische Fachausdruck heißt *pietas*: Frömmigkeit, Traditionsbewusstsein, Zugehörigkeit.

Mit Ethik befasst sich die Religion nicht. Für Ethik ist die Philosophie zuständig. Sie ist in der Antike hoch gebildet. Sie reflektiert, was Freundschaft und Verantwortung sind. Sie begründet Sympathie, Mitleidsfähigkeit, als tiefe Menschlichkeit. Sie feiert die Großzügigkeit, die Menschenfreundlichkeit, die Ehrlichkeit – wenn sie auch immer nur diejenigen in den Blick nimmt, die es sich leisten können, kaum einmal aber die Armen, die Fremden, die Sklavinnen und Sklaven. Die Philosophie kann damals begründen, warum es zum Ethos eines Menschen gehört, religiös zu sein. Aber sie kann nicht die Gottesverehrung selbst prägen: Der Gott der Philosophen ist zu weit weg, zu abstrakt, zu unbewegt.

Es ist das Judentum und in seiner Nähe das Christentum, das diese Aufgabenteilung kritisiert. Wenn es nur einen Gott gibt, ist er für alles zuständig: für das eigene Volk wie für alle Völker, für das eigene Leben wie für die ganze Welt. Die grundumstürzende Erfahrung, die sich Israel vergegenwärtigt, ist, von Gott geliebt zu sein: so unbedingt, dass für andere Götter gar kein Platz mehr sein kann. Diese Liebe, die Gott schenkt, braucht eine Antwort, die das ganze Leben prägt: die Liebe zu Gott, die in Fleisch und Blut übergeht, sodass sie auch die Liebe zum Nächsten begründet. Die beiden Tafeln der Zehn Gebote halten diesen Zusammenhang für alle Zeiten fest. Opfer und Gebet können und müssen ihn zum Ausdruck bringen, ebenso wie Fürsorge und Solidarität

Durch Jesus entfaltet die Einheit von Gottes- und Nächstenliebe eine universale Kraft. Der eine Gott ist der Gott für alle Menschen. Dieser Glaube hat Geschichte geschrieben. Durch ihn hat sich die Welt verändert – und verändert sie sich fortwährend weiter. Unter allen Völkern entsteht die Kirche. In allen Muttersprachen dieser Welt kann in gleicher Weise Gott verkündet, gedankt, gelobt und gepriesen, aber auch Gott angeklagt und gebeten werden. Die urbiblische Einheit von Land, Volk und Gesetz wird globalisiert: Gottes eigenes Land ist die ganze Erde. Gottes eigenes Volk besteht aus allen Völkern. Gott eigenes Gesetz ist Mensch geworden: in Jesus.

In der jüdischen und der christlichen Überlieferung pocht das lebendige Herz eines Glaubens, der Gottes Liebe erfahren hat – und nach Möglichkeiten sucht, sie auszudrücken, um sie intensiver zu spüren und nicht für sich zu behalten, sondern zu verströmen. Dadurch entstehen neue Riten: in der Kirche vor allem die Taufe und die Eucharistie, das Bad der Wiedergeburt und die Vorwegnahme der Tischgemeinschaft im vollendeten Reich Gottes. Es entsteht auch ein neues Ethos, wie Jesus es in der Bergpredigt zusammenfasst, um das Gesetz zu erfüllen, mit der Feindesliebe als Spitze und dem Vaterunser als Stütze.

Es entsteht aber vor allem eine Spiritualität der Einzelnen wie ihrer Gemeinschaft, ohne die jeder Ritus hohl und jedes Ethos flach würde. Das Wort Spiritualität verweist auf den Heiligen Geist. Das ist die tiefe Glaubensüberzeugung, die sich im Namen Jesu verbreitet: dass Menschen nicht vor Gottes Geist abgeschottet sind, sondern dass er sie erfüllt und verändert. So ist ihnen Gott nicht fremd, sondern näher, als sie selbst sich sind. So können sie beten, wie sie es nie könnten, wenn sie nicht inspiriert würden. So können sie auch im Gesicht ihres Nächsten Gott selbst entdecken, dessen Bild Jesus Christus ist.

Mit diesem Anspruch und mit dieser Demut ist die Kirche des Anfangs in die Welt aufgebrochen – und hat auf ihrem Weg durch die Zeiten alle Fehler gemacht, die man nur machen kann: den Glauben als Waffe benutzt, die Liebe als Fessel, die Hoffnung als Narkotikum. Gott sei Dank ist auch die Unruhe des Anfangs lebendig geblieben, die Kritik an der Heuchelei, an der Korruption, am Machtmissbrauch – und die Motivation, einen neuen Anfang zu wagen, der die Vergangenheit nicht vergisst, aber die Zukunft eröffnet.

Gegenwärtig brechen die Dissonanzen der antiken Kultur mitten in der Kirche auf. Es gibt einen neuen Ästhetizismus, der sich in alten Riten gefällt und Gegenwelten zur Bildsprache der Moderne entwirft. Es gibt auch sehr viel schnittige Designerware, die der Mode folgt. Weder das eine noch das andere hilft. Wenn dem Konzil etwas gelungen ist, dann die Liturgiereform, die so gut ist, dass sie weder das Alte schlechtreden muss noch das Rad immer neu zu erfinden braucht. Gerade für diejenigen, die der Gottesdienstfeier nicht vorstehen, ist es äußerst willkommen, einfach nur im Rahmen der geltenden Ordnungen das Wort Gottes zu hören und Gott zu loben. Und wenn es dazu dann auch noch eine gute Predigt gibt, lacht das Herz.

Gegenwärtig gibt es aber noch stärker die Gefahr der Moralisierung des Evangeliums. Es ist selbstverständlich, dass sich die Kirchen zu individualethischen und zu sozialethischen Themen zu Wort melden müssen. Sie haben die Globalisierung vor Augen, inzwischen auch die Menschenrechte. Sie haben dafür gesorgt, dass die Sozialpflichtigkeit des Eigentums ins Grundgesetz geschrieben wurde. Sie verteidigen Ehe und Familie, die älter sind als der Staat.

Aber es ist seit der Aufklärung eine große Versuchung, das Christentum durch Ethik zu rechtfertigen – wo es doch umgekehrt durch den Glauben an Gott Werte und Normen, Tugenden und Caritas begründet. Wer die Welt nicht als ein auf sich selbst rückbezogenes System, sondern als Schöpfung sieht, hat einen anderen Blick für das Leiden und den Schrei aller Kreatur nach Erlösung, wovon Paulus spricht. Wer den Menschen nicht nur als Produkt der Evolution, sondern als Ebenbild Gottes sieht, kann über Grenzen gehen, ohne sich selbst zu verleugnen.

Im 19. Jahrhundert war es die große Aufgabe der Kirche, eine Antwort auf die soziale Frage zu geben: durch Schulen und Krankenhäuser und Arbeitervereine, durch eine fundierte Soziallehre. Im 20. Jahrhundert musste es gelingen, der Glaubensfeier eine neue Form zu geben. Im 21. Jahrhundert stellt sich unabweisbar die Gottesfrage in einer Welt der vielen Religionen und der vielen, die mit Religion nichts anfangen können.

Der lebendige Gott ist der wahre Gott. Er ist der Gott der Erwartung und der Zukunft, der Reform und der Bekehrung. Er ist der Gott der Auferstehung, der Gott Jesu Christi. So steht es im ältesten Text des Neuen Testaments (1 Thess 1,8–10). So bleibt es heute aktuell.

Prof. Dr. Thomas Söding, Lehrstuhlinhaber für Neutestamentliche Exegese, Bochum.

Register der Autorinnen und Autoren

Albus, Michael 264
Augoustinos (Labardakis) 75

Backes, Julian R. 163
Baghajati, Carla Amina 54
Batlogg, Andreas R. 37
Beinert, Wolfgang 333
Benga, Daniel 50
Benk, Andreas 373
Benz, Arnold O. 180
Berger, Klaus 29
Betz, Otto 40
Bieringer, Andreas 92
Biesinger, Albert 381
Bogner, Daniel 65
Bretschneider, Wolfgang 158
Brose, Thomas 236

Delgado, Mariano 153
Dohmen, Christoph 356
Domek, Johanna 303
Dreyer, Malu 106

Ebertz, Michael N. 103
Epping, Josef 244

Fischer, Klaus P. 31
Fuchs, Gotthard 15

Gabriel, Ingeborg 239
Gellner, Christoph 286
Gerhards, Albert 28
Gerhardt, Volker 122
Gessler, Philipp 100
Griepentrog, Elena 208
Groß, Engelbert 361
Grunwald, Armin 186
Grütters, Monika 323
Guntli, Erich 229

Hahn, Ulla 13
Hahnen, Peter 114

Hake, Joachim 298
Hartl, Christian 252
Haseloff, Reiner 73
Heidrich, Christian 376
Heinz, Michael 47
Helmchen-Menke, Heike 379
Henze, Barbara 150
Herzog, Christina 204

Irlenborn, Bernd 137

Jachertz, Norbert 109
Jaschinski, Eckhard 321
Jaschke, Helmut 201
Jauer, Joachim 389

Kämpchen, Martin 205
Kaufmann, Franz-Xaver 400
Kern, Renate 24
Kinkel, Tanja 85
Kittlauß, Dieter 34
Klünemann, Clemens 88
Knapp, Andreas 281
Körtner, Ulrich H. J. 339
Krahn, Julia 315
Krätzl, Helmut 83
Kretschmann, Winfried 67
Kretschmer, Michael 78
Kuhlmann, Jürgen 57
Kunze, Axel Bernd 70
Kurz, Sebastian 81

Langenhorst, Georg 300
Langer, Stephan 111
Laschet, Armin 242
Leicht, Irene 249

Meister, Ralf 275
Miggelbrink, Ralf 370
Mitlöhner, Rudolf 53
Moltmann, Jürgen 232
Motté, Magda 294

411

Mühl, Matthias 260
Müller, Gerhard Kardinal 336
Müller, Klaus 189
Müller, Wunibald 272

Nagel, Eduard 278
Neuner, Peter 140
Nordhofen, Eckhard 327

Odermatt, Alois 156

Painadath, Sebastian 166
Paula, Jakob 219
Pemsel-Maier, Sabine 386
Petrič, Eva 317
Petzel, Paul 226
Pichlmeier, Andrea 358
Pietschmann, Herbert 183
Preusler, Burghard 309

Rekowski, Manfred 346
Renz, Monika 214
Resing, Volker 96
Röser, Johannes 12, 44
Roth, Patrick 119
Ruster, Thomas 343

SAID 61
Sattler, Dorothea 234
Schäfer, Veit 273
Schalück, Hermann 211
Scheuer, Manfred 391
Schirmers, Martin 365
Schmidt, Matthias Alexander 216
Schmidt, Wolf-Rüdiger 172
Scholl, Norbert 169

Schorlemmer, Friedrich 267
Schwab, Hans-Rüdiger 143
Schwab, Norbert 116
Schwienhorst-Schönberger, Ludger 146
Seewald, Michael 404
Senge, Stephan Reimund 92
Söding, Thomas 407
Spiegel, Pirmin 247
Springer, Jürgen 290
Steiner, Peter B. 305
Struck, Martin 313

Tautor, Amelie 195
Teuffel, Jochen 192
Thönissen, Wolfgang 257
Timmerevers, Heinrich 19
Tischler, Gregor 383
Tück, Jan-Heiner 352

Vorholt, Robert 362

Wachinger, Lorenz 161
Waldenfels, Hans 396
Wanke, Joachim 393
Warmbrunn, Johannes 224
Warmbrunn, Monika 270
Weber-Locher, Robert 368
Werger, Klaus 255
Weß, Paul 329
Willers, Ulrich 348
Wolfers, Melanie 221

Zaborowski, Holger 133
Zehnpfennig, Barbara 62
Ziegler, Daniela M. 198

Wochenzeitschrift für Religion, Kultur, Kirche und Gesellschaft

- Nachrichten und Berichte über aktuelle Ereignisse aus christlicher Perspektive

- Analysen von Hintergründen geistiger, politischer und religiöser Entwicklungen

- Anregungen für ein modernes christliches Leben

- Texte zu Spiritualität, Mystik und Gebet

- Beiträge zur Bibelauslegung, Buch-, Film- und Kunstbesprechungen

- Inklusive des monatlichen Sonderteils BILDER DER GEGENWART

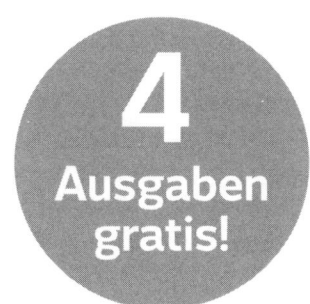

4 Ausgaben gratis!

www.christ-in-der-gegenwart.de